Geschichte und Geschehen I
Oberstufe, Ausgabe A

Ludwig Bernlochner
Giselher Birk
Thomas Gollhardt
Ulrich Hammer
Michael Herrmann
Peter Hilsch
Rudolf Pfeil
Erhard Rumpf
Horst Silbermann
Klaus Sturm
Veit Sturm
Maria Würfel

Ernst Klett Schulbuchverlag Leipzig
Leipzig Stuttgart Düsseldorf

Verfasser:
Ludwig Bernlochner S. 253–279
Dr. Giselher Birk S. 202–225
Thomas Gollhardt S. 31–57
Ulrich Hammer S. 58–93 und 96–100
Dr. Michael Herrmann S. 137–149
Rudolf Pfeil S. 182–201
Dr. Peter Hilsch S. 150–151
Dr. Erhard Rumpf S. 6–30 und 152–181
Dr. Horst Silbermann S. 226–252
Klaus Sturm S. 280–333
Veit Sturm S. 94–95
Maria Würfel S. 101–136

Einbandgestaltung:
Manfred Muraro
unter Verwendung eines Ausschnitts aus Raffaels Fresko „Die Schule von Athen" (1509 –11) in der Stanza della Segnatura im vatikanischen Palast

Kartenentwürfe: Dr. Eberhardt Schwalm

Kartenbearbeitung: Justus Perthes Verlagsgesellschaft mbH, Gotha

Kartenredaktion: Willi Stegner (S. 332)

Kartenreinzeichnung: Kartographisches Büro Michael Hermes, Göttingen-Roringen

Reinzeichnung der Schaubilder: Rudolf Hungreder, Leinfelden-Echterdingen

Satz: Lihs GmbH, Medienhaus, Ludwigsburg

Druck: KLETT DRUCK, H. S. GmbH, Korb

Dieses Werk folgt der reformierten Rechtschreibung und Zeichensetzung. Ausnahmen bilden Texte, bei denen künstlerische, philologische oder lizenzrechtliche Gründe einer Änderung entgegenstehen.

2. Auflage 2 17 16 15 14 13 | 2003 2002 2001 2000 99

Alle Drucke dieser Auflage können im Unterricht nebeneinander benutzt werden, sie sind untereinander unverändert. Die letzte Zahl bezeichnet das Jahr des Druckes.

Internetadresse: http://www.klett-verlag.de
Redaktion: Stefan Wolters
Assistenz: Melanie Winkler

ISBN 3-12-415600-5

Gedruckt auf Papier aus chlorfrei gebleichtem Zellstoff, säurefrei. Umschlag mit PP-Folie kaschiert, umweltverträglich und recycelbar.

Inhalt

Anfänge des modernen Staates im Zeitalter des Absolutismus und der Aufklärung 226

Die Französische Revolution 280

farbige Bilddoppelseiten

Griechische Welt und attische Demokratie

Griechenland – eine kleine Halbinsel auf der großen Erde. Griechische Geschichte – wenige Jahrhunderte in fünftausend Jahren Menschheitsgeschichte. Und doch sind die geistigen Leistungen des antiken Griechenland aus unserer Welt nicht wegzudenken, ist Verständnis unserer Kultur ohne Kenntnis ihrer griechischen Wurzeln nicht möglich. Die Beschäftigung mit der griechischen Geschichte wird uns aber nicht nur Vertrautes und Bewunderungswürdiges finden lassen, sondern auch sehr vieles, was uns fremd und schwer verständlich anmutet und uns deshalb zum Nachdenken herausfordert.

Ab 2600 v. Chr.	Die minoische Kultur entsteht auf Kreta.
Um 2000 v. Chr.	Im Zusammenhang mit der ersten indoeuropäischen Völkerwanderung dringen griechische Ionier in den ägäischen Raum ein.
Um 1600 v. Chr.	Griechische Achaier dringen in die Peloponnes ein. Die mykenische Kultur entsteht und gewinnt eine Vormachtstellung.
Um 1400 v. Chr.	Mykener erobern Kreta.
1230 v. Chr.	Troja VIIa (vermutlich das Troja Homers) wird zerstört.
1100–800 v. Chr.	Die „dunklen Jahrhunderte“ nach der Eroberung Mykenes und Kretas durch die griechischen Dorer.
800–700 v. Chr.	Homers „Ilias“ und „Odyssee“ entstehen; die Olympischen Spiele und das Orakel von Delphi werden erstmals urkundlich erwähnt; ein gemeinsames griechisches Alphabet wird entwickelt.
750–550 v. Chr.	Große griechische Kolonisation im Gebiet des Mittelmeeres und des Schwarzen Meeres.
594 v. Chr.	Solon reformiert Staat und Gesellschaft Athens.
508 v. Chr.	Kleisthenes schafft eine neue politische Ordnung in Athen: Grundsatz der Gleichheit und stärkerer Mitwirkung der Vollbürger.
490–479 v. Chr.	Der persische Unterwerfungsversuch wird von den Griechen abgewehrt.
477–404 v. Chr.	Athen führt den Attisch-Delischen Seebund in Rivalität zu Spartas Peloponnesischem Bund.
462 v. Chr.	Übergang zur „Demokratie“ unter Ephialtes und Perikles in Athen.
5 Jh. v. Chr.	Kultureller Höhepunkt Athens, z. B. in der Baukunst (Wiederaufbau der Akropolis) und der klassischen Tragödie (Aischylos, Sophokles, Euripides).
443–429 v. Chr.	Unter Perikles wird Athen die politische Führungsmacht Griechenlands.
431–404 v. Chr.	Die Rivalität zwischen Athen und Sparta entlädt sich im Peloponnesischen Krieg, der mit der Niederlage Athens und dem Verlust seiner Vorrangstellung endet.
399 v. Chr.	Der Philosoph Sokrates wird in Athen wegen Gottlosigkeit zum Tode verurteilt. Seine Ideen werden durch Platons Schriften der Nachwelt überliefert.
4. Jh. v. Chr.	Unter dem Makedonenkönig Alexander dem Großen (336–323) breitet sich die griechische Kultur bis nach Indien aus (Hellenismus) und überlebt den politischen Niedergang der griechischen Staatenwelt (3.–1. Jh. v. Chr.).

1 Die Propyläen (Mittelbau von Südosten). Das – unvollendete – Eingangstor zur Akropolis von Athen wurde 437 bis 432 v. Chr. erbaut. Es ist einer der größten Torbauten der Antike. Im Nordflügel befand sich eine Gemäldegalerie (Pinakothek); durch den Mittelbau wurden Opfertiere zu den Tempeln auf der Akropolis getrieben.

2 Das Brandenburger Tor. Das einzig erhaltene Berliner Stadttor wurde 1788–1791 von Gotthard Langhans nach dem Vorbild der Prophyläen im klassizistischen Stil errichtet. Die Quadriga mit der Siegesgöttin (von Gottfried Schadow) soll an den Sieg Preußens im Siebenjährigen Krieg (1756–1763) erinnern.

1. Die griechische Welt: Voraussetzungen, Anfänge, Entfaltung

1.1 Die griechische Frühzeit

Vielgestaltige Landschaft

Ein Blick auf die Karte lässt Griechenland und die Inselwelt der Ägäis als ein abgesunkenes Gebirgssystem erkennen: hohe Kalksteingebirge, viele enge Täler, tiefe Buchten mit kleinen fruchtbaren Ebenen in denen jeweils überschaubare, eigenständige Gemeinschaften entstehen konnten. In seinem Kerngebiet ohne Makedonien und Thrakien ist Griechenland kein großes Land und konnte im Altertum nur eine vergleichsweise kleine Bevölkerung ernähren. Für die Entstehung großer Staaten eignete es sich wenig, da die Binnenwege beschwerlich waren. Die Wege zur See waren bequemer und schneller. Die unterschiedlichen Möglichkeiten, die schwer zugängliches Bergland, Binnenebenen oder dem Meer zugewandte Landschaft ihren Bewohnern boten, waren groß und groß waren auch die Unterschiede zwischen ihren griechischen Bewohnern.

Das Meer ermöglichte Verkehr von Bucht zu Bucht, von Insel zu Insel, immer in Sichtweite bis zur Gegenküste ob nach Osten oder Südosten. Verkehr aber bedeutet Austausch von Waren, Menschen, Kenntnissen. Für die Griechen

1 Der Siedlungsraum der frühen Griechen

2 **Anbetung einer Göttin** (Abdruck eines minoischen Siegelringes aus Mykene). Die sitzende Göttin mit drei Mohnköpfen in der Hand nimmt die Gaben von drei Frauen entgegen. Die Doppelaxt (Bildmitte), Kennzeichen der matriarchalischen Gesellschaftsstruktur Kretas, symbolisiert Erneuerungs- und Lebenskraft.

3 **Theseus und Minotaurus** (Bild auf einer rotfigurigen attischen Vase des 5. Jh. v. Chr.). Der Sage nach wurde Ariadne, Tochter des Königs Minos, durch den athenischen Königssohn vor dem Ungeheuer Minotaurus gerettet. Diese Sage war während der ganzen Antike ein beliebtes Thema der bildenden Kunst.

waren das die Kontakte zu den viel älteren Kulturen des Nahen Ostens. Das günstige Seeklima förderte ebenfalls die Entfaltung einer Kultur, die sich weitgehend im Freien und in der Öffentlichkeit abspielte.

Ursprung griechischer Kultur: Kreta – Mykene

Die ägyptischen Pyramiden und die Tempeltürme von Sumer standen schon über tausend Jahre, als die ersten Wellen griechisch sprechender Stämme in den ägäischen Raum eindrangen und schließlich auch die Küsten Kleinasiens besiedelten. Diese *Ionier* gehörten zu einer Wanderungsbewegung von Völkern indoeuropäischer Sprache, die auch im Vorderen Orient und im Iran nachgewiesen sind. Die Ionier lernten eine Hochkultur kennen, die seit etwa 2600 v. Chr. auf Kreta entstanden war und deren Schöpfer nach dem sagenhaften König Minos *Minoer* genannt werden. Sie war, wie unter anderem aus Funden verschiedener Schriftarten ersichtlich ist, stark von Anatolien und Ägypten beeinflusst. Eine andere, auf Kreta seit dem 15. Jh v. Chr. gebrauchte und als Linear B bezeichnete Schrift, konnte 1952 entziffert und die Sprache als ein frühes Griechisch identifiziert werden. Das zeigt die Funktion Kretas als eines Vermittlers zwischen den an das östliche Mittelmeer angrenzenden Kulturen. Gleichzeitig ist dies ein Beweis für die zunehmende Durchdringung der minoischen mit der griechischen Kultur der Landschaft Argolis auf der Peloponnes. Diese Kultur, nach ihrem wichtigsten Ort Mykene benannt, wurde von den *Achaiern* entwickelt, die in einer zweiten griechischen Einwanderungswelle auf die Peloponnes vorgedrungen waren.
Die Täfelchen in der Linear-B-Schrift, die Ergebnisse der archäologischen Forschung und eine kritisch-wissenschaftliche Auswertung der Epen „Ilias“ und „Odyssee“, welche Jahrhunderte später niedergeschrieben worden waren

4 **Der Palasthof von Mykene** (Rekonstruktion von A. B. Wace)

(s. S. 11 f.), zeigen deutlich, dass die mykenische Kultur aristokratisch-kriegerisch war. Es gab offenbar eine Vielzahl von Königen, deren mächtigster seine stark befestigte Burg in Mykene hatte. Obwohl Elemente der Anlage in minoischem Stil, vielleicht von minoischen Baumeistern errichtet sind, steht der Gesamtcharakter der Burg und damit des Lebens in starkem Gegensatz zu den weitläufigen unbefestigten Palästen der minoischen Zeit auf Kreta um 1500, in denen alles an heiteren, kultivierten Lebensgenuss, nichts an Krieg und Kampf erinnert.

Mykener erobern Kreta

Die Mykener übernahmen die Erfahrungen der minoischen Seefahrt, beherrschten seit dem 15. Jh. v. Chr. mehr und mehr das ägäische Meer, besetzten ihrerseits um 1400 v. Chr. Kreta und siedelten sich auch auf den Inseln und an den Küsten des östlichen Mittelmeeres an. Die minoisch-mykenische Kultur hatte weitreichenden Einfluss im ägäischen Raum, wie Ausgrabungen auch in Athen zeigen. *Homers* Werke, insbesondere die „Ilias“ (Kampf um Troja), spiegeln uns diese erste Phase griechischer Ausbreitung wider.

Arbeitsvorschläge und Fragen

a) Vergleichen Sie die minoische und die mykenische Kultur anhand der Materialien (M 2–M 4 und M 1, S. 14).
b) Informieren Sie sich über die Sage vom Kampf des Theseus mit dem Minotaurus (Griechische Sagen). Wie spiegelt sich dort Geschichte wider?

1.2 Eine hellenische Kultur entsteht

Die dunklen Jahrhunderte

Im 12. Jh. v. Chr. lösten Völkerbewegungen in Mitteleuropa eine neue Wanderungswelle von Stämmen indoeuropäischer Sprache aus, deren Spuren im ganzen Vorderen Orient zu finden sind und die nach ägyptischen Texten Seevölker genannt werden. Die *Dorer*, ein griechisch sprechender Stamm, fielen von Norden her in Griechenland ein und eroberten auch Kreta. Wo sie hinkamen, hinterließen sie Brandspuren. An den Palästen und Siedlungen Kretas und Mykenes, an ihrer Kultur und an ihrer Schrift waren sie offenbar nicht interessiert.
Es begannen drei Jahrhunderte, aus denen uns wenig, vor allem kaum etwas Schriftliches überliefert ist, die für uns infolgedessen „dunkel" sind. Offensichtlich gingen technische und organisatorische Fähigkeiten verloren, die Zahl der Siedlungen und der Bevölkerung nahm ab. Erst seit etwa 800 v. Chr. nahm der Wohlstand wieder zu, wie uns die archäologischen Befunde von Siedlungen und Gräbern zeigen. Erste Städte, die für klassische griechische Kultur typische Siedlungs- und Lebensform, sind erkennbar. Erste Stadtmauern im griechischen Raum lassen sich in Kleinasien nachweisen.

Bewusstsein gemeinsamer Kultur

In der Zeit von 800 bis 500 v. Chr., auch archaische Zeit genannt, werden sich die Griechen ihrer gemeinsamen Kultur bewusst, d.h. ihrer gemeinsamen Sprache, religiösen Vorstellungen und Literatur sowie mehr und mehr auch eigener politischer Ordnungsprinzipien. Obwohl sie in einer Vielzahl von unabhängigen, sich oft bekriegenden Klein- und Kleinststaaten lebten, empfanden sie sich nun als *Hellenen*. Sie sahen sich im Gegensatz zu den Barbaren, die unverständlich „barbar" redeten, also den Nicht-Hellenen. „Griechen" wurden sie erst später von den Römern genannt. Eine wesentliche Voraussetzung für ihr gemeinsames Bewusstsein war die Schaffung einer dem Griechischen angepassten *Buchstabenschrift*. Die Phöniker, den Griechen als Händler seit langem bekannt, hatten ein für ihre semitische Sprache geeignetes Alphabet ohne Vokale entwickelt. Das konnten die Griechen übernehmen, nachdem jemand auf die geniale Idee gekommen war, Zeichen für phönizische Laute, die es im Griechischen nicht gab, für die Vokale zu verwenden. Ohne deren Bezeichnung wäre ein vokalreicher griechischer Text – im Gegensatz zu semitischen Texten – nicht zu entziffern. Die erste reine Buchstabenschrift, bis heute Grundlage unserer Kultur, war geschaffen, in ihrer Einfachheit für nahezu jedermann erlernbar und damit nicht mehr Spezialwissen und Monopol einer Schreiber- oder Priesterkaste. Alle griechischen Dialekte konnten mit dieser Schrift wiedergegeben werden, was für die Ausbildung kultureller Einheit wesentlich war. Nun wurden die bisher durch nahezu 500 Jahre mündlich weitergegebenen *Mythen* neu zusammengefasst und unter dem Namen Homers schriftlich fixiert.

Homers Epen – Bibel der Griechen

Für die Griechen waren die *Ilias* und die *Odyssee*, die Epen vom Kampf um Troja und von den Irrfahrten des Odysseus, reale Vergangenheit, also Geschichte, vom Dichter erzählt. Für uns spiegeln die beiden Epen von insgesamt 28000 Hexametern Zustände, Ereignisse und Vorstellungen aus über vier Jahrhunderten wider, teils aus der mykenischen Zeit, mehr noch aus dem 8. Jh. v. Chr. Der oder die Dichter haben aus der Fülle des Materials, das ihnen vorlag und uns nicht erhalten ist, die beiden in sich geschlossenen und überschaubaren Werke geschaffen. Sie wurden zu einer Grundlage griechischen

Verständnisses von der Welt und von sich selbst und damit ihrer religiösen Vorstellungen. Sie wurden aber auch für rund ein Jahrtausend Grundlage der Bildung des griechischen und später des von ihm beeinflussten römischen Kulturkreises, abgelöst erst durch die Bibel, die für die christliche Welt für weitere eineinhalbtausend Jahre eine ähnliche Funktion hatte.
Nicht viel später versuchte *Hesiod*, ein Bauer aus Böotien, die unübersehbare und oft widersprüchliche Vielfalt griechischer Göttervorstellungen in einer „Theogonie", einer Art Stammtafel, ordnend zusammenzufassen (vgl. S. 17, M 5). Trotzdem entstand nie eine einheitliche griechische Religion, keine einer Kirche ähnliche Organisation oder Priesterschaft. An den verschiedenen Orten, in den verschiedenen Gemeinschaften und sozialen Schichten wurden immer sehr unterschiedliche Kulte praktiziert.

Panhellenische Kulte

Um die gleiche Zeit wurden die kultischen Wettkämpfe im Zeushain von *Olympia* – mehr als viele andere ähnliche Wettkämpfe – zu einer Einrichtung des gesamten griechischen (panhellenischen) Kulturraums, so sehr, dass die griechischen Historiker des 3. Jh. v. Chr. den vierjährigen olympischen Rhythmus ihrer Zeitrechnung zugrunde legen konnten. Bis dahin hatte jeder Stadtstaat seine eigene Zeitrechnung, die sich an der jeweiligen Beamtenliste orientierte. Die erste so gezählte Olympiade fand 776 vor unserer Zeitrechnung, also v. Chr. statt. 394 n. Chr. wurden die Spiele vom christlichen Kaiser des römischen Reiches als heidnisch verboten.

1 **Griechische Kolonisation** in der Zeit von etwa 750 bis 200 v. Chr.

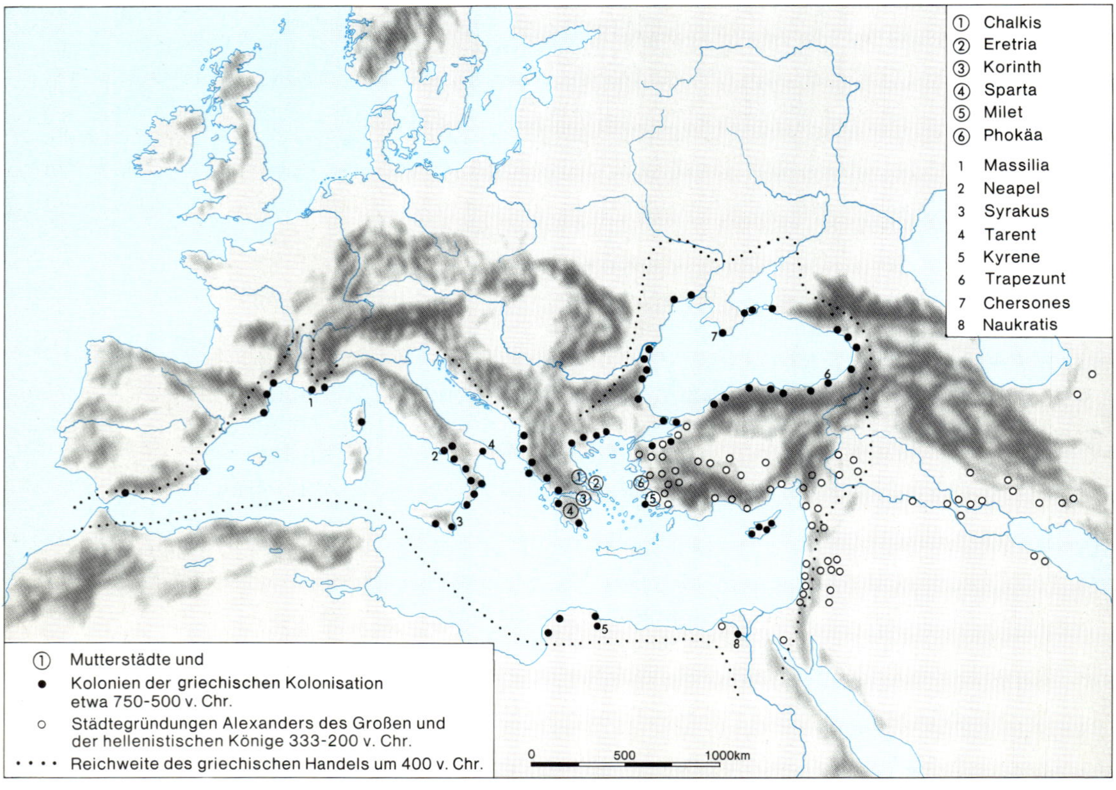

Phönizisch			Griechisch					
			Archaische Alphabete			Einheitsalphabet seit 403		
Name (hebr.)	Form	Lautwert	Name	Formen	Lautwert	Name	Form	Lautwert
ʾālep̱	𐤀	ʾ	alpha	𐌀 Α Α	ā, ă	alpha	Α	ā, ă
bêṯ	𐤁	b	bēta	𐌁 Β	b	bēta	Β	b
gīmel	𐤂	g	gamma	ᒣ ∧ Λ	g	gamma	Γ	g
dāleṯ	𐤃	d	delta	▷ D Δ	d	delta	Δ	d

2 Das phönizische und das griechische Alphabet

Eine wichtige Bedingung gesamthellenischer Wettkämpfe war die Garantie der Sicherheit der Besucher auf ihrer Reise durch ein Land, in dem fast immer irgendwo Krieg geführt wurde. Dem diente die Duchsetzung eines mehrwöchigen Gottesfriedens für ganz Hellas als wichtiges Element der Gemeinsamkeit. Auch das alte Heiligtum und Orakel in *Delphi* bekam in dieser Zeit überregionale Bedeutung und wurde zu einer Stätte, wo Könige, Städte und Privatleute aus dem ganzen hellenischen Kulturkreis Rat suchten und ihre Dankesopfer und Gaben darbrachten. Das Orakel von Delphi gewann durch die Fülle der Informationen, die dort zusammenkamen, und mit seinen Weissagungen auch politische Bedeutung.

Barbaren: Zunächst war mit Barbarentum die Unverständlichkeit fremder Sprachen gemeint, dann aber auch die Unverständlichkeit fremden Verhaltens, fremder Sitten und Wertvorstellungen. Barbar sein hieß schließlich roh, grausam, unberechenbar und daher bedrohlich sein. Philosophen des 4. Jh. erkannten diese Ansicht als Vorurteil und lehrten die grundsätzliche Gleichheit der Menschen. Für die herrschende Meinung war das von geringer Bedeutung. Auch die Römer waren in den Augen der Griechen zunächst Barbaren, bis die Römer griechische Kultur übernommen hatten und ihrerseits alle Völker außerhalb des Imperium Romanum als Barbaren anzusehen geneigt waren. Das Wort Barbaros ist griechisch; die Vorstellung, dass die Menschen außerhalb des eigenen Gesichtskreises bösartig oder minderwertig, also Barbaren seien, ist bei fast allen Kulturen, Religionen oder Weltanschauungen bis heute mehr oder weniger stark ausgeprägt, ist also offenbar ein primitives, d. h. urtümliches Wahrnehmungsstereotyp des Menschen.

3 Die Welt Homers: Vergangenheit

3a Erbarmungsloser Krieg

Bei der Verteidigung Trojas gegen den Angriff der achäischen Griechen hatte der Trojaner Hektor den Freund Achills, Patroklos, getötet. Achill, hervorragendster Kämpfer des achäischen Adels, rächt seinen Freund blindwütig. Lykaon, Sohn des Königs von Troja Priamos, bittet um Gnade (Die deutsche Übersetzung ist im Hexameter, dem Versmaß des griechischen Originals, gehalten):

„‚Töte mich nicht! Bin ich doch nicht der leibliche Bruder des Hektor, der dir den Freund Patroklos erschlug, den starken und mildgesinnten.' Also rief Priamos' strahlender Sohn ihn an und erhielt die unerbittliche Antwort: ‚Narr du, erzähle mir nichts von Lösegeld, sondern spar dir die Worte! Bevor den Patroklos der Tag des Verderbens erreichte, war ich im Herzen auch noch geneigt, die Troer zu schonen; viele fing ich noch lebend und verkaufte sie später. Jetzt aber soll keiner, den der Gott mir vor Troja in die Hände gegeben, dem Tode entfliehen, unter allen Troern aber des Priamos' Söhne am wenigsten! Darum stirb auch du. Was soll dieses Klagen? Auch Patroklos starb, der doch so

Aspekte der hellenischen Frühzeit

1 **Krieg.** Mykenische Kultur ist, wie alle griechische Kultur der Frühzeit, auf Krieg ausgerichtet. (Fesko vom mykenischen Palast von Pylos, Peloponnes, 13. Jh. v. Chr.; wiederhergestellt)

2 **Ackerbau.** Die Landwirtschaft, Grundlage des Lebens, hat sich seit neolithischen Zeiten wenig verändert. (Böotische Tonplastik [um 700 v. Chr.] aus der Heimat und Zeit Hesiods, vgl. S. 12 und M 5, S. 17)

3 **Religion: Opfer.**)ie unberechenbaren ;öttinnen und ;ötter durch Opfer ünstig zu stimmen, var wesentlicher estandteil griechi- cher Religion. Nach er Weihinschrift andelt es sich hier m eine Opferszene m Altar einer Nym- he, einer weiblichen Naturgottheit, die or allem Quellen be- reute und als Spen- erin der Fruchtbar- eit verehrt wurde.

◀ **4** **Religion: Orakel.** Aigeus, König von Athen und Vater des Theseus, als Ratsuchender vor der Pythia, der weissagenden Priesterin in Delphi (Vase, Mitte des 5. Jh. v. Chr.). In allen Lebensfragen erwarteten die Griechen Hinweise von den Göttern, die durch den Mund der Seherinnen und Seher sprachen. Ursprünglich wurde in Dephi die Muttergottheit Gaia („die Erde") verehrt. Sie war – nach Hesiods „Theogonie" (Lehre von der Abstammung der Götter) – das erste Wesen, das aus dem Urchaos entstand, und die Stammmutter der olympischen Götter. Im 9. Jh. verändert sich der Mythos: Apollon, jener Gott, der den zu voller Kraft herangereiften Mann verkörpert, ergreift Besitz von der bedeutendsten Orakelstätte. Dieser Besitzwechsel gilt als Indiz für den Wandel einer älteren, matriarchalisch orientierten Ackerbaugesellschaft zur patriarchalischen Ordnung.

5 **Religion: Wettkämpfe.** Sportliche Wettkämpfe zu Ehren der Götter waren Teil des Kultes; sie waren eine griechische Besonderheit.

5a Boxer (Vase, schwarzfigurig). Die Kämpfer umwickelten die Hände mit Lederriemen.

5b Wettkämpfer beim Stadionlauf. (Attische Vase, um 520 v. Chr.)

viel besser als du. Siehst du nicht, wie auch ich schön bin und von hoher Gestalt? Edel war mein Vater und eine göttliche Mutter gebar mich. Aber auch mir droht der Tod und das gewaltsame Verhängnis. Der Morgen wird kommen, der Abend oder der Mittag, wenn auch mir einer im Kampfe das Leben nehmen wird, sei es mit der sausenden Lanze oder dem Pfeil von der Sehne.'

So sprach er; des anderen Herz erbebte und ihm brachen die Knie. Fahren ließ er den Speer und sank nieder, die Hände ausgebreitet. Achilleus aber griff zum geschliffenen Schwerte und stieß es ihm am Schlüsselbein in den Hals; tief durch den Hals; tief durchdrang es ihn mit doppelter Schneide; und vornüber auf die Erde gestürzt, lag er ausgestreckt da; schwarz strömte sein Blut und benetzte die Erde. Gleich ergriff ihn Achilleus am Fuß, um ihn in den Strom zu schleudern, dabei rühmte er sich laut und rief die fliegenden Worte:

,Liege nur bei den Fischen da drunten! Achtlos werden sie von der Wunde das Blut lecken. Nie wird deine Mutter dich unter Klagen auf das Totenlager betten, sondern strudelnd wird der Skamandros dich hinabtragen in den weiten Schoß des Meeres.'"

(Aus: Homer, Ilias 21, 20–126, übersetzt von Th. von Scheffer, Bremen 1958)

3b Leben im Frieden

In der Ilias wird geschildert, wie der Schmiedegott Hephaistos den Schild für Achilles anfertigt und mit Bildern versieht:

„Weiter formte der Gott ein wogendes Saatfeld und auf ihm schritten mähende Schnitter mit scharfen Sicheln in Händen. Dicht in Schwaden sank ein Teil der Halme zu Boden, Garbenbinder umwanden die andern mit strohenen Seilen und drei Binder standen daneben ... Inmitten der Leute, gelehnt auf sein Zepter, stand in den Schwaden ihr Herr und sah sie mit schweigender Freude. An einer Eiche zur Seite bereiteten Schaffner die Mahlzeit, richteten zu ein riesig geschlachtetes Rind und die Frauen rührten den Leuten zum Mahl in Masse das schimmernde Gerstmehl. Weiter schmückte der Gott den Schild mit festlichem Tanzplatz, ganz wie jener gebildet, den einst im räumigen Knossos[1] Daidalos kunstvoll schuf der lockigen Maid Ariadne[2].

Burschen sah man dort mit vielumworbenen Jungfraun schwingen den Reigen, so hielten sie einer des anderen Hände; leinene Kleider umflogen die Mädchen, es trugen die Burschen schöngewebte Gewänder von öligschimmerndem Glanze. Prächtige Kränze krönten die Jungfraun, aber die Tänzer trugen goldene Dolche in silbergeschmückten Gehängen. Und so kreisten

4 **Kolonisation: Landnahme** (Griechischer Becher des 8. Jh. v. Chr.). Griechen besetzen eine Küste. Die Figur am linken Rand ist ein mit großem Schild, Schwert und zwei Speeren bewaffneter Krieger.

sie bald mit kundigen Schritten vorüber leicht, als säße ein Töpfer und suche mit drehenden Händen flink die Scheibe zu schwingen, ob sie behende auch liefe ... Zahlreich umstand eine Menge voll Freude den lieblichen Tanzplatz und inmitten der Schar da sang ein göttlicher Sänger laut zur Leier; und wenn das Lied begonnen, so traten unter das Volk zwei Tänzer und wirbelten rasch in die Mitte."
(Aus: Homer, Ilias 18, 490–606, übersetzt von W. Schadewaldt, Frankfurt/M. 1975)

[1] auf Kreta, Erinnerung an die minoische Kultur (vgl. S. 9).
[2] Vgl. die griechische Sagen.

5 Die Welt Hesiods: Gegenwart

Hesiod, um 700, beschäftigte sich in „Werke und Tage" mit seiner Gegenwart. Bei der Teilung des vom Vater hinterlassenen Gutes hat Hesiods Bruder Perses zu viel erhalten, nachdem er die adligen Richter für sich gewonnen hatte. Daraufhin meinte Hesiod:
„O ihr Herrscher, wollt ihr nicht selber im Herzen bedenken | Solches Gericht! Denn nah sind unter den Menschen die Götter, | Und die Unsterblichen schauen, wer alles mit Beugung des Rechtes | Einer dem andern schadet, nicht achtend göttlicher Rache. | Drei Myriaden[1] [Götter] ja gibt es auf reichlich nährender Erde: | ...
Denn ein solches Gebot erteilte Kronion[2] den Menschen: | Bestien zwar und Fische und flügelspannende Vögel | Sollten einander verschlingen, denn sie ermangeln des Rechtes; | Aber den Menschen verlieh er das Recht, das bei weitem der Güter | Bestes. Denn wenn ein Mann Gerechtes nach seiner Erkenntnis | Wissentlich kundtut, den segnet der Allüberschauer Kronion. | ...
Hunger ist ja immer der Arbeitsscheuen Gefährte: | Der ist Göttern und Menschen verhasst, der, ohne zu wirken, | Hinlebt: gleicht er doch den faul-nichtsnutzigen Drohnen, | Die da als zwecklose Fresser das Werk der Bienen vernichten."
(Aus: Hesiod, Werke und Tage, 248–252, 276–281, 302–305, übersetzt von Th. von Scheffer, Leipzig 1965)

[1] drei Myriaden: drei mal 10 000
[2] Zeus, der Sohn des Kronos

6 Panhellenische Feste

Der berühmte attische Redner Isokrates beeinflusste die öffentliche Meinung durch Reden, die als Flugschriften verbreitet wurden. Er schrieb um 400 v. Chr.:
„Zu Recht werden unsere Vorfahren gelobt, weil sie unsere Festversammlungen stifteten und uns dadurch eine Sitte überlieferten, die uns so viel Gutes bringt. Seither kommen wir zu den verschiedenen Spielen zusammen, sobald der Gottesfrieden verkündet ist und alle Feindschaften begraben sind. Wir bringen hier gemeinschaftlich unser Opfer dar, verrichten gemeinsam Gebete, werden uns unserer Verwandtschaft bewusst, erneuern Gastfreundschaften und schließen für die Zukunft neue Freundschaften."
(Zit. nach: L. Drees, Olympia, Stuttgart 1967, S. 68)

7 Das Orakel von Delphi

7a Der griechische Geograph Strabon schrieb um Christi Geburt nach langen Reisen seine „Geographie". Über Delphi berichtet er:
„Es heißt aber, die Orakelstätte sei eine in die Tiefe gehende Höhle, mit einer nicht gerade weiten Öffnung, aus der ein gottbegeisternder Hauch heraufsteige; über der Öffnung stehe ein hoher Dreifuß; den besteige die Pythia[1], nehme den Hauch in sich auf und gebe dann göttliche Worte von sich, in Rhythmen und ohne Rhythmen; aber auch diese brächten Dichter, die dem Heiligtume dienten, in ein Versmaß ... Die höchste Ehre nun geschah diesem Heiligtume durch das Orakel, das man als das untrüglichste von allen ansah; freilich trug auch die Lage des Platzes etwas dazu bei. Liegt er doch nahezu in der Mitte von ganz Hellas ... und, wie man glaubte, auch in der Mitte der ganzen bewohnten Welt und man nannte ihn ja den Nabel der Erde ... Infolge dieser günstigen Lage Delphis kam man dort leicht zusammen, am meisten die nächsten Nachbarn, die denn auch den Bund der Amphiktyonen[2] bildeten, der über die gemeinsamen Angelegenheiten zu beraten und für den Tempel in allgemeineren Fragen zu sorgen hatte; waren doch dort große Gelder und viele Weihgeschenke aufbewahrt, die sorgfältig bewacht und heilig gehalten werden mussten ... Zuerst sollen es zwölf Städte gewesen sein, die da zusammentraten ... Später kamen aber auch

die in der Ferne gelegenen Städte hinzu und befragten das Orakel, sandten Geschenke und bauten Schatzkammern auf, ..."
(Aus: Strabon IX 3,5 ff.; zit. nach: Geschichte in Quellen, Bd. 1, München 1965, S. 127)

[1] Die weissagende Priesterin des Apoll; vgl. M 4, S. 15.
[2] Name der Mitglieder des Bundes zur Pflege eines Heiligtumes.

7b Pausanias aus Kleinasien schrieb im 2. Jh. v. Chr. in seinem Führer durch Griechenland: „In der Vorhalle des Tempels von Delphi sind Lebensweisheiten für die Menschen angeschrieben; geschrieben wurden sie von Männern, die die Griechen als weise bezeichnen ... Diese Männer nun kamen nach Delphi und weihten dem Apollon die berühmten Sprüche: ‚Erkenne dich selbst' und ‚Nichts im Übermaß'."
(Aus: Pausanias, Beschreibung Griechenlands X 19,4 ff.; zit. nach: Geschichte in Quellen, Bd. 1, München 1965, S. 127)

8 **Kolonisation fördert Handel** („Arkesilaos-Schale", 565 v. Chr.). Arkesilaos, Handelsherr oder König, sitzt auf dem Deck eines Schiffes und überwacht das Abwiegen und den Transport der aromatischen Pflanze Silphion, die an der Küste Nordafrikas wuchs und im Mitelmeerraum als Gewürz, Gemüse und Heilpflanze gehandelt wurde.

9 **Spartanisches Mädchen** (Bronzestatuette um 530 v. Chr.). Die heranwachsenden Spartiatinnen hatten viele Möglichkeiten, sich sportlich zu betätigen. Neben Wagenrennen, die sie anlässlich des wichtigsten Festes in Sparta, der Hyakiinthien – zu Ehren des Vegetationsgottes Hyakinthos –, durchführten, spielten die klassischen Disziplinen des Sports für sie eine ebenso große Rolle wie für die jungen Männer. Den Zweck dieser Körperertüchtigung beschreibt der Historiker Plutarch (1. Jh. n. Chr.) so: „Um das Wohlergehen der Frauen kümmerte er [der sagenhafte König und Staatsgründer Lykurgos] sich sehr. Er hieß die Mädchen ihre Körper durch Laufen, Ringen, Diskuswerfen und Speerwerfen stählen, damit der Nachwuchs kräftig in kräftigen Körpern heranwachse." (Vgl. S. 57)

Arbeitsvorschläge und Fragen

a) Charakterisieren Sie das Weltbild der Homer-Texte M 3a und M 3b. Inwiefern spricht daraus eine frühe aristokratische Welt?
b) Beschreiben Sie die religiösen Vorstellungen, die aus den Materialien M 3b, M 5 auf S. 16f. und auch M 3–M 5 auf S. 15 ersichtlich sind. – Welche Gesichtspunkte für die Beurteilung alter kultischer Einrichtungen standen in den Äußerungen späterer Zeit (M 7a und M 7b) jeweils im Vordergrund?
c) Zeigen Sie Unterschiede zwischen den Wertvorstellungen Homers und Hesiods (M 3a, M 3b und M 5 auf S. 13 und 16f.).

2. Die Polis

2.1 Anfänge der Polis

Viele Stadtstaaten – kein Reich

Wenn, nach den dunklen Jahrhunderten, Griechenland deutlicher vor unser Auge tritt, sieht es anders aus, als es in Homers Gesängen erscheint. Es gibt keine Königreiche mehr. Nicht ein König regiert auf Kreta, sondern rund 50 selbständige Städte mit Umland gibt es, ähnlich auf der Peloponnes (außer Arkadien), in Mittelgriechenland (außer dem Westen), in Süditalien und Sizilien, soweit sie von Griechen besiedelt sind. So hat es auf dem Boden des heutigen Griechenland im 5. Jh. v. Chr. etwa 250 selbständige *Kleinstaaten* gegeben.

Diese Klein- und Kleinststaaten wurden von den Griechen *Polis* (Plural: Poleis) genannt: Stadt. Wir nennen sie gewöhnlich Stadtstaaten. Dass sie entstehen konnten und über fast ein halbes Jahrtausend bis zu ihrer Einverleibung in das makedonische Reich keinen gemeinsamen Staat bildeten, hängt auch mit dem Niedergang der Großreiche Ägyptens und Mesopotamiens zusammen: es gab im östlichen Mittelmeer keine Macht, die ihnen gefährlich wurde. Ihre Eroberung durch das Perserreich im 5. Jh. v. Chr. konnten die griechischen Poleis verhindern, ohne dass ein dauernder Zusammenschluss zu einem griechischen Reich nötig gewesen wäre. So konnten sie im 7.–5. Jh. v. Chr. ihre eigenen politischen Systeme entwickeln und ihre erstaunliche geistige Fruchtbarkeit erweisen.

Nicht überall in Griechenland entstanden Poleis und die Stadtstaaten unterschieden sich an Größe und Struktur beträchtlich voneinander. Trotzdem ist „die Polis" zu einem Modell geworden, von dem der Begriff Politik abgeleitet wurde. Denn über die Fragen der politischen Verfassung, und das heißt insbesondere über die Entwicklung zur Demokratie in Athen, haben Griechen, vor allem die Athener, nicht nur heftig diskutiert, um sie gestritten und blutig gekämpft, sie haben auch viel darüber geschrieben (vgl. S. 44 ff.). Daher ist vor allem die Entwicklung Athens vom 6. bis zum 4. Jh.v. Chr. für uns ein einzigartiger geschichtlicher Vorgang.

Polis als Idealtyp

Die Polis unterschied sich wesentlich von den alten Städten des Orients, die viel größer waren, und von den Städten des europäischen Mittelalters. Die Polis mit ihrem Tempel wurde Mittelpunkt der religiösen Verehrung der Ortschaften, in denen die Bürger der Polis wohnten. In die Polis strömten alle, die im Ältestenrat oder in der *Volksversammlung* (ekklesia) als Bürger auf die politischen Entscheidungen Einfluss nehmen durften und wollten. Sie war auch – aber nicht in erster Linie – Mittelpunkt für Handel und Gewerbe. Überschaubarkeit war Wesensmerkmal. Man musste sie in wenigen Stunden zu Fuß erreichen können, in wenigen Minuten durchqueren. Zumindest unter den Bürgern musste jeder jedem bekannt sein. „Ein Staat, der aus zu vielen Menschen besteht," schrieb Aristoteles im 4. Jh. v. Chr., „... ist keine echte Polis, weil er kaum eine echte Verfassung haben kann. Wer kann der Heerführer einer so übermäßig großen Menge sein? Und wer kann Herold sein, wenn nicht ein Stentor (Name eines stimmgewaltigen Griechen bei Homer)?" Die „politische" Gemeinde muss also nicht nur überschaubar, sie muss auch „überhörbar" sein. Nur in solchen Zwergstaaten konnte ohne technische Hilfsmittel und entwickelte Bürokratie Herrschaft des Volkes funktionieren.

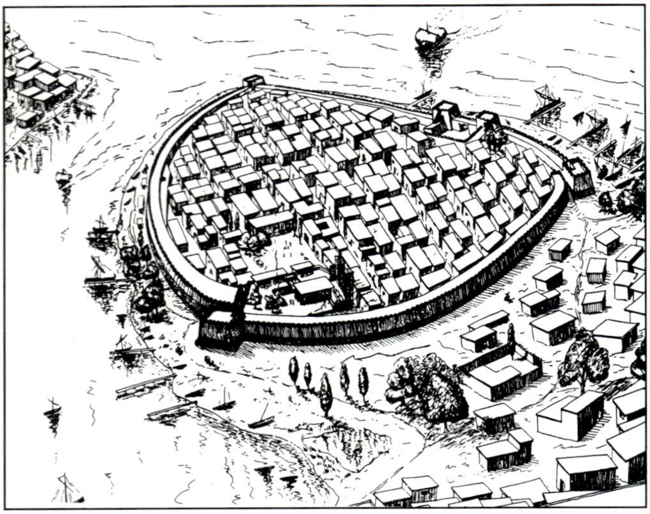

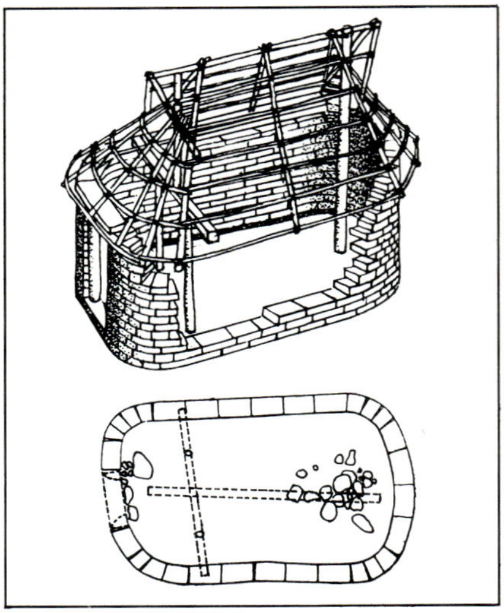

1 **Smyrna (Izmir) in Kleinasien.** Diese Rekonstruktion (links) gibt den Zustand der Stadt im 8. und 7. Jh. v. Chr. wieder. Die ummauerte Siedlung hatte eine Fläche von ungefähr 35 000 m². Die Mauer war massiv und hatte an der Sohle eine Breite von fast 5 m. Rechts ein typisches Haus aus Smyrna (Rekonstruktion).

Weitere Voraussetzungen waren ihre *Autarkie* (autarkeia), also ihre Fähigkeit, sich materiell selbst zu versorgen, und ihre Verteidigungsfähigkeit, was beides wieder eine gewisse Mindestgröße an Fläche und Bevölkerung voraussetzt. Bei den vielen Rivalitäten, Feindschaften und Kriegen (oft nur einzelnen kurzen Gefechten) zwischen den Poleis musste sich jede verteidigen oder ihre Ansprüche militärisch durchsetzen können. Der kriegerische Kampf gehörte geradezu zum Alltag des politischen Lebens, in dem Heeresversammlung und Volksversammlung fast identisch waren, und politische Rechte an die Rolle im Heer gebunden waren. So entstand ein starker Polis-Patriotismus, der die Bürger, d.h. die freien erwachsenen Männer, zu einer exklusiven Gemeinschaft machte, in die sie so gut wie niemanden aufnahmen, der nicht hineingeboren war. Sklaven und ansässige Ausländer (Metöken) gehörten nie zu den Bürgern und nie hat ein Grieche im Altertum die Forderung erhoben, Frauen – die ja auch nicht zum Heer gehörten – irgendwelche politischen Rechte zu geben.
Die Bürger einer Polis waren in noch kleinere Gemeinschaften mit bestimmten Rechten, Funktionen und Kulten eingegliedert: in Stämme (Phylen), in Wohnquartiere (Demen) und Bruderschaften (Phratrien), von denen wir nicht sehr viel Genaues wissen. Doch konnte man mit seiner Familie nur als Angehöriger solcher Gemeinschaften Bürger der Polis sein. Solidarität und Unmittelbarkeit der Beziehungen waren ebenso Merkmale der Polis wie Vetternwirtschaft – oft genug im wörtlichen Sinn. „Politik" war von privaten Beziehungen und Verpflichtungen, Freund- und Feindschaften nicht zu trennen.

Unterschiedliche Entwicklungen

Bis ins 6. Jh.v. Chr. hatten die Adelsfamilien in diesen Verbänden die beherrschende Stellung. Die kleinen Leute in den Phylen und Phratrien waren von dem jeweils herrschenden Adelsgeschlecht abhängig. Man nennt eine solche Gesellschaftsordnung gentilizisch (von lat. gens: Geschlecht). Das hing eng mit der Art der Kriegführung zusammen, bei der die Adligen als schwerbewaffnete Einzelkämpfer (Hopliten) oder als Reiter im Vordergrund standen. Mit der wirt-

schaftlichen und sozialen Entwicklung bis zum 5. Jh. v. Chr. veränderte sich in vielen Poleis, vor allem in Athen, diese Gesellschaftsordnung und ihre politische Verfassung bis hin zur Demokratie.
Der Stadtstaat in dieser entwickelten Form konnte sich nur in Gebieten herausbilden, die dem Ägäischen Meer zugewandt und für Fortschritte offen waren. In den abgelegenen Landschaften erhielten sich ältere Stammesstrukturen und Poleis, die gewissermaßen in den Anfängen steckengeblieben waren.

2.2 Sozialer und politischer Wandel in Athen: Drakon und Solon

Vom Königtum zur Aristokratie

Über die Entwicklung Athens sind wir am besten unterrichtet, weil hier das meiste Quellenmaterial vorliegt. An keiner anderen Stadt der Antike können wir die Auseinandersetzung um die Gestaltung einer politischen Ordnung, an der die freien Bürger möglichst stark beteiligt sein sollten, genauer studieren.
Zunächst waren es die adeligen Geschlechter, die die Herrschaft in der Polis unter sich verteilen wollten. Adelig waren Geschlechter, die seit vielen Generationen ausgedehnten Landbesitz und damit Reichtum und Macht besaßen. Sie verdrängten die Könige und teilten deren Funktionen auf mehrere Amtsträger auf, die *Archonten* genannt wurden. Die Liste dieser von den Geschlechtern gewählten Archonten beginnt in Athen im Jahre 682 v. Chr. Anfangs gab es drei:
- den Archon epónymos, der als Vorsitzender die Geschäfte leitete und nach dem das Jahr benannt wurde;
- den Archon basileús, in dessen Titel sich die Erinnerung an das Königtum (basileus = König) erhalten hat und der wie seinerzeit der König für den Götterkult zuständig war. Da die Griechen keine Priesterkaste kannten, galt dieses Amt als für das Wohl des Staates besonders wichtig.
- Der Archon polemarchos, der Kriegführer oder Feldherr, war der Dritte.

Etwas später kamen sechs für die Auslegung des Rechts zuständige Archonten, die Thesmotheten, hinzu. Die Amtszeit der Archonten wurde nach und nach auf ein Jahr begrenzt, was eine weitere Einschränkung der Macht bedeutete. Außerdem gab es als zentrales Organ einen Adelsrat, den *Areopag*, der die Archonten wählte und in den die Archonten nach ihrer Amtszeit eintraten. Der Areopag hatte großes politisches Gewicht.
Es gab auch eine *Volksversammlung*, die aber keine Initiative ergreifen konnte.

Wachsender Handel – wachsende Spannungen – politische Veränderungen

Die Geschichtsschreiber und Philosophen des 5. und 4. Jh. v. Chr., die für das 6. und 7. Jh. v. Chr. unsere wichtigste Quelle sind, wussten, welche Rolle wirtschaftliche Entwicklungen und soziale Konflikte spielen. Sie berichten, wie die stärkere Beteiligung des Volkes, d. h. der männlichen Vollbürger, an der politischen Willensbildung in Athen in sozialen Konflikten vorangetrieben wurde.
Im 7. Jh. v. Chr. wuchsen die Gegensätze zwischen dem Adel einerseits und dem Volk andererseits an. Das „Volk", das waren Kleinbauern, Fischer, Seeleute, auch Kaufleute und Handwerker. Die Große Kolonisation (vgl. die Karte S. 12, M 1) und das Aufkommen der *Geldwirtschaft* ermöglichten die Einfuhr billigeren Getreides aus Kleinasien und Sizilien und brachten die Getreidebauern in Schwierigkeiten. Nur die adeligen Großgrundbesitzer hatten das Geld, ihre Produktion auf den Anbau höherwertiger Erzeugnisse, nämlich Wein und Oliven, umzustellen. Die kleinen Bauern mussten meist Schulden machen und ihre Äcker an den Adel verpfänden oder verkaufen. Schuldknechtschaft griff

um sich und wurde zum politischen Problem, zumal der Schuldner mit eigener Person und Freiheit haftete. Andererseits profitierten Gewerbe und Handwerk von der Zunahme des Handels im östlichen Mittelmeer; viele konnten sich jetzt Sklaven kaufen und das waren oft ehemalige Kleinbauern.
Wie in anderen griechischen Stadtstaaten verlangten die wachsenden *sozialen Gegensätze* nach Lösungen. Der Adel wollte die Lage entschärfen, indem er berechtigten Forderungen entgegenkam, seine Vormachtstellung im übrigen aber bewahrte. So beauftragten die adeligen Familien einen der ihren, *Drakon*, mit dieser Aufgabe. Drakon ließ die geltenden, bisher aber nur mündlich überlieferten Gesetze aufschreiben und öffentlich aufstellen um die Rechtssicherheit zu erhöhen. Er entzog dem Adel das Recht auf Blutrache, indem er den Areopag für Tötungsvergehen zuständig machte. An der Härte der alten Gesetzgebung, nach der Verschuldung zum Verkauf in die Sklaverei führen konnte, änderte er nichts. Es wird berichtet, dass er die Strafen sogar verschärft habe. So trug die „drakonische" Gesetzgebung nicht zum Abbau der Gegensätze bei.

Solon: Stabilität durch Reformen

Infolge der wirtschaftlichen Entwicklung gingen die sozialen Veränderungen weiter und verschärften die Spannungen bis an den Rand des Bürgerkrieges. Die Verelendung zahlreicher Bauern musste angehalten werden. Außerdem wollten die durch Handel und Gewerbe an Zahl und Wohlstand wachsenden Schichten ihren politischen Einfluss vergrößern. Auch ihre militärische Bedeutung hatte zugenommen, da immer mehr Bürger, auf eigene Kosten ausgerüstet, als schwerbewaffnete Hopliten im Krieg zur Verfügung standen. Die nächste Generation des Adels kam also um eine tiefgreifende Reform nicht mehr herum, wenn sie einen gewaltsamen Umsturz verhindern wollte. So berief der Adel mit Zustimmung der übrigen Bevölkerung *Solon*, einen der ihren, zum „Versöhner" mit Sondervollmachten. Er wurde 594 v. Chr. zum Archon gewählt.
Solon wurde von den nachfolgenden Generationen zu den „sieben Weisen" gerechnet. Sein Ansehen stieg mit zeitlichem Abstand und brachte es mit sich, dass ihm Maßnahmen zugeschrieben wurden, von denen wir nicht wissen, ob sie erst später eingeführt wurden oder schon älter waren. Jedenfalls betrafen die Solonischen Gesetze viele Bereiche: Verbesserung der Lage der Kleinbauern, Einschränkung der Macht des Adels durch Begrenzung des Landbesitzes und durch Übertragung der Gerichtsbarkeit an Gerichte, die sich aus der gesamten Bürgerschaft rekrutierten (Heliaia) und an die sich jeder wenden konnte; Ausweitung der Rechte der Volksversammlung bei der Wahl der wichtigsten Beamten; nach Vermögen statt nach Familienherkunft abgestufte Teilhabe an den politischen Entscheidungsprozessen (Timokratie); Förderung von Handel und Gewerbe im Interesse des wachsenden gewerblichen Mittelstandes. Die Richtung der zukünftigen Entwicklung Athens war damit vorgezeichnet.

Aristokratie (griech.: Herrschaft der Besten): Unter Aristokratie vesteht man in der Geschichte gewöhnlich eine soziale Oberschicht, deren Macht auf Grundbesitz und Familientradition beruht, zu der im antiken Griechenland auch der Anspruch auf göttliche Abstammung gehörte. Der griechische Philosoph Aristoteles verwendete den Ausdruck im 4. Jahrhundert v. Chr. für eine seiner drei Typen von Staatsformen: Monarchie = Herrschaft eines Einzelnen, Aristokratie = Herrschaft einer Elite, Demokratie = Herrschaft des Volkes.
Als Aristokratien bezeichnet man ebenfalls die Herrschaftsform in Rom nach der Beendigung der Königsherrschaft, aber auch im europäischen Mittelalter und in der Neuzeit die Stadtrepubliken in Oberitalien oder die deutschen Reichsstädte.

1 Zunahme des Mittelstandes – Zunahme des Hoplitenheeres

Der Philosoph Aristoteles (vgl. Kap. 5, S. 44) berichtet um 400 in seiner Schrift „Politik":

„Bei den Griechen stützte sich ja auch die erste Verfassung nach der Königszeit auf die Bewaffneten, ursprünglich auf die Reiter (denn damals wurde der Krieg durch die Kraft und die Überlegenheit der Reiter bestimmt). Als aber die Staaten wuchsen und die Waffenträger zu Fuß sich mehr geltend machten, wuchs auch die Zahl der regimentsfähigen Bürger. Die alten Verfassungen allerdings waren begreiflicherweise oligarchisch[1] und königlich. Denn wegen der geringeren Bevölkerungszahl hatten sie keine bedeutende Mitte, so dass das Volk, gering an Zahl und Zusammenhang, sich leicht beherrschen ließ."

(Aus: Aristoteles, Politik 1297 a; zit. nach: Geschichte in Quellen, Bd. 1, München 1965, S. 151)

---

[1] Oligarchie: Herrschaft von wenigen

2 Die Solonische Verfassung

Aristoteles berichtet in seiner Schrift „Staat der Athener":

„(6) Als nun Solon von den Parteien unumschränkte Vollmacht bekommen hatte, ward er der Gesetzgeber seines Volkes und der Befreier des gemeinen Mannes, indem er für jetzt und für immerdar die Schuldsklaverei abschaffte. Zudem verfügte er einen allgemeinen Schuldenerlass, eine Entlastung [seisachtheia], wie man es ... nannte, die in gleichem Maße die privaten wie die Staatsschuldner traf.

(7) Eine Verfassung hat Solon dem Staate gegeben und hat sie auf neue Gesetze gegründet. Die Gesetze des Drakon traten außer Kraft, außer denen, die Mord betrafen. Die neuen Gesetze ließ die Gemeinde auf Holztafeln einritzen und diese in der Königshalle aufstellen. Dann mussten alle schwören, die Gesetze zu halten.

Die Verfassung ordnete Solon in folgender Weise: Zunächst teilte er in Anlehnung an die bestehenden Vermögensklassen die ganze Bürgerschaft in vier Steuerklassen: in Fünfhundertscheffler, Ritter, Kleinbauern [Zeugiten] und Lohnarbeiter [Theten]. – Von diesen verlieh er nur den ersten drei Klassen die Berechtigung, Regierungsstellen zu bekleiden, indem er bei der Bestellung der einzelnen, der neun Archonten, der Schatzmeister, der Poleten[1], der Elfmänner[2], der Kolakreten[3], die Bedeutung des Amtes nach der Größe des eingeschätzten Vermögens abstufte. Die vierte Klasse war auf das Stimmrecht in der Volksversammlung und in den Volksgerichten beschränkt. Zur ersten Klasse gehörten die, welche von ihrem Eigentum einen Reingewinn von mindestens fünfhundert Maß[4] erzielten, sei es an Flüssigem [Wein, Öl] oder an Trockenem [Getreide]. Zur zweiten, der Ritterklasse, gehörten diejenigen, welche einen Reinertrag von mindestens dreihundert Maß hatten ...

Zur Klasse der Kleinbauern gehörten die, welche einen Reinertrag von zweihundert Maß an Trockenem oder Flüssigem erzielten. Alle übrigen gehörten der vierten Klasse an, die von allen Regierungsstellen ausgeschlossen war ...

(8) Die Beamten wurden durchs Los[5] bestimmt und zwar losten die, welche von den einzelnen Stämmen, der vier Phylen, dazu gewählt waren. Für die Stellen der neun Archonten präsentierte jeder Stamm zehn Männer und diese losten untereinander ... Daher ist es noch heute so, dass jede Phyle zehn Kandidaten präsentiert, aus denen die neun Archonten erlost werden ...

Vormals berief der Rat vom Aeropag nach eigenem Ermessen diejenigen, die ihm für die einzelnen Stellen die geeignetsten erschienen, und bestellte sie auf ein Jahr.

Den Rat besetzte Solon mit vierhundert Mitgliedern, hundert aus jedem der vier Stämme. Dem Aeropag vertraute er die Überwachung seiner Gesetze an, wie dieser ja auch früher schon als oberste Aufsichtsbehörde die meisten und wichtigsten Interessen des Staates in seiner Obhut gehabt und nach eigenem Ermessen die, welche sich gegen die Ordnung vergingen, mit Körperstrafen und Bußen belegt hatte. Außerdem bekam er nun durch Solon die Befugnis gegen diejenigen rechtlich einzuschreiten, welche sich zum Sturz der neuen Verfassung verbänden. Da er aber die Erfahrung gemacht hatte, dass während der häufigen Parteikämpfe in der Gemeinde manche von den Bürgern aus Gleichgültigkeit die Sachen gehen ließen, wie sie wollten, schuf er für sie noch ein besonderes Gesetz: Wer während einer Bürgerfehde zu keiner der beiden Parteien halte, solle bürgerlich ehrlos sein und aus der Gemeinde ausscheiden.

(9) Drei Dinge sind es vornehmlich, in denen der

demokratische Charakter der solonischen Verfassung hervortritt. Das erste und wichtigste war, dass er die Schuldsklaverei abschaffte, das zweite, dass er jedem, der wollte, das Recht gab, für einen anderen, der geschädigt war, zu klagen, das dritte – und das hat die Macht des Volkes am meisten gestärkt –, dass an das Volksgericht appelliert werden konnte. Denn wenn das Volk die höchste richterliche Entscheidung hat, so hat es auch die Verfassung in der Hand ...
(22) Solon sah, wie die Stadt sich mit Menschen füllte, die stets von allen Seiten in Attika zusammenströmten, weil man da nichts zu fürchten hatte, dass aber das Land größtenteils teils karg und unfruchtbar war und dass die Seefahrer solchen, die nichts dagegen anzubieten haben, keine Waren zuführen. Deshalb hielt er die Bürger zu handwerklicher Tätigkeit an und gab ein Gesetz, wonach ein Sohn, den sein Vater kein Handwerk hatte lernen lassen, nicht verpflichtet war, ihn zu unterhalten ... Da er sah, dass der karge Boden kaum denen, die ihn bebauten, Unterhalt bot, aber nicht imstande war, eine müßige, arbeitslose Menge zu ernähren, so gab er dem Handwerk Ehre und ordnete an, dass der Rat auf dem Areopag die Aufsicht darüber zu führen hatte, wobei jeder seinen Unterhalt beziehe, und die Müßiggänger bestrafte ..."
(Aus: Aristoteles, Schrift vom Staat der Athener, verdeutscht von G. Kaibel u. A. Kießling, Straßburg 1891, S. 7 ff.)

---

1 Sie verpachteten die Staatssteuern.
2 Sie beaufsichtigten die Gefängnisse und vollstreckten Strafen.
3 Sie besorgten die Opfermahle.
4 1 Scheffel bzw. 1 Maß = 25 kg Getreide oder 36 l Öl.
5 In einer Urne lagen weiße und farbige Bohnen, in einer zweiten Täfelchen mit den Namen der Bewerber. Der, dessen Name zugleich mit einer weißen Bohne herausgegriffen wurde, war gewählt.

3 Solons Wirken aus heutiger Sicht

Ein moderner Historiker beurteilte 1972 Solons Leistungen folgendermaßen:
„Bei einer kritischen Untersuchung von Solons Werk müssen also vier Punkte seiner ‚Verfassung', die man zweitausend Jahre hindurch vorbehaltlos als dazugehörig hingenommen hat, in Frage gestellt, unentschieden gelassen oder geradezu gestrichen werden. Was an sicheren Nachrichten oder auf relativ zuverlässigen Schlussfolgerungen Basierendes übrig bleibt, scheint die Hypothese zu stützen, dass Solon sich überhaupt kaum mit der formalen Struktur der staatlichen Organe befasste, sondern den äußeren Rahmen der aristokratischen Verfassung fast unangetastet ließ. Mit Hilfe anderer Mittel bewirkte er in den politischen Verhältnissen einen derartigen Umsturz, dass er, um mit Aristoteles zu sprechen, ‚die Oligarchie beseitigte, die allzu extem gewesen war' (Politik, 1273 b).
Obgleich seine Leistung hochbedeutend war und – schon nach seinen eigenen Versen zu urteilen – unmittelbar leidenschaftliches Interesse weckte, ging man erst viele Generationen später daran, ein einheitliches Bild und eine Gesamtvorstellung davon zu formen. Hinweise auf Solon und namentlich auf seine politische Tätigkeit sind nämlich vor dem oligarchischen Umsturz 411 (vgl. S. 40) sehr selten. Gerade damals fingen offenbar gewisse politische Kreise Athens an, von einer solonischen ‚Verfassung der Vorväter', Pátrios politeía, zu sprechen. Man befürwortete die Rückkehr zu ihr wegen ihres antidemokratischen Charakters. Auch nach der Wiederherstellung der demokratischen Ordnung 403 kehrten die Hinweise auf Solon häufig wieder, um im Laufe des 4. Jahrhunderts die Form von Lobpreisungen anzunehmen. Jetzt betonte man allerdings den demokratischen Charakter der solonischen Verfassung, und Solon selbst wurde als ‚der Demokratie genehm', ‚höchst demokratisch gesinnt', ‚Gesetzgeber, der die Demokratie gründete' usw. gestempelt."
(T. Tarkiainen, Die athenische Demokratie, München 1972, S. 83 f.)

4 Sozialer Wandel

Theognis von Megara schilderte in seinen Gedichten, die an einen jungen Mann namens Kyrnos gerichtet sind, den Wandel in einer griechischen Stadt im 6. Jh. v. Chr.:
„Kyrnos, unsere Stadt zwar bleibt, doch die Menschen sind andere. | Sie, die gestern gekannt weder Gesetze noch Recht, | Die um den Leib als Kleid der Ziegen Felle getragen, | Draußen weit vor der Stadt Hirschen gleich hatten gelebt, | Das ist heute der Adel. Und sie, die Edlen von einstens, | Heute sind sie gemein. Wer kann ertragen dies Bild?
...
Geld gibt der Gott wohl auch einem Manne, der

ganz nur Gemeinheit, | Aber des Adels Los, Kyrnos, nur wenigen fällt. | ...Widder und Esel und Pferde, sie suchen wir, Kyrnos, von Adel, | Und nur aus edlem Blut soll uns der Sprößling entstehn. | Doch von gemeinem Manne gemeine Tochter zu freien, | Scheut sich der Adlige nicht, wenn sie ihm Schätze nur bringt. | Auch das adlige Weib versagt nicht dem Schlechten die Ehe, | Wenn er nur reich und das Gut nimmt statt des Guten sie nun. | Geld, das ist's, was sie ehren. So wählt aus der Tiefe der Edle, | Wählt aus dem Adel der Lump. Reichtum vermengt das Geblüt."

(Aus: Elegien des Theognis von Megara V 53–58, 149 f., 183–192; zit. nach: Geschichte in Quellen, Bd. 1, München 1965, S. 150)

5 **Lanzenreiter und Hoplitenkrieger unterschiedlicher sozialer Herkunft** (Athenische Vase, 6. Jh. v. Chr.)

Arbeitsvorschläge und Fragen

a) Erstellen Sie anhand der Informationen des Verfassertextes und des Aristoteles-Textes M 2 ein Schaubild der athenischen Verfassung nach den Reformen des Solon.
b) Versuchen Sie, die einzelnen Maßnahmen Solons in ihren Auswirkungen zu verstehen und als Reaktion auf den gesellschaftlichen und wirtschaftlichen Wandel zu deuten (M 4). – Beachten Sie auch M 1.
c) Welche Problematik ergibt sich aus dem Text von Tarkiainen (M 3)
– für unser Verständnis von Solon und
– für kritische Geschichtsforschung allgemein?

3. Athen auf dem Wege zur Demokratie

3.1 Entmachtung des Adels und Grundlegung der athenischen Demokratie

Peisistratos: Wohlwollende Diktatur als Lösung?

Solon hatte offenbar nicht den Ehrgeiz gehabt, seine Stellung auf Dauer auszubauen. Es wird von Aristoteles lobend berichtet, dass sich Solon nach Vollendung seiner Reform auf Reisen ins Ausland begeben habe, damit die Athener die Zweckmäßigkeit seiner Maßnahmen erproben könnten.
Die von Solon eingerichtete politische Ordnung hielt aber nicht lange vor. Die arme Landbevölkerung war enttäuscht, weil sie vergebens auf Landzuteilung gehofft hatte; der Adel wollte verlorene Positionen zurückgewinnen. Die Krise spitzte sich erneut zu. Ähnlich wie in anderen Poleis suchten sich Adelige eine Machtbasis zu schaffen, um die Auseinandersetzungen mit diktatorischer Gewalt zu beenden. Schließlich konnte sich *Peisistratos*, als „starker Mann" auf Bewohner des attischen Binnenlandes gestützt, 561 v. Chr. durchsetzen und die Alleinherrschaft, von den Griechen *Tyrannis* genannt, errichten. Die Tyrannis des Peisistratos hatte Rückhalt im Volk. Doch wenn er auch den politischen Teil der solonischen Neuordnung, also die demokratischen Elemente erweiterter Mitwirkung der Bürger, beseitigte, so ließ er die sozialen und wirt-

schaftlichen Reformen bestehen. Darüber hinaus verteilte er Land an Kleinbauern und beschränkte die Stellung des Adels weiter, indem er die Abwicklung aller die Polis betreffenden Vorgänge dem lokalen Adel entzog und in Athen konzentrierte.
Außenpolitische Erfolge und Bauaufträge brachten einen wirtschaftlichen Aufschwung, der breiteren Schichten zugute kam. Neue religiöse Feste versammelten die Bewohner auch entlegener Ortschaften Attikas immer wieder in Athen. Dazu gehörte der Kult des bei der Landbevölkerung beliebten Gottes der Fruchtbarkeit und des Weines, Dionysos; hier liegt der Ursprung des griechischen Theaters (vgl. S. 49). Auch von einer Erweiterung der Bürgerschaft durch Neuaufnahmen wurde später berichtet.
Nach dem Tod des Peisistratos ging die Regierung an seine Söhne über, womit der Anfang einer neuen Erbmonarchie gemacht schien. Der eine, Hipparch, wurde ermordet, der andere, Hippias, durch die altadelige Familie der Alkmeoniden mit Hilfe spartanischer Truppen 510 v. Chr. gestürzt.

Kleisthenes: Grundlegung der Demokratie

Die Tyrannis hatte den Adel 50 Jahre lang von der Macht fern gehalten. Nach ihrem Sturz konnte *Kleisthenes*, selbst aus dem Geschlecht der siegreichen Alkmeoniden, den Demos, d. h. alle Vollbürger, gegen einen Konkurrenten der aristokratischen „Partei" auf seine Seite ziehen. Als Archon führte Kleisthenes nun mit Zustimmung der Volksversammlung eine Verfassung ein, die den Demos an der politischen Willensbildung beteiligte.
Voraussetzung dazu war die Auflösung der gentilizischen Struktur der Gesellschaft. Dem Einfluss der Adelsfamilien in den alten Verbänden (vgl. Kap. 2.1) der Phylen und Phratrien musste Kleisthenes den Boden entziehen. Deshalb wurden die bisherigen vier Phylen aufgelöst und an deren Stelle zehn neue geschaffen, die sich aus drei Regionen verschiedenen sozialen Charakters möglichst in gleicher Weise zusammensetzten. Durch diese „Vermischung" der Bürgerschaft sollte für den einzelnen Bürger die unmittelbare Beziehung zur Polis an die Stelle der Abhängigkeit von einem adeligen Geschlecht treten. Die Phyle wurde zur Grundeinheit der politischen Vertretung im Rat von Athen und der militärischen Organisation, in die jede Phyle ein Regiment (ca. 2000 Mann) mit Kommandeur (Strategos) entsandte. Der Gemeindebezirk, der Demos, wurde – von der Familie abgesehen – zur kleinsten sozialen und politischen Einheit. Nur wer in einer Demos-Liste eingetragen war, konnte Polisbürger sein. Man brauchte dazu aber nicht mehr wie in früherer Zeit Grundbesitz zu haben. So bekamen auch Nicht-Besitzende Zutritt zur Volksversammlung. Die Bruderschaften (Phratrien), in die der Sohn eines Bürgers als Kind und noch einmal als 18-Jähriger feierlich aufgenommen wurde, bestanden weiter.
Durch diese Gleichheit im Gesetz (*Isonomie*) wurden der Prozess der politischen Entscheidungen noch stärker auf Athen als Stadt konzentriert und die Voraussetzungen für die Entwicklung der attischen (athenischen) Demokratie geschaffen. Die höchsten Ämter waren allerdings weiterhin nur den landbesitzenden Bürgern der beiden obersten Vermögensklassen zugänglich.
Um zu verhindern, dass sich ein Feind dieser Verfassung eine gefährliche politische Machtstellung aufbauen könnte, wurde das *„Scherbengericht"* eingeführt. Mit diesem Verfahren, dem Ostrakismos, konnte die Volksversammlung bei Anwesenheit von mindestens 6000 Bürgern die zehnjährige Verbannung eines Mannes beschließen. Ohne vorherige Diskussion schrieben die Bürger den Namen dessen auf, der verbannt werden sollte. Der Bürger, dessen Name am häufigsten genannt wurde, musste für 10 Jahre die Stadt verlassen.

Die griechischen Stadtstaaten und das Perserreich

Im 6. Jh. v. Chr. eroberten sich die Perser ein Reich, das schließlich vom Indus bis ans Mittelmeer reichte, Kleinasien mit den ionischen Griechenstädten, Syrien und Ägypten inbegriffen. 513 v. Chr. besetzte der Perserkönig Darius I. Thrakien und Makedonien, so dass der Kern Griechenlands von Norden, Osten und Süden eingeschlossen war. Er teilte das Reich in 20 Verwaltungsbezirke (Satrapien) ein und vereinheitlichte Währung, Maße und Gewichte. Gegenüber einheimischen Religionen und Sitten waren die Perser duldsam, ließen auch den griechischen Städten in Kleinasien weitgehend ihre Selbstverwaltung. Dennoch erhoben sich die ionischen Poleis um 500 v. Chr. zu einem Aufstand, der erst nach sechs Jahren unterdrückt werden konnte. Nun wollte Darius auch die Städte des griechischen Mutterlandes unterwerfen, von denen einige den Aufstand teilweise unterstützt hatten.
490 v. Chr. unternahm er einen Feldzug gegen Eretria und Athen. Als die Truppen bei Marathon an der attischen Küste landeten, siegte das attische Hoplitenheer unter Führung des Polemarchen Miltiades überragend. Zehn Jahre später unternahm Xerxes, Sohn des Darius, einen neuen Feldzug mit etwa 700 Schiffen und weit über 100 000 Soldaten. Diesmal schlossen sich die antipersischen Städte zu einer Allianz zusammen. Den Krieg entschied der Sieg der athenischen Flotte unter Leitung des Themistokles in der Seeschlacht bei Salamis 480 und der Sieg der alliierten griechischen Heere unter Führung des Spartaners Pausanias bei Plataiai in Böotien 479 v. Chr. Auch in den folgenden eineinhalb Jahrhunderten bewahrten die Stadtstaaten des griechischen Kernlandes in immer wieder neuen Kriegen ihre Selbständigkeit gegenüber dem Perserreich, bis dieses in das Reich Alexanders des Großen einverleibt wurde.
Athen wurde nach dem Sieg von Salamis zur Vormacht eines Attisch-Delischen Seebundes; aus diesem wurde mehr und mehr ein athenisches Seereich, das mit dem Peloponnesischen Bund unter Spartas Führung rivalisierte.

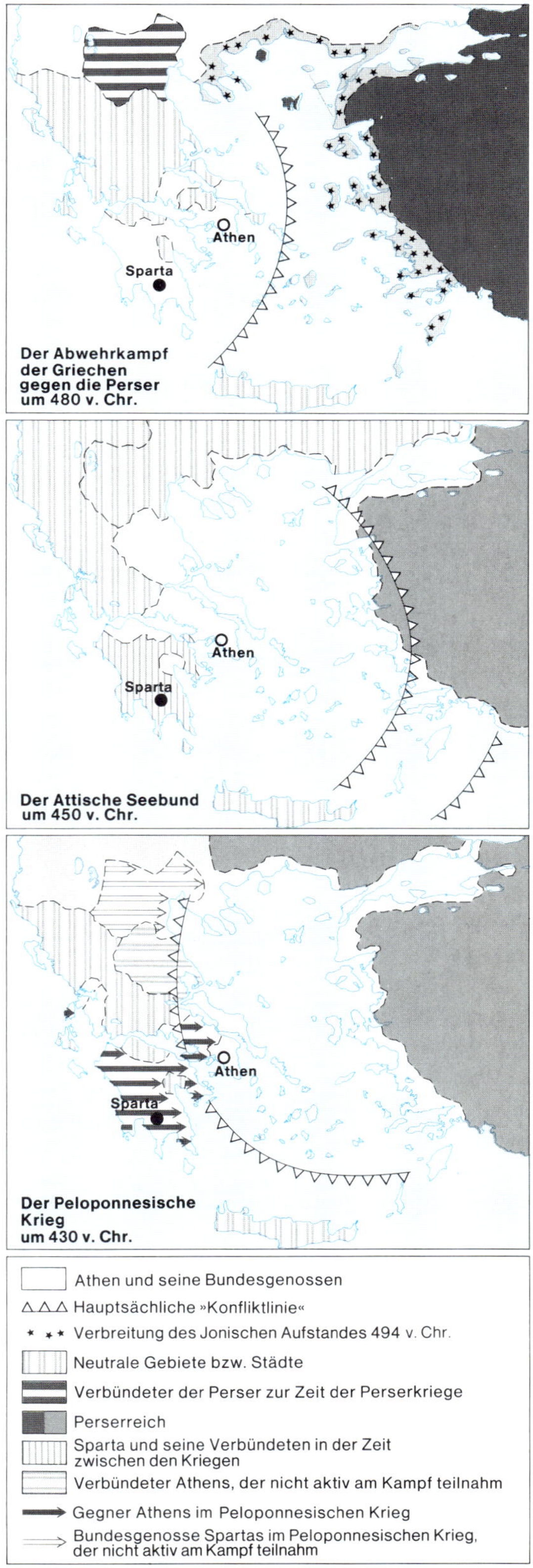

1 **Athen, Sparta und das Perserreich im 5. Jh. v. Chr.**

3.2 Ausbau der Herrschaft des „Volkes"

Aufstieg der 4. Klasse

Die Abwehr des persischen Imperialismus war für die Athener eine Bestätigung der Überlegenheit ihrer politischen Ordnung, die eine hochmotivierte Hoplitenarmee von politisch aktiven Vollbürgern, vorwiegend aus der dritten Vermögensklasse (Zeugiten), bereitstellte. Mit der Verlagerung des Kampfes auf den Seekrieg wurde die athenische Flotte in kurzer Zeit auf 200 Kriegsschiffe vermehrt, die je Schiff 170 Ruderer, insgesamt also 34 000 Mann benötigte. Da auch die Ruderer als Krieger galten, die die Waffe Schiff bedienten, wurden diejenigen Bürger Athens eingesetzt, die keine Rüstung bezahlen konnten, militärisch also keine Rolle gespielt hatten, und deren politisches Gewicht deshalb bisher gering war. Vor allem nach dem überragenden Seesieg bei Salamis 480 v. Chr. gewannen die Theten, die vierte und letzte Vermögensklasse, also auch politisch an Bedeutung.

Über die Veränderungen im politischen System in den folgenden Jahrzehnten herrscht bei den Historikern keine ins einzelne gehende Klarheit. Offensichtlich verloren die Archonten an Einfluss, da ein durch Los besetztes Amt kaum Ziel politischen Ehrgeizes sein kann. Der Areopag wurde die wichtigste Behörde, da er das Aufsichtsrecht über alle Beamten einschließlich der Archonten hatte. Wie uns Aristoteles berichtet, bewirkte *Ephialtes* 462 v. Chr., also 17 Jahre nach dem Sieg über die Perser, eine Reform – oder Revolution? –, die dem Areopag die Kontrolle über die Beamten entzog und sie den Geschworenengerichten übertrug, in denen die Masse der Athener mitwirkte (vgl. S. 22). Die Macht der Beamten, deren wichtigste meist aus adeligen Familien stammten, war damit zugunsten der *Volksherrschaft* gebrochen. Offenbar hatte sich die Steigerung des Selbstbewusstseins in der Klasse der Theten nun ausgewirkt. Der Weg zur *demokratía* – erst jetzt wird dieser Ausdruck verwendet – war frei.

Konsequente Verwirklichung der Demokratie

458 v. Chr. wurde das Archontenamt auch den Zeugiten zugänglich gemacht. Die Wahl der meisten Beamten – mit Ausnahme der Offiziere, Finanzbeamten und Gesandten – wurde durch das *Losverfahren* ersetzt. An die Stelle der Beamten der Exekutive trat der Volksführer (demagogós), der die Entscheidungen der Volksversammlung durch seine Autorität und sein Geschick als Redner beeinflusste. *Perikles*, der erste Politiker dieses Typs, sicherte seine Macht dadurch ab, dass er sich immer wieder erfolgreich für die Wahl zum Strategen, also zum Befehlshaber der Truppen, aufstellen ließ. Damit die Theten, die meist von der Hand in den Mund lebten, von ihren politischen Rechten auch Gebrauch machen konnten, wurde die Zahlung von Tagegeldern für jede Art politischer Tätigkeit eingeführt.

Demokratie gegen Oligarchie

Im Laufe des 5. Jh. v. Chr. wurde *Sparta*, das in den Perserkriegen mit Athen und anderen griechischen Staaten gemeinsam gekämpft hatte, der Gegenspieler Athens. Beide scharten Verbündete um sich, so dass sich 431 v. Chr. der Attisch-Delische Seebund unter Führung Athens und der Peloponnesische Bund unter Führung Spartas feindlich gegenüberstanden. Dabei ging es nicht nur um die Vorherrschaft in Griechenland; es ging auch um das politische System der Demokratie nach Athens Muster oder der *Oligarchie*, der Herrschaft der „Elite", nach dem Muster Spartas.

Sparta, um 900 v. Chr. im Eurotas-Tal auf der Peloponnes gegründet, hatte sich im 8.und 7. Jh. v. Chr. durch mehrere Kriege gegen die benachbarten Messenier, die zu Heloten (Staatssklaven) gemacht wurden, zur Vormacht der Halbinsel entwickelt. Die Staatsverfassung Spartas wurde seit dem 7. Jh. v. Chr. nicht mehr verändert und mutete deshalb immer altertümlicher an, wenn man sie mit der Entwicklung anderer Poleis, vor allem Athens, verglich. An der Spitze des Staates standen zwei Könige, fünf Ephoren (Aufseher) und der Rat der Alten (die Gerusia). Alle waffenfähigen Männer der herrschenden Schicht der Spartiaten waren in der Volksversammlung vertreten. Die Minderheit der Spartiaten übte uneingeschränkte „Herrschaft der Gleichen" über die Mehrheit der Bevölkerung aus, die aus Heloten und Periöken (Umwohner) bestand. Der Erhaltung ihrer Herrschaft ordneten die Spartiaten alle anderen Interessen unter. Sie schlossen ihr Land vom Austausch von Waren und Ideen mit anderen Poleis weitgehend ab, forderten die bedingungslose Unterordnung des einzelnen Spartiaten unter den Staat bei Verzicht auf individuelle Entfaltung und Glücksgewinn von Kindheit an. Spartanische Truppen galten wegen ihrer bedingungslosen Opferbereitschaft als die besten in Griechenland. Nicht zuletzt deshalb war Sparta im Altertum, aber auch in der neuesten Zeit, all denen Vorbild, deren Ideal der militärisch starke Staat und der gehorsame, opferwillige Bürger war. Die Hegemonialstellung Spartas geriet ins Wanken, als Athen in den Perserkriegen die entscheidenden Schlachten gewann (Marathon 490 v. Chr., Salamis 480 v. Chr.) und als Seemacht immer bedeutender wurde. Die Rivalität zwischen Sparta und Athen entlud sich 431 v. Chr. im *Peloponnesischen Krieg*, der nach fast 30 Jahren mit der Niederlage Athens 404 v. Chr. endete (vgl. S. 39 f.).

Demagoge: Die wörtliche Übersetzung ist Volksführer. Gemeint waren im 5. Jh.v. Chr. Politiker, die nicht auf Grund eines Amtes, sondern durch ihr Redetalent in der Volksversammlung Einfluss auf politische Entscheidungen hatten. In der vorwiegend anti-demokratischen Literatur des 5. und 4. Jh. v. Chr. bekam der Begriff bereits seinen negativen Klang des Volksverführers, des skrupellosen Politikers, der seine Redegabe zu unheilvollen Zwecken missbraucht. In der Zeit der Karlsbader Beschlüsse von 1819 wurden die Vorkämpfer für Bürgerrechte und liberale oder demokratische Verfassungen von den Regierungen des Deutschen Bundes als Demagogen diffamiert und verfolgt (Demagogenverfolgung). Auch heute werden die Ausdrücke Demagoge und Demagogie ausschließlich in abwertendem Sinne gebraucht.

1 Die Verfassung des Kleisthenes

Aristoteles in seinem Werk „Staat der Athener":

„(21) ... Als (Kleisthenes) nun im vierten Jahre nach der Vertreibung der Tyrannen die Führung des Volkes übernommen hatte, teilte er zunächst die ganze Bevölkerung in zehn Phylen an Stelle der bisherigen vier, um sie so untereinander zu vermischen und auf diese Weise eine größere Anzahl an der Ausübung der politischen Rechte zu beteiligen ... Ferner bestellte er den Rat aus fünfhundert statt vierhundert Mitgliedern, und zwar fünfzig aus jeder der neuen Phylen, während bis dahin hundert auf jeden Stamm kamen.

Den Grund und Boden teilte er unter Zugrundelegung der Gemeindefluren in dreißig Bezirke (Demen), zehn rings um die Stadt, zehn an der Küste, zehn im Landesinneren. Diese Bezirke nannte er Drittelschaften und verloste sie zu je drei unter die zehn Phylen, so dass jede Phyle Teile von allen Landesteilen in sich schloss. Die Bewohner jedes Demengebietes fasste er zum Verband der Gemeindegenossen (Demoten) zusammen, damit bei amtlichen Bekanntmachungen die Einzelnen durch den Zusatz ihrer Gemeindezugehörigkeit voneinander unterschieden würden (und nicht mehr nach dem Namen des Vaters) ... So ist es gekommen, dass die Athener auch im Privatleben sich nach ihrer Gemeindezugehörigkeit nennen und schreiben ...

(22) Infolge dieser Einrichtungen wurde die Verfassung viel demokratischer als es die solonische gewesen ...

2 **Spartanischer Krieger** (Bronze-Statuette vom Ende des 6. Jh. v. Chr.). So wie dieser Hoplit, bewaffnet mit „Korinthischem Helm“, mit einem Speer in der Rechten und einem Schild in der Linken, haben die spartanischen Krieger auch noch in den Perserkriegen und danach ausgesehen.

Hierauf begannen sie die Heerführer (Strategen) nach Phylen zu wählen, aus jeder einen. Oberbefehlshaber des ganzen Heeres aber war der Polemarch. Nachdem sie im zwölften Jahr darauf, als Phainippos Archon war, bei Marathon gesiegt hatten, ließen sie noch zwei Jahre verstreichen, bis das Volk ... zum ersten Mal das Gesetz über den Ostrakismos anwandte ... Der Erste, den es traf, war einer aus Peisistratos Verwandtschaft ..., denn die Athener hatten die Freunde der Peisistratiden mit der gewohnten Nachsicht des Volkes ruhig im Lande wohnen lassen, sofern sie sich in den bürgerlichen Wirren nichts hatten zuschulden kommen lassen.
Gleich das Jahr darauf, als Telesinos Archon war, besetzten sie zum ersten Male seit den Zeiten der Tyrannis die Stellen der neun Archonten ... durch das Bohnenlos ...“
(Nach: Aristoteles, Schrift vom Staat der Athener, verdeutscht von G. Kaibel und A. Kießling, Straßburg 1891, S. 34 ff.)

3 Kleisthenes – Begründer der Demokratie

Der Historiker Tarkiainen urteilt:
„Die Frage, ob das politische System in Athen, so wie es nach Kleisthenes Reformen war, ‚demokratisch‘ oder sonstwie genannt wurde, findet je nach den Spuren, die der Forscher verfolgt, einander widersprechende Antworten. In seiner Schilderung der athenischen Parteikämpfe einige Jahrzehnte nach jenen Reformen spricht Plutarch [griechischer Geschichtsschreiber, um 100 n. Chr.] – wohl Aufzeichnungen von Attidographen [Attische Geschichtsschreiber des 4. Jh. v. Chr.] benutzend und sichtlich bestrebt, die politischen Kontraste zu betonen – von der ‚Aristokratie‘ der kleisthenischen Zeit (Kimon 15). Er charakterisiert sie als bewundernswerte Verfassung, die in ihrer Mischung aller Elemente die Eintracht und Wohlfahrt des Staates verbürgte (Perikles 3). Anderseits vertreten, wie erwähnt, seit Herodot, der etwa ein halbes Jahrtausend älter als Plutarch war, viele die Ansicht, gerade Kleisthenes habe die athenische Demokratie ‚begründet‘. In Wirklichkeit aber wurde das seiner ‚Verfassung‘ entsprechende System in der ersten Hälfte des 5. Jh. wohl noch nicht ‚Demokratie‘ genannt, sondern man bezeichnete es mit politischen Schlagwörtern, wie Isonomia und Isegoria. Das erstere mag ‚Gleichgewicht‘, ‚Ebenbürtigkeit‘ oder ähnliches und das zweite vermutlich ‚gleiches Recht‘ oder ‚gleiche Freiheit zu reden‘ bedeutet haben.“
(T. Tarkiainen, Die athenische Demokratie, München 1972, S. 105 f.)

Arbeitsvorschläge und Fragen

a) Beurteilen Sie die Tyrannis des Peisistratos mit Hilfe der Angaben im Verfassertext. – Vergleichen Sie diese Tyrannis mit dem, was wir heute unter „Tyrannei“ verstehen.
b) Erarbeiten Sie aus M 1 die von Kleisthenes vorgenommenen Änderungen der athenischen Verfassung. – Vergleichen Sie mit S. 23, M 2.
c) Das politische System, das in Athen nach 462 v. Chr. verwirklicht wurde, wird von Historikern oft radikale Demokratie genannt. Im Text ist von konsequenter Verwirklichung der Demokratie die Rede. Prüfen Sie die beiden Bezeichnungen auf ihren Standpunkt hin. – Berücksichtigen Sie in diesem Zusammenhang den negativen Bedeutungswandel von Demagoge.

4. Die attische Demokratie im 5. und 4. Jahrhundert v. Chr.

4.1 Sozialstruktur und Wirtschaft Athens

Die soziale Schichtung der attischen Bevölkerung

Athen umfasste mit seinem Hinterland Attika zur Zeit des Perikles etwa 2600 km². Auf dieser Fläche lebte – nach groben Schätzungen – eine Viertelmillion Menschen (zum Vergleich: das Saarland hat eine Fläche von 2570 km² mit 1,6 Millionen Einwohnern).
In dieser Zeit, als Athen auf dem Höhepunkt seiner Macht war, stützte sich die Polis auf etwa 30 000 bis 50 000 wehrpflichtige männliche Bürger. Zusammen mit ihren Familienangehörigen zählte die Bürgerschicht Athens ungefähr 120 000 Personen. *„Politeia"* war nicht nur das griechische Wort für Staatsverfassung, sondern auch für Bürgerrecht; und die freien Männer über 18 Jahre, die ausschließlich die politischen Rechte besaßen (vgl. S. 56 f.) wurden „Politen" genannt. Sie waren besonders durch das Bürgerrechtsgesetz des Perikles (451 v. Chr.) scharf gegenüber den anderen gesellschaftlichen Gruppen abgegrenzt.
Unter diesen stellten die in Athen und Attika ansässigen Fremden, *„Metöken"* (Mitwohnende) genannt, ungefähr 30 000 Personen. Sie waren persönlich frei, besaßen aber keine politischen Rechte. Der Unterschied zum Vollbürger zeigte sich auch darin, dass die Metöken eine Kopfsteuer – 12 Drachmen im Jahr – zahlen mussten. Die Metöken bildeten – häufig als Handwerker und Händler tätig – eine besonders wichtige Gruppe, denn sie trugen durch ihre Wirtschaftsaktivitäten erheblich zur Blüte Athens bei.
Am unteren Ende der sozialen Pyramide standen die *Sklaven*, deren Zahl sehr schwierig zu ermitteln ist. Die meisten Schätzungen gehen davon aus, dass in der Mitte des 5. Jh.v. Chr. 80 000 bis 120 000 Sklaven in Athen lebten.

Das Problem der Sklaverei

Hauptmerkmal des Sklaven war seine persönliche Unfreiheit; er war Eigentum seines jeweiligen Herren. Aristoteles definierte den Sklaven als „beseelten Besitz" und machte damit deutlich, was im antiken Griechenland als selbstverständlich galt: Der Sklave gehörte zwar dem menschlichen Geschlecht an, unterlag aber der völligen Verfügungsgewalt seines Herren. Allerdings konnte ein Sklave bei allzu grausamer Behandlung Zuflucht in den Tempeln suchen.
Zur Zeit des Perikles erwarb man Sklaven im allgemeinen durch Kauf. Der Durchschnittspreis lag bei 150 bis 300 Drachmen (zum Vergleich: ein Rind kostete etwa 50, ein Pferd 300 Drachmen). Neben gekauften Sklaven gab es Unfreie, die im Haus eines Sklavenhalters geboren worden waren; der Status des Sklaven war erblich. Auch Kriegsgefangene wurden häufig versklavt.
Die Masse der Sklaven war im Handwerk und im Bergbau tätig. Besonders hart waren die Lebens- und Arbeitsbedingungen für die Sklaven in den Silberminen von Laureion, wo nach modernen Schätzungen im 5. Jh. v. Chr. etwa 20 000 Sklaven arbeiteten. Der reiche athenische Feldherr Nikias vermietete 1000 Sklaven nach Laureion und erzielte damit einen jährlichen Gewinn von 60 000 Drachmen. Überhaupt spielten Sklaven als Kapitalanlage und Mietobjekte für vermögende Bürger eine große Rolle.
Zahlreiche Unfreie arbeiteten als Haussklaven. Sie hatten als Kindererzieher, Verwalter, Köche usw. meist bessere Lebensbedingungen als die Sklaven in den Wirtschaftsbetrieben. Neben Sklaven, die Privatpersonen gehörten, gab es auch Tempelsklaven und Staatssklaven, die z. B. als Straßenbauarbeiter und Polizisten oder im Kriegsfall als Hilfs-und Versorgungstruppen eingesetzt wurden.

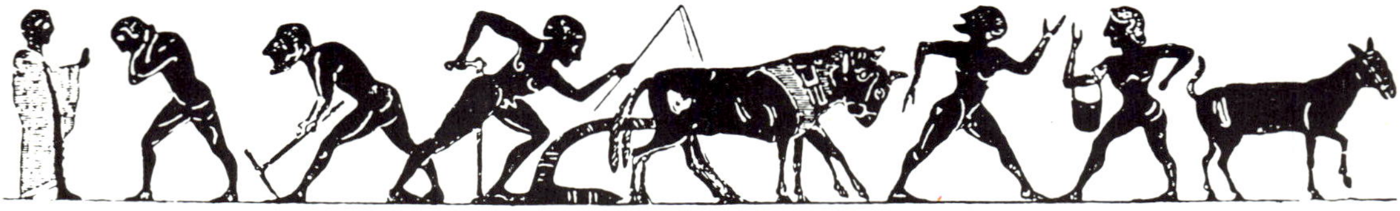

1 **Bauern bei der Feldarbeit.** Fries auf einer attischen Vase (6. Jh. v. Chr.)

Keine griechische Polis verfügte im 5. und 4. Jh.v. Chr. über so viele Sklaven wie das reiche und mächtige Athen. Es nimmt daher nicht wunder, wenn manche Historiker einen unmittelbaren Zusammenhang zwischen der Sklaverei und der wirtschaftlichen und politischen Blüte Athens vermuten.

Die Wirtschaft Athens im 5. Jh. v. Chr.

Die Basis des allgemeinen Wohlstands, der zur Zeit des Perikles in Athen herrschte, bildete die Landwirtschaft. 75 % der attischen Bürger besaßen landwirtschaftlichen Grundbesitz. Auf relativ kleinen Gütern (im Durchschnitt unter 20 ha) baute man Oliven, Wein und Obst an. Diese Agrarprodukte wurden größtenteils auch exportiert. Da die Selbstversorgung Athens mit Getreide seit dem 6. Jh. v. Chr. nicht mehr gewährleistet war, musste Getreide, z. B. aus dem Schwarzmeergebiet, eingeführt werden.

Das 5. Jh. v. Chr. bildete den Höhepunkt des athenischen Handwerks und Handels. Große Teile dieser Wirtschaftsbereiche lagen ebenso wie das Bankwesen in den Händen der Metöken. Das Handwerk war hochspezialisiert, und athenische Fertigprodukte wie z. B. Töpferwaren wurden in den gesamten Mittelmeerraum exportiert. Die Handwerksbetriebe waren meist kleine Familienunternehmen mit einigen Lohnarbeitern und Sklaven; Großbetriebe mit über hundert Beschäftigten bildeten die Ausnahme. Die Tagelöhne im Handwerk lagen bei 3 Obolen ($^1/_2$ Drachme); sie deckten das Existenzminimum einer Familie.

Das Finanzwesen der Athener

Die Wirtschaft (griech. „oikonomia“) zählte zum privaten Bereich, deshalb griff der Staat auch kaum in das Wirtschaftsgeschehen ein – zumindest solange die Nahrungsmittelversorgung gesichert war.

In vordemokratischer Zeit wurden die meisten Ausgaben der Polis durch „Leiturgien“ (Sondersteuer für reiche Adelige) gedeckt. Erst als im Zuge der Demokratisierung im 5. Jh. v. Chr. der Geldbedarf Athens anstieg, z. B. um die Übernahme politischer Ämter durch weniger wohlhabende Bürger zu vergüten, entstand eine athenische Finanzverwaltung.

Die Haupteinnahmen Athens setzten sich aus Zöllen, den Erträgen der Silberminen und vornehmlich aus den Beiträgen der Seebundsmitglieder (vgl. S. 39) zusammen. Eine allgemeine direkte Besteuerung der Bürger gab es nicht, wohl aber seit dem 4. Jh. v. Chr. eine 1%ige Vermögenssteuer für die 1200 reichsten Athener. Die Gesamteinnahmen werden für das Jahr 431 v. Chr. auf ca. 1000 Talente (vgl. S. 34, M 5) geschätzt, wovon 600 durch die Seebunds-Beiträge aufgebracht wurden. In Friedenszeiten stellten Beamtenbesoldung und Tagegelder den größten Ausgabeposten dar (ca. 200 Talente jährlich). Die öffentlichen Bauten zur Zeit des Perikles (vgl. S. 37, M 1 und S. 53 ff.) kosteten Unsummen; allein die Baukosten des Parthenon (447–432 v. Chr.) betrugen insgesamt 500 Talente. In Kriegszeiten verschlangen die Kosten für Flotte und Heer den größten Teil der Staatsgelder: Im Peloponnesischen Krieg mussten dafür jährlich etwa 1300 Talente aufgebracht werden.

2 **Soziale Schichtung Athens und Spartas**

Die antiken Quellen nennen meist keine kompletten Einwohnerzahlen, sondern machen Angaben über die Zahl der Soldaten. Auf dieser Grundlage errechnen die meisten Forscher die Gesamtzahl der Bürger mit dem Multiplikator 3 (Ehepaar und ein Kind). Wegen der Lückenhaftigkeit und Ungenauigkeit des demographischen Materials ist es nicht möglich, statistisch exakte Werte festzulegen.

Athen	Beginn des 5. Jh. v. Chr.	Mitte des 5. Jh. v. Chr.	Beginn des 4. Jh. v. Chr.
Bürger	25– 30	35– 45	20–25
Bürger mit Familienangehörigen	80–100	110–150	60–90
Metöken	4– 5	10– 15	6– 8
Metöken mit Familienangehörigen	9– 12	25– 35	15–20
Sklaven	30– 40	80–110	40–60
Sparta	Beginn des 5. Jh. v. Chr.		Beginn des 4. Jh. v. Chr.
Spartiaten	4– 5	(Angaben nicht zu ermitteln)	2,5– 3
Spartiaten mit Familienangehörigen	12– 15		7– 9
Periöken	40– 60		40– 60
Heloten	140–200		140–200
(alle Aangaben in Tausend)			

(Nach: V. Ehrenberg, Der Staat der Griechen, Zürich/Stuttgart [2]1965, S. 38)

3 **Grubenarbeit**

3a Die Terrakotta (um 650 v. Chr.) zeigt Arbeiter (Sklaven?) bei ihrem Einsatz in einer Tongrube.

3b Die Rekonstruktionszeichnung stellt den Transport silberhaltigen Gesteins in einem Stollen von Laureion dar (Zustand um 350 v. Chr.).

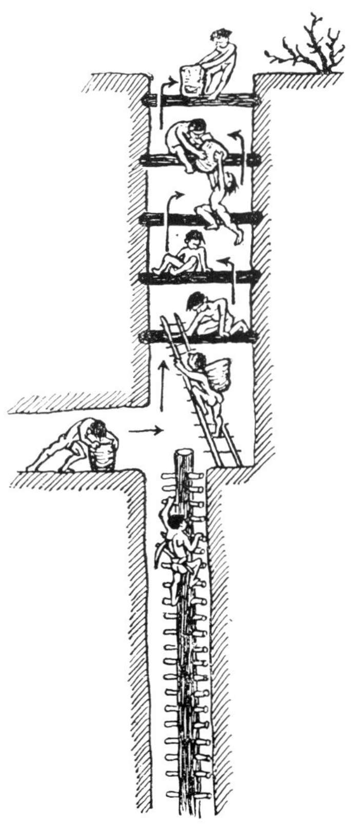

4 **Das Problem der Sklaverei**

4a Der Satz des Philosophen Alkidamas (4. Jh. v. Chr.) „Freigelassen hat Gott alle; keinen hat die Natur zum Sklaven gemacht", entsprach im Grunde nicht dem Bewusstsein der griechischen Bürger. Dieses hat z. B. der Philosoph Aristoteles (384–322 v. Chr.) prägnant formuliert:

„Als erstes wollen wir über den Herren und den Sklaven reden ... Da nun der Besitz ein Teil des Hauses ist ..., so ist auch für den Hausverwalter der Besitz im Einzelnen ein Werkzeug zum Leben und im Ganzen eine Sammlung solcher Werkzeuge und der Sklave ein beseelter Besitz; jeder Diener ist gewissermaßen ein Werkzeug, das viele andere Werkzeuge vertritt ... Der Mensch, der seiner Natur nach nicht sich selbst, sondern einem anderen gehört, ist von Natur ein Sklave ... Von Natur also ist jener ein Sklave, der einem andern zu gehören vermag und ihm auch gehört und der soweit an der Vernunft teilhat, dass er sie annimmt, aber nicht besitzt. Die [Haustiere] dienen so, dass sie nicht die Vernunft annehmen, sondern nur Empfindungen. Doch ihr Dienst ist nur wenig verschieden; denn beide helfen dazu, das für den Körper Notwendige zu beschaffen, die Sklaven wie die zahmen Tiere. Die Natur hat außerdem die Tendenz, auch die Körper der Freien und der Sklaven verschieden zu gestalten, die einen kräftig und für die Beschaffung des Notwendigen, die anderen aufgerichtet und ungeeignet für derartige Verrichtungen, doch brauchbar für das politische Leben ..."

(Aus: Aristoteles. Politik 12538 ff.; zit. nach: Geschichte in Quellen, Bd. 1, München 1965, S. 310 f.)

4b Der Historiker J. Bleicken nimmt zum Sklavereiproblem folgendermaßen Stellung:

„Es verwundert ... nicht, wenn in der modernen Forschung und nicht nur von marxistischer Seite die Frage gestellt worden ist, ob nicht die Wirtschaft Athens, ja ob nicht auch die demokratische Verfassung, unter der die Sklavenzahl besonders stark zunahm, und die machtpolitische Stellung Athens von der Arbeit der Sklaven abhing ... Konnte eine der politischen Grundideen der Demokratie, dass nämlich jeder Bürger seine politischen Rechte auch ausüben können sollte und er darum für das politische Geschäft bezahlt werden musste, nicht nur dann verwirklicht werden, wenn der Sklave die Arbeit auf dem Feld, in den Manufakturen und Bergwerken tat und er also die Produkte schuf, damit der Bürger dem politischen Geschäft nachzugehen vermochte? ... Ist die Frage so allgemein ... gestellt, lässt sie sich widerlegen: Auf jedem Arbeitsgebiet, ob nun in der Landwirtschaft, im Gewerbe oder im Handel, wären die Athener mit wenigen Ausnahmen auch ohne Sklaven ausgekommen ... Aber dieser Einwand ist doch nur bedingt richtig ... Für das Urteil über die athenische Demokratie ... ist es schon wesentlich, wenn die Sklaverei auch nur ein Agens [Mittel] unter anderen für die dynamische Entwicklung der Stadt gewesen wäre ... Ist es nämlich für die Demokratie einerlei, wenn ein kleiner Töpfer oder ein Bauer, der zur Volksversammlung gehen wollte, dies ohne Schaden an seinem Betrieb tun konnte, weil er einen Sklaven hatte ...? Ist es unwichtig, dass Vornehme und Wohlhabende sich gerade durch den Besitz von Sklaven größere Vermögen und völlige politische Unabhängigkeit erwarben?"

(J. Bleicken, Die athenische Demokratie, Paderborn 1986, S. 75 f.)

5 **Löhne, Preise und Vermögen im antiken Athen**

Das attische Münzsystem hatte als Grundlage die Mine (437 g Silber) und das Talent (26,2 kg Silber), die aber nur als Rechnungseinheiten dienten. Geprägt wurden Drachmen (6000 Dr. = 60 Minen = 1 Talent) und Obolen (6 Obl. = 1 Dr.):

a) Tägliche Lebenshaltungskosten einer Familie: 3–4 Obl.
b) Tagelohn für ungelernte Arbeiter: mind. 3 Obl.
   Tagelohn für gelernte Arbeiter: 5–6 Obl.
   Tagelohn für freie Bergarbeiter: 6 Obl.
   Tagessold eines Ruderers: 3 Obl.
c) Mietpreis für einen Bergwerkssklaven: 1 Obl.
   Preis für einen Sklaven (im Durchschnitt): 200 Dr.
   Preis für eine Ziege bzw. ein Schaf: 12–15 Dr.
   Preis für ein Ackerpferd: 300 Dr.
   Preis für ein Paar Schuhe: 8 Dr.
   Preis für einen Topf: 3 Dr.
   Preis für 1 Metretes (39,4 Liter) Wein: 4 Dr.
   Preis für 1 Medimnos (52,5 Liter) Weizen: 3 Dr.

Werkstatt Geschichte:
Münzen

Die ersten Geldstücke aus Metall wurden um 700 v. Chr. in Lydien (westliches Kleinasien) geprägt. Neben ihrem eigentlichen Zweck, als Zahlungsmittel zu dienen (indirekte Tauschwirtschaft im Unterschied zum direkten Warentausch), besitzen Münzen häufig auch außerwirtschaftliche Funktionen, z. B. indem sie durch das Münzbildnis einen Herrscher oder ein Ereignis verewigen (Münzpropaganda). So haben Münzen auch für die politische Geschichte und die Religionsgeschichte usw. große Bedeutung. Die Wissenschaft, die sich mit der Erforschung des Münzwesens beschäftigt, ist die Numismatik (von griech. „nomisma" = Münze). Aus Münzfunden lassen sich u. a. Schlüsse über Reichweite und Intensität des Handelns ziehen. Allerdings ist es schwierig, den Geldwert und die Kaufkraft antiker Münzen zu bestimmen. Zum einen gab es z. B. im 5. Jh. v. Chr. zahlreiche Münzsysteme (fast jede Polis hatte ihre eigene Münze, denn das Prägerecht war gleichbedeutend mit staatlicher Autonomie), die im Wert unterschiedlich waren (andere Metalle bzw. Legierungen, andere Gewichte); zum anderen kann man antikes Geld, z. B. athenische Münzen, nicht ohne weiteres in heutige Währungen umrechnen. Edelmetallpreise, Geldmengen, Umlaufgeschwindigkeit des Geldes und Warenangebot sind derart verschieden, dass ein Vergleich über die Epochen hinweg unmöglich ist. Eine annähernde Vorstellung vom Geldwert erhält man nur, wenn man Löhne, Preise und Lebenshaltungskosten innerhalb einer Epoche, z. B. in Athen zur Zeit des Perikles, miteinander vergleicht. Jedoch sind aufgrund des dürftigen Quellenmaterials häufig nur Annäherungswerte möglich. Die Problematik eines Kaufkraftvergleichs existiert aber auch noch heute, wenn man Volkswirtschaften unterschiedlicher Struktur (z. B. Industrieländer und Entwicklungsländer) miteinander vergleicht.

Ausrüstungskosten eines Kriegsschiffes (Trierarchie): 5000 Dr.

d) Zahl der Bürger mit Vermögen über 60 000 Dr.: 300
Zahl der Bürger mit Vermögen über 18 000 Dr.: 900
Zahl der Bürger mit Vermögen über 2000 Dr.: 8000
(Gesamtbürgerzahl im 4. Jh.: 20 000 – 25 000)

(Nach: Der große Ploetz, Freiburg 1980, S. 129, und: J. Bleicken, Die athenische Demokratie, Paderborn 1986, S. 96 f.)

6 **Athenische Silbermünze** (Rückseite) im Wert von 4 Drachmen (Tetradrachmon aus der Mitte des 5. Jh. v. Chr.). Die Eule ist das Wahrzeichen Athens; der Ölzweig verweist auf die Bedeutung des landwirtschaftlichen Haupterzeugnisses Attikas, die Oliven.

Arbeitsvorschläge und Fragen

a) Beschreiben Sie die soziale Schichtung Athens und Spartas (M 2) und vergleichen Sie die antiken Polisgesellschaften mit dem Aufbau einer modernen Gesellschaft (z. B. der Bundesrepublik Deutschland).

b) Erörtern Sie das Problem der Sklaverei im antiken Griechenland (M 4). Versuchen Sie aus dem Aristoteles-Text (M 4 a) zu begründen, weshalb uns heute manches an der antiken Denkweise fremd und unverständlich erscheint.

c) Charakterisieren Sie die Wirtschaft Athens. Berücksichtigen Sie dabei besonders die Situation des einfachen Atheners (M 2 und M 4–M 5, und S. 42/43, M 1–M 6).

4.2 Die demokratische Polis seit der Zeit des Perikles

Idee und Wirklichkeit der Polisgemeinschaft

Die Idee der demokratischen Polisgemeinschaft (s. S. 26) ging davon aus, dass alle Bürger Athens gleiche Rechte haben und aktiv am Staatsleben teilnehmen sollten. Wie sah seit der Zeit des Perikles der politische Alltag aus?
Auf den ersten Blick fällt die enorme politische Betriebsamkeit der athenischen Bürger auf; fast jeden Tag strömten sie zu irgendwelchen öffentlichen Sitzungen. Dies war Ausdruck ihres Verständnisses von Demokratie und zugleich Konsequenz der staatlichen Organisation: Athen war eine *direkte Demokratie*, in der alle wesentlichen Entscheidungen nicht von Repräsentativorganen, sondern plebiszitär, d.h. unmittelbar von der Bürgerschaft, getroffen wurden. Wichtigstes Organ war demgemäß die Volksversammlung, zu der jeder erwachsene Vollbürger Zutritt hatte. Die Volksversammlung war beschlussfähig, wenn sie eine Anzahl von 6000 Bürgern hatte. Zur Tagesordnung, die vom Rat der 500 vorbereitet wurde, konnte jeder Bürger als Redner das Wort ergreifen. Das Forum der Volksversammlung nutzten führende Politiker wie Perikles um ihren Vorstellungen Gehör zu verschaffen. Ab 403 v. Chr. wurde für den Besuch der Volksversammlung ein Tagegeld (Diäten) gezahlt um jedem Bürger die Ausübung seiner demokratischen Pflicht zu ermöglichen.
Zur Auffassung, dass die Polis die allgemeine Lebensgemeinschaft der Bürger sei, gehörte auch, dass die Bürgerschaft selbst Recht sprach. Berufsrichter gab es nicht, sondern 6000 durch ein kompliziertes Losverfahren ausgewählte Bürger über 30 Jahre, die in 10 verschiedenen Gerichtshöfen des *Volksgerichts* unter dem Vorsitz eines Beamten tagten. Die Laienrichter erhielten seit Perikles pro Gerichtstag ein Sitzungsgeld von 2, später 3 Obolen. Sie mussten vor Amtsantritt einen Eid leisten, dass ihr Urteil nur auf den allgemeinen Gesetzen (nomoi) und den Beschlüssen des Volkes beruhen werde. Die Stimmabgabe am Ende der öffentlich geführten Prozesse war geheim (Stimmsteine). Das Volksgericht entschied nicht nur bei privaten und öffentlichen Klagen, sondern auch über Anklagen gegen gesetzeswidrige oder staatsgefährdende Volksversammlungsbeschlüsse. Dadurch erscheint das Volksgericht als eine Art Kontrollinstanz über die Volksversammlung – allerdings nicht im modernen Sinne einer „dritten Gewalt", denn Gewaltenteilung war den Athenern fremd, sondern als Ausdruck der absoluten Souveränität des Volkes.

Partizipation am Staatsleben

Die Einführung von Tagegeldern für Richter, Ratsherren und Beamte (457 v. Chr.) erlaubte auch den ärmeren Bürgern, Amtsträger der Polis zu werden. Die Zahl der athenischen Beamten – angefangen bei den Oberbeamten (Archonten) bis zu kleineren Geschäftsträgern wie Marktpolizisten – war mit ca. 700 außerordentlich hoch. Hier zeigte sich erneut das basisdemokratische Grundprinzip der attischen Polis, möglichst viele Bürger am Staatsleben partizipieren zu lassen. Während vor dem 5. Jh. v. Chr. die Beamten gewählt wurden, setzte sich seit 457 v. Chr. das Losverfahren für fast alle Ämter durch. Alle Beamtenstellen waren mehrfach besetzt (Kollegialität) und duften für die Dauer eines Jahres (Annuität) in der Regel nur einmal von demselben Bürger bekleidet werden. Eine Ausnahme bildeten wichtige militärische Ämter wie das Strategenamt, das z. B. Perikles von 443 bis 429 v. Chr. ununterbrochen innehatte.
Das konsequente Losverfahren und die Zersplitterung der staatlichen Funktionen, welche Machtmissbrauch durch Einzelne verhindern sollten, wurden bereits im 5. Jh. v. Chr. kritisiert, schien doch darin die Gefahr zu liegen, dass inkompetente Bürger in wichtige Ämter gelangen konnten.

1 **Die Agora** (Luftbild der Westseite). Der Marktplatz Athens stellte seit dem 6. Jh. v. Chr. den Mittelpunkt des städtischen Lebens dar. Der großzügige Platz nordwestlich der Akropolis war mit Versammlungshäusern, Heiligtümern und Wandelhallen ausgestattet, die größtenteils unter Perikles erbaut worden sind. Das Hephaisteion, der Tempel des Gottes der Schmiede (rechts oben), verdankt seinen gut erhaltenen Zustand dem Tatbestand, dass er im Mittelalter in eine Kirche umgewandelt wurde. Andere Gebäude wurden als Steinbruch verwendet. Am linken Bildrand sind die runden Grundmauern der Tholos (Tagungsstätte der geschäftsführenden Ratsherren) zu erkennen, rechts davor das Metroion (Staatsarchiv) und das Bouleuterion (Versammlungsraum des Rats der 500) und rechts anschließend die Wandelhalle (Stoa) des Zeus.

Die attische Demokratie – Herrschaft einer Minderheit?

Wenn auch die attische Demokratie im 5. und 4. Jh. v. Chr. insgesamt den Eindruck eines vorbildlichen basisdemokratischen Staatswesens macht, in dem die politische Gleichheit aller Bürger verwirklicht wurde, ist die Andersartigkeit des athenischen Systems im Vergleich zu heutigen Demokratien nicht zu übersehen. So machten die politisch berechtigten Bürger nur einen Bruchteil der attischen Bevölkerung aus. Frauen, Metöken und Sklaven waren von der Teilhabe am politischen Leben vollkommen ausgeschlossen. Manche Geschichtswissenschaftler haben deshalb die attische Demokratie als elitäre Herrschaft einer Minderheit von privilegierten Männern interpretiert: „Demokratie und Oligarchie unterscheiden sich nicht wesensmäßig voneinander, sondern nur zahlenmäßig" (E. Meyer). Allerdings sollte man sich bei einem solchen Urteil bewusst sein, dass man Wertmaßstäbe des 19. und 20. Jahrhunderts an die Verhältnisse in der Antike anlegt.

2 Die Verfassung Athens zu Beginn des 4. Jh. v. Chr.

Aus dem Werk des Aristoteles „Der Staat der Athener", das erst 1890 in einer Papyrus-Handschrift entdeckt wurde.

„An den bürgerlichen Rechten haben jene teil, die von beiden Eltern her Vollbürger sind … Alle Posten in den Subalternbehörden werden durchs Los besetzt, außer dem Schatzmeister der Kriegskasse und der Festkasse und dem Aufseher der Wasserwerke. Diese werden durch Abstimmung gewählt … Ebenfalls gewählt werden alle militärischen Beamten. Der Rat besteht aus 500 Mitgliedern, 50 von jeder Phyle [Stamm], und wird durchs Los bestimmt. Die Prytanie [Geschäftsführung] wird abwechselnd von jeder der Phylen nach dem Los versehen, die vier ersten während je 36 Tagen, die sechs späteren während je 35 Tagen … Ihre Aufgabe ist, den Rat und die Volksversammlung einzuberufen, den Rat täglich, außer bei Feiertagen, die Volksversammlungen viermal in jeder Prytanie … Eben-

3 **Frauen bei der Textilarbeit.** Das Vasenbild (um 550 v. Chr.) zeigt einzelne Phasen der Wollverarbeitung. Der Platz der Frau war im Haus. Das öffentliche, besonders das politische Leben blieb der Frau – mit Ausnahme der religiösen Kulte – prinzipiell verschlossen.

falls stellen sie die Traktandenliste [Tagesordnung] für die Volksversammlung auf. Das ist die Hauptversammlung, in der durch Abstimmung festgestellt wird, ob die Behörden gut gearbeitet haben, in der ferner über die Verproviantierung und die Verteidigung des Landes diskutiert wird; hier werden auch die Anklagen wegen Hochverrats entgegengenommen …
Durchs Los wird einer zum Vorsitzenden der Prytanen bestimmt. Er hat diese Stellung während einer Nacht und eines Tages … Der Rat trägt … dem Volke seine Vorberatungen vor und das Volk kann über keine Sache beraten, die nicht durch den Rat vorberaten ist und die nicht die Prytanen auf die Traktandenliste der Volksversammlung gesetzt haben … Außerdem teilt der Rat sich mit den andern Behörden in die Verwaltung der meisten Angelegenheiten …"
[Anschließend folgt eine Auflistung der Losbeamten: u.a. 10 Schatzmeister der Athena, 10 Verkaufsbeamte (zur Vergabe von Staatsaufträgen), 10 Staatseinnehmer, 10 Verwalter der Heiligtümer, 10 Polizeibeamte, 10 Marktaufseher, 10 Maßaufseher, 35 Aufseher über die Getreidelager, 10 Aufseher des Handelshafens, 11 Strafgefangenenaufseher, 5 Wegmacher, 10 Rechnungsführer mit 10 Beisitzern, Prytanieschreiber, Gesetzesschreiber, 9 Archonten.]
(Aus: Aristoteles, Der Staat der Athener, 42ff.; zit. nach: Geschichte in Quellen, Bd. 1, München 1965, S. 268ff.)

4 **Die attische Demokratie – Herrschaft einer Minderheit?**

Der Historiker Jochen Bleicken nimmt zu der Frage der Grenzen der attischen Demokratie Stellung:

„Von vielen modernen Historikern wird mit dem Ton merklicher Herabsetzung die athenische Demokratie … die Herrschaft einer Minderheit über die Mehrheit genannt, weil die politisch berechtigten Bürger nur einen Bruchteil der attischen Bevölkerung ausgemacht hätten … Das Bild von den athenischen Demokraten als einer herrschenden Elite, unter der eine große Schar von Abhängigen und Entrechteten ächzte, scheint sich wie von selbst einzustellen. … Für moderne Menschen, die alles nur von den Prämissen ihres eigenen Daseins aus betrachten, könnte man den antiken Verhältnissen ihre Absonderlichkeit durch den Hinweis nehmen, dass es in dieser Hinsicht bis zum vorigen Jahrhundert auch in Europa überall noch so wie in Athen zugegangen war … Doch abgesehen davon kann man für Athen wie für alle antiken Staaten den Ausschluss der Personengruppen erklären: Das politische Recht war an die Waffenfähigkeit, also an den Mann gebunden; jede Stadt war ein in sich geschlossener Rechtskreis, in den ein Fremder nicht einfach eintreten konnte, und das Institut der Sklaverei, das seine Quelle in der Kriegsgefangenschaft hatte, ist die Konsequenz einer Stufe des Völkerrechts, in der … im Krieg alles, was dem Feind in die Hände fällt, Kriegsbeute ist und zu seiner Verfügung steht."
(J. Bleicken, Die athenische Demokratie, Paderborn 1986, S. 355f.)

Arbeitsvorschläge und Fragen

a) Beschreiben Sie die Rolle des Losverfahrens in der attischen Demokratie und erörtern Sie seine Auswirkungen. Welche Vorteile und welche Nachteile bot das Losverfahren (M 2)?
b) Welche Aussagen über die Intensität des politischen Lebens in Athen lassen sich auf der Grundlage von M1–M 4 machen?
c) Nehmen Sie zu der Frage, ob die politische Ordnung Athens zu Recht Demokratie genannt wird, kritisch Stellung (M 4).

4.3 Krisenerscheinungen der attischen Demokratie

Die Hegemonialpolitik Athens

478 v. Chr. wurde unter Athens Führung der *Attisch-Delische Seebund* als freiwilliger Zusammenschluss für die weiteren Kämpfe gegen das Perserreich gegründet. Athen nutzte besonders unter Perikles seine hegemoniale Stellung (von griech. „hegemonia" = Vorherrschaft) gegenüber den Bündnispartnern, um die eigene Machtposition auszubauen. So wurden durch ein Münzgesetz von 450 v. Chr. die Einzelwährungen der Seebundsmitglieder durch die attische Münze ersetzt – ein eklatanter Eingriff in die Autonomie der Poleis. Häufig setzte Athen die demokratische Verfassung in Bündnisstädten durch um diese stärker an sich zu binden. Im Laufe der Zeit, besonders unter den Auswirkungen des Peloponnesischen Krieges (431–404 v. Chr.), entwickelte sich die athenische Hegemonie zur Zwangsherrschaft: Wer sich gegen Athen aufzulehnen wagte, wie 416 v. Chr. die Insel Melos, wurde brutal niedergeworfen. Das Vormachtstreben Athens, welches die Politik und den Handel des Seebundes vollkommen nach seinen Bedürfnissen gestalten zu dürfen glaubte, hatte auch zur direkten Konfrontation mit Sparta, der Vormacht des Peloponnesischen Bundes, geführt. Unmittelbarer Anlass des *Peloponnesischen Krieges* war eine von Athen gegen das mit Sparta verbündete Megara verhängte Handelssperre (432 v. Chr.).

Die Rolle des Perikles beim Ausbruch des Peloponnesischen Krieges

Die Verantwortung für den Ausbruch des Krieges wurde schon in der Antike „einstimmig dem Perikles zugeschoben" (Plutarch), der glaubte, durch den Kampf gegen Sparta seine Vaterstadt zur alleinigen Hegemonialmacht in Hellas führen zu können. Er gab mit seiner Auffassung, Athen könne einer Konfrontation mit Sparta aus Prestigegründen nicht ausweichen, den Anstoß dazu, dass die athenische Volksversammlung die diplomatischen Initiativen Spartas zur Beilegung des Streites um Megara zurückwies und damit den Krieg letztendlich auslöste.

In dieser Situation offenbarte sich in der Person des Perikles eine prinzipielle Schwäche des attischen Systems: Ein Stratege konnte, wenn er ein so außergewöhnlicher Redner wie Perikles war, den Volkswillen entscheidend beeinflussen. Das berühmte Urteil des Thukydides über Perikles, „Athen war dem Namen nach eine Demokratie, in Wirklichkeit eine Herrschaft des ersten Mannes", zeigt, dass die attische Demokratie in hohem Maße von der Qualität einzelner Führungspersönlichkeiten abhing. Unter den *Demagogen* (vgl. S. 29), die nach Perikles Tod (429 v. Chr.) die Geschicke der Polis bestimmten, mussten die Athener dies schmerzlich erfahren: „Die Späteren, nur bemüht, jeder der Erste zu werden, gingen so weit, die Führung der Geschäfte den Launen des Volkes auszuliefern" (Thukydides).

Zwei exemplarische Fälle einer Krise

Als Musterbeispiel des zynischen und skrupellosen „Demagogen" gilt Alkibiades (um 450–404 v. Chr.), ein Neffe des Perikles. Dem opportunistischen Taktiker der Macht, der mehrfach die Fronten zwischen Athen und Sparta wechselte und der nur seinen persönlichen Ehrgeiz befriedigte, gelang es die Volksversammlung zu überreden, sich in ein riskantes militärisches Abenteuer zu stürzen: die Expedition gegen das mit Sparta verbündete Syrakus in Sizilien (415–413 v. Chr.), welche die Niederlage Athens im Peloponnesischen Krieg schließlich einleitete.

Während Alkibiades die Gefährdung verdeutlicht, die Athen von ehrgeizigen Machtmenschen drohte, zeigt der Arginusenprozess (406 v. Chr.), wie die aufgebrachte Menge in der Volksversammlung ihren Willen gegen das geltende Recht durchsetzte: Die in der Seeschlacht bei den Arginuseninseln siegreichen Feldherren wurden kollektiv und unter Missachtung der Prozessordnung zum Tode verurteilt, weil sie angeblich die Rettung Schiffbrüchiger unterlassen hätten. Die Athener haben diesen Justizskandal später als grobes Unrecht angesehen.

Niedergang der Demokratie?

Die Niederlage Athens gegen Sparta (404 v. Chr.) wurde schon von den Zeitgenossen als Einschnitt in der griechischen Geschichte empfunden. Die Katastrophe schien gleichbedeutend mit einem Niedergang der Demokratie, zumal 411 und 404 v. Chr. oligarchische Umstürze ein Ende der Volksherrschaft vermuten ließen. Allerdings konnten diese Zwischenspiele das demokratische System Athens nicht beseitigen; im Gegenteil, nach dem Peloponnesischen Krieg wurden die demokratischen Elemente sogar noch verstärkt (z.B. Stärkung der Geschworenengerichte, Ausbau des Diätensystems, Perfektionierung des Losverfahrens). Dem stand aber ein Nachlassen des politischen Interesses bei der Masse und bei der Elite gegenüber. Viele einfache Bürger sahen im Staat nur noch eine Versorgungseinrichtung und besuchten die Volksversammlung nur um das Tagegeld zu kassieren. Die Wohlhabenden klagten über steigende Belastungen durch die Leiturgien (vgl. S. 32), mittels derer sie die finanziellen Engpässe der Polis überwinden helfen sollten. Intellektuelle wie der Philosoph Platon wandten sich vom bestehenden Staat ab und entwarfen utopische Idealstaaten.

Im politischen Alltag aber funktionierte die attische Demokratie im 4. Jh. v. Chr. ungebrochen weiter. Sie brach schließlich nicht durch innere Aushöhlung oder durch eine Wirtschaftskrise zusammen, sondern sie erlag – wie die anderen griechischen Poleis – dem Ansturm der makedonischen Monarchie (vgl. S. 53): 322 v. Chr. wurde die Demokratie unter dem Druck der makedonischen Vorherrschaft in eine Oligarchie umgewandelt.

1 Der „Melierdialog": Das Recht des Stärkeren

Unter Führung des Strategen Alkibiades setzte Athen 416 v. Chr. die neutrale Insel Melos unter Druck um sie auf seine Seite zu bringen. Als sich die Melier nach langen Auseinandersetzungen mit den athenischen Gesandten weigerten, wurde die Insel erobert, alle Männer getötet und Frauen und Kinder als Sklaven verkauft. Thukydides gibt in seiner „Geschichte des Peloponnesischen Krieges" (vgl. M 5b, S. 52) die Verhandlungen vor dem Angriff der Athener wieder:

„Athener: ‚Wir ... wollen bestimmt nicht mit schönen Redensarten, wie z.B. dass wir als die Sieger über den Perserkönig ein Recht auf Herrschaft haben ..., euch eine lange Rede vorsetzen ..., erwarten aber auch von euch, dass ihr euch nicht einbildet, ihr könntet auf uns mit der Begründung Eindruck machen, ... ihr hättet uns nichts zu Leide getan. Sucht lieber nur das durchzusetzen, was auf Grund der wahren Gesinnung von uns beiden möglich ist. Ihr wisst es und wir wissen es, dass, wie die Menschen nun einmal gesinnt sind, das Gerechte nur dann anerkannt wird, wenn beide Seiten über gleiche Gewalt verfügen, dass aber sonst das Mögliche regiert, das der Mächtige durchdrückt, der Schwache hinnimmt.'.

Melier: ‚Wie wir wenigstens glauben, ist es nützlich – und so müssen wir ja sprechen, da ihr doch der Verhandlung nicht das Recht, sondern den Nutzen zugrunde legen wollt –, das allgemeine Menschenrecht nicht aufzuheben; dabei halten wir es freilich auch für ratsam, jedem, der in Not ist, Billigkeit für Recht ergehen zu lassen und ihm ein wenig entgegenzukommen ... Wie könnte es für uns ebenso nützlich sein, Knechte, wie für euch, Herren zu werden?'

Athener: ‚Weil euch die Unterwerfung das Schlimmste ersparen würde ...'

Melier: ‚… Dass wir Ruhe hielten und aus Feinden Freunde würden, ohne uns mit einer Partei zu verbünden, damit würdet ihr euch nicht zufrieden geben?'
Athener: ‚Nein. Denn eure Feindschaft schadet uns nicht so viel wie eure Freundschaft, da diese unseren Untertanen nur unsere Schwäche, euer Hass aber unsere Macht bezeugen würde … Ihr müsst es nicht für unziemlich halten, einer Großmacht nachzugeben, die nur die bescheidene Forderung an euch stellt, ihre Bündner zu werden, so dass ihr zwar zinspflichtig seid, aber euer Land behaltet … Wer dem Gleichstarken nicht nachgibt, mit dem Mächtigeren sich gut zu stellen weiß, gegen den Schwächeren maßvoll ist, der behauptet sich meist.' …"
(Aus: Thukydides, Der große Krieg V, 89 ff., übers. von: H. Weinstock, Stuttgart 1938, S. 84 ff.)

2 Der Arginusenprozess
406 v. Chr. erfochten die Athener bei den Arginusen-Inseln vor der kleinasiatischen Westküste einen glänzenden Seesieg über die spartanische Flotte. Nach der Schlacht gerieten die athenischen Trieren (lange und schmale Ruderschiffe mit drei Decks, die im Kampf zwar äußerst schnell, aber im Sturm wenig seetüchtig waren, vgl. S. 43, M 6) in ein Unwetter. Die Schiffbrüchigen waren wegen des heftigen Sturmes nicht zu bergen. Die Feldherren, unter ihnen der Sohn des Perikles, wurden gefesselt vor die Volksversammlung – nicht vor ein ordentliches Gericht – geführt:
„Danach – fand eine Volksversammlung statt, in der vor allem Theramenes die Feldherrn anklagte und forderte, sie müssten Rechenschaft darüber ablegen, warum sie die Schiffbrüchigen nicht aufgesammelt hätten … Nun verteidigte sich jeder der Feldherren, aber nur kurz, denn die gesetzmäßig zustehende Redezeit wurde ihnen nicht bewilligt … Diesen Ausführungen schien das Volk Glauben zu schenken, … aber da wurde Vertagung beschlossen, weil es schon zu spät war und man deshalb die Hände nicht mehr hätte zählen können …
Da bestimmten die Anhänger des Theramenes Leute, die Trauerkleidung trugen …, in die Volksversammlung zu kommen: sie seien ja doch die Angehörigen jener Ertrunkenen; auch überredeten sie Kallixenos, im Rate gegen die Feldherrn aufzutreten. Nun wurde die Volksversammlung einberufen; der Antrag des Rates, den Kallixenos vertrat, lautete: ‚Da die Anklage der Feldherren und ihre persönliche Verteidigung schon in der ersten Versammlung vernommen worden ist, sollen jetzt die Athener alle zusammen nach Phylen über sie das Urteil sprechen … Werden sie für schuldig befunden, so sollen sie zum Tode verurteilt … werden.' … Freilich erhoben … einige … gegen den Antrag des Kallixenos die Klage wegen Gesetzesverletzung [weil alle Angeklagten zugleich verurteilt werden sollten], … aber die Menge schrie, das sei ja noch schöner, wenn man dem souveränen Volke nicht gestatten wolle zu tun, was ihm beliebe … Noch weigerten sich einige Prytanen, die Abstimmung gesetzwidrig vornehmen zu lassen, da trat Kallixenos wieder auf und wollte auch auf sie die Klage ausdehnen; wieder stimmte das Volk lärmend bei. Da bekamen die Prytanen Angst und alle gaben nach außer Sokrates …, der erklärte, er werde überall nur dem Gesetze folgen …"
(Aus: Xenophon, Hellenika I, 7, 4 ff.; zit. nach: Geschichte in Quellen, Bd. 1, München 1965, S. 262 f.)

Arbeitsvorschläge und Fragen

a) Beurteilen Sie die Argumentation der Athener im Melierdialog. Worin liegt die grundsätzliche Bedeutung dieses Textes (M 1)?
b) Inwiefern stellt der Arginusenprozess (M 2) das Beispiel einer Krise dar? Welche Rolle spielt bei der Beurteilung dieser Beispiele der Tatbestand, dass sich Athen zu dieser Zeit im Kriegszustand befand?
c) Informieren Sie sich z. B. anhand des Lexikons „Der kleine Pauly – Lexikon der Antike", über den Lebensweg des Alkibiades.

Zeugnisse des Wirtschaftslebens in Athen

1 **Erzgießerei.** Auf der rotfigurigen Schale (ca. 490 v. Chr.) ist die Bearbeitung einer Kriegerstatue dargestellt.

2 **Epinetron** (aus Athen, 425 v. Chr.). Das Epinetron diente zur Aufrauung des Wollfadens vor weiterer Verarbeitung. Die Szene stellt die Hochzeitsvorbereitungen der Sagenkönigin Alkestis dar. Für die prähistorische Zeit wid von heutigen Forschern von einer Arbeitsteilung gleichberechtigter Partner ausgegangen: Die mit magischen Fähigkeiten ausgestattete Frau (Fruchtbarkeitskulte, vgl. S. 15 M 3) bestellte die Äcker und Felder, der Mann war für Jagd und Viehzucht zuständig. In den griechischen Poleis (ab ca. 800 v. Chr.) beschränkte sich der Zuständigkeitsbereich der Frau immer stärker auf die Hausarbeit und die Verwaltung der vom Mann „draußen" geschaffenen Güter. Der „Oikos" (griech. Haus, vgl. „Ökonomie") war der Platz für die typischen „fraulichen" Tätigkeiten wie Nahrungsmittelzubereitung, Arbeit am Webstuhl usw. Außerhalb des „Oikos" waren freie Bürgerinnen eigentlich nur dann wirtschaftlich tätig, wenn Notsituationen oder Armut dies erforderten (vgl. S. 56 f.).

3 **Händler wiegen Tuchballen** (Amphore, ca. 550 v. Chr.)

5 **Schmiedewerkstatt** (Amphore, ca. 520 v. Chr.). Der Holzverbrauch in den antiken Mittelmeerkulturen war enorm. Nicht nur als Brennmaterial für die Metallverarbeitung (vgl. M 1) und als Heizmaterial für die Herdfeuer, sondern auch als Baustoff für Häuser, Tempel, Wagen usw. wurden Unmengen von Holz benötigt. Auch die Schiffe wurden aus Holz hergestellt (vgl. M 6). Die Wälder der Mittelmeerregion wurden durch extensiven Holzschlag z. T. so stark reduziert, dass Bodenerosionen und Verkarstung die langfristigen Folgen waren.

4 **Bauern auf dem Weg zum Markt** (Amphore, ca. 470 v. Chr.)

6 **Kriegsschiff und Handelsschiff.** Auf der Schale (5. Jh. v. Chr.) ist links ein Kriegsschiff (mit Rammsporn) abgebildet und rechts ein Handelsschiff. Eine Triere (Ruderschiff mit drei Decks) hatte etwa 200 Mann Besatzung. Griechische Handelsschiffe konnten 100 bis 500 Tonnen Fracht befördern.

5. Die attische Demokratie in der politischen Diskussion

Die theoretische Beschäftigung mit der Verfassung

Im Unterschied zu den Verfassungen der Neuzeit, die ohne die vorherigen Theoriediskussionen im 17. und 18. Jahrhundert kaum denkbar gewesen wären, war die attische Demokratie kein Produkt geistiger Auseinandersetzung um die beste Staatsform, sondern das Ergebnis einer langen Entwicklung. Erst im ausgehenden 5. Jh. v. Chr. setzte die theoretische Beschäftigung mit Gesellschaftsordnungen und Verfassungen ein, der wir heute ein recht komplexes Bild vom Staat der Athener verdanken. Aus der Geschichtsschreibung (s. S. 49) sowie aus politischen Aussagen in der athenischen Tragödie und Komödie und aus den philosophischen Schriften Platons und Aristoteles kann man wesentliche Elemente des Selbstverständnisses der attischen Demokratie entnehmen.

Die geistigen Grundlagen der „radikalen“ Demokratie

Der zentrale Begriff der attischen Demokratie ist die *Gleichheit* der Bürger (isonomia). Isonomie bedeutet zum einen Rechtsgleichheit und zum anderen politische Gleichberechtigung – mit der für die Antike kennzeichnenden Einschränkung, dass diese Vorstellungen nur für die männlichen Vollbürger der Polis galten (s. S. 33, M 2 und S. 56 f.).

Ein zweites Grundelement der attischen Demokratie stellte die *Redefreiheit* (isegoria) dar. Jeder Bürger hatte das Recht, nicht nur in den politischen Versammlungen, sondern auch auf dem Marktplatz oder – z. B. als Komödiendichter – von der Bühne aus sich frei und ungestraft zu äußern. Nur durfte die öffentliche Rede die Sicherheit und die bestehende staatliche Ordnung Athens nicht untergraben; außerdem stellten Religion und Erziehung tabuisierte Bereiche dar. Viele Athener nahmen das Recht auf freie Rede aus Schüchternheit oder Unfähigkeit, sich angemessen auszudrücken, nicht in Anspruch. Dem-

1 **Volksversammlung zur Zeit des Perikles** (Holzstich aus dem 19. Jh.). Der Künstler hat versucht, eine Szene während einer Volksversammlung auf dem Pnyx-Hügel westlich der Akropolis nachzuempfinden.

2 **Die „mittlere Verfassung“ nach Aristoteles** (nach: Politik und Unterricht, Sonderheft Sept. 1984: Staatstheorien)

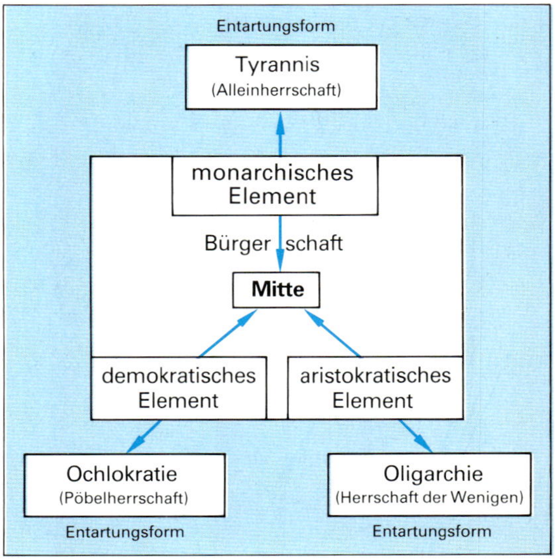

gegenüber setzten Persönlichkeiten wie Perikles, der als berühmtester Redner seiner Zeit galt, ihre Politik in Athen durch, indem sie durch die öffentliche Rede die Bürgerschaft mehrheitlich für sich gewannen.
Ein weiteres Kernstück der athenischen Staatsauffassung war der Gedanke, dass Regierende und Regierte im Grunde identisch seien. Zur Zeit des Perikles war die Gesamtheit der Bürger Athens an der Selbstregierung und Selbstverwaltung der Polis in großem Umfang beteiligt; die attische Demokratie wurde als eine *Volksherrschaft* im wahrsten Sinne des Wortes verstanden. Aristoteles hat dies in seiner „Politik" so formuliert: „Zur Freiheit ... gehört, dass das Herrschen und Beherrschtwerden reihum geht. Das demokratische Recht ist nämlich die Gleichheit nach der Zahl, ... und wo dies als Recht gilt, da muss die Menge die entscheidende Gewalt haben."

Die ideelle Abgrenzung gegen Sparta

Obwohl sich die Athener durch ihre Zugehörigkeit zur sprachlichen und kulturellen Gemeinschaft der Griechen als „Hellenen" fühlten, waren sie sich der Einzigartigkeit ihrer Staatsordnung voll bewusst und bejahten prinzipiell ihre Demokratie. Das Wort „demotikos" (Demokrat) war für sie gleichbedeutend mit „gut, anständig, nützlich". Die Machtstellung, die Athen im 5. Jh. v. Chr. errungen hatte, sahen sie in ganz engem Zusammenhang mit der als überlegen empfundenen, demokratischen Ordnung. Gegenbilder der Demokratie waren die Tyrannis (Alleinherrschaft) und – besonders seit die Rivalität mit Sparta immer konkretere Formen annahm – die Oligarchie (Herrschaft der Wenigen).

Innere Opposition gegen die Demokratie

Auch wenn die demokratische Ordnung Athens auf einem breiten Konsens beruhte, sind zahlreiche kritische, sogar feindselige Stimmen gegen die Demokratie überliefert. Um 430 v. Chr. erschien eine anonyme Streitschrift „Vom Staat der Athener", in der die attische Demokratie vom oligarchisch-aristokratischen Standpunkt aus scharf kritisiert wurde. In den Schriften der Philosophen Platon und Aristoteles finden sich gleichfalls abwertende Urteile über den athenischen Staat. Der häufigste Einwand richtete sich gegen die „radikale" politische Gleichberechtigung aller ohne Berücksichtigung von Abstammung, Bildung und Einkommen; die attische Demokratie wurde als Ochlokratie (Pöbelherrschaft) diffamiert. Außerdem entzündete sich Kritik oft am Führungsstil einzelner Politiker. In der Zeit der schweren Niederlagen im Peloponnesischen Krieg weitete sich die Kritik Einzelner zu einer wirkungsvollen oligarchischen Opposition gegen die attische Demokratie aus (s. S. 40).

Gleichheit: Im antiken Athen bedeutete Isonomie (gleiches Recht für alle männlichen Vollbürger) ein Grundprinzip der demokratischen Ordnung. Obwohl bereits von Philosophen des 5. Jh. v. Chr. der Gedanke der natürlichen Gleichheit aller Menschen entwickelt wurde, blieb im allgemeinen die Vorstellung von einer gottgewollten sozialen Ungleichheit bis zu Beginn der Neuzeit vorherrschend und bildete die theoretische Grundlage hierarchischer Gesellschaftsstrukturen. Erst in Folge der naturrechtlich begründeten Ideen der Aufklärung im 18. Jh. (s. S. 260) wurde der Gedanke, dass alle Menschen die gleiche Würde und die gleichen Rechte haben, verfassungspolitisch wirksam (amerikanische Unabhängigkeitserklärung 1776; Erklärung der Menschen- und Bürgerrechte in Frankreich 1789). Heute zählt der Gleichheitsgedanke zu den fundamentalen Prinzipien fast aller Gesellschaftsordnungen, wobei jedoch die inhaltliche Füllung und die Reichweite des Begriffs sehr umstritten sind (z. B. Rechtsgleichheit, politische Gleichheit, wirtschaftliche und soziale Gleichheit). Häufig wird behauptet, dass Gleichheit und Freiheit nicht gemeinsam verwirklicht werden könnten.

3 Das Selbstverständnis der attischen Demokratie in Perikles' Gefallenenrede

Im Winter 431 v. Chr. hielt Perikles eine Gedenkrede auf die Athener, die im ersten Jahr des Peloponnesischen Krieges gefallen waren. Auch wenn diese Rede wahrscheinlich nicht wortwörtlich so gehalten wurde, wie Thukydides (vgl. S. 52, M 5b) sie überliefert, drückt sie doch die Demokratievorstellung des Perikles dem Geiste nach korrekt aus:

„Die Verfassung, nach der wir leben, vergleicht sich mit keiner fremden; viel eher sind wir für sonst jemand ein Vorbild ... Mit Namen heißt sie, weil der Staat nicht auf wenige Bürger, sondern auf eine größere Zahl gestellt ist, Volksherrschaft. Es haben aber nach dem Gesetz in dem, was den einzelnen angeht, alle gleichen Teil, und der Geltung nach hat im öffentlichen Wesen den Vorzug, wer sich irgendwie Ansehen erworben hat, nicht nach irgendeiner Zugehörigkeit, sondern nach seinem Verdienst; und ebenso wird keiner aus Armut, wenn er für die Stadt etwas leisten könnte, durch die Unscheinbarkeit seines Namens verhindert. Sondern frei leben wir miteinander im Staat und im gegenseitigen Geltenlassen des alltäglichen Treibens ... Bei so viel Nachsicht im Umgang von Mensch zu Mensch erlauben wir uns doch im Staat ... keine Rechtsverletzung, im Gehorsam gegen die jährlichen Beamten und gegen die Gesetze ... Anders als unsere Gegner ... verwehren wir keinem unsere Stadt, und durch keine Fremdenvertreibungen missgönnen wir jemandem eine Kenntnis oder einen Anblick, dessen unversteckte Schau einem Feind vielleicht nützen könnte ... Und in der Erziehung bemühen sich die andern mit angestrengter Übung als Kinder schon um Mannheit, wir aber mit unserer ungebundenen Lebensweise wagen uns trotz allem in ebenbürtige Gefahren ... Wir vereinigen in uns die Sorge um unser Haus zugleich und unsere Stadt, und den verschiedenen Tätigkeiten zugewandt, ist doch auch in staatlichen Dingen keiner ohne Urteil. Denn einzig bei uns heißt einer, der daran gar keinen Anteil nimmt, nicht ein stiller Bürger, sondern ein schlechter, und nur wir entscheiden in den Staatsgeschäften selber oder denken sie doch richtig durch. Denn wir sehen nicht im Wort eine Gefahr fürs Tun, wohl aber darin, sich nicht durch Reden zuerst zu belehren, ehe man zur nötigen Tat schreitet ... Zusammenfassend sage ich, dass unsere Stadt insgesamt die Schule von Hellas sei ... Für eine solche Stadt also sind diese Männer hier ... in edlem Kampfe gefallen und von denen, die bleiben, ist keiner, der nicht für sie wird leiden wollen ..."

(Aus: Thukydides, Geschichte des Peloponnesischen Krieges, II 37 ff.; übers. v. G. P. Landmann, Zürich 1963, S. 77 ff.)

4 Oligarchische Kritik an der attischen Demokratie

Die anonyme Streitschrift „Vom Staate der Athener", die fälschlicherweise dem Sokrates-Schüler Xenophon zugeschrieben wurde, entstand vermutlich zu Beginn des Peloponnesischen Krieges um 430 v. Chr. in aristokratischen Kreisen Athens:

„Was die Staatsform der Athener anlangt, kann ich es freilich nicht billigen, dass sie gerade für diese Art der Staatsform sich entschieden haben; denn hiermit haben sie sich zugleich dafür entschieden, dass es die gemeinen Leute besser haben als die Edlen ... Zunächst muss ich es aussprechen, dass mit Recht daselbst die Armen und das Volk berechtigt sind, den Vorzug vor den Vornehmen und den Reichen zu haben, und zwar deshalb, weil nur das Volk es ist, das die Schiffe treibt und dadurch der Stadt ihre Machtstellung verschafft ...

Alle Ämter ..., die der Gesamtheit des Volkes Nutzen bringen, wenn sie in guten, und Gefahr, wenn sie in schlechten Händen sind, an denen verlangt das Volk keineswegs Anteil zu haben (weder die Stellen der Strategen noch die der Reiterobersten wollen sie sich durch die Loswahl offen halten); denn das Volk versteht es sehr wohl, dass es größeren Nutzen davon hat, wenn es diese Ämter nicht selbst verwaltet, sondern sie durch die Vermögendsten verwalten lässt. Alle Ämter aber, die geeignet sind, Sold einzubringen und Nutzen ins Haus zu tragen, um die bewirbt sich das Volk ...

Es gilt aber auch wirklich für jedes Land, dass das bessere Element Gegner der Volksherrschaft ist; denn bei den Besseren ist Zuchtlosigkeit und Ungerechtigkeit am geringsten, gewissenhafter Eifer für das Gute und Edle am größten, beim Volke aber Mangel an Bildung und Selbstzucht am größten und Gemeinheit ... seinerseits bedingt dadurch, dass es einigen der Leutchen an

Mitteln gebricht. Daraus aber könnte einer folgern, dass es geboten wäre, sie nicht alle ohne Unterschied reden und am Rate teilnehmen zu lassen, sondern nur die Gescheitesten und überhaupt ausgezeichnete Männer ..."
(Aus: Pseudo-Xenophon I, 1 ff.; zit. nach: Geschichte in Quellen, Bd. 1, München 1965, S. 232 f.)

5 Attische und moderne Demokratie

Der Historiker Jochen Bleicken vergleicht die attische Polis mit demokratischen Staatsformen des 19. und 20. Jahrhunderts:

„Athen ist eine unmittelbare Demokratie; das Volk übt seine Gewalt direkt, ohne die Zwischenschaltung von Repräsentativorganen aus. ... Es waren folglich der Idee nach alle Athener, faktisch möglichst viele von ihnen Souverän, Regierung, Amtsträger und Gerichtsherr zugleich ...

In den modernen Massendemokratien halten Theoretiker und Praktiker der Politik die unmittelbare Demokratie für undurchführbar ... Doch sie genießt in der Neuzeit fast überall einen großen Respekt ... Alle Rätesysteme und auch noch die Bürgerinitiativen unserer Tage leben von diesem Mythos, dass dem Volk als dem ursprünglichen Träger aller Gewalt eine besondere Qualität zugesprochen wird ...

Die Abhängigkeit der athenischen Volksversammlung liegt in der Achtung vor der Tradition, nicht in den Interessengegensätzen von Gruppen, die vielmehr in der Gesellschaft der (nur) politisch Gleichen ausgeschaltet oder wenigstens zurückgedrängt sind. Die moderne Demokratie ist demgegenüber gerade durch die Anerkennung von Gruppeninteressen definiert; wir sprechen von der ‚Parteiendemokratie' ...

In einer gegenüber der modernen Zeit eigentümlichen Weise haben die Athener auch über die Gleichheit und das Verhältnis von Freiheit und Gleichheit gedacht ... Die Freiheit ist für die Athener in dem Gleichheitsbegriff enthalten bzw. eine Konsequenz desselben; sie bedeutet die Abwesenheit von Herrschaft und assoziiert folglich Vorstellungen wie ‚Ausübung der politischen Funktionen durch alle' ... ‚Demokratie' als Herrschaft aller politisch Berechtigten ist darum mit Freiheit identisch ... Kaum etwas anderes kennzeichnet klarer den Abstand zur Moderne. ‚Freiheit' steht in der Französischen Revolution gleichrangig neben ‚Gleichheit'; und die Freiheitsrechte bedeuten die Sicherheitsgarantie gegen die Staatsgewalt. Die Freiheit hat hier Eigenwert, und sie tritt mit dem Erlebnis der Massendemokratie dann als eigenständige Größe zunehmend in einen Gegensatz zur Gleichheit ...

Vorbereitet durch die Aufklärung ist ‚Demokratie' für uns gleichbedeutend mit Erhebung, Erwachen und fortschreitender Bewegung ... Demokratie umfasst seit dem 19. Jahrhundert immer und überall einen sozialen Aspekt, der angesichts der Not der Gegenwart eine Forderung an die Gestaltung der Zukunft enthält ...

In Athen wies die Demokratie nicht den Weg in eine bessere Zukunft. Sie hatte bereits den ersehnten Zustand erreicht und war folglich die ‚gute Gesellschaft' in praktischer Tätigkeit ... Die athenische Demokratie war, etwas überspitzt ausgedrückt, nichts als eine Form der Regierung ..."

(J. Bleicken, Die athenische Demokratie, Paderborn 1986, S. 387 ff.)

Arbeitsvorschläge und Fragen

a) Erarbeiten Sie aus der Gefallenenrede des Perikles (M 3) das Selbstverständnis der attischen Demokratie. – Stellen Sie die Kritikpunkte an der attischen Demokratie, die sich aus dem Pseudo-Xenophon (M 4) entnehmen lassen, dem Ideal der klassischen Polis (M 3) gegenüber.

b) Vergleichen Sie die Ergebnisse Ihrer Analyse (a) mit den Vorstellungen, die Aristoteles hinsichtlich der besten Staatsverfassung entwickelt hat (M 2).

c) Stellen Sie Gemeinsamkeiten und Unterschiede zwischen dem athenischen Demokratieverständnis und heutigen Auffassungen von repräsentativer Demokratie zusammen. Berücksichtigen Sie hierbei besonders M 5.

d) Was wollte der Künstler des 19. Jahrhunderts mit dem Holzstich „Volksversammlung" ausdrücken? Wie hoch ist der historische Aussagewert dieses Bildes einzuschätzen? Begründen Sie Ihre Auffassung (M 1).

6. Die Kultur des „Perikleischen Zeitalters“

6.1 Vom Mythos zum Logos – Philosophie und Literatur

Die Bedeutung der Religion

Die Polis war nicht nur eine politische, sondern in hohem Maße auch eine kultische Gemeinschaft. Die Kulte zur Verehrung der Götter bestanden hauptsächlich aus Gebeten, Opfern und rituellen Reinigungsakten, bei denen auch die politisch rechtlosen Frauen eine wichtige Rolle spielten. Neben den staatlichen Kulten wie den Festspielen zu Ehren des Dionysos bestimmten geheimnisvolle Mysterienkulte, z. B. die großen Eleusinischen Mysterien der Vegetationsgöttin Demeter, das religiöse Leben der Athener. Wer nicht an die Macht der Götter glaubte, konnte nach allgemeiner Auffassung kein guter Bürger sein.

Die Entwicklung der Philosophie

Seit dem Ende des 6. Jh. v. Chr. begannen jedoch einige griechische Denker sich von den alten mythologischen Vorstellungen zu lösen, welche die Naturerscheinungen auf das Wirken der Götter zurückführten. Diese „Philosophen“ (griech.: Freunde der Weisheit) beschäftigten sich mit allen damaligen Wissensgebieten (Geometrie, Physik, Astronomie usw.). Sie versuchten, die Welt mit den Mitteln des Verstandes – „logisch“ – zu erklären. Bisher rätselhafte Erscheinungen wurden durch genaue Beobachtung „wissenschaftlich“ erforscht; z. B. gelang es Thales von Milet, für das Jahr 585 v. Chr. eine Sonnenfinsternis exakt vorauszusagen. Diese für die abendländische Geistesgeschichte grundlegende Entwicklung hat man den *Wandel vom Mythos zum Logos* genannt.
Auch der Mensch wurde Objekt philosophischer Betrachtungen. Er wurde von dem Perikles-Freund Protagoras (um 485–416 v. Chr.) als das „Maß aller Dinge“ gesetzt. Protagoras gehörte zu jener geistigen Elite, die sich „Sophisten“ (griech.: Denker, Weise) nannte und gegen Entgelt ihr Wissen und die Methoden der Redekunst (Rhetorik, Dialektik) an reiche athenische Bürger vermittelte. Da die Sophisten häufig jegliche Bindung des Menschen an Religiöses negierten und die Macht des Stärkeren über das Recht setzten, stießen ihre aufklärerischen Ideen jedoch z. T. auf Ablehnung bei der gläubigen Volksmasse und in konservativen Adelskreisen. 430 v. Chr. wurde in Athen ein Gesetz eingebracht, das jeden, der nicht an die Götter glaubte, mit Strafanklage bedrohte.

Sokrates, Platon und Aristoteles

Prominentestes Opfer dieses Gesetzes wurde der Philosoph *Sokrates* (469–399 v. Chr.), der wegen seiner Kritik an den traditionellen Göttern zum Tode verurteilt wurde. Gegen den Werte-Relativismus der Sophisten lehrte Sokrates das Nachdenken über das Wesen der Tugend, das Gute. Seine Denkansätze zur Wahrheitsfindung vermittelte er in dialogischen Lehrgesprächen, die sein bedeutendster Schüler *Platon* (427–347 v. Chr.) aufgezeichnet oder nachempfunden hat. Mit seiner Lehre und seinem pflichtbewussten Auftreten (vgl. S. 41, M 2) wurde Sokrates zum Begründer der abendländischen Ethik.
Platon selbst schuf eine dualistische Ideen-Lehre, in der er den sinnlich erfassbaren und vergänglichen Phänomenen die unvergänglichen, nur dem Denken zugänglichen Formen des Seins, die Ideen, gegenüberstellte. Als Gegenmodell zum realen athenischen Staat entwickelte er die Utopie eines Staates, in dem Philosophen als Staatslenker die Idee der Gerechtigkeit verwirklichen sollten.
Aristoteles (384–322 v. Chr.), ein Schüler Platons, vollzog die Wende von der Spekulation zum empirischen Forschen. Er sichtete und systematisierte – von

den Naturwissenschaften bis zur Staatstheorie – das gesamte Wissen seiner Zeit und wurde damit zum Ahnherrn der abendländischen Wissenschaften.

Das athenische Theater

Im 5. Jh. v. Chr. erlebte das Drama seinen ersten Höhepunkt. Im Rahmen der Dionysosfestspiele wurden dreitägige Dichterwettbewerbe im ca. 17000 Zuschauer fassenden Dionysostheater durchgeführt. Hier liegen die Wurzeln des europäischen Theaters. Die drei großen Tragödiendichter *Aischylos* (525–456 v. Chr.), *Sophokles* (497–406 v. Chr.), der mit Perikles eng befreundet war, und *Euripides* (485–406 v. Chr.) wurden schon zu Lebzeiten als überragende und maßstabsetzende Autoren angesehen. Ihre fortdauernde Wirkungskraft bis in die Gegenwart hebt ihre Dramen in den Rang klassischer Werke. Die Zeitlosigkeit ihrer Themen spiegelt sich auch in zahlreichen Bearbeitungen wider, wobei spätere Autoren die antiken Werke häufig als Träger ihrer eigenen, aktuellen Ideen benutzten. Neben den drei großen Tragikern ragt der Komödiendichter *Aristophanes* (um 445–385 v. Chr.) hervor. In seinen witzigen, oft derben Lustspielen griff er Alltagsfragen und politische Probleme auf und gab sogar Persönlichkeiten wie z. B. Perikles der Lächerlichkeit preis.

Die Anfänge der Geschichtsschreibung

Aus der Prosaliteratur zur Zeit des Perikles verdienen die Werke zweier Historiker besondere Erwähnung. *Herodot* von Halikarnassos (um 490–420 v. Chr.), der in enger Verbindung zu Perikles und Sophokles stand, beschrieb in seinen „Historien" die epochalen Auseinandersetzungen zwischen Griechen und Persern. Sein Werk ist getragen vom Glauben an die Götter und die ausgleichende Gerechtigkeit. Von seiner eher anekdotenhaften Erzählweise hebt sich die „Geschichte des Peloponnesischen Krieges" des Atheners Thukydides (um 460–399 v. Chr.) durch rationale und sachliche Darstellung ab. Mit seiner ausgewogenen Darlegung der tieferen Ursachen, der Motive und des Verlaufs des Krieges beschritt Thukydides als erster den Weg zu einer kritischen und möglichst objektiven Geschichtsschreibung.

◀ **1** **Sinnende Athene** (Relief auf der Akropolis, um 460 v. Chr.). Obgleich die wichtigste Stadtgöttin Athens eher männliche Eigenschaften – als bewaffnete kluge Beraterin der Krieger – aufweist, scheint sie ursprünglich auch als Muttergottheit verehrt worden zu sein, welche die Ernährung und die Pflege der Olivenkulturen sicherte. Außerdem war sie die Schutzgöttin der Weberinnen, welche die Statue Athenes am Panathenäumsfest (im Juli) mit einem kunstvollen Peplos (Faltenkleid) ausstatteten.

2 **Lesende Athenerin** (Vasenbild, 5. Jh. v. Chr.). Auch wenn wir wenig über den Bildungsgrad der Griechinnen wissen, ist doch anzunehmen, dass Frauen der Oberschicht z. T. hoch gebildet waren. Berühmte Beispiele sind die Dichterin Sappho aus Lesbos (um 600 v. Chr.) und die zweite Frau des Perikles, Aspasia (5. Jh. v. Chr.), die auch an öffentlichen Diskussionen mit Männern teilnahm. ▶

Wissenschaft: Bezeichnung für ein zusammenhängendes Gebiet von Erkenntnissen – sowohl als Inbegriff dessen, was durch Forschung und Lehre als Wissensbestand überliefert ist, als auch zur Kennzeichnung des Prozesses, mit dem Wissenschaftler ihre nachvollziehbaren Erkenntnisse gewinnen (Methode). Die abendländischen Wissenschaften gehen auf die Philosophie der Griechen zurück, die seit dem 5. Jh. v. Chr. von der mythologischen Weltdeutung zu einer logisch-rationalen Erklärung übergingen. Hier liegen die Wurzeln der wissenschaftlichen Methoden (Beobachten, Messen, Experimentieren, logisches Schließen usw.). So wurde auch die **Logik** (von griech. „logos“: Wort, Vernunft) als Lehre von der Folgerichtigkeit und den Methoden der Erkenntnis von Philosophen des 5. und 4. Jh.v. Chr. entwickelt. Auf Aristoteles geht die Einteilung der Logik in die Lehren vom Begriff, vom Urteil und vom Schluss zurück. Seine Schriften haben das wissenschaftliche Denken bis ins Mittelalter entscheidend geprägt. Während in der Antike und im Mittelalter die Wissenschaften ein relativ einheitliches System bildeten, ist die neuzeitliche Wissenschaft durch ein Auseinanderbrechen in eine Vielzahl von Einzeldisziplinen (Naturwissenschaften, Geisteswissenschaften, Wirtschaftswissenschaften usw.) gekennzeichnet.

3 **Antike Tragödie und moderne Bearbeitung**

442 v. Chr., wurde Sophokles' „Antigone“ in Athen uraufgeführt. Im 16. Jh. n. Chr. erschienen die ersten Drucke der Tragödie; zwischen 1760 und 1920 wurde das Stück 90-mal ins Deutsche übersetzt. Bertolt Brecht (1898–1956) bearbeitete die „Antigone“ 1947 neu. Die Textauszüge sind dem Dialog der Antigone mit König Kreon entnommen, nachdem die Heldin beim Versuch, ihren toten Bruder zwar gemäß den religiösen Geboten, aber gegen das strikte Verbot des Herrschers zu bestatten, gefasst worden ist.

3a Sophokles „Antigone“:

„K(reon): Und wagtest, mein Gesetz zu übertreten?
A(ntigone): So groß
Schien dein Befehl mir nicht, der sterbliche,
Dass er die ungeschriebnen Gottgebote,
Die wandellosen, konnte übertreffen ...
K: Schämst du dich nicht mit deinem Eigensinn?
A: Die Blutsverwandten ehren schändet nicht.
K: Den er erschlug, war er nicht auch dein Bruder?
A: Ja, gleichen Vaters, gleicher Mutter Kind ...
K: Der schirmte Theben, der verheerte es.
A: Und dennoch fordert Hades gleiches Recht.
K: Man ehrt nicht gleich den Edlen und den Schlechten.
A: Wer weiß, ob drunten das geheiligt ist?
K: Nie, auch nicht wenn er starb, lieb ich den Feind.
A: Mitlieben, nicht mithassen ist mein Teil.
K: So geh, und muss geliebt sein, lieb die drunten!
Mich wird im Leben nie ein Weib regieren.“

(Aus: Sophokles, Antigone, übers. v. W. Kuchenmüller, Stuttgart 1971, S. 22 ff.)

3b Brecht „Die Antigone des Sophokles“:

„A: Besser zwischen den Trümmern der eigenen Stadt säßen wir doch und sicherer auch als mit dir in den Häusern des Feinds.

K: Jetzt hat sie's gesagt! Und ihr hörtet's. Jedwede Satzung bricht sie, die Maßlose, wie der Gast, der nicht mehr verbleibend lang, noch jemals zurückgewünscht frech, sein Bündel machend, die Lagergurte durchschneidet.

A: Aber genommen hab ich nur meins und musst es mir stehlen.

K: Immer nur die Nase neben dir siehst du, aber des Staats Ordnung, die göttliche, siehst du nicht.

A: Göttlich mag sie wohl sein, aber ich wollte doch lieber sie menschlich, Kreon, Sohn des Menökeus.

K: Geh jetzt! Uns warst du Feind und bleibst's auch unten, Vergessne wie der Zerstückte es war; der wird gemieden auch unten.

A: Wer weiß, da kann doch drunt' ein andrer Brauch sein.

K: Nie wird ein Feind, auch wenn er tot ist, Freund.“

(Aus: B. Brecht, Die Antigone des Sophokles, 4. Aufl. Frankfurt 1969, S. 33 f.)

4 Sokrates' Verteidigungsrede (399 v. Chr.)

Sokrates' Zeitgenossen machten ihm wegen angeblicher Gottlosigkeit und Verführung der Jugend den Prozess. Seine Verteidigungsrede vor Gericht hat Platon überliefert:

„Ich unterscheide mich hierin vielleicht von der großen Menge der Menschen, und wenn ich wirklich sagte, ich sei in etwas weiser als jemand, so wäre es darin: da ich kein hinreichendes Wissen über das Jenseits habe, so bin ich mir auch klar, kein Wissen zu haben. Unrecht tun aber und dem Besseren ungehorsam sein, sei es Gott oder Mensch, – dass das schlecht und schädlich ist, dies Wissen habe ich ... Wenn ihr zu mir sagtet: Sokrates, jetzt lassen wir dich frei, unter der Bedingung, dass du nicht mehr bei dieser Forschung verbleibst und nicht mehr Philosophie treibst; wenn du aber noch einmal bei dieser Beschäftigung ertappt wirst, musst du sterben ..., so würde ich euch sagen: ... So lange ich Atem hole und Kraft habe, werde ich auf keinen Fall aufhören, Philosophie zu treiben und euch zuzurufen und klarzumachen, ... indem ich meine gewohnten Worte spreche, nämlich: Du bester der Menschen, du bist Athener, gehörst zur Stadt, die am größten und ruhmreichsten ist in Kenntnis und Kraft, und für Geld zu sorgen schämst du dich nicht ...; für Einsicht aber und für Wahrheit und für deine Seele, auf dass sie möglichst gut werde, mühst du dich nicht?"

(Aus: Platon, Apologie 29 ff.; zit. nach: Geschichte in Quellen, Bd. 1, München 1965, S. 293)

5 Die Anfänge der griechischen Geschichtsschreibung

5a In der Vorrede zu seinen „Historien" schrieb Herodot (um 490–420 v. Chr.):

„Herodot aus Halikarnass veröffentlicht hiermit seine Forschung, damit die Werke bei der

Werkstatt Geschichte:
Historiographie

Von griech. „historein" (erkunden, erforschen) abgeleiteter Fachbegriff zur Bezeichnung wissenschaftlicher Geschichtsschreibung. Die Historiographie ist ein Produkt griechischen Geistes im 5. Jh. v. Chr. In der davorliegenden Zeit wurde Vergangenheit in Form von Geschichten überliefert, die den Menschen helfen sollten ihre Welt und sich selbst zu verstehen. In solchen Geschichten verwob sich Erinnerung an tatsächliches Geschehen mit den Vorstellungen, die die Erzähler von sich und ihresgleichen, von anderen Gesellschaften und von den Göttern oder Gott hatten. Während in diesen Mythen der Frühzeit historische Fakten oft nur schwer wiederzuerkennen sind, begann im 5. Jh.v. Chr. die bewusste Aufarbeitung der Geschichte. Es wurden Methoden zur Erforschung der Vergangenheit entwickelt, die auf logischem Denken basieren und zwischen sagenhafter Überlieferung und überprüfbarem Wissen unterscheiden. Als erster Historiograph gilt Herodot (M 5 a), welcher den Gedanken der in den Perserkriegen verteidigten Freiheit der Griechen in den Mittelpunkt seiner „Historien" stellte. Thukydides hat in seiner „Geschichte des Peloponnesischen Krieges" gegenüber Herodot die historischen Fragestellungen vertieft. Sein Ziel, dem Leser gesicherte Kenntnisse über das Geschehen zu vermitteln, damit dieser sich ein sachgerechtes Urteil bilden kann, gilt bis heute als grundlegende Maxime der Geschichtsschreibung. Die klassischen Formen der Historiographie, welche Geschichte unter verschiedenen Aspekten darstellt (z.B. Kriegsgeschichte, Rechtsgeschichte, Kulturgeschichte, Ländergeschichte) um Probleme zu erhellen, Lehren aus der Vergangenheit zu ziehen usw., gehen auf Thukydides zurück. Er hat (M 5 b) die methodischen Kriterien niedergelegt, nach denen zu verfahren ist: Alle Quellen (s. S. 73) werden auf ihre Aussagekraft hin befragt und möglichst objektiv und zusammenhängend dargeboten. Auch müssen Bedingungen, Wertvorstellungen und Theorien, unter denen das Werk entstanden ist, offengelegt werden, damit die Darstellung nachprüfbar ist. Ergänzend zur klassischen Historiographie sind in der Neuzeit (besonders im 19./20. Jh.) vielfältige Formen der Darbietung getreten wie Quellensammlungen, Statistiken, Lexika. Diese breite Palette ist auch Ausdruck einer fortschreitenden Demokratisierung: Jeder, auch der interessierte Laie, soll sich selbst ein Bild von dem was gewesen ist machen können.

Nachwelt nicht in Vergessenheit geraten sowie große und wunderbare Taten und Werke der Griechen und der Barbaren nicht ohne Gedenken bleiben. Vor allem aber soll man erfahren, warum Griechen und Barbaren gegeneinander zum Krieg schritten.

Die persischen Gelehrten behaupten Folgendes: Die Phoiniker sind schuld an dem Zwist ... Sie beförderten ägyptische und assyrische Waren und kamen ... auch nach Argos ... in Griechenland. Als sie fast schon alles verkauft hatten, kam mit vielen anderen Frauen auch die Königstochter Io ... Da stürzten sich die Phoiniker nach gegenseitiger Ermunterung auf sie (und) raubten sie mit einigen anderen ...

Ich selbst will nicht entscheiden, ob es so oder anders gewesen ist. Aber ich will den Mann nennen, von dem ich sicher weiß, dass er die Feindseligkeiten gegen die Griechen begann (= König Kroisos). Dann will ich fortfahren in meiner Darstellung; ich habe ja deshalb große und kleine Städte ... aufgesucht. Denn Städte, die früher groß waren, sind größtenteils klein geworden; und die zu meiner Zeit mächtig waren, sind früher unbedeutend gewesen. Ich weiß, menschliche Größe hat keineswegs Bestand; so will ich denn in gleicher Weise die Schicksale beider behandeln ..."

(Aus: Herodot, Historien, Vorrede und I, 1–5; übers. v. J. Feix, München [2]1977, S. 7 ff.)

5b Thukydides (um 460–399 v. Chr.) erläuterte am Beginn seiner „Geschichte des Peloponnesischen Krieges":

„Thukydides von Athen hat den Krieg der Peloponnesier und Athener ... aufgezeichnet. Er begann damit gleich beim Ausbruch, in der Erwartung, der Krieg werde bedeutend werden und denkwürdiger als alle früheren ... Es war bei weitem die gewaltigste Erschütterung ... unter den Menschen überhaupt. Denn was davor war ..., das war wegen der Länge der Zeit unmöglich genau zu erforschen ...

So fand ich die Vorzeit in mühsamer Untersuchung, da nicht jedem ersten besten Zeugnis zu trauen war. Denn die Menschen nehmen alle Nachrichten von Früherem ... gleich ungeprüft voneinander an ... Wer sich aber ... die Dinge doch etwa so vorstellt, wie ich sie geschildert habe, wird nicht fehlgehen, unverführt von den Dichtern ... noch von den Geschichtenschreibern, die alles bieten, was die Hörlust lockt, nur keine Wahrheit ...

Was nun in Reden hüben und drüben vorgebracht wurde, während sie sich zum Kriege anschickten, ... davon die wörtliche Genauigkeit wiederzugeben war schwierig sowohl für mich, wo ich selber zuhörte, wie auch für meine Gewährsleute von anderwärts; ... so stehen die Reden da, in möglichst engem Anschluss an den Gesamtsinn des in Wirklichkeit Gesagten. Was aber tatsächlich geschah in dem Kriege, erlaubte ich mir nicht nach Auskünften des ersten Besten aufzuschreiben, auch nicht nach meinem Dafürhalten [= von Herodot benutzte Wendung], sondern bin Selbsterlebtem und Nachrichten von anderen mit aller erreichbaren Genauigkeit bis ins Einzelne nachgegangen ... Wer das Gewesene klar erkennen will und damit auch das Künftige, das wieder einmal, nach der menschlichen Natur, gleich oder ähnlich sein wird, der mag es so für nützlich halten ..."

(Aus: Thukydides I, 1 und I, 20–22; übers. v. G. P. Landmann, Zürich 1963, S. 7 und 13 f.)

Arbeitsvorschläge und Fragen

a) Vergleichen Sie die „Antigone"-Auszüge miteinander. Welcher Grundkonflikt wird sichtbar? Inwiefern hat Brecht die Thematik des antiken Stoffes aktualisiert (M 3)?

b) Entwickeln Sie aus Sokrates' Verteidigungsrede seinen philosophischen Grundsatz. Warum galt Sokrates für viele spätere Philosophen als Idealbild (M 4)?

c) Vergleichen Sie die Vorrede des Herodot mit der des Thukydides im Hinblick auf Methoden und Absichten der Geschichtsschreibung (M 5).

6.2 Die klassische Epoche der griechischen Kunst

Die Akropolis – Sinnbild des „Perikleischen Zeitalters“

Die Perser hatten 480 v. Chr. bei ihrem Einfall in Attika die Polis Athen fast vollständig zerstört. Um 450 v. Chr. entwickelte *Perikles* ein gigantisches Wiederaufbauprogramm, dessen Schwerpunkt auf der glanzvollen Ausgestaltung der Akropolis lag. Für diesen Zweck nutzte Perikles auch den steten Zufluss an Mitgliedsbeiträgen aus dem Attisch-Delischen Seebund, dessen Kasse 454 v. Chr. nach Athen verlegt worden war. Der Wiederaufbau der Akropolis brachte den Lohnarbeitern, Handwerksbetrieben und Künstlern Athens reichen Verdienst. Ihre Bauwerke sollten nach dem Willen des Perikles „Athen am meisten zum Schmuck und zur Zierde gereichen“ und „den anderen Völkern die größte Bewunderung abnötigen“.
Innerhalb von 15 Jahren entstand der Parthenon, der Tempel der Stadtgöttin, dessen Heiligtum ein monumentales Standbild der Athene bildete. Schöpfer dieser 12 Meter hohen vergoldeten Kultfigur war *Phidias*, ein Freund des Perikles und der bedeutendste Bildhauer seiner Zeit. Von ihm stammte auch eine im Freien postierte Athene-Statue, deren Helm und Lanzenspitze bereits vom fast 50 Kilometer entfernten Kap Sunion zu sehen gewesen sein sollen. Um 435 v. Chr. entstand der Eingangstorbau zur Akropolis, die Propyläen – ein großzügiges Bauwerk, das wegen des Ausbruchs des Peloponnesischen Krieges unvollendet blieb (s. S. 7, M 1). Der um 420 v. Chr. fertiggestellte Nike-Tempel und das dem sagenhaften König Erechtheus gewidmete Erechtheion, das um 406 v. Chr. vollendet wurde, vervollständigten das Bauprogramm, das sowohl dem Kultdienst als auch der staatlichen Repräsentation diente.

Das Klassische der griechischen Kunstwerke

Bereits in der Antike wurde die Akropolis bewundert. „So liegt ein Hauch immerwährender Jugend über diesen Werken, die Zeit geht vorüber, ohne ihnen etwas anzuhaben, als atmete in ihnen ein ewig blühendes Leben“, schrieb der Historiker Plutarch im 1. Jh. n. Chr. Die Akropolisbauten galten und gelten mit ihren z.T. nicht mehr im Original erhaltenen Statuen als Meisterwerke. Auch wenn in der ganzen griechischen Welt hervorragende Kunstwerke geschaffen wurden, bleibt Athens Akropolis wegen der Fülle klassischer Denkmäler einmalig. Die harmonischen *Proportionen* z.B. des Parthenon gelten bis heute als Ausdruck idealer Schönheit. Diese vollendeten Zeugnisse der klassischen Epoche griechischer Kultur im 5. Jh. v. Chr. wurden zu einer wesentlichen Richtschnur der abendländischen Kunst (vgl. S. 7).

Hellenismus – „Weltherrschaft des griechischen Geistes“

Seit der Mitte des 4. Jh. v. Chr. ging die Autonomie der Poleis im Kampf gegen die makedonische Monarchie verloren. Im Gefolge des Eroberungszuges *Alexanders des Großen* (336–323 v. Chr.), der mit seinem makedonisch-griechischen Heer in wenigen Jahren das Perserreich unterwarf, durchdrangen griechische Sprache, Kultur und Zivilisation die Welt bis nach Indien. Wenn auch die Nachfolgereiche Alexanders in den folgenden Jahrhunderten untergingen, so überdauerte der griechische Geist den politischen Niedergang. Die Weltkultur des „Hellenismus“ beeinflusste den Mittleren Osten ebenso wie den westlichen Mittelmeerraum. Griechische Kunst und griechisches Denken durchdrangen seit dem 2. Jh. v. Chr. das Weltreich der Römer (vgl. S. 96). Diese und Jahrhunderte später die Araber tradierten griechisches Kulturgut. Der griechische Einfluss ist bis ins christliche Mittelalter spürbar. Und auch in der Neuzeit bleibt „unser Denken, Formen und Gestalten … durchwirkt von den Prinzipien und Kategorien, die die Griechen entdeckt und aufgestellt haben“ (Schadewaldt).

Klassik, klassisch: Der ursprünglich für die oberste Klasse der römischen Steuerzahler (classici) verwendete Ausdruck wurde seit dem 2. Jh. n. Chr. auch auf erstrangige Schriftsteller übertragen. Seit dem 18. Jh. erfuhr der Begriff eine erneute Ausweitung. Er bezeichnet:
- die Kunstwerke der griechisch-römischen Antike, vornehmlich des „Perikleischen Zeitalters", deren harmonisches und vollendetes Erscheinungsbild als zeitlos aufgefasst wird;
- Kunstepochen und -werke, die den klassischen griechischen Stil zum Vorbild haben und mustergültige Leistungen darstellen (z. B. Weimarer Klassik in der deutschen Literatur);
- einen bestimmten, in sich vollendeten und ausgewogenen Stil, unabhängig von einem möglichen Bezug zur antiken Klassik (z. B. als Gegenbegriff zu „modern, modisch");
- Kunstwerke, die für eine Gattung als typisch und beispielhaft gelten (z. B. klassischer Jazz).

1 Der Wiederaufbau der Akropolis

Der Grieche Plutarch berichtete im 1. Jh. n. Chr. in seiner Perikles-Biographie:

„Was ... Athen am meisten zum Schmuck und zur Zierde gereichte, was den andern Völkern die größte Bewunderung abnötigte ..., das waren seine prachtvollen Tempel und öffentlichen Bauten. Und doch stieß keine von Perikles' Staatshandlungen auf so viel Kritik wie seine Bautätigkeit. ‚Schimpf und Schande', schrien [seine Gegner], ‚ist über das Volk gekommen, da es die Bundesgelder, das Gemeingut aller Griechen, aus Delos nach Athen geholt hat ... Griechenland steht unter dem Eindruck, es werde ... offen tyrannisiert, da es sehen muss, wie wir mit den Geldern, die es notgedrungen für den Krieg zusammengesteuert hat, unsere Stadt vergolden und herausputzen ...' Perikles machte demgegenüber dem Volke klar, dass Athen den Bundesgenossen für seine Gelder keine Rechenschaft

2 Archaische, klassische und hellenistische Kunst

2a Stehende Göttin. Die ca. 1,90 m hohe archaische (griech.: altertümlich) Marmorstatue wurde um 580 v. Chr. in Attika hergestellt. (links)

2b Apolon. Die fast 2 m hohe römische Marmorkopie des klassischen Bronze-Originals, das um 460 v. Chr. vermutlich von Phidias für die Akropolis geschaffen wurde, befindet sich heute in Kassel (Mitte).

2c Laokoon und seine Söhne. Diese hellenistische Plastik stellt dar, wie Laokoon, der als Apollonpriester die Trojaner vor dem hölzernen Pferd gewarnt hatte, mit seinen Söhnen von zwei Schlangen erwürgt wird. Das Werk stammt aus dem 1. Jh. v. oder n. Chr. und stand im Palast des römischen Kaisers Titus (78–81 n. Chr.) (rechts).

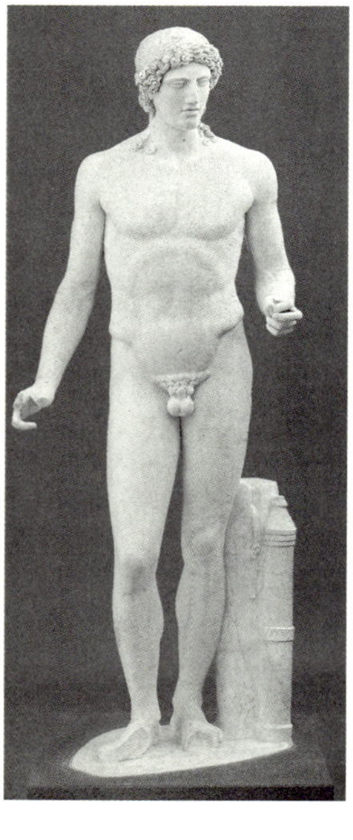

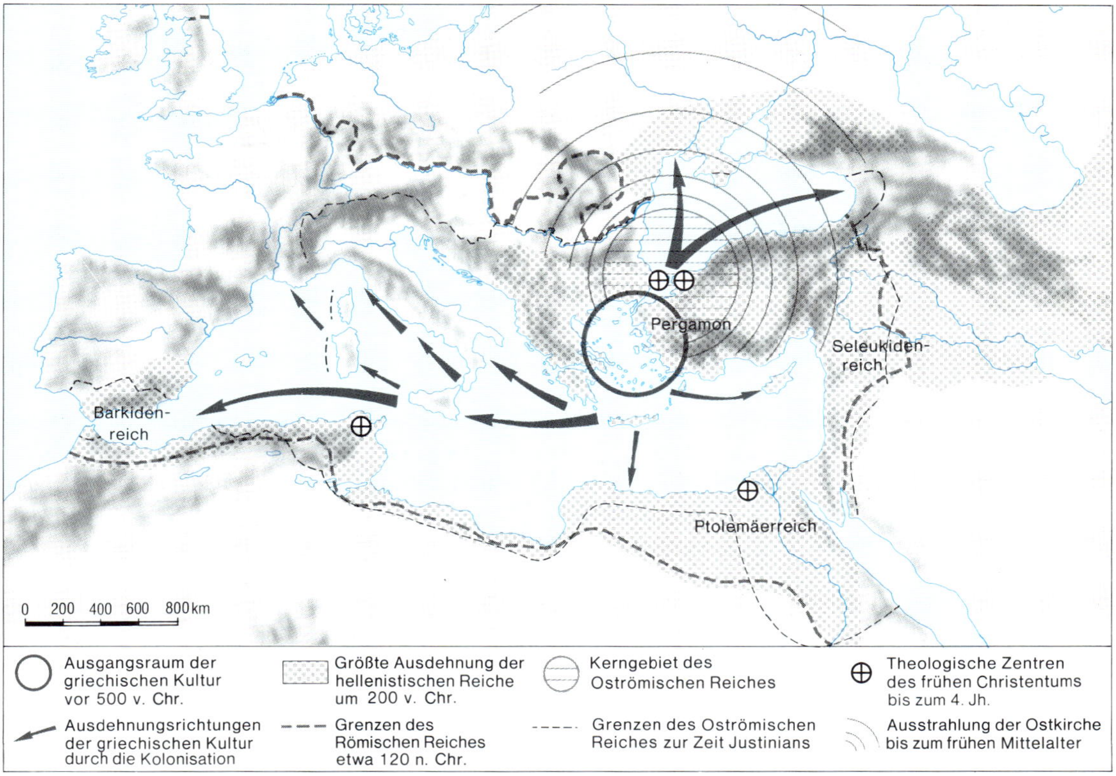

3 **Ausbreitung griechischer Kultur** vom 6. Jh. v. Chr. bis zum frühen Mittelalter

schuldig sei, da es den Krieg für sie führe und sie vor den Persern beschütze …: ‚Da nun unsere Stadt mit Kriegsbedarf hinreichend versehen ist, müssen wir den Überfluss auf Werke lenken, die uns nach ihrer Vollendung ewigen Ruhm, während ihres Entstehens allgemeinen Wohlstand versprechen' … So stiegen die Bauten empor in stolzer Größe, in unnachahmlicher Schönheit der Formen, und die Meister wetteiferten miteinander, durch die Feinheit der Ausführung über ihr Handwerk hinauszuwachsen. Das Wunderbarste aber war doch die Schnelligkeit …: in kurzer Zeit wurden [die Bauten des Perikles] geschaffen für ewige Zeit. Ihre Schönheit gab ihnen sogleich die Würde des Alters, ihre lebendige Kraft schenkt ihnen bis auf den heutigen Tag den Reiz der Neuheit und Frische …"
(Aus: Plutarch, Perikles 12 f.; zit. nach: Plutarch, Große Griechen und Römer, übers. v. K. Ziegler, Zürich 1955, Bd. 2, S. 121 ff.)

Arbeitsvorschläge und Fragen

a) Diskutieren Sie das Für und Wider von Perikles Wiederaufbauprogramm für die Akropolis (M 1). Welche prinzipielle Problematik hinsichtlich öffentlicher Kunstförderung ist hier erkennbar?
b) Vergleichen Sie die Werke aus den drei verschiedenen Epochen miteinander. Welche Entwicklungstendenzen können Sie erkennen (M 2)?
c) Stellen Sie dar, inwiefern die Kunstwerke der Griechen aus der Zeit des Perikles Vorbildcharakter für die europäische Kunst besaßen. Sammeln Sie hierzu Merkmale des „Klassischen". Untersuchen Sie daraufhin die Abbildungen auf S. 7–54.
d) Erläutern Sie die Aussagen der Karte (M 3). Ziehen sie ggf. einen historischen Atlas hinzu.

7. Frauenleben in der griechischen Antike

Gesellschaftliche Beschränkungen

„Wir haben die Hetären (Geliebten) der Lust wegen, die Nebenfrauen wegen der täglichen Pflege unseres Körpers, die Ehefrauen aber dazu um uns legitime Kinser zu gebären und als verlässliche Wächter unseres Haushalts." – Dieser Ausspruch des berühmten attischen Redners Demosthenes (4. Jh. v. Chr.) muss als Beleg für die Benachteiligung des weiblichen Geschlechts in einer von Männern beherrschten Welt erscheinen. Tatsächlich waren die Beschränkungen für die freie Frau in Athen und in den wohl meisten anderen griechischen Poleis vielfältig. Bereits im Kindesalter erfuhr das athenische Mädchen eine mindere Bildung und Ausbildung als ein Knabe. Es stand unter der Vormundschaft des Vaters, und wenn es – häufig im Alter von 15 Jahren – den Mann heiratete, den der Vater ausgewählt hatte, veränderte sich die Rechtsstellung der Frau nur in der Weise, dass sie nun von ihrem – meist erheblich älteren – Ehemann abhängig war. Sie besaß weder Rechts- noch Geschäftsfähigkeit, und selbst wenn sie z. B. als Marktverkäuferin oder Handwerkerin tätig war und den Unterhalt der Familie sicherte, geschah dies unter Aufsicht ihres Mannes. Ihre eigentliche Lebenswelt war das Haus; das öffentliche Leben war ihr – mit Ausnahme der religiösen Kulte – weitgehend verschlossen (vgl. S. 31 und 37). Ihr oblag die Führung des Haushalts und die Erziehung der Kinder, bis diese 6 Jahre alt waren, dann übernahm der Vater diese Aufgabe. Der Mann konnte die Ehe einseitig aufkündigen; die Mitgift der Frau musste er ihrer Familie zurückgeben.

Gestaltungsmöglichkeiten und Freiräume

In dieser patriarchalischen Ordnung sieht die heutige Fachwissenschaft allerdings auch Freiräume für Frauen. Auch wenn die athenische Frau, besonders aus wohlhabender Familie, stark an das Hausleben gebunden war, lebte sie nicht wie eine Gefangene. Sie konnte in ihrem Hause eine eigene Kultur entfalten, nahm an Familienfeiern ebenso teil wie an den öffentlichen Theateraufführungen und an religiösen Festen. Ein wichtiges religiöses Fest, die Thesmophorien, das zu Ehren der Korngöttin Demeter und des Kornmädchens Kore zur Zeit der Aussaat gefeiert wurde, war ausschließlich ein Fest der Frauen. Es verweist auf den engen Zusammenhang zwischen der Fruchtbarkeit der Erde und der Frauen, welcher zurückgeht auf uralte agrarmagische Vorstellungen und auch in der ursprünglich großen Zahl von weiblichen Gottheiten feststellbar ist (vgl. S. 15). Wir wissen, dass freie Frauen durchaus berufstätig sein konnten, wobei dies allerdings kaum ihrer Selbstverwirklichung diente, sondern meist wirtschaftlich notwendig war. Manche Frauen arbeiteten als Hebamme und Amme. Ärmere Frauen verkauften auf den Märkten häufig Backwaren, Gemüse oder Gegenstände für kultische Zwecke oder arbeiteten als Erntehelferinnen oder im Haushalt reicher Familien.

Das Leben der Sklavinnen

Sklavinnen fristeten meist ein desolates Dasein. Viele mussten für Zuhälter oder Kupplerinnen als Prostituierte arbeiten. Auch die berufsmäßigen Hetären waren z. T. Sklavinnen. Sie wurden für die Gelage der Männer (Symposien) engagiert und sorgten auch als Akrobatinnen, Tänzerinnen und Flötenspielerinnen für Unterhaltung. Haussklavinnen standen unter der besonderen Obhut ihrer Herrin, damit sie vor Nachstellungen der Ehemänner geschützt waren. Kinder aus Sklavenehen blieben Eigentum ihres Herren, aber sie wurden als Hausangehörige wohl in der Regel gut behandelt und konnten an den religiösen Kulten in der Familie meist gleichberechtigt teilnehmen.

Das Leben der Spartiatinnen

Eine Sonderstellung in Griechenland nahmen die freien Frauen Spartas ein, denen von zeitgenössischen athenischen Autoren Zügellosigkeit vorgeworfen wurde – auch ein Ausfluss der Rivalität zwischen Athen und Sparta (vgl. S. 45). In der Tat genossen die Spartiatinnen größere Freiheiten als ihre Geschlechtsgenossinnen in Athen. Da die Spartiaten wegen ihrer Wehrlager und Feldzüge häufig abwesend waren, gewannen die Spartiatinnen mehr Freiheiten als die Bürgerinnen in anderen Poleis. Schon in der Kindheit wurden die Mädchen stärker gefördert. Sie nahmen wie Knaben an Wettkämpfen teil und wurden in öffentlichen Schulen in Gesang, Tanz und Sport ausgebildet (vgl. S. 18, M 9). Nach Aristoteles waren zwei Fünftel des Grund und Bodens von Sparta in den Händen von Frauen – ein Tatbestand, der darauf zurückzuführen ist, dass die Tochter den Besitz des Vaters erbte, wenn kein männlicher Erbe vorhanden war.

1 Über die „Natur" und Rolle der Frau

1a Platon:

„Es gibt also, mein Freund, in der Verwaltung der Stadt gar keine Beschäftigung eigens für die Frau, nur weil sie Frau ist, und auch keine für den Mann, nur weil er Mann ist. Die Begabungen finden sich vielmehr gleichmäßig bei beiden Geschlechtern verteilt, und an allen Beschäftigungen hat die Frau und hat auch der Mann von Natur aus gleichen Anteil, nur dass das Weib überall schwächer ist als der Mann ... So ist also die Veranlagung der Frau und des Mannes dieselbe in Bezug auf das Wächteramt in der Stadt; nur dass die eine schwächer, die andere stärker ist. ... Dies sind also die Frauen, die wir für die Männer dieser Art auswählen müssen, dass sie mit ihnen gemeinsam wohnen und das Wächteramt versehen, weil sie dazu geeignet und ihnen von Natur aus verwandt sind. ... Müssen wir nun aber gleichen Naturen nicht auch die gleichen Beschäftigungen zuweisen? ... Wir stimmen darin überein, dass es nicht der Natur zuwider ist, wenn wir den Frauen der Wächter musische und gymnastische Bildung vermitteln. ... So müssen sich denn die Frauen der Wächter entkleiden – statt der Gewänder werden sie ja Tüchtigkeit anlegen – und müssen am Krieg und auch sonst am Wächteramt teilnehmen. ..."

(Platon, Der Staat V/5 ff., Sämtliche Werke Bd. IV, Zürich/München 1974, S. 264 ff.)

1b Aristoteles:

„Da wir nun drei Teile der Hausverwaltungslehre unterschieden haben, das Herrenverhältnis, von dem vorhin gesprochen wurde, das Vaterverhältnis und drittens das Eheverhältnis, so steht dem Manne zu über die Frau und die Kinder zu regieren, über beide als über Freie, aber nicht in derselben Weise, sondern über die Frau als Staatsmann und über die Kinder als Fürst. Denn das Männliche ist von Natur zur Leitung mehr geeignet als das Weibliche (wenn nicht etwa ein Verhältnis gegen die Natur vorhanden ist) und ebenso das Ältere und Erwachsene mehr als das Jüngere und Unerwachsene. ... Es gibt von Natur mehrere Arten von Herrschendem und Dienendem. Denn anders herrscht der Freie über den Sklaven, das Männliche über das Weibliche ... Der Sklave besitzt das planende Vermögen überhaupt nicht, das Weibliche besitzt es zwar, aber ohne Entscheidungskraft, das Kind besitzt es, aber noch unvollkommen."

(aus: Aristoteles, Politik, 1259 a, zit. nach: Geschichte in Quellen, Bd. 1, München 1965, S. 313)

Arbeitsvorschläge und Fragen

a) Welche Konsequenzen ergeben sich letztlich aus dem Frauenbild, das Platon (M 1 a) entwickelt, welche aus dem von Aristoteles (M 1b)?
b) Charakterisieren Sie auf der Basis der Abbildungen auf S. 9 (M 2), 15, 42 und 49 die gesellschaftliche Stellung der Frauen im antiken Griechenland.
c) Suchen Sie nach möglichen Erklärungen für die Sonderstellung der Spartiatinnen (s. auch S. 18, M 9).

Rom – vom Stadtstaat zum Weltreich

Innerhalb von 370 Jahren entwickelte sich aus einem rund 150 qkm umfassenden Stadtstaat ein Weltreich, das den gesamten Mittelmeerraum beherrschte. Dieser Prozess der Expansion ging mit grundlegenden wirtschaftlichen, gesellschaftlichen, politischen und kulturellen Veränderungen sowohl der römischen als auch der unterworfenen Gesellschaften einher.
Die Auseinandersetzung mit der römischen Geschichte zeigt einerseits die Notwendigkeiten und Bedingungen des Wandels politischer Systeme unter dem Einfluss tiefgreifender außenpolitischer Veränderungen, andererseits werden die Möglichkeiten und Grenzen imperialer Politik erkennbar. Weiterhin stellt sich die Frage, ob und wie verschiedene Kulturen innerhalb eines geschlossenen Herrschaftsgebietes miteinander existieren können.

Um 1000 v. Chr.	Latiner und Etrusker wandern in Italien ein.
753 v. Chr.	Romulus und Remus gründen der Sage nach Rom; Beginn der römischen Zeitrechnung.
Um 500 v. Chr.	Römische Adelige vertreiben die etruskischen Könige aus Rom und gründen die römische Republik.
500–287 v. Chr.	In den „Ständekämpfen" erreichen die Plebejer die rechtliche und politische Gleichberechtigung mit den Patriziern.
Bis 272 v. Chr.	Rom erringt die Vorherrschaft in Italien und gewinnt italische Stämme und Städte als Bundesgenossen.
264–133 v. Chr.	Im Kampf gegen Karthago und durch die Eroberung hellenistischer Staaten wird Rom zur Weltmacht. Die Expansion löst einen starken wirtschaftlichen, sozialen, politischen und kulturellen Wandel aus.
133–121 v. Chr.	Die Versuche von Tiberius und Gaius Gracchus, durch eine Agrarreform die Verarmung des Bauernstandes aufzuhalten, scheitern am Widerstand des Senats. Die herrschende Nobilität spaltet sich in Optimaten und Populare; die politische Ordnung der Republik beginnt zu verfallen.
Ab 107 v. Chr.	Marius führt eine Heeresreform durch.
88 v. Chr.	In der Auseinandersetzung mit Marius nimmt Sulla mit seinem Heer Rom ein und setzt sich im folgenden Bürgerkrieg durch.
59 v. Chr.	Caesar wird Konsul. Im Anschluss an sein Konsulat erobert er als Statthalter große Teile Galliens.
49 v. Chr.	Beginn des Bürgerkriegs zwischen Caesar mit seinen Anhängern einerseits und Pompeius mit der Senatsmehrheit andererseits.
44 v. Chr.	Caesar wird ermordet, nachdem er eine fast monarchische Stellung eingenommen hatte. Erneuter Ausbruch eines Bürgerkrieges.
44–27 v. Chr.	Octavian setzt sich im Bürgerkrieg durch und schafft als Augustus mit dem Prinzipat ein neues Regierungssystem.
Um 116 n. Chr.	Größte Ausdehnung des Römischen Reiches unter Kaiser Trajan.
212/213 n. Chr.	Das römische Bürgerrecht wird an alle Reichsbewohner verliehen.
395 n. Chr.	Nach dem Tod des Kaisers Theodosius wird das Römische Reich in eine West- und eine Osthälfte geteilt.

„Du bist ein Römer – dies sei den Beruf: die Welt regiere, denn du bist ihr Herr; dem Frieden gib Gesittung und Gesetze, schone, die sich dir gehorsam fügen und brich im Kriege der Rebellen Trotz!“
(Vergil, Aeneis VI, 851 ff.)
„… die Römer, diese Räuber des Erdkreises, nicht der Orient, nicht der Okzident hat sie gesättigt. Plündern, Morden, Rauben nennen sie mit falschen Namen Herrschaft, und wo sie eine Einöde anrichten, heißen sie es Frieden.“
(Tacitus, Agricola, 30,4)

1 **Römische Didrachme von 269 v. Chr.** Abgebildet ist die römische Wölfin, die Romulus und Remus säugt.

2 **Römischer Denar, ca. 18 v. Chr.** Die Münze trägt das Porträt von Kaiser Augustus.

3 **Die Expansion Roms** von den Anfängen bis 116 n. Chr.

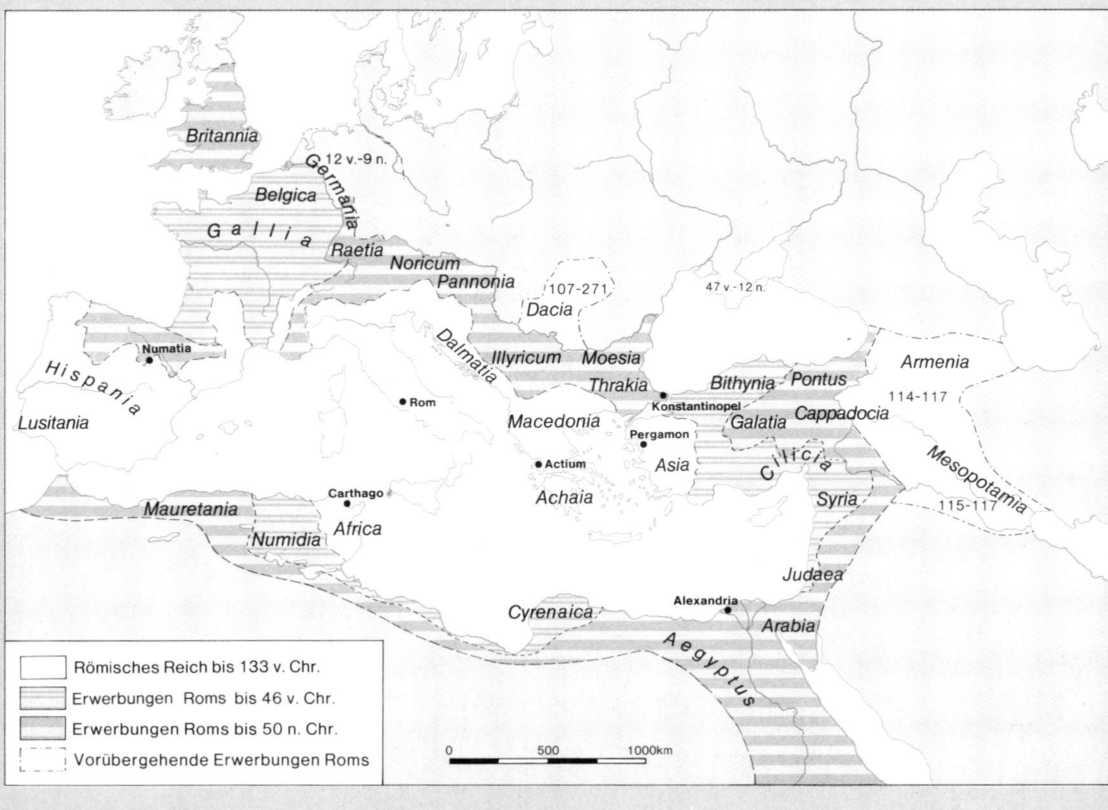

1. Die Gründung Roms und die Phase der Expansion

Rom – Stadtstaat am Tiber

Der Sage nach geht Rom auf Romulus und Remus zurück, aber über die tatsächlichen Umstände der Gründung der Stadt Rom wissen wir wenig. Die vorliegenden schriftlichen Überlieferungen sind hauptsächlich interpretierende Rückblicke aus der augusteischen Zeit. Archäologische Forschungen weisen für das 10. und 9. Jh. v. Chr. Siedlungen von Latinern und Sabinern auf den Hügeln Quirinal und Palatin am Unterlauf des Flusses Tiber nach. Diese gerieten wahrscheinlich im 7. Jh. v. Chr. unter die Herrschaft der *Etrusker*. Unter deren Einfluss schmolzen die verstreuten Siedlungen zur Stadt Rom zusammen.

Der Übergang von der Herrschaft etruskischer Könige zur Herrschaft einer kleinen Gruppe weniger römischer Adeliger (Aristokratie) hatte nicht nur die Befreiung von der Fremdherrschaft, sondern auch den Wandel der Staatsform zur Folge. Fortan übte der latinische Adel durch die Familien der *„Patrizier"* („patres" = Väter) die Macht in Rom aus. Diese Oberschicht war durch entsprechende Heiratsvorschriften in sich geschlossen. Ihr Wohlstand basierte auf weitläufigem Grundbesitz; sie besetzte den *Senat*, eine Art Ältestenrat, in dem alle wichtigen Entscheidungen gefällt wurden. Auch die von einer Volksversammlung gewählten Beamten entstammten ausnahmslos dem Patriziat.

Dieser kleinen, exklusiven Führungsschicht standen die *Plebejer*, die Masse der freien Bevölkerung Roms gegenüber. Die Plebejer, zumeist Handwerker oder kleine Bauern, waren zwar an der Wahl der Beamten beteiligt und stellten die Masse des römischen Heeres, konnten sich jedoch weder um ein Amt bewerben noch in den Senat aufsteigen noch ins Patriziat einheiraten.

Viele Plebejer waren als *„Klientel"* an einen Patrizier gebunden. Sie unterstellten sich dabei einem Patron und leisteten diesem Gefolgschaft, indem sie ihn hauptsächlich politisch, seltener, auch wirtschaftlich, unterstützten. Bei Volksversammlungen waren die Klienten verpflichtet im Sinne ihres Patrons abzustimmen. Als Gegenleistung erhielten sie von diesem Schutz vor Gericht und Hilfe in wirtschaftlicher Not.

Die „Ständekämpfe"

Die fehlenden Rechte zur politischen Mitbestimmung, die mangelnden Aufstiegschancen und eine starke Verschuldung infolge hoher Kriegslasten standen im Widerspruch zu den militärischen Leistungen der Plebejer bei der Ausweitung des Stadtstaates Rom. Während der „Ständekämpfe" im 5. und 4. Jh. v. Chr. konnten die Plebejer in heftigen Auseinandersetzungen eine beträchtliche Erweiterung ihrer Rechte durchsetzen:

- Schrittweise erlangten die Plebejer das Recht, eine eigene Volksversammlung (concilium plebis) abzuhalten. Dort wurden *Volkstribunen* gewählt, die das Recht hatten, Plebejer vor ungerechten Zugriffen der Patrizier zu schützen und gegen Beschlüsse des Senats und der Beamten Einspruch (Veto) zu erheben (Interzessionsrecht). Der Tribun wurde für sakrosankt, unantastbar, erklärt.
- Um 450 v. Chr. wurde mit dem *Zwölftafelgesetz* ein für alle Bürger Roms geltendes Straf- und Zivilrecht schriftlich fixiert; kurz darauf wurden Ehen zwischen Plebejern und Patriziern erlaubt.
- 366 v. Chr. wurden Plebejer zum höchsten römischen Amt, dem Konsulat zugelassen, bis 300 v. Chr. erhielten sie auch das Recht, das höchste Priesteramt wahrzunehmen.

– 287 v. Chr. erhielten die Beschlüsse der plebejischen Volksversammlung Gesetzeskraft (Lex Hortensia).

Die Nobilität als Führungsschicht

Dadurch, dass die Plebejer in die Organisation und Verwaltung des Staates integriert wurden, war ein Ausgleich zwischen den Ständen gefunden worden, ohne die Struktur der römischen Gesellschaft grundlegend zu verändern. So gelang es auch nur wenigen besonders befähigten Plebejern, in die Führungsschicht aufzusteigen. Die Leitung des römischen Staates lag nun nicht mehr allein in der Hand eines festgefügten Geburtsadels (Patriziat), sondern es bildete sich ein *Amtsadel (Nobilität)*; darin besaßen jedoch patrizische Familien gleichwohl maßgeblichen Einfluss. Diese gesellschaftliche Entwicklung war zum Teil durch die außenpolitische Entwicklung vom 5. bis 3. Jh. v. Chr. bedingt. Dabei konnten die Plebejer immer dann ihre Interessen in Rom durchsetzen, wenn Rückschläge der patrizischen Expansionspolitik die Loyalität der übrigen Schichten in besonderem Maße erforderte oder die Stadt Rom unmittelbar in Gefahr geriet.

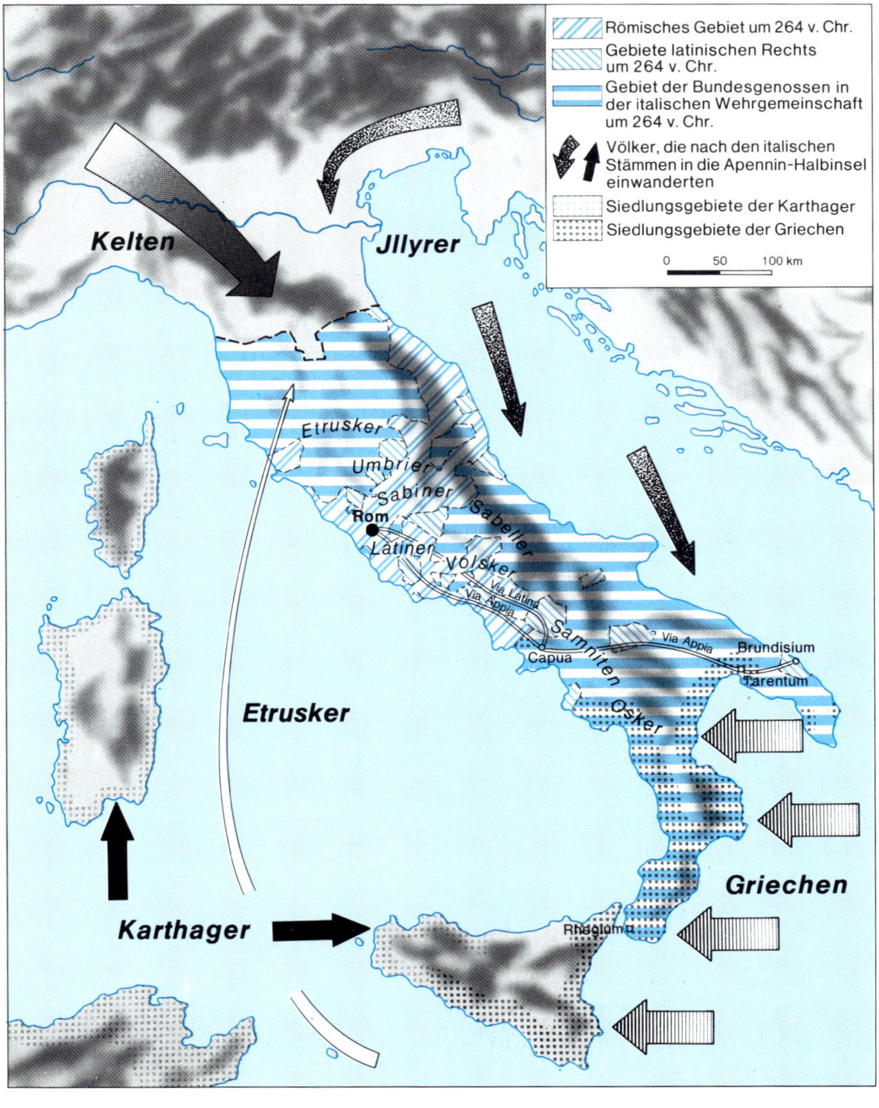

1 **Bevölkerung und Herrschaft in Italien um 264 v. Chr.**

Rom wird Vormacht in Italien

Besonders im 5. Jh. v. Chr. hatte Rom, noch ein Stadtstaat unter vielen, hart am Rande von endgültigen Niederlagen, Angriffe von benachbarten Etruskern, Latinern, Äquern und Volskern zu bestehen. 396 v. Chr. wurde die schärfste Rivalin Roms, die etruskische Stadt Veii zerstört. Nur wenige Jahre nach diesem bis dahin größten römischen Sieg besetzten und plünderten Gallier (Kelten) die Stadt Rom im Jahre 387 v. Chr. Die Römer reagierten auf diese Niederlage mit weiteren Zugeständnissen an die Plebejer (s. S. 60), mit dem Ausbau der Befestigung Roms und einer Heeresreform. Die Stellung im Heer wurde von nun an nicht mehr durch die Standeszugehörigkeit bestimmt, sondern ausschließlich durch das Vermögen und den Besitz des Einzelnen.

Mit Hilfe eines schlagkräftigen Heeres und einer geschickten Bündnispolitik, die die Gegner isolierte, gelang es den Römern, die Latiner (338 v. Chr.) und die Samniten (290 v. Chr.) zu besiegen. Als nun stärkste Macht in Süditalien übernahm Rom den Schutz griechischer Kolonialstädte in Italien. Darüber kam es zum Konflikt mit der griechischen Kolonie Tarent. Trotz der Unterstützung durch den König Pyrrhos von Epirus aus Griechenland, der mit seinem Heer die Römer an den Rand der Niederlage brachte, musste sich Tarent 272 v. Chr. den Römern ergeben. Nachdem sich in den folgenden Jahren die letzten Griechenstädte in Unteritalien dem römischen Bündnissystem angeschlossen hatten, hatten die Römer die Vormachtstellung in Italien inne.

Zugleich war Rom zu einer bedeutenden Macht im Mittelmeerraum geworden. Mit unterschiedlichen Maßnahmen wurden die Besiegten an das Römische Reich gebunden (s. S. 65, M 4): einige wurden in den römischen Staat aufgenommen, wobei ihnen teils das volle, teils das eingeschränkte Bürgerrecht verliehen wurde. Andere behielten ihre Selbständigkeit, wurden jedoch durch Verträge als *Bundesgenossen* (socii) auf ewig an Rom und seine Politik gebunden und insbesondere zur Heerfolge verpflichtet.

Zur Sicherung der neu erworbenen Territorien in Italien gründeten die Römer in den unterworfenen Gebieten *Kolonien*, in denen waffenfähige Römer angesiedelt wurden. Diese Siedlungen waren zuverlässige Stützpunkte der römischen Herrschaft und dienten zugleich dazu, römische Bürger mit Land zu versorgen. Ebenso war die Anlage und der Ausbau eines gepflasterten Straßennetzes von großer strategischer Bedeutung (Via Appia, 312 v. Chr.).

Entscheidend für die Stabilität der römischen Herrschaft war das Funktionieren des römischen *Bündnissystems*, in dem Rom die Oberherrschaft, das heißt den Schutz und die Vertretung nach außen und die Schiedsrichterrolle nach innen übernahm. Nach außen bildete die italische Halbinsel ein gemeinsam getragenes Abwehrsystem, für das die Historiker den Ausdruck *„Italische Wehrgemeinschaft"* geprägt haben.

Die römische Verfassung

Geschickte außenpolitische Strategien, ein effektives Militärwesen und ein leistungsfähiges Verwaltungssystem trugen entscheidend zum Aufstieg Roms bei. Darüber hinaus sind diese Erfolge der Römer mit ihrer Fähigkeit zu erklären, soziale und politische Konflikte angesichts äußerer Bedrohung pragmatisch zu lösen. Während der Ständekämpfe entwickelte sich in Rom ein Verständnis vom Staat, in dem dieser als „gemeinsame Angelegenheit" („res publica", davon abgeleitet *„Republik"*) begriffen wurde und der auf dem einvernehmlichen Handeln von Senat und Staatsvolk beruhte.

Die *Beamten* (Magistrate) wurden nach dem Prinzip der Annuität jährlich neu gewählt; die Ämter wurden bei gleicher Amtsbefugnis doppelt oder mehrzählig besetzt (Prinzip der Kollegialität). Dadurch sollte eine gegenseitige Kontrolle

2 **Abstimmungsszene.** Links nimmt ein römischer Bürger von einem Wahlassistenten (in der Mitte) ein Stimmtäfelchen in Empfang, rechts wirft bereits ein anderer Römer sein Täfelchen in eine Urne. Die Wähler gehen über erhöhte Stege, die „pontes", auf denen man zwangsläufig hintereinander hergehen musste. Die Münze ließ Publius Nerva um 112 n. Chr. prägen.

3 **Ein römischer Bürger stimmt ab.** Auf der Münze wirft ein Römer seine Stimmtafel, die ein „U" trägt, in eine Urne. Das „U" steht für „uti rogas" (wie du beantragst); mit dieser Formel stimmte man einem Gesetz zu. Die Inschrift LONGIN(US) III V(IR) weist auf den Münzmeister Lucius Cassius Longinus, der diese Münze 63 v. Chr. prägen ließ. (Es gab drei beamtete Münzmeister in Rom, die jährlich wechselten.)

gewährleistet werden. Eine hierarchische und nach Ressorts gegliederte Ämterlaufbahn („cursus honorum") mit dem Verbot sofortiger Wiederwahl in demselben Amt bildete sich heraus:
- Quaestor, zuständig für Finanzen und das Rechnungswesen (acht Beamte)
- Ädil, zuständig für öffentliche Ordnung und Marktaufsicht (vier Beamte)
- Praetor, militärischer Befehlshaber, später Richter (zwei Beamte)
- Konsul (zwei Beamte)

Die Konsuln beaufsichtigten die anderen nachgeordneten Beamten, leiteten die Sitzungen des Senats und hatten den Oberbefehl im Krieg. Die eigentliche Macht lag jedoch beim Senat, der allen Magistraten befehlen konnte. Von besonderer Bedeutung war das Amt des *Zensors*. Er teilte die Bevölkerung aufgrund von Vermögensschätzungen in Klassen ein und durfte bei Fehlverhalten von Senatsmitgliedern diese aus der Senatorenliste streichen. In Notzeiten konnte, auf höchstens sechs Monate befristet, ein *Diktator* ernannt werden. Dieser besaß umfassende militärische und zivile Befehlsgewalt.
Für die Wahl der höchsten Beamten waren die „comitia centuriata" zuständig. Diese Volksversammlung war in 193 Abstimmungsabteilungen, die Zenturien, gegliedert. Die einzelnen Zenturien wurden nach dem Vermögen der Bürger zusammengestellt. Die unterschiedliche Gewichtung der einzelnen Stimmen und ein besonderes Abstimmungsverfahren sorgten dafür, dass die wohlhabenden Römer hier stets das Übergewicht hatten. Ein Erfolg der Plebejer während der Ständekämpfe war es, dass das „concilium plebis", in dem alle männlichen Bürger Roms das gleiche Stimmrecht hatten, einige Kompetenzen, z. B. das Recht, Gesetze zu beschließen, von den comitia centuriata übernahm (287 v. Chr.).

Die Ständekämpfe eröffneten zwar einigen plebejischen Familien den Aufstieg in die Führungsschicht Roms, jedoch schloss sich diese neue Gruppe der „Nobiles" im 3. Jh.v. Chr. gegenüber der weiteren Gesellschaft ab. Nur durch besondere Leistungen konnte ein „homo novus" in diese Kreise aufsteigen.

Mentalitäten, Erziehung und Familie in Rom

Zur Stabilität der sozialen Führungsschicht trugen auch die Erziehungsweise und die Erziehungsziele der Nobilität bei. Die Leistungen der Vorfahren, an die die Heranwachsenden ständig gemahnt wurden, sollten diesen als Richtschnur für das eigene Handeln dienen (*mos maiorum* = die Sitte der Vorfahren). Die Verehrung der Vorfahren zeigte sich u. a. daran, dass in den Häusern der vornehmen Familien die Masken der verstorbenen Ahnen aufgestellt waren. Diese Masken wurden bei Begräbnissen dem Toten vorangetragen.
Innerhalb der vornehmen römischen Familie hatte der Vater die unumschränkte Macht über seine Ehefrau, die Kinder – auch die verheirateten – und Schwiegertöchter (s. S. 94 f.). Häufig übernahm er die Erziehung der Söhne selbst. Dies zielte ausschließlich auf die Befähigung zur Übernahme politischer Ämter. So war sichergestellt, dass die Nobilität eine mental und sozial weitgehend geschlossene Führungsschicht darstellte. Die Vermittlung traditioneller Werte und des damit verbundenen Standesbewusstseins vollzog sich bis ins 1. Jh. v. Chr. hinein weitgehend reibungslos.

Die Punischen Kriege

Die Ausweitung des Reiches brachte Rom in Konkurrenz zur angestammten Handelsgroßmacht in Italien, *Karthago*. Eher zufällig als zwangsläufig wurden beide Großmächte in Auseinandersetzungen um Sizilien verwickelt (264 v. Chr.). Im Verlauf der kriegerischen Auseinandersetzungen setzten sich die Römer als neue Seemacht im Jahre 241 v. Chr. durch und zwangen die Punier – so nannten sie die phönizischen Karthager –, eine hohe Kriegsentschädigung zu zahlen. Zugleich musste Karthago auf Sizilien und drei Jahre später auf Sardinien und Korsika verzichten. Sizilien und Sardinien bildeten die ersten *Provinzen* des Römischen Reiches, ihre Bewohner waren abgabepflichtig und unterstanden der direkten Herrschaft Roms.
Das Vordringen der Karthager in Spanien löste 218 v. Chr. den Zweiten Punischen Krieg aus. Dabei ist es in der Forschung bis heute umstritten, welche der beiden Seiten gegen bestehende Verträge, die Spanien in zwei Interessengebiete aufteilten, verstoßen hat. Der Führer der Karthager, Hannibal, der u.a. mit 40 Kriegselefanten die Alpen überquert hatte, brachte den Römern mehrere verheerende Niederlagen bei. Allein in der Schlacht bei Cannae 216 v. Chr. fielen rund 50 000 Römer, jedoch nur 6000 Karthager. Der Versuch Hannibals, die römischen Bundesgenossen zum Abfall von Rom zu bewegen, scheiterte letztlich. Aufgrund der Stabilität der italischen Wehrgemeinschaft, eines ungebrochenen Siegeswillens und einer „Zermürbungstaktik" konnten die Römer Hannibal vom Nachschub abschneiden und ihn auf Nebenkriegsschauplätze ablenken. Im Jahre 205 v. Chr. ergriff Rom die Offensive. Unter Leitung des Feldherren Publius Cornelius Scipio setzte ein römisches Heer nach Nordafrika über. Dadurch war Hannibal gezwungen, Italien, das während des zehnjährigen Krieges stark verwüstet worden war, zu verlassen. Die Entscheidungsschlacht von Zama (202 v. Chr.) brachte Rom endgültig den Sieg. Obwohl Karthago durch einen harten Friedensvertrag politisch bedeutungslos wurde, blühte es wirtschaftlich recht schnell wieder auf. Bis heute ist noch umstritten, weshalb die Römer Karthago im Dritten PunischenKrieg (149 –146 v. Chr.) gänzlich zerstörten.

Die Unterwerfung der hellenistischen Staaten

Im Gefolge der Punischen Kriege eroberte Rom bis 133 v. Chr. die Iberische Halbinsel und begann, auf den Ägäis-Raum auszugreifen. Der Versuch, Griechenland und Kleinasien mittels indirekter Herrschaft zu kontrollieren, misslang. In mehreren Kriegen wurden bis 146 v. Chr. Makedonien und Griechenland unterworfen und zu Provinzen gemacht. Wie mächtig Rom zu dieser Zeit

bereits war, zeigt sich darin, dass der König Attalos III. sein Reich Pergamon in Kleinasien bei seinem Tode den Römern vererbte.
Aus diesen Kriegen zogen die Sieger großen Gewinn: Allein in Griechenland versklavten die Römer 150 000 Menschen; durch die Kriegsbeute und die hohen finanziellen Kriegsentschädigungen gelangten unermesslich viel Geld, Edelmetalle und andere wertvolle Gegenstände nach Rom. Die nun beginnende hemmungslose Ausbeutung der Provinzen und die Zerstörung des Handelszentrums Korinth (146 v. Chr.) zeigten offen die unerbittliche, rücksichtslose und herrische Seite der römischen Außenpolitik.

Imperium: Zunächst bezeichnete der römische Begriff „imperium“ die umfangreiche Befehlsgewalt und den „Befehlsbereich“ römischer Oberbeamter (Konsuln, Praetoren, Provinzstatthalter, Diktatoren). Dies umfasste u. a. das Recht, Soldaten auszuheben, Kriege zu führen, Recht zu sprechen und mit Zustimmung des Senats Staatsverträge zu schließen. Seit der späten Republik wurde unter dem „imperium Romanum“ das römische Weltreich verstanden. Den eng verwandten Titel „imperator“ erhielt in der klassischen Republik ein erfolgreicher Feldherr. Dieser hatte das Recht einen Triumph beim Senat zu beantragen. Mit Caesar und Augustus wurde „imperator“ zum Amtstitel der römischen Caesaren (Kaiser). An die römische Tradition anknüpfend bezeichneten Karl der Große und seine Nachfolger ihr Reich als „Christianum Imperium“, und Napoleon knüpfte (1804) als „empereur“ bewusst an den römischen Titel „imperator“ an. Auch die Begriffe „Imperialismus“ und „Empire“ (frz. und engl.) verweisen auf den Weltreichgedanken, der im Begriff „imperium“ enthalten ist.

4 **Die Rechtsstellung der Nichtrömer** (Nach: Der große Ploetz, Freiburg 1981, S. 210; verändert)

in Italien			außerhalb Italiens		
	Latiner	Bundesgenossen („socii“)	Freunde („amici“)	Verbündete („foederati“)	Provinziale
Rechtsgrundlage	Vertrag	Vertrag	Gesandte, Hilfsleistungen	Verträge	Unterwerfung
Rechtsstatus	Autonomie innen; Handels- und Heiratsgemeinschaft mit Römern	Autonomie innen	Autonomie (ab 2. Jh. eingeschränkt)	Autonomie (ab 2. Jh. nur noch innen)	Rom herrscht souverän durch Statthalter; lokale Selbstverwaltung
Pflichten gegen Rom	Verzicht auf Autonomie nach außen; Militärhilfe		Neutralität im Kriegsfall (später aktive Hilfe erwartet)	materielle u. militärische Hilfe im Kriegsfall	alles, was Rom verlangt; regelmäßige Tributzahlungen; Hilfstruppen (auxilia); unter römischer Gerichtsbarkeit
Leistungen Roms	Schutz nach außen Beteiligung an Kriegsbeute; Landanweisungen („ager publicus“)		Neutralität im Kriegsfall; (allmählich Schutzmachtstellung)	Autonomie garantiert	Schutz nach außen; Garant für Ruhe und Ordnung innen

5 Römische Erziehung

In seiner Biographie über Cato den Älteren schrieb Plutarch um 100 n. Chr.:

„Als Cato der Sohn geboren war, gab es kein so dringendes Geschäft – es sei denn ein öffentliches –, das ihn hindern konnte, dabei zu sein, wenn die Frau den Säugling badete und windelte. Denn sie nährte ihn mit der eigenen Milch und nahm oft auch die Kinder der Sklaven an die Brust um ihnen durch die Milchbruderschaft Liebe zu ihrem Sohn einzuflößen. Sobald dieser zu begreifen begann, nahm er ihn selbst in die Lehre und brachte ihm Lesen und Schreiben bei, obwohl er einen tüchtigen Elementarlehrer an seinem Sklaven Chilon hatte, der viele Knaben unterrichtete. Aber er hielt es nicht für recht, wie er selbst sagt, dass sein Sohn von einem Sklaven gescholten oder am Ohr gezogen würde, wenn er nicht fleißig lernte, noch auch, dass er einem Sklaven für einen so wichtigen Unterricht Dank schuldete, sondern er war selbst der Lehrer im Lesen und Schreiben, in der Gesetzeskunde und in den Leibesübungen, indem er seinen Sohn nicht nur im Speerwerfen, im Gebrauch der Nahkampfwaffen und im Reiten unterwies, sondern auch im Boxen, im Ertragen von Hitze und Kälte und im kräftigen Durchschwimmen der Wirbel und der reißendsten Stellen des Flusses. Auch seine Geschichte [Roms], sagt er, habe er selbst mit eigener Hand mit großen Buchstaben niedergeschrieben, damit der Knabe die Möglichkeit habe, sich im eigenen Hause zur Kenntnis der Taten und Sitten der Vorfahren heranzubilden."

(Aus: Plutarch, Cato Maior, 20, übers. von K. Ziegler, in: Plutarch, Große Griechen und Römer, Bd. 1, Zürich 1954, S. 345 f.)

6 Cicero „Über den Staat"

Der römische Redner, Schriftsteller und Politiker Cicero verfasste diese Schrift 54–51 v. Chr. Er wählte die Form des Dialogs und verlegte das Gespräch in das Jahr 129 v. Chr. In den folgenden Auszügen lässt Cicero den jüngeren Scipio sprechen, der 146 v. Chr. Karthago zerstörte:

„Das Gemeinwesen [res publica] ist also die Sache des Volkes [res populi], Volk aber ist nicht jede Vereinigung von Menschen, die auf jede nur erdenkbare Weise sich wie eine Herde zusammengeschart hat, sondern der Zusammenschluss einer größeren Menschenzahl, der auf der Grundlage einer Rechtsvereinbarung [iuris consensu] und einer Interessengemeinschaft [utilitatis communione] erfolgt ist. Der erste Anlass, einen solchen Zusammenschluss zu vollziehen ist weniger das Gefühl der Schwäche als vielmehr eine Art naturbedingten Triebes, gleichsam ein Herdentrieb. Denn bei diesem Menschengeschlecht handelt es sich nicht um Einzelindividuen und Einzelgänger, sondern es ist von Haus aus so veranlagt, dass der Mensch, mag er in noch so reichem, allseitigem Überfluss leben, in seiner Vereinzelung nicht bestehen kann …

Jedes Volk also, das wie dargelegt, der Zusammenschluss einer größeren Menschenzahl ist, jede Bürgergemeinde, die das organisierte Volk darstellt, jedes Gemeinwesen, das wie gesagt, eine Sache des Volkes ist, muss um Bestand zu haben, einer bestimmten planvollen Leitung unterstellt sein … Wenn daher die gesamte oberste Staatsführung in der Hand eines einzigen Mannes liegt, nennen wir diesen einen König und die Verfassung eines solchen Gemeinwesens Königtum. Liegt sie aber in der Hand eines Kreises von Auserwählten, dann sagt man, wird diese Bürgergemeinde auf Grund der ungebundenen Entscheidung der Optimaten regiert. Ein Volksstaat – so nennt man ihn ja – liegt vor, wenn in ihm alle Gewalt von dem Volke ausgeht. Jede beliebige dieser drei Verfassungsarten ist unter der Voraussetzung, dass jenes feste Band vorhanden ist, das zuerst die Menschen zu einer staatlichen Gemeinschaft sich zusammenschließen ließ, zwar nicht als eine vollkommene und auch nicht nach meiner Meinung als die ethisch beste, aber doch als eine erträgliche anzusprechen …

… Aber vor die monarchische selbst wird noch die zu stellen sein, die eine gleichmäßige Mischung aus den drei besten Staatsformen darstellt. Drei Voraussetzungen sind dabei zu erfüllen: erstens, es muss in dem Staatswesen eine gewisse monarchische Spitze vorhanden sein, ferner, eine zweite Kraft muss der Einfluss darstellen, der der politischen Führungsschicht zugemessen und zugewiesen ist, drittens, gewisse Aufgabengebiete müssen dem Urteil und der Willensäußerung der großen Masse des Volkes vorbehalten bleiben. Eine solche Verfassung gewährleistet einmal ein hohes Maß von Ausgeglichenheit, auf das freie Menschen auf die

Dauer kaum verzichten können, zum zweiten eine Sicherheit, weil jene drei Grundformen leicht in die gegenteiligen Missformen umschlagen können, so dass aus dem König ein Gewaltherrscher, aus den Optimaten ein Parteiklüngel, aus der geordneten Demokratie ein durcheinander gewürfelter Haufe entsteht, und sodann weil selbst diese Formen oft wieder mit neuen Formen wechseln. Dies kommt in einer verbundenen und maßvoll gemischten Verfassung in der Regel nur dann vor, wenn die leitenden Männer schwere Charakterfehler aufweisen ..."
(Aus: Cicero, Über den Staat 1, 39, 41 f., 69; zit. nach: Geschichte in Quellen, Bd. 1, München 1965, S. 519 ff.)

7 Krieg oder Frieden?

Der römische Geschichtsschreiber Titus Livius schrieb in der Zeit um Christi Geburt eine römische Geschichte. Darin berichtet er auch von König Philipp V. von Makedonien, der versuchte, seine Macht in Griechenland und im Ägäisraum mit Waffengewalt auszudehnen:

„P. Sulpicius [Konsul seit dem 15. März 200 v. Chr.] erhielt durch das Los Makedonien als Amtsbereich, und er veröffentlichte durch Aushang seinen Antrag an das Volk, sie sollten festsetzen und befehlen, dass König Philipp und den Makedonen, die unter seiner Herrschaft ständen, wegen der Ungerechtigkeiten und der bewaffneten Überfälle auf Bundesgenossen des römischen Volkes der Krieg erklärt werde ...
Der Antrag ... wurde bei der ersten Abstimmung von fast allen Zenturien abgelehnt. Das hatten die Menschen, weil sie durch die Länge und Schwere des Krieges [gegen Hannibal] ermattet waren, aus Überdruss vor den Gefahren und Mühen von sich aus getan; dazu hatte auch noch der Volkstribun Q. Baebius den alten Weg beschritten die Senatoren zu beschuldigen und den Vorwurf erhoben, man reihe Kriege an Kriege, damit das Volk nie den Frieden genießen könne. Die Senatoren waren hierüber aufgebracht und der Volkstribun wurde im Senat mit Vorwürfen überschüttet und jeder bat für seine Person den Konsul, eine neue Abstimmung zur Entscheidung über seinen Antrag anzusetzen und mit der Gleichgültigkeit des Volkes ins Gericht zu gehen und ihnen in aller Deutlichkeit klarzumachen, welchen Schaden und welche Schande solcher Aufschub des Krieges bringe.

8 Vornehmer Römer mit Ahnenmasken. (Marmorplastik aus augusteischer Zeit)

Bei der Zusammenkunft auf dem Marsfeld berief der Konsul, bevor er die Zenturien abstimmen ließ, zunächst eine Volksversammlung zum Anhören seiner Rede und sagte: ‚Ihr scheint mir nicht zu begreifen, Mitbürger, dass es für euch nicht um die Frage geht, ob ihr Krieg oder Frieden haben wollt – denn das wird euch Philipp nicht freistellen, der zu Lande und zu Wasser einen gewaltigen Krieg plant –, sondern ob ihr eure Legionen nach Makedonien hinüberschaffen oder ob ihr die Feinde in Italien in Empfang nehmen wollt ...
Wenn es euch zuviel gewesen wäre, nach Afrika hinüberzugehen, hättet ihr heute noch in Italien Hannibal und die Karthager als Feinde. Makedonien soll lieber den Krieg haben als Italien; die Städte und Felder der Feinde sollen mit Feuer und Schwert verwüstet werden; wir haben schon erfahren, dass unsere Waffen draußen glücklicher und mächtiger sind als daheim. Schreitet zur Abstimmung mit dem Beistand der Götter und ordnet das an, was die Senatoren für gut befunden haben. Zu dieser Entscheidung

rät euch nicht nur der Konsul, sondern auch die unsterblichen Götter, die mir, als ich opferte und betete, dass dieser Krieg für mich, den Senat und euch, für die Bundesgenossen und Latiner, für unsere Flotten und Heere gut und glücklich ausgehe, Glück verheißende und günstige Zeichen gegeben haben.'
Nach dieser Rede wurden sie zur Abstimmung geschickt und sie entschieden sich, wie er beantragte, für den Krieg."
(Aus: Livius 31, 6–8; zit. nach: Livius, Römische Geschichte, übers. von H. J. Hillen, Bd. 7, München 1978, S. 15 ff.)

9 Strategien der römischen Außenpolitik

Der aus Sizilien stammende griechische Geschichtsschreiber Diodor verfasste im 1. Jh. v. Chr. eine Weltgeschichte. Darin charakterisierte er die römische Außenpolitik im 2. Jh. v. Chr.:

„Die Römer errichteten ihre Weltherrschaft durch die Tapferkeit ihrer Heere und brachten sie zur größten Ausdehnung durch die überaus anständige Behandlung der Unterworfenen. Und sie blieben so sehr frei von aller Grausamkeit und Rachsucht den Unterworfenen gegenüber, dass man hätte glauben können, sie kämen zu ihnen nicht wie zu Feinden, sondern gleichsam zu Männern, die sich um sie verdient gemacht hätten und zu Freunden. Denn während die Besiegten der härtesten Bestrafung als einstige Feinde gewärtig waren, ließen sich die Sieger an Mäßigung von keinem anderen übertreffen. Den einen gaben sie Anteil am Bürgerrecht, anderen gestanden sie das gegenseitige Recht Ehen zu schließen zu, einigen gaben sie das Recht nach eigenen Gesetzen zu leben, keinem trugen sie das frühere Unrecht härter nach als nötig. Wahrlich, dies Übermaß an Milde war der Grund, dass Könige und freie Städte und schließlich ganze Völker aus freiem Willen sich der römischen Hegemonie eilends unterstellten. Als die Römer aber nahezu die ganze bewohnte Erde beherrschten, da begannen sie ihre Herrschaft durch Terror und die Vernichtung der ansehnlichsten Städte zu sichern; sie machten Korinth dem Erdboden gleich, rotteten die Herrscher Makedoniens aus, zerstörten auch Karthago, ebenso in Spanien Numantia bis auf den Grund und hielten viele durch Angst und Schrecken darnieder ... Nach dem hannibalischen Kriege schloss M. Cato ... bei jeder Gelegenheit im Senat seine persönliche Meinungsäußerung mit dem Satz, Karthago müsse aufhören zu existieren; ... Scipio Nasica aber vertrat immer den entgegengesetzten Standpunkt, Karthago müsse bestehenbleiben. Beide Erklärungen schienen dem Senat sehr der Überlegung wert; die Klügsten aber meinten, die Nasicas verdiene bei weitem den Vorzug. Sie sagten sich, man müsse Roms Stärke nicht aus der Schwäche anderer sehen, sondern aus der Überlegenheit über die Großen. Außerdem zwang, solange Karthago noch bestand, die Furcht vor dieser Stadt die Römer zur Eintracht und zu einer milden und dem allgemeinen Empfinden entsprechenden Behandlung der Untertanen, was das schönste Mittel ist, die Vorherrschaft zu erhalten und zu sichern. Wurde aber die große Nebenbuhlerin vernichtet, so war vorauszusehen, dass im Innern Bürgerkriege und von Seiten der Bundesgenossen Hass gegen die Vormacht aufkommen würde, weil die Herren sich Habgier und Ungerechtigkeiten gegen sie zuschulden kommen ließen. All das trat nach der Zerstörung wirklich ein."
(Aus: Diodor, 32, 4, 4 und 34, 5, 33; zit. nach: Geschichte in Quellen, Bd. 1, München 1965, S. 454, 456)

Arbeitsvorschläge und Fragen

a) Benennen Sie Erziehungsziele des Adels in der römischen Republik, und diskutieren Sie diese vor dem Hintergrund der römischen Vorstellungen vom mos maiorum (M 5). – Bedenken Sie auch mögliche Folgen einer entsprechenden Erziehung.
b) Untersuchen Sie, inwieweit der Aufbau der Republik den Idealen Ciceros entspricht (M 6).
c) Erörtern Sie die Anlässe für den Krieg gegen Philipp V. von Makedonien. Welche waren nach dem Bericht in M 7 entscheidend?
d) Diskutieren Sie am Beispiel der Auseinandersetzung um die Zerstörung Karthagos das Verhältnis von Innen- und Außenpolitik in Rom (M 9).

2. Die Krise der römischen Republik und die Reformversuche der Gracchen

Die wirtschaftlichen Folgen der Punischen Kriege

Die Expansion Roms von der Stadtgemeinde zur Großmacht war verbunden mit tief greifenden Veränderungen im politischen und sozialen Gefüge des römischen Staates. Diese Veränderungen setzten die römische Gesellschaft schweren Belastungen aus, die zu anhaltenden, häufig gewaltsam ausgetragenen *Konflikten* führte.

Noch während des Ersten Punischen Krieges hatten die meisten römischen Familien als Selbstversorger von der Landwirtschaft gelebt. So soll es einen Bäckerladen in Rom erst 180 v. Chr. gegeben haben. Erst während des Zweiten Punischen Krieges wurde eine römische Silbermünze, der Denar, eingeführt. Als in den nächsten 50 Jahren römische Handelsunternehmer den von hellenistischen Staaten beherrschten Markt für Rohstoffe, Agrarprodukte, Fertigwaren und Sklaven zwischen England und Indien an sich zogen, löste der römische Denar die griechische Drachme als Leitwährung in der Mittelmeerwelt ab. Zahlreiche Bürger gelangten durch diese Handelsgeschäfte oder als private Zoll- und Steuerpächter des Staates in den Provinzen zu erheblichem Reichtum. Diese römischen Bürger bildeten im Laufe der Zeit eine eigene Gruppe: die *Ritter*.

Die militärischen Erfolge brachten nicht nur ungeheuren Beutereichtum, von dem allerdings nur wenige Familien profitierten, sondern sie kurbelten auch den Sklavenhandel unter römischer Aufsicht an. Sklaven waren jedoch nur für den grundbesitzenden Adel erschwinglich. Die Kleinbauern, deren Lebenshaltungskosten bei 10 Denare/Monat lagen, konnten Preise von 100 bis 1000 Denare pro Sklave nicht aufbringen. Der senatorische Adel, der zwar durch ein Gesetz seit 218 v. Chr. weitgehend von Handel und Geldgeschäften ausgeschlossen war, legte seinen zunehmenden Reichtum im Grundbesitz an. Mit Hilfe von Sklaven konnte er auf seinen großflächigen Landgütern, den *Latifundien*, entschieden rentabler wirtschaften als die freien Bauern. Der billige Import von Getreide aus den eroberten Provinzen und die dadurch ausgelöste sehr kostenintensive Umstellung der Agrarproduktion in Italien auf Wein und Oliven verschlechterten zusätzlich die Lage der Bauern. Darüber hinaus trugen die häufigen Einberufungen zum Militär und die weitläufigen Verwüstungen Italiens durch Hannibal zur *Verarmung der Kleinbauern* bei. Viele waren deshalb gezwungen, hochverschuldet ihren Hof zu verlassen. Sie zogen als besitzlose „Proletarier“ nach Rom. Dort lebten sie von Gelegenheitsarbeiten und von Spenden, die von Privatpersonen, häufig aufstrebenden oder einflussreichen Politikern, gegeben wurden. So sammelte sich in Rom eine sozial deklassierte Schicht, die im Bewusstsein ihrer Lage auf soziale und wirtschaftliche Veränderungen drängte und die in der Volksversammlung ihr politisches Gewicht legal in die Waagschale werfen konnte. Ansätze zu einer Organisation des Proletariats gab es allerdings nicht.

Die Krise ohne Ausweg?

Das römische *Milizheer* setzte sich zu einem großen Teil aus Kleinbauern zusammen. Das Schrumpfen dieser Bevölkerungsgruppe stellte die römische Armee vor erhebliche Rekrutierungsprobleme. Zusätzlich war die Gesamtbevölkerung im Verlauf zahlreicher Kriege zurückgegangen. Die Krise des römischen Militärwesens wurde besonders deutlich in den spanischen Kriegen

Einblicke in das römische Alltagsleben

1 **Larenheiligtum** im Haus des Menander in Pompeji. Auf einem kleinen Altar stehen die Statuetten der Vorfahren. Durch regelmäßige Opfer an die Laren erhofften die Hausbewohner, Glück und Wohlstand zu erlangen.

2 **Ein Bankett** (Wandgemälde aus Pompeji, ca. 60 n. Chr.). Das Bild befindet sich im Haus eines wohlhabenden pompejanischen Bürgers. Am Tisch sitzt offenbar auch die „Familienmutter", die „Matrona". Anders als in Griechenland nahm in Rom die Ehefrau am gesellschaftlichen Leben des Mannes drinnen und draußen teil (s. S. 94 f.).

3 **Das Peristyl im Haus der Vettier in Pompeji.** Das Peristyl, ein von Säulen umgebener Innenhof, ist nach den Ausgrabungen am Ende des 19. Jh. ebenso wie das restliche Gebäude rekonstruiert worden. Die Vettier waren eine wohlhabende Kaufmannsfamilie (Foto, um 1900).

4 **Eine prominente Frau Pompejis.** Die Tuchwalker der Stadt stifteten ihrer Schirmherrin Eumachia eine Statue. Die Priesterin Eumachia stammte aus einer reichen Familie; auf eigene Kosten hatte sie am Forum eine prächtige Halle errichtet, die der Tuchwalkergilde möglicherweise als eine Art „Freizeitzentrum" diente.

5 **Bäckerladen** (Wandmalerei aus Pompeji, 1. Jh. n. Chr.). Das Gemälde zeigt die kostenlose Verteilung von Brot bei Wahlen. Bei den Ausgrabungen in Pompeji sind verkohlte Brotlaibe entdeckt worden, die dem Aussehen nach mit den abgebildeten Broten übereinstimmen.

(154–133 v. Chr.) und in der sich über fünf Jahre hinziehenden Niederwerfung von *Sklavenaufständen* in Sizilien. Der verstärkte Einsatz von Truppen der Bundesgenossen brachte zwar militärische Erfolge, ließ jedoch bei diesen die Forderung nach dem römischen Bürgerrecht laut werden.
Zu Spannungen führten auch Missstände in der Provinzialverwaltung. Die privaten Steuerpächter in den Provinzen entzogen sich weitgehend der staatlichen Kontrolle und beuteten die ihnen anvertrauten Gebiete rücksichtslos aus. Aufstände gegen die römische Herrschaft waren die Folge. So stellte sich das Römische Reich nach außen hin als mächtiger Koloss dar. Im Inneren jedoch nahmen die rechtlichen Ungleichgewichte und sozialen Gegensätze zu. Die auf wenige Familien beschränkte und untereinander rivalisierende kleine Führungsschicht war reformunwillig. Zugleich gelang es ihr, den Aufstieg neuer Führungskräfte zu verhindern. Insgesamt zeigte sich, dass das Reich zu groß geworden war, um mit den Institutionen eines Stadtstaates regierbar zu bleiben.

Die Reformversuche von Tiberius und Gaius Gracchus

Die *soziale und politische Krise* war offensichtlich; und es gab Versuche, sie durch Reformen zu überwinden. Tiberius Gracchus, der einer hochangesehenen, einflussreichen Familie der Nobilität entstammte, ließ sich im Jahr 133 v. Chr. zum Volkstribunen wählen. Seine Gesetzesinitiativen hatten zum Ziel, den „ager publicus" neu zu verteilen. Weite Flächen in Italien waren als „ager publicus" eigentlich im Besitz des Staates: sie waren aber – hauptsächlich von Großgrundbesitzern – als Ackerland vereinnahmt worden. Auf diesem Staatsland sollten auf Kosten der Großgrundbesitzer Siedlerstellen geschaffen werden. Dabei berief sich Tiberius Gracchus auf alte, nicht mehr beachtete gesetzliche Bestimmungen. Gegen den massiven Widerstand des Senats gewann er in der Volksversammlung die Mehrheit für seine Gesetzesvorlage. Bei der Abstimmung ließ Tiberius seinen Amtskollegen, der sein Veto eingelegt hatte, gegen das Gesetz durch ein Plebiszit aus dem Volkstribunat entfernen. Um den Erfolg seines *Reformvorhabens* zu sichern, betrieb Tiberius seine Wiederwahl zum Volkstribun des folgenden Jahres. Damit, wie schon mit der Absetzung seines Kollegen, verstieß er gegen die – ungeschriebene – Verfassung. Während der Volksversammlung kam es zu Tumulten, in deren Verlauf Tiberius von einer Gruppe Senatoren erschlagen wurde. Damit war das Reformwerk des Tiberius Gracchus gescheitert.
Zehn Jahre später griff Gaius Gracchus als Volkstribun die Päne seines älteren Bruders Tiberius wieder auf. Zugleich versuchte er, die Ritter, die sich zu einer bedeutenden Schicht in Rom entwickelt hatten, dadurch in seine Reformpläne einzubinden, dass er das Repetundengericht ausschließlich mit Rittern besetzte. Dieses Gericht hatte über unrechtmäßige Bereicherungen in der Provinzverwaltung zu verhandeln und damit über das Verhalten der Steuerpächter (publicani), die zumeist aus dem Ritterstand stammten, zu entscheiden. Die Ritter unterstützten diese Maßnahmen, wandten sich jedoch von Gaius ab, als dieser Bauern außerhalb Italiens ansiedeln und den Bundesgenossen das römische Bürgerrecht verleihen wollte. Ohne die Unterstützung der Ritter war Gaius Graccus gegen den Widerstand des Senats machtlos; er kam wie sein Bruder Tiberius bei Straßenkämpfen ums Leben. Mit seinem Tod scheiterten Reformvorhaben, die zunächst erfolgversprechend schienen.

Optimaten und Populare

Die römische Führungselite zerfiel jetzt in zwei Gruppen, die *Optimaten* und die *Popularen*. Die Optimaten (die „Besten") setzten sich für das uneingeschränkte Regiment des Senats und gegen alle Bestrebungen ein, die auf Ver-

1 Öffentliche Getreideverteilung. Mosaik in Ostia, dem Hafen Roms.

änderungen der Besitzverhältnisse zielten. Gegen diese optimatische Politik wendeten sich in der Folge immer wieder einzelne Politiker, auch aus den Reihen der Nobilität. Diese nahmen für sich in Anspruch, Politik im Interesse der Masse der Bevölkerung („populus") zu betreiben, verfolgten jedoch häufig mit Hilfe der Volksversammlung ihre persönliche Karriere. Ihnen wurde die Bezeichnung „Populare" beigelegt. Damit war die innere Geschlossenheit der Nobilität zerbrochen.

Die Heeresreform des Marius

Zeitgleich mit den *inneren Auflösungserscheinungen* geriet Rom auch in eine außenpolitische und militärische Krise. Eine schwere Niederlage gegen die

Werkstatt Geschichte: Quellen

Jede seriöse Geschichtsschreibung fußt auf der Auswertung historischer Quellen. Als Quellen können die verschiedensten Materialien dienen; sie lassen sich dabei unabhängig von ihrer materiellen Gestalt in zwei Gruppen aufteilen:

a) Tradition; das sind zumeist schriftliche Quellen, die entstanden sind, um historische Vorgänge zu überliefern (zu tradieren), wie z. B. Inschriften, Annalen, Chroniken, Biographien, Geschichtsbücher. Bei Traditionsquellen hatte der Autor die Absicht, die Nachwelt über ein Geschehen zu informieren.

b) Überreste; darunter versteht man Quellen, die von den Zeitgenossen ausschließlich auf ihre jeweilige Gegenwart hin orientiert geschaffen und benutzt wurden oder auf uns gekommen sind. Dazu gehören z. B. Bauwerke, Geräte, Körperreste, aber auch schriftliche Quellen.

Um eine Geschichte, z. B. der gracchischen Reformen, schreiben zu können, muss ein Historiker sich zunächst einen Überblick über die in Frage kommenden Quellen verschaffen. Alle Quellen bzw. eine begründete Auswahl, werden dann auf bestimmte Fragen hin untersucht (vgl. S. 51). Besonderes Gewicht hat dabei die Quellenkritik; dabei wird z. B. gefragt:

- Zu welcher Gattung gehört die Quelle?
- Wann, wo, unter welchen Bedingungen entstand die Quelle?
- Wer ist Autor der Quelle? Welche Aussageabsicht verfolgte er? Wo stand er politisch?
- Lässt sich die Aussage/Echtheit der Quelle überprüfen, womöglich an anderen Quellen?

wandernden germanischen Stämme der Kimbern und Teutonen (113 und 105 v. Chr.) führte zu einer ausgesprochenen Krisenstimmung in Rom. Diese wurde durch den sich hinziehenden Krieg gegen den aufständischen Numiderfürsten Jugurtha (seit 112 v. Chr.) verstärkt. Die lange Dauer dieses Krieges ist u. U. darauf zurückzuführen, dass Jugurtha Angehörige der Nobilität bestach.
In dieser Situation wurde dem militärisch erfahrenen, lang gedienten „homo novus" Marius aus dem Sabinerstädtchen Arpinum das Oberkommando gegen Jugurtha übertragen. Er beendete 105 v. Chr. den Kriegszug erfolgreich. Zur Abwehr der Kimbern und Teutonen erhielt er bis zum Sieg über diese Germanenstämme (101 v. Chr.) mehrfach hintereinander(!) das Konsulat und damit die Befehlsgewalt über die Truppen. In dieser Zeit gestaltete er das bisherige Bürgerheer in eine *Berufsarmee* um. Er rekrutierte in hoher Zahl Proletarier und stattete sie auf Staatskosten mit einer einheitlichen Ausrüstung aus. Von nun an kämpfte der Legionär für Sold und Beute; er erwarb sich nach zwanzig Jahren Söldnerdienst Anspruch auf eine Altersversorgung als Veteran. Für diese materielle Absicherung seiner Soldaten hatte ausschließlich der Feldherr zu sorgen, nicht jedoch der Staat. Die Soldaten fühlten sich fortan dem Feldherren entschieden enger verbunden als dem Gemeinwesen. Damit erhielten ehrgeizige und skrupellose Heerführer ein Instrument, mit dem sie ihre persönlichen Pläne notfalls auch gegen den Staat und das Gemeinwohl durchsetzen konnten. Die Historiker vermuten, dass Marius sich dieses Aspektes der Heeresreform nicht bewusst gewesen ist.

Die Bundesgenossen erkämpfen sich das Bürgerrecht

Nach Abwehr der außenpolitischen Gefahren konnte sich die Herrschaft des Senats und damit der Optimaten zunächst festigen und Reformversuche konnten niedergeschlagen werden.
Währenddessen spitzte sich die Krise im Verhältnis zu den Bundesgenossen immer stärker zu. Diese hatten zur Verteidigung Roms entscheidend beigetragen, jedoch das Bürgerrecht nicht erhalten. So kam es 91–89 v. Chr. zum verlustreich geführten *Bundesgenossenkrieg*, an dessen Ende den Italikern das volle römische Bürgerrecht gewährt wurde. Damit war das politische Entscheidungsmonopol der stadtrömischen Bevölkerung gebrochen. Zugleich verfestigte sich bei den Zeitgenossen der Eindruck, dass angesichts der verkrusteten politischen Ordnung nur mit Gewalt Veränderungen zu erreichen seien.

Marius und Sulla – der Bürgerkrieg

Die sich in der Folgezeit verschärfenden bürgerkriegsähnlichen Auseinandersetzungen zwischen Popularen und Optimaten fanden wiederum auf dem Hintergrund einer außenpolitischen Krise statt. Der König von Pontus, Mithridates, hatte die Erbitterung der Provinzialen im Osten ausgenutzt und Kleinasien von den Römern erobert. Der amtierende Konsul des Jahres 88 v. Chr., der Patrizier und Optimat Lucius Cornelius Sulla, brach im Auftrag des Senats mit einem Heer nach Kleinasien auf. Auf Antrag von Popularen beschloss eine Volksversammlung, ohne dafür zuständig zu sein, Sulla den Oberbefehl zu entziehen und ihn durch Marius zu ersetzen. Gestützt auf die Empörung seiner Soldaten gab Sulla seinen Legionen den Rückmarschbefehl und ließ Rom besetzen. Zum ersten Mal griff Militär in die römische Innenpolitik ein. Sulla bekam sein Kommando bestätigt und ging für fünf Jahre nach Kleinasien. Dort schuf er sich mit erfolgreichen Feldzügen eine ihm ergebene Heeresklientel. Währenddessen hatten Marius und seine Anhänger mit eigenen Heeren Rom eingenommen und ein *Schreckensregiment* errichtet. Erneut führte Sulla seine Truppen gegen die Stadt und verfolgte seine Gegner mit einer bislang unbe-

kannten Systematik. Öffentlich wurden lange Namenlisten angeschlagen (Proskriptionen), die dort benannten Bürger wie Kriegsgegner behandelt und für vogelfrei erklärt. Wer sie verriet oder tötete, bekam einen Teil ihres Vermögens. Zahlreiche alte Familien wurden bei diesen Mordaktionen ausgerottet, viele Parteifeindschaften blutig beendet. Bedeutende Namen fehlen seitdem in den Magistratslisten. Ein neu besetzter Senat ernannte Sulla zum Diktator auf unbestimmte Zeit mit dem Auftrag, den Staat wieder aufzurichten".
Um die Macht des Senats zu sichern, beschnitt er die Befugnisse der Volkstribunen; so mussten in Zukunft deren Gesetzesanträge zunächst vom Senat genehmigt werden. Außerdem erweiterte Sulla den Senat um 300 Ritter auf insgesamt 600 Mitglieder.
Des weiteren reformierte Sulla das Heer und die Verwaltung. So sollten z. B. nur noch Prokonsuln – also ehemalige Konsuln – ein militärisches Kommando erhalten oder eine Provinz verwalten. Auch das Gerichtswesen reformierte Sulla, er schaffte die bisherigen Volksgerichte ab und richtete Geschworenengerichte ein, die nur mit Senatoren und nicht wie bisher mit Rittern besetzt wurden. Als Sulla 79 v. Chr. aus uns unbekannten Gründen seine Diktatur niederlegte, schien die Herrschaft der Optimaten noch einmal hergestellt.

Republik: Heute versteht man unter einer Republik unabhängig von der Art des Herrschaftssystems eine nicht-monarchische Staatsform. Der Ausdruck geht auf die römische „res publica" („öffentliche Sache, gemeinsame Angelegenheit") zurück. – Nach Cicero, dem wichtigsten römischen Staatstheoretiker, stellt die gemeinsame Anerkennung des Rechtes, das Bestehen gemeinsamer Interessen und ein am Allgemeinwohl orientiertes Handeln der Regierenden, das Fundament für die „res publica" dar. Charakteristisch für die römische Republik ist die Übertragung der Macht auf drei Organe: den Senat, die Beamten (Magistrate) und die Volksversammlung, wobei der von der Aristokratie besetzte Senat die entscheidende politische Kraft in Rom war. Mit dem Prinzipat des Augustus wandelte sich die römische Republik durch die überragende Stellung des „Princeps" und der ausschließlich von ihm abhängigen Bürokratie zur Monarchie.
Im späten Mittelalter und der frühen Neuzeit wurde insbesondere in den unabhängigen Kommunen Italiens (Stadtrepubliken) der Begriff „Republik" mit dem Anspruch auf Unabhängigkeit vom Fürstenregiment (Freistaat) und mit der Herrschaft der – wohlhabenden – Bürger verbunden. Mit dem amerikanischen Unabhängigkeitskrieg und der Französischen Revolution entwickelte sich „Republik" zum Kampfbegriff gegen die absolut herrschende Monarchie. Zugleich verbindet sich mit dem Begriff „Republik" die Forderung nach einem Verfassungs- und Rechtsstaat, in dem die Volkssouveränität und die Gewaltenteilung garantiert sind.

2 Die Hintergründe der Ackerreform von 133 v. Chr.

2a Der griechische Biograph des Tiberius Gracchus, Plutarch, schrieb etwa 200 Jahre nach den Ereignissen des Jahres 133 v. Chr.:

„Wenn die Römer ihren Grenznachbarn im Kriege Land abgenommen hatten, verkauften sie einen Teil davon, den anderen erklärten sie für Staatseigentum und gaben ihn zur Bewirtschaftung an die arme, landlose Bevölkerung, die dafür einen geringen Pachtzins an den Staat zahlte. Als aber die Begüterten anfingen, den Pachtzins zu überbieten, und die Armen aus ihrem Besitz vertrieben, kam ein Gesetz heraus, niemand dürfe mehr als 500 Morgen Land besitzen [gemeint: Leges Liciniae Sextiae, 367 v. Chr.]. Einige Zeit gebot dieser Erlass der Habsucht der Reichen Einhalt ... später aber brachten die reichen Nachbarn durch Strohmänner die Pachtverträge dieser kleinen Güter an sich ... Die arme Bevölkerung aber, die von Haus und Hof vertrieben war, genügte nun nur noch unwillig und ungern ihrer Militärpflicht und dachte nicht mehr daran Kinder aufzuziehen, so dass sich in Italien bald ein Rückgang an freier Bevölkerung bemerkbar machte und das Land sich mit den Kasernen der ausländischen Sklaven füllte. Mit deren Hilfe bebauten jetzt die Reichen ihre Ländereien ... [Tiberius'] Bruder Gaius schreibt in einer Schrift: ‚Als Tiberius auf seiner Reise nach Numantia durch Etrurien kam und die Öde des Landes sah, als er beobachtete, dass alle Feldarbeiter und Hirten fremde, kriegsgefangene Sklaven waren, da tauchte zuerst der Plan in ihm auf ... Am meisten aber stachelte das Volk seinen Ehrgeiz und seinen Unternehmungsgeist an. Durch Inschriften an öffentlichen Gebäuden, Häusern und Denkmälern forderte es ihn auf, der armen Bevölkerung den Staatsgrund zurückzugeben.' Freilich entwarf Tiberius den Gesetzesantrag nicht allein, sondern zog würdige und angesehene Männer Roms zu Rate ..."

(Aus: Plutarch, Tiberius Gracchus 8–9, zit. nach: Plutarch, übers. von W. Ax, Stuttgart 1953, S. 44 f.)

2b Der giechische Geschichtsschreiber Appian schrieb im 2. Jh. n. Chr. über die gracchischen Reformen:

„[Tib. Gracchus] erneuerte das Gesetz, kein römischer Bürger solle mehr als 500 Joch [vom ‚ager publicus'] zu eigen haben ... für die Söhne [legte er] noch jeweils 250 Joch dazu, was aber darüber hinausginge, sollten drei alljährlich gewählte Männer unter die Besitzlosen verteilen. Dieser letzte Punkt war es, der den Reichen am meisten Beschwerde machte, da sie mit Rücksicht auf diese Dreimänner nicht mehr wie früher das Gesetz missachten konnten ... [Sie] hielten den Armen die Aufwendungen vor, die sie seit langer Zeit für Feldbestellung, Anpflanzungen und Gebäude gemacht hatten; andere wiesen auf die Kaufsumme hin, die sie an den Nachbarn gezahlt hatten ... andere erwähnten die dort befindlichen Gräber ihrer Väter ... andere die Mitgift ihrer Frauen, die sie in diese Grundstücke gesteckt hätten, oder auch, das Land sei ihren Kindern als Aussteuer gegeben worden; die Gläubiger wiesen auf die Schuldtitel hin, die an dem Land hafteten: so herrschte

3 **Rom und Italien.** Die Münze links ist eine Prägung der italischen Konföderation, die im Bundesgenossenkrieg gegen Rom kämpfte. Abgebildet sind: ein Stier – das Symbol für Italien – und die römische Wölfin. Darunter in oskischer Schrift der Name eines italischen Befehlshabers. Die rechte Münze ist eine Prägung des römischen Münzmeisters Cordus aus dem Jahr 70 v. Chr. Abgebildet sind Italia (links) und Roma (rechts). Roma trägt die Fasces (Rutenbündel als Zeichen der Staatsgewalt römischer Beamter) und setzt den rechten Fuß auf die Weltkugel. Links von Italia ist der Caduceus (Heroldsstab des Gottes Merkur) erkennbar, der Wohlstand durch Handel symbolisiert. Zwischen Roma und Italia prangt das Füllhorn der Göttin Fortuna, ein Symbol des Überflusses.

überall nichts als Unordnung, Jammer und Empörung in einem. Auf der anderen Seite klagten die Ärmeren, sie würden aus Wohlstand in die schlimmste Armut gestürzt und dadurch wieder zur Kinderlosigkeit verurteilt, weil sie nicht imstande seien, Kinder aufzuziehen. Dazu zählten sie alle Feldzüge auf, welche sie bei der Gewinnung des ‚ager publicus' mitgemacht hätten, und murrten, dass sie um ihren Anteil an dem Gemeinbesitz gebracht werden sollten ... Was aber Gracchus mit seinem Gesetz beabsichtigte, war nicht Wohlstand, sondern eine gesunde Bevölkerung zu schaffen. Begeistert von dem Nutzen seines Vorhabens, dem Besten und Herrlichsten was Italien je gesehen hatte, bedachte er in keiner Weise die damit verbundenen Schwierigkeiten."
(Aus: Appian, Bürgerkriege 1, 9–11; zit. nach: Geschichte in Quellen, Bd. 1, München 1978, S. 470f.)

5 **Von den Römern kultiviertes Ackerland** bei Karthago in Nordafrika. Deutlich ist auf der Luftaufnahme noch heute die Aufteilung der Fläche in quadratische Landlose zu erkennen.

4 Die heutige Sicht

Der Althistoriker Karl Christ schrieb 1979 über die Auswirkungen der gescheiterten gracchischen Reformen:
„Das Wirken der Gracchen hatte die Gegensätze zwischen ‚Popularen' und ‚Optimaten' gesteigert. Allein beide Gruppen waren keine konstanten politischen Blöcke, etwa Parteien von Konservativen und Demokraten. In erster Linie handelt es sich wie schon angedeutet um einen Gegensatz der politischen Methodik, denn auch die Führer der Popularen waren in der Regel Aristokraten, die nicht selten von sehr starken persönlichen Ambitionen geleitet wurden. Das politische Gleichmaß aber war innerhalb der Führungsschicht schon seit dem älteren Scipio gesprengt ...
Als besonders folgenschwer erwies sich die zunehmende Verhärtung der innenpolitischen Gegensätze und die seit den Gracchen zu beobachtende Radikalisierung der Politik. Der Appell an die Gewalt fand nur allzu starke Resonanz, Straßenkämpfe, politischer Terror und Politisierung der Justiz vergifteten die Atmosphäre. Die Proskriptionen Sullas brachten eine vorher nie gekannte Systematisierung politischer Rache, die persönliche und materielle Ausmerzung der Gegner machte Schule. Freilich bot Sullas Diktatur (82–79 v. Chr.) auch die Chance einer letzten konsequenten Restauration des traditionellen Adelsstaates. Doch wie umfassend diese große Reorganisation der Republik mit ihrer Senatserweiterung auf 600 Angehörige, ihrer Neuordnung von Ämterlaufbahn, Provinzialverwaltung und Strafrechtspflege auch immer war, für eine langfristige Stabilisierung war es längst zu spät."
(Karl Christ, Die Römer, München 1979, S. 49f.)

Arbeitsvorschläge und Fragen

a) Untersuchen Sie Ursachen und Auswirkungen der Krise in der Sozial- und Wirtschaftsverfassung Roms. Welche Probleme verbanden sich mit den Reformversuchen der Gracchen (M 2, M 4)?
b) Diskutieren Sie Vor- und Nachteile der Heeresreform des Marius. Erörtern Sie beabsichtigte und mögliche Auswirkungen.
c) Beschreiben Sie, inwiefern die Münzen in M 3 wichtige historische Zeugnisse darstellen und welche Funktionen die Bilder auf den Münzen haben. Erläutern Sie auch die Aussageabsicht der Münzbilder.

3. Der Untergang der Republik und Caesars Monarchie

Rom nach dem Rücktritt Sullas

Sulla hatte Rom nicht befrieden können. Innere und äußere Unruhen und Konflikte gefährdeten weiterhin den Staat: Mithridates sorgte erneut in den östlichen Provinzen für Unruhe, die Meere wurden von staatenähnlich organisierten Seeräubern unsicher gemacht, Heere aufständischer Sklaven durchzogen von 73 bis 71 v. Chr. Italien. Ein exemplarisches Beispiel für den *Verfall der politischen Kultur* in Rom ist der Putschversuch des Catilina: Unter der Führung des Sergius Catilina, der mehrmals vergeblich versucht hatte, Konsul zu werden, sammelten sich einige adelige Karrierestreber, gescheiterte Mitglieder der Führungsschicht und Teile des städtischen Proletariats um durch einen gewaltsamen Putsch an die Macht zu kommen. Der amtierende Konsul des Jahres 63 v. Chr., M. Tullius Cicero, deckte die Verschwörung auf und ließ mit Hilfe des Senats den Aufstand rasch beenden. Zwar hatte der Staat einen Sieg davongetragen, aber der Putsch war ein weiterer Beweis für die fehlende Bereitschaft zum Konsens in der römischen Gesellschaft.

Gnaeus Pompeius: Die Herausforderung der Senatsherrschaft

Ausschließlich durch militärische Erfolge und ohne ein Staatsamt bekleidet zu haben, wurde Gnaeus Pompeius, ein Parteigänger Sullas, zu einem der bekanntesten Männer in Rom. Als der Senat ihm das angestrebte Konsulat verweigerte, verbündete er sich mit dem Geschäftsmann M. Licinius Crassus, der als der reichste Mann Roms galt. Mit diesem zusammen wurde er im Jahre 70 v. Chr. Konsul. Sogleich nahmen die neuen Konsuln entscheidende Teile der sullanischen Verfassung zurück, indem sie das Volkstribunat wieder mit seinen alten Rechten ausstatteten, die Ritter als Geschworene wieder zuließen und die Macht des Senats einschränkten.

Gestützt auf sein hohes Ansehen im Volk und gegen den Willen des Senats erhielt Pompeius im Jahre 67 v. Chr. ein zunächst auf drei Jahre befristetes Kommando gegen die Seeräuber und Mithridates. Nach großen militärischen Erfolgen errichtete er in Vorderasien mehrere neue Provinzen und schuf Klientelstaaten, die zur Unterstützung Roms verpflichtet waren. Auf dem Gipfel seines Ruhms kehrte Pompeius 62 v. Chr. beutebeladen nach Italien zurück. Dort entließ er auf Weisung des Senats sein Heer. In Rom angekommen, musste er aber nun machtlos hinnehmen, dass der Senat ihn weder ehrte, noch die Versorgung seiner Veteranen bewilligte, noch seine politischen Maßnahmen im Osten bestätigte.

Diese politische Isolation des Pompeius versuchte ein sehr ehrgeiziger popularer Politiker zu nutzen, der bis dahin in Rom noch nicht sonderlich bekannt war: G. Julius Caesar. Er versprach Pompeius Hilfe bei der Veteranenversorgung und auf sein Drängen hin kam es zu einem Zweckbündnis auf Zeit: dem *Triumvirat* (Dreimännerbündnis) des Jahres 60 v. Chr. zwischen Crassus, Pompeius und Caesar. Zwar waren diese drei Politiker ihrer Zielsetzung nach Rivalen. Doch zunächst hieß es für sie: In Rom sollte gegen ihren Willen nichts mehr politisch geschehen können. Dabei brachten Crassus ungeheure Geldmittel, Pompeius sein ungeschmälertes Ansehen als Feldherr bei seiner Gefolgschaft und Caesar sein politisches Talent in das Bündnis ein. Nun war beabsichtigt, Caesar mit Hilfe des Triumvirats das Konsulat für das Jahr 59 v. Chr. zu verschaffen.

Der Aufstieg des Julius Caesar

Gaius Julius Caesar (100–44 v. Chr.) entstammte einer der vornehmsten Familien Roms, den Juliern. Seine Biographie wies, gemessen an seinem Herkommen, atypische schillernde Züge auf: Durch Verwandtschaft mit Marius den Populaten nahestehend, wurde Caesar während der Proskriptionen von Sulla geschont; er zeigte öffentliche Sympathien für Catilina; durch die Wahlkampfkosten zu seiner Ädilwahl hochverschuldet, musste er von Crassus ausgelöst werden. Das Triumvirat bot ihm eine einmalige Aufstiegschance: Für die erfolgreiche Unterstützung durch die Triumvirn bei der Konsulatswahl des Jahres 59 v. Chr. verpflichtete er sich, die bisher unerfüllten Forderungen des Pompeius nach Versorgung seiner Veteranen und nach Bestätigung seiner Neuordnung in Vorderasien zu erfüllen. Nach seinem Konsulat wurde Caesar zweimal für je fünf Jahre zum Statthalter in den Provinzen Illyricum, Gallia Cisalpina und Callia Narbonensis im Norden des Reiches ernannt. Zwischen 58 und 51 v. Chr. eroberte er auf eigene Faust – ohne Senatsauftrag – Gallien, also ganz Westeuropa westlich des Rheins. Damit steigerte er sein politisches Gewicht in Rom und verschaffte sich ein ihm ergebenes, kampferprobtes Heer.
Während Caesars Abwesenheit sammelten sich in Rom seine optimatischen Gegner um seinen Sturz vorzubereiten. Ihr Plan sah vor, Caesar nach Beendigung seiner Statthalterschaft wegen mehrfacher Verstöße gegen die Verfassung anzuklagen. Ihre Ausgangslage war günstig, da es ihnen nach dem Tod von Crassus (53 v. Chr.) gelang, Pompeius auf ihre Seite zu ziehen und ihn verfassungswidrig zum Konsul ohne Kollegen ernennen zu lassen. Mit außerordentlichen Vollmachten – dem senatus consultum ultimum – ausgestattet, sollte dieser die anarchischen Zustände in Rom – Bandenkriege, Straßenkämpfe, Brandstiftungen standen auf der Tagesordnung – beseitigen und Ruhe und Ordnung wiederherstellen. Als Caesar klar wurde, dass er nach seiner Rückkehr nach Rom mit einer Anklage zu rechnen habe und ihm eine öffentliche Ehrung und die Wahl zum Konsul verweigert werde, entschloss er sich, gegen ihn gerichtete Senatsbeschlüsse zu ignorieren und mit einem Heer nach Rom zu marschieren.

1 **Gaius Julius Caesars Abstammung.** Die Münze wurde ca. 47 v. Chr. in Gallien im Heer des Caesar geprägt. Auf der Vorderseite: Kopf der Göttin Venus. Rückseite: Aeneas, Sohn der Venus und Ahnherr des Geschlechts der Julier, trägt seinen greisen Vater Anchises aus dem brennenden Troja, in seiner Hand hält Aeneas das Standbild der Athene, das Palladium. Aeneas galt als mythischer Stammvater Roms und das Palladium wurde von den Römern im Vestatempel verehrt.

Bürgerkrieg

Im Januar 49 überschritt Caesar mit seinen Legionen das Grenzflüsschen Rubicon. Caesar war sich der Konsequenzen dieses Schrittes, der Auslösung eines *Bürgerkrieges*, voll bewusst. Pompeius und ein Großteil der Senatoren setzten nach Griechenland über. Kampflos zog Caesar mit seinen Truppen in Rom ein und ließ sich von den wenigen Senatoren, die nicht geflohen waren, erstmals zum Diktator wählen.

Wer bei diesen wie bei seinen weiteren Siegen erwartet hatte, Caesar werde wie Marius oder Sulla nun unter seinen Widersachern blutig aufräumen, wurde durch eine milde Behandlung seiner gefangenen Gegner überrascht. In aller Öffentlichkeit unterbreitete Caesar den Anhängern des Pompeius nicht nur ein großzügiges Amnestieangebot, sondern er stellte ihnen sogar Posten und Ämter unter seiner Führung in Aussicht. Die meisten Nobiles (Vornehmen) fielen von ihm zwar wieder ab, jedoch hinterließ die „clementia Caesaris" („Milde Caesars") in der öffentlichen Meinung einen starken Eindruck. Auch seinen Sieg über Pompeius bei Pharsalos (48 v. Chr.) nutzte er nicht zur Abrechnung mit seinen Gegnern. Als Pompeius durch einen seiner Offiziere in Ägypten ermordet wurde, verurteilte Caesar dies und ließ den Mörder töten. Der Kampf Caesars gegen die Anhänger des Pompeius und den Senat zog sich noch bis 45 v. Chr. hin. Nach dem entscheidenden Sieg Caesars bei Thapsus im Jahre 46 v. Chr. wählte sein erbittertster Gegner, M. Porcius Cato, den Freitod. Nach seinem Tod verehrten Anhänger der „res publica" Cato als letzten aufrechten Römer, als Repräsentanten des republikanischen Roms, der den *Untergang der alten Ordnung* nicht habe überleben wollen.

Caesars Reformen und sein Anspruch auf Alleinherrschaft

Caesars Position als *Alleinherrscher* war nach dem Ende des Bürgerkrieges gefestigt; er konnte militärische wirtschaftliche und sozialpolitische Erfolge verbuchen. Aber an seinem Anspruch auf Alleinherrschaft entzündete sich bei einem Großteil der Nobilität entschiedener Widerstand. Dieser Widerstand wurde verstärkt durch die bedeutenden Reformen, die das Gefüge des Staates stark veränderten. Durch Gründung neuer Kolonien und weitreichende Bautätigkeit in Rom gelang es Caesar, die Anzahl der römischen Bürger, die auf Staatskosten Getreide erhielten, von 320 000 auf 150 000 Personen zu reduzieren. Großzügig verlieh er das Bürgerrecht an Provinziale. Die Anzahl der Senatoren erhöhte er auf 900, durch eine Vermehrung der Magistratsstellen versuchte er, die Verwaltung effizienter zu gestalten. So sollten Steuern von nun an nur noch durch Staatsbeamte erhoben werden. Bei all diesen Reformmaßnahmen hielt er an den Organen der römischen Republik fest, höhlte ihre Substanz jedoch u. a. dadurch aus, dass er wichtige Ämter in seiner Person vereinigte. So ließ er sich vom Senat zum Diktator auf Lebenszeit wählen. Damit erhielt er auch in der Stadt Rom den militärischen Oberbefehl. Zugleich konnte gegen ihn weder das Provokationsrecht (Berufungsrecht) der römischen Bürger noch das Interzessionsrecht der Volkstribunen angewendet werden. Als Inhaber der Rechte eines Volkstribuns war er sakrosankt und verfügte seinerseits über das Vetorecht. Als Oberpriester (pontifex maximus) überwachte er den Kult. Diese Ämterhäufung und der Titel eines „Diktators auf Lebenszeit" zeigten Caesars Absichten: er versuchte, sich eine *monarchische Stellung* aufzubauen. Durch ständige Ehrungen und die Verleihung von Würden und Titeln erreichte er eine gottähnliche Stellung. Zwar war Caesar umsichtig genug, den in Rom verhassten Titel „rex" (König) zurückzuweisen. Jedoch zeigte er sich bei öffentlichen Auftritten mit Symbolen königlicher Macht und nährte damit das Misstrauen einflussreicher Kräfte in Rom.

2 **Münze des Decimus Junius Brutus Albinus aus dem Jahr 48 v. Chr.** Abgebildet sind der Caduceus (vgl. S. 76, M 3) und ein Handschlag als Sinnbild der Eintracht (concordia).

3 **„Der verzeihenden Nachsicht Caesars"** ist diese Münze aus dem Jahr 44 v. Chr. gewidmet (CLEMENTIAE CAESARIS). Die Clementia Caesaris wurde als Göttin verehrt und ihr wurde ein Tempel errichtet, der auf der Münze abgebildet ist. Im Giebel des Tempels ist der Globus erkennbar.

4 **Münzportrait Caesars.** Die Umschrift lautet: CAESAR DICT(ATOR) QUART(O). Übersetzung: Caesar zum vierten Mal Diktator. Hinter dem Kopf der Krummstab, das Zeichen des Auguren-Amtes. Caesar ist mit einem Kranz-Diadem dargestellt. Dies war eine Insignie der altrömischen Könige. Auf dieser Münze aus dem Jahre 44 v. Chr. ist in Rom erstmals eine noch lebende Person abgebildet und damit eine jahrhundertealte Tradition durchbrochen worden. ▶

5 **Münze des Münzmeisters Lucius Aemilius Buca** aus dem Jahre 44 v. Chr. Auf der Vorderseite das Porträt Caesars als Diktator auf Lebenszeit: CAESAR DIC(TATOR) PERPETUO. Auf der Rückseite: der Name des Münzmeisters, Fasces und Caduceus (vgl. S. 76, M 3) überkreuz, verschränkte Hände (vgl. M 2), eine Weltkugel und eine rituelle Opferaxt (Symbol der Frömmigkeit). ▼

6 **Caesars Ende.** Das Heer der Caesarmörder unter dem Oberbefehl des Brutus ließ diese Münze prägen, wie die Inschrift BRUTUS IMP(ERATOR) bezeugt. Abgebildet ist die Siegesgöttin Victoria, die das Diadem (vgl. M 4) zerreißt. Am Boden liegt das zerbrochene Szepter. ▼

Die Ermordung Caesars

Unter der Führung der Adligen Brutus und Cassius bildete sich eine Verschwörung von Senatoren und Rittern. Die Spannbreite der Opposition erstreckte sich von Verfechtern altrömischer Tugenden bis hin zu schlicht Unzufriedenen. Die Verschwörer waren sich darin einig, dass der „Tyrann" Caesar umgebracht werden müsse. Sie erwarteten, dass allein mit der Beseitigung Caesars die *alte Republik* wie von selbst neu entstehen werde. An den Iden des März 44 v. Chr. ermordeten sie Caesar im Senat. Die Wiederherstellung der alten „res publica" gelang jedoch nicht, statt dessen brachen gewaltsame Auseinandersetzungen um die Nachfolge Caesars aus, die erst nach einem dreizehnjährigen Bürgerkrieg zu Ende gehen sollten.

7 Sallust, ein Zeitgenosse, nimmt Stellung

7a Der römische Politiker und Geschichtsschreiber Sallust lebte von 86 bis 35 v. Chr. Er war ein „homo novus" und Anhänger Caesars. In seiner Schrift über die Verschwörung des Catilina heißt es:

„Seitdem es dahin gekommen war, dass Reichtum Ehre brachte und ihm Ruhm, Macht und Einfluss folgten, da begann die Tugend zu schwinden, Armut galt als Schande, Unbescholtenheit sah man als bösen Willen an. So kam infolge des Reichtums Üppigkeit und Habsucht und auch Hochmut über die Jugend: man raubte, prasste, achtete seine Habe gering, begehrte fremdes Gut; Ehrgefühl und Zucht, göttliches Gebot und menschliches Recht, alles war ihnen einerlei, sie kannten keine Rücksicht, keine Hemmung. Wenn man Stadtpaläste und Landsitze kennengelernt hat, die wie Städte aufgebaut sind, dann lohnt es sich, auch die Göttertempel anzuschauen, die unsre Vorfahren, diese gottesfürchtigen Menschen, geschaffen haben. Sie freilich schmückten die Heiligtümer der Götter mit ihrer Frömmigkeit, die eignen Häuser mit ihrem Ruhm und den Besiegten nahmen sie nichts als die Möglichkeit zu neuem Unrecht. Ganz anders heute diese feigen Kerle: in größter Bosheit rauben sie den Bundesgenossen alles, was ihnen die tapferen Sieger einst gelassen haben; sie meinen wohl: Unrecht tun, erst das heiße wirklich herrschen! …

Und nicht nur die Mitwisser der Verschwörung waren verblendet, sondern das ganze niedere Volk billigte in seinem Verlangen nach Umsturz die Pläne Catilinas. Gerade das entspricht ja wie ich glaube seiner Art. Denn immer sind im Staate die Besitzlosen neidisch auf die Gutgestellten; sie heben die schlechten Elemente auf den Schild, hassen das Althergebrachte, sehnen sich nach Neuem, wünschen aus Erbitterung über die eigene Lage einen allgemeinen Umschwung und leben sorglos von Tumult und Aufruhr; denn Armut ist ein leichter Besitz und hat nichts zu verlieren. Aber der Pöbel in der Stadt, der überstürzte sich erst recht aus vielen Gründen: zu allererst solche, die sich irgendwo durch Schimpf und Schande besonders hervortaten, ebenso andere, die ihr väterliches Erbe schändlich durchgebracht, alle schließlich, die eine Untat oder ein Verbrechen aus der Heimat fortgetrieben – sie waren in Rom wie in einem Sumpf zusammengeströmt. Auch dachten viele an Sullas Sieg; sie sahen, wie manche aus gemeinen Soldaten Senatoren geworden waren und andere so reich, dass sie wie Könige in Saus und Braus lebten, und so erwartete jeder, falls er die Waffen nähme, für sich die gleichen Vorteile bei einem Sieg."

(Aus: Sallust, Die Verschwörung des Catilina 12, 37; zit. nach: Sallust, Werke, hrsg. von W. Schöne, München 1950, S. 23 f., S. 61)

7b Über Optimaten und Popularen schrieb Sallust in seinem Werk „Krieg gegen Jugurtha":

„Übrigens war das Unwesen der Parteiungen und Fraktionen und aller weiteren üblen Machenschaften erst vor wenigen Jahren in Rom entstanden, eine Folge des Müßiggangs und Überflusses an den Gütern, welche die Sterblichen am höchsten achten. Denn vor der Zerstörung von Karthago führten Volk und Senat von Rom untereinander ruhig und maßvoll das Gemeinwesen, und es gab keine Händel um Ruhm oder Herrschaft unter den Bürgern; die Furcht vor dem Feind hielt die Bürgerschaft bei guter Art. Sobald aber dieses Schreckbild den Sinnen fernrückte, hielten Laszivität und Übermut, die Zeiten des Wohlstands lieben, Einzug.

So wurde es nachdem man die Ruhe erlangt hatte, die man sich in widrigen Zeiten gewünscht hatte, schlimmer und drückender. Denn der Adel begann seine Würde, das Volk seine Freiheit in Willkür zu verkehren, jeder suchte für sich zu holen, zu raffen und zu rauben. So wurde alles in zwei Seiten [partes] auseinander gezerrt, das Gemeinwesen, das einst Mitte gewesen war, wurde elend zerrissen. Übrigens vermochte der Adel durch seine Fraktion mehr, die Macht des Volkes aber, in der Menge aufgelöst und zersplittert, war geringer. Nach der Entscheidung einiger weniger wurde in Krieg und Frieden gehandelt, in der Hand derselben lagen Staatsschatz, Provinzen, Ämter, Ehren und Triumphe. Das Volk wurde von Kriegsdienst und Mangel bedrückt, die Kriegsbeuten rissen die Feldherren mit einigen wenigen an sich."

(Aus: Sallust, Krieg gegen Jugurtha 41, 42; zit. nach: Die Krise der Römischen Republik, hrsg. von A. Mehl und W. Ch. Schneider, Stuttgart 1988, S. 96)

8 Die Wahl des Pompeius zum Konsul ohne Amtskollegen

Der Historiker Plutarch schrieb um 100 n. Chr.: „Damals aber suchte Pompeius in der Erwartung, dass Caesar seine Macht nicht preisgeben werde, sich durch hohe Staatsämter gegen ihn zu sichern; sonst rührte er nicht an die bestehende Ordnung, wollte auch nicht den Anschein erwecken, dass er ihm misstraute, sondern vielmehr, dass er ihn übersähe und gering schätze.

Als er jedoch sah, dass die Ämter nicht nach seinen Wünschen vergeben wurden, weil die Bürger bestochen wurden, ließ er es geschehen, dass in der Stadt Anarchie einriss. Alsbald wurde jetzt viel von einem Diktator gesprochen, und als erster wagte der Volkstribun Lucilius offen dieses Wort auszusprechen, indem er dem Volke den Rat erteilte, Pompeius zum Diktator zu wählen [53 v. Chr.]. Da aber Cato heftig dagegen auftrat, kam Lucilius in die Gefahr, sein Volkstribunat zu verlieren und für Pompeius setzten sich viele seiner Freunde ein um ihn zu entschuldigen. Als später abermals Anarchie einriss und jetzt noch mehr Leute den Ruf nach dem Diktator noch lauter erschallen ließen, fürchteten die um Cato, dass dies mit Gewalt durchgesetzt würde, und beschlossen daher, dem Pompeius ein gesetzmäßiges Amt zuzuschanzen, um ihn von dem unbeschränkten, tyrannischen fernzuhalten. So sprach sich Bibulus, sonst ein Feind des Pompeius als erster im Senat dafür aus, Pompeius zum alleinigen Konsul zu wählen [52 v. Chr.] ..."

(Aus:: Plutarch, Pompeius 54; zit. nach: Plutarch, Große Griechen und Römer, Bd. 3, übers. von K. Ziegler, Zürich 1957, S. 219f.)

9 Die Lage in Rom vor Ausbruch des Bürgerkriegs

9a Marcus Caelius Rufus berichtete Cicero, der sich seit 51 v. Chr. in seiner Provinz Kilikien aufhielt, in einem Schreiben (Sept. 50 v. Chr.): „Über das große Ganze des Gemeinwesens habe ich dir mehrfach geschrieben: ich sähe nicht, wie der Frieden noch ein Jahr dauern könne; und je näher dieser zwangsläufige Kampf rückt, um so deutlicher zeichnet sich die Gefahr ab. Das Problem, um dessentwillen die Machthaber im Streit liegen, ist dies: dass Pompeius entschlossen ist, eine Wahl Caesars zum Konsul nur zuzulassen, wenn er Heer und Provinzen abgibt; dass Caesar aber überzeugt ist, nicht bestehen zu können, wenn er sein Heer aus der Hand gibt; er bringt jedoch den Vorschlag, beide sollten ihre Heere abgeben. So ist jener Liebesbund, jene neidvolle Verbindung nicht zu heimlicher Missgunst zurückgesunken, sondern entlädt sich im Kriege. Welchen Schluss ich für meine Lage ziehe, weiß ich noch nicht und ich zweifle nicht, dass auch dir diese Entscheidung zu schaffen machen wird ... Ich meine, auch du nimmst sehr wohl an, dass man bei inneren Streitigkeiten, solange zivil ohne Waffen gekämpft wird, der ehrenhafteren Seite folgen muss, sobald es aber zu Krieg und Feldlager kommt, der stärkeren und dann die für die bessere erachten muss, die die sicherere ist. In diesem Streit sehe ich, dass Cn. Pompeius den Senat und die Mitglieder der Gerichtshöfe auf seiner Seite haben wird; Caesar werden alle zulaufen, die in Angst und trüber Hoffnung leben, sein Heer ist unvergleichlich. Allerdings bleibt noch genügend Zeit, die beiderseitigen Streitkräfte zu bedenken und die eigene Seite zu wählen."

(Aus: Cicero, Briefe an seine Freunde 8, 14; zit. nach: Die Krise der Römischen Republik, hrsg. von A. Mehl und W. Ch. Schneider, Stuttgart 1988, S. 32)

9b Der römische Schriftsteller und Historiker Sueton urteilte um 100 n. Chr.:

„Caesar war bereit mit den Waffen die Entscheidung herbeizuführen, wenn der Senat gegen die für ihn eintretenden Tribunen schärfere Maßnahmen beschlösse. Dies diente ihm als Vorwand für den Bürgerkrieg, die Gründe aber waren wie man meint andere: So sagte Gnaeus Pompeius wiederholt, Caesar habe, weil er weder die einmal von ihm begonnenen Bauwerke hätte zu Ende bringen noch die Erwartungen des Volkes, die er in Bezug auf seine Rückkehr [aus Gallien] erweckt hatte, aus seinen Privatmitteln hätte befriedigen können, alles durcheinander bringen wollen. Andere sagen, er habe gefürchtet, Rechenschaft ablegen zu müssen über alles von ihm in seinem ersten Konsulat gegen die Auspizien[1], die Gesetze und gegen die Einsprüche [des Amtskollegen und der Volkstribunen] Durchgeführte; denn Marcus Cato habe mehrmals unter Eid erklärt, er werde Caesar anklagen, sobald er nur erst sein Heer entlassen habe. ... Manche glauben, durch die langjährige Gewohnheit der Befehlsgewalt gepackt, hätte Caesar nach genauer Abwägung seiner und seiner Gegner Kräfte die Gelegenheit ergriffen um die Alleinherrschaft an sich zu reißen, die er schon seit seiner frühesten Jugend begehrt hätte."

(Aus: Sueton, Caesar 30; zit. nach: Die Krise der Römischen Republik, hrsg. von A. Mehl und W. Ch. Schneider, Stuttgart 1988, S. 31)

[1] Religiöse Vorzeichen, die vor allen wichtigen Amtshandlungen und Staatsakten von den Magistraten unter Beihilfe eines Mitgliedes der Priesterschaft der augures eingeholt werden mussten.

9c Cicero, ein Zeitzeuge, äußerte sich in einem Brief vom 27. 2. 49 v. Chr.:

„Du erinnerst dich doch des ‚moderator', auf den in meiner ‚res publica' alles ankommt? Denn so lasse ich im fünften Buch meinen Scipio sprechen: ‚Wie sich der Steuermann den glücklichen Lauf des Schiffes, der Arzt die Gesundheit des Kranken, der Feldherr die Besiegung des Feindes zum Ziel nimmt, so ist das feste Ziel, das dieser moderator des Staates nie aus den Augen verlieren darf, das Glück der Bürger, d. h. ihre Sicherheit, Wohlstand, Ruhm nach außen und Sittenreinheit im Innern ...' Solche Gedanken haben unseren Gnäus [Pompeius] freilich nie vorher, aber am allerwenigsten in der gegenwärtigen Lage beunruhigt. Alleinherrschaft ist das Ziel des einen wie des anderen [Caesars und Pompeius'], aber nicht das Ansehen und der innere Friede unseres Staates. So verließ Pompeius die Stadt und Italien nicht etwa, weil er Rom nicht hätte behaupten können oder aus Italien gewaltsam vertrieben worden wäre. Sein Plan war vielmehr von Anfang an, alle Länder und Meere in Bewegung zu setzen, die Könige der Barbaren aufzubieten, riesige Heere aufzustellen und Italien mit dieser ganzen Horde bewaffneter Wilder zu überschwemmen. Die sullanische Despotie ist es, wonach es viele seiner Umgebung schon lange gelüstet. Glaubst du, es wäre keine Einigung zwischen Caesar und Pompeius möglich gewesen? Heute noch! Aber keiner von beiden denkt an unser Wohl, beide erstreben sie die Alleinherrschaft."

(Aus: Cicero, Briefe an Atticus 8, 11; zit. nach: Die römische Revolution, hrsg. von O. Kampe, Stuttgart 1974, S. 68)

Arbeitsvorschläge und Fragen

a) Nennen Sie Ursachen für die Spaltung der römischen Gesellschaft; beachten Sie dabei auch die von Sallust dargestellte historische Entwicklung (M 7 a und M 7 b). – Diskutieren Sie das Urteil des Sallust über die Unterschichten.

b) Erläutern Sie anhand des Verhaltens des Senates und der Bürger die These, dass angesichts der tief greifenden Krise der Republik nur eine Alleinherrschaft als Ausweg blieb (M 8 und M 9).

c) Vergleichen Sie die Gegenspieler Caesar und Pompeius hinsichtlich ihrer Absichten und der Rechtfertigung ihres Vorgehens (M 8 und M 9).

d) Überprüfen Sie, auf welche historischen Situationen sich die Münzen M 1–M 6 beziehen, welche politischen Programme und welche Zielsetzungen sie verfolgen.

4. Augustus: Der Wandel von der Republik zur Monarchie

Octavians Aufstieg und die letzte Phase des Bürgerkriegs

Schon bald zeigte sich, dass den Mördern Caesars und deren Anhängern jegliches Konzept zur Wiederherstellung der Republik fehlte. Sie blieben ohne Einfluss und fielen größtenteils den folgenden Machtkämpfen zum Opfer.
Dagegen gewann der erst 19-jährige Großneffe und Adoptivsohn Caesars, *Octavian,* schnell an Macht. Er konnte sich darauf berufen, von Caesar testamentarisch zum Erben bestimmt worden zu sein. Er legte sich den Namen Gaius Julius Caesar Octavianus zu und sicherte sich damit die Sympathien der Veteranen Caesars. Mit umfangreichen Getreidespenden gewann er die Gunst eines Großteils der Bevölkerung. Kurzzeitig verbündete er sich mit Marcus Antonius, der ein enger Vertrauter Caesars und 44 v. Chr. Konsul gewesen war, und mit Caesars Reiterobersten Lepidus zum *zweiten Triumvirat* (43 v. Chr.). Die Caesargegner und etliche Anhänger der alten Republik wurden in neuen Proskriptionen blutig verfolgt. Das prominenteste Opfer unter ihnen war Cicero; mit ihm fanden 130 Senatoren und über 200 Ritter den Tod. Mit der Vernichtung des Heeres der Caesarmörder bei Philippi (42 v. Chr.) waren die gemeinsamen Ziele erreicht, das Triumvirat fiel auseinander. Nachdem Lepidus von Octavian im Jahre 36 v. Chr. ausgeschaltet worden war, trat der Bürgerkrieg in seine letzte Phase. Mit einem geschickten Propagandafeldzug gelang es Octavian, Antonius, der sich in Ägypten aufhielt, in der Öffentlichkeit als Verräter hinzustellen und dadurch vom Senat außerordentliche Vollmachten im Kampf gegen Antonius zu erhalten. Mit dem Sieg in der Seeschlacht beim Vorgebirge Actium (31 v. Chr.) über Antonius und der mit ihm verbündeten Ägypterkönigin Kleopatra sicherte sich Octavian die alleinige Regierungsmacht. Damit war der jahrzehntelange Bürgerkrieg beendet.

1 Die Ara pacis. Mit dem Bau des Friedensaltars wurde 13 v. Chr. begonnen, 9 v. Chr. ist er eingeweiht worden. Die Reste des im Laufe der Zeit überbauten Altars wurden geborgen und im Jahr 1938 an anderer Stelle wieder aufgebaut. Der Altar ist von einer Umfassungsmauer mit zwei Durchbrüchen geschützt. Die Wände sind mit Friesen geschmückt. An den Außenwänden lassen sich zwei Prozessionszüge ausmachen, die neuerdings als ins Bild gesetzter Stammbaum der Familie des Augustus interpretiert werden.

Die Grundlagen für ein neues Herrschaftssystem: der Prinzipat

Nach seinem Sieg über Antonius begann Octavian planmäßig und behutsam die Verwaltung und Verfassung des Römischen Reiches umzugestalten und damit die Grundlagen für ein neues, monarchisches Herrschaftssystem, den *Prinzipat*, zu schaffen. Dies war möglich, weil seine Maßnahmen bewusst an die republikanische Verfassung anknüpften, er die durch den Bürgerkrieg stark dezimierte Senatsaristokratie in sein neues System einband und er in der Öffentlichkeit als der einzige dastand, dem man den Erhalt des Friedens zutraute.

Die verschiedenen Ämter und Ehrungen des Octavian (Augustus ab 27 v. Chr.)

Seine außerordentlichen Vollmachten legte Octavian nach Absprache mit einflussreichen Senatoren im Jahre 27 v. Chr. in die Hände des Senats zurück und kündigte – zum Schein – seinen Rückzug ins Privatleben an. Aus Furcht vor einem neuen Bürgerkrieg übertrug ihm erwartungsgemäß der Senat, zunächst auf zehn Jahre begrenzt, die Herrschaft über die noch nicht befriedeten und neu erworbenen Provinzen. Damit lag bei Octavian, und nicht beim Senat, der Oberbefehl über den größten Teil des Militärs. Zugleich verfügte er über hohe Einnahmen, zumal ihm zuvor schon das sehr reiche Ägypten als Privatprovinz vermacht worden war. Zusätzlich ehrte ihn der Senat mit dem Titel *„Augustus" (der Erhabene)*, der bisher nur den Göttern vorbehalten war. In der Folgezeit vereinigte er die maßgeblichen Ämter bzw. deren Befugnisse in seiner Person. Seit 26 v. Chr. leitete er als „erster Bürger", als „princeps", die Senatssitzungen, stimmte im Senat als Erster ab und repräsentierte ihn vor der Öffentlichkeit. Mit der tribunizischen Gewalt (23 v. Chr.) erhielt Augustus das Recht zur Gesetzesinitiative und zum Veto, zudem wurde er damit für sakrosankt (unverletzlich) erklärt. Weitere Ämter und Ehrungen wie die jährliche Wahl zum Konsul (bis 23 v. Chr.), die Verleihung der Würde eines lebenslänglichen Konsuls (ab 19 v. Chr.), die Wahl zum obersten Priester („pontifex maximus", 12 v. Chr.) und die Verleihung des Titels „pater patriae" (Vater des Vaterlandes, 2 v. Chr.) folgten. Der Beiname „pater" war unter anderen ein Titel des Jupiter und rückte Augustus weiter in göttliche Sphären.

Die umfassenden Verfassungs- und Verwaltungsreformen

Auf dieser Grundlage reformierte Augustus die Verwaltung des römischen Staates, ohne allerdings die republikanischen Institutionen offen auszuschalten. Den *Senat* tastete er nicht an, aber das Recht, neue Senatoren zu ernennen, behielt sich Augustus selbst vor. Damit war der Senat zu einem geschlossenen Stand geworden. Auch den *Ritterstand* schloss Augustus nach unten und oben ab. Ritter konnte fortan nur noch werden, wer vom Kaiser dazu ernannt wurde. Senatoren wie Ritter sollten in der Reichsverwaltung wichtige Aufgaben übernehmen.

Bei der Wahl der Beamten sprach Augustus als princeps des Senats „Empfehlungen" aus, die in der Regel angenommen wurden; die Vewaltung der wichtigsten Provinzen wurde kaiserlichen Beamten übertragen. Augustus zog verstärkt Angehörige des italischen Adels für hohe Ämter heran und sorgte damit für eine ausreichende Anzahl qualifizierter und erfahrener Beamter. Diese Gruppen hatten zwar ein starkes persönliches Interesse an Ehre und Reichtum, verfolgten jedoch keine eigenständigen politischen Ziele. So waren sie leicht zu führen, Widerstände von ihnen waren nicht zu erwarten. Die angesichts der Größe des Weltreichs notwendige Ausweitung und Differenzierung des Verwaltungsapparats war mit einer auf Augustus ausgerichteten Zentralisierung notwendigerweise verbunden:

- Augustus begann damit, eine Bürokratie mit bezahlten Beamten zur Verwaltung des Reiches aufzubauen.

- Das römische Heer wurde in ein stehendes Heer von Berufssoldaten umgewandelt, die vom Staat entlohnt und im Alter versorgt wurden. Als bewaffnete Macht in Italien diente allein die dem Kaiser direkt unterstellte Prätorianergarde.
- Die Zahlungen aus den Provinzen flossen in die Kasse des Augustus, die eigentliche Staatskasse war dem gegenüber bedeutungslos. Dadurch konnte Augustus bei Versorgungsschwierigkeiten in Rom mit Getreidespenden persönlich eingreifen. Zugleich war er in der Lage, durch umfangreiche Bautätigkeit Beschäftigungsprogramme aufzustellen.

Der Prinzipat – eine Monarchie im republikanischen Gewande

Infolge der Machtkonzentration in seiner Hand und aufgrund seiner Art der Amtsführung war der Prinzipat des Augustus zweifellos eine Monarchie. Augustus verbarg jedoch seine Herrschermacht hinter unterschiedlichen Vollmachten und Amtstiteln. Immer wieder betonte er, dass alle seine Maßnahmen als Erfüllung des Senatswillens anzusehen und alle seine Würden von Entscheidungen des römischen Volkes herzuleiten seien. Der Prinzipat war noch nicht das absolut herrschende Kaisertum späterer Zeiten, es war jedoch dessen Vorstufe, eine *Monarchie im republikanischen Gewande.*
Von den östlichen Provinzen ausgehend entwickelte sich schon zu Zeiten des Augustus ein Kaiserkult, in dessen Mittelpunkt die kultische Verehrung des Herrschers und die Weihe von sakralen Gebäuden auf seine Person standen. Dieser *Herrscherkult* erstreckte sich in den folgenden Jahrzehnten auf alle Provinzen Roms und auch auf Italien und Rom selbst.

2 **Sonnenuhr des Augustus.** 6–8 m unter dem Niveau der Innenstadt Roms sind bei Ausgrabungen Überreste dieser riesigen Uhr nachgewiesen worden. Auf dem Foto, das bei einer Grabung 1981 aufgenommen wurde, sind in Steinplatten eingelegte Bronzebuchstaben zu erkennen, auf die der Schattenwerfer der Sonnenuhr am 23./24. August zeigte: ΕΤΗΣΙΑΙ ΠΑΥΟΝΤΑΙ (Die Sommerwinde hören auf = Ende des Sommers). Den Schattenwerfer bildete ein ca. 30 m hoher Obelisk aus Ägypten mit einer Erdkugel als Spitze. In der Skizze ist die Gesamtanlage der Sonnenuhr rekonstruiert. Der Obelisk „O" war nicht genau nach Norden ausgerichtet, sondern er weist genau in die Mitte des nördlich gelegenen Mausoleums (M 3), das auf der Skizze nicht eingezeichnet ist. Bei Tagundnachtgleiche, am 20.3. und am 23.9., wanderte die Schattenspitze auf der Linie AEQUINOCTIALIS und zeigte kurz vor Sonnenuntergang auf die Mitte des Friedensaltars „AP" (M 1). Der 23.9. war der Geburtstag des Augustus und anlässlich seines 50. Geburtstags wurde mit dem Bau der Sonnenuhr begonnen.

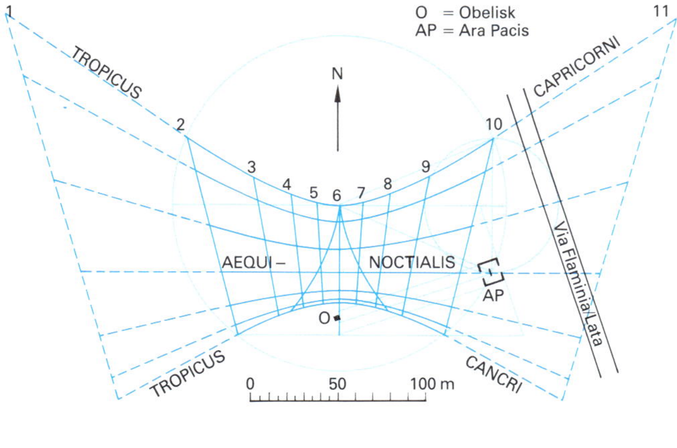

Der Ausbau Roms und der Aufschwung von Kultur und Kunst

Zur Repräsentation seiner umfassenden Macht, zur Hebung des Selbstbewusstseins der Römer, aber auch zur Verherrlichung seiner Person und seiner politischen Leistungen, förderte Augustus bewusst den Ausbau der Stadt Rom, die Kunst und die Literatur. Er ließ Rom auf seine Kosten umfassend sanieren. Unter anderem wurden weitere Frischwasserleitungen errichtet, die Straßen ausgebaut und befestigt und Feuerwehr und Polizei aufgestellt. Repräsentative, aufwendige Bauten wie ein Mausoleum auf dem Marsfeld, Tempel und Triumphbögen, die Anlage eines Augustusforums sollten die unvergleichliche Bedeutung von Augustus den Bewohnern und Besuchern Roms vor Augen führen.

Diesen Zweck erfüllten auch die Kaiserstatuen (Augustusstatuen), die von Augustus und seinen Nachfolgern in Rom und in allen Teilen des Reiches aufgestellt wurden. Bei den Untertanen hatten sie die gleiche Autorität wie der persönlich anwesende Herrscher. Durch entsprechende Gestaltung und Symbolik der Statuen konnten politische Absichten anschaulich verkündet werden. Beim Amtsantritt eines Herrschers konnte so die Reichsbevölkerung schnell anhand einer veränderten Darstellungsweise auf neue politische Programme schließen.

Als ein Höhepunkt künstlerischen Schaffens und politischer Selbstdarstellung kann der *Friedensaltar* des Augustus („ara pacis"), ein mächtiger mit üppigen Friesen versehener marmorner Altar, angesehen werden. Mit ihm sollte das „Augusteische Zeitalter" als eine Zeit der Frömmigkeit, des Friedens und des Wohlstandes verewigt werden.

Augustus betätigte sich zusammen mit seinem Freund Maecenas („Mäzen") auch als Förderer der Literatur. Er richtete Bibliotheken ein und pflegte Kontakte zu etlichen Schriftstellern (z. B. Horaz, Vergil, Livius). Ihre Werke trugen zur Glorifizierung der Person des Augustus und seiner Zeit als dem *„goldenen Zeitalter"* bei. Noch während des Mittelalters galt Augustus als vorbildlicher Politiker, etliche deutsche Könige fügten ihrem Titel den Namen „Augustus" hinzu.

3 Mausoleum des Augustus. Mit dem Bau des Mausoleums wurde vermutlich schon vor 31 v. Chr. begonnen. Die in der Mitte befindliche kreisrunde Grabkammer war unter dem Kegel aus aufgeschütteter Erde verborgen. Auf dem Erdkegel thronte eine weithin sichtbare Statue des Augustus. (Rekonstruktionsversuch des Ursprungszustandes, Holzschnitt des 19. Jh.)

Die Sicherung des Friedens

Der Friedensaltar symbolisiert die größte Leistung, die Augustus von seinen Zeitgenossen und deren Nachfahren aber auch von vielen heutigen Historikern zugeschrieben wird: die Schaffung der Grundlagen für einen dauerhaften Frieden im römischen Weltreich. Mit *„pax Augusta"* oder auch „pax Romana" bezeichneten die Römer einen über 250 Jahre andauernden Friedenszustand, der auch unter den Nachfolgern des Augustus das Reich weitgehend vor inneren Unruhen oder Bürgerkriegen bewahrte. Wesentlich für diese Entwicklung war nicht nur eine effiziente Verwaltung, sondern auch ein berechenbares Rechtssystem, das dem Bürger durch eine geordnete Rechtspflege Rechtssicherheit garantierte und Willkürhandlungen weitgehend ausschloss. Der innere Frieden ermöglichte einen starken Aufschwung von Handel und Gewerbe und damit verbunden eine Steigerung des Wohlstands im Römischen Reich. Unter diesen Umständen wurde von vielen unterworfenen Völkern die römische Herrschaft akzeptiert, zumal ihre Sitten, ihre Religion und ihr Recht weitgehend unangetastet blieben, die lokalen Führungsschichten an der Herrschaft beteiligt wurden und das römische Bürgerrecht großzügiger an Provinziale verliehen wurde. So besaß um 200 n. Chr. die Mehrheit der Reichsbevölkerung das römische Bürgerrecht.

Wenn auch die Herrschaft des Augustus häufig mit der Friedensherrschaft gleichgesetzt wurde, so bedeutete dies nicht den Verzicht auf Weltherrschaft und *Expansion*. Es gehörte zunächst zur Herrschaftslegitimation römischer Kaiser, sich auch als militärische Führer zu beweisen und das Römische Reich zu vergrößern. Militärische Operationen mit wechselnden Erfolgen, z. B. in Britannien, Germanien, Dakien (ungefähr heutiges Rumänien), in Asien und Nordafrika während des 1. Jh. n. Chr. hatten primär offensiven Charakter und fußten auf den ungebrochenen imperialen Erwartungen der Römer. Nach dem Tod Trajans (117), der durch seine erfolgreichen Kriege in Dakien, Armenien und gegen die Parther dem Römischen Reich zu seiner größten Ausdehnung verholfen hatte, verlagerten die römischen Kaiser im 2. Jh. n. Chr. das militärische Schwergewicht auf den Ausbau der Verteidigungsanlagen (Limes, Hadrianswall) und auf die Abwehr von Feinden.

4 Der Tatenbericht des Augustus

In der Wand eines ehemaligen römischen Tempels in Ankara (daher die Bezeichnung der Historiker: „Monumentum Ancyranum") ist dieses Selbstzeugnis des Augustus nahezu unversehrt erhalten geblieben. Die Inschrift ist in griechischer und lateinischer Sprache abgefasst. Darin heißt es:

„Kriege zu Wasser und zu Lande, gegen innere und äußere Feinde, habe ich auf dem ganzen Erdkreis oft geführt und als Sieger alle römischen Bürger, die um Gnade baten, geschont. Auswärtige Völker, denen unbesorgt verziehen werden konnte, habe ich lieber erhalten als vernichten wollen. Ungefähr fünfhunderttausend römische Bürger waren als Soldaten auf mich vereidigt. Von diesen habe ich in Neugründungen angesiedelt oder nach Vollendung ihrer Dienstzeit in ihre Heimatgemeinden entlassen um einiges mehr als dreihunderttausend; diesen allen ließ ich Grund und Boden zuweisen oder gab ihnen Geld als Lohn für ihren Militärdienst. …

Die Diktatur, die mir in Abwesenheit und Gegenwart sowohl vom Volk als auch vom Senat unter dem Konsulat des M. Marcellus und L. Arruntius [22 v. Chr.] angetragen wurde, habe ich nicht angenommen. Nicht abgelehnt aber habe ich, als größter Mangel an Brotgetreide herrschte, die Sorge um die Nahrungsmittelbeschaffung, derer ich mich so annahm, dass ich innerhalb weniger Tage durch meine Aufwendungen und meine Fürsorge die ganze Stadt von Furcht und der bereits spürbaren Gefahr befreien konnte. …

Auch als … Senat und Volk von Rom einhellig meine Bestellung zum alleinigen, mit außerordentlicher Vollmacht ausgestatteten Hüter von Gesetz und Sitte betrieben, habe ich dies ebensowenig wie irgend ein anderes Amt ange-

nommen, das mir im Widerspruch zu den Einrichtungen der Vorväter stehend angetragen wurde. Was damals der Senat von mir besorgt wissen wollte, habe ich kraft meiner *tribunicia potestas* durchgeführt. …
Bei dieser Gelegenheit [lustrum = Volkszählung] wurden vier Millionen und dreiundsechzigtausend römische Bürger gezählt. Auch ein drittes Mal habe ich kraft konsularischer Befehlsgewalt mit meinem Sohn Tiberius Caesar als Kollegen … [14 n. Chr.] ein solches Lustrum abgehalten, wobei die Kopfzahl der römischen Bürger mit vier Millionen neunhundertsiebenunddreißigtausend ermittelt wurde. Durch neue, auf meine Veranlassung hin eingebrachte Gesetze habe ich viele Einrichtungen der Väter, die in unserer Epoche schon zu verschwinden drohten, wieder zum Leben erweckt. …
Als ich aus Spanien und Gallien nach erfolgreicher Tätigkeit in diesen Provinzen unter den Konsuln Ti. Nero und P. Quintilius (13 v. Chr.) nach Rom zurückkehrte, beschloss der Senat einen Altar des ‚Augustusfriedens' aus Anlass meiner Rückkehr weihen zu lassen, und zwar auf dem Marsfeld. …
Den Tempel des Ianus Quirinus, der nach dem Willen unserer Vorfahren geschlossen werden sollte, wenn im ganzen Herrschaftsbereich des römischen Volkes, zu Wasser und zu Lande ein durch Siege gefestigter Friede eingekehrt sei – was nach der Überlieferung vor meiner Geburt, seit der Gründung der Stadt, überhaupt nur zweimal der Fall gewesen sein soll – diesen Tempel hat nun der Senat unter meiner Regierung dreimal zu schließen angeordnet. …
In meinem dreizehnten Konsulat [2 v. Chr.] habe ich je sechzig Denare den Leuten geben lassen, die damals zu den Empfängern staatlichen Getreides gehörten; es waren dies ein wenig mehr als zweihunderttausend. …
Viermal habe ich dem Staatsschatz mit meinen eigenen Mitteln ausgeholfen, indem ich hundertfünfzig Millionen Sesterzen den Verwaltern dieser Kasse übergeben habe. … Das Meer habe ich von der Seeräuberplage befreit. …
Bei allen Provinzen des römischen Volkes, denen Völkerschaften benachbart waren, die unserem Spruche nicht gehorchten, habe ich die Grenzen erweitert. Die gallischen und spanischen Provinzen und ebenso Germanien habe ich befriedet, ein Gebiet, welches durch den Ozean von Gades bis zur Mündung der Elbe umschlossen wird. Die Alpen ließ ich von der Gegend nahe der Adria bis zum Tyrrhenischen Meer besetzen, wobei keiner Völkerschaft der Krieg unrechtmäßig erklärt wurde. Meine Flotte segelte über den Ozean von der Mündung des Rhein weg in östliche Gegenden bis zu den Ländern der Cimbern, wohin weder zu Lande noch zu Wasser irgend ein Römer bis zu diesem Zeitpunkt je gelangt war. …
Ägypten habe ich dem Herrschaftsbereich des römischen Volkes hinzugefügt. …
Die Parther habe ich veranlasst, die Beute und Feldzeichen dreier römischer Heere mir zurückzugeben und demütig die Freundschaft des römischen Volkes zu erbitten. …
Zu mir wurden mehrfach Gesandtschaften der Könige Indiens geschickt, wie sie noch niemals zuvor bei einer der führenden Persönlichkeiten Roms gesehen worden waren. …
In meinem sechsten und siebenten Konsulat [28 und 27 v. Chr.], nachdem ich den Bürgerkriegen ein Ende gesetzt hatte, habe ich, der ich mit Zustimmung der Allgemeinheit zur höchsten Gewalt gelangt war, den Staat aus meinem Machtbereich wieder der freien Entscheidung des Senats und des römischen Volkes übertragen. Für dieses mein Verdienst wurde ich auf Senatsbeschluss Augustus genannt. …
Seit dieser Zeit überragte ich zwar alle an Einfluss [auctoritas] und Ansehen, Macht [potestas] aber besaß ich hinfort nicht mehr als diejenigen, die auch ich als Kollegen im Amt gehabt habe. … Da ich dies niederschreibe, befinde ich mich in meinem sechsundsiebzigsten Lebensjahr."
(Aus: Augustus, Res Gestae; zit. nach Augustus, Meine Taten, hrsg. von Ekkehard Weber, 3. Aufl. München 1975, S. 13 ff.)

5 Die Herrschaft des Augustus im Urteil

5a Der römische Geschichtsschreiber Tacitus nahm im ersten Jahrhundert Stellung zur Politik des Augustus:
„Nach Brutus' und Cassius' Fall [die Caesarmörder; 42 v. Chr.] gab es kein staatliches Heer mehr. [Sextus] Pompeius wurde bei Sizilien vernichtet, Lepidus verdrängt, Antonius erschlagen. Auch die Partei der Iulier hatte nur noch den einen Führer Caesar [Octavian], der nun den Triumvirn-Titel ablegte, das Konsulat über-

nahm und sich mit den tribunizischen Vollmachten zum Schutze des Volkes begnügte. Die Soldaten gewann er durch Schenkungen, das Volk durch Getreidespenden, jedermann durch die erfreuliche Ruhe. Und nun erhob er allgemach das Haupt. Er nahm die Befugnisse des Senats, der Beamten und der Gesetzgebung an sich. Einen Gegner fand er nicht. Die Tapfersten waren in den Schlachten gefallen oder durch die Proskriptionen beseitigt, und der Rest des Adels wurde um so reichlicher mit Geld und Ämtern bedacht, je williger er sich der Knechtschaft fügte. Wer so aus der Wendung der Dinge Vorteil gezogen hatte, dem war natürlich die sichere Gegenwart lieber als die gefährliche Vergangenheit. Auch die Provinzen sahen die neuen Verhältnisse nicht ungern. Das republikanische Regiment war ihnen durch die Streitigkeiten der Machthaber und die Habgier der Magistrate verleidet worden ... Kriege gab es nirgends mehr außer dem gegen die Germanen. Im Innern war alles ruhig: die Titel der Beamten waren dieselben geblieben. Die Jüngeren waren nach der Schlacht von Actium [31 v. Chr.] geboren, auch die Älteren meist während der Bürgerkriege. Wie wenige gab es noch, die die alte Republik gekannt hatten!"

(Aus: Tacitus, Annalen 1, 2f.; zit. nach: Geschichte in Quellen, Bd. 1, Stuttgart 1964, S. 1 ff.)

6 Augustusstatue von Prima Porta

Die 2,04 m hohe Statue wurde 1863 in der Nähe von Rom gefunden. Sie stand einst auf der Terrasse des Palastes der Livia, der Frau des Augustus, und wurde kurz nach 17 v. Chr. angefertigt. Die Bildelemente auf dem Brustpanzer zeigen folgende Details: In der Mitte gibt ein Krieger einem römischen Feldherrn ein römisches Feldzeichen. (Die Parther, großer Feind Roms im Osten, hatten 20 v. Chr. römische Gefangene und erbeutete Feldzeichen kampflos zurückgegeben, was Augustus als großen Erfolg proklamierte.) Rechts und links von dieser Szene sitzen die trauernden Figuren der Gallia und der Hispania. Darunter sind u. a. verschiedene Schutzgötter des Augustus abgebildet. Im Brustbereich erkennt man ebenfalls göttliche Mächte, so z. B. den Sonnengott Sol in einem Viergespann als Symbol einer anbrechenden Glückszeit. Der auf dem Delphin reitende Knabe zu Füßen des Augustus lässt sich als Amor, Sohn der Venus, deuten. Auffällig ist, dass Augustus mit nackten Füßen dargestellt ist, denn Nacktheit war ein Zeichen von Göttlichkeit.

5b Der Althistoriker Christian Meier schrieb 1982:

„Als Caesars Adoptivsohn und Erbe im Jahr 31 die Herrschaft über das ganze Reich gewonnen hatte, waren fast zwei Jahrzehnte inneren Kriegs über Rom dahingegangen, eine neue Generation war herangewachsen; vor allem war die römische Gesellschaft mürbe geworden. …

Die Republik war nicht mehr zu verteidigen, sie konnte allenfalls wiederhergestellt werden. Und der Sieger war in einer so günstigen Position, so begabt und so elastisch, dass er alle Möglichkeiten, die sich damals boten, voll zu nutzen verstand.

Er hatte sehr viel gelernt, nicht zuletzt vom Schicksal Caesars. Da er in der Auseinandersetzung mit Antonius relativ schwach und auf Bündnisse angewiesen war, hatte er frühzeitig die Wiederherstellung der Republik versprochen. Vor allem war ihm bewusst geworden, dass er nur stark war, wenn er sich einer Sache verschrieb. Und inzwischen gab es Sachen, die ein Mann von außerordentlicher Macht und Ambition für sich beanspruchen konnte. Da sein Rivale Antonius sich mit Kleopatra verbunden hatte, konnte Caesars Adoptivsohn die Fahne Roms und Italiens gegen ihn aufpflanzen: wie wenn deren Herrschaft über den Mittelmeerraum vom Osten her bedroht gewesen wäre. Dann konnte er plausibel machen, dass sein Sieg den Frieden bedeutete – und dagegen war alles andere inzwischen wenig wichtig. Schließlich war nach den Zerstörungen des Bürgerkriegs unendlich viel neu aufzubauen: die politischen Institutionen, die guten Sitten, die Rechtssicherheit, die alte Religion, Verkehr und Wirtschaft und vieles andere. Eben dies konnte ein Einzelner am besten, zumal der Senat seinerseits zu reformieren war. Es gab also Aufgaben genug, an denen sich seine außerordentliche Macht legitimieren konnte.

Freilich war dies nur möglich, wenn diese Macht eine Form hatte, die sich auch legitimieren ließ. Das aber hieß: wenn sie sich der Republik einzufügen schien. Caesars Adoptivsohn hat auch dies erkannt. Er gab vor die Republik wiederherzustellen. Nur widerwillig, so schien es, ließ er sich mit besonderen Aufgaben, zunächst mit der Sicherung der Grenzprovinzen betrauen. Damit war der Oberbefehl über fast alle Truppen Roms verbunden. Aber in Rom selbst spielte er den Ersten Bürger, und alle größeren Vollmachten und Aufträge waren auf bestimmte Fristen bemessen. Er vermied den Anschein, dass er seine Macht auf Dauer einrichtete. Nur wenige Ehren und gering erscheinende Vollmachten, die er erhielt, waren zeitlich unbegrenzt. Sie stellten zumeist den Dank für die scheinbare Wiederherstellung der Republik dar. Zu ihnen gehörte die Verleihung des Namens Augustus.

So bildete Caesar Augustus eine begrenzte Alternative. Er schlich sich gleichsam in die Republik ein. Er überholte den Senat an Konservativität, indem er sich der Restitution des Überkommenen – sowie dessen Fortbildung – annahm. …

Augustus gewann die Herrschaft über die Verhältnisse also nur, indem er die Macht in den Verhältnissen bewusst zurückhaltend ausübte. Er musste sich selbst verleugnen. Er hatte die Legitimität seiner Macht nur unter der Bedingung, dass er deren Umfang nicht durchblicken ließ. Nur indem er vorgab etwas zu sein was er nicht war, konnte er die neue Realität der Monarchie mit der alten der Republik vereinen, konnte er den Formen der Republik die Wirklichkeit der Monarchie aufprägen.

So konnte denn die Krise Roms endlich in politisches Handeln, in Reform eingefangen werden. Aber auch dann zeigte sich die Macht des Alten darin, dass eine Alternative zum Herkömmlichen nur bilden konnte, wer es respektierte. Die Republik war nur zu besiegen, wenn man sie wiederherstellte. Ruhe und Ordnung, die Garantie des Eigentums, Rechtssicherheit, Gewährleistung effizienter Verwaltung und notwendiger Reform und anderes was Augustus leistete, waren sehr wichtig, aber sie waren gleichsam nur die Pfeiler der Brücke zum Principat. Die Brücke selbst musste im Namen der Republik gelegt werden."

(Chr. Meier, Caesar, Berlin 1982, S. 584 ff.)

7 Geschichtsschreibung in der Kaiserzeit

Der griechische Historiker Cassius Dio (geb. um 150, gest. um 235) war als Beamter in römischen Diensten. Er schrieb:

„Alles, was danach geschah, kann nicht in der gleichen Weise wie das Frühere erzählt werden. Denn früher wurde alles, auch wenn es in noch so weiter Entfernung geschehen war, vor den

8 Gemma Augustea. Dieser Steinschnitt entstand vermutlich 10 n. Chr. und gehörte wohl zum Schatz des Kaiserhauses. Auf einer Bank sitzt Augustus, der im Sternzeichen des Steinbocks (oben) geboren ist, neben Roma. Vom Streitwagen steigt Tiberius, der Feldzüge u. a. in Germanien siegreich beendet hat und der als Nachfolger des Augustus bestimmt ist. Zwischen Tiberius und Roma steht Germanicus. Rechts: Oikoumene, die Repräsentantin der bewohnten Welt, hält Augustus die Bürgerkrone über das Haupt; Tellus, Göttin der Erde mit dem Füllhorn und Chronos, der Gott der Ewigkeit. Auf dem unteren Abschnitt ist eine Szene dargestellt, deren Deutung sehr umstritten ist.

Senat und das Volk gebracht; daher erfuhren es alle und viele schrieben es nieder ... Von jetzt an aber begannen die meisten Ereignisse im Verborgenen vor sich zu gehen, ohne dass darüber gesprochen worden wäre. Und wenn auch einmal etwas in die Öffentlichkeit gebracht wird, so begegnet es Misstrauen, da es nicht nachzuprüfen ist. Was auch geredet wird und geschieht, bei allem vermutet man, es sei aus den Wünschen der jeweiligen Herrscher und ihrer Nebenherrscher geschehen. Und so wird über vieles, was gar nicht geschehen ist, ausgiebig geschwätzt, von vielem anderen auch noch so realen Geschehnissen erfährt man gar nichts. Alles wird sozusagen anders, als es in Wahrheit gewesen ist, in Gerüchten verbreitet."

(Aus: Cassius Dio 53, 19; zit. nach: Geschichte in Quellen, Bd. 1, München 1978, S. 566 f.)

Arbeitsvorschläge und Fragen

a) Vergleichen Sie die politischen Karrieren von Caesar und Octavian. Welche Voraussetzungen brachten beide mit, wie verhielten sie sich in entscheidenden Situationen, an welchen Vorbildern orientierten sie sich? (S. 84, M 9 b und S. 92, M 5 b)

b) Stellen Sie zusammen, worauf Augustus in seinem Tatenbericht besonderes Gewicht legt und suchen Sie dafür nach Begründungen. – Vergleichen Sie die Darstellung des Augustus mit der des Tacitus (M 4 und M 5 a).

c) Erörtern Sie die Aussagen der Bildmaterialien M 1–M 3, M 6 und M 8, und erklären Sie ihre politischen Funktionen.

5. Frauen in Rom

Frauen in der Männergesellschaft

„Auf Sitten und Männern vom alten Schlag gründet der römische Staat." – Zustimmend zitiert der römische Politiker Cicero dieses Dichterwort. Eine solche Sicht der Dinge verdrängte freilich einen Teil der Überlieferung, ist doch die römische Frühgeschichte voll von Erinnerungen an Frauen, die die Geschicke des Staates mit beeinflusst haben.
Anders als die Griechinnen lebten freie Römerinnen nicht in weitgehender gesellschaftlicher Abgeschlossenheit: „Kein Römer scheut sich, seine Ehefrau auf ein Gastmahl mitzunehmen", betont ein Zeitgenosse Ciceros (s. S. 70). Dies bedeutete aber keineswegs eine Gleichstellung mit dem Mann. Schon die Namengebung zeigte, dass auch der freien Römerin zunächst wenig Individualität zugebilligt wurde: Römische Frauennamen sind nur die weibliche Form des Familiennamens; Cornelia heißt z.B. Tochter des Cornelius. Mädchen wurden – wenn überhaupt – meist nur in den Grundkenntnissen des Lesens und Schreibens unterwiesen. Ansonsten war die Erziehung auf Tätigkeiten im Hause und baldige Verheiratung abgestellt. Weder waren ihnen öffentliche Ämter zugänglich, noch besaßen sie ein Teilnahme- oder Stimmrecht in der Volksversammlung. In der patriarchalisch geprägten Ordnung galt es als wichtigste Aufgabe der Frau, ihrem Manne Söhne zu gebären.

Männliche Gewalt und Freiräume von Frauen

Nach alter Rechtsauffassung unterstand die verheiratete Römerin ebenso wie ihre Töchter und Söhne der umfassenden Gewalt des Hausvaters. Die Gewalt dieses „pater familias" reichte bis zu dem – wohl nur in Ausnahmefällen ausgeübten – Recht, Angehörige seiner Familie (Frau, Kinder, Gesinde, Sklaven) zu töten. Durch Eheschließung, die kein Rechtsakt, sondern eine Privatangelegenheit war, ging die Römerin nach den alten Riten üblicherweise samt ihrer Mitgift aus der Gewalt ihres Vaters in die Gewalt ihres Ehemannes über: Rechtlich gesehen wurde sie damit gleichsam dessen Tochter, nicht seine gleichberechtigte Partnerin. Aber wie die männlichen Familienmitglieder konnte sie Vermögen erwerben, erben und vererben. Durch den Tod ihres Gatten wurde die Witwe sogar zu einer eigenständigen Rechtsperson (sui iuris).
Vom dritten Jahrhundert an bis zum Ende der Republik wurde allerdings eine Form der Ehe vorherrschend, in der die Frau gar nicht erst der Gewalt ihres Mannes unterstellt wurde: Indem sie mindestens drei Nächte im Jahr außerhalb der Wohnung des Mannes verbrachte, konnte sie verhindern, dass sie durch Gewohnheitsrecht zu dessen Eigentum wurde. Sie gehörte in dieser Ehe rechtlich weiterhin ihrer alten Familie an und behielt auch die Verfügung über das eingebrachte Vermögen. Diese Form der Ehe bedeutete einen wichtigen Schritt in Richtung einer größeren Selbständigkeit der Frauen, die sich nach und nach auch auf wirtschaftlichem Gebiet zeigte. Die gesetzliche Bestimmung, dass keine Frau ein wichtiges Rechtsgeschäft ohne männliche Vormundschaft tätigen durfte, war schon in der späten Republik praktisch außer Kraft.
Der freigeborenen Römerin boten sich also durchaus begrenzte Möglichkeiten der Selbstbestimmung. Ciceros Frau Terentia ist ein Beispiel dafür: Sie war wesentlich reicher als ihr Mann, der mehrfach auf ihre Hilfe angewiesen war, und nicht zuletzt wegen ihrer finanziellen Selbständigkeit trennte sie sich von ihm. Auch Eumachia aus Pompeji übte zwar kein politisches Amt aus, zählte aber offensichtlich zu den gesellschaftlich wichtigen und geachteten Persönlichkeiten ihrer Stadt (s. S. 71, M 4).

Das Leben unfreier Frauen

Die Lebensbedingungen der Unterschicht sind uns aufgrund der Quellenlage kaum erschließbar. Waren Familie und Haus in der Regel der angestammte Platz der freien Frauen und galt in den Oberschichten der Antike insbesondere Handarbeit als etwas Verachtenswürdiges, so mussten Sklavinnen und Freigelassene aus ökonomischer Notwendigkeit arbeiten; hatten häufig keine berufliche Ausbildung, so dass sie entweder im Haus reicher Besitzer niedere Hausarbeiten verrichteten oder aber von ihren Besitzern prostituiert wurden. Nur Sklavinnen in großen Haushalten hatten die Chance, eine Ausbildung zu erhalten. Als Hebammen, Sekretärinnen o. ä. konnten Sklavinnen in ein besonderes Vertrauensverhältnis zu ihrer Herrschaft gelangen und mit Freilassung belohnt werden. Als Freigelassene waren sie aber weiterhin zu Dienstleistungen gegenüber ihren früheren Besitzern verpflichtet.

1 Ein Frauenleben

Von der Römerin Claudia (um 130 v. Chr.) ist nichts überliefert als ihr Grabspruch:

„Es deckt der schlechte Grabstein eine schöne Frau. Mit Namen nannten Claudia die Eltern sie. Mit eigner Liebe liebte sie den eignen Mann; Zwei Söhne gebar sie … Sie war von edler Rede und von edlem Gang. Versah ihr Haus und spann Wolle."

(Th. Mommsen, Römische Geschichte, Bd. 1,57, München 1976, S. 72)

2 Eine Prominente der späten Republik

An der Verschwörung des Catilina im Jahre 63 v. Chr. (s. S. 76) waren auch Frauen beteiligt:

„Sempronia hatte schon viele Schandtaten mit oft männlicher Verwegenheit begangen. Sie war durch Geburt und Schönheit, auch durch Mann und Kinder in einer recht glücklichen Lebenslage. Mit griechischer und lateinischer Literatur war sie wohlvertraut und wusste geschickter zur Laute zu singen und zu tanzen, als es für eine anständige Frau nötig ist. … Von jeher war ihr alles lieber als Zucht und Anstand. Ob sie ihr Geld oder ihren guten Ruf weniger schonte, hätte man schwer entscheiden können. … Durch Verschwendungssucht und Armut war sie tief gesunken. Dabei war sie geistig nicht unbegabt: Sie verstand Verse zu machen, Scherz zu treiben, ganz nach Belieben eine ehrbare oder gefühlvolle oder freche Unterhaltung zu führen …"

(Sallust: Catilina 25, übers. von W. Eisenhut, München 1969, S. 43 f.)

3 Die Frau eines Millionärs

Der Erzähler des Romans „Satyricon" aus dem 1. Jh.v. Chr. ist bei dem reichen Freigelassenen Trimalchio zum Abendessen eingeladen; die Tischgenossen unterhalten sich über Trimalchios Frau:

„Das ist Trimalchios Frau. Fortunata heißt sie und misst das Geld mit Scheffeln. Und was war sie eben noch für eine? Nimm mir's nicht übel, aber nicht einmal ein Stück Brot hättest du aus ihrer Hand genommen. Jetzt hat sie's geschafft und ist dem Trimalchio sein Ein und Alles. Er selber weiß gar nicht, was er alles hat, so reich ist er. Aber dieses Weib überwacht alles. Knickerig ist sie und berechnend; aber sie hat gute Einfälle. So was ist Gold wert, wie man sieht …"

Später macht Fortunata ihrem Mann eine Eifersuchtsszene wegen eines Lustknaben; Trimalchio beschimpft sie vor allen Leuten:

„Was soll denn das? Diese Straßensängerin kann sich wohl an nichts mehr erinnern? Ich habe sie vom Verkaufsgerüst des Sklavenhändlers heruntergeholt und erst zu einem richtigen Menschen gemacht! Aber sie bläst sich auf wie ein Frosch … Aber freilich, wer in einem Loch geboren ist, hat keine Ahnung von einem richtigen Haus. Ich werde diesen Besen schon zurechtstutzen …"

(Petronius: Satyricon 37, 74, in Satyricon – Schelmengeschichten, hrsg. von K. Müller und W. Ehlers, München 1965, S. 64/66, 150/152, Übersetzung V. Sturm)

Arbeitsvorschläge und Fragen

a) Stellen Sie aus M 1–3 zusammen, welche Leitbilder und gesellschaftliche Gegebenheiten das Leben der genannten Frauen bestimmen.

b) Vergleichen Sie die Lebensbedingungen der freien Römerinnen mit denen der Frauen im antiken Griechenland (s. S. 56 f.).

6. Die Romanisierung der Provinzen

Rom als Leitbild für die Völker des Reiches

Die allmähliche Anpassung der Völker des Imperiums in Sprache, Denk- und Lebensweise an das Vorbild Roms bezeichnet man als *Romanisierung*. Diese Übernahme verschiedenster Elemente der römischen Zivilisation vollzog sich besonders stark im West- und Nordteil des Reiches, während sich im griechisch-hellenistischen Osten die alte, hoch entwickelte Kultur weitgehend unbeeinflusst erhalten konnte. Dort setzte sich noch nicht einmal Latein als Amts- und Verwaltungssprache durch, die Romanisierung umfasste allenfalls eine zahlenmäßig geringe gesellschaftliche Oberschicht. Römische und *hellenistische Zivilisation* hatten sich schon seit dem 3. Jh. v. Chr. gegenseitig beeinflusst und viele griechische Kulturleistungen waren von den Römern übernommen und von ihnen innerhalb des Reiches weiterverbreitet worden (vgl. S. 53). Die anhaltend hohe Wertschätzung der griechischen Kultur zeigte sich z.B. im 2. Jh. n. Chr. unter den Kaisern Hadrian (117–138) und Mark Aurel (161–180). So wurden griechische Gelehrte für Rhetorik und Philosophie auf Staatskosten besoldet und mit Privilegien ausgestattet.

Im Westen des Reiches zeigte sich die römische Kultur derjenigen der Unterworfenen überlegen. Dies veranlasste die heimische Führungsschicht, ohne größeren Zwang die römische Zivilisation weitgehend zu übernehmen. Die Integration der unterworfenen Eliten wurde durch die gezielte Vergabe des römischen Bürgerrechts und wirtschaftliche Privilegierung stark gefördert. Für diese Provinziale eröffnete sich die Möglichkeit zur politischen Karriere innerhalb des Reiches. So stammte während der Regierungszeit des Kaisers Mark Aurel die Mehrzahl der Konsuln aus den Provinzen.

Die Loyalität der ansässigen Führungsschicht und die militärische Präsenz und Stärke der Römer waren Grundsteine für den Erfolg der römischen Besatzungspolitik. Von besonderer Bedeutung war allerdings der Umstand, dass sich die römische Herrschaft den in den eroberten Gebieten vorgefundenen sozialen und politischen Gegebenheiten flexibel anpasste.

Städte als Zentren römischer Lebenskultur

Zur Sicherung ihrer Macht über die Provinzen gründeten die Römer vornehmlich in ihren westlichen Provinzen Städte, in denen sie die lokale Führungsschicht ansiedelten. Die Städte dienten als *Wirtschafts- und Verwaltungszentren* und waren nach römischen Vorbildern aufgebaut. In den Grenzgebieten in der Nähe militärischer Lager, so z.B. am obergermanisch-rätischen Limes vom Rhein bis zur Donau, bestand für die Versorgung der Truppen ein großer Bedarf an Handwerkern und anderen Gewerbetreibenden. So entstanden dort Siedlungen und Städte, die u.a. von Transporteuren, Schiffern, Köhlern und Kaufleuten bewohnt wurden. Auch Soldaten aus den unterschiedlichsten Regionen des Imperiums, die oft mit einheimischen Frauen gemeinsame Kinder hatten, wurden nach ihrer Entlassung dort sesshaft. In diesen Städten mit Markt, Theater, römischer Badekultur und systematisch angelegtem Straßennetz entfalteten sich provinzialrömische Lebensformen. So wirkten diese Städte als Ausstrahlungspunkte *römischer Zivilisation*, hier glich das Leben annähernd dem in den urbanen Zentren Italiens. Eine hoch entwickelte Infrastruktur entstand. Römische Steinbauweise ließ den Bau wettersicherer Straßen, Fernwasserleitungen und winterfester Häuser zu. Brücken überspannten erstmals große Flüsse wie Rhein und Donau. Römische Rechts-, Steuer- und

Verwaltungswesen wurde größtenteils in den Provinzen übernommen. Geldwirtschaft, gestützt auf römische Münzen, die Einführung und Verbreitung von Kulturpflanzen wie Wein und verschiedene Getreidesorten, der Import so ferner Produkte wie Öl, Reis oder Feigen führten zu stark geänderten Lebensgewohnheiten und einem spürbaren wirtschaftlichen Aufschwung. Vergrößerte landwirtschaftliche Güter, neue Anbaumethoden (z. B. Düngung, Fruchtwechsel) oder verbesserte Möglichkeiten der Konservierung und Vorratshaltung (z. B. Einmachen, Eindicken, Trocknen) ermöglichten eine effizientere Produktion und höhere Erträge.
In großen Teilen des Imperiums lernte man Luxus bei der Körperpflege (Bäder, Parfüme), im Lebensstil und in der Wohnkultur kennen. Kulturtechniken wie Lesen und Schreiben in lateinischer Sprache breiteten sich aus.
Die Übernahme römischer *Kulturleistungen* beschränkte sich in einigen Regionen auf die Oberschicht, die unteren Bevölkerungsschichten bewahrten dort ungebrochen ihre Eigenart. So behielt etwa in Neuenheim (Heidelberg) die Gebrauchskeramik in der fast zwei Jahrhunderte währenden Römerzeit ihren vorrömischen Charakter bei.

Auflösungserscheinungen des Reiches nördlich der Alpen

Seit dem 2. Jh. n. Chr. bedrohten zunehmend wandernde Völker die germanisch-rätische Grenze. Um 250 n. Chr. mussten die Römer den Angriffen germanischer Stämme nachgeben und die Gebiete östlich des Rheins und nördlich der Donau aufgeben. Dieser Rückzug spielte sich ab vor dem Hintergrund einer selbstzerstörerischen Krise des Imperium Romanum.

1 **Timgad in Algerien.** Unter Kaiser Trajan wurde um 100 n. Chr. die römische Militärkolonie Colonia Martiana Trajana Thamugadi von der dort stationierten Legion errichtet. Die Überreste dieser Stadt haben sich in der trockenen Höhenluft des Atlas-Gebirges sehr gut erhalten.

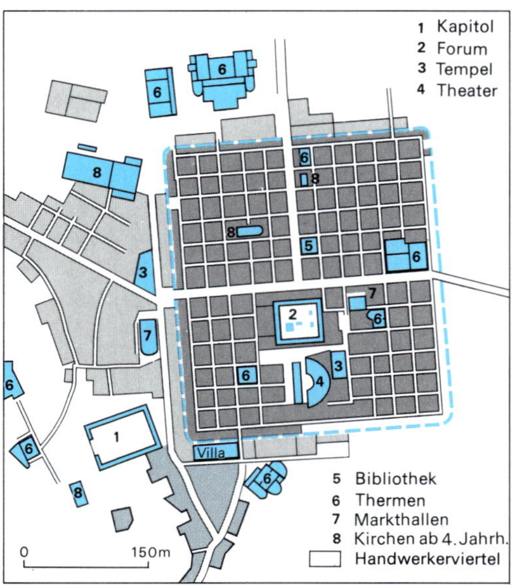

2 **Sieger und Besiegte.** Römische Soldaten richten gefangene Germanen hin. Dieses Detail von der Säule des Mark Aurel zeigt einen kleinen Ausschnitt des Bildnisses, das sich spiralförmig auf der Säule nach oben zieht. Auf den Reliefs sind die Siege des Kaisers über die Markomannen, die Quaden und die Sarmaten dargestellt (um 176 n. Chr.).

Werkstatt Geschichte:
Archäologie

Für die römische Antike liegt uns eine unübersehbare Fülle an materieller Hinterlassenschaft vor. Die umfassende Erforschung dieser Überreste (vgl. S. 73) ist Aufgabe der Archäologie.
Bis etwa zur Mitte des 19. Jahrhunderts sahen sich Archäologen weitgehend als Gehilfen der Kunst- und Architekturhistoriker. Seit dem Ende des 19. Jahrhunderts versteht sich die Archäologie als eigenständige Disziplin der Kulturwissenschaften, die alle Bodenfunde als historische Dokumente begreift und mit Sorgfalt analysiert. Ziel moderner Archäologie ist es, Lebensbedingungen, Lebensformen und die Entwicklungen vergangener Kulturen zu rekonstruieren. Diesem breiten Aufgabenspektrum entspricht ein differenziertes methodisches Instrumentarium, das immer mehr naturwissenschaftliche Verfahren einbezieht.
Die Feldarchäologie, die Grabungen vorbereitet und durchführt, macht nur einen geringen Teil der archäologischen Arbeit aus. Schwierig war und ist bei Ausgrabungen die Datierung der Funde. Während früher mit Hilfe der Stratigraphie lediglich aufgrund der Schichtfolge die Funde zeitlich eingeordnet werden konnten, lassen sich heute z. B. mit Hilfe der Radiokarbonmethode wesentlich genauere Datierungen vornehmen. Bei dieser Methode werden Erkenntnisse der Atomphysik angewendet: Alle Organismen nehmen ständig neben „normalem" Kohlenstoff 12 auch das radioaktive Kohlenstoff-Isotop 14 auf. Stirbt der Organismus ab, hört die Zufuhr von Kohlenstoff 14 auf, und mit einer Halbwertzeit von 5568 Jahren verstrahlt dieser Anteil. Durch Messen des noch vorhandenen Kohlenstoff 14 und verschiedene Vergleichstests lässt sich das Alter organischen Materials recht genau bestimmen. Dieses Verfahren versagt erst bei Funden, die älter als 50 000 Jahre sind. Ein weiteres Verfahren zur Datierung ist die Dendrochronologie, die Holzproben anhand ihrer Jahresringe und Jahresringmuster zeitlich exakt einordnet.
Aber auch die Sondierung von archäologischem Material z. B. mit Hilfe von Luftaufnahmen und die Fundrekonstruktion und -restauration (Denkmalpflege) nehmen breiten Raum ein.

3 **Grabstein des Schiffers Blussus.** Die Vorderseite des Steines zeigt den Schiffer mit seiner Familie. Er starb im Alter von 75 Jahren (Fundort: Mainz-Weisenau, 1. Jh. n. Chr.).

4 **Römische Gebrauchsgegenstände.** Die abgebildeten Gegenstände (Zange, Skalpell, Glasbecher, Sieb, Terra-Sigillata-Schüssel, Pinzette) stammen aus verschiedenen Grabungen in Südwestdeutschland (1.–2. Jh. n. Chr.).

5 Römischer Gutshof. In einem Waldgelände bei Hechingen-Stein wurden 1972 die Reste dieses Hofes entdeckt. Von 1978–1981 fanden mehrere Grabungen statt. Aufgrund der Funde ist die Anlage teilweise rekonstruiert worden (Foto, heutiger Zustand).

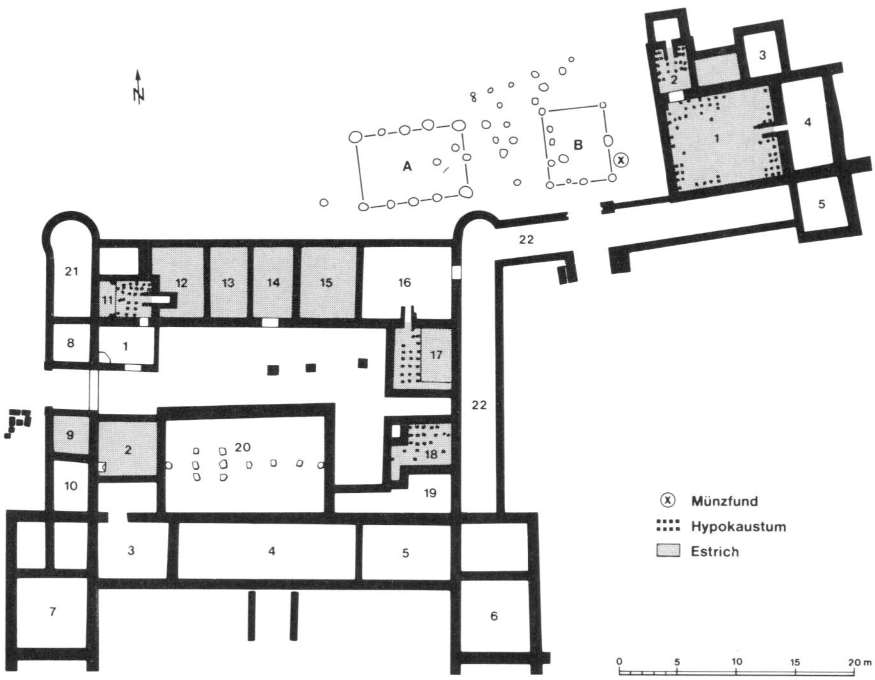

6 Grundriss des Gutshofes in Hechingen-Stein. 1, 2, 8, 9, 10 Wirtschaftsräume; 6, 7 Eckrisaliten (vorspringende Gebäudeteile); 3–5 Porticus; 11–18 Wohn-, Schlaf- und Arbeitsräume; 20 Speicherbau; 22 offener Säulengang. Bad: 1 Laubad, 2 Warmbad, 3 Kaltbad, 4 und 5 Auskleideräume? (Hypokaustum = Bodenheizanlage)

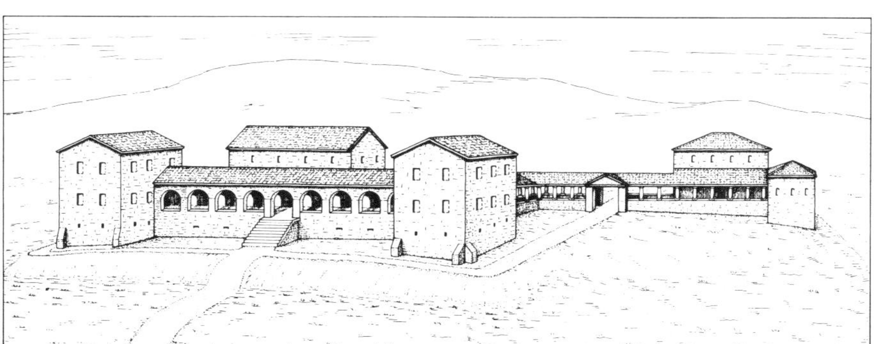

7 Rekonstruktionszeichnung. Aufgrund der Grabungsbefunde ist die Gesamtanlage des Gutshofes von Hechingen-Stein rekonstruiert worden (nach H. Reim).

8 Romanisierung in Britannien

Über das Wirken des Cn. Julius Agricola, der von 77 bis 84 n. Chr. in Britannien Statthalter war, berichtete dessen Schwiegersohn, der in Gallien geborene Schriftsteller Tacitus:

„Um die verstreuten, rohen und darum leicht zum Kriege geneigten Menschen durch Annehmlichkeiten an Ruhe und Muße zu gewöhnen, ermunterte er sie persönlich und unterstützte sie öffentlich, Tempel, Märkte, Häuser zu errichten, wobei er die Raschen lobte und die Trägen schalt; so war Wetteifer um die Ehre an die Stelle des Zwangs getreten. Dann ließ er die Söhne der Fürsten in den freien Künsten ausbilden und stellte die Begabung der Britannier über den Lerneifer der Gallier, so dass die, welche eben noch die römische Sprache abwiesen, jetzt Beredsamkeit begehrten. In der Folge kam sogar im äußeren Auftreten römisches Wesen zu Ehren und die Toga wurde häufig. Und allmählich ließ man sich auf Dinge ein, die zur Entartung verführen: Säulenhallen, Bäder und erlesene Festgelage. Und das hieß bei den Unerfahrenen Kultur, während es ein Teil der Knechtschaft war."

(Tacitus, Agricola 21; zit. nach: Geschichte in Quellen, Bd. 1, München 1978, S. 642)

9 Reichsregierung und Provinzverwaltung

Aus einem Briefwechsel zwischen dem jüngeren Plinius, der 110–112 Statthalter der Provinz Bithynia et Pontus in Kleinasien war, und dem Kaiser Trajan. Nicomedia (heute Izmit) liegt an einer Bucht des Marmarameeres und war Hauptstadt der Provinz:

„*C. Plinius* an *Kaiser Trajan:*

Herr, für eine Wasserleitung haben die Nicomedenser 3 318 000 Sestertien verausgabt, aber sie ist bis jetzt unvollendet geblieben, aufgegeben und sogar abgetragen worden; für eine andre Leitung hinwieder sind 200 000 ausgeworfen worden. Da auch sie liegen geblieben ist, bedarf es neuer Aufwendungen, damit die Leute, die schon so viel Geld verplempert haben, endlich Wasser bekommen. Ich bin selbst auf eine sehr reine Quelle gestoßen, deren Wasser man meines Erachtens in die Stadt leiten sollte, wie man es anfangs versucht hatte, und zwar auf Schwibbögen, damit es nicht nur in die ebenen, niedrigen Stadtteile gelangt. Noch jetzt stehen ein paar Bögen, einige können auch aus den Quadersteinen errichtet werden, die man dem früheren Bau entnimmt; einen Teil wird man, scheint mir, aus Backsteinen aufführen müssen, denn das ist einfacher und billiger. Vor allem aber ist es notwendig, dass du mir einen Wasseringenieur oder Architekten schickst, damit es nicht wieder so geht wie früher. Das eine kann ich dir versichern: der Nutzen und die Schönheit des Bauwerks wären deiner Regierung würdig.

Trajan an *Plinius:*

Sicher muss man Sorge tragen, dass die Stadt Nicomedia eine Wasserleitung bekommt, und ich selbst bin überzeugt, dass du mit der erforderlichen Gewissenhaftigkeit diese Aufgabe angreifen wirst. Aber mit gleicher Gewissenhaftigkeit solltest du weiß Gott untersuchen, wer dafür verantwortlich ist, dass die Nicomedenser bisher eine solche Summe verschleudert haben, damit die Leute hernach nicht wieder Wasserleitungen begonnen und liegengelassen haben, indem sie sich gegenseitig in die Tasche arbeiten. Also lass mich wissen, was du in Erfahrung bringst."

(Plinius minor, Briefe 10, 37 f; zit. nach: Gaius Plinius Caecilius Secundus, Briefe, hrsg. und übers. H. Kasten, München 1968, S. 589 ff.)

Arbeitsvorschläge und Fragen

a) Erläutern Sie, wie Tacitus die Romanisierung Britanniens beschreibt und welche Wertung er dabei vornimmt (M 8; vgl. S. 59).

b) Untersuchen Sie anhand von M 9, welchen Stellenwert Bauten, wie Aquädukte, für die römische Politik hatten. Beachten Sie dabei auch die Motive für solche Projekte und die Schwierigkeiten, die sich bei ihrer Realisierung ergaben.

c) Erläutern Sie die Vorgehensweise von Archäologen anhand von M 5–M 7.

d) Welche Feststellungen über das Leben in den römischen Provinzen lassen sich anhand von M 1–M 9 treffen? – Wozu sind keine Aussagen möglich?

7. Die Spätantike – das Römische Reich in der Krise

Außen: Bedrohung der Grenzen

Als Augustus seine Herrschaft angetreten hatte, war von der ewigen Dauer und der Weltherrschaft des römischen Volkes gesprochen worden. Ungefähr 400 Jahre später berichtete der Schriftsteller Salvian von Marseille, dass „der Name des römischen Bürgers, der einst hoch geschätzt wurde, ... jetzt aus freien Stücken geschmäht und gemieden (werde)". – Dies ist eine poetische Umschreibung für die Erfahrung einer *Staatskrise.*
Dieser Wandel wird am raschesten durch die veränderte Situation an den Reichsgrenzen einsichtig, die sich über 15 000 km durch drei Kontinente zogen. Zwar waren sie fast nie frei von Bedrohungen von außen gewesen; doch während es in den früheren Jahrhunderten stets gelungen war, im Kampf oder durch den Bau von Grenzbefestigungen hereindrängende Feinde aufzuhalten, reichte seit der Wende vom 2. zum 3. nachchristlichen Jahrhundert die militärische und wirtschaftliche Kraft Roms nicht mehr aus, die Angriffe erfolgreich abzuwehren: Der Druck von außen verstärkte sich kontinuierlich, da im 4. Jahrhundert durch das Auftreten der Hunnen in Europa Stammesgruppierungen ineinander und gegeneinander geschoben und in Richtung auf das Römische Reich gedrängt wurden.

Innen: Vorrang des Militärischen

Für den Bestand des Reiches wichtige Entscheidungen fielen nun nicht mehr in Rom, sondern auf den Kriegsschauplätzen an den Grenzen, wo sich auch die Kaiser aufhielten. Eine Interessenverlagerung in der Politik war die nächste Folge: Den Vorrang bei allen wichtigen Entscheidungen hatten jetzt militärische Fragen. Probleme der inneren Ordnung im Reich wurden vernachlässigt bzw. an andere Kräfte delegiert. So übernahmen z. B. Großgrundbesitzer in ihrem Einflussbereich Polizeifunktionen, das Richteramt und militärische Aufgaben. Der Vorrang des Militärischen führte dazu, dass die Armee eine Schlüsselstellung erhielt, die sich bei der Einsetzung der Kaiser krass bemerkbar machte: Da es kein anerkanntes System der Nachfolgeregelung im Römischen

Werkstatt Geschichte:
Ikonographie (= Bildkunde)

Die frühen christlichen Kunstwerke sind wichtige Bildquellen zur Geschichte, erschließen sich uns heute aber teilweise ähnlich schwer wie den heidnischen Zeitgenossen, denn die Werke wurden in ihrer Botschaft bewusst verschlüsselt. Der Außenstehende sollte die Hinweise auf das nicht verstehen, was dem Eingeweihten heilig war. Die christlichen Symbole und Motive waren oft formale Übernahmen heidnischer Vorlagen; so wurden z. B. die Darstellungen von Philosophen, Fischern oder Hirten verwendet, diese sollten aber Propheten, Apostel oder gar Christus selbst darstellen.
Nach der konstantinischen Wende (vgl. S. 106) brauchte man nicht mehr zu verschlüsseln, hielt aber an den Symbolen fest, und neue Themen kamen hinzu.
Drei Schritte müssen zumeist vollzogen werden, um Zugang zu der Bilderwelt zu finden: Man sollte

- sich mit dem Formenschatz der heidnischen Kunstwerke beschäftigen und das historische Umfeld kennen, in dem das christliche Kunstwerk entstanden ist;
- möglichst viele christliche Bildwerke miteinander vergleichen;
- eine hinreichende Bibelkenntnis haben, um Zeichen und Szenen zuordnen zu können.

Frühchristliche Bilddokumente

1 **Sarkophag** (Ende 3. Jh.). Der Verstorbene ist rechts neben dem Hirten als Lesender dargestellt. Vermutlich studiert er die christlichen Wahrheiten. Zur Linken des Hirten steht eine Orante (vgl. S. 104).

2 **Der gute Hirte** (Mosaik im sog. Mausoleum der Kaisertochter Galla Placidia in Ravenna; in ihrem Auftrag zwischen 430 und 450 entstanden).

3 **Mosaik** in der Apsis von San Apollinare in Classe (der Hafenstadt von Ravenna, 6. Jh.). Im Schnittpunkt der Kreuzarme ist in einem Medaillon Christus dargestellt. Die Inschrift zu Füßen des Kreuzes lautet SALUS MUNDI „Das Heil der Welt“.

4 **Die Vermehrung der Brote und Fische** (Mosaik im Langhaus von San Apollinare Nuovo in Ravenna, 520–525). Die großen Mauerflächen in den Basiliken boten Raum für die Darstellung von Szenenfolgen vor allem aus dem Neuen Testament. So entwickelte sich die „Armenbibel", „damit diejenigen, die keine Buchstaben kennen und die göttliche Schrift nicht lesen können, durch die Betrachtung jener Malerei um eine Erinnerung bereichert werden", schrieb im frühen 5. Jh. ein Geistlicher in Kleinasien

Entschlüsselung frühchristlicher Bildquellen – ein Beispiel:

Sammeln der Motive – Der gute Hirte M 1 und M 2.

Der Hirte als Landmann, das Lamm auf den Schultern tragend. Der Hirte als thronender Herrscher mit Purpurmantel, Stabkreuz und Nimbus, die Herde um sich.

Deutung – In der Verfolgungszeit wurde das Bild des guten Hirten Christus, der sich für seine Herde opfert und der das verirrte Lamm heimholt, in der frühchristlichen Kunst bevorzugt. Zudem konnte man mit dieser Darstellung die Glaubensgeheimnisse vor der feindlich gesonnenen nichtchristlichen Umwelt verbergen. Durch die konstantinische Wende kam die Erfahrung Christi als des Siegers hinzu und so entstand im 5. Jahrhundert jenes Mosaik, das den guten Hirten in der Gestalt des thronenden Weltenherrschers und siegreichen Gottes zeigt; an das ursprüngliche Motiv erinnert nur noch die Herde.

5 **Christus als siegreicher Kaiser** (Mosaik aus der Kapelle im Erzbischöflichen Palast in Ravenna). Die aufgeschlagenen Buchseiten zeigen das Jesuswort: „Ich bin der Weg, die Wahrheit und das Leben" (Joh. 14,6).

Christliche Symbole und ihre Bedeutung:

Alpha und Omega – erster und letzter Buchstabe des griechischen Alphabets, symbolische Formel für das Bibelwort: „Ich bin der Anfang und das Ende" (Geheime Offenbarung 22,13).

Hand – aus den Wolken segnend über dem Kreuz oder über Christus erscheinend: Die Hand Gottes als Ausdruck für die Offenbarung der Göttlichkeit Christi. Dieses Symbol wurde dann im Mittelalter als Zeichen für das Gottesgnadentum der weltlichen Herrscher verwendet (vgl. S. 116).

Hirte – Übernahme eines heidnischen Motivs: die Darstellung des einfachen Landlebens, nach dem sich die antiken Stadtbewohner sehnten. Aufgrund der Bedeutung von Hirte und Herde für ein viehzüchtendes Nomadenvolk wurde im AT das Bild auf das Verhältnis Gottes zu seinem Volk übertragen, ausgedrückt in dem Psalmwort (23,1) „Der Herr ist mein Hirte." Gemäß dem Jesuswort (Joh. 10,11): „Ich bin der gute Hirte. Der gute Hirte setzt sein Leben ein für die Schafe", wurde das Bild des guten Hirten im Neuen Testament zum Erlösungssymbol gesteigert.

Kaiserliche Zeichen – z. B. der Herrschermantel, der geschmückte Panzer, der Siegeskranz, die Farben Purpur und Gold: Sie wurden nach der konstantinischen Wende, als sich Kaiser und christlicher Gott in der politischen Realität annäherten, auf Christus übertragen, so dass er in der Rolle des Siegers und Weltenherrschers dargestellt wurde, entsprechend dem Psalm (93,1): „Der Herr ist König, mit Herrlichkeit hat er sich bekleidet."

Kreuz – seit der konstantinischen Wende als Christussymbol, nachdem die Idee der Kreuzesverehrung durch Konstantin und seine Mutter Helena im Römischen Reich aufgegriffen worden war: Das Kreuz galt als Siegeszeichen und nicht als Leidenswerkzeug gemäß dem Pauluswort (1. Kor. 15, 54–55): „Wo ist, o Tod, dein Sieg! Verschlungen ist der Tod im Sieg." Ein Literaturzeugnis der Zeit erläutert diese Deutung des Kreuzes: Der Dichter Venantius Fortunatus schrieb im 6. Jahrhundert in einem Kreuzeshymnus: „Des Königs Fahne tritt hervor, das Kreuz steigt aus der Nacht empor, ... das Kreuz ist des Erlösers Thron, vom Kreuz herab herrscht Gottes Sohn."
Die Kreuzessymbolik tritt in verschiedener Gestaltung auf: Als Siegeszeichen in der Form des Stabkreuzes oder des kostbar geschmückten Juwelenkreuzes – als Zeichen der Wiederkehr Christi am Jüngsten Tag in der Gestalt des in den Sternenhimmel erhobenen Kreuzes – als Erinnerung an die Kreuzesstandarte (Labarum) Konstantins in der Kombination mit dem Chi-Rho, dem Christusmonogramm – als christliche Weiterführung eines heidnisch-antiken Motivs in der Form des Lebensbaumes, in dessen Zweigen die Seelen der Verstorbenen in der Gestalt von Tauben ruhen.

Nimbus – goldener, überirdischer Lichtschein um das Haupt Christi: Er erinnert gemäß der antiken Vorstellung vom All an den Flammenhimmel über den Sternen, den Christus beim Emporsteigen zum Himmel durchschreiten musste. Meist ist der Nimbus noch mit einem dreiarmigen Juwelenkreuz geschmückt.

Orante – eine mit ausgestreckten Armen betende Gestalt, Abbild der Seele eines Verstorbenen.

Tiere – z. B. Drache, Natter, gelegentlich auch der Löwe: Sie stehen wegen ihrer Gefährlichkeit für das Heidentum, teilweise auch für das Böse schlechthin. Christus wird als der Sieger über sie dargestellt, entsprechend dem Psalmwort (91,13): „Auf Natter und Basilisk wirst du treten, zertrampeln Löwe und Drache."

(Zusammengestellt nach: Frits van der Meer, Die Ursprünge christlicher Kunst. Freiburg, Basel, Wien [1982])

Reich gab, entschieden in den meisten Fällen die Grenztruppen, indem sie Offiziere aus ihren eigenen Reihen zu Kaisern ausriefen; allerdings räumten sie „ihre" Kaiser auch wieder aus dem Wege, wenn sie von ihnen enttäuscht waren. Extrem kurze Regierungszeiten, Gegenkaiser an verschiedenen bedrohten Grenzabschnitten und damit das Fehlen jeder Kontinuität in der Herrschaft waren die Folgen. Kaiser *Diokletian* (284–305) versuchte, derartigen Zuständen durch eine Verteilung der Herrschaft auf vier Regenten *(Tetrarchie)* vorzubeugen: Zwei ranghöhere Kaiser (Augusti) und zwei Mitkaiser (Caesares) regierten in gegenseitiger Abstimmung von vier nahe den bedrohten Grenzen liegenden Hauptstädten aus das Reich und waren jeweils für ihren Reichsteil verantwortlich. Diese Regelung scheiterte aber daran, dass sich Diokletians Mitkaiser seiner Forderung widersetzten, als Nachfolger ihre fähigsten Mitarbeiter einzusetzen; vielmehr versuchten sie immer wieder das Amt in der eigenen Familie erblich zu machen. So bemühte sich auch *Konstantin* (312–337) die Nachfolge seines Vaters Konstantius anzutreten, der Mitregent Diokletians gewesen war. Konstantin siegte über seinen Rivalen Maxentius und stieg zunächst zum Herrscher des Weströmischen Reiches, später des Gesamtreiches auf.

Grenzverteidigung

Trotz Ablehnung der Tetrarchie hielt Konstantin an vielen anderen Vorstellungen Diokletians fest; so verlagerte er z. B. das Machtzentrum. Er gründete die neue Hauptstadt *Konstantinopel* im Osten des Reiches an der Stelle der alten griechischen Handelsstadt Byzanz. Rom verlor endgültig seine Bedeutung.
Den Druck der *Germanen* auf die Reichsgrenze versuchte Konstantin dadurch abzumildern, dass er ihrem Landhunger entgegenkam. Er gab ihnen in den verwüsteten Randprovinzen Ackerland und verpflichtete sie dafür zur Grenzverteidigung sowie zur Stellung von Hilfstruppen. Immer mehr Germanen wurden in das römische Heer aufgenommen, da es durch Kriegsverluste und Epidemien immer schwieriger geworden war, genügend Soldaten auszuheben.

Lasten der Reichsbevölkerung

Diokletian und Konstantin ähnelten sich auch in der Methode, wie sie die Versorgung des Heeres auf Kosten der Rechte und Freiheiten der Zivilbevölkerung durchsetzten; eine *Steuerreform* – von Diokletian begonnen – wurde von Konstantin weitergeführt: Für anbaufähiges Land mussten je nach Bodenqualität und Anzahl der Arbeitskräfte Naturalabgaben geleistet werden. Davon waren besonders hart die Kolonen, Pächter von Großgrundbesitzern, betroffen. Viele Angehörige der Landbevölkerung versuchten, sich durch Flucht der Steuerverpflichtung zu entziehen. Als Gegenmaßnahme entschied Konstantin durch Gesetz, dass kein Kolone das Land verlassen dürfe, d. h. von nun an an die Scholle gebunden war. Ähnlich wurden auch Händler und Handwerker, deren Arbeit für die Versorgung der Armee von Bedeutung war, an ihren Beruf gebunden. Für erblich erklärt wurde auch das Amt der Dekurionen; diese wohlhabenden Stadträte hatten sich ursprünglich gerne den Aufgaben und finanziellen Aufwendungen für ihre Stadt gewidmet. Jetzt aber drohten sie völlig zu verarmen, da ihnen die Steuerhaftung für den Fall aufgebürdet wurde, dass die Stadtbevölkerung die hohen Steuerforderungen nicht mehr aufbringen konnte.

Krise des Staatskultes

Die Krisenerscheinungen im politischen, wirtschaftlichen, militärischen und sozialen Bereich waren von einer tiefgreifenden *geistigen Krise* begleitet. Sie wird an zwei Fragestellungen fassbar: zum einen an der Frage nach der Schuld an der Bedrohung des Römischen Reiches; zum anderen an der Frage des Einzelnen nach dem Sinn seines Lebens in einer Welt voll Unsicherheit, Ungerechtigkeit und Zukunftsangst. Die beiden Fragen berührten sich in der Rolle der Staatsreligion. Sie konnte dem Einzelnen keine Hilfe in seinen persönlichen Nöten bieten, da sie in erster Linie die Aufgabe hatte, die Hilfe der Götter für den Staat zu sichern. Aber sie konnte eine Antwort auf die Frage nach den Ursachen für den drohenden Untergang des Reiches geben: Solange die Verehrung der altrömischen Götter im ganzen Reich gewährleistet gewesen war, hatte dieses Reich Bestand gehabt. Jetzt, in der Zeit der Bedrohung, musste man feststellen, dass die Verehrung der altrömischen Götter nicht mehr gesichert war, denn die Menschen wandten sich in ihren Ängsten und Nöten Gottheiten zu, die dem Einzelnen Hilfe und Erlösung anboten. Je stärker nun die Gefährdung des Römischen Reiches wurde, desto größere Hoffnungen setzten die Herrscher und ihre Umgebung auf eine Neubelebung der altrömischen Traditionen und man glaubte, auf dem Verordnungswege durch *Opferbefehle* an die Reichsbevölkerung die Verehrung der altrömischen Götter und damit den Bestand des Reiches wieder sicherstellen zu können.

Die Christen und der Staatskult

Die Anhänger der polytheistischen Religionen (mit zahlreichen Göttern) konnten den Opferbefehl ohne Schwierigkeiten befolgen. Ausgeschlossen war dies für *Juden* und *Christen*, da sie an einen alleinigen Gott (Monotheismus) glaubten. Die Erfüllung des Opferbefehls wurde aber durch Strafen erzwungen, die immer wieder in Verfolgungswellen gegen die Christen ausuferten. Es gelang aber trotzdem nicht, diese Gruppen auszuschalten, denn die Standhaftigkeit der Glaubenszeugen *(Märtyrer)* hatte eher die Wirkung eines Vorbildes als die der Abschreckung, und so nahm die Zahl der Christen noch zu.
Neben der Verweigerung des Opfers war es vor allem ihre Zurückgezogenheit, die der heidnischen Umwelt mit ihrer ausgeprägten Hinwendung zur Öffentlichkeit Misstrauen einflößte. Die römischen Behörden übersahen dabei aber, dass die Einstellung der Christen zum Staat durchaus positiv war gemäß dem Grundsatz: „So gebet Gott, was Gottes ist, und dem Kaiser, was des Kaisers ist!" (Matth. 22,21). Und als die Erwartung des nahen Weltendes allmählich zurücktrat, wurde für die Christen das Römische Reich sozusagen zu einer endzeitlichen Größe: Man meinte, das Weltende werde nicht eintreten, solange das Römische Reich bestehe. So traf man sich mit den Heiden in dem Wunsche, dieses Reich zu erhalten.

Die konstantinische Wende

Die militärische Auseinandersetzung um die Nachfolgeregelung zwischen Konstantin und Maxentius, die entgegen dem System ein Erbrecht geltend machen wollten, wurde zugleich auf politischer und militärischer Ebene der Auftakt zur entscheidenden Konfrontation zwischen der altrömischen Religion und dem Christentum: Einem Brauch der Zeit entsprechend hatte jeder der beiden Gegner Schutzgottheiten als Schlachtenhelfer gewählt: Maxentius die alten Gottheiten und Konstantin auf Grund einer Vision den Christengott. Mit dem *Sieg Konstantins* über seinen Gegner (312 an der Milvischen Brücke in Rom) kam für das Christentum die Wende: es wurde zunächst geduldete Religion (313), dann die von Konstantin zunehmend bevorzugte und schließlich unter Kaiser Theodosius 392 Staatsreligion.

Römisches Reich und christliche Kirche

Obwohl Konstantin sich erst kurz vor seinem Tod taufen ließ, galt er seinen Zeitgenossen als der erste christliche Kaiser, dessen Vorbildwirkung über Jahrhunderte andauerte (vgl. S. 125). Der christliche Gott, sein Schlachtenhelfer, war für ihn ganz selbstverständlich auch *Schutzgott des Reiches*, und es galt für den Kaiser, alles zu tun, um sich seine Gunst zu erhalten. Dem Christentum förderliche Maßnahmen, nicht zuletzt die Schenkung des kaiserlichen Palastes in Rom an den römischen Bischof, gehörten ebenso dazu wie die für Konstantin nahe liegende Sorge um die Reinerhaltung der christlichen Lehre; damit war verbunden die Einberufung von Kirchenversammlungen und die Organisation der kirchlichen Hierarchie vom Priester in den einzelnen Gemeinden über den Bischof in den größeren Städten, den Metropoliten in den Diözesen und den Patriarchen in den Kirchenprovinzen – ein Verwaltungsaufbau, der der Struktur des spätrömischen Reiches nachgebildet war.

Der Primat des Papstes

In der Anfangszeit nahmen die führenden Kirchenmänner diese starke Stellung des Kaisers in der Kirchenführung hin. Mit zunehmendem Selbstbewusstsein der weiter erstarkenden Kirche jedoch blieben unter Konstantins Nachfolgern Konflikte nicht aus. Eng verbunden mit der Frage nach der Rolle des Kaisers in der Kirche waren Überlegungen zum *päpstlichen Primat:* Die Reichshauptstadt Rom war durch die Missionstätigkeit der Apostel Petrus und Paulus aus der Reihe der anderen christlichen Gemeinden herausgehoben; und der römische Bischof als Nachfolger des heiligen Petrus verlangte für sich schon früh denselben Vorrang vor allen anderen Bischöfen, der Petrus gegenüber allen anderen Aposteln von Christus übertragen worden war. Im Osten dagegen wollte man in sehr alten christlichen Gemeinden, die eine eigene apostolische Tradition hatten – so war Petrus z. B. eine Zeit lang in Antiochia gewesen –, den römischen Vorrang nicht hinnehmen. Die allmähliche Auseinanderentwicklung der Kirche im Osten und im Westen des Römischen Reiches begann sich abzuzeichnen: Im Osten wurden weiterhin kaiserliche Einmischungen hingenommen, im Westen wurde der Spielraum dafür immer kleiner und die Konfliktmöglichkeiten für die Zukunft wurden größer.

Das Mönchtum

Noch in einem anderen Bereich christlichen Lebens ging der Westen vom Osten verschiedene Wege. Es entstand als eine ausgeprägte Bewegung innerhalb des Christentums das Mönchtum. Dies war wohl eine Reaktion auf die veränderten Verhältnisse in einer christlich gewordenen Umwelt, die den Einsatz für den Glauben in strengen Formen, wie z. B. als Märtyrer, nicht mehr notwendig machte. So sollten der Rückzug in die Einsamkeit und der Verzicht auf Bequemlichkeit und Eigentum an deren Stelle treten. Im Osten strebten diese Mönche eremitische Lebensformen in der Einsamkeit der Wüste – vor allem Ägyptens – an. Im Westen dagegen wurde durch *Benedikt von Nursia* ein Ideal mönchischen Lebens in Gemeinschaft entwickelt, das asketische Extreme vermied. Grundlage war der absolute Gehorsam des Einzelnen gegenüber dem Abt, der Verzicht auf Eigentum und die Ausgewogenheit von Gebet und Arbeit. Arbeit aber war in den Benediktinerklöstern in erster Linie wissenschaftliche Tätigkeit, so dass über die Klöster und ihre Schulen und Schreibstuben das antike Gedankengut über die Jahrhunderte hinweg überliefert wurde.

Das Ende Westroms

Die christliche Religion war zu einer bestimmenden Kraft geworden und entwickelte sich weiter, der römische Staat dagegen war am Ende: Im Jahre 476 wurde der letzte weströmische Kaiser von dem germanischen Heerführer Odoaker abgesetzt. Noch heute wird von zahlreichen Historikern mit diesem Datum das Ende der Antike bezeichnet. Das Oströmische Reich dagegen hatte noch fast 1000 Jahre Bestand. Erst am Ende der nächsten Epoche, des Mittelalters, ging es mit der Eroberung Konstantinopels durch die Türken 1453 unter.

1 **Christentum und Römisches Reich**

1a Apologeten nennt man die frühen Verteidiger des Christentums; Justinus Martyr, der um 165 n. Chr. hingerichtet wurde, zählt zu ihnen: „Abgaben und Steuern entrichten wir an die von euch Kaisern uns vorgesetzten Beamten nach bestem Können. Denn so hat es uns Christus gelehrt ... Daher beten wir zwar Gott allein an, in allen übrigen Stücken aber leisten wir euch freudigen Gehorsam, weil wir euch als Kaiser und Herrscher aller Menschen anerkennen. Und wir beten, dass ihr stets nicht nur im Besitz der Kaiserherrschaft, sondern auch vernunftmäßiger Einsicht befunden werdet ..."

2 **Grabplatte** vom Ende des 4. Jh., gefunden unter dem Bonner Münster. Die Inschrift „TETULO URSICIN(I)" bedeutet ‚Grabplatte des Ursicinus'.

3 **Mittelnische aus dem Passionssarkophag** (entstanden um 350). Das Chrismon (XP) umgibt ein Lorbeerkranz, der als Bekrönung des Labarum-Kreuzes dient. Die Tauben auf den Kreuzarmen symbolisieren die Seelen der Verstorbenen. Die Soldaten stellen Grabwächter dar; sie sind in der Haltung unterworfener Barbaren abgebildet.

1b Etwa eine Generation später schrieb der Kirchenschriftsteller Tertullian an den Statthalter des Kaisers eine Verteidigungsschrift für das Christentum:

„‚Ihr erweist den Göttern keine Ehren', werft ihr [d. h. die Anhänger der altröm. Religion] uns vor, ‚und für die Kaiser bringt ihr keine Opfer dar'. ... Daher werden wir der Religions- und der Majestätsverletzung angeklagt. Das ist das schwerste, vielmehr: das ist es überhaupt, was man uns vorwirft und es verdient gewiss untersucht zu werden ... Eure Götter zu verehren unterlassen wir von dem Augenblick an, in dem wir erkennen, dass sie keine Götter sind und deshalb auch nicht verehrt zu werden brauchen ... [10,1 ff]

Es gibt noch eine andere höhere Notwendigkeit für uns, für die Kaiser zu beten, ebenso für den Bestand des Reiches überhaupt und für die Macht der Römer: Wir wissen, dass die gewaltige Katastrophe, die dem Erdkreis droht, ja dass das Ende der Welt, das entsetzliche Leiden heraufbeschwört, nur durch die dem Römischen Reich gewährte Frist aufgehalten wird. Daher wollen wir dies nicht erleben und indem wir um Aufschub beten, tragen wir zum Fortbestand Roms bei ..." [32,1]

(Zit. nach: Geschichte in Quellen, Bd. 1, München 1978, S. 718 ff.)

4 **Der Primat**

4a Über die Stellung des Petrus und seiner Nachfolger schrieb Cyprian, Bischof von Karthago, um 250 n. Chr.:

„Der Herr spricht zu Petrus die Worte: ‚Ich sage dir: Du bist Petrus, und auf diesen Felsen werde ich meine Kirche bauen, und die Pforten der Unterwelt werden sie nicht überwältigen. Ich will dir die Schlüssel des Himmelreiches geben; und was du binden wirst auf Erden, wird auch im Himmel gebunden sein, und alles, was du lösen wirst auf Erden, wird auch im Himmel gelöst sein' [Matth. 16, 18 f.]. Auf *einen* baut er die Kirche, und obwohl er den Aposteln allen nach seiner Auferstehung gleiche Gewalt erteilt ..., so hat er dennoch, um die Einheit deutlich hervorzuheben, es durch sein Machtwort so gefügt, dass der Ursprung eben dieser Einheit von *einem* sich herleitet."

4b Papst Leo I. (440–461) in einer Predigt:
„Die erwünschte und ehrwürdige Gegenwart meiner Brüder und Mitbischöfe empfängt um so höhere fromme Weihe, wenn sie die Andacht dieses Gottesdienstes, dem sie beiwohnen dürfen, dem in erster Reihe darbringen, der, wie sie wissen, nicht nur dieses Stuhles Bischof, sondern aller Bischöfe Primas ist. Wenn wir also unsere Ermahnungen in eurer Heiligkeiten Ohren senken, so glaubt, dass er selbst, als dessen Stellvertreter wir amtieren, spricht. Denn mit seiner Liebe mahnen wir euch und nichts anderes predigen wir euch, als was er gelehrt hat."
(Zit. nach: Geschichte in Quellen, Bd. 1, München 1978, S. 724, 818)

5 Die Zweigewaltenlehre

Papst Gelasius I. schrieb im Jahre 497 an den oströmischen Kaiser:
„Zwei sind es nämlich, erhabener Kaiser, durch die an oberster Stelle diese Welt regiert wird: die geheiligte Autorität der Bischöfe und die kaiserliche Gewalt. Von diesen beiden ist die Last der Priester um so schwerer, als sie auch selbst für die Könige der Menschen vor Gottes Gericht Rechnung abzulegen haben. Denn ihr wisst es, allergnädigster Sohn: Wohl überragt ihr an Würde das ganze Menschengeschlecht; dennoch beugt ihr fromm den Nacken vor den Amtswaltern der göttlichen Dinge und erwartet von ihnen die Mittel zum Seelenheil ... In diesen Dingen seid ihr demnach vom Urteil der Priester abhängig und dürft sie nicht eurem Willen unterjochen wollen. Wenn nämlich im Bereich der staatsrechtlichen Ordnung auch die Vorsteher der Religion willig anerkennen, dass euch die kaiserliche Herrschaft durch göttliche Anordnung übertragen ist und deshalb auch sie euren Gesetzen Gehorsam zu leisten haben, um nicht etwa in weltlichen Dingen eurer einzig maßgeblichen Befehlsgewalt entgegen zu sein, wie freudig, so frage ich euch, muss man dann denen gehorsam sein, die zur Ausspendung der schauervollen Mysterien gesetzt sind? ..."
(Zit. nach: Geschichte in Quellen, Bd. 1, München 1978, S. 820)

6 Das christliche Herrscherbild

Augustinus entwarf in seinem Werk über den Gottesstaat das Bild eines idealen Herrschers:
„... glücklich nennen wir sie [= die Herrscher], wenn sie gerecht herrschen, wenn sie trotz aller schmeichlerisch verhimmelnden und kriecherisch unterwürfigen Reden sich nicht überheben und nicht vergessen, dass sie Menschen sind, wenn sie ihre Macht in den Dienst seiner Majestät stellen und die Gottesverehrung so weit wie möglich ausbreiten, wenn sie Gott fürchten, lieben und verehren, wenn sie jenes Reich am meisten lieben, in dem sie keine Mitregenten zu fürchten brauchen, wenn sie langsam sind zu strafen und gern Nachsicht üben, wenn sie Strafe nur darum verhängen, weil Leitung und Schutz des Staates es fordern ... wenn sie auch nicht unterlassen, für ihre Sünden ihrem wahren Gotte das Opfer der Demut, der Klage und des Gebets darzubringen. Solche christlichen Kaiser nennen wir glücklich, einstweilen nur in Hoffnung, künftig aber voll und ganz, wenn eingetroffen ist, was wir erwarten."
(Zit. nach: Geschichte in Quellen, Bd. 1, München 1978, S. 810)

Arbeitsvorschläge und Fragen

a) Stellen Sie dar, wie sich das Verhältnis der Christen zum Römischen Reich entwickelt hat. Begründen Sie Ihre Feststellungen aus den Materialien M 1 a und M 1 b.
b) Erklären Sie die Begründungen für den römischen Primat und seinen Umfang; versuchen Sie eine Definition des Begriffs (M 4).
c) In der Geschichtswissenschaft wird von Verfall, Niedergang, Ende, Fortleben oder Verwandlung des Römischen Reiches gesprochen. Auf welche Probleme und Ereignisse wird bei den unterschiedlichen Bezeichnungen besonderer Wert gelegt?
d) Entschlüsseln Sie in Anlehnung an das Beispiel auf S. 103 die Abbildungen auf S. 102/103 und M 2, M 3 auf S. 108.

Herrschaft und Gesellschaft im Mittelalter

Im Frankenreich bildeten sich die Grundmuster der Herrschafts- und Gesellschaftsordnung sowie des wirtschaftlichen Lebens, die in Europa bis in die Neuzeit wirksam blieben. Hier entstanden auch weitgehend die geistigen Grundlagen für die tausendjährige Epoche des abendländischen Mittelalters, in der unsere Kultur wurzelt und die uns einzigartig, aber auch fremd- und andersartig erscheint. Im Laufe des 9. und 10. Jahrhunderts erwuchsen auf dem Boden des fränkischen Großreiches zwei neue Mächte, das ostfränkische (deutsche) Reich und das westfränkische (französische) Königreich.

Seit dem 4. Jh.	Fränkische Stammesgruppen, unter ihnen die Salier, dringen aus dem nordgallischen Grenzgebiet tiefer in das Römische Reich ein.
511	Das merowingische Reich wird unter die vier Söhne Chlodwigs aufgeteilt.
Nach 687	Von Austrien aus gewinnen die karolingischen Hausmeier die Vormacht im gesamten Merowingerreich.
751	Der Hausmeier Pippin wird mit päpstlicher Billigung König der Franken.
8. Jh.	Das Lehenswesen entsteht.
768–814	Nach dem Tod seines Bruders regiert Karl der Große als Alleinherrscher.
800	Karl der Große wird in Rom vom Papst zum Kaiser gekrönt.
911	Im ostfränkisch-deutschen Reich sterben mit dem Tod Ludwig des Kindes die Karolinger aus.
929	König Heinrich I. designiert seinen Sohn Otto und schließt damit seine übrigen Söhne aus; es setzt sich die Vorstellung von der Unteilbarkeit des Reiches durch.
Seit 933	Ausgehend vom lothringischen Kloster Gorze beginnen kirchliche Reformbestrebungen. Zentrum der Bewegung ist das burgundische Kloster Cluny; in Hirsau entsteht der deutsche Mittelpunkt der Reform.
Seit 955	Otto (936–973) festigt seine Herrschaft durch ein enges Bündnis mit der Kirche.
962	Otto der Große wird in Rom zum Kaiser gekrönt.
1073–1122	Der Investiturstreit endet nach äußerster Konfrontation zwischen Kaiser und Papst (1077 Canossa) mit einem Kompromiss (1122 Wormser Konkordat).

1 **Siegel** entstehen durch das Eindrücken eines Siegelstempels in ein vorübergehend erweichtes Material wie Gold, Blei, Wachs.
Entsprechend der Wortbedeutung (sigillum = Bildchen) weisen sie eine bildliche Darstellung auf, die zumeist durch eine Umschrift ergänzt wird. Siegel dienten z. B. der Beglaubigung von Urkundstexten und sind damit Ausdruck der Herrschaftsausübung. Die Gültigkeit eines Herrschersiegels war räumlich unbeschränkt; Siegel eines weltlichen oder geistlichen Fürsten hatten nur in dessen Herrschaftsbereich Wirksamkeit. Mit der Zeit bildeten sich für bestimmte Siegelinhaber bestimmte Siegelformen heraus:
a) Das päpstliche Siegel – frei an Schnüren hängend, zweiseitig ausgeprägt, aus Blei gefertigt, als Bulle bezeichnet – hat seine endgültige, seither fast unverändert weiterverwendete Form im 12. Jahrhundert erhalten: Auf der Vorderseite die Köpfe der Apostelfürsten mit dem Zusatz SPA SPE (St. Paulus St. Petrus). Die Rückseite des Siegels zeigt den Namen des jeweiligen Papstes.
b) Für den König und Kaiser wurde das Thronsiegel verwendet – hier ein Wachssiegel Barbarossas – das den Herrscher frontal mit seinen Herrschaftszeichen (s. S. 129 ff.) zeigt.
Die Umschrift (von rechts oben im Uhrzeigersinn zu lesen) lautet: + FREDERIC(US) DEI GR(ATI)A ROMANOR(UM) IMPERATOR AUG(USTU)S. (Die Klammern enthalten die durch die Verwendung von Abkürzungen weggefallenen Buchstaben.)
c) Das Reitersiegel war weltlichen fürstlichen Lehensträgern vorbehalten, hier das Siegel des Pfalzgrafen Hugo von Tübingen aus der zweiten Hälfte des 12. Jh. Die Fahne in der Hand des Pfalzgrafen erinnert an die Überreichung einer Fahne bei Übertragung des Lehens (s. S. 121, M 2). Die Umschrift nennt wiederum Namen und Stand des Siegelinhabers.

2 **Die Stände im Mittlalter.** Die Inschriften lauten: Tu supplex ora (Du bete demütig), Tu protege (Du schütze), Tuque labora (und du arbeite). Der Holzschnitt entstand im Jahr 1492.

1. Vom fränkischen zum deutschen Reich

Das Merowingerreich

Die Anfänge des Frankenreichs gehen auf die Eroberung des römischen Nordgallien 486/7 durch *Chlodwig* zurück. Er stammte aus der Familie der Merowinger und war einer von mehreren Kleinkönigen des fränkischen Stammes der Salier. Chlodwig beseitigte die konkurrierenden fränkischen Teilkönige und dehnte das Merowingerreich im Kampf gegen andere germanische Stämme nach Osten und Süden aus. Zusammen mit dem fränkischen Adel nahm er das Christentum in seiner katholischen, d.h. in der Form an, wie sie von den Päpsten in Rom vertreten wurde; er gewann so die fränkischen Bischöfe für sich. Diese Entscheidung trug außerdem wesentlich dazu bei, dass das Frankenreich zu einer dauerhaften germanischen Reichsgründung wurde, denn es gab keinen religiösen Gegensatz zur unterworfenen, ebenfalls katholischen Bevölkerung. Galloromer und Franken wuchsen allmählich zu einem Reichsvolk zusammen.

In den Jahrhunderten nach Chlodwigs Tod wurde nach germanischem Rechtsbrauch (vgl. S. 115) das Merowingerreich immer wieder unter die Söhne des jeweiligen Herrschers aufgeteilt, so dass sich allmählich drei konkurrierende Teilreiche herausbildeten: Austrien – Neustrien – Burgund. Durch diese Teilungen und die daraus erwachsenden Bruderkriege wurde die Stellung der merowingischen Königsfamilie so geschwächt, dass es reichen adeligen Familien, voran den *Karolingern*, gelang, in den Teilreichen und schließlich im Gesamtreich immer mehr Einfluss zu gewinnen.

Der Aufstieg der Karolinger zur Königswürde

Die Karolinger bauten ihre Stellung als *Hausmeier* (ursprünglich Leiter der königlichen Hofhaltung) so aus, dass sie schließlich die Aufgaben eines Königs im gesamten fränkischen Reich ausübten. So verteidigte z.B. der Karolinger *Karl Martell* (714–741) das Frankenreich gegen die Araber und schlug sie mit Hilfe eines Heeres von Panzerreitern 732 nordwestlich von Poitiers. In der Missionierung der Franken beschritt Karl Martell einen eigenen Weg. Während bisher überwiegend iro-schottische Wandermissionare aus eigenem Antrieb im Frankenreich gearbeitet hatten, unterstützte er den angelsächsischen Missionar *Bonifatius*, der im päpstlichen Auftrag im Frankenreich wirkte und die fränkische Kirche straff durchorganisierte. Die Anlage von Klöstern und Bischofssitzen und die Einrichtung von fränkischen Verwaltungsstützpunkten gingen Hand in Hand. Damit wuchsen Einfluss und Ansehen der Karolinger und der Päpste im Frankenreich.

Karl Martell hatte sein Hausmeieramt schon wie eine Königswürde an seine beiden Söhne vererbt; die Merowinger waren längst zu bloßen Schattenkönigen geworden. Trotzdem setzten die Karolinger sie nicht ab, damit sich nicht im Reich unter Berufung auf die Geblütsheiligkeit (vgl. S. 115) Widerstand formierte. Als *Pippin* (751–768) nach dem Rücktritt seines Bruders das Hausmeieramt im Gesamtreich allein innehatte, wollte er schließlich das Missverhältnis zwischen politischer Macht und überliefertem Titel beenden und wandte sich an den Papst. Mit dessen Zustimmung konnte er im weitgehend christlich gewordenen Frankenreich den Merowinger absetzen und die jetzt christlich legitimierte Königswürde annehmen (vgl. S. 115f.)

Das Reich Karls des Großen

Bei Pippins Tod (768) wurde das Reich zwar auch, der Tradition folgend, unter seine beiden Söhne aufgeteilt, jedoch starb der eine früh, so dass *Karl*, der später

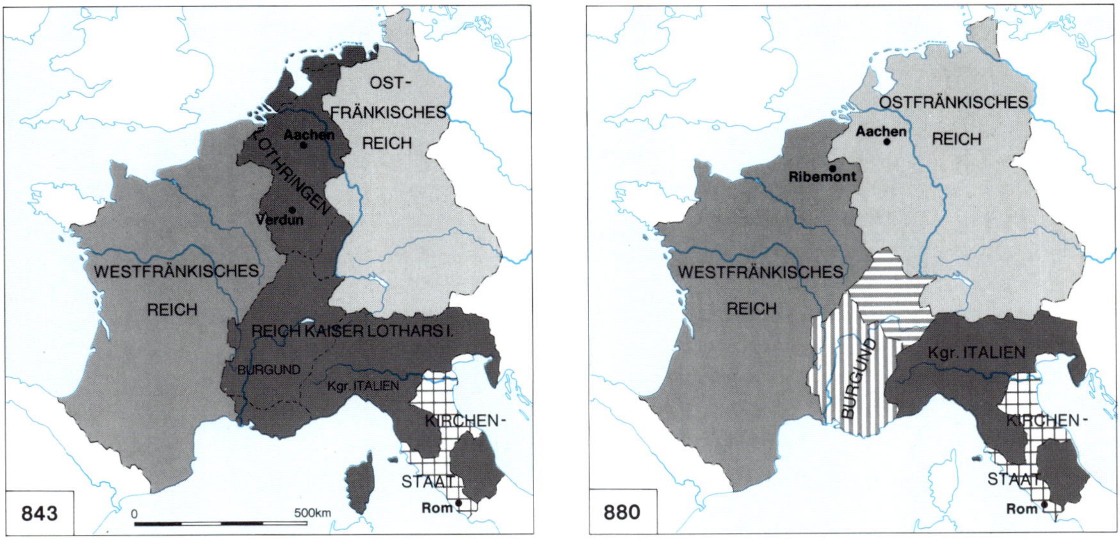

1 **Die Reichsteilungen des 9. Jh.** Die Herausbildung des ostfränkisch-deutschen und des westfränkisch-französischen Reiches erfolgte schrittweise durch Teilungsverträge: 843 Vertrag von Verdun, 880 Vertrag von Ribemont

den Beinamen „der Große“ erhielt, seit 771 die Alleinherrschaft ausübte. Er erweiterte das Frankenreich, das jetzt endgültig zum Großreich wurde, durch Eroberungen vor allem in Italien gegen die Langobarden und im Osten gegen die Bayern sowie im Nordosten gegen die Sachsen. An umkämpften und nicht endgültig gesicherten Grenzen richtete er Marken ein, mit Wehrbauern besiedelte Grenzräume. Stieß die Eroberung in heidnische Gebiete vor, verband er mit ihr die Christianisierung der Unterworfenen. Karl baute ein unter ihm gut funktionierendes Verwaltungssystem auf, entwickelte aus alten Vorformen Lehenswesen und Grundherrschaft (vgl. S. 119 ff. und 139 ff.) und förderte Künste und Wissenschaften. Durch seine *Kaisererhebung* in Rom wurde die Tradition des abendländischen Kaisertums begründet (vgl. S. 125 ff.).

Vom karolingischen zum ostfränkisch-deutschen Reich

Da von den Söhnen Karls nur einer seinen Vater überlebte, erbte Ludwig das gesamte Reich allein. Trotz dieser günstigen Voraussetzung begann unter ihm die *Auflösung des karolingischen Großreiches* in Bruderkriegen: Noch immer konkurrierte der germanische Rechtsbrauch der Reichsteilungen mit der vor allem von den geistlichen Würdenträgern des Reiches vertretenen Idee der Reichseinheit. Als Ludwig die Erbfolgeordnung für seine Söhne aus erster Ehe zugunsten seines Sohnes aus zweiter Ehe veränderte, fühlten sich die älteren benachteiligt, erhoben sich gegen ihren Vater und schließlich auch gegeneinander. Der Kampf dauerte über Ludwigs Tod (840) hinaus an. Das Zusammengehörigkeitsgefühl der Reichsbevölkerung lockerte sich: Man spürte immer stärker den Unterschied in der Sprache – einer stark romanisch geprägten im Westen und einer überwiegend germanisch beeinflussten im Osten. In mehreren Teilungsverträgen (vgl. M 1) wurde versucht, jedem der Brüder einen angemessenen Anteil am Reich zuzuweisen; dabei fand jeder in dem ihm zugesprochenen Gebiet andere Voraussetzungen vor.
Die besten Ausgangsbedingungen unter den rivalisierenden Brüdern hatte der ostfränkische König *Ludwig*, der später den Beinamen „der Deutsche“ erhielt. Sein Reichsteil umfasste nicht nur die gesamten rechtsrheinischen Gebiete,

2 **Karl der Kahle († 877) mit Waffenträgern und Personifikationen der Teile seines Reiches (links); Heinrich II. († 1024) mit Waffenträgern und Personifikationen von Provinzen des Reiches (rechts). Über beiden Herrschern die Hand Gottes in den Wolken.** Etwa 140 Jahre liegen zwischen der Entstehung der Bilder, die jeweils im Auftrag des Dargestellten gestaltet wurden. Wenn heute vom „Erbe des Frankenreichs" gesprochen wird, das in vielfältiger Weise in die Herrschafts- und Gesellschaftsordnung der folgenden Zeit eingegangen sei – so der Historiker J. Fleckenstein –, dann entspricht diese Feststellung auch schon dem Selbstverständnis der Zeitgenossen.

sondern auch die drei großen Bistümer Mainz, Worms und Speyer mit ihren linksrheinischen Besitzungen. In Bayern, das Ludwig zum Zentrum seiner Herrschaft machte, hatte er einen festen Rückhalt. Und durch seine lange Regierungszeit begünstigt, begann sich bereits unter der Bevölkerung des ostfränkischen Reiches ein Zusammengehörigkeitsgefühl zu entwickeln, gestützt durch adelige Familien, die in den einzelnen Stämmen den Herzogstitel führten, vom König mit politischen Aufgaben betraut und durch Heiraten an seine Familie gebunden wurden.
Als der letzte ostfränkische Karolinger 911 starb, übertrugen die Herzöge die Herrschaft nicht dem nächsten Verwandten, dem westfränkischen Karolinger, sondern sie wählten aus ihren eigenen Reihen den *Frankenherzog Konrad*; dieser konnte sich allerdings nicht gegenüber seinen Standesgenossen durchsetzen. Konrad bestimmte den *Sachsenherzog Heinrich* zu seinem Nachfolger. Ihm gelang es schließlich, die Königswürde an seine Familie zu binden und dadurch zugleich neuerlichen Reichsteilungen ein Ende zu setzen: Er bestimmte aus der Reihe seiner Söhne schon frühzeitig nur einen zum Nachfolger, *Otto*, den späteren Kaiser (vgl. S. 127). Die Stammesherzöge akzeptierten dann diese Designation durch ihre Wahl.

Arbeitsvorschläge und Fragen

a) Entwerfen Sie eine Zeittafel der Entwicklung des fränkischen Reiches für den Zeitraum seit der Taufe Chlodwigs bis zum Aussterben der Karolinger. Nehmen Sie z. B. den dtv-Atlas zur Weltgeschichte, Bd. 1, zu Hilfe.

2. Herrschaft im Mittelalter

2.1 Der König

Kein Herrschaftsmonopol

Es war im ostfränkisch-deutschen Reich ebenso unvorstellbar wie zuvor im karolingischen, dass ein Einzelner als Herrscher unumschränkte Macht ausüben konnte. Denn alle adeligen Standesgenossen des Königs waren Herren „mit eigener Macht und eigenem Recht" (J. Fleckenstein); das bedeutet, dass jeder Adelige selbst auf eigenem Grund und Boden (Allod) über die dort lebenden Menschen Herrschaft (vgl. S. 140) ausübte. Diese Machtbasis gab ihm eine große *Unabhängigkeit* vom König bis hin zu der Möglichkeit, aus eigenen Leuten eine kleine Truppe aufzustellen und mit ihrer Hilfe Ziele selbst durchzusetzen oder Streitigkeiten mit adeligen Gegnern allein auszufechten (Fehde). Um unter diesen Voraussetzungen Herrschaft wirkungsvoll ausüben zu können, musste sich der Herrscher zwei Problemen stellen: zum einen der Frage nach der Hervorhebung des Königs aus der Reihe seiner Standesgenossen und zum andern der Frage nach der Bindung des Adels an den König.

Königsheil – Königsopfer

Gegenüber dem Adel besaß der König einen unvergleichlichen Vorsprung, der in der germanisch-heidnischen Zeit der Völkerwanderung wurzelte. Damals war der König als Heerführer (Heerkönigtum) oder als Vertreter des Stammes vor den Göttern (Sakralkönigtum) gesehen worden. Beide Vorstellungen verschmolzen ineinander, denn Siege im Kriege erwartete ein Stamm von seinem rechtmäßigen Herrscher ebenso wie friedvolle Zeiten und reiche Ernten. Diese als Charisma verstandenen Fähigkeiten waren an die Mitglieder der Königsfamilie gebunden; sie werden darum Königsheil oder Geblütsheiligkeit genannt.
Aus dem Königsheil erklärt sich der germanische Rechtsbrauch, dass beim Tod eines Herrschers das Reich unter allen seinen Söhnen aufgeteilt wurde um die besonderen Fähigkeiten sämtlicher Angehöriger des Hauses für den Stamm zu nützen. Es gab zwar auch die gegenteilige Vorstellung des Königsopfers: Ein Stamm trennte sich von seinem glücklos gewordenen König oder tötete ihn sogar. Doch ist uns dies nur in seltenen Fällen belegt. Vielmehr war die Achtung vor der rechtmäßigen Königsfamilie so tief verwurzelt, dass z. B. die Franken noch an den Merowingern festhielten, als diese längst zu Schattenkönigen geworden waren und die eigentlichen Königsaufgaben bereits erfolgreich von den Karolingern wahrgenommen wurden.

Das neue Königtum der Karolinger

Wollten sich aber diese Karolinger zu Königen erheben, mussten sie mit einer neuen, stärkeren Legitimation gegen die festverankerte Tradition vorgehen. Dieser Schritt gelang dem Hausmeier Pippin, dem Vater Karls des Großen, in einer Form, die für Jahrhunderte ihre Gültigkeit bewahrte: Pippin wandte sich durch eine Gesandtschaft an den *Papst*; er konnte als Einziger das altüberlieferte Königsheil durch eine christlich begründete Legitimation glaubhaft ersetzen. Der Gegensatz eines machtlosen Merowingers, der aber noch den Königstitel führte, und eines über alle Machtmittel verfügenden Karolingers, der aber keinen entsprechenden Rang besaß, rechtfertigte aus christlicher Sicht den Sturz des Merowingers; denn durch den eben geschilderten Widerspruch schien die Weltordnung gestört. Sie konnte nur wiederhergestellt werden, wenn der Mächtige auch den Titel erhielt. Und so billigte der Papst die neue Königswürde des Karolingers.

Das Gottesgnadentum

Auf diese päpstliche Weisung folgten zwei Vorgänge, die die Königserhebung konstituierten: die *Wahl des Königs* durch das Volk, das auf der Reichsversammlung durch den Adel vertreten war, und die daran anschließende *Salbung* durch fränkische Bischöfe; diese verlieh dem nicht aus der Königssippe stammenden Herrscher ein neues, eigenes Königsheil, das Gott selbst schenkte. Denn die Salbung war ein Rückgriff auf die im Alten Testament überlieferte Königssalbung (vgl. S. 118) und Ausdruck für die Übertragung göttlicher Kraft zur glückvollen Regierung. Das Königsheil war damit verchristlicht, das Gottesgnadentum begründet. Das Amt des Königs galt von da an als von Gott verliehen, der König als *Gesalbter des Herrn*; dies hob ihn aus dem Stand der Laien in der Kirche heraus und näherte ihn dem Priestertum an. Die Bedeutung, die dem durch die Salbung verliehenen Gottesgnadentum beigemessen wurde, ist erkennbar an dem Zusatz im Herrschertitel, der seit Pippins Söhnen auftrat und sich bis in die Neuzeit erhielt: „durch die Gnade Gottes König" (gratia Dei rex). Zwar bot das Gottesgnadentum die Möglichkeit, bei jedem Herrschaftswechsel einem neuen König aus einer anderen Familie die göttliche Legitimation zur Herrschaft zu übertragen, doch bemühte sich sofort Pippin darum, diese Legitimation wiederum – wie früher das germanische Königsheil – mit der eigenen Königsfamilie zu verbinden. Und gerade dieses Bemühen blieb später für die deutschen Könige bestimmend: Neben der Wahl und Salbung als den entscheidenden Elementen der Königserhebung finden wir immer wieder die Versuche der Herrscher, schon frühzeitig durch Designation eines Sohnes und durch Vereinbarung mit den wahlberechtigten Adeligen die Würde in ihrem Hause erblich zu machen.

Reisekönigtum

So einmütig sich bei der Königserhebung der Adel um den Herrscher scharen konnte, so oft war es trotzdem möglich, dass das Verhältnis jäh in offene Rivalität umschlug. Angesichts der Selbständigkeit des Adels und der Größe der Entfernungen im Reich musste der König davon ausgehen, dass seine Herrschaft nur dort besonders wirksam sein konnte, wo er selbst präsent war. So residierte er nicht in einer Hauptstadt, sondern reiste ständig durch das Reich. Stützpunkte für dieses Reisekönigtum waren die *Pfalzen*, befestigte Königshöfe mit angeschlossenen Wirtschaftsbetrieben zur Versorgung des Herrschers und seines Gefolges. Später kamen noch Bischofssitze und große Klöster dazu. An diesen Festpunkten wurde Herrschaft ausgeübt, d.h. es wurde Recht gesprochen, Schutz gewährt, Rechte verliehen oder Rechte bestätigt, die dazu notwendigen Urkunden ausgestellt, Gesandtschaften empfangen, Verhandlungen geführt, Hof- und Reichstage abgehalten.

Die weltlichen Hofämter

Wer aus dem Kreise des Adels sich gerade am Hof aufhielt, wurde zu Beratungen herangezogen, andere wurden ausdrücklich vom König geladen um auf *Hoftagen* die großen *Reichstage* vorzubereiten. Neben dieser gelegentlichen Mitwirkung an der Herrschaft gab es feste *Hofämter*. Sie verraten in ihren Bezeichnungen, dass damit ursprünglich in erster Linie die Versorgung und Unterbringung des Königs und seines Gefolges verbunden waren (z.B. Mundschenk). Allerdings ging die tatsächliche Ausübung dieser Dienste mehr und mehr auf Bediente über, die durch die adeligen Inhaber dieser Stellungen, die nun zu Ehrenämtern geworden waren, überwacht wurden.

Die Hofkapelle

Bei den geistlichen Hofämtern ließ sich eine derartige Trennung zwischen dem tatsächlichen Dienst und der nur ehrenamtlichen fallweisen Ausübung nicht vornehmen. Schon in karolingischer Zeit war die Hofkapelle entstanden, der Zusammenschluss der Hofgeistlichen unter der Leitung eines Kapellans. (Der Name leitet sich von der cappa des heiligen Martin her, der Mantelreliquie des Schutzheiligen des Frankenreichs, die am Hofe aufbewahrt und auf den Reisen stets mitgeführt wurde.) Den Hofgeistlichen fielen von Anfang an neben den kirchlichen Aufgaben Verwaltungsaufgaben zu: Da die Geistlichen im Gegensatz zu weltlichen Adeligen des Lesens und Schreibens kundig waren, übernahmen sie unter der Leitung eines eigens dafür eingesetzten Kanzleileiters die gesamte Urkundenausstellung. Vom Beurkundungswesen war es nur noch ein kleiner Schritt zur aktiven Mitwirkung bei politischen Entscheidungen; so wurde der Kanzleileiter, der *„Kanzler"*, später der *„Erzkanzler"*, im Laufe der Zeit zur wichtigsten politischen Persönlichkeit im Reich nach dem Herrscher.

1 Der vollkommene König

Der König von Gottes Gnaden wurde an bestimmten Herrschertugenden gemessen, deren Katalog über Jahrhunderte fast unverändert blieb:

„Am 3. Dezember 1137 starb Kaiser Lothar III., der von vielen als Friede der Kirche und Freund des Glaubens und der Gerechtigkeit beklagt werden muss. Seine Zeiten sind köstlich gewesen. Denn durch gute Witterung, durch mannigfaltige Fruchtbarkeit des Landes herrschte Überfluss und Fülle aller Dinge nicht nur in seinem Reich, sondern in aller Welt. Mit Recht wird er von uns und unseren Nachkommen Vater des Vaterlandes genannt, weil er ein hervorragender Verteidiger [Schützer der Kirche] und der tapferste Vorstreiter war, der es für nichts achtete, sein Leben um der Gerechtigkeit willen gegen alles Widrige einzusetzen. Und noch Großartigeres mögen wir von ihm sagen: In seinen Tagen war das Volk des Landes ohne Furcht. Ein Jeder nämlich besaß das Seine frei und in Frieden."

(Aus den Jahrbüchern Abt Arnolds vom Kloster Berge, 3. Dez. 1137, zit. nach: Das Reich des Mittelalters, hrsg. von J. Leuschner, Stuttgart o. J., S. 18)

2 Der König, Teilhaber am bischöflichen Dienst

Allmählich entwickelte sich für Salbung und Krönung des Königs eine feste Form. Aus der 2. Hälfte des 10. Jahrhunderts ist uns ein solcher „Krönungsordo", eine verbindliche Beschreibung der Zeremonien, überliefert:

„*1. Einholung des Königs*: Zuerst, während der Herrscher sein Gemach verlässt, spricht einer der Bischöfe folgendes Gebet: ‚Allmächtiger, ewiger Gott, der du deinen Diener N. für würdig hältst der Erhebung auf den Gipfel des Reichs, gewähre ihm, … dass er in dieser Welt Lauf zum allgemeinen Heil aller so handele, dass er von dem Pfad deiner Wahrheit nicht abweiche.'

2. Prozession: Danach stützen ihn zwei Bischöfe zur Rechten und zur Linken, ehrenvoll ausgestattet mit Heiligenreliquien am Halse; die übrigen Geistlichen aber sind mit Kaseln [liturgisches Gewand] geschmückt. Voran das heilige Evangelium, zwei Kreuze und Weihrauch, führen sie unter Gesang zur Kirche …

Nach Beendigung der Litanei erheben sie sich. Der aufgerichtete Herrscher aber wird vom Metropolitan [Haupt der Kirchenprovinz, Erzbischof] gefragt, ob er die heiligen Kirchen Gottes und ihre Leiter wie auch das ganze ihm unterstehende Volk in königlicher Vorsehung nach seiner Väter Sitte gerecht und fromm verteidigen und regieren wolle. Er aber verspricht es …

Nach weiteren Gebeten folgt

12. Salbung: Dann endlich werden ihm von dem Bischof jener Diözese mit geheiligtem Öl Haupt, Brust und Schultern nebst beiden Achseln gesalbt …

Nach weiteren Gebeten folgt

14. Übergabe des Schwertes: Danach empfängt er von den Bischöfen das Schwert – und mit dem Schwert ist ihm, wie er wisse, das ganze Königreich … zur getreuen Herrschaft übergeben – unter den Worten des Metropolitans: ‚Empfange das Schwert, das dir durch die … geweihten Hände der Bischöfe königlich angetan und kraft unserer Weihe von Gott zur Verteidigung von Gottes heiliger Kirche zugeordnet ist; und gedenke …, dass du es mit der Kraft der Gerechtigkeit führest, die Gewalt der Ungerechtigkeit

3 Königssalbung ▶ (Relief, um 1260 in Freiburg i. Br.). Da der junge Mann eine Hirtentasche trägt, vermutet man, dass es sich um die Salbung Sauls oder Davids durch Samuel handelt: Beide waren von ihren Herden weg zum Königtum berufen worden. Ihre Salbung wurde zum Urbild aller späteren Königssalbungen. Die segnende Hand Gottes verdeutlicht das Gottesgnadentum.

4 Auf einem Faltstuhl thronender Herrscher (Anf. des 12. Jh.). Da zur Herrschaftsausübung bestimmte Herrschaftszeichen (Insignien) notwendig waren, mussten diese auf den Reisen des Herrschers mitgenommen werden. Das Bild zeigt den unter Verwendung von Tiermotiven gefertigten Faltstuhl (Faldistorium), der im Gepäck mitgeführt wurde, um dem Herrscher als Thron zu dienen. Als tapferen Krieger bezeichnet die Umschrift den Dargestellten. Dementsprechend trägt er Lanze und Schild. Das durchbrochene Blatt der Flügellanze legt die Vermutung nahe, dass es sich um eine Darstellung der Hl. Lanze handelt, die als Lebensbaum gestaltet wurde (vgl. S. 132, M 6). ▲

mächtig zerstörest und Gottes heilige Kirche und ihre Getreuen als Vorkämpfer schirmest und schützest, Falschgläubige wie Feinde des christlichen Namens verfluchest und vernichtest …, auf dass du mit dem Heiland der Welt, den du im Namen und im Amt verkörperst, ohne Ende zu herrschen verdienst …'

Nach der Übergabe von Spangen, Mantel und Ring sowie Zepter und Stab erfolgt die Krönung:

Danach setzt der Metropolitan ehrerbietig die Krone auf das Haupt des Königs und spricht: ‚Empfange die Krone des Königreiches … und erkenne sie als Zeichen der heiligen Glorie und der rechtmäßigen Ehre und des Werkes der Kraft und wisse dich durch sie als Teilhaber unseres Dienstes, so dass auch du dich immerdar – wie wir uns als Lenker und Hirten der Seelen im Inneren verstehen – auch im Äußeren als ein wahrer Pfleger Gottes und ein Verteidiger gegen alle Widersacher der Kirche Christi und für das dir von Gott gegebene und durch Vollzug unserer Weihe an Stelle der Apostel und aller Heiligen deiner Herrschaft übertragene Reich als ein Nutzen bringender Vollstrecker und erfolgreicher Lenker erzeigest …'"

(Aus dem Mainzer Krönungsordo, vermutlich 961 angewendet; zit. nach: Das Reich des Mittelalters, hrsg. von J. Leuschner, Stuttgart o. J., S. 7 ff.)

Arbeitsvorschläge und Fragen

a) Weisen Sie nach, wie bei der Vorstellung vom Gottesgnadentum Gedanken aus unterschiedlichsten Quellen zusammentreffen.

b) Welche Stellung kommt dem König im Spannungsfeld von weltlichen und geistlichen Bereichen auf Grund des Materialbefunds zu?

c) Stellen Sie den Zusammenhang zwischen den Aussagen des Krönungsordo (M 2) und der Symbolik der entsprechenden Herrschaftszeichen (vgl. S. 129 ff.) her.

2.2 Das Lehenswesen

Machtfülle der Amtsträger – Gegenmaßnahmen der Herrscher

Die Frage nach Kontrolle und Bindung des Adels war für den König um so bedeutsamer, als jede Teilhabe des Adels an der Herrschaft zu einer gefährlichen Verselbständigung führen konnte. Denn man kannte im Mittelalter die Einrichtung einer Beamtenschaft in der Weise noch nicht, dass jedem Einzelnen nur ein bestimmtes Teilgebiet der Herrschaft oblag. Vielmehr besaß der, der irgendwo im Reich Herrschaft ausübte, „in seinem Amtsbereich die volle staatliche Verfügungsgewalt" (J. Fleckenstein). Dies galt z. B. zur Zeit Karls des Großen für die Grafen, die ursprünglich als Richter des Königs in Verhandlungen eingreifen sollten, allmählich jedoch die gesamten Verwaltungsbefugnisse in ihrer Grafschaft erhielten.

Da sich schon sehr früh Klagen über die selbstherrliche und unrechtmäßige Amtsführung häuften, ließ Karl alle Amtsinhaber durch *Königsboten* kontrollieren, die je zu zweit ein Gebiet bereisten. Damit war aber das Problem der allzu großen Unabhängigkeit des Adels noch nicht gelöst. Dazu bedurfte es eines anderen Weges: Es entstand das *Lehenswesen,* in dem wiederum – wie häufiger bei den Karolingern – alt überlieferte Formen und Rechtsbräuche neue Inhalte bekamen. Drei einander z. T. sogar widersprechende Elemente wurden zu einem neuen System kombiniert, das für Jahrhunderte das Verhältnis von König und Adel bestimmte:

- die altgermanische Gefolgschaft
- die Vasallität, eine auf die Person bezogene Form der Abhängigkeit
- das Beneficium, eine „dingliche" Komponente (vgl. M 1, S. 120).

Das Lehenswesen

Die Grundstrukturen des Lehenswesens wurden unter Karl dem Großen systematisiert: durch die *Treueverpflichtung* zog er den hohen Adel an sich; im Frieden verlangte er von ihm Rat, im Kriegsfall Hilfe (consilium et auxilium). Zu dieser persönlichen Bindung, die als Königsdienst das Ansehen des adeligen Herren steigerte, kam als „dingliches" Element die *Leihe.* Verliehen werden konnten Land, ein Amt oder ein bestimmtes Recht; dies alles erbrachte einen Ertrag und erweiterte die reale Machtgrundlage des adeligen Herren über sein Eigengut hinaus. So wurden Grafen, Markgrafen, Herzöge, Bischöfe und Äbte zu Helfern des Königs bei der Verwaltung des Reiches. Ebenso waren sie unentbehrlich für den Kriegsfall, denn nicht nur der König hatte das Recht, Lehen auszugeben, sondern seine Lehensträger, die *Kronvasallen,* durften ihrerseits aus ihrem Eigengut an *Untervasallen* Lehen vergeben. Aus ihren Reihen stellten sie dann im Kriegsfall das Truppenkontingent auf, mit dem sie dem König *Heeresfolge* leisten mussten. So wurden die mittelalterlichen Heere zu Vasallenheeren und der Heerbann aller Freien ging mehr und mehr zurück, zumal die Zahl der freien Bauern ständig abnahm (vgl. S. 140). Die beiderseitige Treuebindung und zugleich die materiellen Vorteile der Kronvasallen durch den Gewinn aus den Lehen schienen dem König eine zureichende Sicherheit zu bieten, dass keine adeligen Sonderherrschaften auf dem Boden des Reiches entstanden – unter Otto war die Gefahr durch die Stammesherzöge besonders groß – oder Ämter willkürlich ausgeübt wurden. Denn das Lehen konnte bei Treubruch in einem ursprünglich raschen und wirkungsvollen Gerichtsverfahren dem Lehensmann genommen werden. Auch konnte der König beim Tod des Kronvasallen wieder über das Lehen verfügen, denn es fiel an ihn zurück (Mannfall). Ebenso konnte dies sein Erbe tun, denn auch beim Tod des Königs wurden die Lehen eingezogen und neu vergeben (Herrenfall).

Konfliktmöglichkeiten

War der Herrscher stark und die oppositionellen Kräfte nicht zu mächtig, wurden die Probleme, die das Lehenssystem enthielt, kaum sichtbar, aber sie waren vorhanden. So stellte sich die Frage nach der Bindung der Untervasallen. Der Treueid verpflichtete sie ja nur dem Kronvasallen, dem sie ihn geleistet hatten, nicht aber dem König. Dies konnte der Kronvasall in einem Konfliktsfall ausnützen.

Die Treuebindung im Lehenswesen hatte nur einen Sinn, wenn man Lehensmann eines einzigen Herren, z. B. des Königs war. Es wurde aber seit dem 9. Jahrhundert üblich, dass selbst Kronvasallen noch von anderen Herren – z. B.

1 Die Wurzeln des Lehenswesens

	Gefolgschaft	Vasallität	Beneficium
Beteiligte	adeliger Herr, später nur der König	adeliger Herr	König
	überwiegend junge Adelssöhne	gwas (Knecht)	Adeliger
Vorgang*	Treueid	Schutzversprechen } Kommendation	Schenkung von Land
	Treueid	Verknechtung } Kommendation	
Grund/ Absicht	Gewinn von Kampfgefährten und Ansehen	Gewinn an Einfluss und Machtmitteln (Abhängige)	Entlohnung für Leistung und Gewinn von Anhängern
	Einüben des Kampfes als adelige Lebensform	Not	Gewinn an realen Machtmitteln (Dingliches)
Rechtsstellung	frei	frei	frei
	frei	unfrei	frei (freier Eigentümer)
Dauer	auf Zeit	nicht auflösbar	nicht rückgängig zu machen
	auf Zeit		
Leistung/ Dienst	Beuteanteil, Ausrüstung, Unterbringung	Schutz, Versorgung	–
	Kampf bis zum Einsatz des Lebens	Gehorsam, Dienste aller Art	–
Bedeutung	militärische Machtbasis des Königs gegenüber dem Adel	militärische Machtbasis des Adels für Fehden oder Ausübung des Königsdienstes	Verlust eines Teils der realen Machtbasis
	soziale Aufwertung des Einzelnen durch den Königsdienst	sozialer Aufstieg, falls der Vasall Kriegsdienst leistet	Ausbau der realen Machtbasis in Konkurrenz zum König

* Im Lehenswesen Verbindung von Treueid und Kommendation im Handgang (vgl. M 2 b). Aus Landschenkung wird Landleihe auf Zeit (s. S. 119 unten).

weltliche Kronvasallen von geistlichen – Lehen annahmen. Man nutzte dadurch den materiellen Vorteil des Lehens, ohne die auf Zweiseitigkeit angelegte Treuebindung zu erfüllen, denn ein solcher mehrfach gebundener Lehensmann entschied sich im Ernstfall für gar keinen seiner Herren und blieb neutral.
Schließlich bemühten sich die Lehensleute schon sehr früh, ihre Lehen erblich in ihrer Familie zu erhalten, obwohl der Leihegedanke die Erblichkeit von vornherein ausschließt. Tatsächlich kamen Herrscher häufig ihren Kronvasallen entgegen und gaben das Lehen beim Mannfall an den Sohn des Verstorbenen

2 **Das Lehenswesen im Spiegel von Rechtssymbolen** (aus der Heidelberger Handschrift des Sachsenspiegels, 13. Jh., Verfasser: Eike von Repgow). Die Illustrationen im Sachsenspiegel haben die Aufgabe, abstrakte Rechtsbegriffe in einprägsame Bilder umzusetzen. Beim „Lesen" dieser Bilder ist Folgendes zu beachten: Ähre und Zweig symbolisieren das Besitzergreifen von Land, Fahne und Szepter die Übertragung von Amtsgewalt. Hände dienen der Verstärkung von Aussagen, sie werden in Größe und Anzahl beliebig vom Zeichner verwendet.

2a **Investitur.** Der König vergibt Lehen an geistliche und weltliche Fürsten.

2b **Handgang zwischen Kronvasall und Untervasall.** Obwohl zwischen der bildlichen Darstellung und dem im folgenden Text geschilderten Vorgang etwa 100 Jahre liegen, hat sich an der Rechtssymbolik nichts geändert. Aus dem Jahr 1127 wird berichtet:
„Zuerst leisteten sie ihm auf folgende Weise Mannschaft: Der Graf fragte den zukünftigen Vasallen, ob er ohne Vorbehalt sein Mann werden wolle, und dieser antwortete: ‚Ich will es.' Alsdann umschloss der Graf die zusammengelegten Hände des anderen mit seinen Händen und sie besiegelten den Bund durch einen Kuss. Zweitens gab derjenige, der Mannschaft geleistet hatte, dem ‚Vorsprecher' des Grafen mit folgenden Worten sein Treueversprechen: ‚Ich verspreche bei meiner Treue, von nun an dem Grafen Wilhelm treu zu sein und ihm gegen alle anderen meine Mannschaft unwandelbar zu erhalten, aufrichtig und ohne Trug.' Drittens bekräftigte er sein Versprechen durch einen Eid, den er auf die Reliquien der Heiligen leistete."
(Zit. nach: F. L. Ganshof, Was ist das Lehenswesen? Darmstadt 1961, S. 72 f.)

2c **Vererbung – Bitte um Lehenserneuerung.** „Nach des Vaters Tod komme der Sohn binnen Jahr und Tag zu seinem Herrn und biete ihm mit gefalteten Händen die Mannschaft an; er trete, wenn der Herr steht, so nahe auf ihn zu, dass er ihn erreichen kann. Sitzt er aber, so soll er vor ihn hinknien. So spreche der Mann, wenn er sein Gut begehrt: ‚Herr, ich begehre von euch solch ein Gut zu Lehen, wie ich es nach Lehenrecht vor euch gebracht habe, … und setze dafür Eure Mannen als Zeugen ein.'" (Aus dem Sachsenspiegel 22 § 1,2)

wieder aus. So entstand allmählich eine Art Gewohnheitsrecht auf die Erblichkeit von Lehen. Zugeständnisse an die Kronvasallen waren besonders im ostfränkisch-deutschen Reich wegen der Italienzüge der Könige (vgl. S. 127) häufig, bis schließlich 1232 durch das Reichsgesetz zugunsten der Fürsten den ehemaligen Kronvasallen die volle Herrschaft in ihren Gebieten zugestanden wurde (vgl. S. 175). Aus dem Lehensmann war der *Landesherr* geworden, der seine Macht in seinem eigenen Territorium ausbaute und dieses auch wie eigenen Besitz vererbte.

Arbeitsvorschläge und Fragen

a) Erläutern Sie mit Hilfe des Schaubildes (M 1), inwieweit das Lehenswesen die soziale Aufwertung altüberlieferter Abhängigkeitsverhältnisse darstellt.
b) Im Mittelalter kannte man den Staat als Institution noch nicht. Als Ersatzbezeichnung hat die Geschichtswissenschaft den Terminus des Personenverbandsstaates eingeführt. Erklären Sie, was dieser Ausdruck aussagen soll.
c) Das Lehenswesen wird gelegentlich als eine Hohlform bezeichnet, die die unterschiedlichsten Rechtsinhalte aufnehmen konnte. Erklären Sie diese Behauptung; berücksichtigen Sie dabei, dass es im Mittelalter kein ausgebautes Verwaltungssystem gab.

2.3 Der Bund mit der Reichskirche

Die jüngeren Stammesherzöge

Die Lage im ostfränkisch-deutschen Reich hatte sich in der Zeit nach Ludwig dem Deutschen auf Kosten der Königsgewalt zugunsten der Lehensträger entwickelt. Während der Regentschaft für den letzten ostfränkischen Karolinger, Ludwig das Kind, wurde die *Ohnmacht des Königtums* deutlich. Einflussreiche Persönlichkeiten aus dem Adel übernahmen in den einzelnen Stammesgebieten die Aufgaben, die vom König nicht mehr geleistet werden konnten wie z. B. den Grenzschutz in Sachsen und Bayern. Wir nennen diese neu entstehende Führungsschicht die *jüngeren Stammesherzöge*, um sie von jenen im fränkischen Großreich der Karolinger zu unterscheiden.
Als Ludwig das Kind 911 starb, wählten diese aus ihren Reihen den Frankenherzog Konrad zum König. Dieser bestimmte den Sachsenherzog Heinrich zu seinem Nachfolger. Doch die schwere Aufgabe, die königliche Macht gegen die Stammesherzöge durchzusetzen, war keinem der beiden geglückt.

Ottos Bund mit der Reichskirche

Auch Heinrichs zweitältester Sohn und designierter Nachfolger Otto, der später den Beinamen „der Große“ erhielt, schien anfangs zu scheitern, denn sein Versuch, die durch Mannfall frei gewordenen Lehen von Stammesherzögen mit Familienangehörigen zu besetzen, misslang; seine eigenen Verwandten stellten sich gegen ihn. Den Höhepunkt der Auseinandersetzung bildete der Aufstand von Ottos Sohn Liudolf genau zu dem Zeitpunkt, als die Ungarn von außen das Reich bedrohten. Nach dem Sieg über sie (955) suchte Otto nach einem neuen Weg zur Sicherung seiner Macht und fand ihn im Bund mit der Reichskirche.
Die Mitglieder der Hofkapelle waren durch lange Jahre der Verwaltungsarbeit im Königsdienst zuverlässige Parteigänger des Königs geworden, die mit den Reichsgeschäften vertraut waren. Diese Persönlichkeiten stellte Otto den Domkapiteln vor, wo immer eine Neuwahl eines Bischofs anstand. Sie wurden auch von den Wählern akzeptiert und so überzog der König Schritt um Schritt

die Bistümer des Reiches mit einem Netz von ihm treu ergebenen *Bischöfen*, die die Interessen des Reiches als ihre eigenen ansahen. Auch bei der Amtseinsetzung dieser Bischöfe wirkte der König mit, indem er ihnen Ring und Stab als Symbole ihres Amtes überreichte. Gleichzeitig erhielten die Bistümer vermehrt Landschenkungen, die aber nicht in das Kirchengut übergingen, sondern im Obereigentum des Reiches blieben, so dass Reichsgebiete nur in die gut ausgebaute kirchliche Verwaltung übergingen. Da bei den geistlichen Herrschaften das Prinzip der Erblichkeit entfiel, konnten diese Güter dem Reich und damit dem König nicht entfremdet werden. Ganz selbstverständlich zog Otto die großen Bistümer und Abteien auch für den Reichsdienst heran. Sie mussten das „servitium regis" leisten: Der König hielt auf seinen Reisewegen nicht mehr nur in Pfalzen Hof, sondern er bevorzugte Bischofshöfe und Klöster. Für diese Zeit hatte der geistliche Fürst die Unterhaltspflicht für den König und sein Gefolge. Ferner mussten die *Reichsbischöfe* Beiträge zum Reichsheer aufbringen. Diese waren für die großen Erzbistümer Köln, Mainz und Trier höher als für jeden weltlichen Fürsten (z.B. musste jeder dieser Erzbischöfe unter Otto II. 100 Panzerreiter stellen, während das größte Kontingent eines weltlichen Herren 40 betrug).

Die Reichsbischöfe

Die führenden Reichsbischöfe waren zumeist Persönlichkeiten, die den schwierigen politischen Aufgaben ebenso gerecht wurden wie den geistlichen und kulturellen Anforderungen, die ihr Amt an sie stellt:
- der Künstler, Prinzenerzieher und Bischof von Hildesheim, Bernward
- der Erzbischof von Köln und Herzog von Lothringen, Brun, ein Bruder Ottos
- der Erzbischof von Mainz und Vormund von Ottos Enkel, Willigis
- der Rechtsgelehrte Burchard von Worms
- der Verwaltungsfachmann Meinwerk von Paderborn.

Einen Widerspruch sah diese Generation der Reichsbischöfe zwischen ihren geistlichen und weltlichen Aufgaben nicht: Königtum und Priestertum waren in der Gestalt des Königs von Gottes Gnaden, der ein Gesalbter des Herrn war, eng miteinander verbunden.

1 „Warum ein Bischof sich mit politischen Angelegenheiten ... befasse"

In der Lebensbeschreibung des Brun von Köln erzählt der Verfasser Ruotger um 967 folgendes und stellt anschließend fest:

„Dieses [Fragen der Kirchenordnung] und ähnliches besprach er öfter mit den verehrungswürdigen Äbten und den Ältesten seiner Geistlichkeit und ermahnte sie besorgt, mit ihm zusammen über die Herde des Herrn zu wachen; doch da er durch die Schuld der Zeitverhältnisse gezwungen wurde, seltener als er wollte mit ihnen darüber zu sprechen, gönnte er sich, abwesend nicht weniger als anwesend, in seiner Besorgnis keine Ruhe, glühenden Geistes dem Herrn dienend. Draußen gab es für ihn Kämpfe, im Innern Ängste. Er kämpfte gegen die Wut der Wölfe, die die Kirche Gottes verwüsten wollten; ... Auf königlichen Befehl hin unternahm er es also, die Staatsgeschäfte in Lothringen zu führen. Und obschon er jedem der Großen und Beamten seine Aufgabe erteilte und jedem ein ihm gemäßes Amt auferlegte, so gab es doch nichts, dem er sich nicht selbst unterzogen hätte und er sorgte mit größter Beweglichkeit und Einsicht für das allgemeine Beste.

Vielleicht führen einige, unkundig der Anordnung Gottes, Klage, warum ein Bischof sich mit politischen Angelegenheiten und gefährlichen Kriegen befasse, da er doch nur die Seelsorge übernommen habe. Ihnen gibt, wenn sie bei gesundem Verstand sind, die Sache selbst die genügende Antwort, wenn sie nämlich das so große und gerade in jenen Gegenden so ungewohnte Gut des Friedens durch diesen Beschützer und Lehrer des gläubigen Volkes weithin verbreitet sehen, und sie brauchen sich deshalb nicht mehr gleichsam an der Finsternis zu stoßen, in der das Licht fehlt. Denn die Regierung dieser Welt war den Lenkern der heiligen Kirche Gottes nichts Neues oder zuvor Ungewohntes; dafür sind jederzeit genügend Beispiele zur Hand, wenn einer nachforschen möchte."

(Zit. nach: Geschichtsschreiber der deutschen Vorzeit, 3. Ausg. Bd. 30, Münster/Köln 1954, S. 47 f.)

2 Wahl und Amtseinsetzung eines Reichsbischofs um 1000

Thietmar von Merseburg berichtet als Augenzeuge über die Vorgänge bei der Wahl des Erzbischofs Walthard von Magdeburg:

„Ich hatte das alles [Tod des Magdeburger Erzbischofs Tagino] in Merseburg zu spät erfahren und traf daher erst am Morgen des Beisetzungstages ein …

Dann begrüßte ich alle, nahm Platz und erkundigte mich nach ihren bisherigen Beschlüssen. Walthard erklärte: ‚Ich habe dem Könige Meldung erstatten lassen über das Unglück, das uns betroffen hat, und um Übermittlung seiner Wünsche für kommende Schritte ersucht. Er hat Bischof Erich zu uns gesandt, wir möchten keine Wahl vornehmen, sondern ihm nur einen einmütigen Vorschlag unterbreiten. Nun haben sich aber alle Anwesenden in ihrer Liebe trotz meiner Unwürdigkeit für mich entschieden, wenn Gott einverstanden ist und der König es will.' Da antwortete ich ihm: ‚Ich gehöre zu denen, die an dieser Wahl und Weihe teilnehmen müssen … Und nun möchte ich die Ansicht aller Anwesenden einzeln kennenlernen.' Daraufhin gaben sie mir den einmütigen Bescheid: ‚Walthard erwählen wir zu unserem Herrn und Erzbischof!' … dann ließ er [der König] durch einen Boten Walthard rufen, der noch mit der Leichenfeier für seinen geliebten Herrn beschäftigt war … Ich wurde gleichfalls geladen und machte mich mit ihm auf … Sehr frühzeitig rief man uns in die Pfalz und wir betraten die Kemenate des Königs. Doch nur Walthard wurde vorgelassen, und bis zur Terz [9 Uhr] verhandelten sie allein. Als Walthard herauskam, trug er an seiner Hand den Ring, wies ihn uns und erklärte: ‚Hier seht ihr das Unterpfand künftiger Huld!'

Nun versammelten wir uns alle vor dem Könige, erwählten auf seinen Wunsch, seinem Vorschlag folgend, diesen Vater, und alle Großen stimmten bei. Daraufhin erhielt er vom Könige den Hirtenstab. Nachdem er der Majestät des Königs den Eid geleistet hatte, führte man ihn in die vom Könige erbaute Kirche, die sein Vorgänger geweiht hatte, und die Anwesenden sangen ein Tedeum … Auf Geheiß des Königs inthronisierte Bischof Arnulf den Erzbischof Walthard am nächsten Sonnabend; beide erlebten dort unter großen Ehren einen freudigen Empfang. Am folgenden Tag wurde Walthard gesalbt …"

(Zit. nach: Thietmar von Merseburg, Chronik, hrsg. von W. Trillmich, 6. Aufl. Darmstadt 1985, S. 311 ff.)

Arbeitsvorschläge und Fragen

a) Überprüfen Sie vergleichend anhand von M 1 und M 2, welche Haltung die Verfasser der Texte und die von ihnen erwähnten Bischöfe zum Bündnis von Reich und Kirche einnahmen.

b) Vergleichen Sie die Ausgestaltung des Lehenswesens zur Zeit Karls des Großen mit der unter Otto dem Großen.

3. Das abendländische Kaisertum

Der Kaiser – Herr über mehrere Reiche

„Kaiser ist, wessen Reich in der ganzen Welt hervorragt, und unter ihm stehen Könige anderer Reiche, die nicht Kaiser, sondern Könige genannt werden." So war in merowingischer Zeit die Universalherrschaft eines Kaisers erläutert worden. Diese Erklärung traf auf die Herrschaft der *oströmischen Kaiser* in Konstantinopel (Byzanz) zu, die sich als die rechtmäßigen Nachfolger der römischen Kaiser verstanden, wenn sich auch ihr Machtbereich in der Realität nur auf die östliche Hälfte des ehemaligen Römischen Reiches erstreckte.
In der westlichen Hälfte hatte sich im Laufe des 8. Jahrhunderts das Reich Karls des Großen zu einer Ordnungsmacht entwickelt, die den gleichen Anspruch auf *universale Herrschaft* erheben konnte: Zur Königswürde im Frankenreich war nach der Unterwerfung der Langobarden die Krone dieses Reiches hinzugekommen; außerdem hatten seit Pippin die Frankenkönige die Würde des Schutzherrn der Römer in mehreren Feldzügen zum Schutze der römischen Kirche wahrgenommen. Und wo immer Karl als Eroberer auftrat, setzte er sich für die Ausbreitung des Christentums ein. Der führende Gelehrte am Hofe Karls, der Angelsachse Alkuin, feierte deshalb Karl nicht nur als den Herrn Europas, sondern als den Herrn des christlichen Reiches, des imperium christianum, „und billigte ihm mit diesem Begriff ... die Stellung eines von Gott beauftragten

1 Der Bezirk der Pfalz Karls des Großen in Aachen. Die Luftaufnahme macht die Ausmaße der einstigen Kaiserpfalz deutlich und zeigt auch, wie sich der Grundriss der Anlage bis heute im Stadtbild ablesen lässt. Von der ursprünglichen Bausubstanz hat sich die Pfalzkapelle (im Vordergrund des Bildes erkennbar) erhalten, Ausdruck der Kaiserwürde des Herrschers: ein als Achteck (vgl. S. 130) gestalteter Rundbau, in dessen Zentrum der Kaiserthron steht.

Herrschers über die christliche Welt zu" (H. Löwe) – und das schon zwei Jahre vor der Kaiserkrönung Karls. Der Einflussbereich dieses kaisergleichen Königtums (imperiales Königtum) deckte sich weitgehend mit dem Raum des Abendlandes, und für den oströmischen Kaiser war in diesem Raum kein Platz mehr.

Der Papst

Zwischen der alten Kaisermacht Byzanz und dem fränkischen Großreich standen die Päpste, die aber waren in Rom und Italien mit den Resten der byzantinischen Herrschaft konfrontiert, ferner mit den Langobarden (bis 774) und nicht zuletzt mit den immer wieder aufflammenden Streitigkeiten der führenden stadtrömischen Adelsfamilien. Wirksame Hilfe boten der römischen Kirche die fränkischen Schutzherren. Seit Leo III. (795–816) kann man deutlich feststellen, dass der Papst sich immer mehr an die fränkische Herrschaft anlehnte und sich der byzantinischen zu entziehen versuchte.

Die Kaiserkrönung Karls des Großen

Die Vorgänge im Zusammenhang mit der Kaiserkrönung Karls am 25. Dezember 800 lassen sich aufgrund der günstigen Quellenlage rekonstruieren: Nachdem Papst Leo III. im Zusammenhang mit stadtrömischen Streitigkeiten bedroht und gefangen gesetzt worden war, gelang ihm die Flucht ins Frankenreich; dort bat er Karl um Hilfe. Karl zog mit einem Heer nach Rom, führte den Papst zurück, machte seinen Gegnern den Prozess und wurde vom Papst in einer scheinbar spontanen Reaktion am Weihnachtstag 800 nach einem Gebet am Petrusgrab zum Kaiser gekrönt; die Römer riefen ihn mit der alten Formel „Karl, dem allerfrömmsten von Gott gekrönten Augustus, dem großen und friedebringenden Kaiser, Heil und Sieg!" zum Kaiser aus (Akklamation).
Trotz der Nachrichten, die wir besitzen, bleiben viele grundsätzliche Fragen offen: Brauchte das kaisergleiche Königtum Karls überhaupt den Kaisertitel? Bedurfte vielleicht nur der Papst eines Kaisers in greifbarer Nähe, weil sein Schutz besonders wirksam sein konnte? Befürchtete Karl Schwierigkeiten mit dem oströmischen Kaiser, dem bisher Einzigen und Rechtmäßigen? Störte ihn die Akklamation durch die Römer, weil sein eigentliches Reichsvolk, die Franken, bei diesem Vorgang ausgeschaltet worden waren? Beunruhigte ihn die Frage, wie Königs- und Kaiserwürde nebeneinander bestehen können? Sah Karl gar schon die Schwierigkeiten voraus, die einmal eintreten könnten, wenn die Vergabe der Kaiserkrone als ein päpstliches Vorrecht angesehen würde?

Karl als Kaiser

Auf einige Fragen lassen sich aus dem Verhalten Karls nach 800 Antworten herleiten: Das *Nebeneinander zweier Kaiser* löste man im Jahre 812 durch einen Ausgleich: Beide Herrscher nannten sich Kaiser, doch nur der oströmische mit dem Zusatz „Kaiser der Römer". Er konzentrierte sich auf den Osten, Karl auf das Abendland.
Ferner sollte das Kaisertum der Herrschaft Karls im Innern des Reiches zugute kommen: Um sich der Treue sämtlicher Untertanen persönlich zu versichern, ließ er sich einen *neuen Untertaneneid* schwören.
Die neue Würde betrachtete er zunächst als ganz auf seine Person bezogen und machte keinen Versuch, sie unter seinen drei Söhnen weiterzuvererben. Als von diesen jedoch 813 nur noch einer, Ludwig der Fromme, lebte, regelte Karl auch für das Kaisertum die Nachfolge: Ludwig *erbte das Gesamtreich* und musste sich in Aachen vor Karl dem Großen zur treuen Erfüllung seiner Herrscheraufgaben verpflichten und sich anschließend selbst zum Mitkaiser krönen. Die Akklamation erfolgte diesmal durch die Franken – die Ausnahmeregelung einer Kaiserkrönung in „fränkischer Formgebung" (H. Löwe).

Das Kaisertum Ottos des Großen

Ein imperiales Königtum war auch der Kaiserkrönung Ottos des Großen vorangegangen. Schon nach seinem Sieg über die Ungarn auf dem Lechfeld 955 sei er von seinem Heer zum „Vater des Vaterlandes" und zum „imperator" ausgerufen worden; der Geschichtsschreiber, der dies berichtet, bezieht sich vermutlich auf eine Siegesfeier, bei der Otto mit Ehrentiteln ausgezeichnet worden war, die ihn aus der Reihe anderer Könige hervorheben sollten. Otto selbst hat es nicht als Ausrufung zum Kaiser empfunden, denn er nannte sich in den folgenden Jahren noch immer König. Doch hatte er mit diesen Siegen die wichtige Kaiseraufgabe des Schutzes und der Verteidigung der Kirche geleistet. Aber die Kaiserkrone war nur in Rom zu gewinnen. Wie im Falle Karls bot sich dafür eine günstige Gelegenheit, da ein schwacher Papst in Rom von seinen Gegnern bedroht wurde und den mächtigsten Herrscher zu Hilfe rief. Die karolingische Tradition wurde auch bewusst in den politischen Verhandlungen, die der Kaiserkrönung vorausgingen, und bei der Krönung selbst aufgegriffen.

Deutscher König – römischer Kaiser

Mit der *Krönung Ottos* wurde zugleich eine neue Tradition begründet, die Verbindung des deutschen Königtums mit dem Kaisertum, die bis 1806 bestand. Sie prägte die deutsche Geschichte, denn um die für die Kaiserkrönung als Voraussetzung notwendige Herrschaft in Italien zu gewinnen, waren *Italienzüge* größeren Umfangs notwendig; sie forderten zum einen durch Kämpfe, zum anderen durch Epidemien im andersartigen Klima hohe Menschenverluste. Außerdem begünstigten sie die zunehmende Selbständigkeit der deutschen Fürsten gegenüber dem König und Kaiser; denn der musste ihnen wegen der oftmals recht langen Abwesenheit Zugeständnisse machen, die zur endgültigen *Verselbständigung dieser Kronvasallen* führten. Gleichzeitig war mit der Kaiserkrönung in Rom die enge Bindung der Kaiserwürde an das Papsttum gegeben; das aber konnte in der Frage nach einem sinnvollen Mit- und Nebeneinander der geistlichen und der weltlichen Gewalt Spannungen verursachen.

2 Das imperiale Königtum Karls des Großen

2a Aufgabe und Leistungen

Alkuin, Berater Karls und Abt in Tours, schrieb noch vor 800 an Karl:

„Dies preisen wir als die wunderbare und besondere Gabe der Güte Gottes an dich, dass du geneigt bist, durch eine so große Frömmigkeit die Kirchen Gottes vor den Lehren der Ungläubigen innen zu reinigen und zu schützen, wie du sie nach außen vor der Verwüstung der Heiden zu verteidigen und auszubreiten versuchst. Mit diesen beiden Schwertern [Luk. 22, 38] hat die göttliche Macht eure erhabene Hoheit an der Rechten und der Linken bewaffnet."

2b Das Verhältnis zum Papst

Ebenfalls noch vor 800 schrieb Karl an Papst Leo III.:

„Unser ist es, mit Hilfe des göttlichen Erbarmens die heilige Kirche Christi allenthalten vor dem Einbruch der Heiden und der Verwüstung der Ungläubigen außen mit Waffen zu verteidigen und innen mit der Erkenntnis des katholischen [allgemeinen] Glaubens zu unterstützen. Euer ist es, heiligster Vater, mit zu Gott erhobenen Händen wie Moses unser Waffenwerk zu unterstützen, auf dass durch eure Fürsprache dank Gottes Führung und Gabe das christliche Volk über die Feinde seines heiligen Namens allezeit und allenthalben Sieg habe und der Name unsers Herrn Jesu Christi in der ganzen Welt gepriesen werde."

2c Ein Vergleich der Universalgewalten

Im Jahre 799 schrieb Alkuin an Karl:

„... Die dritte [nach dem oströmischen Kaiser und dem Papst] ist die königliche Würde, in die euch die weise Vorsehung unseres Herrn Jesu Christi zum Herrscher des christlichen Volkes eingesetzt hat, zu einem Herrscher, der die vorgenannten Würdenträger an Macht überragt, an Weisheit überglänzt und an Würde hinsichtlich des Königtums übertrifft. Siehe, auf dir allein ruht jetzt das ganze Heil der Kirchen Christi, du Rächer der Frevel, du Lenker der Irrenden, du Tröster der Trauernden, du Freude der Guten."

2d Karls Stellung im Abendland
In der Dichtung „Karl der Große und Papst Leo" lesen wir:
„Der König [Karl] übertrifft alle Könige auf der ganzen Welt an Würde und Weihe, er ist gerechter, und mächtiger als alle ragt er empor. König Karl, das Haupt der Welt, die Liebe und Zierde des Volkes, die bewundernswerte Spitze Europas, der beste Vater, der Held, der Augustus, aber auch mächtig in der Stadt, die als zweites Rom zu neuer Blüte gewaltig emporwächst [Aachen, wo Karl seine Lieblingspfalz hatte], mit hochgebauten Kuppeln die Sterne berührend."
(Zit. nach: Politische Weltkunde I, 2, Stuttgart 1972, S. 82f., und nach: Geschichte in Quellen, Bd. 2, München 1970, S. 68)

3 Karl als Kaiser

3a Karls Herrschertitel, wie er in Urkunden verwendet wurde:
Als König: „Karl, durch die Gnade Gottes König der Franken und Langobarden und Schutzherr der Römer."
Als Kaiser: „Karl, der erhabene Augustus, der von Gott gekrönte große und friedliebende Kaiser, der das Römische Reich regiert und der durch die Barmherzigkeit Gottes König der Franken und Langobarden ist."

◄ **3b** Münze Karls im Vergleich mit einer Münze Konstantins
Goldmünze mit dem Kopf Konstantins des Großen und der Umschrift CONSTANTINUS MAX(IMUS) AUG(USTUS)
Silbermünze mit dem Kopf Karls des Großen und der Umschrift: CAROLUS IMP(ERATOR) AUG(USTUS)
Gleichzeitig tritt auf Karls Kaisersiegel das Motto von der „Renovatio Romani imperii" auf, wobei „renovatio" nicht einfach „Wiederherstellung" meint, sondern eine Neuschöpfung, vergleichbar der inneren Erneuerung des Reiches der Römer. Der Historiker H. Löwe schreibt dazu: „Römername und Kaisertitel kamen als Ausdruck der neuen Weltgeltung, als der rechte Name zu der ihm von Gott gegebenen Sache, der Herrschaft über die Franken und viele andere Völker auf dem Boden des einstigen Römerreichs mit der Schutzherrschaft über Rom und das Papsttum."

Arbeitsvorschläge und Fragen

a) Das Nebeneinander von zwei Kaisern im Osten des ehemaligen Römischen Reiches und im lateinischen Abendland wird als Zweikaiserproblem bezeichnet. Erklären Sie, weshalb dieses Nebeneinander zu einem Problem werden konnte, es aber doch Lösungsmöglichkeiten gab.
b) Papsttum und Kaisertum werden als Universalgewalten bezeichnet. Erklären Sie, wie es zu dieser Bezeichnung kommt, und überprüfen Sie, inwieweit dieser Ausdruck für beide Gewalten der richtige ist.
c) Entschlüsseln Sie in Anlehnung an den Text auf S. 129 oben die Herrschaftszeichen auf S. 129ff., M 1–M 7.

Werkstatt Geschichte: Herrschaftszeichen des abendländischen Kaisertums

Eine wichtige Quelle für den Historiker, der dem Selbstverständnis und den daraus resultierenden Ansprüchen von Herrschern nachgehen will, sind die Herrschaftszeichen (Insignien). Sie führen als Symbole gegenständlich Abstraktes vor Augen wie z. B. den Gedanken der göttlichen Berufung zur Herrschaft oder bestimmte Rechtsansprüche oder Traditionen. Häufig genügten die Insignien allein, um die Rechtmäßigkeit einer Herrschaft zu begründen; denn war in einem Thronstreit die Nachfolge umkämpft, galt häufig der, der gerade im Besitz der Insignien war, als der rechtmäßige Herrscher. Letzte Nachwirkungen dieser Hochschätzung der Herrschaftszeichen sind in der Achtung zu finden, die für die Hoheitszeichen der modernen Staaten gefordert wird wie z. B. für die Staatsfahne, das Staatswappen oder die Hymne.
Zu den Insignien gehörten Reichskrone, Reichsapfel, Reichsschwert und Reichsszepter. Der Typus dieser Insignien fand sich auch bei Königen, die keinen Kaiseranspruch erheben konnten, während das vornehmste Herrschaftszeichen, das Reichskreuz mit den Passionsreliquien, dem Kaiser vorbehalten war. Im weiteren Sinne gehörten zu den Insignien auch der Ornat – z. B. der Herrschermantel – und der Thron.
Wertvolle Hinweise zur Deutung der Symbolsprache der Herrschaftszeichen geben
- Bildquellen über Insignien (M 1–M 7 und S. 118, M 3 und M 4),
- Textquellen, in denen Herrschaftszeichen erwähnt werden (S. 117, M 2),
- Inschriften oder bildliche Darstellungen auf den Insignien, die zusätzliche Informationen liefern (M 1 und M 3).

Vor allem aber sollte man sich mit jenen Herrschersymbolen beschäftigen, die es noch neben den Insignien gab und die bei deren Gestaltung mitverwendet wurden (siehe S. 130).

Die Reichsinsignien

1 **Reichsschwert und Zeremonialschwert.** Da das Schwert in der römischen Kaiserzeit zur Feldherrnausrüstung des Kaisers gehört hatte, galt es als Insignie. Das Schwert des christlichen Kaisers, im Auftrag Gottes geführt, war eine heilige Waffe, denn jede Machterweiterung des Reiches bedeutete eine Mehrung der Christenheit, so dass der Kaiser für „Kirche und Reich" das Schwert führte. Das Reichsschwert (links) ist um 1200 entstanden und trägt auf der uns zugewandten Seite der waagrecht vor dem Griff liegenden Parierstange die lateinische Inschrift: „Christus siegt – Christus regiert – Christus herrscht." Das Zeremonialschwert (rechts), so genannt, weil mit ihm die Zeremonie des Ritterschlags durch den neugekrönten Kaiser vorgenommen wurde, entstand Anfang des 13. Jahrhunderts und zeigt zwei Darstellungen des Reichsadlers, die ursprüngliche auf der Schwertscheide und eine später hinzugefügte auf dem Schwertknauf.

Herrschaftssymbole
des abendländischen Mittelalters:

Adler – als Herrschaftssymbol aus der römischen Antike stammend: Er war ein Attribut des Staatsgottes Jupiter und damit Zeichen für die römische Weltherrschaft; unter Karl dem Großen diente er als Zeichen für das Reich, unter dem Staufer Barbarossa wurde er schließlich zum Reichswappen, jedoch im 15. Jh. durch den Doppeladler verdrängt.
Die Hochschätzung des Adlers ist auf die antike Überlieferung zurückzuführen, die ihm als dem Sieger über alle Tiere besondere Fähigkeiten zusprach. So galt er als Träger und Seelenbegleiter des vergöttlichten römischen Kaisers. Von da übernahm das Christentum den Adler als Symbol für die Himmelfahrt Christi, bald auch – zusammen mit einem Buch – als Symbol des Evangelisten Johannes.

Kreuz und Passionsreliquien – das Kreuz wurde ursprünglich ausschließlich als Siegeszeichen verstanden (vgl. S. 104), weil die Passion als Beginn der Weltherrschaft Christi aus eigener Macht gedeutet wurde: Da die Herrschaft von Königen und Kaisern als eine von Gottes Gnaden verliehene irdische Herrschaft verstanden wurde, lag die Kombination von kaiserlicher Herrschaft, siegverheißendem Kreuz und Passionsreliquien nahe. Zu ihnen gehörten die Hl. Lanze (vgl. M. 6) und ein 31,3 cm hohes und 20,2 cm breites hölzernes Vortragekreuz, als ein Teil des Kreuzes Christi verehrt.

Kugel – schon im Altertum als Abbildung des Kosmos oder der Erde gedeutet und damit ein geeignetes Symbol der Weltherrschaft: Seit dem Sieg des Christentums wurde die Weltherrschaft als im Zeichen des Kreuzes ausgeübt verstanden.

Stab – schon im Alten Testament Abbild der Herrschaft: Der König sollte mit ihm entweder den Weg weisen oder züchtigen. In der römischen Antike war der mit dem Adler gekrönte Stab Attribut des Staatsgottes Jupiter. Der Stab wurde in seiner Langform als Hirtenstab den geistlichen Würdenträgern vorbehalten, in seiner Kurzform als Szepter den weltlichen Herrschern. Als Bekrönung wurde der antike Adler übernommen, ebenso aber auch das Kreuz oder ein Blütenornament verwendet.

Zahlen – wie z. B. die 4, 8 oder 12: Viele Zahlen zwischen 1 und 1000 haben z.T. bis heute neben ihrem Rechenwert eine übertragene Bedeutung. Diese Zahlensymbolik erklärt sich – spätestens mit der babylonischen Hochkultur beginnend – aus dem Versuch, die vielen Erscheinungen in der sichtbaren Welt, wie z. B. den Wechsel von Tag und Nacht, durch Zahlen, die man für göttlichen Ursprungs erklärte, zu ordnen.
Die 8 galt als eine glückhafte Zahl; das Achteck, zwei ineinandergeschobene, sich völlig durchdringende Vierecke, wurde schon in der Antike als Symbol der Vollkommenheit gedeutet, dementsprechend im frühen Christentum als Symbol der Auferstehung Christi und der Neuschöpfung des Menschen in der Taufe verwendet, bis es schließlich zu einer nur dem christlichen Kaiser vorbehaltenen Symbolgestalt wurde.
Die 12 galt schon im alten Ägypten als kosmische Zahl – der Tag wurde in 12 Stunden, das Jahr in 12 Monate geteilt. So wurde die 12 zur Symbolzahl der Vollständigkeit und Heiligkeit, vgl. die Einteilung Israels in 12 Stämme und die 12-Zahl der Apostel.

2 **Die Reichskrone** (2. Hälfte des 10. Jh., Kreuz und Bügel 11. Jh. [vgl. S. 117, M 2] – Gesamthöhe mit dem Stirnkreuz 24,8 cm.). Die Bildplatten sind symmetrisch angeordnet: die Bilder Christi und Salomons rechts und links der mit den 12 großen Edelsteinen geschmückten Stirnplatte, die beiden anderen Bildplatten zu beiden Seiten der Nackenplatte. Im Inneren halten zwei Eisenbänder die Krone in der Form eines Achtecks zusammen. Durch die Vielzahl ihrer Gestaltungselemente bildet die Krone „ein plakatives Ensemble von Bild und Schrift". Die Reichsinsignien wurden auf den Reisen der Kaiser häufig mitgenommen, ansonsten in Kaiserpfalzen, so auf dem Trifels und später in Nürnberg, aufbewahrt. Unter den Habsburgern kamen die Insignien nach Wien, wo sie auch heute noch in der weltlichen Schatzkammer der Hofburg aufbewahrt werden.

3 **Emailbilder von der Reichskrone.** Links von der Stirnplatte zeigt das Emailbild den zwischen 2 Engeln thronenden Christus mit der Inschrift: „Durch mich regieren Könige". Die drei übrigen Platten zeigen Bilder von gotterwählten Königen und Propheten des Alten Bundes: König David, König Salomon, König Ezechias zusammen mit dem Propheten Isaias. David, Salomon und Isaias tragen Spruchbänder mit Bibelzitaten, die aus der Krönungsliturgie (vgl. S. 117, M 2) stammen. Auf der Platte mit der Darstellung Salomons steht: „Fürchte Gott und meide das Unrecht."

4 **Das Reichskreuz** (1. Viertel des 11. Jh., der Fuß 14. Jh. – Gesamthöhe 95,2 cm). Es diente bei der Krönung als Vortragekreuz und ist als Reliquienbehälter gearbeitet: Die geschmückten Platten der Vorderseite wurden abnehmbar gefertigt, und in den Vertiefungen darunter lagen im Querarm die Heilige Lanze und Reliquien vom Kreuzesholz.

5 Einzug eines Herrschers in eine Kirche (zwischen 1007 und 1024). Da die Handschrift, aus der die Darstellung stammt, u. a. einen Krönungsordo enthält, ist zu vermuten, dass es sich bei dieser Szene um den feierlichen Einzug des Herrschers zur Krönung handelt. Dass er auf dem Bild bereits eine Krone trägt, schließt dies nicht aus, denn für den mittelalterlichen Künstler hat die Krone die Funktion, den Herrscher als solchen zu kennzeichnen. Das Bild zeigt zahlreiche Insignien „im Gebrauch". Die Krone besitzt noch die inzwischen an den meisten Originalen verlorenen Gehänge über den Schläfen.

6 Die Heilige Lanze galt als das kostbarste Herrschaftszeichen im Reichsschatz und wurde in der 1. Hälfte des 11. Jh. vor den neugierigen Blicken im Reichskreuz geborgen. Nach einem Bericht des 10. Jh. enthält das Lanzenblatt Teile der Kreuzesnägel und wurde darum als siegbringend verehrt.

7 Der Reichsapfel (um 1200, Höhe 21 cm).

4. Die Reformbewegung

Der Dictatus Papae

Als Papst Gelasius im 5. Jahrhundert die Zweigewaltenlehre formulierte (vgl. S. 109, M 5), beschrieb er zwei unabhängige Bereiche: einen geistlichen, in den der Kaiser nicht einzugreifen habe, und einen weltlichen, dem die Vertreter der Kirche Gehorsam schulden. Knapp 600 Jahre später formulierte Papst Gregor VII. den Dictatus Papae (1075): 27 Leitsätze in denen „die einzigartige Vorrangstellung des apostolischen Stuhles und des Papstes" (J. Fleckenstein) festgelegt wird, die so weit reicht, dass der Papst zwar Kaiser absetzen, selbst aber von niemandem gerichtet werden kann.
Die Zielvorstellungen Gregors sind ein wertvolles Dokument einer geistigen und bald auch politischen Bewegung; diese wird von den Historikern unterschiedlich bezeichnet: Papstrevolution, Investiturstreit, Gregorianische Reform, Reformpapsttum, Reformbewegung. Keiner dieser Fachausdrücke kennzeichnet die gesamte Bewegung, doch jeder hebt einen bestimmten Aspekt besonders hervor.

Aspekte der Reform

Im Mittelalter verstand man unter Reform die Erneuerung von etwas Bestehendem durch einen Reinigungsvorgang. Diese Vorstellung lag auch der Reformbewegung des 11. Jh. zugrunde, die von dem lothringischen Kloster *Gorze,* bald gefolgt von dem burgundischen Kloster *Cluny*, ausging. Es ging dabei um mehr als den Kampf gegen die Verweltlichung reich gewordener Klöster oder die Gefahr, dass Kirchengut durch adelige Herren entfremdet wurde. Vielmehr bemühten sich Geistliche und Laien aus verstärkter Sorge um das Seelenheil darum, kirchliche Vorschriften in voller Strenge durchzusetzen und das ganze Leben auf die Erlangung des Heiles auszurichten. Die Welt war für sie geteilt in eine geistliche und eine weltliche Hälfte: Der Herrscher – nun nicht mehr König und Priester zugleich – war nur noch Laie, der Sündhaftigkeit ausgesetzt. Die Kirche wurde zur Kirche der Geistlichen, in der sie ungehindert von allen weltlichen Einflüssen, ausgerichtet auf den Papst, in strenger hierarchischer Ordnung die Heilsmittel verwalteten. Dieser als *Freiheit der Kirche* bezeichnete Zustand ließ ein weltliches Eingreifen, wie es die Amtseinsetzung eines Geistlichen durch einen Laien war, nicht mehr zu. Diesen letzten Aspekt betont der Ausdruck „Investiturstreit", der wegen der Investitur der Reichsbischöfe durch den König bzw. Kaiser den besonderen Nachdruck auf die Frage nach dem Verhältnis der beiden Universalgewalten legt.
Der Ausdruck „Reformpapsttum" macht bewusst, dass die Reformbewegung, die ja ursprünglich nicht in Rom begonnen hatte, durch die Päpste aufgegriffen wurde, und zwar schon vor Gregor VII., als im Gefolge des Papstes Leo IX. (1048–54) eine Gruppe von lothringischen Reformern nach Rom gekommen war, zu denen der Mönch Hildebrand, der spätere Papst Gregor VII., Verbindung hatte.
Die Bezeichnungen „Papstrevolution" und „Gregorianische Reform" legen den Schwerpunkt auf die Bedeutung der Päpste, vor allem Gregors VII., und zwar sowohl hinsichtlich ihres Einsatzes für die Reform als auch im Hinblick auf die Ausrichtung der gesamtkirchlichen Hierarchie auf Rom und den Papst.

Die Freiheit der Kirche

Eröffnet wurde der Kampf schon vor Gregors Pontifikat mit der Lateransynode von 1059, zu einer Zeit allerdings, zu der Gregor schon dem Kardinalklerus angehörte. Die zentralen Beschlüsse waren damals das *Papstwahldekret* und das *Verbot der Laieninvestitur* in den Niederkirchen; beide Beschlüsse waren von Nachteil für den König und Kaiser, da die Wahl der Päpste nun ganz den Kardinälen vorbehalten wurde und das Verbot der Laieninvestitur einen Verstoß gegen das im Reich übliche Eigenkirchenrecht darstellte. (Eigenkirchen gehörten adeligen Grundherrn, denen alle Erträge aus dem Besitz der Kirche zufielen und die das Recht hatten, den Geistlichen einzusetzen.) Es zeichnete sich die Möglichkeit ab, dass dieses Verbot von den Niederkirchen auf die Reichskirche ausgedehnt werden könnte, und so war der Konflikt von Kaiser und Papst in der Sache schon angelegt; er erhielt jedoch seine ganz besondere Schärfe durch die beiden beteiligten Persönlichkeiten, König Heinrich IV. und Papst Gregor VII.

Der „Investiturstreit“

Dieser Konflikt zwischen Heinrich IV. und Gregor VII. hatte drei Schwerpunkte: den Kampf gegen die *Laieninvestitur* und damit eng verbunden den Kampf gegen die Vergabe von geistlichen Ämtern gegen Zahlung eines Geldbetrages, die *Simonie*, und schließlich den Kampf um die endgültige Durchsetzung des *Zölibats*. Vom Hochadel bis zu den Unterschichten in den Städten wurden alle sozialen Gruppen mobilisiert, auf beiden Seiten wurden Streitschriften eingesetzt; die Auseinandersetzung für und gegen die Reform wurde personalisiert und als Anhängerschaft oder Gegnerschaft zu Heinrich bzw. Gregor gedeutet. Der Bruch ging oft mitten durch Diözesen, durch Herrschaftsgebiete, durch Familien. Auf dem Höhepunkt der Auseinandersetzung in den Jahren 1075–77 setzte Heinrich IV. auf einer Reichsversammlung in Worms Gregor ab; daraufhin belegte der Papst den Kaiser mit dem Bann und löste die Untertanen vom Treueid. Der Streit um Prinzipien verband sich mit Opposition von Fürsten im Reich, die sich die Bannung Heinrichs zunutze machten, um dem aus der Gemeinschaft der Gläubigen Ausgeschlossenen einen Gegenkönig gegenüberzustellen. Da es aber Heinrich wider aller Erwarten doch gelang, vom Papst den Freispruch vom Bann zu erreichen (*Canossa* 1077), konnte sich der König sein Amt erhalten; aber die große Bedeutung von Canossa beruht darauf, dass Heinrich sich durch diese Unterwerfung „als sündiger Mensch unter die *Kirchenhoheit des Papstes*“ (Fleckensten) stellte. Damit gab er selbst die Gott-Unmittelbarkeit als Gesalbter des Herrn auf und ließ sich aus der geistlichen Sphäre, in die er durch die Salbung aufgestiegen war und wodurch er sich dem Priesterstand angenähert hatte, in die Laienwelt zurückdrängen. Dagegen konnte sich die geistliche Gewalt in zunehmendem Maße verselbständigen.

Das Wormser Konkordat

Die Umorientierung in der Stellung des Königs war nicht mehr rückgängig zu machen, auch wenn die äußeren Formen von Salbung und Krönung beibehalten wurden; sie war dabei bedeutsamer als das kompromissartige Ende des Investiturstreits. Dieses wurde erst 1112 unter dem Nachfolger Heinrich V. und Papst Calixt II. im Wormser Konkordat gefunden: Verbot der Laieninvestitur mit Ring und Stab, den geistlichen Symbolen der Herrschaft – freie Wahl und Weihe des Bischofs, allerdings unter Anwesenheit des Königs, der auch bei unklarem Wahlausgang ein begrenztes Mitspracherecht behielt – Zugeständnis, nach der Weihe den geistlichen Fürsten mit dem Szepter, dem Symbol der weltlichen Herrschaft, in sein Vasallenamt einzuführen. Damit war die Herrschaft der deutschen Könige über das Papsttum beendet und das Reichskirchensystem hinfällig geworden.

Abendland (auch: christliches oder lateinisches A.): Dieser Ausdruck bezeichnet die Kulturgemeinschaft, die sich auf dem Boden des westlichen Teils des Römischen Reiches auf der Grundlage von germanischen Stammeskönigtümern, der römischen Kirche und des von ihr übernommenen und weitergegebenen antiken Kulturgutes gebildet hatte. Byzanz und die Reste des ehemals oströmischen Reiches stellten den Gegenpol, das Morgenland, dar. Wesentliche Unterschiede waren das Vorherrschen des Lateinischen im Westen sowie die römische Liturgie, die päpstliche Autorität und die zunehmende Selbständigkeit der geistlichen Gewalt sowie das Fortleben germanischer Traditionen in der Gesellschaftsordnung (Gefolgschaft-Lehenswesen). Nach dem Untergang des oströmischen Reiches wurde der Begriff des Abendlandes durch den ebenfalls kulturell gemeinten Begriff „Europa" ersetzt. Mit dem Aufkommen neuer außereuropäischer Mächte seit dem 19. Jahrhundert trat an die Stelle der europäischen oder abendländischen Geschichte die Weltgeschichte, und man sprach vom „Untergang des Abendlandes". Seit dem Zweiten Weltkrieg sind intensive Bemühungen im Gange, über alle nationalen Rivalitäten hinweg Europa wieder als eine Einheit zu sehen und sie auf kultureller und politischer Ebene weitgehend zu verwirklichen.

1 Laieninvestitur

1a Auf der römischen Synode vom 15. Nov. 826 wurde über das Eigenkirchenwesen bestimmt:

„canon 21: Ein Kloster oder Bethaus, das nach den Vorschriften der Kirche errichtet worden ist, soll der Gewalt seines Erbauers nicht gegen dessen Willen weggenommen werden. Er darf es vielmehr jedem ihm beliebigen Priester der betreffenden Diözese zur Ausübung des heiligen Dienstes Gottes verleihen oder auch einem fremden, der einen ordentlichen Entlassungsbrief besitzt; auf dass nicht ein schlechter [Priester] eingesetzt werde, mit Zustimmung des Bischofs. Der Priester soll aber an Gerichtstagen und immer dann, wenn es der Gehorsam vor dem Bischof erfordert, gehorsam bei diesem erscheinen."

1b Zum Kreis der Reformer, die mit Leo IX. nach Rom gekommen waren, gehörte auch der Mönch Humbert von Silva Candida (gest. 1061), der sich hier in einer Streitschrift über die Laieninvestitur äußert:

„[Es ist] jetzt zur Umkehrung der heiligen Kanones und zur Missachtung der ganzen christlichen Religion gekommen, und alles geschieht in umgekehrter Reihenfolge ... Denn an erster Stelle steht bei der Wahl und Einsetzung die weltliche Gewalt und ihr folgt, ob willentlich oder nicht willentlich, ... das Volk und dann der Klerus mit seiner Zustimmung und dann endlich die Meinung des Metropolitans [Erzbischofs]. Deshalb kann man auf diese Weise gewählte Männer, wie wir oben ausgeführt haben, nicht unter die Bischöfe zählen, weil ihre Einsetzung mit dem Kopfe nach unten hängt. Denn was zuletzt geschehen musste, geschah zuerst, und getan haben es Leute, die es gar nichts angeht. Denn was geht Laien die Austeilung von kirchlichen Sakramenten an, was kümmert sie die Austeilung der bischöflichen oder der priesterlichen Weihe? Was geht sie der Krummstab und der Ring an, mittels derer in erster Linie die ganze Bischofsweihe durchgeführt, belehnt und gestützt wird?"

(Zit. nach: Geschichte in Quellen, Bd. 2, München 1970, S. 225, 249)

2 „Verteidigung Heinrichs IV."

Petrus Crassus stellt die seltene Ausnahme dar, dass ein Laie in der Streitschriftenliteratur, die sich im Verlauf des Investiturstreits entfaltete, zur Feder greift; er verfasste als früher Vertreter der Rechtswissenschaften im Jahre 1080 ein Rechtsgutachten:

„Ihr wisst, dass unser Herr Christus selbst diesen Frieden gegeben hat, und ihr habt gehört und wisst, dass die Apostel immer wieder den Frieden gepredigt haben, und ihr wisst, dass mit den Aposteln und den anderen hochheiligen Männern die allerchristlichsten Kaiser immer diese Gabe des Friedens mit aller Sorge gehütet haben, um ihn zu erhöhen und zu schützen. Und nun ist König Heinrich auf Gottes Geheiß im Reiche nachgefolgt, auf dass er dieses Friedens

Hüter sei und ohne Widerspruch eures Hirten das Reich regiere. Denn dass ihm sein Reich von Gott gegeben ist, bezeugt eindeutig der Prophet Daniel: ‚Gottes ist das Reich, und er gibt es, wem er will.' Und nun beschwöre ich euch, achtet darauf, dass der Prophet nicht gesagt hat, das Reich gehöre eurem Papste, sondern es sei Gottes, und von ihm ist es ganz ohne Zweifel König Heinrich gegeben ..."
(Zit. nach: Geschichte in Quellen, Bd. 2, München 1970, S. 332)

3 Die Freiheit der Kirche

Aus der Briefsammlung von Schreiben des Papstes Gregor VII.:
„Bischof Gregor, Knecht der Knechte Gottes, sendet Abt Wilhelm von Kloster Hirsau[1] Gruß und apostolischen Segen ...
Und weil wir hörten, dass dieser Ort[2] sich durch dich mit Gottes Erbarmen zu einem guten Stand der Religiosität zu erheben begonnen hat, möchten wir, soweit wir können, dort für beständige und stetige Heiligkeit sorgen ... Damit außerdem die Glieder des mehrfach genannten Klosters ohne Beunruhigung ihren Vorsatz um so unbesorgter und williger ausführen und dem allmächtigen Gott die schuldige gehorsame Verehrung angelegentlich und in Dankbarkeit leisten können, wünschen und befehlen wir mit apostolischer Autorität, dass kein Priester, König, Herzog, Graf oder sonstige Person, hoch oder niedrig, es wagen soll, sich an diesem Ort irgendwelche persönlichen Bedingungen vorzubehalten weder solche nach Erbrecht noch der Vogtei, der Investitur oder sonst einer Gewalt, die die Freiheit des Klosters beeinträchtigte, noch Schätze und Besitzungen der Kirche zu beschlagnahmen, zu mindern oder zu entfremden; vielmehr soll er so vor jeder weltlichen Gewalt sicher und durch die Freiheit des römischen Stuhles so unbeeinträchtigt sein, wie bekanntlich das Kloster von Cluny und das von Marseille sich halten ..."
(Zit. nach: Ausgewählte Briefe Papst Gregors VII., hrsg. und übers. von F. J. Schmale, Darmstadt 1978, S. 341)

[1] Hirsau im Schwarzwald war Zentrum der Reform im Deutschen Reich.
[2] das Allerheiligenkloster in Schaffhausen

4 Die Zwei-Schwerter-Lehre

Der Verlust der Gott-Unmittelbarkeit des Herrschers wirkte sich über das Deutsche Reich hinaus auf die Stellung der Könige grundsätzlich aus. Deutlich wird dies in der Bulle „Unam sanctam" von Papst Bonifaz VIII. vom 13. Nov. 1302, die gegen die Ansprüche des französischen Königs Philipp des Schönen gerichtet war:
„Beide Schwerter hat die Kirche in ihrer Gewalt, das geistliche und das weltliche. Dieses aber ist für die Kirche zu führen, jenes von ihr. Jenes gehört dem Priester, dieses ist zu führen von der Hand der Könige und Ritter, aber nur wenn und solange der Priester es will. Ein Schwert aber muss dem anderen untergeordnet sein; die weltliche Macht muss sich der geistlichen fügen ... Dass aber die geistliche Macht an Würde und Adel jede weltliche überragt, müssen wir um so freier bekennen, als überhaupt das Geistliche mehr wert ist als das Weltliche. Das ersehen wir auch deutlich aus dem Regiment in der Welt. Denn in Wahrheit: Die geistliche Macht hat die weltliche einzusetzen und ist Richterin über sie, wenn sie nicht gut ist. So bewahrheitet sich über die Kirche und die kirchliche Gewalt die Voraussage des Propheten Jeremia: ‚Siehe, ich habe dich heute über Völker und Reiche gesetzt.' [Jer. 1,10] ..."
(Zit. nach: Geschichte in Quellen, Bd. 2, München 1970, S. 786)

Arbeitsvorschläge und Fragen

a) Die Reichskrone ist ein wichtiges Zeugnis für das Selbstverständnis des deutschen Königs und Kaisers. Weisen Sie an der Symbolik der Krone nach, dass der Auftraggeber dieser Krone eine Trennung von geistlichem und weltlichem Bereich nicht kannte (S. 131, M 2 und M 3).
b) Erläutern und vergleichen Sie die Argumentation der beiden Parteien im Streit um die Freiheit der Kirche (M 2 und M 3).
c) Um die Freiheit der Kirche auch rechtlich zu gewährleisten, wurden Klöster für „exem(p)t" erklärt. Erarbeiten Sie aus M 3 die rechtlichen Maßnahmen, die mit der Exem(p)tion verbunden waren.

5. Mittelalterliche Gesellschaft – landwirtschaftliche Gesellschaft

5.1 Existenzgrundlagen

Das politische und kirchliche Leben wurde im Mittelalter durch die beiden ersten *Stände*, durch König und Adel und durch Papst und Klerus, geprägt. Den Alltag bestimmte vor allem das Leben der *Landbevölkerung*, des dritten Standes. Erst seit dem 12. Jahrhundert entstand auch eine Stadtkultur. Etwa 95 % der Bevölkerung gehörten um 800 zu dieser landwirtschaftlichen Bevölkerung, um 1200 mögen es noch 90 % gewesen sein. Selbst in der Mitte des 18. Jahrhunderts lebten noch 70 % aller Menschen von der Landwirtschaft gegenüber 5 % in der Bundesrepublik 1986.

Harte Arbeit – niedrige Erträge

Die Tatsache, dass 9 von 10 Menschen in der Landwirtschaft tätig waren, deutet auf eine außerordentlich *niedrige Produktivität* von Ackerbau und Viehzucht sowie auf eine sehr geringe Produktion von Waren und Gütern aller Art hin. Die Erträge wechselten je nach Boden und klimatischer Lage, doch lag das Verhältnis von Aussaat zu Ernte im Durchschnitt nicht höher als 1 : 3 bei Weizen, 1 : 5 bei Roggen und 1 : 1,25 bei Gerste, während es in der Bundesrepublik 1988 bei 1 : 35 bis 1 : 40 lag. Das hatte verschiedene Gründe:

– Bis zum 12. Jahrhundert musste der Boden mit dem Spaten umgegraben werden, ehe die gebrochene Scholle mit dem Hakenpflug zerkleinert werden konnte. Erst danach setzte sich langsam der Wendepflug durch, der auch die Arbeit des Umbrechens übernahm.

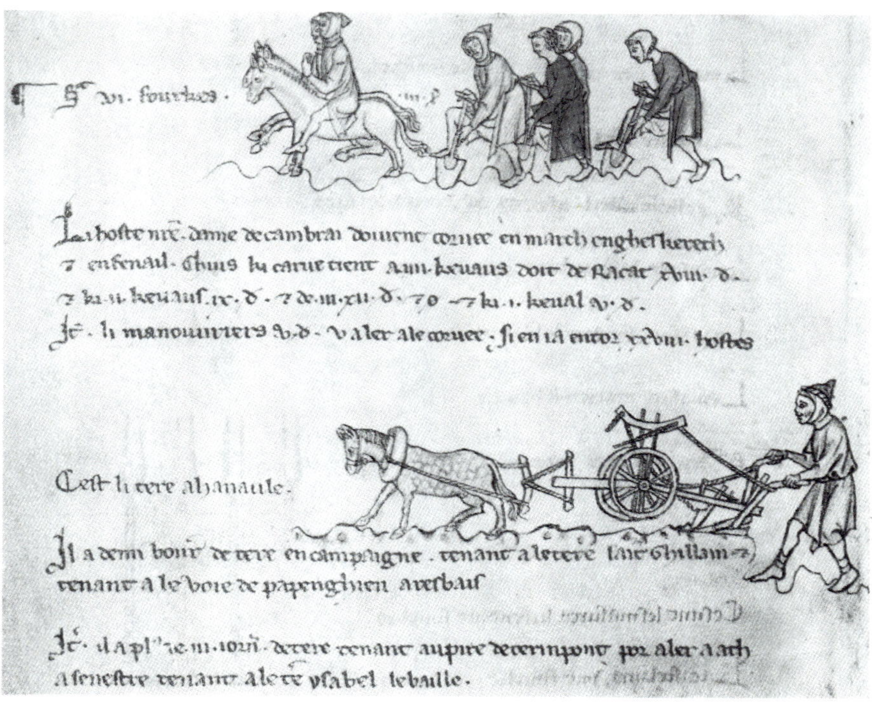

1 Bodenbearbeitung. Oben sind Bauern abgebildet, die mit eisenbeschlagenen Holzspaten arbeiten. Unten ist ein Pferd zu erkennen, das mit einem Kummet einen Beet- oder Wendepflug zieht. Der Wendepflug schneidet tief in den Boden ein und wendet die Scholle. Die Beschriftung links neben dem Pferd lautet übersetzt: „Das ist schwer zu bearbeitendes Land.“ (Flandrische Handschrift, um 1275)

- Das *Kummet,* im 5. oder 6. Jahrhundert in China erfunden, ermöglichte den Einsatz des Pferdes auf dem Acker (vgl. M 1).
- Bis ins hohe Mittelalter wurde das Getreide in anstrengender Arbeit mit der kurzen Sichel geerntet und nur der halbe Halm geschnitten. Erst dann begann man die Sense zu verwenden. Nun fiel Stroh für Stall und Fütterung an; man musste aber zusätzlich düngen, weil früher die untergepflügten langen Halme dem Boden mehr Nährstoffe zugeführt hatten.
- Die Einführung des *Dreschflegels* war schon ein Fortschritt, doch hatten die Bauern den Drusch noch zu reinigen.
- Zum Mahlen des Getreides war bis ins 12. Jahrhundert und darüber hinaus noch weithin die Handmühle mit dem Mahlstein üblich, obwohl es bereits seit dem frühen Mittelalter Wassermühlen gab, die der Grundherr betreiben ließ. Erst seit sich die *Windmühlen* vom Flandrischen her durchsetzten (12./13. Jh.), wurde die Weiterverarbeitung des Getreides wesentlich erleichtert. Und schließlich mussten die Bauern Korn und Mehl selbst zu Brot oder Bier verarbeiten.
- Nur langsam verbreitete sich der *Gartenbau,* da Getreide das Hauptnahrungsmittel war. Mit Hacke, Spaten und kleiner Egge wurde der Garten bearbeitet um ein wenig Gemüse, Obst, Gewürze oder Heilpflanzen zu ernten.
- Auch die *Viehwirtschaft* warf nur bescheidene Erträge ab, weil das Vieh wesentlich kleiner war als heute und die Kühe viel weniger Milch gaben. Doch lieferte die Viehwirtschaft auch Felle, Leder und Pergament.

Systematisch wurde *Bienenzucht* betrieben, denn der Honig war lange Zeit das einzige Mittel zum Süßen von Speisen und Getränken. Erst die Kreuzzüge brachten Kenntnis vom Rohrzucker, der aber nur in geringen Mengen herbeigeschafft werden konnte, deshalb teuer und für die unteren Schichten nicht erschwinglich war.

Als weitere Tätigkeit des Bauern trat die Arbeit auf Wiesen (Heuernte) und im Wald hinzu. Der Wald hatte den großen Bedarf an Bau-, Werk- und Brennholz zu decken; auch Knüppel, Stöcke und Ruten wurden verarbeitet, denn Flechtwerk für Uferbefestigungen, Zäune, Gefache der Fachwerkhäuser und Körbe mussten in großen Mengen hergestellt werden. Großflächige Rodungen waren die Folge. Auf diese Weise ist z. B. die Lüneburger Heide entstanden.

Der Wald mit seinen Eicheln, Kastanien und Bucheckern diente den Bauern auch als Viehweide, besonders für Schweine und Rinder. Das Jagdrecht gestanden die Grundherren den Bauern nicht zu; diese hatten nur unter dem Wildschaden zu leiden.

Wirtschaftliches Wachstum – Bevölkerungswachstum

Innerhalb des hohen und späten Mittelalters – also vom 10. bis 14. Jahrhundert – fand jedoch eine bedeutsame Steigerung der Nahrungsmittelproduktion statt, die mit einem Wachstum der Bevölkerung Mittel- und Westeuropas von 12 Millionen um 1000 auf 35,5 Millionen um 1340 im Zusammenhang stand. Dazu verhalf nicht nur die Verbesserung des Pfluges und anderer landwirtschaftlicher Geräte sowie Düngung, sondern auch die Ausweitung der Ackerflächen durch den Übergang von der Feld-Graswirtschaft zur Fruchtwechsel- und Dreifelderwirtschaft. Dabei lag nicht mehr die Hälfte, sondern nur noch ein Drittel des Ackers brach. Auch die Minderung des Waldbestandes durch umfangreiche Rodungen mit verbesserten Werkzeugen und Neugründungen von Siedlungen, insbesondere durch den Landesausbau seit dem 10. Jahrhundert und die Ostsiedlung seit dem 12. Jahrhundert, erschlossen neue Flächen.

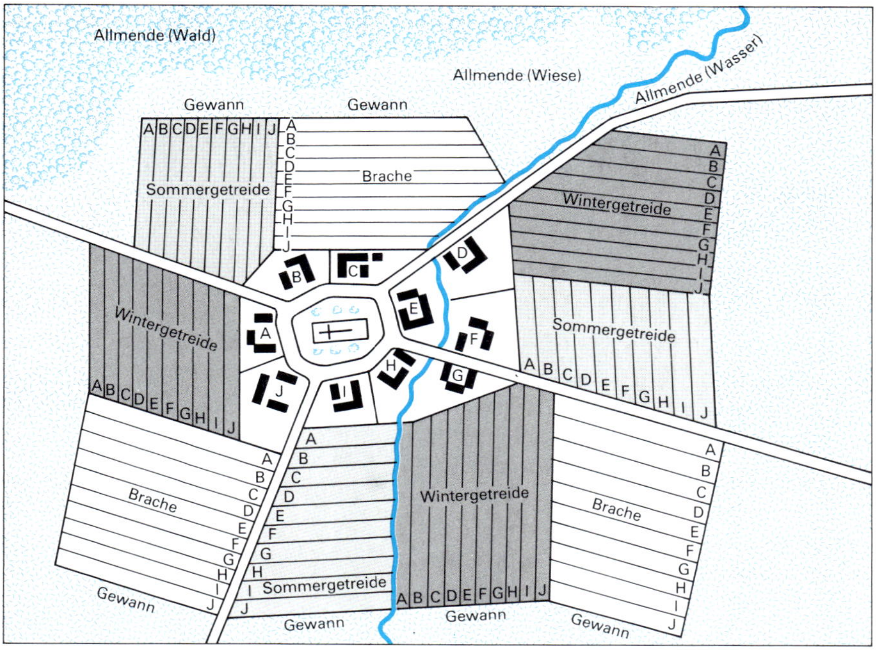

2 Dreifelderwirtschaft. Trotz ihrer offensichtlichen Vorteile wurde die Dreifelderwirtschaft nur zögernd eingeführt, weil sie tiefgreifende Konsequenzen für die dörflichen Lebensverhältnisse hatte: Der Boden musste umverteilt werden und mit der Festlegung des Fruchtwechsels waren die Bauern gezwungen, ihre Arbeit zu koordinieren. Mit diesem Flurzwang waren neue Regelungen und Abmachungen nötig, die aus Dörfern Dorfgenossenschaften werden ließen.

3 Capitulare de villis

Eine Verordnung über die Krongüter und Reichshöfe erließ Karl der Große 795. Es heißt darin:

„1. Wir befehlen: Unsere Krongüter, die wir eingerichtet haben, unseren Hofhalt zu beliefern, sollen allein unserem Bedarf dienen und niemandem sonst. …

18. Bei unseren Mehlmühlen halte man der Größe der Mühle entsprechend Hühner und Gänse, je mehr, desto besser.

19. Bei den Scheunen auf unseren Haupthöfen halte man mindestens 100 Hühner und 30 Gänse, auf den Vorwerken mindestens 50 Hühner und 12 Gänse. …

21. Auf unseren Gütern soll jeder Amtmann die Fischteiche, soweit vorhanden, erhalten und wenn möglich erweitern; wo sie fehlen, aber doch sein könnten, soll man sie neu anlegen. …

23. Auf jedem unserer Krongüter sollen die Amtmänner einen möglichst großen Bestand an Kühen, Schweinen, Schafen, Ziegen und Böcken halten; fehlen darf dies Vieh niemals. Außerdem sollen sie Kühe bereithalten, um mit Hilfe unserer Knechte die anfallenden Arbeiten zu verrichten, so dass sich der Bestand an Kühen und Pflug und Wagen für unsere Wirtschaft auf keinen Fall verringert. Zur Zeit des Hofdienstes müssen sie zur Fütterung der Hunde Vieh stellen; lahmende, aber nicht kranke Ochsen, Kühe und Pferde, doch ohne Räude, oder anderes, nicht krankes, kleineres Vieh. Wie gesagt: den Bestand an Kühen und Fuhrwerk darf man deshalb nicht vermindern. …

34. Mit ganz besonderer Sorgfalt ist darauf zu achten, dass alles, was mit den Händen verarbeitet und zubereitet wird – wie Speck, Rauchfleisch, Sülze, Pökelfleisch, Wein, Essig, Brombeerwein, Würzwein, Most, Senf, Käse, Butter, Malz, Malzbier, Met, Honig, Wachs, Mehl –, dass dies alles mit der größten Sauberkeit hergestellt wird. …

36. Unsere Wälder und Forsten sind sorgsam zu beaufsichtigen. Zur Rodung geeignetes Land soll man roden und verhindern, dass Ackerland wieder von Wald bewachsen wird und nicht dulden, dass Wälder, wo sie nötig sind, übermäßig ausgeholzt und geschädigt werden. Unser Wildstand in den Forsten ist gut zu hegen. Auch muss man Jagdfalken und Sperber für unseren Gebrauch abrichten und uns den Waldzehnt pünktlich entrichten. Treiben unsere Amtmänner, Meier oder deren Leute ihre Schweine zur Mast in unseren Wald, so mögen sie als erste den Zehnt dafür entrichten um ein gutes Beispiel zu geben, auf dass daraufhin auch ihre Leute alle den Zehnt voll zahlen. …

42. Jedes Krongut soll in seinem Lagerraum vorrätig haben: Bettdecken, Matratzen, Federkissen, Bettlinnen, Tischtücher, Bankpolster, Gefäße aus Kupfer, Blei, Eisen und Holz, Feuerböcke, Ketten, Kesselhaken, Hobeleisen, Spitzhauen, Bohrer, Schnitzmesser – kurzum, alles nötige Gerät, so dass man es nicht anderswo zu erbitten oder zu entleihen braucht. Auch das eiserne Kriegsgerät muss man hier verwahren, damit es gut erhalten bleibt; …

63. Unsere Amtmänner mögen es nicht für eine Zumutung halten, wenn wir all das Obengenannte von ihnen fordern. Denn wir wollen, dass sie selbst ähnlich von ihren Untertanen all dies fordern, ohne Unwillen zu erregen, und dass sie auf unseren Krongütern alles vorrätig haben, was man in seinem Haus oder auf seinen Gütern haben muss."

(Zit. nach: Geschichte in Quellen, Bd. 2, München 1970, S. 95 ff.)

Arbeitsvorschläge und Fragen

a) Stellen Sie fest, wie die Verbesserungen landwirtschaftlicher Technik und Methoden zur Steigerung der Produktivität beitrugen (M 1 und M 2).
b) Erklären Sie die Wechselwirkungen zwischen dem Wachstum der landwirtschaftlichen Produktion und dem der Bevölkerung.

5.2 Bauern und Grundherrschaft

Entstehung der Grundherrschaft

Bauern waren bis ins 9. Jahrhundert meist freie Leute, von keinem Grundherrn abhängig, aber zum Kriegsdienst verpflichtet. Seit dem 9. Jahrhundert gerieten die Bauern der meisten Landschaften Mittel- und Westeuropas, vielfach unter dem Druck häufiger Kriegszüge beim Einfall von Normannen, Awaren oder Ungarn, in die *Abhängigkeit von Grundherren.* Denn sie sahen sich immer weniger imstande, Kriegsdienst zu leisten und ihre Ausrüstung selbst zu stellen. Druck und Verlockung, sich einem Herren zu übergeben, nahmen zu; der Herr nahm ihnen die Kriegsdienstpflichten ab und versprach ihnen seinen Schutz, dafür verlangte er aber festgelegte Abgaben und Frondienste (Herrendienste). So wurden aus Freien hörige „Grundholde".

Die grundherrschaftliche Ordnung dehnte sich auch deshalb aus, weil sie mit dem *Lehnswesen* verbunden war. Lehns- oder Schenkungsurkunden enthielten neben den Angaben zu Art und Umfang des verliehenen Gutes und Pflichten des Beliehenen auch Angaben über die Menschen, die in die Übergabe einbezogen waren, weil sie an den Grundbesitz gebunden waren. So etwa bestimmte König Ludwig der Fromme (814–840), wenn er ein neu gegründetes Kloster ausstattete, dass ein aus königlichem Gut übergebenes Gebiet „unter aller Unversehrtheit mit allen Dingen und Einkünften und mit allem, was zu ihm gehört und bei ihm liegt, d. h. mit Kirchen, Häusern und übrigen Gebäuden, Ländereien, Wiesen, Wäldern, Feldern, Weiden, Gewässern, Wasserläufen, bebautem und unbebautem Land, beweglichen und festen Dingen, hörigen Leuten verschiedenen Geschlechts und Alters, dem neuen Kloster unterworfen ist." Denn Grundherrschaft bedeutete „Herrschaft über Grund und Boden und über Bauern", „d. h. über Menschen, die auf Grund und Boden sitzen und diesen Boden bebauen" (O. Brunner).

Das Fronhofsystem

Die Grundherren übten ihre Herrschaft durch Fron-, d. h. Herrenhöfe aus. Im Mittelpunkt solcher Fronhöfe stand der herrschaftliche Domänenbetrieb mit seinem unfreien Gesinde. Im weiteren Umkreis gab es die abhängigen, aber

selbständig wirtschaftenden Bauern auf ihrem Land, der *Hufe.* Das zum Domänenhof gehörende Land, das *Salland,* wurde vom Gesinde bearbeitet, aber auch von Hufenbauern, die im Einzelnen festgelegte *Frondienste* zu leisten hatten. Die gesamte unfreie Hofgenossenschaft des Gesindes und der Hufenbauern war ein Personenverband, familia genannt, der dem Grundherrn unterstand.
Ein solches Grundherrschaftssystem konnte, je nach Ausstattung des Herrn mit Landbesitz, vielfältig verzweigt sein. So wurde evtl. der Gesamtbesitz in Bezirke aufgeteilt, in denen Ober-, Haupt- und Nebenhöfe als Fronhöfe existierten, die jeweils Mittelpunkt für abhängige Bauernstellen und Dörfer waren. Nach den Leitern der Fronhöfe, den villici, wird dieses System heute *Villikationssystem* genannt. Es war insbesondere im Karolingerreich zwischen Loire und Rhein verbreitet.

Landgüterordnung

Die Grundherren, denen die Villikation ihre Machtgrundlage gab, waren König, Kirche und Adel. Es gab also Fronhöfe, die dem König und solche, die einem Kloster oder einem Adelsgeschlecht gehörten. Für Karl den Großen war das Fronhofsystem fester Bestandteil seiner Herrschaft. Er erließ eine „Landgüterordnung" (Capitulare de villis, vgl. S. 139, M 3), die die Verhältnisse auf den Königshöfen bis in alle Einzelheiten regelte und aus der deutlich wird, dass auf den Fronhöfen auch handwerklich produziert wurde.
Doch gab es vor allem östlich des Rheins weite Gebiete, in denen nicht die große Organisation der Villikation vorherrschte, sondern die Herrschaft zahlreicher kleiner Grundbesitzer, von denen wir wenig wissen, weil sie wenig schriftlich festhielten und daher selten Urkunden hinterließen.
Mit der Entstehung von Märkten und Geldwirtschaft sowie der Konzentration der handwerklichen Produktion in den Städten seit dem 12. Jahrhundert verlorren die Villikationen an Bedeutung und lösten sich vielfach in ihre Bestandteile auf.

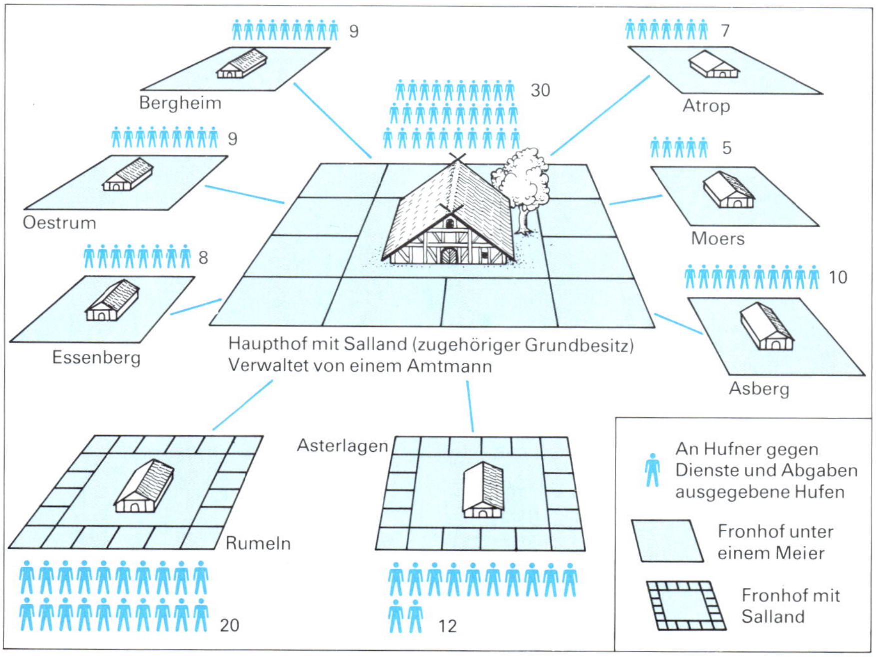

1 Fronhofverband Friemersheim (um 900). Nach Schätzungen gehörten zu Friemersheim 180 Personen, zu Rumeln 120, Asterlagen 75, Östrum 55, Essenberg 50, Asberg 55, Atrop 45, Bergheim 50 Personen. (Nach: Pleticha, [Hrsg.], Deutsche Geschichte, Bd. 1)

Abstufungen der Freiheit

Merkmal mittelalterlicher Gesellschaftsordnung war die Abstufung einer Vielzahl von *Rechtsstellungen* zwischen frei und unfrei, die sich auch regional unterschieden.

- Der freie Hörige, ein ehemals Freier, hatte sein Gut in die Grundherrschaft eingebracht um Schutz zu erhalten. Er konnte es weiter bewirtschaften und auch grundherrlichen Besitz zur Nutzung übertragen bekommen.
- Die unfreien Hörigen hingegen waren Leibeigene ihres Herrn, der sie zusammen mit dem Hof verkaufen konnte.
- Schließlich gab es die Halbfreien, von Herren freigelassene ehemalige Hörige.

Für diese Gruppen und Schichten, die gleiche oder ähnliche Arbeit leisteten, existierte vorerst keine gemeinsame Bezeichnung. Mit dem Wort „gebur(e)" wurde zunächst nicht der „Bauer", sondern der Mitbewohner, der Dorfgenosse, benannt. Erst in der Vorstellung des 11. Jahrhunderts wurden die Stände mit ihren besonderen Aufgaben als gottgewollt einander gegenübergestellt: Krieger, Beter und Arbeitende. Die kriegführenden Ritter waren die Herrenschicht geworden, nachdem es freie Kriegerbauern, rustici, nicht mehr gab. Die Bauern waren auf die Aufgabe beschränkt, Adel und Klerus ein standesgemäßes Leben zu ermöglichen. War im frühen Mittelalter der Bauer durchaus geachtet, geriet er in der im hohen Mittelalter entstehenden Standeslehre auf die untere Stufe der Standespyramide. Das Wort Bauer wurde nun in abwertendem Sinne gebraucht, wie noch heute an Wörtern wie bäurisch und Tölpel (von Dörfler), im Französischen vilain (abstoßend), im Englischen villain (Schuft) zu erkennen ist.

Dorfgenossenschaft

Mit der Zahl und Größe ländlicher Siedlungen stieg bis zum 14. Jahrhundert auch ihre Bedeutung als eigenständige bäuerliche Gemeinschaften. Seit der Entstehung der Städte im 12.–14. Jahrhundert eröffnete sich für die Bauern die Möglichkeit, ihre Erzeugnisse zu verkaufen, ja selbst in die Stadt zu ziehen, was ihre Stellung gegenüber dem Grundherrn stärkte. Die Einführung der Dreifelderwirtschaft hatte tiefgreifende Folgen für das Zusammenleben in den Dör-

2 Bauern liefern ihre Abgaben an den Grundherrn.
(Holzschnitt aus Augsburg, 1479)

fern, weil der Boden umverteilt werden musste und die Bauern mit der Festlegung des Fruchtwechsels gezwungen waren, ihre Arbeit miteinander abzustimmen. Dieser Flurzwang machte neue Regelungen und Abmachungen nötig, die aus einer Ansammlung von Höfen Dorfgenossenschaften werden ließen. Ob im Fronhofverband oder außerhalb – die Dorfgenossenschaft hatte die Probleme des bäuerlichen Alltags zu lösen, gemeinsame Aufgaben wie Nutzung von Weide und Wald zu regeln, Konflikte zu schlichten und ihre Interessen gegenüber Grundherr oder Fronhof zu vertreten. Auch auf den Dörfern bildete sich eine Rangordnung, in der die Vollbauern einerseits die Oberschicht bildeten, Tagelöhner und Dienstboten andererseits nicht als Mitglieder der Dorfgenossenschaft galten. Der Schultheiß oder Schulze wurde vom Grundherren als Dorfherr eingesetzt oder ein Bauernmeister von den Vollbauern gewählt. Letzteres galt vor allem in den neuen Dorfgründungen im Zuge des Landesausbaus in Altdeutschland und der Ostkolonisation. Im Laufe der Zeit wurden dem Schultheißen oder Bauernmeister mehr und mehr herrschaftliche Rechte überlassen: er saß der Dorfversammlung und dem Dorfgericht vor und besetzte niedere Ämter im Dorf. Im Einzelnen gab es von Dorf zu Dorf und von Landschaft zu Landschaft erhebliche Unterschiede der Rechtsverhältnisse, die sich zudem im Laufe der Zeit – wenn auch sehr langsam – änderten.

3 Fronhofverband

Um 820 legte Abt Irmino ein lateinisches Verzeichnis der Ländereien seines Benediktinerklosters Saint-Germain des Prés bei Paris an. Der Abschnitt über den Ort *Nuviliacus*, wahrscheinlich das heutige Nully (Orne), lautet:

„Das Kloster hat in *Nuviliacus* eine Herrenhufe mit reichlichen Nebengebäuden. Es hat dort zehn kleine Felder mit 40 Gewannen[1], darauf können 200 Scheffel[1] Hafer gesät werden; Wiese neun Joch[1], von denen an Heu zehn Karren geerntet werden können. Es hat dort an Wald schätzungsweise drei Meilen[1] in der Länge, in der Breite eine Meile, in dem 800 Schweine gemästet werden können. – Der Knecht Electeus und seine Frau, die Kolonin[2] Landina, Eigenleute von Saint-Germain, bleiben in *Nuviliacus*. Er hat eine halbe Hufe, bestehend aus Ackerland sechs Gewann, aus Wiese ein halbes Joch. Er pflügt bei der Winterbestellung vier Ruten[1], bei der Frühjahrsbestellung 13. Er fährt Mist auf das Herrenfeld und tut und zählt sonst nichts, wegen des Dienstes, den er übernimmt. ... [Drei weitere Eigenleute-Familien mit zusammen 8 Kindern werden benannt.] Sie haben eine Hufe, bestehend aus Ackerland 15 Gewann, aus Wiese vier Joch. Sie machen Spanndienst nach Angers und im Monat Mai nach Paris. Sie erbringen für die Heeressteuer zwei Hammel. Neun Hühner, 30 Eier, 100 Bretter und ebenso viele Schindeln, 12 Dauben, sechs Reifen, 12 Fackeln; und an Holz fahren sie zwei Karren nach Suré. Auf dem Herrenhof umzäunen sie vier Ruten mit Latten, auf der Wiese vier Ruten mit Hecke, zur Ernte aber nach Bedarf. Sie pflügen zur Winterbestellung acht Ruten, zur Frühjahrsbestellung 26 Ruten. Neben dem normalen und außerordentlichen Felddienst fahren sie Mist aufs Herrenfeld. Jeder erbringt vier Pfennig Kopfzins!"

(Zit. nach: Arno Borst, Lebensformen im Mittelalter, 4. Aufl. Frankfurt/M. und Berlin 1987, S. 347)

[1] Mittelalterliche Maße sind nicht genormt und differieren regional. Scheffel: Hohlmaß; Joch: Fläche, die ein Joch Rinder am Tag pflügen kann (30–65 a); Meile: 1000 Doppelschritte, etwa 1,5 km; Gewann: Teil der Ackerflur; Rute: Länge einer Rute (2,80–5,0 m); Pfennig: ursprünglich eine Silbermünze von relativ hohem Wert.

[2] Coloni und Liten: ehemals Freie, die an den Grundbesitz (die Scholle) des Herrn gebunden waren.

4 Unfreie erstreben Freiheit

In einer Verordnung Kaiser Ottos III. um 1000 heißt es:

„Durchgreifende Abhilfe tut not, wenn die Großen unseres Reiches, weltlichen Amtes und geistlichen Standes, Reiche und Arme, Hohe und Niedere, sich in dauernden Klagen darüber

beschweren, dass sie von ihren Untertanen und Eigenleuten die gebührenden und ihnen zustehenden Dienste nicht erhalten können. Die einen geben vor, deshalb frei zu sein, weil ihre Herren die Untertänigkeit, die sie listigerweise abzuschütteln versuchen, häufig nicht nachweisen können. Andere streben deshalb zur Freiheit aufzusteigen, weil ihre Herren [wie es manchmal geschieht] durch allerlei Geschäfte abgehalten, sich lange Zeit nicht um sie kümmern, sie nicht zur üblichen Dienstleistung heranziehen, ja nicht einmal mit einem Worte an die Dienstbarkeit erinnern. Aus diesem Anlass wollen sie sich frei machen. Sie erklären laut, sie hätten nach Recht und Herkommen als Freie gelebt, weil sie kurze Zeit von ihren Dienstpflichten entbunden waren."
(Zit. nach: Herrschaft und Genossenschaft im Mittelalter, hrsg. von D. Starke, Stuttgart 1971, S. 62)

5 Fälligkeitstermine

Im „Sachsenspiegel" stellte der Ritter Eike von Repgow das sächsische Stammesrecht dar, wie er es um 1230 vorfand. Ohne systematische Ordnung zeichnete er die Rechtsbräuche verschiedenster Sachgebiete mit eigenen Erläuterungen auf. Die Illustrationen sollten denen, die nicht lesen konnten, eine Erinnerungshilfe sein. In einer kommentierten, modernen Ausgabe des Sachsenspiegels heißt es:

„Die Fälligkeitstermine für Abgaben und Fruchterwerb … hat der Maler in Form eines Bauernkalenders dargestellt und die Bilder deshalb nicht in der Reihenfolge des Textes, sondern chronologisch angeordnet.

Das erste Bild soll an den Lämmerzehnt erinnern, der zu Walpurgis (1. Mai) fällig wird. Mit dem grünen Baum ist hier wohl ein Maibaum gemeint, der nach weit verbreiteter Sitte zu Walpurgis an Haus und Hof aufgepflanzt wurde.

Zu St. Urban (25. Mai) hat der Nutzungsberechtigte die Früchte von Obst- und Weingarten ‚verdient', weil zu diesem Zeitpunkt die Frühjahrspflege beendet ist. Das Ende dieser Arbeit zeigt rechts der leere rote Arbeitskittel an.

Es folgt der Termin für den Fleischzehnt, der am Johannistag (24. Juni) fällig ist und im Bild durch ein Rind, ein Kalb, eine Ziege und einen Hahn dargestellt wird. Das Gebilde rechts ist vermutlich eine Johanniskrone.

Am St. Margarethentag (13. Juli) ist der Kornzehnt fällig. Wie in ihrer Legende fesselt die Heilige hier den Teufel. Hinter ihr liegt das Korn, ‚das vorher in Garben gesetzt ist', wofür der Zehnt deshalb auch schon vorher als verdient gilt.

Kräuter und Wurzelbündel auf dem nächsten Bild symbolisieren die Wurzmesse (15. August), den Fälligkeitstermin für den Gänsezehnt.

Am St. Bartholomäustag (24. August) ‚ist allerlei Zins und Pflege fällig'. Der Heilige trägt seine Haut, die ihm seiner Legende nach abgezogen wurde, auf einer Stange. ‚Zins und Pflege' befinden sich auf und neben dem Tisch."
(Zit. nach: Der Sachsenspiegel in Bildern, hrsg. von W. Koschorreck, Frankfurt 1976, S. 118)

6 Rechtsbestimmungen aus dem Sachsenspiegel. ▶
Oberes Bild: Schweinekoben, Abort und Backofen sollen drei Fuß vom Zaun entfernt stehen (oben). Überhangsrecht: Rankt der Hopfen über den Zaun, dann soll der, in dessen Hof er wurzelt, daran ziehen, wie es der Bauer auf dem Bild mit der linken Hand tut; „was ihm folgt,das ist sein". Was auf der anderen Seite bleibt, gehört dem Nachbarn. – Äste eines Baumes dürfen nicht über den Zaun ins Nachbargrundstück hineinragen (unten).
Unteres Bild: Mit drei Schillingen leistet auch eine Bauernschaft der anderen Genugtuung und vergilt ihr ihren Schaden. – Die beiden Bauernschaften stehen einander gegenüber. Die Bauernmeister vereinbaren die Schadensersatzzahlung, ohne dass ersichtlich wäre, wer hier Gläubiger, wer Schuldner ist.
(Zit. nach: Der Sachsenspiegel in Bildern, hrsg. von W. Koschorreck, Frankfurt/M. 1976)

7 Recht und Ordnung

Regelungen der Dorfgemeinschaft finden sich in Niederschriften der Aussagen rechtskundiger Personen über mündlich überliefertes Recht, Weistümer (von weisen = zeigen) genannt, die auch in den Sachsenspiegel übernommen wurden.

7a Aus dem Sachsenspiegel:
„Was der Bauermeister zu des Dorfes Nutzen beschließt mit Zustimmung der meisten Bauern, dem soll der kleinere Teil nicht widersprechen. …
Wer die Almende abgräbt, abackert oder abzäunt, büßt dem Bauernmeister drei Schillinge.
…
Wer zuerst [in die Mühle] kommt, mahlt zuerst."
(Zit. nach: Herrschaft und Genossenschaft im Mittelalter, hrsg. von D. Starke, Stuttgart 1971, S. 76)

7b Im Bayerischen Landrecht von 1244 heißt es:
„Die Bauern wie ihre Söhne sollen das Haar bis zu den Ohren abschneiden. Sie dürfen Panzer, Eisenhut, Koller, Joppen von feinem Gewebe, ein lateinisches Messer, irgendeinen Kettenpanzer und kriegerischen Schmuck nur zum Kirchgang tragen. An Werktagen dürfen sie nur ein kurzes Messer und einen Reutil[1] tragen. Ihr Schwert dürfen nur die Hauswirte und keine anderen tragen. Alles aber, was die gemeinsame Not des Landes erfordert, um die Gerichtsfolge zu leisten oder die Heimat gegen einen feindli-

8 Auf dem Weg zum Markt
(Aus dem „Ulmer Aesop" des Johannes Zainer, gedruckt um 1476)
▼

chen Einfall zu verteidigen, können sie, wenn sie wollen, in ihren Häusern aufbewahren. Ebenso sollen sie keine vornehmere Kleidung als graue und billige und nur rindsledernes Schuhwerk tragen, mit Ausnahme derer, die ein angestammtes Amt irgendeines Herren innehaben. Wenn die Übrigen mit diesen verbotenen Stücken angetroffen werden, sollen diese ihnen weggenommen werden. Für ein Talent[2] können sie sie von dem Richter wieder einlösen."
(Zit. nach: Deutsche Agrargeschichte, hrsg. von G. Franz, Stuttgart o. J., S. 6)

---

[1] Zum Pflug gehöriger Eisenstab
[2] Große Goldmünze

9 Standesgrenzen

9a Ein moderner Historiker berichtet:
„In seinem satirischen Versepos ‚Meier Helmbreht' beschrieb Wernher der Gartenaere in der 2. Hälfte des 13. Jh. den Abstieg und Untergang eines jungen Bauernsohnes, der der Landarbeit überdrüssig war und ein Ritterleben am Hof führen, Wein statt Wasser trinken, Fleisch statt Brei und Weißbrot statt Haferbrot essen wollte. Er trug schulterlanges Haar [wie es nur dem Adel zustand], das er durch eine bildergeschmückte Haube zusammenhielt, auf der Motive der Eroberung Trojas und der Sarazenenkämpfe Karls des Großen abgebildet waren, außerdem einen Leibrock mit silbernen Knöpfen und ein Schwert und kaufte sich schließlich – für den Preis von vier Kühen und vier Scheffeln Korn – ein Pferd. Entgegen der Warnung des Vaters, dass eine Auflehnung gegen den Rang selten zum Erfolg führe – und Helmbreht sei für den Pflug bestimmt [wobei auch bereits ein gehöriges Maß von bäuerlichem Standesbewusstsein aus den Worten des Vaters sprach] –, verließ der Junge den Hof, wurde aber nicht zum Ritter, wie er glaubte, sondern zum Anführer einer Räuberbande, die die Bauern ausplünderte, bis man sie schließlich ergriff und verurteile; neun wurden hingerichtet, den zehnten, Helmbreht, ließ man am Leben, stach ihm aber beide Augen aus und hackte ihm eine Hand und einen Fuß ab. Vom Vater verstoßen, wurde der blinde Helmbreht schließlich von den bestohlenen Bauern aufgehängt."
(Hans W. Goetz: Leben im Mittelalter, München 1986, S. 140 f.)

9b Im Versepos spricht der Vater zu Helmbreht:
„Lieber sun daz waerest dû / ob dû mir woldest volgen nû. / sô bûwe mit dem phluoge. / sô geniezent din genouge.[1] / din geniuzet sîcherliche / der arme und der rîche, dîn geniuzet der wolf und der ar / und alliu creatûre gar / und waz got ûf erden / hiez ie lebendic werden …
wan selten im gelinget / der wider sînen orden singet./[2] dîn ordenunge ist der phluoc."
(Meier Helmbrecht, hrsg. von F. Panzer, Halle 1902, Vers 543 ff.)

---

[1] dann haben (die Menschen) Nutzen von dir
[2] denn selten hat Erfolg, wer gegen seinen Stand ankämpft.

Arbeitsvorschläge und Fragen

a) Überlegen Sie, ob Fronhofsystem und Villikation die landwirtschaftlichen Produktionsbedingungen verbesserten (vgl. M 1).
b) Stellen Sie die Auswirkungen der Hörigkeit auf das Leben der Bauern dar. (M 1–M 5, M 9)
c) Versuchen Sie, Ursachen der vielfältigen Abstufungen von Freiheit sowie vielfältigen regionalen Unterschiede der Rechtsverhältnisse zu finden.
d) Erläutern Sie die Bedeutung der Dorfgenossenschaft aufgrund des Systems der Dreifelderwirtschaft und der in M 7 angeführten Regelungen.

6. Lebensverhältnisse auf dem Lande

Dürftige Ernährung

Im Unterschied zu den Städten, die an Fernstraßen, oft auch an Wasserwege angeschlossen waren, war die Landbevölkerung auf Erzeugnisse angewiesen, die an Ort und Stelle produziert wurden. So dienten etwa auf Wurtensiedlungen in Schleswig-Holstein nur vier Pflanzenarten als *Grundnahrungsmittel* (Pferdebohne, Gerste, Hafer und Lein), und die Viehhaltung beschränkte sich auf Schafe, Rinder, Schweine und Pferde. In der Ems-Flussmarsch z. B. war das Nahrungsangebot schon reicher: Zusätzlich wurden dort Leindotter, Emmer, Futterwicke und Apfel angebaut. Roggen, sonst in vielen Regionen hauptsächliche Ernährungsgrundlage, findet sich hier nicht, wohl aber in 10 km Entfernung von der Ems-Flussmarsch. Einseitige Roggenernährung führte immer wieder zu dem gefürchteten „St.-Antonius-Fieber", einer Krankheit, die durch mutterkorninfiziertes Getreide verursacht wird. Weizen gedieh vor allem auf guten Böden Westeuropas. Weizenbrot galt jedoch als Herrenbrot.
Die Mahlzeiten der Bauern bestanden aus Fladenbrot und verschiedenen Breien; dazu gab es Bier oder Wein. Gewürze aus heimischen Gärten sorgten für ein wenig Geschmack am Nahrungseinerlei. Gewürze freilich, die aus dem Orient eingeführt wurden wie Pfeffer, Zimt oder Muskat, gab es fast nur in der Stadt und nur für die, die es bezahlen konnten. Salz hingegen, etwa aus Schwäbisch Hall oder Lüneburg, das den Geschmack verbesserte, vor allem aber die Haltbarkeit der Lebensmittel verlängerte, gelangte über Fernhändler auch in die Dörfer.

Kurzes Leben

Der Gesundheitszustand war im ganzen schlecht. Starke körperliche Belastungen, einseitige Ernährung, Unkenntnis über die Ursachen von Krankheiten und damit über die Notwendigkeit von Sauberkeit und Hygiene waren die Ursachen hoher Sterblichkeit. *Seuchen* wie dem Aussatz seit dem 8. Jahrhundert und den Pestzügen waren die Menschen hilflos ausgeliefert.

Sterblichkeit

Jedes zweite Kind starb schon in den ersten Lebensjahren. Kinderarbeit mindestens vom siebenten Lebensjahr an war auf dem Bauernhof selbstverständlich, Frauen arbeiteten grundsätzlich auch auf dem Felde mit. Infolge solcher Lebensbedingungen blieben die Menschen vergleichsweise klein, Frauen wurden im Durchschnitt 161 cm, Männer 171 cm groß. Untersuchungen mittelalterlicher Gräberfelder haben für Männer ein mittleres Sterbealter von 34 Jahren ergeben, für Frauen von knapp 28. Doch sind auch Ernährungslage und *Lebenserwartung* im Laufe des Mittelalters starken Veränderungen unterworfen. So führte die steigende landwirtschaftliche Produktivität und der Landesausbau vom 10. bis 13. Jahrhundert zu einem Anwachsen der Bevölkerung und auch zu einem beträchtlichen Anstieg des Fleischverzehrs. Eine Klimaverschlechterung und die Übervölkerung brachten im 14. Jahrhundert einen drastischen Umschwung. 1348–50 fiel ein Drittel der Bevölkerung Europas der Beulenpest, dem Schwarzen Tod, zum Opfer, wobei die Verluste in den engen Städten größer waren als auf dem Lande. Der durch diese Pestzüge und Kriege verursachte Bevölkerungsrückgang führte zu einer Krise der Landwirtschaft und zur Aufgabe vieler kleinerer Siedlungen. Die Zahl solcher von der Restbevölkerung aufgegebener Wüstungen ergibt sich aus dem Rückgang der Siedlungen im Reich von etwa 170000 um 1300 auf 110000 um 1500.

Gefährdung

Zu den Gefährdungen menschlichen Lebens durch Hunger und Krankheit kam die Bedrohung durch *Kriege* und *Fehden*, denen die Siedlungen der Bauern schutzloser ausgeliefert waren als die Burgen des Adels oder die ummauerten Städte. Solche Umstände prägten auch Weltbild und Lebenseinstellung der Menschen nachhaltig (vgl. S. 180f.).

Feudalismus: Der Begriff Feudalismus ist von dem mittelalterlichen latinisierten feudum (wohl von fränkisch fehu = Vieh, Geld, Vermögen) abgeleitet. Die Bezeichnung Feudalismus wird zum erstenmal im 17. Jahrhundert in Frankreich gebraucht, um das aus dem Mittelalter stammende Lehnswesen und die Grundherrschaft zu benennen, eine Gesellschaftsordnung also, die ihre Geschichte eigentlich hinter sich hatte und die es zu überwinden galt. Im Mittelalter selbst war diese Ordnung so selbstverständlich, dass es eines unterscheidenden Begriffs nicht bedurfte.
In Frankreich betrachtete man den Feudalismus (régime féodal) mit der Französischen Revolution von 1789 als aufgehoben. In Deutschland wurde der Feudalismus von konservativer Seite auch im 19. Jahrhundert noch als „lebenserhaltendes Prinzip" angesehen. Die Liberalen sprachen in der Tradition der Französischen Revolution von „Feudaldespotie" und „Feudalanarchie". Für Karl Marx (1818–1883) diente der Ausdruck zur Kennzeichnung seiner grundsätzlichen Kritik an den Zuständen der Zeit: Die ökonomische Struktur der kapitalistischen Gesellschaft, die es durch Revolution zu überwinden gelte, „ist hervorgegangen aus der ökonomischen Struktur der feudalen Gesellschaft". In solchem Sinn wird der Feudalismus-Begriff meist auch von der modernen marxistischen Geschichtswissenschaft verwendet.
Heute wird der Ausdruck von Historikern und Sozialwissenschaftlern meist auch auf Gesellschaftssysteme angewandt, die dem mittelalterlichen Lehnswesen Europas ähnlich sind, wie das Japans vom 14. bis zum 19. Jahrhundert und das Chinas vom 10. bis 7. Jahrhundert vor Christus, oder auf gesellschaftliche Verhältnisse in heutigen Staaten der Dritten Welt. Damit wird die eurozentrische Begrenzung zu einer universalhistorischen Betrachtungsweise geöffnet.

1 Das Leben der Bauern

1a Die Beschreibung Sebastian Münsters von 1544 trifft weithin auch die Verhältnisse im späten Mittelalter:

„Der vierte Stand[1] ist der Menschen die auf dem Felde sitzen und in Dörffern, Höffen und Wylerlin und werden genennt Bawern, darum sie das Feld bawen und das zu der Frucht bereitet. Diese fürn gar ein schlecht und niederträchtig Leben. Es ist ein jeder von dem andern abgeschieden und lebt für sich selbst mit seinem Gesind und Viech. Ihre Häuser sind schlechte Häuser von Kot und Holz gemacht, uff daz Ertrich gesetzt und Strow gedeckt. Ihre Speiß ist schwarz trukken Brot, Haberbrei oder gekocht Erbsen und Linsen. Wasser und Molken ist fast ihr einzig Trank. Eine Zwilchgippe[2], zwen Buntschuck[3] und ein Filzhut ist ihre Kleidung. Diese Leute haben nimmer ruh. Früw und spat hangen sie der Arbeit an. Sie tragen in die nächste Stett zu verkauffen was sie Nutzung überkommen auf dem Feld, und von dem Viech, und kaufen dagegen, was sie bedörffen. Dann sie haben keine oder gar wenige Handwerkslewt bey ihnen sitzen. Ihren Herren müssen sie offt durch das Jahr dienen, das Feld bawen, säen, die Frucht abschneiden und in die Schewer führen, Holz hawen, und Gräben machen. Do ist nichts, das das arm Volk nitt thun muß und on Verlust nitt auffschieben darff."
(Zit. nach: O. Borst, Alltagsleben im Mittelalter, Frankfurt/M. 1983, S. 115f.)

[1] nach Adel, Klerus und Stadtbürgern
[2] leinener Rock
[3] aus einem Stück Leder gebundener Schuh: Bundschuh

2 **Feld- und Gartenarbeiten.** Holzschnitt aus einer Ausgabe von Vergils „Georgica", die 1502 in Straßburg erschien. Der Künstler hat sich bei der Illustration des Buches über das Landleben des römischen Dichters Vergil um korrekte Wiedergabe südlicher Vegetation bemüht und zeigt damit eine neuzeitliche Weltsicht.

3 **Bauern.** Holzschnitt von Albrecht Dürer (1471–1528)

1b Der Historiker Otto Borst schildert die bäuerlichen Lebensverhältnisse des Mittelalters, die sich in abgelegenen Gegenden Mitteleuropas nicht viel anders bis ins 20. Jahrhundert erhalten haben:

„Eine einfache, eine primitive Welt. Als Energiequelle hat man nur seine eigene und die tierische Kraft. Kleine Hütten aus Lehm und Stroh, der Fußboden ist hartgestampfte Erde, die Notdurft verrichtet man im Freien, Trinkwasser fehlt, Männer, Frauen, Kinder schlafen im selben luftleeren, düsteren Raum, der Geschlechtsverkehr spielt sich in Anwesenheit der Kinder ab, nebenan steht das Vieh. Bei den Ärmsten teilt man, im Winter auch der Wärme wegen, den Raum mit ihm. Wenn die Versorgung des Viehs es erfordert, wenn es hell wird, steht man auf, im Sommer jedenfalls zwischen vier und fünf Uhr. Zwischen neun und zehn Uhr nimmt man die Hauptmahlzeit ein, zwischen vier und fünf Uhr nachmittags die zweite Mahlzeit des Tages. Und wenn es dunkel wird, geht man zu Bett, zumal man in der Hauptsache ohne Beleuchtung auskommen muss. Es genügt die Anpassung an die rhythmische Zeit, die ohnehin nicht zu beeinflussen war."

(O. Borst, Alltagsleben im Mittelalter, Frankfurt/M. 1983, S. 130)

Arbeitsvorschläge und Fragen

a) Ordnen Sie Informationen und Materialien der Kapitel 5 und 6 in Stichwörtern auf einem Übersichtsblatt zeitlich ein, und stellen Sie fest, welche der in den Marginalien bezeichneten Erscheinungen offenbar für den ganzen Zeitraum des Mittelalters kennzeichnend waren, welche sich wandelten. In welcher Hinsicht würden Sie von Fortschritt sprechen?

b) Suchen Sie Erklärungen dafür, warum sich das harte Leben der Bauern über Jahrhunderte kaum wandelte.

7. Lebenswelten von Frauen im Mittelalter

Soziale Einschätzung der Frauen

In zahlreichen Liedern des Hochmittelalters verehren Minnesänger die „holde vrouwe", die Minnedame als Verkörperung ihres Tugendideals; viele Abbildungen dokumentieren die mittelalterliche Marienverehrung. Kann man also daraus schließen, dass die Frau im Mittelalter von hohem gesellschaftlichem Ansehen war? Man muss sich vor Verallgemeinerungen hüten: Im Mittelalter hat sich die Lage der Frauen in der Gesellschaft immer wieder gewandelt. Vor allem aber war ihr Leben von ihrer jeweiligen Standeszugehörigkeit abhängig.

Die mittelalterliche Gesellschaft war patriarchalisch geprägt. Die Wertschätzung der Frauen beruhte vor allem darauf, dass sie den Nachfolger und Erben des Mannes gebaren und dass sie als Erbtöchter von großem Interesse waren. Dies galt für alle sozialen Schichten, besonders für den Adel. Von Selbstbestimmung der Frauen konnte kaum die Rede sein. Den Ehepartner für die Töchter – aber auch für die Söhne – suchten in der Regel die Eltern aus. Die Kirche allerdings forderte unter Rückgriff auf das Römische Recht die Zustimmung beider Partner (Konsensehe); insofern förderte sie damit Ansätze zur Selbstbestimmung der Frauen. Die soziale Ungleichheit der Geschlechter wird besonders in der sogenannten „Geschlechtsvormundschaft" des Mannes (des Vaters, Ehemannes oder männlichen Verwandten) im Rechtsleben sichtbar. Die Frauen waren nicht rechtlos, aber strenggenommen rechtlich handlungsunfähig. Sie durften z. B. nicht selbständig vor Gericht auftreten. Im Strafrecht wurden sie in der Regel gleich behandelt, im Erbrecht dagegen meist benachteiligt.

Besonders die Geistlichen haben die Frauen in der Regel abgewertet. Deren „natürliche" Unterordnung leitete man von den biblischen Berichten über ihre Erschaffung und den Sündenfall her. Am religiösen Leben wollten viele Frauen wesentlich stärker teilnehmen, als ihnen die Kirche zugestand, wie an ihrem Zustrom zu den verschiedenen Orden oder an ihrer starken Beteiligung an den Ketzerbewegungen festzustellen ist. Den höchsten Rang innerhalb der Kirche konnten adlige Frauen als Äbtissinnen erreichen.

Frauen der Oberschicht

Die fränkische Königin – entsprechend auch hochadlige Frauen – hatte sich um die Ausstattung der Pfalzen, um die Vorratshaltung, aber auch um die einkommenden Geschenke und Abgaben und um die königliche Repräsentation zu kümmern. Erstaunlich groß war der Handlungsspielraum der Königinnen in ottonischer und salischer Zeit. Sie wurden als „Mitteilhaberinnen an der Königsherrschaft" bezeichnet, führten selbständig die Regentschaft für ihre unmündigen Söhne und Enkel, wie etwa die Kaiserinnen Adelheid oder Theophanu. Der zweifellos oft vorhandene informelle Einfluss der Königinnen bzw. Fürstinnen auf die Politik ist quellenmäßig schwer zu erfassen. Im hohen Mittelalter (bis zur Gründung der Universitäten) dürften die Frauen der Oberschicht auch einen Bildungsvorsprung vor ihren Männern gehabt haben; nach dem Rechtsbuch des Sachsenspiegel (s. S. 144 f.) wurden Bücher an die Töchter vererbt.

In den Dörfern und Städten

Anders als in der Oberschicht stand in bäuerlichen und bürgerlichen Schichten die wirtschaftliche Bedeutung der Frauenarbeit im Vordergrund. Die Landbewohnerinnen waren in die Grundherrschaft eingebunden, wie ihre Männer leisteten sie Frondienste und zahlten Abgaben. Das Handwerk in den Städten war ohne Frauen überhaupt nicht denkbar, Wohnung und Arbeitsstätte waren ungetrennt. Zum Teil konnten Frauen, besonders als Witwen, zu Meisterehren in den Zünften aufsteigen. In Köln gab es sogar reine Frauenzünfte. Die Vormundschaft wurde zwar nicht abgeschafft, in den Städten des Spätmittelalters spielte sie aber, besonders bei den Kauffrauen, kaum noch eine Rolle. Trotz dieser Besserstellung besaßen Frauen dort keinerlei politische Mitbestimmungsrechte. Ob sie sie erstrebt haben, wissen wir nicht. In den städtischen Unterschichten waren Frauen wohl überproportional vertreten.

1 Arbeitsteilung

Karl der Große in einer Verordnung (789):

„Knechtsarbeiten dürfen an Sonntagen nicht durchgeführt werden ..., d.h.: Männer dürfen keine Landarbeiten machen, weder Weinberge pflegen noch auf den Feldern pflügen, nicht in den Wäldern roden oder Bäume fällen, auch nicht in den Steinbrüchen arbeiten, Häuser bauen oder in den Gärten arbeiten. Sie dürfen auch nicht zu Gerichtsverhandlungen gehen oder zur Jagd ... Die Frauen dürfen keine Textilarbeiten machen, keine Kleidung zuschneiden noch nähen oder sticken; keine Wolle rupfen noch Flachs schlagen noch öffentlich Kleider waschen oder Schafe scheren, damit in jeder Beziehung die Würde und Ruhe des Sonntags gewährleistet sei."

(Admonitio generalis, MGH Capit. 1, Nr. 22)

2 Frauenbild der Kirche

Thomas von Aquin (1225?–1274) über die Erschaffung der Frau:

„1. Es scheint, dass die Frau nicht bei der ersten Erschaffung der Dinge geschaffen wurde: denn der Philosoph (Aristoteles) ... sagt: „Die Frau ist ein verfehlter Mann". Und bei der ersten Schöpfung durfte nichts Verfehltes und Mangelhaftes sein ... Dagegen aber steht in Genesis 2: „Es ist nicht gut, dass der Mensch allein sei, lasst uns ihm eine ähnliche Hilfe schaffen." Antwort: Es war notwendig, die Frau als Hilfe für den Mann zu schaffen, wie die Schrift sagt; nicht zur Hilfe für irgendeine Arbeit, die ... ein anderer Mann einem Mann besser leisten könnte, sondern als Hilfe für die Erzeugung von Nachwuchs ...

3. Ob die Frau aus der Rippe des Mannes gebildet werden musste ... Antwort: Die Bildung der Frau aus der Rippe Adams war richtig. Erstens, um anzudeuten, dass zwischen Mann und Frau eine Gemeinschaft bestehen muss. Denn weder soll die Frau den Mann beherrschen und darum wurde sie nicht aus dem Haupt gebildet; noch darf der Mann die Frau als ein ihm sklavisch unterworfenes Wesen verachten, darum wurde sie nicht aus den Füßen gebildet ..."

(Summa theologica I, Quaestio 92)

3 Frauen in Zünften

Aus dem Amtsbrief der Kölner Garnmacherinnen, 1397:

„§1. Zum ersten, welche Person oder Magd das Garnamt in Köln lernen will, die soll vier Jahre dienen und nicht weniger, damit sie lerne, Kaufmannsgut zu machen und zu bereiten ... Und sie soll sogleich dem Amt 6 Schilling geben.

§2. Weiterhin, eine Frau oder Tochter, die das Amt selber mit der Hand ausübt und eine Lehrmagd für weniger als 4 Jahre dingt, was wider das Amt ist, die soll 2 Gulden Strafe zahlen ...

§3. Weiterhin, wenn eine Person ihre vier Jahre gedient hat und sich ... niederlassen will, um selbständig zu arbeiten, so sollen die Frauen, die darauf vereidigt sind, ihre Arbeit prüfen, ob das Kaufmannsgut ist oder nicht.

§5. Und welchem Mann seine Frau stirbt, der Mann darf das Amt mit seinem Gesinde weiter ausüben."

(P. Ketsch, Frauen im Mittelalter 1, Düsseldorf 1983, S. 173f.)

Arbeitsvorschläge und Fragen

1) Kennzeichnen Sie die geschlechtsspezifische Arbeitsteilung nach der Vorstellung des Frühmittelalters (M 1).

2) Erörtern Sie, welche gesellschaftlichen Folgen sich aus dem Bild der Frau ergeben, das Thomas von Aquin entwirft (M 2).

3) Worin ist die relative Besserstellung der Frauen in der Stadt des Spätmittelalters zu erkennen (M 3, s. auch Kap. Städte. S. 167, M 4)? Vergleichen Sie mit heutigen Verhältnissen.

Städte und Territorien: Neue Entwicklungen im Reich des hohen und späten Mittelalters

Vor 800 Jahren begann man, die Einwohner größerer, privilegierter Siedlungen „burgenses" und ihre Siedlungen Stadt zu nennen. Heute sind wir alle als Angehörige eines Staates Bürger. Diese Bedeutungserweiterung des Wortes Bürger weist darauf hin, dass die Stadt eine der Keimzellen unseres politischen Systems war.
Ein politisches Gebilde, von dem jemand „unser Staat" hätte sagen können, gab es im frühen und hohen Mittelalter allerdings noch nicht, weil die Menschen politisch nicht an Institutionen, sondern an Personen gebunden waren: die Masse der Bevölkerung an den Grundherrn (Grundherrschaft), der Adel an den Lehnsherrn (Lehnsordnung). Erst im späten Mittelalter wurden große Lehnsherren zu Landesherren, indem sie Macht mit Hilfe von Amtsleuten über ein geschlossenes Landesgebiet, ein Territorium, durchsetzten, statt sich nur auf die Lehnsbindungen zu verlassen. Die Städte spielten bei dieser Herausbildung der Landesherrschaft eine wichtige Rolle.

1120–1350	Die Mehrzahl der deutschen Städte entsteht.
1150–1250	Die meisten Städte gewinnen durch Ratsverfassungen ein hohes Maß an Selbständigkeit.
1152–1190	Friedrich I., Herzog von Schwaben aus dem Hause Hohenstaufen, genannt Barbarossa, regiert als deutscher König und seit 1155 als römischer Kaiser das Reich.
1220 und 1232	Sein Enkel, Kaiser Friedrich II., überlässt; den geistlichen und weltlichen Fürsten wichtige königliche Rechte.
1250–1273	Interregnum: Nach dem Tode Friedrichs II. rivalisieren verschiedene Bewerber um die Nachfolge.
Seit 1273 bis ins 15. Jahrhundert	Kaiser verschiedener Häuser lösen sich ab. Städte gewinnen an politischer Macht und schließen sich zu Bünden zusammen.
Seit 1348	Eine Pestepidemie wütet in Europa und rafft schätzungsweise ein Drittel der Bevölkerung des Reiches dahin.
14. und 15. Jahrhundert	Zunftaufstände führen in vielen Städten zur Aufnahme der Zunfthandwerker in den Stadtrat.

1 Gerichtsverhandlung im Mittelalter. Das Bild enthält drei wesentliche Elemente der politischen Entwicklung im späten Mittelalter: die Burg repräsentiert den Feudalismus, die Stadt die wachsende Bedeutung Handel und Gewerbe treibender Bürger, das Gericht die königlichen Rechte und damit die Frage, wer im Reich Hoheitsrechte schließlich an sich ziehen kann (Gemälde, 1202).

2 Die territorialen Mächte des Heiligen Römischen Reiches (farbiger Holzschnitt von Hans Burgkmair, 1510). Die Darstellung zeigt den Verfassungszustand am Ende des Mittelalters: das Reich als Verbund von weithin souveränen Territorialstaaten, die sich – sieben Jahre vor der Reformation – noch zu *einem* katholischen (allgemeinen) Glauben bekennen.

1. Die Staufer: Macht und Ohnmacht deutscher Kaiser im Mittelalter

Unsichere Thronfolge: Staufer gegen Welfen

Immer wenn im Deutschen Reich ein König ohne Söhne starb, zeigte sich, dass viele der wählenden Fürsten sich nicht an die Erbfolge gebunden fühlten (vgl. S. 115), sondern einen Nachfolger favorisierten, der ihren *Machtinteressen* besser zu entsprechen schien. Dabei handelte es sich nicht allein um die Person, sondern auch um das Geschlecht (oder Haus), aus dem der Bewerber stammte, und dessen Einfluss. Da sich das *Mehrheitsprinzip* für die Wahlentscheidung noch nicht durchgesetzt hatte, war erbitterten Auseinandersetzungen sowie der Wahl von Gegenkönigen Tür und Tor geöffnet. 1125, nach dem Tode des letzten Kaisers aus salischem Hause, Heinrichs V., trat dieser Fall ein. Gewählt wurde Lothar von Sachsen und diese Wahl empfanden der Herzog von Schwaben, mit dem verstorbenen Kaiser ebenso verwandt wie Lothar, und sein Geschlecht als Zurücksetzung. Es begann ein immer wieder aufflackernder Kampf zwischen den Herzögen von Schwaben, nach ihrem Stammsitz *Staufer* genannt, und denen von Sachsen und Bayern, *Welfen* genannt, ein Kampf, der durch viele Jahrzehnte ein wesentliches Element der deutschen und auch italienischen Geschichte des 12. und 13. Jahrhunderts war.
Auch Kaiser Lothar hinterließ 1137 keinen Sohn als eindeutigen Erben (vgl. S. 117, M 1). In einer Art Staatsstreich gelang es den Staufern mit einer Minderheit von Wählern, den Herzog von Schwaben, Konrad von Staufen, zum König zu machen. Als auch Kaiser Konrad III. 1152 ohne Söhne starb, wurde *Friedrich*, Sohn des Bruders Konrads III. und seiner aus dem welfischen Hause stammenden Frau Judith, – wiederum unter etwas zweifelhaften Umständen – zum König gewählt.

Politische Herausforderungen der Zeit beim Ausbau kaiserlicher Macht

Unter den gegebenen Voraussetzungen lag es für einen König aus dem Hause der Staufer nahe,
- sich durch einen Ausgleich mit den Welfen Spielraum zu verschaffen und die Unterstützung der übrigen Fürsten zu gewinnen und
- den Besitz seines Hauses als den des Königshauses so auszubauen, dass es ein dauerndes Übergewicht erreichte.

Friedrich I. Barbarossa stattete deshalb verschiedene Fürsten mit neuen Titeln und Rechten aus (vgl. S. 119 f.). Seinen welfischen Vetter, den Sachsenherzog *Heinrich den Löwen*, suchte er an sich zu binden, indem er ihm nicht nur in Norddeutschland durch Verleihung von Regalien fast die Stellung eines Königs verlieh, sondern ihn auch erneut mit dem Herzogtum Bayern belehnte, das Heinrichs Vatcr entzogen worden war.
Die Juristen Kaiser Friedrichs hatten den *Codex Justinianus*, die Rechtssammlung des Römischen Reiches aus dem 6. Jahrhundert, studiert und legten ihm nahe, den absoluten *Herrschaftsanspruch* der römischen Kaiser der Antike als deren Nachfolger geltend zu machen. So wollte Friedrich, gestützt auf das Römische Recht, die Reichsgewalt in Italien erneuern. Dieser Anspruch, auf dem Reichstag auf den ronkalischen Feldern in Norditalien 1158 erhoben, leitete schwerste Auseinandersetzungen zwischen dem Kaiser und den norditalienischen, den *lombardischen Städten*, vor allem Mailand, ein. Der *Papst* wiederum suchte seinen eigenen Machtanspruch in Ober- und Mittelitalien durch Unterstützung der lombardischen Städte zu verwirklichen. Auf sechs Italien-

zügen erlebte Barbarossa neben Erfolgen auch schwerste Katastrophen: 1167 die fast völlige Vernichtung seines Ritterheeres durch eine Seuche sowie 1176 eine Niederlage bei Legnano, die ihn zu abenteuerlicher Flucht zwang. Von seinen ursprünglichen Plänen musste er im Frieden von Venedig 1177 erhebliche Abstriche machen.
In Deutschland baute Friedrich I. *„Königslandschaften"* durch Errichtung von Pfalzen (vgl. S. 116) und Städtegründungen zur Erweiterung seiner Macht aus. Seine kaiserliche Stellung demonstrierte er in Auseinandersetzungen mit Heinrich dem Löwen: Einen Streit zwischen den sächsischen Fürsten und dem Bayernherzog nahm Barbarossa zum Anlass, den wegen seiner skrupellosen Machtpolitik vor allem in Sachsen unbeliebten Welfen auszuschalten. Vorausgegangen war in Italien die Verweigerung der Heeresfolge durch Heinrich. 1180 wurde er durch ein Hofgericht angeklagt. Als er nicht erschien, entzog ihm Friedrich I. die Herzogtümer Sachsen und Bayern. Der Kaiser sah sich jedoch gezwungen, sie an jene Fürsten zu vergeben, die ihn unterstützt hatten. Den Vorrang des Kaisers in der westlichen Christenheit gegenüber dem Papst wollte Barbarossa mit einem sorgfältig vorbereiteten *Kreuzzug* deutlich machen. Auf dem Kreuzzug ertrank er 1190 im südlichen Kleinasien beim Baden im Fluss Saleph.

Unangefochtene Thronfolge Heinrichs VI.

Dass Barbarossas Sohn Heinrich unangefochten auf dem Thron folgte, deutet auf die Stärke der Machtgrundlage und des Ansehens des Kaisers hin. Dennoch musste auch Kaiser Heinrich VI. sich immer wieder mit militärischer Gewalt durchsetzen. Sizilien, auf das er einen Erbanspruch hatte, musste er erst erobern, und er brach den Widerstand mit entsetzlicher Grausamkeit, von der kaiserliche Chronisten drastisch, aber ungerührt berichteten. *„Weltreich"* und *Erbmonarchie* traten für ihn offenbar in den Bereich des Möglichen. Böhmen und England, Zypern und Armenien wurden ihm vorübergehend lehnspflichtig, Tunis und Tripolis tributpflichtig. Die Zustimmung der Fürsten zur Erbmonarchie wollte er durch die Zusicherung der Erblichkeit der Reichslehen gewinnen. Auf der Höhe seiner Macht starb Heinrich 31-jährig 1198 an Malaria.

Friedrich II.: Schwerpunkt Sizilien

Beim Tode Kaiser Heinrichs VI. war sein Sohn Friedrich, sicherheitshalber bereits zum König gekrönt, noch keine drei Jahre alt. Für die staufische Partei war das Anlass den Bruder des Kaisers, Herzog Philipp von Schwaben, zum König zu wählen; für die welfische Partei, keinen von beiden zu akzeptieren und den Sohn Heinrichs des Löwen, Otto, zu erheben. Doch konnte Friedrich 1215 seine Herrschaft in Deutschland schließlich gegen Otto IV. durchsetzen. Im Zentrum von Friedrichs Interesse lag offenbar Sizilien, ein im 13. Jahrhundert in jeder Hinsicht reiches Land, Mittelpunkt der Handelswege des Mittelmeers und Schnittpunkt der lateinischen, byzantinischen und islamischen Kultur.
In Deutschland überließ Friedrich seinem Sohn Heinrich (VII.) die Regierung als König. In ihrer Haltung gegenüber den Fürsten gerieten Vater und Sohn jedoch in Konflikt miteinander. Schon 1220 hatte Friedrich die geistlichen Fürsten in der *„Confoederatio cum principibus ecclesiasticis"* mit landesherrlichen Privilegien ausgestattet. 1232 schloss er mit den weltlichen Fürsten das ähnliche *„Statutum in favorem principum"*, das den Landesherren Rechte gegenüber den Städten einräumte, die Heinrich lieber für sich behalten hätte, weil das königliche Machtpotential dadurch gemindert wurde. Friedrich II., der vor allem in Sizilien und Unteritalien den Schwerpunkt seiner politischen Aktivitäten sah, war die Unterstützung der Fürsten wichtiger.

Die Stellung Friedrichs II. war so stark geworden, dass er heimgefallene Lehen, anders als sein Großvater Barbarossa, einbehalten konnte. Die *Macht der Staufer* schien abermals gewachsen zu sein.

Zusammenbruch

Als Friedrich II. 1250 mit 56 Jahren starb, wurde sein Sohn Konrad König, der seinerseits nach zwei Jahren starb und einen unmündigen Sohn, Konradin, hinterließ. Mündig geworden machte Konradin sich auf, Sizilien zurückzuerobern, das der Papst an den französischen König Karl von Anjou vergeben hatte. Karl besiegte Konradin und ließ ihn 1268 in Neapel hinrichten.
Ein Historiker fasst das Schicksal der Staufer zusammen: „Kein deutsches Herrschergeschlecht nahm ein Ende wie die Staufer, in Armut, in Bedrängnis, in Not, im Kerker, auf dem Schafott, am Galgen und auf dem Scheiterhaufen. Kein deutscher Herrscher hat eine so rasch verarmte, ständisch so zersplitterte, räumlich so auseinandergerissene Nachkommenschaft hinterlassen wie Friedrich II." (H. Decker-Hauff).

1 Das „Haus" des Staufers Kaiser Friedrich I.

1. Generation		**Kaiser Friedrich I.:** * etwa 1123, † 1190; ∞ 1. mit Adelheid von Vohburg (wegen angeblich zu naher Verwandtschaft geschieden); vergebliche Werbung um kaiserliche Prinzessin von Byzanz; ∞ 2. mit Beatrix von Burgund (* 1144, † 1184): 12 Kinder (1–12)
2. Generation	1	Beatrix: * um 1161, † zwischen 1175 und 1179; Heiratsplan mit dem späteren König von Sizilien
	2	Friedrich: * 1164, † um 1170; 1167 Herzog von Schwaben; verlobt mit Eleonore von England
	3	Kaiser Heinrich VI.: * 1165, † 1197; ∞ mit Konstanze von Sizilien (1154–1198); einziger Sohn: Kaiser Friedrich II.
	4	Friedrich, Herzog von Schwaben: * 1167, † 1191; verlobt mit Konstanze von Ungarn
	5	Otto, Pfalzgraf von Burgund: * um 1170, † 1200; ∞ mit Margarete von Blois-Champagne
	6	Agnes: * um 1170, † 1184; verlobt mit Imre von Ungarn, dann mit Richard Löwenherz, Prinz von England
	7	Konrad: * um 1172, † 1196; verlobt mit Berengaria von Kastilien
	8	Sophia: * um 1174, † um 1187; ∞ mitWilhelm Markgraf von Montferrat
	9	**König Philipp,** Herzog von Schwaben: * um 1176, † 1208; ∞ Irene von Byzanz
	10–12	Zwei weitere Kinder wurden nicht älter als 2 Jahre, 1 weiteres 12 Jahre.
3. Generation		**Kaiser Friedrich II.:** * 1194, † 1250; ∞ 1. mit Konstanze von Aragonien: Sohn **König Heinrich (VII.)**; ∞ 2. mit Isabella von Brienne, Erbin des Königreichs Jerusalem: 2 Kinder; ∞ 3. mit Elisabeth von England: 4 Kinder; 8 außereheliche Verbindungen mit hochadligen Frauen.

Arbeitsvorschläge und Fragen

a) Erstellen Sie eine Zeittafel zu diesem Kapitel.
b) Benutzen Sie die Stammtafel M 1 zu Aussagen über die Rolle der Erbfolge, über Heiratspolitik und über allgemeine Lebensbedingungen.
c) In wenigen Jahrzehnten erlebten die Staufer den Zusammenbruch ihrer Dynastie. Erörtern Sie, ob dies in erster Linie eine Folge unberechenbarer persönlicher Schicksalsschläge war oder ob nicht vielmehr die Bedingungen für eine Konzentration der Macht bei Kaiser und König – anders als in den Staaten Westeuropas – immer ungünstiger wurden.

2. Städte – ein neues Element im Feudalsystem

Die Entstehung von Städten in Mitteleuropa

Die Entstehung von Städten in Mitteleuropa, erst recht in Nord- und Osteuropa, begann über ein halbes Jahrtausend nach dem Zusammenbruch des Weströmischen Reiches und war ein langsamer Neubeginn, bei dem ein anderer Typus entstand, als es die Städte des Römischen Reiches und des Orients gewesen waren. Die neuen Städte wurden *Bezirke eigenen Rechts* in einer agrarisch-feudalistischen Gesellschaft und nicht Herrschaftsmittelpunkte einer Region wie die griechischen Stadtstaaten oder Verwaltungsmittelpunkte wie die Städte des Imperium Romanum. Stadt war im Mittelalter eine Siedlung mit Stadtrecht und sei sie noch so klein. In diesem Sinne waren die Millionenstädte des Orients keine Städte und ihre Bewohner keine Bürger, unter denen sich der genossenschaftliche Grundsatz der Selbstverwaltung hätte entwickeln können.

Voraussetzungen

Die Entstehung der Städte seit dem 11. Jahrhundert ist eingebettet in einen *Aufschwung* auf vielen Gebieten, wobei Ursachen und Wirkungen vielfältig verschränkt sind. Besonders auffällig ist der Bevölkerungszuwachs, der aus der starken Zunahme der Zahl der Ortschaften und der Ackerflächen, vor allem durch Rodungen sowie aus der Steigerung der Erträge erschlossen werden kann. Die Bevölkerung West- und Mitteleuropas wird für das Jahr 1000 auf 12 Millionen geschätzt, für 1340 auf 35,5, also das Dreifache. Mit der Bevölkerung nahmen auch Handel und Verkehr zu. Grundherren siedelten Kaufleute und Handwerker an und gründeten Märkte. Als Städte wurden Siedlungen bezeichnet, denen Könige oder Fürsten drei Rechte gewährten: Markt zu halten, eine Stadtmauer zu bauen und ihre Bewohner von dem Hörigkeitsverhältnis gegenüber einem Grundherren zu lösen um nun dem Stadtherrn zu Treue verpflichtet zu sein.

„Städtegründungsfieber“

Bei dem Bestreben großer wie kleinerer Herren, ihre Machtstellung im Reich auszubauen, spielte die Gründung von Städten, die ihren Höhepunkt im 12. und 13. Jahrhundert hatte, eine große Rolle. Die Rivalität zwischen mächtigen Geschlechtern wie den Staufern, Welfen oder Zähringern führte zu einer Art Wettlauf, den man als „Städtegründungsfieber“ bezeichnet hat. Wer sich eine dauerhafte Machtgrundlage schaffen wollte, brauchte in seinem Territorium neben Burgen in immer stärkerem Maße möglichst viele Städte, die ihm als befestigte Plätze und als Finanzquelle dienten. Denn in den Städten entwickelte sich die *Geldwirtschaft*.

Der Staufer Kaiser Friedrich I. erhob Ansiedlungen bei Königspfalzen wie Ulm, Hagenau oder Kaiserslautern zu Städten. Die bekannteste Gründung der Welfen als Herzögen von Bayern ist München, als Herzögen von Sachsen Lübeck, die der Zähringer Freiburg im Breisgau. Gründungsstädte entstanden insbesondere auf slawischem Gebiet östlich der Elbe, wo die Entwicklung des Landes durch Ansiedlung von Deutschen gefördert werden sollte. Die Rechtssatzungen solcher Städte richteten sich nach denen einer Mutterstadt, vor allem Magdeburg, Lübeck und Nürnberg, aber auch Freiburg, München und Wien; Freiburg seiner seits hatte Kölner Recht übernommen.

Entwicklung zur Autonomie

Im Auftrag des jeweiligen Stadtherrn – König, Herzog, Bischof, aber auch kleinerer Grundherren – handelten ein Vogt und seine *Ministerialen*. Sie waren für

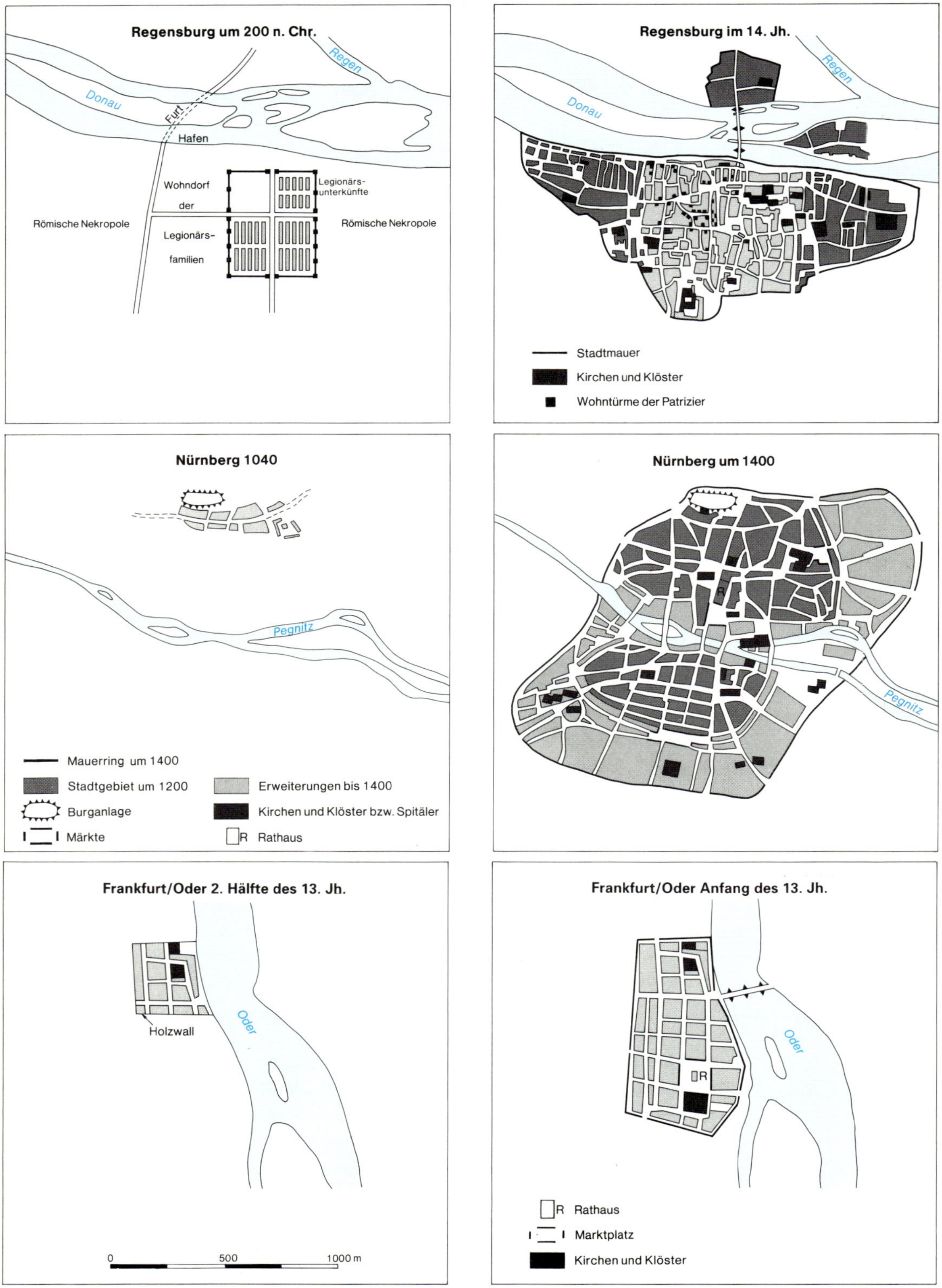

1 **Entstehung und Entwicklung von Städten in Mitteleuropa**
(Die Legende gilt jeweils für die linke und rechte Karte.)

Marktgerichtsbarkeit, Zoll, Münze und Mühle als grundherrliche oder königliche Rechte (Regalien) verantwortlich und für alles Geschehen in der Stadt zuständig, soweit es nicht kirchliche oder andere Sonderrechte gab. Unter den Stadtbewohnern übernahmen meist die Genossenschaften der Fernkaufleute, die Gilden, die Führung; sie bildeten später zusammen mit den Ministerialen das *Patriziat*. Adelige zogen nur selten in die Städte.

Der Rat setzt eine neue Verfassung durch

Die Vertreter der patrizischen Geschlechter bildeten einen *Rat*, der die Interessen der Stadt gegenüber dem Stadtherrn vertrat und im Laufe des 11. und 12. Jahrhunderts Selbstverwaltung und Gerichtsbarkeit zu erwerben und auszubauen strebte. Denn mit wachsendem Wohlstand und Gewöhnung an die ersten Freiheiten entwickelten die „Geschlechter" und die in Zünften organisierten Handwerker als Bürgerschaft ein eigenes, an ihrer wirtschaftlichen Aktivität orientiertes Selbstbewusstsein.
Die zunehmende Geldwirtschaft konzentrierte sich bei den Bürgern der Städte, nicht bei den adeligen Grundherren. So waren die Fürsten auf die Städte angewiesen, wenn sie ihren Aufwand, ihren Burgenbau und ihre oft ehrgeizige Machtpolitik finanzieren wollten. Immer häufiger traten sie Rechte an den Rat einer Stadt ab um Gegenleistungen dafür zu erhalten. In den Gründungsstädten wurden seit dem 11. Jahrhundert weitgehende *Rechte der Selbstverwaltung* von vornherein gewährt, so z. B. bei der Gründung Freiburgs 1120.
Mit dem Recht auf eigene Verteidigung und Mauerbau konnte der Rat einer Stadt die Bürger auch zur Teilnahme an diesen Einrichtungen und deren Finanzierung durch Steuern und Umlagen heranziehen. Auch das Marktrecht und die Aufsicht über Markt und Gewerbe kam in die Hand das Rates.

Freie Reichsstädte

Bei den freien Reichsstädten ging die Entwicklung zur Unabhängigkeit am weitesten. Diese Städte lagen auf Reichs- bzw. Königsgut oder Staufischem Hausgut und waren nur dem König zu Diensten und Abgaben verpflichtet, dessen Macht nach dem Zusammenbruch der Stauferdynastie gering war. Frei nannten sich Städte, die von solchen Reichspflichten weitgehend befreit waren. Damit entwickelte sich ein Stadtrecht, das unabhängig vom Landesherrn das Umlandes und das nahezu von vollständiger Souveränität war, einschließlich des Rechtes, mit anderen Städten oder Herren Verträge zu schließen oder Kriege zu führen.

Werkstatt Geschichte:
Urkunden

Schriftstücke rechtlichen Inhalts, die bestimmten Formen entsprechen, nennt man Urkunden, im Mittelalter instrumentum, privilegium, brief oder handveste. Urkunden sind wichtige historische Quellen, weil sie durch Unterschriften, Zeugen und meist durch Siegel beglaubigt sind und höchste Beweiskraft und nach unserem Verständnis damit Vorrang vor allen mündlichen Abmachungen oder Überlieferungen haben.
Der Historiker muss sich zur Erschließung von Urkunden Fragen stellen:
- Ist die Urkunde echt und unverfälscht? Wenn nein: Was bedeutet die Fälschung?
- Was ist die inhaltliche Bedeutung der Urkunde im geschichtlichen Zusammenhang?
- Was sagt sie außer ihrem Inhalt durch ihre Schrift, ihre Sprache, ihre Zeugen, Ort und Zeit ihrer Ausstellung aus?

Aspekte bürgerlicher Kultur der Stadt im Mittelalter

1 **Sicherheit und gebremstes Wachstum.** Die Zeichnung von Köln macht die Bedeutung der Stadtmauer in übersteigerter Darstellung deutlich: die Stadt strebt in die Höhe (aus der dt. Ausgabe des „Fasciculus temporum" von 1481). ▲

2 **Frömmigkeit und bürgerliche Selbstdarstellung.** ▶ Grundsteinlegung zum Ulmer Münster 1377, ein Gemälde von 1633 nach zeitgenössischem Bericht. – Wie hier so auch in Köln und andernorts überschätzten die Bürger ihre Kräfte. Die riesigen Bauten blieben oft halb fertig liegen und wurden erst im 19. Jahrhundert in ihrer heutigen Gestalt fertig gestellt.

3 **Wohlstand.** Der Marktplatz von Augsburg um 1500 – als Quelle des Wohlstandes Mittelpunkt des städtischen Lebens und bürgerlicher Repräsentation (Gemälde von Jörg Breu, nach 1530). ▼

4 Gefährdung. Stadtbrand in Bern 1405. Neben Krankheit, Pest und Krieg waren Stadtbrände die häufigste Heimsuchung der dicht bevölkerten Städte mit ihren vielen offenen Feuern (Miniatur in einer Handschrift).

5 Elend. Scharen von Bettlern und Krüppeln hoffen auf „Sozialhilfe“: Almosen oder Versorgung in Hospitälern. Auf den Bildern der Zeit werden die Stiefkinder der Gesellschaft in abstoßender und drastischer Hässlichkeit dargestellt, um den christlichen Edelmut der Almosengeber und Stifter zu provozieren und umso heller erscheinen zu lassen.

2 **Stadtgründung**

2a Im Freiburger Stadtrodel[1] von 1120 verkündete Herzog Konrad von Zähringen (die Urkunde in der vorliegenden Form stammt aus dem Jahr 1218):

„Aller Nachwelt und Mitwelt sei kundgemacht, dass ich, Konrad, an dem Platz, der mir als Eigengut gehört, nämlich Freiburg, einen Marktort gegründet habe, im Jahr der Fleischwerdung des Herrn 1120. Nachdem angesehene Geschäftsleute von überall her zusammengerufen worden waren, habe ich angeordnet, diesen Marktort durch eine Art Schwurverband anzufangen und auszubauen. Daher habe ich jedem Geschäftsmann für den Hausbau zu Eigengut in dem angelegten Marktort eine Hofstätte zugeteilt und angeordnet, dass mir und meinen Nachkommen von jeder Hofstätte ein Schilling gängiger Währung als Zins jährlich am Fest des heiligen Martin [11. November] zu zahlen ist. (Die einzelnen Hofstätten sollen in der Länge 100 Fuß haben, in der Breite 50)[2]. Es sei nun allen kund gemacht, dass ich ihnen auf ihren Antrag und Wunsch folgende Vorrechte zugestanden habe. Dabei erschien es mir aus freiem Entschluss ratsam, sie in einer Vertragsurkunde auszuzeichnen, damit sie für lange Zeit im Gedächtnis bleiben, so dass meine Geschäftsleute und ihre Nachkommen dieses Privileg für immer von mir und meinen Nachkommen behaupten können.

Ich verspreche also allen, die meinen Marktort aufsuchen, im Bereich meiner Macht und Herrschaft Frieden und sichere Reise. Wenn einer von ihnen in diesem Raum ausgeplündert wird und mir den Räuber namhaft macht, werde ich das Entwendete zurückgeben lassen oder den Schaden selbst bezahlen. – Wenn einer von meinen Bürgern stirbt, darf seine Frau mit ihren Kindern alles besitzen, ... was ihr Mann hinterließ...

Allen im Marktort bewillige ich die Teilhabe an den Lehen meiner Landleute, soweit ich das vermag; sie sollen nämlich ohne Verbot Wiesen, Flüsse, Weiden und Wälder nutzen dürfen. – Allen Geschäftsleuten erlasse ich den Marktzoll. – Ich werde meinen Bürgern niemals ohne Wahl einen anderen Vogt und einen anderen Priester vorsetzen, sondern wen immer sie dazu wählen, werden sie von mir bestätigt bekommen. Wenn zwischen meinen Bürgern Rechtshandel und Streit entsteht, wird er nicht nach meinem Ermessen oder dem ihres Leiters behandelt; sondern der Fall wird nach dem anerkannten Gewohnheitsrecht aller Geschäftsleute, vor allem der Kölner, entschieden. – Wenn der Mangel am Notwendigsten jemanden dazu zwingt, darf er seinen Besitz verkaufen, an wen er will. Der Käufer soll aber für die Hofstätte den festgesetzten Zins zahlen.

Wer in seiner Hofstätte überfallen wird, bleibt ohne jede Strafe, gleichgültig was er dem Eindringling Schlimmes tut. – Wenn jemand innerhalb der Stadt den Stadtfrieden bricht, das heißt im Zorn und Ernst einen blutig schlägt, wird dem Überführten die Hand abgehauen; hat er den andern getötet, so wird er enthauptet. Wenn er aber entkommt und nicht gefasst wird, so wird sein Haus bis auf den Grund zerstört. Die Nebengebäude sollen ein volles Jahr unberührt bleiben; nach Ablauf eines Jahres können seine Erben, wenn sie wollen, das zerstörte Haus wieder aufbauen und frei besitzen; vorher müssen sie jedoch dem Herzog 60 Schilling Pfennige[3] bezahlen. Der Schuldige aber unterliegt der vorgenannten Strafe, wann immer er in der Stadt gefasst wird.

Wenn der Herzog zum Aufgebot des Königs zieht, kann sein Diener auf dem öffentlichen Markt für den Bedarf des Herzogs bei jedem Schuster die besten Sandalen nach Wahl bekommen. Ebenso kann er bei den Stiefelschneidern die besten Stiefel nach Wahl bekommen.

Jede Frau soll dem Mann in der Erbfolge gleichgestellt sein und umgekehrt. – Auch darf jeder, der an diesen Ort kommt, hier frei wohnen, wenn er nicht jemandes Knecht ist und den Namen seines Herrn zugibt. Dann kann der Herr den Knecht in der Stadt belassen oder nach Wunsch wegführen. Wenn aber der Knecht den Herrn verleugnet, soll der Herr mit sieben Nächstverwandten vor dem Herzog beschwören, dass es sein Knecht ist; dann kann er ihn haben. Wenn einer aber über Jahr und Tag ohne solche Hemmung geblieben ist, soll er sich fortan sicherer Freiheit erfreuen. – Wenn [draußen] ein Aufruhr entsteht und zufällig jemand in Waffen dazu kommt, braucht er keine Buße zu leisten. Wenn er aber nach Hause zurückkehrt und Waffen herbeiholt, ist ihm die Huld des Herzogs entzogen, wenn er der Tat überführt wird. – Keiner von den Lehensleuten oder Ministerialen des Herzogs und kein Ritter

kann in der Gemeinde wohnen, es sei denn nach gemeinsamer Verabredung und Zustimmung aller Städter.
Kein Auswärtiger kann gegen einen Bürger Zeuge sein, sondern nur Bürger gegen Bürger; jedes Zeugnis ist von zwei rechtsfähigen Personen beizubringen, und zwar aufgrund von Sehen und Hören. – Wenn Bürger als Freunde die Stadt verlassen und [draußen] miteinander zanken, soll jeder dem Schultheißen[4] drei Schilling Buße zahlen. Wenn sie aber als Feinde hinausgehen und einander in die Haare geraten, sich beleidigen oder verletzen, ist ihnen die Huld des Herzogs entzogen …
Damit nun meine Bürger den oben genannten Zusagen nicht zu wenig Glauben schenken, habe ich mit zwölf meiner namhaftesten Ministerialen, die auf die Reliquien der Heiligen gemeinsam einen Eid schworen, zugesichert, dass ich und meine Nachkommen die oben genannten Punkte stets einhalten werden. Und damit ich diesen Eid in keiner Notlage breche, habe ich dem freien Mann [vielleicht folgte hier ein Name] und den Marktgeschworenen mit Handschlag darüber unverbrüchliche Treue gelobt, Amen. "
(Zit. nach: Arno Borst, Lebensformen im Mittelalter, Frankfurt/Berlin 1973, S. 396 ff.)

---

[1] Rodel (lat. rotula): Aktenrolle
[2] Die Einschübe in runden Klammern sind vermutlich vor 1218 niedergeschrieben.
[3] 1 Schilling = 12 Pfennige
[4] Vom Herzog eingesetzter Amtmann oder Vogt

2b Zur Entstehung des Dokuments schreibt der Historiker Arno Borst:

„Auf das scheinbar kostbare Pergament kam es den Bürgern des 12. Jahrhunderts nicht an. Sie trauten keinem lateinischen Schriftstück, das sie kaum lesen konnten, sondern dem Handschlag des Stadtherrn und dem Eid seiner Getreuen. Sobald sich Zusätze ergaben, ließ man sie aufschreiben; aber erst nach dem Aussterben der Zähringer 1218, beim Übergang an einen neuen Stadtherrn wurden Handfeste und Zusätze zusammengefasst in einem Verfahren, das streng genommen eine Fälschung war. Denn Konrad, 1152 gestorben, sollte nun für alles bürgen, auch was er so nicht gesagt hatte; er hatte noch vom Vogt gesprochen, nicht vom Schultheiß, von Marktort, nicht von Stadt und hatte ‚ich' diktiert, nicht ‚der Herzog'. Wieder fiel es den Freiburgern nicht ein, diese erweiterte Handfeste im Archiv zu hüten; deshalb muss man sie heute mühsam rekonstruieren. Man kann es, weil das Freiburger Stadtrecht für andere Zähringer Gründungen vorbildlich wurde, für Freiburg im Üchtland, Bern, Diessenhofen im Thurgau, Flumet in den Savoyer Alpen. Auch dort schrieb man es nicht wörtlich ab, denn mittelalterliches Stadtrecht war eine Vereinbarung unter Lebenden, so wie der Schwur, mit dem sich kurz nach 1120 die ersten Geschäftsleute in Frankfurt zusammentaten, so wie das Kölner Kaufmannsrecht, das sich auf Märkten eingespielt hatte, ohne dass es irgendwo geschrieben stand. Die Stadtgemeinde selbst trat nicht durch diese ‚Gründungsurkunde' ins Leben, sondern durch die Absprache zwischen dem Zähringer und seinen Geschäftsleuten."
(Arno Borst, Lebensformen im Mittelalter, Frankfurt/Berlin 1973, S. 398)

Arbeitsvorschläge und Fragen

a) Nennen und erläutern Sie die verschiedenen Ursachen für die Entstehung von Städten (S. 158, M 1).
b) Listen Sie die Rechte auf, die den Bürgerinnen und Bürgern von Freiburg zugesprochen werden. Schließen Sie daraus auf den Rechtszustand der unfreien Dorfbevölkerung (M 2 a).
c) Zeigen Sie, mit welchen Mitteln in Freiburg Frieden erhalten werden sollte.
d) Erörtern Sie die Frage, ob der Freiburger Stadtrodel „streng genommen eine Fälschung war" (M 2 b). Welche Probleme ergeben sich aus der mittelalterlichen Einstellung zu Urkunden für den Historiker?
e) Städte waren in der mittelalterlichen Gesellschaft Mittelpunkt der Entwicklung und des Fortschritts; trotzdem unterschieden sich städtische Kultur und tägliches Leben tief greifend von dem, was wir heute erleben. Verdeutlichen Sie beide Aspekte durch gründliche Beschäftigung mit den Bildern auf S. 160/161, M 1–M 5.

3. Wirtschaftliche und gesellschaftliche Entwicklung in der Stadt

3.1 Wirtschaftliches Wachstum verändert die Struktur der Gesellschaft

Unterschiedliche Entwicklung

Die Zunahme der Städte an Zahl und Größe hing in erster Linie von der wirtschaftlichen Entwicklung ab. Bis ins 14. Jahrhundert hatten noch 80–90 Prozent aller Städte Mitteleuropas ländlichen Charakter und nicht mehr als 1000 Einwohner. Oft lebte bis zur Hälfte der Einwohner noch selbst als Ackerbürger von der Landwirtschaft. Ein wenig spezialisiertes Handwerk versorgte Stadt und Umland mit Waren. Wir nennen diese mittelalterlichen Kleinstädte *„Halbstädte"*, während wir Städte mit bis zu 5000 Einwohnern – bis zu ein Drittel davon Ackerbürger – als *Mittelstädte* einordnen. Die größeren unter ihnen brauchten ein Umland von etwa 30 km im Radius, um sich mit Nahrungsmitteln zu versorgen und Absatz für die Erzeugnisse ihrer Handwerker zu finden; denn der größere Teil der Stadtbevölkerung lebte von handwerklicher Warenproduktion. Städte mit über 10 000 Einwohnern können wir als *Großstädte* bezeichnen, die durch überregionalen Handel mit Lebensmitteln versorgt werden mussten und auch für den Absatz ihrer Produkte auf den überregionalen Handel angewiesen waren. Eine günstige Verkehrslage war unerlässliche Voraussetzung für das Hineinwachsen einer Stadt in die kleine Gruppe der *Fernhandelsstädte*. Welchen Vorteil die Lage an einem schiffbaren Fluss oder Seehafen bot, zeigen die unterschiedlichen Transportkosten: 35 km Transport zu Lande kostete etwa so viel, wie das transportierte Getreide wert war; für den gleichen Preis konnte man auf Flüssen 175 km, auf See 350 km weit befördern.

Wachstum der Warenproduktion

Immer mehr Waren konnten erzeugt und verkauft werden, so dass ein wachsender Teil der Bevölkerung vor allem in den Städten ein Gewerbe betrieb; dabei nahm die *Spezialisierung* zu. Die Lösung der Städter aus den feudalen Abhängigkeiten, der Austausch von Erfahrungen und Waren innerhalb einer Stadt sowie Handel und Verkehr zwischen den Städten steigerten Angebot und Nachfrage und beschleunigten damit diese Entwicklung. Waren im frühen und hohen Mittelalter vor allem Adel und hohe Geistlichkeit Abnehmer und Auftraggeber des Handwerks und des Handels, so wurden es seit dem 13. Jahrhundert mehr und mehr die Bürger selbst.

Das Tempo des Wirtschaftswachstums ist allerdings nicht im Entferntesten mit dem zu vergleichen, was seit der Industrialisierung des 19. Jahrhunderts zu beobachten ist. Denn das Mittelalter kannte *Produktionsausweitung* fast nur durch Vermehrung der Handwerker und ihrer Werkstätten, aber nur in ganz geringem Maße Produktivitätssteigerung durch technischen Fortschritt und Rationalisierung. In der Organisation der Arbeit und in den Mitteln und Werkzeugen der Produktion änderte sich in einem halben Jahrtausend nicht sehr viel. Vor allem in Großstädten wie Frankfurt am Main, Köln, Ulm, Straßburg, Nürnberg oder Regensburg mit ihren mehreren tausend Handwerkern kann man im späten Mittelalter eine weitgehende Spezialisierung des Gewerbes feststellen. Der Fortschritt lag also vor allem in einer Steigerung der Vielfalt und Qualität des Angebots. Dabei überwogen die Handwerker für den gehobenen und Luxusbedarf – etwa die Goldschmiede unter den Metallhandwerkern –, was auf den Kreis der Abnehmer und Auftraggeber schließen lässt.

1 Werkstatt und Laden eines Schuhmachers (Holzschnitt, Ende des 16. Jh.). Trennung von Produktion und Verkauf entwickelte sich langsam: erst im Laufe des späten Mittelalters in einigen Gewerben wie Metall und Textilien.

Zünfte als Genossenschaften der Handwerker

Mit der Zunahme der gewerblichen Warenproduktion wuchs die Bedeutung der *Zünfte*, also der Genossenschaften der verschiedenen Handwerke. Sie waren mehr als Berufsverbände in heutigen Sinn. Die zünftigen Meister eines Handwerks setzten als Genossenschaft Preise fest, wachten über Menge und Güte der Erzeugnisse, über Ausbildung und Berufsehre. Dabei war es ihr Ziel, jedem Zunftgenossen seine „Nahrung" zu sichern. Verdrängungswettbewerb wurde durch Beschränkung der Meisterstellen, der Konkurrenz von außen und durch Einfuhrbeschränkungen verhindert. Die Zünfte erfassten den ganzen Lebensbereich ihrer Mitglieder: Gottesdienst, Hochzeit und Begräbnis ebenso wie Kriegsdienst bei der Verteidigung des zugeteilten Mauerabschnitts der Stadt.

Zunftaufstände: Kampf um Mitbestimmung

Im Kampf um städtische Autonomie waren die Interessen von Geschlechtern und Zünften, also Fernhandelskaufleuten und Handwerkern, identisch gewesen. Im 12. und 13. Jahrhundert gingen nach errungener Autonomie die Interessen dieser Gruppen auseinander. Die Zünfte wollten Sitze im Rat haben, dessen patrizische Familien sich als neuer Adel fühlten. Wo dieses Patriziat dem Verlangen der Zünfte gegenüber unnachgiebig blieb, kam es oft zu blutigen Aufständen. Im 14. Jahrhundert erzwangen die Zünfte der Städte Magdeburg, Speyer, Freiburg, Straßburg, Wien, Köln, Braunschweig u. a. eine Anzahl von Sitzen im Rat. In Ulm wurden die patrizischen Geschlechter sogar vorübergehend vom Rat ausgeschlossen.

Die *Teilhabe der Zünfte* machte den Rat nicht zu einem Stadtparlament. Es fanden keine Wahlen statt, vielmehr hatten selbst bei den Zünften nur angesehene Familien einen Ratssitz, der gewöhnlich vererbt und vom männlichen Haupt der Familie lebenslang wahrgenommen wurde. Allerdings spielten in einigen Zünften auch Frauen eine bedeutende Rolle (s. S. 150f.).

Gesellschaftsstruktur

In der Stadt gab es keine Hörigkeit, denn „Stadtluft machte frei". Die soziale Stellung in der Stadt leitete sich nicht mehr von der Grundherrschaft ab. Statt dessen schuf durch Handel oder eigene Produktion erworbener Wohlstand eine *neue Sozialstruktur* und ermöglichte in einzelnen Fällen sozialen Aufstieg in Zünfte und Gilden und damit den Zugang zu politischem Einfluss. Denn nur, wer ein gewisses Vermögen hatte, konnte die Zahlung leisten, die gefordert wurde, wenn man in Bürgerschaft, Gilde oder Zunft aufgenommen werden wollte; durch solche Zahlungen grenzten sich diese Schichten nach unten ab. Die Vermögensverteilung und ihre Veränderung gibt uns deshalb wesentlichen Einblick in die Sozialstruktur einer Stadt und deren Entwicklung. Doch war Besitz nicht alles. Mehr als heute zählte das Ansehen eines Berufes.

Viele Berufe wurden als „unehrlich", d.h. unehrenhaft, diskriminiert. Dazu gehörten nicht nur Henker, Abdecker, Huren und Bettler, die oft selbst genossenschaftlich organisiert waren und gelegentlich sogar Besitz hatten. Mancherorts galten selbst Gerber und Leinweber als unehrlich oder mussten um ihre Anerkennung als „ehrliche" Berufe kämpfen. Sozial abträglich war auch jede Abweichung von der herrschenden Norm wie uneheliche Geburt oder uneheliche Mutterschaft sowie fremde Herkunft.
In den überschaubaren Städten des Mittelalters spielte die soziale Abgrenzung der Menschen gegeneinander eine größere Rolle als heute und wurde u. a. durch Zulassungsbeschränkungen bei Festen sowie Kleidervorschriften bewusst augenfällig gemacht.

Armut, Amlosen und Fürsorge

Gemessen an unseren Lebensumständen und Ansprüchen war die Mehrheit der Bevölkerung, besonders auf dem Lande, erbärmlich arm. Auch in den Städten sind 50 und mehr Prozent der Bevölkerung als arm anzusehen, wenn man Armut folgendermaßen beschreibt: „Ausgeliefert sein an jeglichen Wechselschlag des Lebens, die völlige Abhängigkeit von Ernteausgang und Wirtschaftslage, das Von-der-Hand-in-den-Mund-Leben" (Dirlmeier). 10–20% der Stadtbewohner waren auf Fürsorge und Almosen angewiesen, ein Anteil, der sich in Notzeiten durch Zuzug vergrößerte. In Köln, der größten Stadt des mittelalterlichen Deutschland, konnten im 14. und 15. Jahrhundert zwei Drittel bis drei Viertel aller Handwerker eine Kopfsteuer von einem Gulden im Jahr nicht aufbringen. Angesichts dieser Lage bedeuteten für die Mehrheit der Bevölkerung Heirat und Kinder den Beginn hoffnungsloser Verarmung, wenn nicht Frau und Kinder mitarbeiten und mitverdienen konnten. Deshalb war Frauen- und Kinderarbeit nicht nur in der Landwirtschaft, sondern auch im Gewerbe eine Selbstverständlichkeit. Im übrigen sollten Heiratsbeschränkungen ein Überhandnehmen der armen Leute, d. h. Verelendung durch Übervölkerung verhindern. Noch schlechter war dran, wer keine Arbeit fand, krank oder alt war. Wenn nicht Nachbarn oder Verwandte helfen konnten, hoffte man auf vermögende Wohltäter, die ihrer christlichen Almosenpflicht nachkamen. Außerdem waren Kirchengemeinde, Kloster und Hospital zuständig, in denen es armselig genug zuging. Auch gab es in den Städten Bruderschaften als Selbsthilfeorganisationen, in denen nicht nur Handwerksgesellen und Lohnarbeiter, sondern auch Spielleute, Bettler, Behinderte, selbst Prostituierte sich zusammenschlossen. Im 13. Jahrhundert begannen Städte, Ärzte für die Versorgung der Bevölkerung fest anzustellen, im 14. entstanden Apotheken, im 15. wurde in Frankfurt am Main und anderswo das Amt eines städtischen Armenpflegers geschaffen.

2 Vermögensverteilung

2a Vermögensverhältnisse in Augsburg 1475–1526

Jahr	Gesamtzahl der Steuerzahler	Besitzlose		Vermögen			
				bis zu 3000 Gulden		über 3000 Gulden	
		Zahl	Prozent	Zahl	Prozent	Zahl	Prozent
1475	4485	2958	65,9	1449	32,2	78	1,9
1498	5351	2331	43,6	2449	53,2	171	3,2
1512	5480	2476	45,2	2773	50,6	230	4,2
1526	6097	3749	54,1	3016	41,6	271	4,3

2b Anteil der Handwerkervermögen in Frankfurt am Main 1495:

Vermögen	Prozent der Gesamtbevölkerung	Prozent der Handwerker
unter 20 fl.[1]	45,7	32,7
20– 100 fl.	26,8	32,6
100– 200 fl.	8,2	12,5
200–1000 fl.	12,0	19,2
1000–5000 fl.	4,5	2,8
über 5000 fl.	2,8	0,2

(Nach: Heinrich Lutz. Das Ringen um deutsche Einheit und kirchliche Erneuerung, Berlin 1983, S. 60)

[1] fl: Florin = Gulden (über dem Schilling stehende sehr unterschiedlich bewertete Münzeinheit)

3 Zunftaufstand

In der Lübecker Detmar-Chronik findet sich ein Bericht über die „Große Schicht" von 1374 in Braunschweig:

„Im Jahre 1374 war in der Stadt Braunschweig der Teufel los und hetzte das Volk gegen den Rat. Ein Teil der Ratsherren wurde totgeschlagen, ein Teil gefangengenommen und geköpft, ein Teil aus der Stadt vertrieben. Wem von den Ratsherren, ihren Kindern und ihrem Geschlecht es gelang die Stadt zu verlassen, der war am besten dran. Das führerlose Volk lief in die Weinkeller, zerschlug die Fässer und ließ den Wein auf die Erde laufen. Sie führten den Bürgermeister Tilo von dem Damme unter schmählicher Misshandlung vor die Stadt, liefen dann in sein Haus und nahmen, was sie fanden, sie legten Feuer an das Haus, dass es bis auf den Erdboden niederbrannte, dann schlugen sie Herrn Tilo den Kopf ab. Zu all den lästerlichen Missetaten setzten sie aus allen Zünften einen neuen Rat ein, so wie es ihnen behagte. Das Allerschlimmste war, dass sie an die Zünfte aller Städte Briefe sandten, in denen sie ihr Recht dartun wollten und klagten, dass sie zu hart behandelt und beschatzt worden wären, was sie nicht mehr hätten ertragen können. Mit diesen Sendschreiben reizten sie das Volk anderer Städte gegen ihren Rat auf, was schwer zu dulden war. Um dieser und anderer Untaten willen wurden sie aus dem Hause der Kaufleute[1] ausgeschlossen. Man durfte ihre Ware weder kaufen noch verkaufen. Sie blieben bis ins siebte Jahr außer der Hanse."

(Zit. nach: Die Chroniken der deutschen Städte, Bd. 19, Lübeck 1, Göttingen 1884, S. 549f. – Übersetzung von J. Bühler)

[1] Hanse

4 Genossenschaftliche Ordnung

Genossenschaftliche Ordnungen, ob Gilde, Zunft oder Bruderschaft, waren unterschiedlich umfassend. Auch die Grenzen zwischen dem, was die Genossenschaft, und dem, was der Rat oder der Stadtherr regelte, verliefen von Stadt zu Stadt anders, da es keine einheitlichen Richtlinien gab. Als Beispiel für viele wird hier die Züricher Krämerordnung von 1330 wiedergegeben. Fließende Übergänge zeigen sich auch darin, dass die Krämer (Kleinhändler) von ihrem „Handwerk" sprechen.

„In Gottes Namen, Amen. Es sei allen zu wissen, dass wir, die Krämer von Zürich, nach des Bürgermeisters und der Bürger zu Zürich gutem Rat und Geheiß eine Zunft und Gesellschaft ge bildet haben, unserem Handwerk zur Förderung und der Stadt Zürich zum Nutzen und zur Ehre, wie im folgenden geschrieben steht:

1. Man soll alljährlich zweimal an den Johannistagen zur Sonnenwende und nach Weihnachten einen Zunftmeister auf folgende Weise wählen: Die sechs, die bisher dem Zunftmeister beisaßen und der alte Zunftmeister wählen sechs andere aus dem Handwerk, die ihnen am geeignetsten dünken. Die alten sechs, die neuen sechs und der abgehende Zunftmeister wählen dann einen neuen Zunftmeister nach des Handwerks Nutzen und der Stadt zum weisen Rat.

2. Wer in diese Zunft aufgenommen werden will, es sei Mann oder Frau, der soll ein Ehrbarer und aus dem Beruf sein und namentlich keine Zwietracht in die Zunft bringen. Dünkt es dem Zunftmeister und den sechs Beisitzern, dass die Aufnahme erfolgen kann, so hat er der Zunft 25 Pfund[1] zu geben, davon werden 1 Pfund in die Zunftbüchse, 3 Pfund dem Zunftmeister 6 Pfennig dem Boten und 18 Pfennig für Wachs gegeben.

3. Will ein Geselle in diesem Beruf Meister werden, der soll zunächst drei Jahre gelernt und ein (zwei) Jahre als Knecht Lohn empfangen haben.

5 **Eine Bettlerfamilie auf der Landstraße** (Holzschnitt um 1500). Bettler galten ebenso wie Henker, Abdecker und Spielleute als „unehrlich", d. h. sie hatten kein Ansehen und gehörten zur untersten Schicht der Bevölkerung.

4. Es soll auch kein Krämer mehr als einen Lehrknecht nehmen bei Strafe.
5. Es soll auch kein Krämer irgendeinen Knecht des Handwerks zu werken setzen, wenn er das selber schaffen kann, bei Strafe und Entlassung desselben.
6. Es darf niemand irgendeine Ware oder Sache oder Gewürz oder Pfeffer auf dem Markt zu Zürich verkaufen, der nicht zur Zunft gehört. Doch mag ein Bürger dem anderen so viel verkaufen, als dieser in seinem Haus brauchen will, aber keine kleineren Mengen als 2 Pfund Gewürz und Pfeffer und 1/4 oder 1/2 Pfund Safran.
7. Es soll kein Gast[2], der Spezereien nach hier zum Verkauf her bringt, geringere Mengen als einen halben Rubel[3] verkaufen als nur die Krämer allein. Wo aber der Meister oder die sechs von einem Gaste hören, dass er sich nicht daran hält, so hat dieser der Zunft sechs Pfund zu geben.
8. Ein Krämer, der hier wohnhaft ist und einen festen Verkaufsplatz hat, der soll nicht auch noch an einer Kirche oder an einem Kloster stehen gehen mit seinem Kram oder in die Häuser gehen.
9. Auch soll man wissen, wenn ein fremder Gast in die Stadt zum Verkauf kommt, der darf nicht länger als zwei Wochen seine Ware feilhalten.
...
13. Wenn jemand eines anderen Kaufstand oder seine Bediensteten beschwert oder ihm abspenstig macht und dieses dem Meister und den sechs geklagt und bewiesen wird, der soll ausgeschieden werden.
...
15. Die Witwe eines Zunftgenossen kann solange das Zunftrecht behalten, wie sie Witwe bleibt. Nimmt sie aber einen neuen Mann, der nicht zur Zunft gehört, so soll dieser sich vorschriftsmäßig in die Zunft einkaufen.
...
21. Wenn ein Zunftgenosse innerhalb eines Bereiches einer Meile stirbt, aber so arm ist, dass er nicht bestattet werden könnte, dann soll man ihn in die Stadt überführen und ihn dort bestatten, wo er es begehrt.
22. Stirbt jemand aus der Zunft im fremden Lande, so soll man ihm eine Messe stiften und zum Opfer gehen ..."
(Zit. nach: K. Gatz, Kauffahrer, Krämer und Handelsherren, Hannover 1949, S. 128 f.)

---

1 Pfund: Gewicht, dann auch Währungseinheit (vgl. engl. Pound)
2 fremder Kaufmann
3 größeres Gewicht

Arbeitsvorschläge und Fragen

a) Beschreiben Sie die Sozialstruktur der mittelalterlichen Stadt aufgrund der Informationen dieses Kapitels. Entwerfen Sie ein Schaubild dazu.
b) Welche Absichten liegen den einzelnen Vorschriften der Zunftordnung (M 4) zugrunde?
c) Nehmen Sie zu Darstellungsweise und politischem Standort des Chronisten des Zunftaufstandes (M 3) Stellung.

3.2 Juden – eine ungeliebte Minderheit

In eine Sonderrolle gedrängt

In fast allen europäischen Städten des Mittelalters gab es jüdische Gemeinden. Seit dem späten Mittelalter wurden die Juden in den Städten in abgesonderte Wohnviertel, die *Ghettos*, gedrängt.
Vor allem seit der *Zerstörung des Tempels* in Jerusalem 70 n. Chr. waren die Juden im Römischen Reich in der Diaspora, der „Zerstreuung", anzutreffen gewesen. Nach der Einführung des Christentums als Staatsreligion 391 bemühte man sich, Juden zu bekehren. Getaufte Juden gingen in der christlichen Bevölkerung auf. Wer dem „Glauben der Väter" treu blieb, nahm Benachteiligung, Isolation und Feindschaft in Kauf. Grundherrschaft und Lehen waren den Juden ebenso verschlossen wie Berufe, deren Genossenschaften sich als christlich verstanden – und das waren fast alle. Diese Tatsache und die Verbindungen der jüdischen Gemeinden untereinander vom Orient bis zur Nordsee legten Juden den Beruf des Fernhändlers nahe. Als sich die christlichen Fernhändler im 11. Jahrhundert zu Schwurgemeinschaften (Eidgenossenschaften) mit christlichen Riten zusammenschlossen, wurde der Spielraum für Juden auch hier immer enger. Da die Kirche sich gleichzeitig entschiedener gegen das Zinsnehmen beim Geldverleih als unchristlich aussprach, eröffneten sich hier Erwerbsmöglichkeiten. Die waren allerdings risikoreich, weil Geldgeber unbeliebt sind, wenn es ans Zahlen der Zinsen und Schulden geht. Vorurteile gegen die als „Christusmörder" bezeichneten Juden verbanden sich mit der Abneigung gegen die Gläubiger. Viele Juden lebten auch vom Handel mit gebrauchten Waren, vor allem Kleidung; dieser Handel spielte für die arme Bevölkerung im Mittelalter die Rolle, die heute Kaufhaus oder Versandhandel haben. Die bäuerliche Bevölkerung lernte Juden als Viehhändler kennen. Als Handwerker jedoch konnten Juden fast nur innerhalb ihrer Gemeinde tätig sein, da sie zu den christlichen Zünften nicht zugelassen waren.
Die jüdischen Gemeinden entwickelten ihre eigene bedeutsame *Kultur*, und Juden nahmen als Ärzte und Gelehrte wichtige Positionen ein. Da jeder jüdische Junge für das Studium der heiligen Schriften lesen und schreiben lernte und zweisprachig aufwuchs, war der Bildungsstand der jüdischen Minderheit stets höher als der ihrer christlichen Umwelt.

Privilegien, Verfolgung, Vertreibung

Immer wieder kam es zu *Gewalttätigkeiten* und *Morden* an Mitgliedern jüdischer Gemeinden wie anlässlich des 1. und 2. Kreuzzuges. Umso mehr waren sie auf einen Beschützer angewiesen. Kaiser Friedrich I. hatte sie 1157 zu „Knechten der kaiserlichen Kammer" gemacht, was eine Art Verwaltungstitel war, und versprach ihnen gegen Abgaben seinen Schutz.
Dieses *Privileg* verkauften oder verpfändeten die Kaiser später an Landesherren, Bischöfe und Städte, die an den jüdischen Gemeinden als Finanzquelle interessiert waren. Sie versuchten die Juden zu schützen, wenn das Volk und vor allem die Zunfthandwerker, die oft bei den jüdischen „Wucherern" Kredit aufgenommen hatten, mordend und plündernd über sie herfielen, weil sie irgendwelcher unsinniger grauenhafter Verbrechen, wie Brunnenvergiftung oder Kindermord, bezichtigt wurden. Als die Zünfte im 14. und 15. Jahrhundert vielerorts in den Rat der Stadt aufgenommen wurden (vgl. S. 165), kam es zu *massenweisen Vertreibungen* von Juden. Die meisten Vertriebenen fanden im Königreich Polen Zuflucht, wo sie ihr mittelalterliches deutsches Idiom als Jiddisch bis zu ihrer Vernichtung durch das Deutsche Reich im Zweiten Weltkrieg bewahrten.

1 Schutz

1a Judenprivileg des Bischofs von Speyer von 1084

Der Bischof berichtet selbst über seine Maßnahmen gegenüber den Juden seines Gebietes:

„Als ich den Weiler Speyer in eine Stadt verwandelte, glaubte ich, die Ehre unseres Ortes noch zu vergrößern, wenn ich die Juden zusammenführte. Ich siedelte sie also außerhalb der Gemeinschaft und des Wohnbereichs der übrigen Bürger an und umgab sie mit einer Mauer, damit sie nicht durch den Übermut des Pöbels beunruhigt würden. Ihr Wohngebiet habe ich rechtmäßig erworben ... Ich übergab ihnen diesen Ort ... unter der Bedingung, dass sie jährlich $3^1/_2$ Pfund speyerschen Geldes zum gemeinsamen Verbrauch der Klosterbrüder zahlen. Innerhalb ihres Wohnviertels und außerhalb bis zum Schiffshafen selbst gab ich ihnen das Recht, Gold und Silber frei zu wechseln und alles Beliebige zu kaufen und zu verkaufen; und dieselbe Freiheit gab ich ihnen im ganzen Stadtgebiet. Außerdem gab ich ihnen vom Besitztum der Kirche einen Begräbnisplatz mit Erbrecht. Auch gestattete ich, dass ein fremder Jude, der sich bei ihnen vorübergehend aufhält, keinen Zoll zu zahlen habe; sodann, dass ihr Synagogenvorsteher Klagen zu entscheiden habe, die zwischen oder gegen Juden erhoben werden, wie der Stadtvogt unter den Bürgern [entscheidet]. Kann dieser aber den Streit nicht schlichten, so soll die Sache vor den Bischof oder seinen Kämmerer gebracht werden. Für nächtliche Wachen, Verteidigung und Befestigungsarbeiten haben sie nur innerhalb ihres Gebietes zu sorgen, für die Verteidigung aber gemeinsam mit den Sklaven. Ammen und Knechte auf Miete können sie von den Unsrigen haben. Geschlachtetes Vieh können sie an Christen verkaufen, wenn es ihnen nach ihrem Gesetz nicht gestattet ist, es zu essen ... Als Gipfel meines Wohlwollens habe ich ihnen schließlich Gesetze verliehen, die besser sind, als sie die Judenschaft in irgendeiner Stadt des deutschen Reiches besitzt ..."

1b Bestätigung des Privilegs durch den Kaiser

Im Jahre 1090 bestätigte Kaiser Heinrich IV. als Schutzherr der Juden das Privileg des Bischofs. In der Urkunde ist außerdem festgelegt:

„... Keiner unterfange sich, ihre Söhne und Töchter wider Willen zu taufen ... [Androhung einer Geldstrafe]. Will sich aber einer von ihnen aus freiwilligen Stücken taufen lassen, so soll er drei Tage bewahrt werden, damit man klar erkenne, ob er wirklich wegen der christlichen Religion oder wegen eines ihm zugefügten Leides seinem Gesetz [seiner Religion] abschwöre ... Ihre heidnischen Sklaven soll keiner von ihrem Dienst unter dem Vorwand entbinden, sie seien durch Taufe Christen geworden ..."

(F. X. Remling, Urkundenbuch zur Geschichte der Bischöfe von Speyer, Bd. 1, Aalen 1970, S. 57 f., S. 65)

2 Konzilsbeschluss gegen die Juden

Schon in den ersten Jahrhunderten des Christentums wurde von Kirchenvätern gelehrt, Christen dürften Geld nicht gegen Zinsen ausleihen, obwohl das aus der Bibel nicht abzuleiten war. (Entsprechende Meinungen wurden auch innerhalb des Judentums und innerhalb des Islam vertreten.) Mit der Entwicklung des Handels wurde aber der Kreditbedarf immer größer und so wandte man sich an jüdische Kreditgeber. Auf dem 4. Laterankonzil 1215 wurde verkündet:

„Je mehr sich die Christenheit [vorschriftsgemäß] im Zinsennehmen zurückhält, desto stärker fügt ihr die jüdische Falschheit dadurch Schaden zu, so dass in kurzer Frist der Wohlstand der Christen vernichtet sein wird. Wir wollen daher für die Christen sorgen, damit ihnen die Juden nicht maßlose Beschwerden auferlegen. Wir bestimmen daher durch Synodaldekret, dass jedem untersagt wird, wenn er unter einem Vorwand überhöhte Zinsen zu erpressen versucht, bis er wegen der unangemessenen Belastung Schadenersatz und Buße geleistet hat.
Auch die Christen sollen gezwungen werden, sich aller Geschäfte mit solchen Juden zu enthalten, nötigenfalls mit Kirchenstrafen.
In einigen Gegenden kann man Juden und Christen an der Kleidung unterscheiden; aber in anderen Ländern ist eine solche Regellosigkeit der Gewohnheiten eingetreten, dass man sie nicht gleich unterscheiden kann. Es kommt daher bisweilen vor, dass irrtümlich Christen mit jüdischen oder islamischen Frauen Geschlechtsverkehr haben oder Juden und Mohammedaner mit christlichen Frauen. Damit in Zukunft eine solche abscheuliche Vermischung nicht mehr mit der Entschuldigung vorkommen

3 **Kultur der Minderheit.** Jüdische Gelehrte disputieren vor Studenten (Miniatur, 15. Jh.). Jüdische Kultur blühte meist im Verborgenen und wurde mit Mißtrauen betrachtet.

4 **Vertreibung der Juden aus einer deutschen Stadt um 1470** (zeitgenössische Illustration einer jüdischen Handschrift).

kann, man habe in Unkenntnis gehandelt, bestimmen wir, dass Juden und Mohammedaner – und zwar beide Geschlechter – in jedem christlichen Land und zu aller Zeit sich durch ihre Kleidung von den anderen Leuten unterscheiden, was ja auch schon bei dem Propheten Moses zu lesen ist, der ebendas ihnen auferlegte."
(Zit. nach: E. L. Ehrlich, Geschichte der Juden in Deutschland, Düsseldorf 1959, S. 16f.)

5 Judenmord

Immer wieder kam es in Zeiten der religiösen Erregung – wie den Kreuzzügen – oder der Angst – wie der Pest von 1348/49 – zu Massenmorden an Juden. In der Straßburger Chronik heißt es über die Pestzeit:

„Wegen dieses Sterbens wurden die Juden in der Welt verleumdet ... in jedem Land, dass sie es mit Gift gemacht, das sie in Wasser und Brunnen getan hätten ... Und darum wurden die Juden verbrannt. Da verbrannte man sie in vielen Städten und schrieb diese Geschichte nach Straßburg, Freiburg und Basel, damit sie ihre Juden auch verbrennen sollten. Da meinten die Mächtigsten in diesen drei Städten ..., man sollte den Juden nichts tun. Zu Basel machte sich die Bürgerschaft vor das Rathaus auf und zwang den Rat, so dass die Ratsherren schwören mussten, die Juden zu verbrennen, und dass sie in 200 Jahren keine Juden in die Stadt lassen ... An dem Samstag, es war St.Veltens-Tag [7. Januar], da verbrannte man die Juden in ihrem Kirchhof auf einem hölzernen Gerüst. Das waren an die 2000. Die sich aber taufen lassen wollten, ließ man leben ... Und was man den Juden schuldig war, das war alles abgegolten, und alle Pfänder und Briefe, die sie über Schulden hatten, wurden zurückgegeben. Das bare Geld, das sie hatten, das nahm der Rat und teilte es unter die Handwerke ... Das war auch der Grund, aus dem die Juden getötet wurden; wenn sie arm gewesen wären ..., wären sie nicht verbrannt worden ... So wurden die Juden verbrannt ... in allen Städten am Rhein, gleichviel ob es freie Städte oder Reichsstädte oder solche von [Landes-]Herren waren ..., in einigen mit Urteil, in einigen ohne. In einigen zündeten die Juden ihre Häuser selbst an und verbrannten darin."
(Zit. nach: Die Chroniken der deutschen Städte, Bd. 9: Straßburg, 2. Bd., Göttingen 1961, S. 760 und 763f. Übersetzt vom Verfasser)

Arbeitsvorschläge und Fragen

a) Beschreiben Sie die besondere Lage der Juden in der mittelalterlichen Gesellschaft Deutschlands. – Geben Sie Faktoren an, die einer Integration der Juden im Wege standen.
b) Diskutieren Sie die Frage der Schuld an den Verfolgungen und Morden.

4. Das Reich: vom Lehenssystem zum Verbund von Territorialstaaten

Weichenstellung zur Vielstaatlichkeit Deutschlands

Friedrich Barbarossa hatte die lehensrechtliche Verfassung des deutschen Königreiches bestehen lassen, hatte aber durch den Ausbau von *Königslandschaften* versucht, eine Machtgrundlage zu schaffen, die ihm ein Übergewicht über die Fürsten sicherstellen sollte (vgl. S. 153). Sein Sohn Heinrich VI. und mehr noch sein Enkel Friedrich II. richteten ihr politisches Interesse in den Mittelmeerraum. Umso leichter konnten in Deutschland die Fürsten ihre Territorien zu Staaten entwickeln. Dazu gewährte Kaiser Friedrich II. den geistlichen Fürsten 1220 entscheidende *Souveränitätsrechte*, um ihre Zustimmung zur Wahl seines Sohnes Heinrich zum deutschen König zu bekommen. 1232 bestätigte er nahezu gleiche Rechte auch den weltlichen Fürsten, um sich ihrer Unterstützung in seiner Auseinandersetzung mit dem Papst zu versichern. Friedrich verzichtete damit auf den Ausbau königlicher Macht in Deutschland und erkannte die Überlegenheit der partikularen Kräfte an. Die Entwicklung zur Vielstaatlichkeit – zum Partikularismus – Deutschlands war entschieden.

Landesherrschaften entstehen

In dem „Statutum in favorem principum" von 1232 taucht ein neuer Ausdruck auf, der den Wandel der politischen Verhältnisse anzeigt und für die deutsche Geschichte maßgeblich wurde: domini terrae, *Landesherren*. Die Entwicklung zur Landesherrschaft hatte mit abnehmender Bedeutung und schließlichem Verschwinden der Stammesherzogtümer begonnen. Friedrich Barbarossa schon hatte eine Reihe von Territorien zu neuen Herzogtümern gemacht und die Herzogtümer Heinrich des Löwen nach dessen Sturz nicht mehr an sich ziehen können, sondern sie nach den Wünschen der Fürsten vergeben müssen. Für die vielen Herren über größere und kleinere Territorien wurde nun der neue Ausdruck Landesherr geschaffen.

Mit dieser Entwicklung war offenbar, dass der deutsche König nicht mehr in der Lage war, über Lehen nach Belieben neu zu verfügen. Lehen wurden von ihren Inhabern nun wie eine Ware verkauft, geteilt oder verpfändet. Nicht anders erging es den Regalien. Barbarossa hatte 1158 Gerichtsbarkeit, Zölle, Münzrecht und andere Rechte als Regalien feststellen lassen, weil er nicht zulassen wollte, dass sie endgültig an die lombardischen Städte entglitten. Doch konnte er die Beschlüsse von 1158 nicht durchsetzen, und so blieben sie in den Händen der lombardischen Städte. Die Entwicklung in Deutschland war damit vorgezeichnet.

Kurfürsten – Vorreiter der Landesherrschaft

Seit dem Interregnum, der kaiserlosen Zeit von 1250 bis 1273, wurde eine beschränkte Zahl weltlicher und geistlicher Fürsten Vorwähler, dann *Alleinwähler* des deutschen Königs, der seit dem Kurverein von Rhense 1338 ohne Mitwirken das Papstes auch Kaiser wurde. Ein Verfassungsgesetz Kaiser Karls IV., unter dem Namen *Goldene Bulle* (Bulle = Siegel) bekannt, garantierte 1356 dem Pfalzgrafen bei Rhein, dem Herzog von Sachsen, dem Markgrafen von Brandenburg und dem König von Böhmen sowie den Erzbischöfen von Köln, Mainz und Trier als Kurfürsten das Wahlrecht bei der Königswahl und zahlreiche Sonderrechte. Dazu gehörten vor allem die ungeteilte Vererbung der Kurlande an den Erstgeborenen („Primogenitur"), die Erblichkeit ihrer Erzämter und die Unverletzlichkeit ihrer Person („majestas"), was bedeutete, dass sie von niemandem zur Verantwortung gezogen werden konnten. Damit waren sie de facto *souveräne Herrscher* in ihren Territorien. Sie waren dafür ihrerseits bereit bei der Wahl (Kür) die Erben der Könige bzw. Kaiser zu berücksichtigen. So wurden zunächst die Luxemburger, seit 1438 die Habsburger zur Kaiserdynastie.

Ausbau der Landesherrschaft

Dem Vorbild der Kurfürsten als Landesherren eiferten die rund 70 geistlichen und 25 weltlichen Fürstentümer sowie eine Vielzahl von kleinen und kleinsten reichsunmittelbaren Herrschaften und Städten, besonders im Südwesten Deutschlands, nach. Dabei gab es sowohl im zeitlichen Ablauf als auch in der Kombination von Rechten beträchtliche Unterschiede. Doch überall suchten die Landesherren die überkommene Lehensordnung durch eine *Verwaltungsorganisation* mit zunehmender *Schriftlichkeit* abzulösen. Sie wollten nicht mehr von der Treue adeliger Geschlechter abhängig sein; sie stützten sich daher auf Vögte und Amtleute, denen in einem Gebiet ein Amt übertragen war, das in der Regel nicht vererbt wurde. So entstand der Territorialstaat als *Beamtenstaat*. Herrschaftsrechte gebietsfremder Herren, die es in den Verschränkungen der Lehnsordnung zahlreich gab, schalteten die Landesherren aus oder zogen sie an sich – oft unter Bruch geltenden Rechts. Dazu gehörten auch Königsrechte und Stadtrechte. Der moderne Staat entwickelte sich in Deutschland auf der Ebene vieler Territorien, während sich in Frankreich staatliche Gewalt an zentraler Stelle beim König in Paris zu konzentrieren begann.

Städtebünde gegen Landesherren

Die größeren Städte konnten im komplizierten Mächtespiel des späten Mittelalters durch Städtebundspolitik ihre vor allem wirtschaftlichen Interessen absichern und einen Fernhandel ausbauen, der schon Dimensionen von Welthandel annahm. Damit wurden auch die Möglichkeiten für eine eindrucksvolle *stadtbürgerliche Kultur* geschaffen. Seit der Mitte des 13. Jahrhunderts gab es neben zwei kurzlebigen rheinischen Städtebünden einen 200 Jahre bestehenden Oberlausitzer, einen über 300 Jahre bestehenden Elsässer und einen ersten schwäbischen Städtebund (1376–1389). Der bedeutendste Städtebund wurde aber die *Hanse*, 1356 aus einer Vereinigung norddeutscher Kaufleute entstanden. Die Hanse nahm den Charakter eines Reiches mit eigener Flotte und Kriegführung an; sie war über 200 Jahre lang ein bedeutender politischer Faktor im Nord- und Ostseeraum.

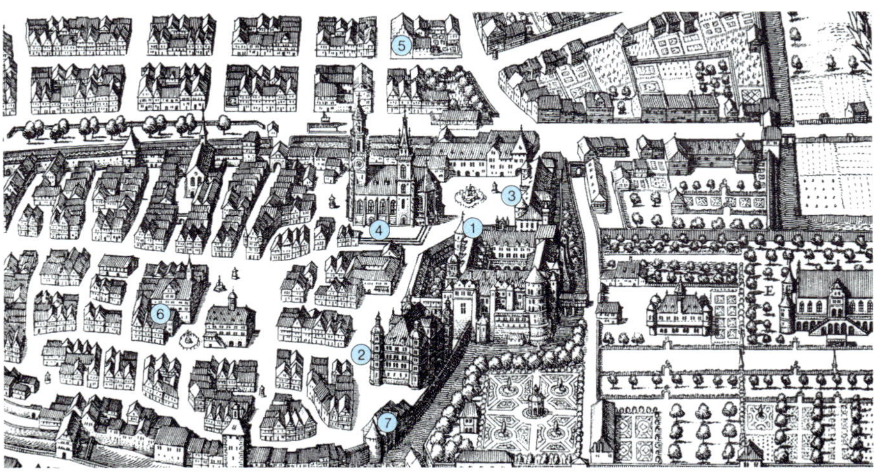

1 **Stuttgart – die württembergische Residenz** (Stich von Merian, 1643)

① Schloss (Altes Schloss)
② Neuer Bau (Archiv und Behörden)
③ Kanzlei (Regierungsstellen)
④ Stiftskirche
⑤ Landtag
⑥ Städtisches Rathaus
⑦ Münze

Die Städtebünde standen dem Streben der Landesherren im Wege, ein geschlossenes Territorium zu schaffen, und sympathisierten daher mehr mit Kaiser und Reich. Der Gegensatz zwischen einem Landesherrn und Städten führte 1388 erstmals im Schwäbischen *Städtekrieg* zu offenem Kampf, in dem der Herzog von Württemberg schließlich siegte.

Herausbildung des Ständestaates

Die Landesherren konnten über die Rechte und Interessen des Adels, der höheren Geistlichkeit und der privilegierten Städte nicht einfach hinweggehen. Sie hielten deshalb Versammlungen der Großen ihres Landes ab um sie durch Mitwirkung an sich zu binden. Adel, Geistlichkeit und Städte, die auf diesen Landtagen vertreten waren, schlossen sich zu *Landständen* zusammen, die ein Zustimmungsrecht beanspruchten.

In Tirol, der Schweiz und Ostfriesland waren in den Landtagen auch Bauern vertreten. Im 14. und 15. Jahrhundert suchten die Landstände den Landesherren Rechte abzugewinnen und damit ihren Einfluss zu vergrößern. Es ging vor allem um *Mitsprache* bei der Entscheidung über Krieg und Frieden, bei erbbedingten Landesteilungen und bei der Besetzung von Ämtern. In allen diesen Fällen suchte der Landtag dem Grundsatz Geltung zu verschaffen, dass das Territorium nicht Privateigentum des Landesherren war, über das er beliebig verfügen könne. Das Druckmittel der Stände war die Bewilligung von Steuern, die sie zu zahlen hatten, und ihr militärischer Beitrag, ohne den der Landesherr seine politischen Ziele kaum verfolgen konnte.

Als Instrumente ihrer eigenen Interessen schufen sich die Landesherren fürstliche Räte, zu denen Mitglieder des Landadels und im Römischen Recht gebildete Juristen, oft bürgerlicher Herkunft, gehörten. Denn das unter Kaiser Justinian im 6. Jahrhundert im Corpus Juris zusammengefasste Recht des Römischen Reiches war das Recht einer zentralistischen, von Beamten verwalteten Monarchie; das war den Machtinteressen der Landesherren dienlicher als das „alte deutsche Recht", das den gesellschaftlichen Verhältnissen des frühen und hohen Mittelalters in Deutschland angemessen war.

Landfriede

Die große Leistung des landesherrlichen Staates, die Bürgern und Bauern zugute kam, war die Durchsetzung einer Landfriedensordnung gegen das Fehderecht des Adels, das nicht viel mehr als ein Faustrecht war. Rechtsstreitigkeiten sollten vor Gerichten des Landesherren ausgetragen werden, die den Bruch des Landfriedens, den Landfriedensbruch, bestraften. Gewalt sollte zur Durchsetzung des Rechts nur noch der Landesherr ausüben. Dieses *Gewaltmonopol* des Staates konnte der Landesherr gegenüber den Adeligen auf ihren Burgen vielfach erst durch Einsatz einer neuen Waffentechnik, der Kanone, durchsetzen.

„Kaiser und Reich"

Da Reichsgut, Reichsrechte und Reichseinkünfte dahinschmolzen, konnten auch die Könige bzw. Kaiser Macht nur aufgrund ihres eigenen Besitzes ausüben. Diese *„Hausmacht"* suchten sie mit allen Mitteln, vor allem durch Einverleibung von Reichsgut und durch Heirat zu vergrößern. Dem Kaiser und seiner Hausmacht stand „das Reich" gegenüber, das sich in den Reichstagen darstellte, die aus den Hoftagen hervorgegangen waren. Ende des 15. Jahrhunderts wurde der *Reichstag* auch verfassungsrechtlich zu einer Vertretung der Reichsstände, d. h. der 7 Kurfürsten, der 133 geistlichen und 169 weltlichen Fürsten und Herren und der 85 Reichsstädte. Der Kaiser wurde zum bloßen Symbol des Reiches mit einigen Sonderrechten. Dieses Verhältnis wurde mit der Formel „Kaiser und Reich" bezeichnet (s. S. 153, M2).

Nach dem Dreißigjährigen Krieg bekamen die Reichsstände 1648 die volle Territorialhoheit. Nachdem das Heilige Römische Reich Deutscher Nation schon seit längerer Zeit in Machtlosigkeit und Zwietracht verharrt hatte, wurde es 1806 auf Druck Napoleons für erloschen erklärt.

Partikularismus (von lat. particula: das Stückchen): Dieser Ausdruck bezeichnet das Bestreben einzelner Landesteile, ihre Interessen auf Kosten einer größeren politischen Einheit durchzusetzen. Der Ausdruck wurde mit abwertender Bedeutung im 19. Jahrhundert geprägt, als der Nationalstaat als Ziel und Vollendung geschichtlicher Entwicklung galt und die deutsche Geschichte seit 1250 als tragische Fehlentwicklung „deutscher Zwietracht" angesehen wurde. Die partikularistische Entwicklung mündete in die föderale Struktur des Deutschen Reiches von 1871 bis 1933 und der Bundesrepublik Deutschland seit 1949.

2 Das Gesetz zugunsten der Fürsten

Im „Statutum in favorem principum" vom Mai 1232 ist u. a. folgendes festgelegt:

„Im Namen der heiligen und unteilbaren Dreifaltigkeit. Friedrich II., durch Gottes gnädige Fügung Kaiser der Römer und immer Augustus, König von Jerusalem und Sizilien.

Hoch erhaben ist der Thron unseres Reiches, und in Gerechtigkeit und Frieden handhaben wir seine Regierung, wenn wir mit gebotener Aufmerksamkeit an das Recht unserer Fürsten und Magnaten denken, durch die, wie das Haupt auf kräftigen Gliedern ruht, blüht und feststeht, unsere Herrschaft und unsere gewaltige kaiserliche Größe gebietend aufsteigt, von ihren Schultern gestützt und getragen. Unsere Zeit und die fernste Zukunft soll also wissen, dass wir gemeinsam mit unserem geliebten Sohn Heinrich, dem Könige der Römer, auf einem Hoftag in Cividale auf Bitten der Fürsten und Magnaten, beschlossen haben, die Gnadenerweise, die ihnen auf dem großen Hoftag zu Worms unser geliebter Sohn gewährt hatte, durch die Kraft unserer Autorität für gültig zu erklären. Wir haben ihren Bitten gnädige Gewährung gegönnt, weil wir erwarten, in ihrer wohlverdienten Erhöhung auch uns und das Reich gebührend zu fördern.

1. Wie schon unser königlicher Sohn, so gestehen auch wir ihnen für immer zu, dass keine neue Burg oder Stadt auf geistlichem Gebiet ... von uns oder einem andern [Fürsten] errichtet werden darf, ganz gleich unter welchem Vorgeben.

2. Neue Märkte sollen alte in keiner Weise stören. ...

5. In unseren neuen Städten soll die Bannmeile[1] beseitigt werden.

6. Ein jeder Fürst habe freien Gebrauch seiner Freiheiten, Gerichtsbefugnisse, Grafschaften und Zehnten nach den Gewohnheitsrechten seines Landes, sie seien sein Eigentum oder ein Lehen.

7. Die Zentgrafen sollen die Zehnten vom Landesherrn [dominus terrae] oder von dem empfangen, den der Landesherr mit ihnen belehnt hat.

8. Ohne Zustimmung des Landesherren darf niemand die Gerichtsstätte verlegen.

...

10. Die Bürger, die man ‚Pfahlbürger'[2] nennt, sollen ganz und gar vertrieben werden.

11. Die Abgaben an Wein, Geld, Korn und anderen Waren, die Bauern bisher an eine Stadt zu entrichten hatten, sollen abgeschafft und nicht mehr erhoben werden.

12. Eigenleute der Fürsten, Edlen, des Dienstadels und der Kirchen sollen in unseren Städten keinen Schutz mehr finden.

13. Eigentum und Lehen der Fürsten, Edlen, des Dienstadels und der Kirchen, das sich in den Händen unserer Städte befindet, soll zurückgegeben werden und darf nicht wieder weggenommen werden.

14. Weder wir noch unsere Leute sollen das Geleitrecht[3] der Fürsten in ihrem Lande, das sie von uns zu Lehen haben, beeinträchtigen oder stören dürfen.

...

16. Unsere Städte sollen nicht wissentlich einen Landschädling oder gerichtlich Verurteilten

oder einen Geächteten aufnehmen; bereits Aufgenommene sollen ausgewiesen werden.
17. Im Lande eines Fürsten wollen wir keine neue Münze schlagen lassen, durch welche die Münze des Fürsten im Werte gemindert werden könnte. ...
23. Eigenleute, Leute der Vögte und der Lehen, die zu ihren Herren gehen wollen, dürfen durch unsere Beamten nicht zum Bleiben gedrängt werden.
Wir haben zum Gedächtnis und für die Beständigkeit dieser Konzession und Bekräftigung die vorliegende Urkunde ausfertigen und durch unserer Majestät Siegel sichern lassen [Es folgt die Zeugenliste.] ...
Dies ist geschehen im Jahre nach der Fleischwerdung des Herrn eintausendzweihundertzweiunddreißig, im Monat Mai, ... unter der Herrschaft unseres kaiserlichen Herrn Friedrich II., des unbesiegbaren Kaisers der Römer von Gottes Gnaden, immer Augustus, Königs von Jerusalem und Sizilien, im zwölften Jahr seiner römischen Herrschaft, im siebenten seiner Macht zu Jerusalem und im vierunddreißigsten seines Regiments in Sizilien. Mit Gott, amen. Gegeben zu Cividale im genannten Jahre und Monat."
(Zit. nach: Geschichte in Quellen, Bd. 2, München 1970, S. 568)

[1] Umland der Städte, in dem sich keine Konkurrenz der Handwerker niederlassen durfte.
[2] Außerhalb der Pfähle, d. h. der Stadtmauer wohnende Personen, die das Bürgerrecht genossen und sich dadurch den Leistungen an ihren Grundherren entzogen.
[3] Altes Recht des Königs, Reisenden oder Transporten gegen Bezahlung bewaffnetes Geleit zu stellen.

3 Verpfändung und Selbstauslösung einer Reichsstadt

Kaiser Ludwig der Baier gab 1335 bekannt:
„Wir Ludowig, von gotes genaden Romischer Keiser, ze allen ziten merer des richs, verjehen und tun kunt allen den, die diesen brief ansehent oder horent lesen, daz fur uns komen sint die wisen bescheiden leut, die burger und die gemein, beide Christen und Juden unserer stat ze Rotenburg, unser lieb getriw, und habent sich und ir vorgenante mit unserm rat heizze und willen geledigt und geloset von dem edlen mann Ludwigen von Hohenloch umb vier tausent pfunt haller, dar umb wir si verseczt heten von dem riche ...
(Bayerisches Hauptstaatsarchiv München, Kaiser-Ludwig-Selekt 589)

4 Kurfürstliche Rechte in der Goldenen Bulle von 1356

- Kur des „Königs der Römer"
- Vererbung der ungeteilten Kurlande an den erstgeborenen Sohn in direkter Linie (Primogenitur)
- Besitz sämtlicher Gold- und Silberbergwerke und aller Vorkommen von Metallen und Salz im Territorium
- Halten von Juden[1]
- Zolleinnahmen
- Münzrecht
- Oberste Gerichtsbarkeit
- Unteilbarkeit der Kurlande
- Jährliche Kurfürstentage.

[1] Schutz und finanzielle Nutzung von Juden war ein Regal (vgl. S. 169).

5 Staat – Reich – Land

Der Historiker Karl Bosl erklärt die Begriffe:
„Die Literatur scheidet nicht immer scharf genug zwischen dem salisch-staufischen Staats- und Reichsgedanken. Dem Mittelalter ist allerdings die Gegenüberstellung ‚Reich' und ‚Staat' fremd, wie es auch das Wort ‚Staat' nicht kennt. Die Begriffe regnum, imperium, res publica, riche bedeuten die persönliche Herrschaft des Königs über Stämme und Länder, sie bedeuten auch die räumliche Ausdehnung des Reiches mit seinen Grenzen, wobei die Ländertrias Deutschland, Italien und Burgund als ‚Imperium' bezeichnet wird. ‚Regnum' ist der deutsche Königsstaat des Mittelalters, aber nicht der Staat in unserem modernen Sinn. ‚Imperium' ist Kaiserherrschaft im Sinn eines Überstaates über mehrere regna. Der deutsche König trägt und beherrscht regnum und Imperium auch ohne Kaiserkrönung nach dem alten Recht des Eroberers. Das alte Wort riche = Reich ist vieldeutig; es konnte den Herrschaftsbereich eines großen oder kleinen Herrn meinen und sehr verschiedener Art sein ...
Die alte deutsche Bezeichnung des Staates ist Land. Im Gegensatz zu ‚Reich' ist es in sich geschlossen, einheitlich, keine Vielfalt verschiedener Menschengruppen, die ein gemeinsamer

Herr eint, sondern eine ursprüngliche Einheit der das Land bewohnenden Menschen selbst. Diese Einheit liegt in der Gemeinsamkeit des Rechts, nach dem diese Menschen leben …
Die vollberechtigten Genossen der Landesgemeinde sind die Landsleute, das Landvolk. Seit dem späten Mittelalter wird sie auch als Land im personalen Sinn, als die ‚Landschaft' bezeichnet, die sich in Landstände gliedert. An der Spitze des Landes steht der Landesherr oder Landesfürst [dominus terrae]. Damit haben wir die Grundelemente der Verfassung des Landes. Das alte heilige Reich gliedert sich in die ‚deutschen Lande', die seinen Kern ausmachen, und zwar zuerst in die Länder der Stämme, dann in die jüngeren Territorien. Erst im 16. Jh. setzt sich gegenüber der Mehrzahl ‚deutsche Lande', die das Reich ausmachen, die Einzahl ‚Deutschland' durch."
(Karl Bosl, Staat, Gesellschaft und Wirtschaft im deutschen Mittelalter, Stuttgart 1973, S. 159 f.)

6 Städtebund gegen Fürstenmacht

In den Niederschriften über die Verhandlungen auf den Hansetagen wird berichtet:
„Hansetag 1430 in Lübeck. Zum Frieden und Nutzen des gemeinen Gutes, für das Fortbestehen der Städte und auch, damit man wissen möge welche Vorteile die Hanse bietet, so sind die Städte der deutschen Hanse eins geworden also: Wenn in Zukunft eine Stadt der deutschen Hanse von irgendwelchen Herrn oder Fürsten, geistlichen oder weltlichen, Rittern oder Knechten … überfallen wird gegen Recht, so wollen und sollen die anderen Städte der deutschen Hanse alle der befehdeten Stadt zu Hilfe kommen mit einer Zahl wehrhafter Leute mit Lanzen, wie hier folget. Die Städte, die der befehdeten Stadt am nächsten liegen, sollen ihr mit ganzer Macht zu Hilfe kommen. Das soll ein jeder seinem Rate berichten und Bescheid mitbringen zur nächsten Tagfahrt[1].
Hansetag von 1447 in Lübeck. Die Ratssendeboten haben zum Widerstand gegen unrechte Gewalt mit voller Eintracht ein Bündnis geschlossen gegen jedermann, ausgenommen das Heilige Römische Reich."
(Zit. nach: Hanserezesse, Bd. I 1,8 und Bd. II 3, 68, Leipzig 1870 ff.)

---
[1] Fahrt zum Hansetag

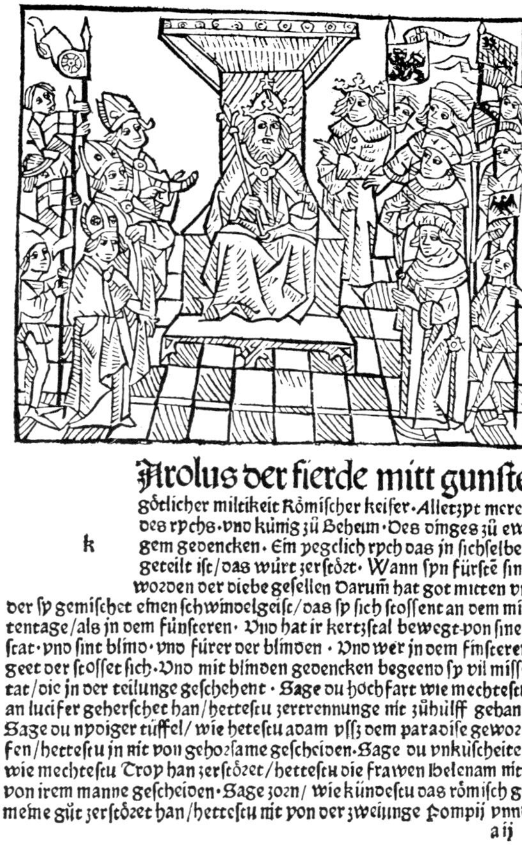

k Arolus der fierde mitt gunste gotlicher miltikeit Römischer keiser. Allerzyt merer des rychs. vnd künig zü Beheim. Des dinges zü ewigem gedencken. Ein yeglich rych das in sichselber geteilt ist/das würt zerstört. Wann syn fürstē sint worden der diebe gesellen Darum̄ hat got mitten vn der sy gemischet einen schwindelgeist/das sy sich stossent an dem mittentage/als jn dem funsteren. Vnd hat ir kertzstal bewegt von siner stat. vnd sint blind. vnd fürer der blinden. Vnd wer jn dem finsteren geet der stosset sich. Vnd mit blinden gedencken begeend sy vil missetat/die jn der teilunge geschehent. Sage du hochfart wie mechtestu an lucifer geherschet han/hettestu zertrennunge nit zühulff gehan. Sage du nydiger tüffel/ wie hetestu adam vssz dem paradise geworffen/hettestu jn nit von gehorsame gescheiden. Sage du vnküscheite/ wie mechtestu Troy han zerstöret/hettestu die frawen Helenam nitt von irem manne gescheiden. Sage zorn/ wie kündestu das römisch gemeine güt zerstöret han/hettestu nit von der zweiunge Pompij vnnd
a ij

7 **Die Goldene Bulle von 1356** (Druck von 1485)

8 Ende der Stadtherrlichkeit

Der Historiker Fritz Rörig schrieb 1932:
„Die mittelalterliche Stadt ist nicht als eine kleinste, in sich abgeschlossene Einheit zu verstehen, sondern nur im organischen Zusammenhang der Städte untereinander. Der Handel auf weite Räume war die Grundkraft, die städtisches Leben großen Stils aufblühen ließ und es gesund hielt … So wenig steht die historische Stadtwirtschaft als etwas Kleineres einer späteren ‚Territorialwirtschaft' oder ‚Volkswirtschaft' gegenüber, dass gerade umgekehrt die Zeit der blühenden Städte eher Momente einer ‚Weltwirtschaft' zur Voraussetzung hat. Denn es ist ein Stück Weltwirtschaft, wenn die Waren Asiens mit solcher Regelmäßigkeit und in solchen Mengen durch den Handel in ganz Europa verteilt werden; und es ist weiter ein Stück Weltwirtschaft, wenn im 15. Jahrhundert massenhaft Nürnberger, Aachener und Kölner Mes-

sing-, Bronze- und Kupferwaren über Portugal ihren Weg in das Negerkönigreich Benin finden ... In Italien beherrschte die Stadt das Land; Stadtstaaten von großem Umfang grenzten aneinander. In Frankreich und England ordnete das Königtum die Städte dem werdenden Nationalstaat ein und unter ... Selbstverständlich musste es auch in Deutschland zur Bildung von Flächenstaaten kommen ... Nicht ohne Grund hatte gerade der Kampf für ein einheitliches großes Wirtschaftsgebiet die Städte in früheren Jahrhunderten auf die Seite des Königs geführt. Wenn sie jetzt einzelnen Territorien eingeordnet wurden, wenn sie, wie die brandenburgischen Hansestädte, ‚mit eiserner Stange' aus der Hanse und damit aus ihren alten weiträumigen Verbindungen herausgerissen wurden, dann waren die Grundlagen ihrer alten Größe zerstört. Vom Ende des 14. Jahrhunderts an zieht sich der Kampf des Partikularfürstentums gegen die Städte durch die folgenden Jahrhunderte hindurch; zunächst oft mit schweren Niederlagen der Angreifer endend ..."

(Fritz Rörig, Die europäische Stadt im Mittelalter, Göttingen 1955, S. 121 f.)

9 Landesherrschaft in Württemberg

1090 Erste Erwähnung des Grafen von Württemberg.

1257–1273 Interregnum: Zersplitterung des Herzogtums Schwaben in zahlreiche reichsunmittelbare Städte und Territorien von Grafen, Edelfreien, Ministerialen und Abteien.

1265 – 1504 Die Grafen von Württemberg erwerben etwa 30 Städte und Grundherrschaften durch Kauf oder Tausch, 5 durch Eroberung, sowie die Vogtei über 14 Klöster (und deren Besitz), die im Krieg Truppen stellen müssen.

1336 Übergabe der Reichssturmfahne (Hauptgefechtsfahne des Reichsheeres) an den Grafen von Württemberg und Verleihung von Markgröningen durch Kaiser Ludwig für treue Dienste.

1374 Kaiser Karl IV. verleiht die Münzhoheit.

1376 Der Schwäbische Städtebund (bis zu 32 Mitglieder) ist erfolgreich gegen Graf Eberhard.

1388 Graf Eberhard der Greiner besiegt den Schwäbischen Städtebund im Interesse der Fürsten bei Döffingen in der größten Feldschlacht des 14. Jahrhunderts.

1392 Die Grafschaft Mömpelgard (heute Montbéliard in Frankreich) sowie Besitz im Elsass und Burgund kommen durch Heirat an Württemberg.

1415 Anerkennung der Unverletzlichkeit der Grafen von Württemberg durch König Sigmund: Die Grafen können von keinem Gericht des Reiches zur Rechenschaft gezogen werden.

1442 Teilung der Grafschaft nach privatrechtlichem Erbfolgerecht, d. h. Teilung des Erbes wie bei Privatbesitz.

1457 Erster Landtag in Stuttgart einberufen, der finanzielle Hilfe im drohenden Krieg gegen die Pfalz genehmigen soll.

1482 Wiederherstellung der Einheit Württembergs auf Betreiben der Landstände: Prinzip der staatsrechtlichen Erbfolge, d. h. die Herrschaft wird als unteilbares Staatsamt an den ältesten Sohn vererbt (vgl. M 4).

1495 Graf Eberhard V. wird von Kaiser Maximilian zum Herzog von Württemberg und Teck erhoben.

1498 Eberhard II. von Württemberg wird wegen Misswirtschaft von den Ständen abgesetzt.

1514 Tübinger Vertrag zwischen Herzog und Landständen (vgl. M 10).

1515 Der Landtag stimmt zu, dass nur noch der Herzog den Landtag einberufen darf und andere, gewählte Vertretungen verboten sind. Der Landtag rekrutiert sich aus nicht gewählten Vertretern der Geistlichkeit, des Adels, der Städte und Ämter.

10 Der Tübinger Vertrag

Herzog Ulrich von Württemberg verschuldete sein Land durch Kriege und Hofhaltung. Zur Sanierung des Haushalts sollten 1514 neue Steuern erhoben werden, wogegen sich Kleinbauern, Winzer und Handwerker im Aufstand des „Armen Konrad" zur Wehr setzten. Sie forderten Maßnahmen gegen Vetternwirtschaft und Bestechlichkeit, außerdem Sparsamkeit bei Hofe und eine Beschränkung des Einflusses der im römischen Recht geschulten Juristen. Im Tübinger Vertrag unterstützten die Landstände („Landschaft") den Herzog aus Angst vor Bauernunruhen. Dieser Vertrag wurde zum „Grundgesetz" der württembergischen Verfassung.

„Zum ersten soll die Landschaft allein dem genannten Herzog Ulrich innerhalb der nächsten fünf Jahre jährlich 22 000 Gulden zahlen, dazu sollen ihm die Prälaten[1], Stifte und Klöster, auch die Ämter Mömpelgard[2], Nürtingen, Plamont[3] und Reichenweiher[4] so viel geben, wie sie alle zusammen erbringen können. Dies alles soll zu Herzog Ulrichs Schuldentilgung und zur Bezahlung der Zinsen verwandt werden.

Nach den fünf Jahren soll die ‚gemeine Landschaft' mitsamt den Prälaten, Stiften und Klöstern [usw.] ... 800 000 Gulden Kapital für die Ablösung der Zinsen, mit denen das Fürstentum beschwert ist, auf sich nehmen ... fürderhin [darf] den Prälaten und der Landschaft nicht mehr auferlegt werden.

Dafür soll Herzog Ulrich aus besonderer Gnade zu seiner Landschaft den Landschaden[5], der bisher üblich war, ganz aufheben und unterlassen, sodass er auch in Zukunft nicht mehr gefordert werden soll ... Sollte Herzog Ulrich ... einen Krieg führen wollen ..., so soll auch das mit Rat, Wissen und Willen ‚gemeiner Landschaft' geschehen, sofern Herzog Ulrich von ihr Hilfe begehrt ... In Zukunft sollen Land, Leute, Schlösser, Städte und Dörfer ohne Rat, Wissen und Willen ‚gemeiner Landschaft' nicht mehr versetzt oder veräußert werden ...

Es soll auch niemand mehr in ‚peinlichen'[6] Strafsachen, so es um Ehre, Leib und Leben geht, anders als durch Urteil und Recht gestraft oder getötet werden, sondern jedem soll nach seiner Schuld sein Recht werden, es sei denn, das kaiserliche Recht lässt ein anderes Verfahren zu ...

Und sollen die dargelegten Freiheiten von Herzog Ulrich und danach für und für von aller Herrschaft[7] am Anfang ihres Regiments zu halten gelobt und davon Brief und Siegel ... gemeiner Landschaft übergeben werden. Davor sind sie nicht schuldig, ... ihnen Gehorsam zu leisten

(Zit. nach: Herrschaftsverträge des Spätmittelalters, hrsg. von W. Näf, Bern 1951, S. 71 f. – übersetzt von W. Grütter)

1 hohe Geistliche
2 heute Montbéliard in Frankreich
3 Blamont in Lothringen
4 heute Riquewihr im Elsass
5 eine Steuer zur Deckung des herzoglichen Defizits, einseitig vom Herzog auferlegt
6 peinlich: Leib und Leben betreffend, schmerzhaft
7 von jedem Landesherren

Arbeitsvorschläge und Fragen

a) Der Historiker Heinrich Mitteis schreibt, dass das Gesetz zugunsten der Fürsten aus Sätzen bestehe, „deren jeder eine Niederlage für das Reich bedeutet ...; als handle es sich ... um die Sanktionierung eines von den Fürsten vorgelegten Entwurfs". – Prüfen Sie diese Behauptung anhand von M 2. Unterscheiden Sie dabei zwischen Bestimmungen zuungunsten der Städte und solchen zuungunsten der königlichen Gewalt.

b) Das Gesetz zugunsten der Fürsten wurde dem deutschen König Heinrich (VII.) gegen seinen Willen von seinem Vater Kaiser Friedrich II. aufgezwungen. Erklären Sie die unterschiedliche Interessenlage von Vater und Sohn (vgl. S. 155 f.).

c) Erläutern Sie den Vorgang, der aus M 3 ersichtlich ist, und schließen Sie auf Lage und Interessen des Kaisers, der Stadt Rothenburg und des Adeligen Ludwig von Hohenlohe.

d) Stellen Sie fest, in welchen Punkten die Goldene Bulle (M 4) über das Gesetz von 1232 (M 2) hinausging. – Erläutern Sie Figuren und Symbole des Bildes M 7.

e) Ordnen Sie die Materialien M 2, M 3, M 6 und M 9 der Darstellung von Fritz Rörig (M 8) zu.

f) Stellen Sie die Verfassungslage des Jahres 1515 für den Herzog als Landesherren, für die Landstände und für die kleinbäuerliche Bevölkerung in Württemberg dar (M 9 und M 10).

5. Weltbild und Lebensgefühl im Mittelalter

Schwierigkeiten des Verständnisses

Weltverständnis und Lebensgefühl der Menschen im Mittelalter unterscheiden sich tiefgreifend von dem des heutigen „modernen" Betrachters. Die Menschen im Mittelalter sahen sich in einen *göttlichen Welt- und Heilsplan* eingeordnet, den niemand grundsätzlich in Frage stellte. Von einem solchen göttlichen Plan erhielten sowohl die Einzelnen wie auch Gruppen und Stände Auftrag und Selbstsicherheit, auch die Fähigkeit die Risiken, Leiden und Nöte eines Lebens zu ertragen, das für unsere Begriffe meist unvorstellbar arm, hart und kurz war.

Der Begriff „Mittelalter"

Nach christlich-mittelalterlicher Auffassung lebte man im Zeitalter zwischen der Menschwerdung Gottes durch Christi Geburt und dem Jüngsten, d. h. letzten Tag dieser Welt, an dem Christus wiederkehren werde. Man befand sich daher im mittleren Zeitalter, in der media aetas, wie es der Abt Joachim von Fiore um 1200 nannte. Erst 1688 führte Christoph Cellarius, Professor der Geschichte in Halle/Saale, den Begriff „Mittelalter" in die Geschichtsschreibung ein. Er bezeichnete damit die Zeit vom Tode Kaiser Konstantins 337 bis zur Eroberung Konstantinopels durch die Türken 1453. Anfang und Ende der Epoche Mittelalter blieben aber strittig, je nachdem welches Merkmal es von Altertum und Neuzeit abgrenzen sollte. Denn mit der Völkerwanderung zerbrach zwar das Römische Reich, aber die feudale Welt des Mittelalters mit Lehnswesen und Grundherrschaft entstand erst rund 500 Jahre später. Feudale Strukturen wiederum überdauerten das Mittelalter um nahezu 300 Jahre. Wichtigstes Merkmal für die Begrenzung des abendländischen Mittelalters ist wohl die *Einheit* und unangefochtene Gültigkeit eines von der römischen Kirche geprägten *christlichen Glaubens*, die erst mit Luthers Reformation und dem Aufkommen naturwissenschaftlichen Denkens (vgl. S. 184 ff.) ihr Ende fand.

Gottes Plan und die Geschichte

Der Theologe und Philosoph Thomas von Aquin teilte im 13. Jahrhundert die Zeit in zwei Epochen ein: die des Alten und die des Neuen Testaments, nämlich die Geschichte bis zur Ankunft Christi und die danach, in unserer Zeitrechnung noch greifbar in „v. Chr." und „n. Chr.".
Ein anderes im Mittelalter anerkanntes Modell eines Gottesplanes in der Geschichte hatte schon 850 Jahre vor Thomas der Heilige Hieronymus um 400 entwickelt. Nach ihm gab es vier irdische Reiche, die ihre Herrschaft jeweils weitergaben: das assyrisch-babylonische an das medisch-persische Reich, dieses an das griechisch-makedonische, von dem die Monarchie auf das Römische als das letzte Reich übertragen wurde, das durch das Reich Gottes abgelöst werden sollte. So trugen die deutschen Könige bis 1806 den Titel „Römischer Kaiser", weil es ein anderes als das „Römische" Reich nicht mehr geben konnte. Die Geschichte wurde also als eine auf ein *Endziel* gerichtete Bewegung angesehen. Gedanken über dieses Ziel, das Weltende, waren den Menschen so vertraut, dass immer wieder Berechnungen über dessen Zeitpunkt angestellt wurden und die Menschen dieses Weltende immer wieder alsbald erwarteten. Dem mittelalterlichen Geschichtsbewusstsein fremd war allerdings der Gedanke des Fortschritts, der Gedanke also, dass sich die Menschheit zu einem höheren Stand der Naturbeherrschung, der Zivilisation und der Menschlichkeit entwickeln könnte. Da man sich an der Bibel als Offenbarung Gottes und daneben an den Schriften antiker Autoren orientierte, suchte man Rat in der Vergangenheit, im bewährten Alten und hielt Neuerungen für gefährlich, ja verderb-

lich. Neuerungen wurden nur akzeptiert, wenn sie als *Wiederherstellung* der guten alten Ordnung oder des guten alten, aber in Vergessenheit geratenen Rechts angeboten wurden: **r**enovatio, **r**estitutio oder **r**eformatio. Die von Gott ein für allemal vorgegebene Ordnung konnte nicht verbessert werden.

Jahr und Tag – ein anderes Zeitgefühl

Der Ablauf der vom Einzelnen erlebten Zeit war von der Natur und damit ebenfalls von Gott vorgegeben. Wie in der Antike zählten die zwölf Stunden des Tages von Sonnenaufgang bis Sonnenuntergang, veränderten ihre Länge also im Jahresverlauf. Wie viel Seiten ein Mönch in den heiligen Büchern jeweils lesen oder wie viel Acker ein Bauer bei Helligkeit pflügen konnte, ergab „objektive" Zeit- und Größeneinheiten wie Tagwerk und Morgen. Sonnen-, Sand- und Wasseruhren waren eher Kuriositäten, für die man kaum Bedarf hatte. Erst das zunehmende Bedürfnis des städtischen Kaufmanns und Handwerkers nach einheitlicher Messbarkeit des Zeitflusses und die Erfindung mechanischer Uhren schufen ein anderes *Zeitbewusstsein*. 1335 wurde eine Räderuhr in Mailand erwähnt, die den Tag in 24 Stunden gleicher Länge einteilte und durch Glocken hörbar machte. Im 15. Jahrhundert begann man die Minuten auf dem Zifferblatt sichtbar zu machen und zu zählen. 1510 schließlich erfand der Nürnberger Peter Henlein die Taschenuhr: Beginn einer neuen Epoche.
Zur Einteilung des Jahres hatte man den römisch-julianischen Sonnenkalender übernommen, der erst in der Neuzeit (1582) durch Neuregelung des Schaltjahres seine genauere gregorianische Form erhielt: Der Schalttag sollte künftig an drei von vier vollen Jahrhunderten entfallen. (Die Jahre 1700, 1800 und 1900 waren infolgedessen keine Schaltjahre, das Jahr 2000 wird dagegen wieder ein Schaltjahr sein.) Im Verlauf des Mittelalters ersetzte zunehmend die rationelle Nummerierung der Monatstage ältere Formen der Datierung wie z. B. das römische System der Kalenden, Nonen und Iden oder die Kennzeichnung nach Heiligenfesten und sonstigen kirchlichen Feiertagen. Die beweglichen Feste richten sich bis heute nach dem Mondzyklus.

Eine andere Raumvorstellung

Die Römer hatten die Geographie der Griechen, die die *Kugelgestalt der Erde* erkannt hatten, vereinfacht und Karten vornehmlich für praktische Zwecke genutzt zur Verzeichnung von Marschwegen und Entfernungen. Schließlich setzte sich jedoch bei den Römern und später bei den christlichen Gelehrten die Auffassung durch, die *Welt sei als Scheibe* zu betrachten und zwar von Osten aus mit den damals bekannten drei Erdteilen: Asien als dem Morgenland oder Orient in der Mitte, Europa als dem Abendland oder Okzident auf der linken Seite der Karte und Afrika auf der rechten Seite. Im Mittelpunkt der Welt lag Jerusalem. So wie die Geburt Christi Mittelpunkt der Geschichte war, war Jerusalem als Stätte der Auferstehung Christi Mittelpunkt des Raumes.

Neue Zeit und neuer Raum: Neuzeit

Schon im Laufe des Mittelalters musste man Änderungen an diesem Schema vornehmen, je genauer größere Teile der Erde im Abendland bekannt wurden. Neue Denkansätze seit der Renaissance (vgl. S. 184 ff.) und die Entdeckungsfahrten Ende des 15. Jahrhunderts zwangen die Menschen, das mit Wunderglauben durchsetzte *heilsgeschichtliche Weltbild* allmählich aufzugeben und sich für die Orientierung in dieser Welt nicht mehr an die Hl. Schrift, an Kirchenväter und antike Schriftsteller zu wenden, sondern die *Forschungsergebnisse* von Wissenschaftlern und Entdeckern zu Rate zu ziehen. Das überlieferte, durch die Religion und Tradition legitimierte Weltbild wurde mehr und mehr auf seine symbolische Bedeutung reduziert.

Vom Mittelalter zur Neuzeit: Renaissance und Reformation

Seit dem 14. Jahrhundert lösten sich die Menschen in Europa – zuerst in Italien – zunehmend aus Bindungen, die ihnen die Natur und geistliche Autoritäten auferlegt hatten. Mit dem Humanismus begannen sie ihren Horizont geistig und räumlich zu erweitern. Sie wurden selbstbewusst, weiteten ihre wirtschaftliche Tätigkeit aus, entdeckten ferne Länder und erfreuten sich einer solchen Zunahme des Wissens, dass der Humanist Ulrich von Hutten (1488–1523) ausrufen konnte: „O Jahrhundert, o Wissenschaften! Es ist eine Lust zu leben." Mit diesem Aufbruch in eine neue Zeit war aber auch ihr Anspruch verbunden die Welt zu beherrschen.
Mit der Reformation Luthers zerfielen die mittelalterliche Einheit der Kirche und die Einheit von Reich und Kirche. Reformatorische Bewegungen verbanden sich auch mit sozialrevolutionären Tendenzen wie z. B. im Bauernkrieg. Die neu entstandenen Konfessionen erhoben jeweils den Anspruch auf alleinige Gültigkeit ihrer Glaubensüberzeugungen und versuchten die gesamte Christenheit für sich zu gewinnen. Ketzerverfolgung und Glaubenskriege bestimmten bis ungefähr zur Mitte des 17. Jahrhunderts das „Konfessionelle Zeitalter."

1452–1454	Gutenberg druckt mit beweglichen Lettern seine 42-zeilige Bibel.
1465–1536	Erasmus von Rotterdam gilt den Humanisten seiner Zeit als „Fürst unter den Gelehrten"; seine Ausgabe des Neuen Testaments im griechischen Urtext bereitet Luthers Bibelübersetzung vor.
1492	Kolumbus landet auf Guanahani. Er entdeckt ohne es zu wissen die Neue Welt.
1517	Martin Luther (1481–1546) veröffentlicht in Wittenberg 95 Thesen „Über die Kraft der Ablässe" und löst damit die Reformation aus.
1519–1533	Cortez und Pizarro vernichten das Azteken- und das Inkareich.
1521	Auf dem Reichstag zu Worms wird gegen Luther und seine Anhänger die Acht verkündet (Wormser Edikt).
1525	Der deutsche Bauernkrieg, u. a. durch Luthers Reformation verursacht, endet mit der Niederlage der aufständischen Bauern.
1530	Auf dem Augsburger Reichstag misslingt die Einigung zwischen den Religionsparteien. Kaiser Karl V. (1519–1556) wird in seinem Kampf gegen die Protestanten abgelenkt durch Kriege gegen den französischen König und das Osmanische Reich (1529 Belagerung Wiens durch die Türken).
1542	Die „Neuen Gesetze" Karls V. verbieten die Versklavung der Indianer.
1555	Der Augsburger Religionsfrieden verhindert bis zum Dreißigjährigen Krieg (1618–1648) den konfessionellen Bürgerkrieg im Reich.
1559	Gründung der Genfer Akademie, in der calvinistische Prediger für viele Länder Europas ausgebildet werden.
1563	Die Beschlüsse des Konzils von Trient (1545–1563) reformieren die katholische Kirche und ermöglichen eine wirksame „Gegenreformation" in Territorien mit katholischer Obrigkeit.

1 **Schätze der Natur.** (Holzschnitt aus „De re metallica".) In der Einleitung seines Buches „De re metallica" (1556) über das Berg- und Hüttenwesen seiner Zeit setzt sich der sächsische Arzt, Humanist und Bergkundige Georgius Agricola mit den Argumenten der Kritiker des Bergbaus auseinander: „... Außerdem betonen sie folgende Beweismittel: Wälder und Haine werden umgehauen; denn man bedarf zahlloser Hölzer für die Gebäude und das Gezeug sowie um die Erze zu schmelzen. Durch das Niederlegen der Wälder und Haine werden aber die Vögel und andere Tiere ausgerottet ... Die Erze werden gewaschen; durch dieses Waschen aber werden, weil es die Bäche und Flüsse vergiftet, die Fische entweder aus ihnen vertrieben oder getötet ... (Agricola hält den Kritikern entgegen): Wo sie (die Bergleute) endlich Wälder und Haine umhauen, da säen sie nach Ausrodung der Wurzeln und Sträuchern und Bäumen Getreide, und diese neuen Äcker bringen in kurzer Zeit so fette Früchte, dass die Bewohner den Schaden, den sie durch teureren Einkauf des Holzes erleiden, bald wieder gutmachen. Und für die Edelmetalle, die man aus dem Erze schmilzt, können anderswo zahlreiche Vögel, essbare Tiere und Fische erworben und nach den Gebirgsgegenden gebracht werden."

Der Bach A. Der Graben B. Die Breithaue C. Die Rasen D. Die Seifengabel E. Die eiserne Schaufel F. Der Trog G. Ein anderer daruntergestellter Trog H. Eine kleine hölzerne Schaufel I.

2 **Luther im Streit mit Papst Leo X.** (Anonymes Flugblatt, 1568) ▼

1. Renaissance und Humanismus

Ablösung vom Mittelalter

Um die Mitte des 14. Jahrhunderts zeichnete sich in Italien eine neue Zeit ab. Die führende Schicht der bürgerlich-städtischen Gesellschaft (popolo grasso) in den italienischen Handelsrepubliken und Fürstentümern hatte sich allmählich aus der Enge des Mittelalters gelöst und Feudalismus und hierarchisches Denken hinter sich gelassen. Auf der Suche nach neuen Werten glaubte sie in der *griechischen und römischen Antike* die Vorbilder gefunden zu haben, die bei einem Aufbruch in ein neues Zeitalter den Weg weisen konnten.
Wir nennen diese Zeit heute Renaissance, Wiedergeburt des Altertums, obgleich die mittelalterlichen Gelehrten die antike Tradition nie ganz hatten abreißen lassen und griechische und römische Philosophen wie Aristoteles oder Seneca unter der Autorität der Kirche Vorbilder geblieben waren. Seit Francesco Petrarca (1304–1374) aber, dem ersten bedeutenden italienischen Humanisten (s. u.), erstrahlten ihre Ideen in einem neuen Licht. Die zurückliegenden Jahrhunderte wurden nur noch als eine Zwischenzeit zwischen der Antike und der damaligen Gegenwart gesehen, als ein „Mittel"-alter, das die Menschen in vielfältigen Abhängigkeiten gefangen gehalten hatte (s. S. 180).
Die neue Haltung des italienischen Menschen des 15. Jahrhunderts, des quattrocento, zu Alltag, ethischen Normen sowie zu Kunst und Wissenschaft hing eng mit seiner veränderten Einstellung zur Natur zusammen. Die im Mittelalter allenthalben vorhandene Naturabhängigkeit wich einer zunehmenden *Selbständigkeit des Menschen* ihr gegenüber. Sie wurde Objekt seines Denkens und Forschens. Der Mensch wollte der ursprünglichen Natur jetzt eine zweite, von ihm gestaltete abzwingen; er wollte selbst Schöpfer sein.
Unabhängig von religiösen Dogmen erhielt das diesseitige Leben einen eigenen Wert. Der vernunftbegabte Mensch wollte sich vielseitig entfalten und dabei Größe gewinnen. Diese Selbsterhöhung erschien ihm kaum fragwürdig. Den Gesetzen des Weltalls galt sein Interesse ebenso wie der eigenen physischen Natur, der Geschichte ebenso wie der Gesellschaft seiner Zeit. Ihr gab er Normen, die seiner gewandelten Moral entsprachen. Lediglich Nutzen oder Schaden, Erfolg oder Erfolglosigkeit sollten jetzt das staatliche Handeln bestimmen, wie es z. B. der Florentiner Staatsdenker Machiavelli (1469–1527) dem Fürsten empfahl. Auf allen Gebieten regten sich die Interessen so ungebunden, dass auseinander laufende Richtungen eine einheitliche Aussage über die Renaissance erschweren. In dieser Meinungsvielfalt spiegelt sich jedoch die geistige Fruchtbarkeit der Epoche.

Humanisten als Träger des Renaissance-Gedankens

Träger der sich wandelnden Weltsicht waren die Gelehrten. Trotz unterschiedlicher wirtschaftlicher Verhältnisse z. B. in Deutschland und in Italien arbeiteten sie über Sprachgrenzen hinweg an der *Vervollkommnung des Menschen*. Ihre Leitbilder waren Maß und Mitte der Griechen und die „humanitas" der Römer. Deshalb nannten sie sich Humanisten. Philosophen der beiden antiken Völker hatten geglaubt, dass sich in der Beschäftigung mit Künsten und Wissenschaften die edle Gesinnung eines wahren Menschseins formen lasse. Durch die „studia humanitatis" sollten jetzt die Menschen diese Bildung erwerben. Alle Geistesgrößen des Altertums versammelten die Humanisten zu lebendiger Gegenwart in ihren Schriften um sich, so wie Raffael sie als Zeitgenossen auf seinem Gemälde „Schule von Athen" (s. Abbildung auf Bucheinband) vereinigt hatte. Trotzdem vollzog sich die Orientierung der Humanisten an den „Alten" im Rahmen des Christentums. Sie versuchten daher, neben den Schriften der heidnischen Antike auch die Urform der biblischen Überlieferung durch Sammeln und Vergleichen der verschiedenen Fassungen nahe zu kommen. Sie kommentierten sie in einer am Griechischen und Lateinischen geschulten geschliffenen Sprache. In der Geschichtsschreibung überwanden die Humanisten den Chronikstil des Mittelalters. Sie verglichen die Quellen, ordneten den Stoff, interessierten sich für die Menschen, die hinter dem Geschehen standen und unterschieden Ursachen und Wirkungen geschichtlicher Entwicklungen. Untereinander standen sie brieflich in regem Gedankenaustausch über ihre Forschungsergebnisse. Allen voran Erasmus von Rotterdam (1465–1536), der mit seiner Ausgabe des Neuen Testaments im griechischen Urtext Luthers Bibelübersetzung vorbereitete.

Veränderte Einstellung zur Religion

Das Bestreben, auch in Glaubensdingen zu den Quellen der Offenbarung vorzudringen, ist für das Zeitalter des großen Umbruchs kennzeichnend. Schon in der Frührenaissance vollzog sich beim italienischen popolo grasso eine Trennung des individuellen Glaubensanspruchs von der kirchlichen Hierarchie. Sie gefährdete den Fortbestand der Religion nicht, aber die Gegner kirchlicher Glaubensbevormundung lehnten jede Dogmatik ab, weil sie ihrem selbständigen Urteilen zuwiderlief. Die Wahl des „eigenen Glaubens" ließ die offizielle Religion bei ihnen zur Förmlichkeit werden. Sie hatten sich der *Diesseitigkeit* zugewandt. Ihr Lebensstil voll Prunksucht und Stolz wurde jedoch manchem Zeitgenossen problematisch, warf die Frage nach dem Sinn des Lebens auf und forderte zu Askese und neuer Religiosität auf. Damit hatten sich in Italien vorweg Erschütterungen vollzogen, die in anderen Teilen Europas erst durch die Reformation verursacht wurden.

Renaissance in der Kunst

Die neugewonnene Freiheit zeigte sich am augenfälligsten in der bildenden Kunst. Obgleich christliche Themen das Schaffen der Renaissancekünstler nach wie vor bestimmten, änderten sich Inhalt und Zweck der religiösen Darstellung. Während im Mittelalter Altarbilder, Fresken oder Plastiken den des Lesens unkundigen Menschen das biblische Geschehen nahe bringen und ihnen eine ständige Mahnung im Glauben sein sollten (vgl. S. 103), verdrängte in der Renaissance das *Kunsterlebnis* die Andacht. Die Zentralperspektive, die Lehre von den Proportionen, das Studium der Anatomie und genaueste Naturbeobachtungen verhalfen zu wirklichkeitsnaher Darstellung bei Bild und Plastik. Diese verselbständigte sich und trat an die Öffentlichkeit außerhalb des Kirchenraumes. In der Architektur löste in Anlehnung an die Bauformen der Antike die Waagrechte die zum Himmel strebenden Senkrechten der Gotik ab. Der Kuppelbau (z. B. beim Dom in Florenz, 1420), den man jetzt beherrschte, verdrängte die schlanken Kreuzgewölbe.
Maler, Bildhauer und Architekten zeigten ein neues Selbstbewusstsein. Sie verstanden sich nicht mehr bloß als Handwerker, die ihrem Auftraggeber ein Werkstück ablieferten. Sie waren jetzt umworben und konnten u. U. einem Fürsten die Gunst ihres Könnens verweigern. Denn der Fürst konnte sich einen Namen machen, wenn er der Nachwelt ein Fresko oder ein Standbild, einen Palast oder ein Grabmal eines großen Künstlers hinterließ. Besondere Förderer (Mäzene) der Kunst, aber auch des eigenen Ruhmes, waren die Sforza in Mailand und die Medici in Florenz. Viele Renaissancekünstler waren vielseitig interessiert. Sie alle überragte aber Leonardo da Vinci, der bald als Universalmensch (uomo universale) verehrt wurde.

Humanismus (von lat. humanitas: Menschheit, Menschlichkeit, feinere Bildung): Dieser Audruck bezeichnet die wissenschaftliche und kulturelle Bewegung des 14. bis 16. Jahrhunderts, die sich der Wiederentdeckung und Pflege griechischer und lateinischer Überlieferung zuwandte (Renaissance) und eine von kirchlicher Dogmatik unabhängige diesseitige Lebensauffassung förderte. Im Gegensatz zur mittelalterlichen Theologie stand für den Humanismus in dieser Welt der Mensch im Mittelpunkt. – Im Sinne von Toleranz wurde das Wort Menschlichkeit vor allem durch den Philosophen Immanuel Kant gebräuchlich.
Heute steht Humanismus für das Streben nach Menschlichkeit als freier Entfaltung der Persönlichkeit. Dem Gleichheitsgedanken folgend, sollen für alle Menschen, unabhängig von Religion, Rasse oder Herkunft, menschenwürdige Lebensbedingungen geschaffen werden.

1 Kritik an der kirchlichen Hierarchie

In einer seiner Geschichten erzählt der italienische Dichter und Humanist Boccaccio (1313–1375) von einem Juden, der bereit ist, sich taufen zu lassen, wenn er zuvor den Lebenswandel der Spitzen der Kirchenhierarchie in Rom für gut befunden hat. Nach seiner Rückkehr von dort wird er von seinem skeptischen Freund, einem Christen, nach seinen Eindrücken gefragt:

„Der Jude antwortete unverzüglich: ‚Ich fand sie ruchlos! Verdammt seien sie alle! Und ich muss dir sagen, dass – soweit ich es beurteilen kann – dort bei keinem einzigen Geistlichen Frömmigkeit, Gottesfurcht, Nächstenliebe, ein vorbildlicher frommer Lebenswandel oder dergleichen zu bemerken war, sondern nur Wollust, Geiz, Geilheit, Betrug, Neid, Stolz und ähnliche oder schlimmere Laster, wenn es solche noch geben kann. Und alles sah ich in solchem Ausmaß, dass mir die Stadt eher eine Werkstatt des Teufels als die Stätte Gottes zu sein scheint. Und ich glaube, dass der oberste Seelenhirt und mit ihm alle anderen nach besten Kräften auf jede erdenkliche Art und Weise darauf bedacht sind, die christliche Religion zu zerstören und vom Erdboden verschwinden zu lassen, anstatt Fundament und Stütze derselben zu sein.
Weil ich aber sehe, dass nicht geschieht, was sie anstreben, sondern dass eure Religion sich immer mehr ausbreitet und in immer leuchtenderem und klarerem Licht erstrahlet, scheint mir das ein Beweis dafür, dass der Heilige Geist selbst als Fundament und Stütze in ihr ruht und dass sie wahrer und heiliger ist als alle anderen Religionen der Welt. So will ich, obgleich ich deinen Ermahnungen so kalt und ablehnend gegenüberstand und kein Christ werden wollte, dir jetzt offen sagen, dass ich nicht versäumen werde, mich taufen zu lassen' …"

(Giovanni Boccaccio, Das Dekameron, Berlin/Hamburg 1958, Bd. 1, S. 65 f.)

2 Preisgedicht auf Dante

Sonett des italienischen Renaissancekünstlers Michelangelo Buonarotti (1475–1564) auf seinen Landsmann, den Dichter Dante Alighieri (1265–1321). Dieser hatte sein Hauptwerk, die „Göttliche Komödie", in italienischer und nicht mehr in lateinischer Sprache verfasst und war Vorbild aller national gesinnten Humanisten Italiens. Das Sonett nimmt Bezug auf Dantes Verbannung aus Florenz und auf die Schilderung seines Weges durch Hölle, Fegefeuer und Paradies in der „Göttlichen Komödie".

An Dante

Wie man wohl müsste, kann kein Wort ihn ehren,
Denn Dantes Name strahlt in allen Welten:
Viel eh'r geläng's, sein Heimatland zu schelten,
Als seinen Ruhm noch irgend zu vermehren.

Zum Heil der Menschheit stieg er in den bangen
Abgrund der Hölle, stieg zu Gott empor.
Das ihm der Himmel öffnete, das Tor,
Verschloss Florenz berechtigtem Verlangen.

Die Undankbare, sag ich, ihre Schande
Nährt sie, die ihre Besten hat verdrängt,
Und qualvoll machte der Verstoß'nen Leben.

Den Fall von tausend wissen alle Lande:
Dass ungerechter nie ein Bann verhängt,
Nie ward der Welt ein größ'rer Mensch gegeben.

(Michelangelo Buonarotti, Sonette, Übers. von E. Redslob, Heidelberg 1964, S. 169)

a) Welches neue Naturverhältnis ist in M 1, S. 183, erkennbar?
b) Erläutern Sie den Wandel künstlerischen Empfindens vom Mittelalter zur Renaissance (S. 188, M 1a, b).
c) Welche Einstellung zu Kirche und Glauben lässt sich in M 1 feststellen?
d) Wie ehrt der Renaissancekünstler seinen toten Kollegen (M 2)? Welche Wertung erfährt Dante dabei?
e) Vergleichen Sie die Darstellung der Geißelung Christi durch Hans Holbein d. Ä. mit der des Piero della Francesca (S. 189, M 3 und M 4). Was hat sich in der Auffassung eines religiösen Motivs verändert? Was ist bei Piero für die Renaissance typisch? – Ziehen Sie den Text unten auf dieser Seite hinzu.

Arbeitsvorschläge und Fragen

Werkstatt Geschichte:
Werke der bildenden Kunst

Zu den Äußerungen des menschlichen Daseins, die dem Historiker Aufschluss über die Vergangenheit geben und ihm deren Verstehen erleichtern, können auch Werke der bildenden Kunst gehören. Dennoch unterscheiden sie sich von Traditionsquellen (vgl. dazu S. 67), weil sie nicht in der Absicht entstanden sind, über historisch-politische, wirtschaftliche oder gesellschaftliche Vorgänge direkt Auskunft zu geben. Sie sind jedoch auch keine bloßen Überrestquellen wie Gebrauchsgegenstände oder Schriftgut aus Verwaltungsvorgängen. Sie sind vielmehr Ausdruck eines künstlerischen Gestaltungswillens, der häufig die Wirklichkeit überformt und damit kein Abbild einer konkreten Situation ist. Gerade deshalb können Werke der bildenden Kunst eine epochentypische Einstellung von Menschen der Welt gegenüber widerspiegeln. Aber den Historiker interessieren auch „einfache" Bildinhalte wie das Erscheinungsbild einer bedeutenden Persönlichkeit, das Aussehen einer Landschaft, eines Gebäudes oder die Ausstattung eines Innenraumes zu einem bestimmten Zeitpunkt, ebenso Details wie Haar- oder Kleidermoden und anderes mehr.
Der Historiker wird das Ansprechende eines Kunstwerkes nicht übersehen; aber er setzt andere Akzente als der Kunsthistoriker. Er muss nicht fragen, was ein Bild oder eine Plastik zu einem Kunstwerk macht. Seine Fragen lauten in erster Linie: Was erfahren wir aus ihm über die Vergangenheit? Warum macht zu diesem Zeitpunkt der Künstler gerade diese Aussage in dieser Form? Was ist neu an dem Kunstwerk? Warum ist es für seine Epoche repräsentativ? Dabei kann der Vergleich mit ähnlichen oder gleichen Motiven aus anderen Epochen oder mit Werken, die einem traditionellen Stil verpflichtet bleiben, hilfreich sein. Auch kann die Kenntnis der gesellschaftlichen Verhältnisse am Entstehungsort und der Person des Auftraggebers eines Künstlers zu historischen Erkenntnissen führen.
Wie dasselbe Motiv ganz verschieden in zwei Kunstlandschaften und Kulturebenen gestaltet worden ist, kann ein Vergleich der Geißelung Christi in der Auffassung von Hans Holbein d. Ä. (1465–1524) und Piero della Francesca (1410/20?–1492) zeigen (s. S. 189, M 2 und M 3). Während der Deutsche noch der Spätgotik zuzurechnen ist, ist der eine Generation **ältere** Italiener einer der wichtigsten Vertreter der Frührenaissance. Zwischen ihnen liegt aber eine Epochengrenze: In Italien hat eine neue Zeit mit einer veränderten Bewusstseinshaltung begonnen. Werden bei einem Vergleich der beiden Bilder u. a. die nachfolgenden Gesichtspunkte berücksichtigt, lassen sich wichtige Merkmale der Renaissance eingrenzen: Verwendung der Perspektive und/oder Lichtquelle; Platzierung der Hauptperson(en); Hervorhebung durch Farbe; Aussehen der Kleidung und ihre zeitliche und räumliche Zuordnung; Wiedergabe der motivwichtigen Gegenstände; Behandlung der Architekturformen; Teilnahme der Personen am Geschehen; Bedeutung des dargestellten Vorganges für den Maler/Auftraggeber.

Die Renaissance in der Kunst

1 **Pietà**
Das Motiv der klagenden Maria mit dem toten Christus wurde im 13. Jh. von Künstlern erstmals aufgegriffen und entwickelte sich zu einem beliebten Bildthema.

1a Pietà des Hochmittelalters (unbekannter Meister, Köln um 1340; oben links).

1b Pietà der Hochrenaissance (Michelangelo; Peterskirche, Rom, 1498/99; oben rechts).

2 **Renaissancemalerin.** Selbstbildnis der Renaissancemalerin Sofonisba Anguissola (1535–1625). Ihr Vater, ein lombardischer Adliger, ermunterte sie, einen für diese Zeit ungewöhnlichen Lebensweg zu gehen: Er schickte sie zu einem Maler in die Lehre und ließ sie einen „Männerberuf" erlernen. Als herausragende Porträtistin norditalienischer Adelshäuser und des spanischen Hofes (Porträt Philipps II.) erwarb sie sich schon bei ihren Zeitgenossen Respekt und Bewunderung.

3 **Geißelung Christi** ▶
von Hans Holbein d. Ä. (1465–1524). Das Bild ist um 1498 gemalt worden. Es war als Altarbild Teil eines Passionszyklus.

4 **Geißelung Christi**
von Piero della Francesca (1410/20–1492). Die Bildtafel entstand 1459 als Reaktion auf die Einnahme Konstantinopels durch die Türken (1453) und ihr Vordringen in Griechenland. Sie war von ihrem Auftraggeber Giovanni Baccis dem Herzog von Urbino zugedacht, der ein militärisches Vorgehen gegen die Türken ablehnte. In der vorderen Bildebene unterhält sich Giovanni Baccis (links) mit dem griechischen Prälaten und Kreuzzugsbefürworter Bessarion. Zwischen ihnen steht (wahrscheinlich) Federico Buonconte, der 1458 verstorbene Sohn des Herzogs. ▼

2. Erweiterung des Wissens

Ausbreitung der Schriftlichkeit

Nur wenige Menschen konnten im Mittelalter lesen oder schreiben, denn die Kenntnis der Schrift war ständegebunden. Vom Kleriker verlangte die Kirche, dass er zumindest lesen konnte. Jedoch unter den Rittern dürften die wenigsten die Fertigkeit des Lesens oder gar Schreibens beherrscht haben; und von den meisten deutschen Königen vor Karl IV. (1347–1378) wissen wir, dass sie lese- und schreibunkundig waren. Für 96 bis 98 Prozent der Deutschen hat das noch zu Beginn der Reformationszeit gegolten. Dahinter darf keine allgemeine Unbildung vermutet werden. In einer Zeit, in der die Menschen sich auf ihr Gedächtnis verlassen mussten, war *Schriftlosigkeit* kein Makel. Die Schriftlichkeit bildete sich erst im 14. Jahrhundert mehr und mehr aus, seit das „billige" Papier das Pergament als Schriftträger verdrängte. Vor allem unter den Fernhandelskaufleuten und den Trägern der Verwaltung bestand das Bedürfnis, Vorgänge unabhängig vom Gedächtnis schriftlich selbst festzuhalten. Dadurch verschwand ein Bildungsmonopol, das bis dahin fast ausschließlich der Klerus besessen und das gesellschaftliche Veränderungen gehemmt hatte.

Schul- und Universitätsgründungen

Neben den alten Kloster- und Pfarrschulen, in denen Latein als Kommunikationssprache für Kirche, Wirtschaft und Verwaltung gelehrt wurde, entstanden

1 Bibeltexte – handgeschrieben und gedruckt

1a Reich illustrierte, handgeschriebene Bibel („Ottheinrich-Bibel") aus der 1. Hälfte des 15. Jh.

1b 42-zeilige „Gutenberg-Bibel", mit deren Druck 1452 in Mainz begonnen wurde. Die Initialen sind handkoloriert.

im 14. Jahrhundert *„deutsche" Schulen*. Zum Verdruss der Geistlichkeit bedrängten sie die lateinische Kultur und verschafften der deutschen Sprache allmählich größere Eigenständigkeit, wenngleich sie anfangs nicht Gelehrsamkeit, sondern lediglich Praxisnähe anstrebten. Höhere Anforderungen stellten die *Universitäten*, in die sich Schüler nach Besuch einer Lateinschule immatrikulieren (einschreiben) konnten. Die frühesten Universitäten entstanden in Süd- und Westeuropa (z. B. Salerno 1059, Paris 1150, Oxford 1167). Deutsche mussten im Ausland studieren, bis 1348 die erste deutsche Universität durch Karl IV. in Prag gegründet wurde. Wer den Doktorgrad erwerben wollte, musste zunächst das Grundstudium der „Artistenfakultät" besuchen, die mit dem Magisterium, einer Art Abitur, abschloss. Danach erst konnte er ein Fachstudium der Theologie, des Rechts oder der Medizin aufnehmen. Der Doktortitel verlieh seinem Inhaber internationale Anerkennung und das Recht, überall selbst zu lehren. Die Zahl der doctores blieb jedoch klein, weil über 80 Prozent der immer zahlreicher werdenden Studenten lediglich die Artistenfakultät besuchten.

Fortschritte der Naturerkenntnis

Trotzdem erlebte Europa – Deutschland in besonderer Weise vor der Reformation – einen *„Bildungsaufbruch"*. Er erstreckte sich bald auch ansatzweise auf die Naturwissenschaften. Regiomontanus (Johannes Müller) entwickelte als Mathematiker und Astronom die ebene und sphärische Trigonometrie weiter. Nikolaus Kopernikus verschaffte dem heliozentrischen Weltbild endgültige Anerkennung. Er lehrte, dass die Erde nur einer der Planeten sei und sich um die Sonne (helios) drehe. Andreas Vesalius widmete sich anatomischen Studien am Menschen und trug mit seinem bebilderten epochemachenden Werk „De humani corporis fabrica" zur Fachausbildung kommender Ärztegenerationen bei. Daneben herrschte aber nach wie vor weit verbreiteter Aberglaube. Magie und Astrologie waren gefragt; und die Suche der Alchemisten nach dem „Stein der Weisen" ging weiter.

Das gedruckte Buch als Wissensträger

Zur Verbreitung des Wissens trug entscheidend Johannes Gensfleisch (genannt *Gutenberg*) aus Mainz durch die Erfindung des *Buchdrucks* mit beweglichen Lettern bei. Als Gutenberg zu seinem Bibeldruck (1452–54) verkündete, er habe „ohne Hilfe von Rohr, Stylus oder Feder, sondern nur durch wunderbaren Einklang, Proportion und Harmonie von Stempeln und Typen" ein Buch hergestellt, endete praktisch die Manuskript-Kultur. Bisher hatten Bücher mühsam mit der Hand kopiert werden müssen. Dabei waren die Abschreiber recht sorglos vorgegangen. Sie ergänzten oder aktualisierten Texte, ihnen unterliefen Schreibfehler. Jetzt stand der gedruckte Text ein für alle Mal fest und erhielt gleichsam Ewigkeitswert. Mit ihm konnte der Autor in einem neuen Selbstgefühl seinen Namen dauerhaft verbinden. Er sprach ein großes Publikum an, immer häufiger in der Nationalsprache, und vermehrte Kenntnisse und Gesprächsgegenstände in ungeahntem Maße. Das Wissen wurde verfügbar. 8 Millionen Bücher waren schon innerhalb von 50 Jahren nach der Erfindung Gutenbergs gedruckt. Mit Flugblättern und kurzen Schriften konnte man schnell zu aktuellen Ereignissen Stellung nehmen und Menschen beeinflussen. Beeinflusst wurde auch die Methode, Inhalte zu organisieren: Durch die Angabe von Seitenzahlen (erstmals bei Erasmus' Neuem Testament, 1516), durch das Anlegen von Registern, durch Einteilung in Abschnitte, durch Zwischenüberschriften und Randbemerkungen, wurde Klarheit in die Texte gebracht und die Leserschaft in folgerichtigem Denken geschult.

2 Universitätsgründungen* in Europa bis 1500

	bis 1200	13. Jh.	14. Jh	15. Jh.
Nordeuropa				2
Westeuropa	3	2	8	11
Mitteleuropa (nordalpines Reichsgebiet)			5	13
Südeuropa				
Italien	3	7	7	2
Spanien		6	3	5
Osteuropa			3	

* Einige Universitäten bestanden nur wenige Jahre.

3 Zunahme der Information

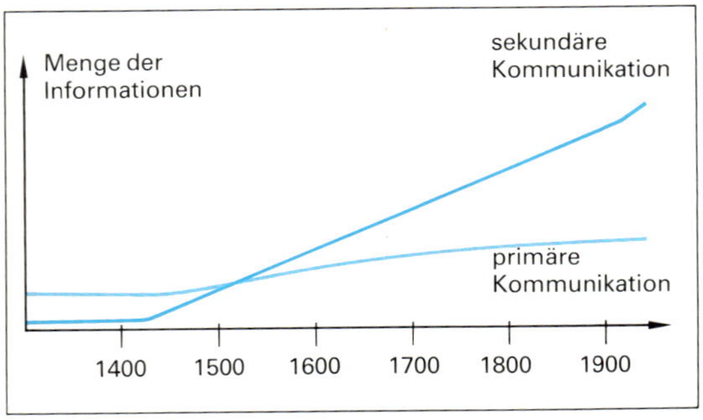

Primäre Kommunikation = Information durch Gespräche; Sekundäre Kommunikation = Information durch Brief, Buch und andere Medien.
(Nach: Curriculum Geschichte II LB., Frankfurt/M. 1979, S. 140)

4 Bildungsaufschwung

Der französische Humanist François Rabelais (1494?–1553) äußerte sich durch seinen Romanhelden Gargantua:

„Die Zeiten waren finster, schmeckten noch nach der Goten Barbarei, die alle gute Literatur zu Grunde gerichtet. Aber mit Gottes Hülf ist den Künsten bei meiner Zeit ihr Licht und Ansehn wiedergegeben; ich seh, es hat sich damit um ein so merklichs gebessert, dass ich itzt mit genauer Not in die erste Class' der kleinen Schulfüchs recipieret [aufgenommen] werden möcht, der ich in meinem Mannesalter für den Gelahrtesten des Jahrhunderts (und nicht mit Unrecht) gegolten hab …
Anitzt sind alle Disciplinen wieder hergestellt, die Sprachen erneuert, Griechisch, ohn welches eine Schand wär sich einen Gelahrten nennen zu wollen; Hebräisch, Chaldäisch, Latein: Es sind die so correcten zierlichen Bücher mit Druckschrift nun in Umlauf kommen, die man durch göttliche Eingebung in meinen Tagen erfunden hat, gleichwie im Widerspiel das Geschütz auf des Teufels Antrieb. Die ganze Welt ist voll gelahrter Männer, hochbelesener Lehrer, voll reichbegabter Büchersäl, und dünket mich, dass eine solche Bequemlichkeit der Studien, wie man itzo siehet, weder zu Plato noch Cicero Zeiten, noch Papiniani[1] gewesen sei. Und wird sich künftig in Gesellschaft gar keiner mehr herfürtraun, der nicht in der Minerva [Göttin der Weisheit] Werkstatt aus dem Grund polieret ist. Ich seh, es sind die Straßenräuber, Stallbuben, Waghäls und Henkersknecht itzund gescheiter als die Doctoren und Prediger zu meiner Zeit."
(François Rabelais, Gargantua und Pantagruel, aus dem Französischen verdeutscht durch Gottlob Regis, Hamburg 1964, Bd. 1, S. 175 f.)

1 Aemilius Papinianus (ca. 140–212): bedeutendster römischer Rechtsgelehrter

5 Gutenbergs Erfindung

Das Neue am Buchdruck beurteilt aus heutiger Sicht der Historiker Peter Moraw:

„In vierfacher Hinsicht stellte die Erfindung Gutenbergs einen Einschnitt in der technischen und allgemeinen Geschichte dar. Erstens: Soweit man sieht, erdachte man zum ersten Mal einen so vielteiligen, sinnvoll ineinandergreifenden Produktionsprozess, der sich als voll ausgereift erwies. Die einzelnen Arbeitsvorgänge in ein und derselben Werkstatt erforderten die Rezeption, aber auch die Neuentwicklung ganz unterschiedlicher Verfahren im Umgang mit Eisen, Buntmetallen und Holz, mit Legierungen und Gießinstrumenten, mit Farbe und Presse. Bis zum Zeitalter des Licht- und Computersatzes ist Gutenbergs Technik zwar fortentwickelt, aber nicht grundsätzlich verändert worden. Zweitens: Gutenbergs Verfahren steht am Anfang der industriellen Massenfertigung völlig gleicher Produkte. Die rund drei Millionen Lettern, die für den Bibeldruck gebraucht wurden, sind im Gießverfahren mit einer Blei-Zinn-Antimon-Legierung aus ungefähr zweihundertundzwanzig Matrizen hergestellt worden. Die Matrizen gestatteten eine unbegrenzte Vervielfältigung der Lettern. Der Schriftguss war also das Kernstück der Erfindung. Drittens: Der Buchdruck bildete neben der gleichzeitig in Deutschland entwickelten Druckgrafik das erste Massenmedium der Geschichte. Es verlieh politischen und sozialen Vorgängen fortan gänzlich neue Qualitäten und Quantitäten. Schon das Geschehen der Reformation ist ohne den Buchdruck nicht vorstellbar. Viertens: ... Durch keine andere Erfindung ist das geistige Leben in gleicher Weise umgestaltet worden."

(P. Moraw, Von offener Verfassung zu gestalteter Verdichtung, Propyläen Geschichte Deutschlands, Berlin 1985, Bd. 3, S. 398 f.)

Arbeitsvorschläge und Fragen

a) Erläutern Sie die Gründe für die Zunahme des Wissens zu Beginn der Neuzeit (M 1 – M 3).
b) Erklären Sie, warum „das gedruckte Buch die Menschen von der Vorherrschaft des Unmittelbaren und Lokalen befreit" hat (L. Mumfort).
c) Vergleichen Sie die beiden Bibelseiten. Beachten Sie dabei Seitengestaltung und Schrifttype (M 1a und M 1b).
d) Weshalb leitete das gedruckte Buch das Zeitalter der Massenkommunikation ein (M 5)?

3. Das Entdeckungszeitalter

Renaissancewissenschaft als Wegbereiter

Das breitgefächerte Interesse am Menschen und seinem gesamten Umfeld ließ die Humanisten bei ihren Studien der griechischen Gelehrten auf *geografische Erkenntnisse* stoßen, die längst vergessen waren: Aristarch von Samos war in seinem heliozentrischen Weltbild bereits im 3. Jahrhundert v. Chr. davon ausgegangen, dass die Erde Kugelgestalt besitzt; Eratosthenes von Kyrene hatte wenig später den Erdumfang berechnet und die ihm bekannten Länder in eine Karte mit Gradnetz eingetragen. Diese geografischen Kenntnisse wurden jetzt durch die Humanisten und durch die Ausbreitung des Buchdrucks einem größeren Menschenkreis bekannt. 1492 bildete der Nürnberger Martin Behaim als erster die Erde als Globus oder Erdapfel, wie es damals hieß, nach.
Das Wissen um die Erde als Kugel und eine genauere Kartografie (z. B. Toscanellis Weltkarte, die Kolumbus benutzt haben dürfte) wurden zusammen mit *Verbesserungen in der Nautik* für die Entdeckungsfahrten an der Wende zum 16. Jahrhundert entscheidend. Besonders die Portugiesen haben die Fortschritte der Naturerkenntnis genutzt und Schiffsführer in ihrer Seefahrerschule von Sagrès dazu ausgebildet, mit nautischen Hilfsmitteln, z. B. dem Astrolabium, umzugehen. Sie besaßen die hochseetüchtige Karavelle, die beweglicher als die mittelalterliche Kogge war. Sie beherrschten das Kreuzen, das ihnen ein Segeln gegen den Wind erlaubte. All dieses half ihnen, sich außer Landsicht auf das Meer zu wagen und systematisch neue Seewege zu erforschen.

Motive der Entdecker und Eroberer

Schon immer hatte es Menschen gereizt, Abenteuer zu suchen und sich auf die offene See zu begeben. Es waren aber Taten Einzelner ohne gesellschaftliche und wirtschaftliche Folgen. Erst im letzten Drittel des 15. Jahrhunderts verfügten die iberischen Seefahrer über die Voraussetzung, planmäßig auf Entdeckungsreise zu gehen und Theorien wie die Kugelgestalt der Erde durch die Praxis der Westfahrt und der Weltumseglung zu bestätigen. Ihr Hauptantrieb waren jedoch *wirtschaftliche Motive*. Sklavenhandel und begehrte Waren des fernen Orients wie Gewürze warfen außerordentliche Gewinne ab; diese ohne nennenswerten Zwischenhandel zu vergrößern und sich ein eigenes Handelsimperium mit festen Stützpunkten aufzubauen, musste erstrebenswert sein, zumal die Handelsrouten über das östliche Mittelmeer und die Levante seit der Einnahme Konstantinopels durch die Türken (1453) langfristig nicht mehr sicher genug erschienen. Hinzu kam der *Kreuzzugsgedanke*, beim Hinausgreifen in ferne Länder Heiden zum christlichen Glauben zu bekehren. Der Kampf gegen die muslimischen Mauren auf der Iberischen Halbinsel, die sog. reconquista, konnte nach deren Vertreibung (1492) in anderer Form und gegen andere Religionen in der Neuen Welt fortgeführt werden.

Probleme der Kulturberührung

Verhaltensunsicherheit prägte die ersten Begegnungen zwischen Europäern und Eingeborenen auf beiden Seiten, denn Lebensgewohnheiten und Wertvorstellungen waren zu unterschiedlich. Kolumbus berichtete über die Scheu der Ureinwohner gegenüber den weißen Ankömmlingen, die sie betrachteten, als ob sie „vom Himmel kämen“. Demgegenüber fühlten sich die Europäer vom einfachen Dasein der Naturmenschen angezogen.
Die große Kluft zwischen den Kulturen brach aber schnell auf. Die wirtschaftlichen Interessen der Europäer waren einseitig und gierig auf Edelmetalle gerichtet, während die Eingeborenen keinen Sinn für Eigentum besaßen. Ihre Gastfreundschaft wurde durch fordernde Selbstgerechtigkeit und Gewalt der Eindringlinge brüskiert. Dagegen fühlten sich die Weißen von den Menschenopfern der Eingeborenen angewidert. *Zusammenstöße* waren unvermeidlich.

1 **Entdeckungsfahrten.** Nach etappenweisem Vortasten an der afrikanischen Westküste durch portugiesische Seefahrer erreichte 1487 der Portugiese Diaz als erster das Südkap Afrikas. 1492 brach der Genuese Kolumbus im Auftrag der spanischen Krone von Palos aus mit drei Karavellen westwärts auf um bei einer Erdumrundung Indien zu erreichen. Er landete am 12. 10. 1492 auf der Bahamainsel Guanahani und glaubte auch nach drei weiteren Reisen in die Karibik, die indische Inselwelt gefunden zu haben. Die eigentliche Weltumseglung gelang dem im spanischen Dienst stehenden Portugiesen Magellan 1519–1521. Nur eines seiner fünf Schiffe mit 18 Mann der Stammbesatzung kehrte jedoch nach Europa zurück. Er selbst wurde bei Kämpfen mit Eingeborenen auf den Philippinen getötet. Um Konflikte beim Wettlauf um die „Neue Welt“ einzugrenzen, teilte Papst Alexander VI. 1494 den Erdball entlang einer Linie 370 Meilen westlich der Kapverden in einen spanischen und einen portugiesischen Entdeckungsraum.

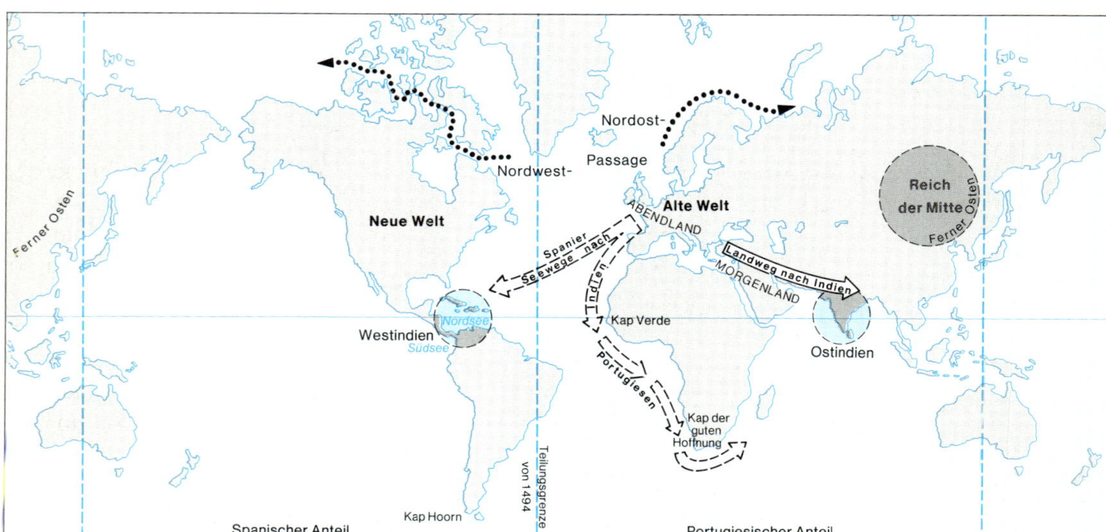

Der Beginn der Kolonialzeit

Schon drei Jahre nach der Landung des Kolumbus regelte die spanische Krone die Auswanderung von Siedlern und Verwaltungsbeamten durch einen Erlass. 1519–21 zerstörte Cortez mit einer Schar beutehungriger Abenteurer das Aztekenreich; 1531–33 vernichtete Pizarro mit einem kleinen Trupp tollkühner Männer den Inkastaat. Reiterei und Feuerwaffen gaben ihnen die nötige Kampfkraft. Während die Portugiesen ihre wirtschaftlichen Ziele von Küstenstützpunkten aus zu erreichen versuchten, lag den Spaniern sofort an einer Durchdringung des Landes und der Errichtung eines Kolonialreiches. Das neuentdeckte Land, auf das ein fragwürdiger Rechtsanspruch erhoben wurde, wurde zügig in Besitz genommen; das führte zu engen Wirtschaftsbeziehungen zwischen der Neuen und der Alten Welt. Aber die Ausbeutung der Indianer, die zu ungewohnt harten Arbeiten in Bergwerken und auf Plantagen herangezogen wurden und zu Tausenden der Arbeitslast und eingeschleppten Seuchen erlagen, führte zum Widerstand einzelner verantwortungsbewusster Europäer. Auf unablässiges Bitten des Dominikaners Las Casas erließ Karl V. (vgl. S. 212) 1542 die „Neuen Gesetze“. Sie untersagten eine Unterdrückung der Indianer. Doch sperrten sich die grundbesitzenden spanischen Kolonialherren dagegen, weil sie ohne versklavte Indianer um ihren Gewinn fürchteten. Darauf machte Las Casas den später bereuten Vorschlag, afrikanische Neger als Sklaven auf den amerikanischen Plantagen für den Export nach Europa arbeiten zu lassen.

Wirtschaftliche Folgen

Der Kolonialhandel veränderte auch die *Wirtschaftsstruktur* Europas. Spanische und portugiesische Handelsherren profitierten zuerst von den Waren der Neuen Welt und konnten den italienischen Fernhändlern mit billigen Produkten wie z. B. Zucker wichtige Marktanteile abjagen. Die Handelszentren verlagerten sich von den Mittelmeerhäfen Genua und Venedig in Atlantiknähe. Der beschwerliche Gespanntransport auf der Süd-Nord-Handelsroute über die Alpen verlor an Bedeutung, weil die Wasserwege von Schelde, Maas und Rhein zum Atlantik einen kostengünstigeren Warenverkehr ermöglichten. Franzosen, Engländer und Niederländer akzeptierten freilich das iberische Monopol nicht, das durch die „Teilung der Welt“ im Vertrag von Tordesillas 1494 vom Papst festgelegt worden war, und beteiligten sich ebenfalls am Ozeanhandel.
Das aus den lateinamerikanischen Minen nach Spanien importierte Silber wurde in Münzen geschlagen und diente dazu, die spanische Machtpolitik zu finanzieren. Das vergrößerte aber den Geldumlauf im Verhältnis zum Warenangebot, so dass ein starker Preisauftrieb das alte Sozialgefüge in vielen Teilen Europas aus dem Gleichgewicht brachte.

Kolonisation/Kolonialismus (von lat. colonia: neue Siedlung, Niederlassung): Die Ausdrücke bezeichnen Erschließung durch Besiedlung bzw. direkte oder indirekte Unterwerfung ansässiger Völker durch eine militärisch, wirtschaftlich und sozial überlegene Minderheit. Der Kolonialisierungsprozess der Neuzeit begann im 15. Jahrhundert im Zeitalter der Entdeckungen mit der Eroberung der Indianerreiche Mittel- und Südamerikas durch Spanien und Portugal. Sein Ziel war die politische Beherrschung und wirtschaftliche Ausbeutung der abhängig gemachten Gebiete. Er erfasste auch Afrika, Asien und Ozeanien und führte seit der Mitte des 19. Jahrhunderts zu einem regelrechten Wettlauf um Rohstoffe und Absatzmärkte in unerschlossenen Gebieten. Seinen Höhepunkt erreichte der Kolonialismus in der Aufteilung großer Teile der Welt im Zeitalter des Imperialismus (ca. 1890–1914). Erst nach dem Zweiten Weltkrieg setzte ein beschleunigter Entkolonialisierungsprozess ein. Vorwiegend von den ehemaligen Kolonialvölkern wird „Kolonialismus“ heute als politischer Kampfbegriff benutzt.

2 Kulturberührung

Über die Herausforderung des Abendlandes schreibt der Historiker Bitterli:

„Der Seefahrer, Händler und Kolonist war militärisch überlegen oder wusste es sich doch so einzurichten, dass er von einer Position der Stärke aus handeln konnte, genügte doch in manchen Fällen die einschüchternde Wirkung eines ins Blaue abgefeuerten Kanonenschusses um die Botmäßigkeit der Eingeborenen zumindest für den Augenblick herbeizuführen. Da es offensichtlich schwierig war, die erstrebten Handelsbeziehungen auf ein echtes Verständnis der kulturellen Situation und der Bedürfnisse der archaischen Völker zu gründen und da es sich als unmöglich erwies, den kolonialpolitischen und religiösen Führungsanspruch des Abendlandes dem Gegenüber mit juristischen und theologischen Argumenten einleuchtend zu machen und durchzusetzen, blieb der Rückgriff auf militärische Macht und die Drohung mit ihr das bequemste politische Instrument. Das Bewusstsein der militärischen und technischen Überlegenheit ersetzte bald die anfängliche Verhaltensunsicherheit der Europäer durch eine Attitude rücksichtsloser Selbstgefälligkeit …
Die Verlegenheit des Europäers angesichts einer solchen Kulturberührung wich in der Regel nicht dem ernsthaften Bemühen um eine sachliche Erforschung der fremden Kultur, sondern schlug in eine unnuancierte und generelle Verurteilung des Eingeborenen um, der als ‚Barbar' und ‚Wilder' ein für alle Mal deklassiert wurde. Indem man selbstgerecht die eigene Lebensform zur absoluten Norm erhob und alles, was davon abwich, als minderwertig und pervertiert brandmarkte, führte man eine durch keinerlei wissenschaftliche Überlegung fundierte Trennung zwischen Kultur und Natur ein und wies dem Eingeborenen den zweiten Bereich zu, während man sich ganz selbstverständlich zum Herrn der Schöpfung einsetzte, ohne sich auch nur über die mit solcher Anmaßung verbundenen Verantwortlichkeiten Rechenschaft zu geben …
Die Einseitigkeit einer vorwiegend aufs Kommerzielle abzielenden Beziehung erklärt weiterhin das grob verallgemeinernde und auf unzureichender Sachkenntnis beruhende Bild, das man sich vom Eingeborenen machte. Der hemmungslose Drang der ersten Übersee-Europäer, möglichst rasch reich zu werden, verunmöglichte in allen Teilen der Welt ein geduldiges Eingehen auf Wesen und Eigenart des Partners, und die geringe Bereitschaft dessen unentbehrliche Mittlerdienste zu belohnen oder anzuerkennen stellte die Kontinuität der gegenseitigen Beziehungen dauernd in Frage. Man betrog das naive Vertrauen des Eingeborenen mit leeren Versprechungen, Wortbruch und billigen Rosstäuschertricks und schrieb sich wohl noch das Verdienst höheren kaufmännischen Geschicks zu, ohne zu überlegen, wie unterschiedlich die Wertvorstellungen bestimmten Handelswaren gegenüber waren. So erhob man die Verlogenheit zum obersten Prinzip des Handelns und bestimmte dadurch in fataler Weise den Charakter der zukünftigen Entwicklung; durch den unaufhörlich wiederholten Hinweis auf die minderwertige Natur des ‚Wilden' glaubte man eigene Unredlichkeit rechtfertigen zu können und beachtete nicht, wie der Eingeborene, die List des weißen Kaufmanns schnell durchschauend, zu ähnlichen Praktiken seine Zuflucht nahm und dadurch die geringschätzige Meinung, die man von ihm hatte, zuletzt tatsächlich zu belegen schien."

(Urs Bitterli, Die „Wilden" und die „Zivilisierten", München 1976, S. 84 ff.)

Arbeitsvorschläge und Fragen

a) Worin sieht Bitterli die Herausforderung des Abendlandes bei der Kulturberührung mit den „Naturvölkern" (M 2)?

b) Erörtern Sie Schwierigkeiten, die sich aus einer Trennung von Menschen in Kultur- und Naturvölker ergeben.

c) Warum kam es zur „rücksichtslosen Selbstgefälligkeit" gegenüber den Ureinwohnern der entdeckten Gebiete?

d) Nennen Sie positive Leistungen der europäischen Kolonialisten, welche der gewaltsamen Inbesitznahme der Neuen Welt gegenüberstehen.

e) Informieren Sie sich in einer Enzyklopädie über Aussehen und Funktion eines Astrolabiums.

4. Veränderungen der Wirtschaftsordnung

Moderne Wirtschaftszentren in Italien

Die Entdeckung der Neuen Welt und des Seeweges nach Indien über die Afrikaroute verstärkte in Europa den Fernhandel. Er hatte sich seit der Kreuzfahrerzeit bereits kräftig entwickelt und zu einem regen *Handelsaustausch* zwischen Morgen- und Abendland geführt. In den Wirtschaftszentren der Muslime an der Ostküste des Mittelmeeres endeten die Handelsstraßen aus dem Fernen Osten. An sie hatten die italienischen Handelsrepubliken Anschluss gewonnen und dadurch bis in die Zeit der Renaissance eine unvergleichliche *Wirtschaftsblüte* erlebt. Die Ausweitung des Handelsvolumens veränderte die Geldwirtschaft entscheidend. Um bei den weiten Handelswegen lange Zahlungsfristen und Lieferungsverzögerungen zu vermeiden gingen die Kaufleute zur Vorfinanzierung, d. h. zur Verpfändung künftiger Einnahmen über. Sie räumten Kredite ein, stellten Schecks aus, verdrängten die bis dahin übliche Barzahlung und lösten das Geld- vom Warengeschäft. Neben die wagemutigen italienischen Handelsherren traten ebenso risikofreudige Bankiers. Sie wickelten ausschließlich Geldangelegenheiten ab und leiteten bedeutende Geldinstitute. Mit ihren Handelsverbindungen fanden gewinnbringende Geschäftspraktiken und neue Bezeichnungen im Geldwesen den Weg nach Norden über die Alpen.

Veränderungen in Handel und Gewerbe in Deutschland

Mittelpunkte des neuen Wirtschaftsdenkens wurden auch in Deutschland die Städte, die sich in ihrer Lebensform von der agrarischen Umwelt mit ihren feudalen Strukturen abhoben (vgl. S. 157). Einzelnen Tüchtigen ermöglichten die rechtlich-soziale Freiheit und die Marktwirtschaft der Stadt einen raschen Aufstieg. Hier entstanden Zünfte und Gilden. Hier wuchs der neue *„kapitalistische Geist"*. Während vor der Zeit des sog. Frühkapitalismus auf Bestellung des Kunden und nach dessen Angaben, d. h. im kleinen produziert wurde, erlaubten die Bevölkerungsvermehrung mit ihrem erhöhten Verbrauch und der ausgeweitete Bedarf des Baugewerbes, des Schiffbaus und des Rüstungswesens jetzt größere Stückzahlen. Vor allem auf dem metallverarbeitenden Sektor (Geräte für Bergbau und Hütten, Kanonenguss) wurde eine Art Serienproduktion üblich.

1 **Italienische Bank vom Ende des 14. Jahrhunderts** (zeitgenössische Darstellung). Links ist der „Tresorraum", rechts der „Kassenschalter" dargestellt. Auf der Schrifttafel findet sich in Latein ein Auszug aus dem Alten Testament, Exodus XXII, 22.

Das *Verlagswesen* entfaltete sich besonders stark: In Oberdeutschland arbeiteten tausende von Dorfwebern für Verleger in Heimarbeit an der Herstellung von Barchent, einem Mischgewebe. Dieses bestand aus heimischem Flachs und Baumwolle, die über Venedig auf Galeerenkonvois aus dem östlichen Mittelmeer importiert wurde. Die Produkte der Weber wurden von den Verlegern auf Messen und Märkten auf eigene Rechnung Gewinn bringend verkauft.
Größere Produktionsstätten erforderten erhöhten Kapitaleinsatz. Im Montanbereich befriedigten ihn zunächst die Fürsten; bald zog er jedoch auch kaufmännisches Kapital an. Hauptsächlich interessierten der Abbau von Kupfer und seine Verhüttung. Die Erfindung eines neuen Verfahrens ermöglichte es, Kupfererz mit Hilfe von Blei zu entsilbern und die *Edelmetallgewinnung* in Deutschland entscheidend zu steigern. Das gewonnene Silber wurde zu Münzen geprägt. Besonders bekannt wurde der Taler, der nach den Joachimsthaler Silbergruben im Erzgebirge benannt war. In das Kupfergeschäft stiegen 1491 die Fugger in Augsburg ein, dem führenden oberdeutschen Handelsplatz. Durch ihre Investitionen und ihre Verträge mit Fürsten konnten sie den europäischen Kupfermarkt monopolartig beherrschen und enorme Gewinne verbuchen. Sie setzen damit der mittelalterlich-naturalwirtschaftlichen Wirtschaftsweise völlig *neue ökonomische Maßstäbe* in Deutschland entgegen.
Für die oberdeutschen Kapitalgesellschaften (Fugger, Welser, Imhof, Tucher u.a.) gewann der *Überseehandel* in der ersten Hälfte des 16. Jahrhunderts wachsende Bedeutung. Große Gewinne zu erzielen, beispielsweise im Gewürzhandel, verlockte zu verstärkten Investitionen. Wie lohnend das sein konnte, zeigte der Gesamtgewinn der Fugger von 927 Prozent in den Jahren 1521 bis 1527. Die Fugger erhöhten damit ihre Kapitalbasis, durch die sie mit beträchtlichen Summen auch in wichtige politische Entscheidungen wie die Wahl Karls V. (vgl. S. 212) zum Kaiser finanziell hatten eingreifen können.

Ablehnung und Rechtfertigung des Frühkapitalismus

Parallel zur Ausbreitung des neuen Wirtschaftsdenkens und seiner Praktiken lief eine Jahrzehnte dauernde Auseinandersetzung über die moralische Rechtfertigung des Strebens nach Gewinn und Reichtum. Viele hielten dieses Streben von Anfang an für die Wurzel allen Übels und noch Erasmus verurteilte es entschieden. Er folgte darin den Humanisten, die in Tradition der römischen Autoren Seneca und Sallust in der Armut sowie im christlichen Ideal der Bedürfnislosigkeit des hl. Franziskus die Voraussetzung für die innere Freiheit des Menschen sahen. Nicht nur aus Achtung vor kirchlichen Geboten, beispielsweise des Verbots des Zinsnehmens (vgl. S. 169), bekämpften die Kritiker den aufkommenden Kapitalismus, sondern auch aus konservativ-mittelalterlichen Wertvorstellungen: Sie glaubten, dass aufgrund der Naturalwirtschaft und der unmittelbaren Bedarfsdeckung in einem ausgewogenen ökonomisch-sozialen System auf niederem Niveau die Bedürfnisse des Menschen zu befriedigen seien.
Ganz anders dachten diejenigen Humanisten und Kaufleute, die die Bereitschaft zu Risiko und Gewinn bejahten und sogar den Geiz – nach der christlichen Lehre eine Todsünde – als einen „elementaren Ausdruck des menschlichen Selbsterhaltungstriebes“ ansahen. Sie versuchten das wirtschaftliche Verhalten ihrer bürgerlichen Familien zu rechtfertigen. Sie hielten das Streben nach Gewinn und die Freude Vermögen anzuhäufen für die Voraussetzung der allgemeinen wirtschaftlichen Entwicklung sowie der gesellschaftlichen und kulturellen Entfaltung. Auch Jakob Fugger ließ 1530 durch den Augsburger Humanisten und Ratsschreiber Conrad Peutinger das kapitalistische Verhalten der heimischen Handelsgesellschaften im sog. Monopolgutachten an Karl V.

gegen eine starke Opposition, u.a. auch die Martin Luthers, verteidigen: „Geistlichen und Laien ist durch keine Rechtsbestimmung untersagt sich zu bereichern ... oder mit ihrem Besitz auf Gewinn auszugehen. Und es ist ehrenhaft dem eigenen Nutzen zu dienen, es gereicht allen Reichen, Provinzen und Herrschaften zum allgemeinen und besonderen Vorteil und auch der Staat hat Interesse an reichen Untertanen."

2 Geschäfte machen?

Bis ins Jahr 1360 gehen Aufzeichnungen im „Libro di buoni costumi" (Vom ehrbaren Leben) des humanistisch gesinnten Florentiner Kaufmanns Paolo da Certaldo über Familie und Geschäfte zurück. Darin schrieb er u. a.:

„Es ist etwas sehr Schönes, schreibt der Moralist, und eine große Wissenschaft, zu wissen, wie man Geld verdient; aber es ist ein schöner und ein größerer Vorzug als zu verstehen es zu verdienen, wenn man es mit Maßen und nach der Notwendigkeit auszugeben versteht ...

Gib dir unaufhörlich Mühe und bemühe dich zu verdienen und sage nicht: Wenn ich heute auf Erden bin, so werde ich morgen doch nicht da sein; und ich will nicht so viele Güter hinterlassen, denn ich habe keine Kinder, meine Verwandten mögen mich nicht und sie sind von der Art, dass sie, selbst wenn ich ihnen eine ganze Stadt hinterließe, sie sie in kurzer Zeit verausgabt, ruiniert und verschwendet hätten. Denn du kennst nicht deine Lebensdauer und kennst das Schicksal nicht. In der Tat habe ich große Könige, große Herren, Großbürger und Großkaufleute ihren Stand verlieren und vor ihrem Tode in Bedürftigkeit und Not leben sehen ... Damit deine Kinder sich um den Profit deines Hauswesens Gedanken machen, lehre sie, soviel und sooft du kannst, nicht mit leeren Händen heimzukommen, sondern immer etwas mitzubringen ... denn es schickt sich alle Reichtümer nach Hause zu bringen ...

Wenn du Geld hast, schreibt er, höre nicht auf, lass es nicht bei dir liegen; denn es ist besser vergeblich zu arbeiten, als sich vergeblich auszuruhen, weil du, selbst wenn du mit deiner Arbeit nichts verdienst, du wenigstens nicht aus der Gewohnheit kommst Geschäfte zu machen."

(Zit. nach: Christian Bec, Les marchands écrivains, Affaires et humanisme à Florence 1375–1434, Paris 1967, S. 103f. – übers. von H. Brandt)

3 Der reiche Kaufmann (Kupferstich von D. Hopfer, spätes 15. Jh.)

Arbeitsvorschläge und Fragen

a) Vergleichen Sie die Einstellung zu Geld und Geldverdienen im Paolo-Text (M2) und auf den Abbildungen M1 und M3.

b) Warum kam es unter den Humanisten zum Streit über die moralische Rechtfertigung von Gewinnstreben und Reichtum?

c) Erläutern Sie die wirtschaftlichen und gesellschaftlichen Auswirkungen des Frühkapitalismus.

5. Frauen an der Wende zur Neuzeit

Neue Einschränkungen

Der Aufbruch Europas in die Moderne bedeutete für die Frauen keinen grundsätzlichen Fortschritt hin zu mehr Selbständigkeit. Hatten Frauen im Mittelalter durchaus Zugang zu Zünften, so führte die sich verschärfende Konkurrenzsituation im 15./16. Jahrhundert eher zu ihrer Herausdrängung aus dieser traditionellen Männerdomäne. Mit der einsetzenden Trennung von Wohn- und Arbeitsbereich im Zuge des sich entwickelnden Fabrikationswesens nahm die Erwerbstätigkeit von Frauen ab, da dadurch die Sorge um die Familie und die Erwerbstätigkeit schwerer zu vereinen waren. Von den dennoch erwerbstätigen Frauen übertraf die Anzahl der Tagelöhnerinnen die Zahl der Meisterinnen und Kauffrauen um ein Vielfaches. So waren im 15. Jahrhundert über die Hälfte der Arbeitskräfte auf Würzburger Baustellen Tagelöhnerinnen. Aufgrund der Quellenlage bleibt uns ihr Leben aber weitgehend im Dunkeln.

Ehe als Lebensbestimmung

Besser unterrichtet sind wir über das Leben der Patrizierinnen. Äußerungen von ihnen, v.a. aus Briefen, vermitteln uns häufig das Bild selbstbewusster und gebildeter Frauen. Von ihnen wurde aber v.a. Repräsentation an der Seite ihres Mannes erwartet. Ihre im Privatunterricht erworbene Bildung sollte nicht der beruflichen Selbständigkeit oder gar ihrer Selbstverwirklichung dienen, sondern dazu beitragen, die standesgemäße Unterhaltung zu ermöglichen und beleben. Ehen wurden wohl selten aus erotischer Zuneigung, meist aus wirtschaftlichen Erwägungen geschlossen; Mitgift und Geschäftsbeziehungen der Herkunftsfamilie waren wichtig. In erster Linie erstrebte der „Hausvater“ eine Hausverwalterin, die durch zahlreiche Geburten – bei hoher Kindersterblichkeit – den Fortbestand der Familie garantierte. Das Aufbegehren von Frauen gegen die Unterordnung unter den Mann war sicher die Ausnahme. Auch im Zeitalter der Renaissance änderte sich das kirchlich geprägte Frauenbild nicht. Selbst die Reformation mit ihrer Idee von der Gleichheit aller Menschen vor Gott verstärkte letztlich die männliche Vorherrschaft, denn in der patriarchalischen Ehe als einer weltlichen Institution wurde die einzige Lebensbestimmung der Frau gesehen.

Bedeutung der Bildung

Dabei hatte es schon an der Wende zur Neuzeit eine Debatte über die Ebenbürtigkeit der Frau gegeben, die von Christine de Pizan (1365–1430) entfacht worden war. Sie war die Tochter eines Arztes und Astrologen in Venedig. Als er an den französischen Königshof berufen wurde, erhielt Christine dort eine wissenschaftliche Ausbildung. Nach dem Tod ihres Vaters und ihres Ehemanns fasste sie den damals ganz ungewöhnlichen Entschluss, ihren Lebensunterhalt als Schriftstellerin zu verdienen. Christine war überzeugt von der natürlichen Ebenbürtigkeit der Frauen: „Wenn es üblich wäre, die kleinen Mädchen eine Schule besuchen und sie im Anschluss daran, genau wie die Söhne, die Wissenschaften erlernen zu lassen, (würden sie) die letzten Feinheiten aller Künste und Wissenschaften ebenso mühelos begreifen wie jene.“ Tatsächlich blieb den Frauen in der Renaissance der Zugang zu Universitäten verwehrt. Nur Töchter aus sehr wohlhabenden Familien hatten durch Privatunterricht die Chance auf einen Zugang zu den Wissenschaften und Künsten. Gleichwohl blieben wissenschaftlich und künstlerisch gebildete Frauen, die sich in der Öffentlichkeit behaupten konnten, wie z.B. die italienische Malerin Sofonisba Anguissola (s. S. 188), die große Ausnahme. Und auch ihre Leistungen werden z. T. erst heute entdeckt und gewürdigt.

Hexenwahn

Vor allem Frauen wurden seit dem 15. Jahrhundert Opfer eines Hexenwahns, der sich in ganz Europa entwickelt hatte und bis ins ausgehende 18. Jahrhundert etwa 100 000 Menschenleben forderte. Betroffen waren besonders Frauen, die sich als Hebammen oder Heilkundige betätigten oder durch äußere Merkmale oder abweichendes Verhalten auffielen. Sie wurden häufig von weltlichen oder geistlichen Gerichten aller Konfessionen gleichermaßen verdächtigt, mit dem Teufel im Bunde zu sein. Die grausamen Prozesse, Folterungen und Hinrichtungen gingen erst im Zeitalter der Aufklärung zu Ende.

1 Aus dem „Buch von der Stadt der Frauen" (1404/1405) von Christine de Pizan

1a Über Männer, die Frauen verleumden:

„Bei denjenigen, die von Natur zu übler Nachrede neigen und über jedermann herziehen, ist es nicht weiter verwunderlich, wenn sie auch Frauen schmähen. Auf jeden Fall versichere ich dir eines: wenn ein Mann Gefallen an der Beschimpfung des weiblichen Geschlechts findet, so liegt die Ursache hierfür in einer gewaltigen Niedrigkeit der eigenen Gesinnung, handelt er doch wider die Vernunft und die Natur. Wider die Vernunft insofern, als er sich überaus undankbar und ungefällig verhält angesichts der großen Wohltaten, die die Frau ihm geschenkt hat und deren er immer noch und häufig bedarf. Sie sind so gewaltig, dass er dem nichts entgegenzusetzen hat. Wider die Natur insofern, als es weder irgendein stummes Tier noch irgendeinen Vogel gibt, der nicht von Natur aus seinesgleichen, das Weibchen liebt. Und deshalb ist es widernatürlich, wenn der vernunftbegabte Mensch das Gegenteil tut."

1b Über Frauen:

„Demjenigen Ehemann, der eine tüchtige, das heißt lebenskluge Frau findet, wird es an nichts mangeln. Ihr guter Ruf eilt ihr im ganzen Land voraus, ihr Gatte vertraut ihr, denn sie schenkt ihm zu allen Zeiten jede Art von Wohltat und Wohlstand. Sie besorgt und schafft Wolle herbei, um ihr Hausgesinde mit nützlichem Werk zu beschäftigen, schmückt ihr Haus und beteiligt sich selbst an der Arbeit ... Ihre Gaben verleiht sie denen, die es wert sind; jene sind ihre Vertrauten. Nahrung gibt es in Hülle und Fülle, selbst für ihre Dienerinnen. Bevor sie es kauft, stellt sie den Wert des Hauses in Rechnung; den Wein, der zum Haus gehört, hat sie mit Verstand angebaut. Sie hat ihre Hüften mit Kraft zur Beständigkeit und Sorgfalt gegürtet und ihre Arme sind gestählt durch beständiges, sinnvolles Schaffen. Nie wird das Licht ihrer Anstrengungen erlöschen, so dunkel es auch sein mag. Auch harte Arbeit bürdet sie sich auf, ohne darüber die spezifisch weiblichen Arbeiten zu vernachlässigen, an denen sie vor allem anderen mitwirkt. Den Armen und Bedürftigen reicht sie die Hand und steht ihnen bei ... Ihrem Mund entströmen stets Worte der Weisheit und das Gesetz der Sanftmut regiert ihre Sprache. Sie schaut in allen Winkeln nach den Vorräten in ihrem Haus und verzehrt ihr Brot nicht im Müßiggang. Das Betragen ihrer Kinder zeigt, dass sie ihre Mutter ist, und aus ihrem Verhalten spricht Glück. Die saubere Kleidung ihres Mannes gereicht ihr zur Ehre ..."

(Christine de Pizan, Das Buch von der Stadt der Frauen, München 1990, S. 52, 120)

Arbeitsvorschläge und Fragen

a) Erläutern Sie, inwiefern wirtschaftliche Gegebenheiten die Situation und Emanzipation der Frauen in der frühen Neuzeit bestimmten.
b) Nennen Sie Merkmale des traditionellen Bildes der Frau. Erörtern Sie, inwiefern Christine von diesem Bild abwich (M 1a und b).
c) Suchen Sie nach möglichen Ursachen für die Ausbreitung des Hexenwahns seit dem 15. Jahrhundert.

6. Reformation der Kirche

Kirchenkritik und Volksfrömmigkeit

„Reformation", d.h. Reform der Kirche an „Haupt und Gliedern" um den gottgewollten ursprünglichen und vollkommenen Zustand „wieder herzustellen", war eine um 1500 oft erhobene Forderung. Zahlreiche Beschwerden richteten sich damals gegen kirchliche *Missstände*: gegen römische Päpste, die sich jede Besetzung eines kirchlichen Amtes gut bezahlen ließen um ihre luxuriöse Hofhaltung im Kirchenstaat zu finanzieren; gegen adlige Bischöfe und Äbte, die mit ihrem Amt nur Macht und Reichtum gewinnen wollten; gegen korrupte Urteile geistlicher Gerichte, die für Fälle wie Ehe- oder Eidesbruch zuständig waren; gegen die Anhäufung kirchlicher Ämter und Pfründen in einer Hand und gegen die Ausübung dieser Ämter durch schlecht bezahlte und oft äußerst bescheiden ausgebildete Stellvertreter; gegen die Überschreitung des Zölibats und die zunehmende Disziplinlosigkeit in vielen Klöstern.
Dieser heftigen Kirchenkritik entsprach auf der anderen Seite eine wachsende *Heilssehnsucht* der Bevölkerung, die sich wegen ihrer religiösen Bedürfnisse um den rechten Zustand der Kirche sorgte. Besonders viele Stiftungen lassen sich für diese Zeit nachweisen, für Seelenmessen und Altäre, für die Besoldung von Messpriestern und für die Einrichtung von Predigerstellen. Die Frömmigkeit drückte sich auch in zahlreichen Wallfahrten und in ausgeprägter Reliquien- und Heiligenverehrung aus. Immer häufiger wurden jetzt z.B. Kinder nach Heiligen benannt und nicht mehr mit germanischen Vornamen.

Ablasshandel und Luthers 95 Thesen

Der Zusammenhang von Glaubensbedürfnissen einerseits und der Kommerzialisierung kirchlicher Leistungen andererseits wird besonders in der damaligen Praxis des Ablasshandels deutlich. Viele Menschen fürchteten sich heftig vor der zeitlichen Sündenstrafe des Fegefeuers und kauften deshalb Ablassbriefe um damit einen Nachlass dieser Strafe zu erlangen und den Weg ins Paradies zu verkürzen. Werbewirksam steigerten die kirchlichen Ablasskommissare ihren Umsatz, indem sie ohne Nachweis irgendwelcher Reue bei den Käufern auch Ablass für künftige Sünden und sogar für Verstorbene anboten.
1515 wurde von Papst Leo X. ein „vollständiger Ablass" verkündet. Damit

1 Der Papst wird mit Christus verglichen (Holzschnitt von Lucas Cranach, 1521)

wollte er einerseits den Neubau der Peterskirche finanzieren, andererseits sollte der Kardinal Albrecht von Brandenburg unterstützt werden, die zehntausende von Gulden aufzubringen, die er dem Papst für die Bestätigung seiner Wahl zum Erzbischof von Magdeburg, Bischof von Halberstadt und nun auch zum Erzbischof von Mainz schuldete. Das besonders marktschreierische Auftreten des Ablasshändlers Tetzel veranlasste im Oktober 1517 *Martin Luther*, Augustinermönch und Theologieprofessor an der kursächsischen Universität zu Wittenberg, in 95 Thesen zu einem wissenschaftlichen Streitgespräch, zu einer Disputation „Über die Kraft der Ablässe" einzuladen. Nach Luther hatte nämlich ohne Ablassbrief „jeder Christ, wenn er aufrichtig bereut, vollkommenen Erlass von Strafe und Schuld".

Der Prozess gegen Luther

Luthers lateinisch abgefasste Thesen fanden in erstaunlich kurzer Zeit in ganz Deutschland und nicht nur bei den theologisch Gebildeten Widerhall. Trotzdem reagierte die Kurie, der Papsthof in Rom, sehr zögernd. Erst 1520 wurde Luther als Ketzer mit dem *Bann* belegt. Inzwischen hatte dieser (auf der Leipziger Disputation mit Dr. Eck) bestritten, dass nur der Papst verbindlich für alle Christen die Bibel auslegen könne und die höchsten Kirchenversammlungen, die Konzilien, unfehlbar seien. Rom hatte zunächst Luthers Kritik für bloßes „Mönchsgezänk" gehalten, vor allem aber Rücksicht auf den sächsischen Kurfürsten genommen, der den Professor seiner Universität schützte und der bei der gerade anstehenden Kaiserwahl einen dem Papst genehmen Kandidaten wählen sollte. Der dann 1519 zum Kaiser gewählte Habsburger Karl V. sicherte – auf Drängen der Reichsfürsten – dem gebannten Luther freies Geleit zu, als er 1521 den Mönch vor den *Reichstag in Worms* lud um ihn widerrufen zu lassen. Doch Luther berief sich dort auf sein „Gewissen, in Gottes Wort gefangen". Nur durch die Bibel oder klare Vernunftgründe wollte er sich widerlegen lassen. Der Kaiser reagierte mit dem *Wormser Edikt*: Über Luther und seine Anhänger wurde die Reichsacht verhängt und seine Schriften sollten verbrannt werden.

Reformation Luthers

Trotz des Wormser Edikts fanden Luthers Schriften weitere Verbreitung und Zustimmung, so seine Kritik am bestehenden Kirchenwesen und am Papst als dem „Antichrist" in seiner Schrift „Von der babylonischen Gefangenschaft der Kirche" (1520) und seine *Rechtfertigungslehre*. Nach ihr erlangt der Gläubige sein Heil nicht durch gute Werke, sondern er wird „vor Gott gerecht" allein durch die Gnade Gottes und allein durch den Glauben. Der Glaube aber wird vermittelt allein durch das geoffenbarte Wort Gottes, das Evangelium. Luther vertraute darauf, dass sich der Sinn der Heiligen Schrift aus sich selbst erschließt; die „Gemeinschaft der Gläubigen", d. h. die Kirche, bedürfe deshalb keiner Lehrautorität durch eine Priesterkaste mit dem Papst an der Spitze.

In späteren Jahrhunderten wertete man oft weniger diesen theologischen Neuansatz als die eigentliche Leistung Luthers, sondern sah in dem Reformator einen Vorkämpfer für Vernunft und individuelle geistige Freiheit, auch wenn für Luther die Autorität der Bibel unumstößliche Geltung hatte. Andere setzten Luther als einem „Nationalhelden" Denkmäler, weil er die Rechte der Deutschen gegen das „welsche" Rom verteidigt habe und weil er mit seiner Bibelübersetzung von 1521 eine allgemein verständliche deutsche Schriftsprache schuf.

Heute wird auch auf den durch Luthers Reformation bewirkten Bewusstseinswandel hingewiesen. Mit Luthers „allgemeinem Priestertum der Gläubigen" und der damit verbundenen Abwertung des geistlichen Standes erhielten die Laien ein neues Selbstbewusstsein. Die Arbeit der Handwerker und Bauern wurde zum „Beruf“ (im Sinne einer Berufung durch Gott) aufgewertet. Arbeit galt jetzt nicht mehr vor allem als Last und Fluch, sondern konnte als Gottesdienst verstanden werden. Allerdings blieb Luthers Berufsauffassung auch der Tradition verhaftet. Jeder soll nämlich nach Luther bei dem Beruf bleiben, in den ihn Gott hineingestellt hat, und jeder Beruf hat sich an der Nächstenliebe zu orientieren und nicht am Gewinnstreben (vgl. S. 193).

2 Satirische Theologiekritik

In den Jahren 1515–1517 erschienen die „Dunkelmännerbriefe“, in denen Humanisten in karikiertem Mönchslatein Gelehrte ihrer Zeit verspotteten:

„Henricus Schaffsmulius entbeut dem Magister Ortvinus Gratius zahlreiche Grüße!

Da ihr mir, bevor ich mich an die Kurie begab, gesagt habt, ich solle euch oft schreiben und manchmal einige theologische Fragen an euch richten, die ihr mir dann besser lösen wolltet als die Leute bei der römischen Kurie: so frage ich jetzt Ew. Herrlichkeit, was ihr davon haltet, wenn einer am Freitag … oder sonst an einem Fastentag ein Ei isst, in dem schon ein Junges ist. Denn neulich saßen wir in Campofiore in einem Wirtshaus und nahmen eine Mahlzeit ein und aßen dabei Eier, wobei ich beim Öffnen eines Eies sah, dass sich ein junges Hühnchen darin befand, und es meinem Kameraden zeigte. Dieser sagte: ‚Esset es schnell, ehe der Wirt es sieht … Wenn er es sieht, so sagt er: ›Zahlet mir auch das Huhn‹, denn er rechnet das Kleine wie das Große.‘ Nun schlürfte ich das Ei sogleich aus und das Hühnchen darin auch mit und dachte erst nachher daran, dass es Freitag sei, daher ich zu meinem Kameraden sagte: ‚Ihr habt gemacht, dass ich eine Todsünde begangen habe, indem ich Fleisch am sechsten Wochentage gegessen habe.‘ Er sagte, es sei keine Todsünde, ja nicht einmal eine lässliche Sünde … und er sagte mir, es sei genauso mit den Käsen, in denen sich ab und zu Würmer befänden … Hierauf entfernte ich mich und dachte darüber nach. Und bei Gott, Magister Ortvinus, ich bin ganz verwirrt und weiß nicht, wie ich mich verhalten soll … Nach meinem Dafürhalten sind die jungen Hühnchen in den Eiern Fleisch, weil der Stoff schon gebildet … und ein tierischer Körper ist und eine lebende Seele hat. Ein anderes ist es mit den Würmern im Käse und sonstwo, denn die Würmer werden zu den Fischen gerechnet, wie ich von einem Arzt gehört habe, der ein sehr guter Naturkundiger ist.“

(Zit. nach: Hedwig Heger [Hrsg.], Spätmittelalter, Humanismus und Reformation, Bd. 2, München 1978, S. 173 f.)

3 Das allgemeine Priestertum der Gläubigen

Im Jahre 1520 schrieb Luther:

„Man hat erfunden, dass Papst, Bischof, Priester, Klostervolk wird der geistlich Stand genannt; Fürsten, Herrn, Handwerks- und Ackerleut der weltlich Stand, welchs gar ein fein Komment und Gleisen [Auslegung und Betrug] ist, doch soll niemand darob schüchtern werden, und das aus dem Grund: Denn alle Christen sind wahrhaftig geistlichs Stands, und ist unter ihnen kein Unterschied, denn des Amts halber allein, wie Paulus 1. Kor. 12 sagt … Das macht alles, dass wir eine Tauf, ein Evangelium, einen Glauben haben und sind gleiche Christen, denn die Tauf, Evangelium und Glauben, die machen allein geistlich und Christenvolk. Dass aber der Papst oder Bischof salbet, Platten [Tonsuren] macht, ordiniert [in ein geistliches Amt setzt], weihet, anders denn Laien kleidet, mag einen Gleisner und Ölgötzen machen, macht aber nimmermehr ein Christen oder geistlichen Menschen. Demnach so werden wir allesamt durch die Tauf zu Priestern geweihet, wie Sankt Peter 1. Petr. 2 sagt …

Und dass ich's noch klarer sag: Wenn ein Häuflein frommer Christenlaien würde gefangen und in ein Wüstenei gesetzt, die nit bei sich hätten geweiheten Priester von einem Bischof und würden allda der Sachen eins, erwähleten einen unter ihnen, er wäre ehelich oder nit, und befiehlen ihm das Amt zu taufen, Mess halten, absolvieren und predigen, der wär wahrhaftig ein Priester, als ob ihn alle Bischöfe oder Päpste hätten geweihet …

Ein Schuster, ein Schmied, ein Baur, ein jeglicher seins Handwerks Amt und Werk hat und

doch alle gleich geweihet Priester und Bischöfe sind, und ein jeglichs soll mit seinem Amt oder Werk den andern nützlich und dienstlich sein, dass also vielerlei Werk alle in eine Gemeind gerichtet sind [ein gemeinsames Ziel haben], Leib und Seelen zu fördern, gleich wie die Gliedmaßen des Körpers alle eins dem andern dienet."
(Martin Luther, An den christlichen Adel deutscher Nation von des christlichen Standes Besserung, 1520. Zit. nach: G. Jäckel [Hrsg.], Kaiser, Gott und Bauer, Reformation und Deutscher Bauernkrieg im Spiegel der Literatur, Berlin [Ost] 1975, S. 275 ff.)

4 Klage über die Reformation

Thomas Murner: Ain new lied von dem vndergang des Christlichen glaubens (1522):

2
„der hyrt der ist veriagen,
die schåfflin seind zerströwt,
der Bapst der ist geschlagen,
kein kron er mer vffträgt:
Er ist mit keinen worten
von Christo ye erstifft,
An hundert tusend orten
ist gossen vß das gifft.
6
Die Messz soll nit meer gelten
im leben noch im todt,
die Sacrament sye schelten,
sye seyen vns nit not:
Fünff habends schon vernichtet,
die andern lond sye ston,
der massen zůgerichtet
das sye auch bald zergond.
7
Wir seind all Pfaffen worden,
beyd, weyber vnnd die man,
Wiewol wir hand kein orden,
kein weyhe gnommen an:
Die stiel szond vff den bäncken,
der wagen vor dem rossz,
Der glaub will gar versincken,
der grundt ist bodenloß.
8
Die Pfaffen seind zerschlagen,
die Münch seind auch zertrent,
Mit lautern [mit Luther] stymmen sagen:
man hab vns lang geschendt,
Vns alles vor erlogen
was sye hond ye gesagt,
vß iren fingern gsogen,
verfůrt die Christenheit.
9
Wer yetzt zůmal kan liegen [lügen],
veracht all oberkeit,
das Euangeli byegen
vff mordt vnnd hertzenleid,
Dem laufft man zů mit schalle,
handthabt jn mit gewalt,
biß vnser glaub verfalle
vnnd gar in eschen [Asche] falt."

(Zit. nach: Hedwig Heger [Hrsg.], Spätmittelalter, Humanismus und Reformation, Bd. 2, München 1978, S. 312 ff.)

5 Titelblatt der ersten vollständigen Bibelübersetzung Luthers (Wittenberg 1534).
„Die Buchdruckerkunst ist die letzte und herrlichste Gabe Gottes. Mit ihr wollte er die Sache des wahren Glaubens dem ganzen Erdkreis bis an das Ende der Welt bekannt machen und sie in alle Sprachen übersetzen lassen." (Luther)

6 „Die Wittembergisch Nachtigall"

Ein Lied von Hans Sachs auf Luther (1523):
„Wacht auf, es nahet gen den Tag!
Ich hör singen im grünen Hag
Ein wonnigliche Nachtigall.
Ihr Stimm durchklinget Berg und Tal. ...

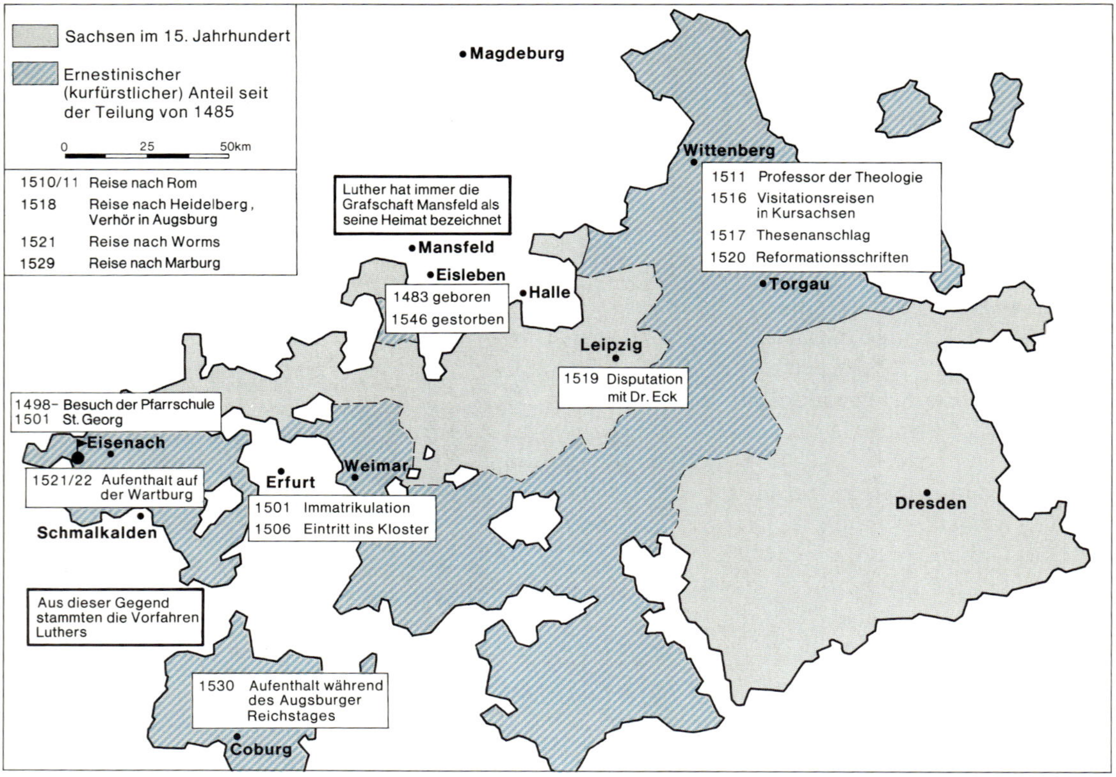

7 **Der Lebensweg Luthers**

Nun, dass ihr klarer mögt verstan,
Wer die lieblich Nachtigall sei,
Die uns den lichten Tag ausschrei:
Ist Doktor Martinus Luther,
Zu Wittenberg Augustiner,
Der uns aufwecket von der Nacht,
Darein der Mondschein uns gebracht.

Sie han uns vierthalbhundert Jahr
Behalten in ihrer Hut fürwahr
Und mit des Papsts Gewalt getrieben,
Bis Doktor Martin hat geschrieben.
Drum kehret aus der Papstes Wüste
Zu unserm Hirten Jesus Christe.
Derselbig ist ein guter Hirt,
Hat sein Lieb mit dem Tod probiert,
Durch den wir alle sind erlöst.
Das ist unser einiger Trost
Und unsre einige Hoffnung,
Gerechtigkeit und Seligung
Allen, die glauben an seinen Namen.
Wer das begehr, der spreche Amen."

(Zit. nach: G. Bolt u. a. [Hrsg.], Martin Luther, Frankfurt/M. 1983, S. 214)

Arbeitsvorschläge und Fragen

a) Untersuchen Sie, welche Art von Frömmigkeit aus dem Altarbild S. 218 ablesbar ist und was die Absicht der Stiftung ist.
Vergleichen Sie dieses Bild mit dem Altarbild S. 219, z. B. hinsichtlich der Thematik, der Motive, der Darstellungsabsicht und der Funktion, und suchen Sie u. a. mit Hilfe von M 3, M 4 und M 6 Gründe für den festgestellten Wandel.
b) Erarbeiten Sie aus M 1 und M 2 die Kritik an der alten Kirche und die Grundaussagen der „neuen Lehre" mit ihren möglichen Auswirkungen auf Kirche und Gesellschaft.

7. Reformation des Adels, der Bürger und Bauern

Reformatorische Bewegung beim Adel und in den Städten

Die Sache Luthers wurde trotz des Wormser Ediktes von 1521 zu einer *Massenbewegung*. Anders als bei früheren „Ketzern“ verbreiteten sich nämlich seine Schriften durch den neuen Buchdruck rasch und weit. Sieben Jahre nach 1517 hatte sich z. B. die jährliche Druckauflage um das Tausendfache gesteigert. Auch waren viele Menschen mit ihrer Lage in der Ständegesellschaft unzufrieden und glaubten nun bei Luther die (damals als notwendig angesehene) religiöse Legitimierung für ihren Wunsch zu finden, Gesellschaft und Politik zu ändern.

Beim niederen Adel schaute man voll Neid auf die reich gewordenen Kaufleute der Städte und sah sich auch von der wachsenden Fürstenmacht in seiner privilegierten Stellung bedroht. Die Adeligen lasen nun in Luthers Schrift „An den christlichen Adel deutscher Nation von des christlichen Standes Besserung“ (1520), alle Geistlichen, auch die Bischöfe und der Papst, seien der weltlichen Obrigkeit unterworfen; und sie verstanden dies als einen Aufruf die zahlreichen geistlichen Fürstentümer im Reich zu säkularisieren (in weltlichen Besitz zu überführen). Franz von Sickingen z. B., „Hauptmann“ der Vereinigung der oberrheinischen Ritterschaft, führte 1522/23 einen „Heerzug zur Ehre Christi“ gegen den Erzbischof und Kurfürsten von Trier, scheiterte aber an der militärischen Überlegenheit der mit dem Erzbischof verbündeten Fürsten.

Besonders rasch wirkten Luthers Schriften in den Städten. In kurzer Zeit blieben die früher so zahlreichen Stiftungen aus, viele Klöster leerten sich und altgläubige Priester wurden beschimpft, dass sie den Christen das Wort Gottes vorenthielten. An manchen Orten kam es – gegen den Willen Luthers – zu Bilderstürmen, d. h. zur gewaltsamen Entfernung der Altarbilder, da deren Verehrung oder gar Anbetung jetzt als Götzendienst bewertet wurde. Noch stärker von Luthers Wollen entfernte sich die sehr vielschichtige Bewegung der Täufer oder Wiedertäufer, welche die Säuglingstaufe ablehnten und nur den als Christen betrachteten, der sich bewusst und aus freiem Willen mit der Taufe für Gott entschied. Die christliche Gemeinde sollte nach den Vorstellungen der Täufer zu einer Gemeinschaft der Vollkommenen werden, die sich von der Welt absondert und z. B. auf den Gebrauch einer Waffe verzichtet.

1 **Die von Martin Luther angeblich gestohlenen Fahnen** (Holzschnitte aus Thomas Murners Streitschrift „Von den großen lutherischen Narren“, 1522)

2 **„Klagrede der armen verfolgten Götzen und Tempelpilder/über so ungleich urtayl und straffe“** (Einblattdruck, um 1530)

Obwohl die Täufer keine Massenbewegung waren – 1525 gab es ungefähr 40 Täufergemeinden –, wurden sie von allen Obrigkeiten als aufrührerisch verfolgt. „Wer widerruft, wird geköpft, wer nicht widerruft, wird verbrannt“, hieß es z. B. in einem herzoglich bayerischen Mandat. Nur an den Rändern des Reiches, in Böhmen und den Niederlanden, überlebten täuferische Gemeinden.

Erhebung des „gemeinen Mannes“

Auch die bäuerliche Bevölkerung war von der *reformatorischen Unruhe* erfasst worden. In Luthers Schrift „Von der Freiheit eines Christenmenschen“ (1520) meinten viele die Rechtfertigung zu finden, die verhasste Leibeigenschaft abzuschütteln und sich – notfalls gewaltsam – die Rechte zu verschaffen, die nach der Heiligen Schrift allen Menschen, auch dem „gemeinen Mann“, zustehen.
Im Frühjahr 1525 schlossen sich die Bauern (vor allem im schwäbischen und fränkischen Raum) in „Haufen“ und „christlichen Vereinigungen“ zusammen, eroberten und zerstörten Burgen, besetzten Klöster und bewogen vor allem die kleineren Städte mit ihren vielen Ackerbürgern sich ihrer Sache anzuschließen.
Doch nicht lange waren die Bauern erfolgreich. Schnell hatten sich die Obrigkeiten von ihrem anfänglichen Schrecken erholt, neue Söldner angeworben und im Mai/Juni 1525 den Bauern blutige Niederlagen beigebracht, unter anderem bei Böblingen, Frankenhausen in Thüringen, Zabern im Elsass und Königshofen in Franken. Nach zeitgenössischen Schätzungen kamen ungefähr 100 000 Bauern auf dem Schlachtfeld und bei dem sich anschließenden grausamen Strafgericht ums Leben.

Das Reformprogramm der Bauern

Besonders deutlich wurden die Absichten der Mehrheit der Bauern in den *„Zwölf Artikeln“*, die Ende Februar in Memmingen als Programm der oberschwäbischen Bauern erschienen waren und in den folgenden drei Monaten in 25 weiteren Drucken verbreitet wurden. Darin beschwerten sich die Bauern über zu hohe Abgaben und die Steigerung der Frondienste, über die Einziehung von Gemeindeland und die Beschränkung von Jagd-, Fischerei- und Waldnutzungsrechten. Die Reformforderungen lauteten: Aufhebung der Leibeigenschaft, Zuständigkeit der bäuerlichen Gemeinde für Gericht und Verwaltung und auch für die Ein- und Absetzung des Pfarrers, schließlich die Verfügung über den Zehnten für die Besoldung des Pfarrers und die Armenfürsorge. Begründet wurden die Forderungen mit dem Wort Gottes der Heiligen Schrift; die Bauern vertraten die Ansicht, dass das Evangelium klare Anweisungen für die Ordnung des weltlichen Zusammenlebens geben könne.
Radikaler noch war der Prediger *Thomas Müntzer*, der bei den Unruhen in Thüringen maßgeblichen Einfluss gewonnen hatte und 1525 enthauptet wurde.

Nach Müntzer ist die Welt zweigeteilt in „Auserwählte", die den rechten Glauben haben, und „Gottlose", die vernichtet werden müssen. Gottlos sind für ihn z. B. die Fürsten, die die Not des Volkes nicht beheben, so dass die armen Leute keine Gelegenheit haben lesen zu lernen und so zum Glauben zu finden.
Martin Luther hatte zunächst den Fürsten ins Gewissen geredet, die berechtigten Forderungen der Bauern zu erfüllen. Als er aber vom gewalttätigen Vorgehen der Bauern, vor allem im Umkreis von Thomas Müntzer, hörte, war das für ihn „lauter Teufelswerk". Er forderte deshalb die Fürsten zu rücksichtslosem Vorgehen gegen die Aufständischen auf, denn ein biblisch begründetes Recht zu gewaltsamem Widerstand selbst gegen eine ungerechte Obrigkeit gab es für Luther nicht. Im übrigen hatten die Bauern für Luther das Evangelium ganz „fleischlich" missverstanden, wenn sie aus ihm direkte Anleitungen zur Ordnung des „weltlichen Reiches" herauslasen.

Bauernkrieg und Reformation

Diese Stellungnahme Luthers und seine Obrigkeitslehre, die sich auf Römer 13,1 stützt („Es ist keine Obrigkeit, die nicht von Gott verordnet ist"), wurden später für die Schwierigkeiten der Deutschen auf dem Weg zur Demokratie mitverantwortlich gemacht. Auch schien dadurch der bald erhobene Vorwurf widerlegt, Luthers Wortgewalt habe zur Erhebung der Bauern geführt. In der späteren Forschung wurde die Bedeutung der Reformation für den Bauernkrieg als gering eingeschätzt. Man verwies dabei auf die zahlreichen früheren Bauernaufstände, z. B. des Bundschuhs und des „Armen Konrad" (1514 in Württemberg), in deren Tradition der große deutsche Bauernkrieg von 1525 stand. Denn

3 **Der Bauernkrieg 1525**

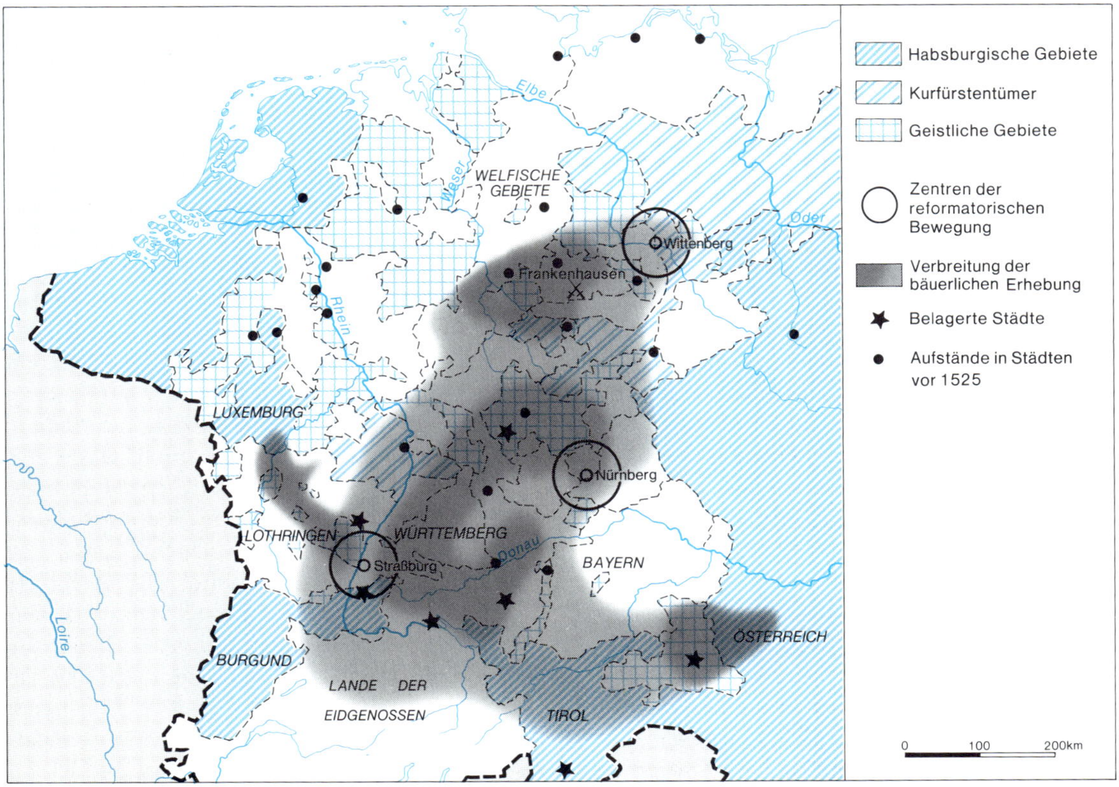

viele der bäuerlichen Forderungen von 1525 findet man auch schon bei früheren Aufständen. Neu war jetzt die Begründung der Forderungen. Die Bauern beriefen sich, von der Reformation beeinflusst, auf das göttliche Recht der Bibel und nicht wie früher auf das „alte Recht", das wiederhergestellt werden sollte. Luther hatte aber auch die Mündigkeit der Christen in geistlichen Dingen betont und zunächst gewollt, dass die christliche Gemeinde über die richtige Lehre und die Berufung des Pfarrers entscheide und nicht die Hierarchie der Kirche mit dem Papst an der Spitze. Von daher lag es für die Bauern nahe, die Mündigkeit der Christen auch in weltlichen Dingen zu beanspruchen und sich für die politische Autonomie der Dorfgemeinde gegenüber der Herrschaft einzusetzen.

4 Die „Zwölf Artikel"

Die Einleitung zu dieser Programmschrift der Bauern (März 1525) lautet:

„Die gründlichen [begründeten] und rechten Hauptartikel aller Bauernschaft …

Dem christlichen Leser Fried und Gnad Gottes durch Christum. Es sind viel Widerchristen, die jetzund von wegen der versammelten Bauernschaft das Evangelion zu schmähen Ursach nehmen, sagend: ‚Das sind die Frücht des neuen Evangelions? Niemand gehorsam sein, an allen Orten sich emporheben und aufbäumen, mit großem Gewalt zuhauf laufen und sich rotten, geistliche und weltliche Oberkeiten zu reformieren, auszurotten, ja vielleicht gar zu erschlagen?' Allen diesen gottlosen, frevenlichen Urteilern antworten diese nachgeschriebne Artikel. Am Ersten, dass sie diese Schmach des Wort Gottes aufheben. Zum andern die Ungehorsamigkeit, ja die Empörung aller Bauern christenlich entschuldigen. Zum Ersten ist das Evangelion nit ein Ursach der Empörungen oder Aufruhren, dieweil es eine Rede ist von Christo, dem verheißnen Messias, welchs Wort und Leben nichts dann Liebe, Friede, Geduld, und Einigkeiten lernet, also dass alle, die in diesen Christum glauben, lieblich, friedlich, geduldig und einig werden. Sodann der Grund aller Artikel der Bauren (wie dann klar gesehen wird), das Evangelion zu hören und demgemäß zu leben, dahin gericht ist. …

Zum andern dann klar und lauter folget, dass die Bauren, in ihren Artikeln solches Evangelion zur Lehr und Leben begehrend, nit können ungehorsam, aufrührisch genannt werden. Ob aber Gott die Bauren (die dringend verlangen, nach dem göttlichen Recht zu leben) erhören will, wer will den Willen Gottes tadeln? Wer will in sein Gericht greifen? Ja, wer will seiner Majestät widerstreben? Hat er nicht die Kinder Israel, zu ihm schreiend, erhöret und aus der Hand Pharaonis entlediget, kann er nit noch heute die Seinen erretten? Ja, er wird's erretten! Und in einer Kürz!

Derhalben, christlicher Leser, solche nachfolgend Artikel liese mit Fleiß, und nachmals urteil!

Hie nachfolgend die Artikel: …"

(Zit. nach: Günter Jäckel [Hrsg.], Kaiser, Gott und Bauer, Berlin [Ost] 1975, S. 405 f.)

5 „Vermahnung zum Frieden"

Im April 1525 antwortete Luther auf die „Zwölf Artikel", indem er beide Parteien ansprach:

„Ermahnung der Fürsten und Herren

[Die Bauern] haben zwölf Artikel aufgestellt, unter welchen einige so billig und recht sind, dass sie euch vor Gott und der Welt den guten Namen nehmen …

Den ersten Artikel, in dem sie begehren das Evangelium zu hören und das Recht einen Pfarrer zu wählen, könnt ihr mit Wahrung des Anscheins nicht abschlagen … man solle ihnen das Evangelium predigen lassen. Dagegen kann und soll keine Obrigkeit etwas unternehmen. Ja, die Obrigkeit soll nicht wehren, was jedermann lehren und glauben will, es sei Evangelium oder Lügen. Es ist genug, dass sie Aufruhr und Unfrieden zu lehren abwehrt.

Die andern Artikel, die leibliche Beschwerung anzeigen, wie Leibfall, Auflagen und dergleichen, sind ja auch billig und recht. Denn die Obrigkeit ist nicht dazu eingesetzt, dass sie ihren Nutzen und Mutwillen an den Untertanen suche, sondern den Nutzen und das Beste schaffe bei den Untertanen …

Ermahnung der Bauern

Erstens. Liebe Brüder, ihr führt den Namen Gottes und nennt euch eine christliche Rotte oder Vereinigung und gebt vor, ihr wolltet nach dem göttlichen Recht verfahren und handeln. Wohlan, so wisst ihr ja auch, dass Gottes Name, Wort und Titel soll nicht vergeblich oder unnütz angeführt werden, wie er spricht im zweiten Gebot: ‚Du sollst den Namen Gottes, deines Herrn, nicht unnützlich führen!' ...

Zum zweiten. Dass ihr aber die seid, die Gottes Namen unnützlich führen und schänden, ist leicht zu beweisen. Und dass euch darum zuletzt alles Unglück begegnen werde, ist auch kein Zweifel – Gott sei denn nicht wahrhaftig. Denn hier steht Gottes Wort und spricht durch den Mund Christi: ‚Wer das Schwert nimmt, der soll durchs Schwert umkommen.' (Matth. 26, 52) ...

Zum dritten. Ja, sprecht ihr, die Obrigkeit ist zu böse und unerträglich. Denn sie wollen uns das Evangelium nicht lassen und drücken uns allzu hart mit zeitlicher Güter Beschwerung und Verderben uns so an Leib und Seele. Ich antworte: Dass die Obrigkeit böse und ungerecht ist, entschuldigt weder Zusammenrotten noch Aufruhr. Denn die Bosheit zu strafen, das gebührt nicht einem jeglichen, sondern der weltlichen Obrigkeit, die das Schwert führt, wie Paulus Röm. 13,4 sagt."

(Zit. nach: Der Deutsche Bauernkrieg 1524 bis 1526, hrsg. von J. Kettel und P. Wietzorek, Stuttgart 1983, S. 86)

6 Thomas Müntzer gegen Martin Luther

1524 nahm Müntzer Stellung zu Luther:

„Hochverursachte Schutzrede und Antwort wider das geistlose, sanftlebende Fleisch zu Wittenberg, welches mit verkehrter Weise durch den Diebstahl der Heiligen Schrift die erbarmungswürdige Christenheit so ganz jämmerlich besudelt hat ...

Er ist ein Herold, er will Dank verdienen mit der Leute Blutvergießen und [um] zeitlichen Gutes willen, welches doch Gott nicht [als seine Absicht] befohlen hat. Sieh zu, die Grundsuppe des Wuchers, der Dieberei und Räuberei sind unsere Herren und Fürsten; [sie] nehmen alle Kreaturen als Eigentum: die Fische im Wasser, die Vögel in der Luft, das Gewächs auf Erden muss alles ihrer sein. Jes. 5. Darüber lassen sie dann Gottes Gebot ausgehen unter die Armen und sprechen: Gott hat geboten, du sollst nicht stehlen; es [hilft] ihnen aber nicht. So sie nun alle Menschen [nötigen], den armen Ackersmann, Handwerksmann und alles, was da lebt, schinden und schaben, Micha 3, und wenn sich dann [einer] am allergeringsten vergreift, so muss er hängen. Da sagt dann der Doktor Lügner [auch noch]: Amen. [Dabei] machen die Herren das selber, dass ihnen der arme Mann Feind wird. Die Ursache des Aufruhrs wollen sie nicht wegtun, wie kann es [auf] die Dauer gut werden? Wenn ich das sage, muss ich aufrührerisch sein, wohlan!"

(Zit. nach: Der Deutsche Bauernkrieg 1524 bis 1526, hrsg. von J. Kettel und P. Wietzorek, Stuttgart 1983, S. 81)

7 Einsturz der Burg (Holzschnitt des Petrarca-Meisters 1519/20)

Arbeitsvorschläge und Fragen

a) Erarbeiten Sie die in M4–M6 übereinstimmenden bzw. verschiedenen Auffassungen, z. B. bezüglich des Schriftprinzips, der Stellung der Obrigkeit, des Widerstandsrechts.

b) Überprüfen Sie mit Hilfe von M5 die in M4 enthaltenen Aussagen über den Zusammenhang von Reformation und Bauernkrieg.

c) Untersuchen Sie den Aussagewert der Bilder M1, M2 und M7 als historische Quellen. Ziehen Sie dazu den Text auf S. 73 heran.

8. Kaiser, Reich und Reformation

Landesfürstliche Reformation

Das Edikt von Worms (1521) gegen die lutherische Ketzerei versuchten nur ganz wenige Fürsten im Reich durchzusetzen; die meisten Obrigkeiten warteten auf die Einberufung eines allgemeinen Konzils, das alle kirchlichen Streitfragen klären sollte. Doch ab Mitte der 20er Jahre wagten es neben zahlreichen Reichsstädten auch einzelne Fürsten, ihren religiösen Überzeugungen und politischen Interessen zu folgen und die Kirche in ihren Territorien im Sinne Luthers zu reformieren. Ein wichtiges Mittel dieser landesfürstlichen Reformation waren die Visitationen: Staatliche Kommissionen aus Theologen und Juristen überprüften alle Pfarrer, entließen altgläubige Kleriker, schlossen Klöster und säkularisierten (verstaatlichten) deren beträchtlichen Grundbesitz. Auch wurden die Stiftungen und anderen Vermögenswerte der Kirche an einem Ort in einem „Gemeinen Kasten" zusammengefasst, aus dem die Armen versorgt und Pfarrer und Lehrer besoldet werden sollten.

An die Spitze der neugeschaffenen Kirchenordnung stellte sich der Landesherr als „Notbischof"; mit seinem *landesherrlichen Kirchenregiment* verhinderte er, dass der Ruf nach Reformation länger dem gemeinen Mann überlassen blieb. Das von den weltlichen Obrigkeiten beanspruchte Recht zur Reformation (ius reformandi) bedeutete, alle kirchlichen Ämter zu besetzen und die Gottesdienstformen und das Bekenntnis der Untertanen zu bestimmen.

Trotz dieses offensichtlichen Machtgewinns war der Bruch des Reichsrechts durch die evangelisch gewordenen Fürsten und Städte zunächst nicht ohne Risiko. Ihr Lager war auch wegen des Streites zwischen den Lutheranern und den oberdeutschen Anhängern des Züricher Reformators Zwingli geschwächt. Huldrych *Zwingli* (1484–1532) wandte sich u. a. gegen Bilder in der Kirche und lehrte, dass bei der Abendmahlsfeier Christus nicht persönlich gegenwärtig sei. Die Isolierung der evangelischen Reichsstände wurde 1529 auf dem 2. Reichstag von Speyer deutlich, als die katholische Mehrheit die strikte Einhaltung des Reichsrechtes einforderte, das z. B. mit der Säkularisation verletzt worden war. Dagegen legten die Evangelischen Protest ein, da in Glaubens- und Gewissensfragen eine Minderheit nicht überstimmt werden dürfe.

Karl V. kämpft um die Glaubenseinheit

Einen besonders entschiedenen Gegner fanden die „Protestanten" in *Karl V.* Seit 1519, dem Jahr seiner Wahl zum Kaiser und damit auch zum Schutzherrn und weltlichen Haupt der Kirche, fühlte er sich verpflichtet die lutherische Ketzerei zu bekämpfen. Auch hätte konfessionelle Vielfalt den Zusammenhalt der habsburgischen Königreiche und Herrschaften in Böhmen, Österreich, den Niederlanden, Burgund, Italien, Spanien und der „Neuen Welt" besonders gefährdet. 1530 versuchte Karl V. deshalb persönlich – nach fast zehnjähriger Abwesenheit vom Reich – auf einem Reichstag in Augsburg endlich die Einigung in der Religionsfrage zu erzielen. Der theologische Ausgleich zwischen der an sich um Ausgleich bemühten Bekenntnisschrift der Lutheraner, der *„Confessio Augustana"*, und der *„Confutatio"* der katholischen Seite gelang jedoch nicht. Deshalb entschied sich der Kaiser für Härte und erklärte jeden weiteren Widerstand gegen das Wormser Edikt für Landfriedensbruch. Daraufhin schlossen sich die protestantischen Reichsstände 1531 in dem hessischen Städtchen *Schmalkalden* zu einem Schutzbündnis mit einer Streitmacht von 12 000 Mann zusammen. *Gewaltsamer Widerstand* gegen die Kaiserliche Obrigkeit erschien den Lutheranern gerechtfertigt, da die Fürsten vor Gott für das Seelenheil ihrer Untertanen verantwortlich seien.

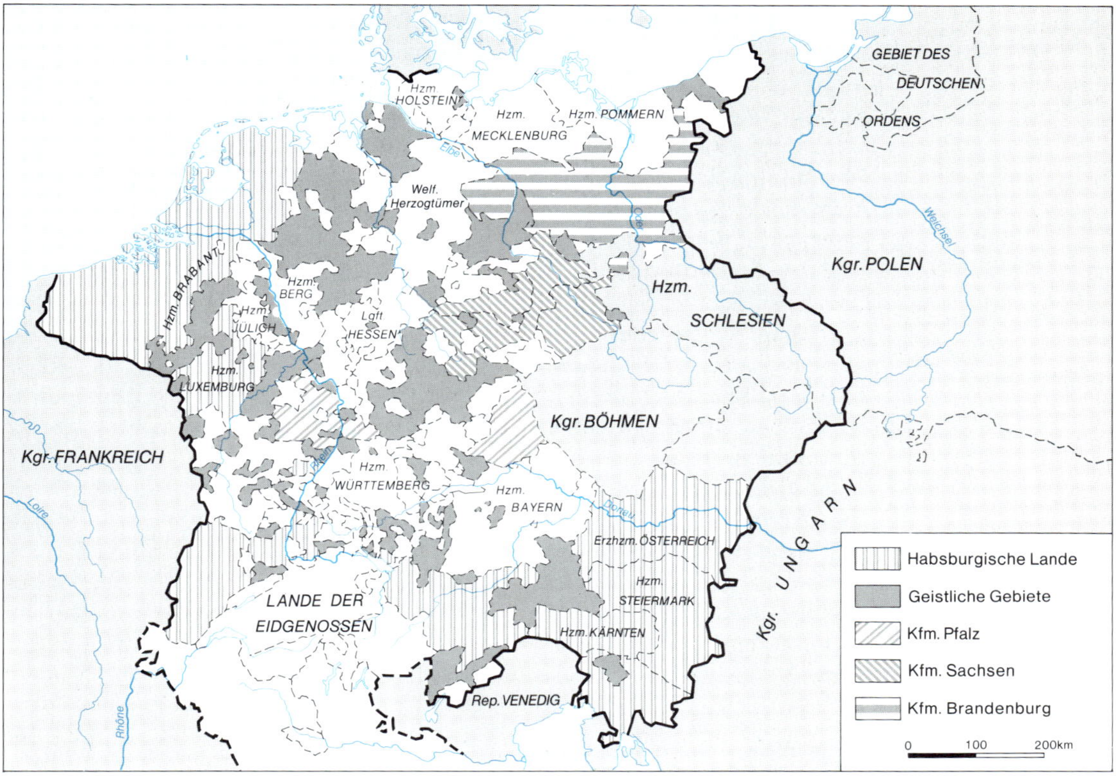

1 **Das Heilige Römische Reich Deutscher Nation um 1520**

Die Geldmittel des Kaisers reichten für eine ständige Anwerbung von Landsknechten gegen die Evangelischen nicht aus. Außerdem führte Karl jahrelang (1521–26, 1526–29, 1534–36, 1542–44) Krieg gegen den französischen König um seine Erbansprüche in Oberitalien und Burgund durchzusetzen. Geld benötigte der Kaiser zumal für die Abwehr der *Türken*, die seit der Eroberung des christlichen Konstantinopel (1453) immer weiter auf dem Balkan vordrangen. Die Heere Suleimans II., des Prächtigen, eroberten 1521 Belgrad, 1526 fast ganz Ungarn und belagerten schließlich 1529 Wien. Auch 1532, 1541 und 1543 bedrohten sie vor allem den habsburgischen Besitz im Südosten des Reiches.

Die evangelischen Reichsfürsten waren aber erst zu einer wirksamen Hilfe bereit, als der Kaiser in einen Waffenstillstand zwischen den Religionsparteien einwilligte („*Nürnberger Anstand*" von 1532). Daraufhin wurde in immer mehr Städten und Territorien, vor allem im Norden und Osten Deutschlands, aber auch z. B. im Herzogtum Württemberg (1534) die Reformation eingeführt. Karl V. hatte jedoch den Kampf gegen die Ausbreitung der evangelischen Lehre nicht aufgegeben. 1546/47, in einer Kampfpause mit dem französischen König und dem Sultan, besiegte der Kaiser im Schmalkaldischen Krieg die Protestanten und diktierte ihnen auf einem „*Geharnischten Reichstag*" seine Bedingungen. Allerdings konnte Karl V. seinen Sieg nicht auf Dauer nutzen, denn gegen die drohende kaiserliche Übermacht wandten sich nun auch die katholischen Reichsfürsten, die wie ihre evangelischen Standesgenossen die alte „libertet und freiheit" dem Kaiser gegenüber erhalten wollten.

Augsburger Religionsfrieden

In dieser politischen und militärischen *Pattsituation* ließ es der Kaiser schließlich resigniert zu, dass Ferdinand, sein Bruder und Nachfolger im Reich, 1555 in Augsburg einen *Religionsfrieden* unterzeichnete. Dieser sollte zwar auf Dauer, aber nur bis zur immer noch angestrebten „vergleichung der religion" ein friedliches Nebeneinander von Lutheranern und Katholiken ermöglichen. Andere reformierte Glaubensrichtungen wie die Zwinglianer blieben ausgeschlossen. Auch blieb die freie Wahl des Bekenntnisses auf die Reichsstände und die Reichsritter beschränkt. Geistliche Fürsten mussten künftig mit ihrem Übertritt zum Luthertum auf ihre Herrschaft verzichten (sog. geistlicher Vorbehalt). Die Untertanen hatten sich nach dem jeweiligen Bekenntnis ihres Landesherrn zu richten. Sie erhielten zwar ein Recht zur Auswanderung; doch mussten sie sich zuvor aus der Leibeigenschaft freikaufen oder als Stadtbewohner ein hohes Abzugsgeld bezahlen. Nur für einzelne Reichsstädte galt die Regelung, dass beide Konfessionen in einem Gemeinwesen gleichberechtigt nebeneinander auskommen sollten.
So hatte in Augsburg nicht der Toleranzgedanke gesiegt. Denn weiterhin hielt man an den mittelalterlichen Prinzipien einer einzigen Wahrheit und der Einheit von Kirche und Staat fest, wenn auch jetzt auf der Ebene der einzelnen Territorien und nicht mehr auf der Ebene des Reiches. Mit dem Augsburger Religionsfrieden war auch endgültig der Versuch misslungen die ganze Kirche im Sinne Luthers zu reformieren bzw. die Kirchen- und Glaubenseinheit im Sinne der katholischen Kirche zu bewahren.

Säkularisierung/Säkularisation (von spätlat. saecularis: weltlich): Dieser Ausdruck bezeichnet heute den seit Beginn der Neuzeit anhaltenden Prozess der Entchristlichung und „Verweltlichung" aller Bereiche des Staates, der Gesellschaft und Kultur, d. h. der Loslösung der menschlichen Verhaltensweisen, Werte und Normen von der traditionellen religiösen Grundlage. Ursprünglich wurde mit „saecularisatio" nur die umstrittene Aneignung geistlicher Güter und kirchlichen Besitzes durch (weltliche) Fürsten, Stadtregierungen und auch Privatpersonen bezeichnet. In Deutschland wurden nach der Reformationszeit vor allem 1802/03 im Zusammenhang mit der napoleonischen Neuordnung Europas geistliche Herrschaften säkularisiert.

2 Regesten aus dem Archiv der Reichsstadt Esslingen. (In Regesten sind Urkunden und deren Rechtsinhalt verzeichnet):

„*1.* Konstanz, 1522 Mai 24. Bischof Hugo von Konstanz ersucht Bürgermeister und Rat zu Esslingen, gegen die Lehre Luthers, die von Papst und Kaiser verworfen worden sei und trotzdem von seinen Anhängern von den Kanzeln und überall sonst verkündet werde, vorzugehen und den Prediger, der sich zur Zeit in der Stadt aufhalte, um Widerwärtigkeiten zu pflanzen, auszuweisen.

2. 1524. Bürgermeister und geheimer Rat der Stadt Schwäbisch Gmünd bitten Bürgermeister und Rat zu Esslingen um vertrauliche Mitteilung, ob an dem Gerücht, in der Stadt sei es wegen der lutherischen Lehre zum Aufruhr gekommen, etwas Wahres sei.

3. 1525 Januar 29. Bürgermeister und Rat der Stadt Esslingen verbieten jedermann bei strenger Strafe, Schmachlieder über die [altgläubigen] Geistlichen zu singen.

4. 1525 August 25. Väter, Brüder und sonstige Verwandte der namentlich aufgeführten Nonnen des St.-Klara-Klosters fordern Bürgermeister und Rat auf, den genannten Nonnen, die sich entschlossen haben, ihrem Gewissen zu folgen und Gelübden und Regeln, womit man Gott vergeblich dient, zu entsagen und ihre Seligkeit außerhalb des Klosters in tätiger Nächstenliebe zu suchen, nichts in den Weg zu legen.

5. 1527 Mai 27. Bürgermeister und Rat der Stadt Esslingen weisen die Beschwerden des Bischofs von Konstanz über die Besteuerung der Priester,

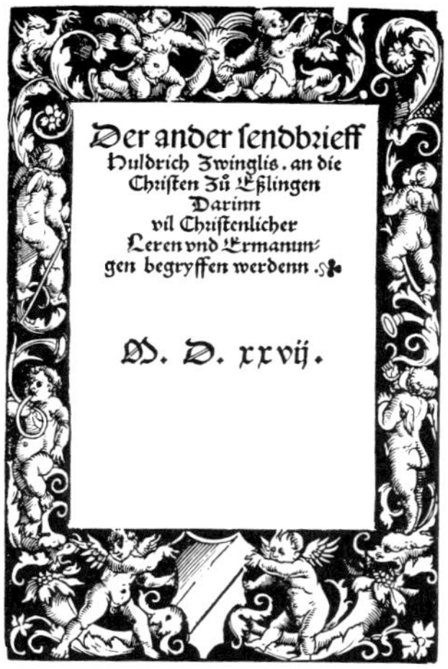

Der ander sendbrieff Huldrich Zwinglis. an die Christen zů Eßlingen Darinn vil Christenlicher Leren vnd Ermanungen begryffen werdenn.

M. D. xxvij.

3 Schreiben Luthers an die Esslinger (Druck von 1523) ►

◄

4 Schreiben Zwinglis an die Esslinger (Druck von 1527)

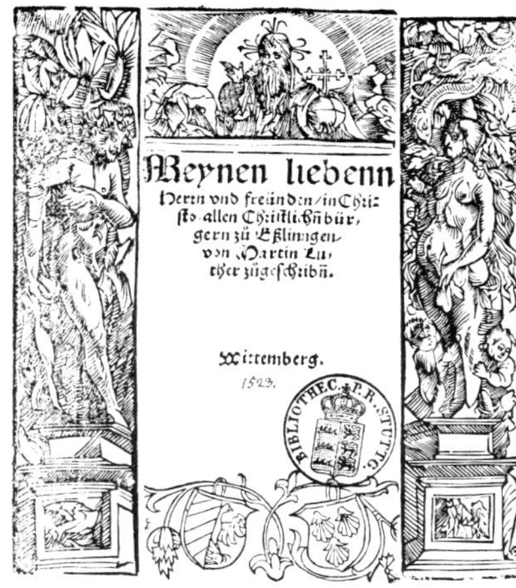

Meynen liebenn Herrn vnd freünden/in Christo allen Christlichen bürgern zů Eßlingen/ von Martin Luther zůgeschriben.

Wittemberg.

1523.

die Eingriffe in die geistliche Gerichtsbarkeit und die Einstellung der Pfründverleihungen zurück.

6. 1528 November 1. und 8. Bürgermeister und Rat warnen jeden, der im Sterben liegt, den Empfang der Sakramente und die Bestattung durch einen Priester zu verweigern. Wer stirbt, ohne die Sakramente empfangen zu haben, wird auf einem Karren auf ‚des Zichtigers' Wasen gebracht, wo man sonst das verendete Vieh und die Schelmen begräbt.

7. 1529 Juli 5. Bürgermeister und Rat verbieten unter Androhung härtester Strafen, dass einer den anderen wegen seines Glaubens angreift oder beleidigt.

8. Bürgermeister, großer und kleiner Rat verurteilen Stefan Böhmerlin am 5. Oktober 1529 zum Tode. Er war ‚des verdampten Irrsals und der Ketzerey des Widertaufs halben' ins Gefängnis gekommen.

9. Auszug aus dem Reichsabschied des Reichstages von Augsburg vom 18. November 1530.

‚... Die Meß, andere Gepett, Ceremonien sampt anderen Satzungen und Kirchenpreuchen sollen in aller Maß, wie von alters loblich und christlich herpracht, gehalten werden ...

Das(s) ain freyer Will sey, soll gehalten, gelernt und gepredigt werden.

Die guten Werck sollen nit verworffen, dweils in der Heiligen Geschrifft vom Menschen offt erfordert werden.

Die siben Sacrament sollen mit allen iren Ceremonien, wie vor diser Zwispaltung beschehen, gehalten und alle Newerung abgestellt werden.

Alle hoch und nider Stifft, Clöster, Pfarrstiftung und Pfrunden sollen bey iren Satzungen, Regeln, Ordnungen ... und allen andern wol herprachten Ceremonien gehandthabt und behalten werden ...

Die verehlichten Priester sollen ire Weiber widerumb von inen thum ...

Was zu Emporung der Unterthonen gegen der Oberkeit raichet ..., sollen zu predigen vermitten pleiben ...'

10. 1531 August 20. Bürgermeister und Rat der Stadt Esslingen geben ihren mit großer Mehrheit gefassten Beschluss bekannt, einen christlichen evangelischen Prediger anzustellen und das heilige Evangelium klar und lauter predigen zu lassen.

11. 1531 September 13. Ambrosius Blarer [1492 bis 1564, Reformator in Konstanz, Memmingen, Ulm, Esslingen, Isny, Lindau, Württemberg, Augsburg, Biel und Winterthur] teilt den geheimen Räten zu Esslingen mit, dass der Rat zu Konstanz ihm erlaubt habe, ‚Ewer Weishait, och dero Gemaind in Gottes Wort ze dienen'.

12. 1531 November 6–13. Die Esslinger Bürger stimmen nach Zünften darüber ab, ob sie beim alten Glauben bleiben wollen oder die Durchführung der Reformation wünschen. Von über 1000 Bürgern votierten nur 21, darunter 5 Wiedertäufer, gegen die Durchführung der Reformation.

13. 1531 November 21. Bürgermeister und Rat laden die Priesterschaft (23 Kapläne), die Dominikaner, Franziskaner, Augustiner und Karmeliter vor und erklären, dass durch die päpstliche

Werkstatt Geschichte:
Archivgut

Zu den wichtigsten Plätzen historischer Forschung gehören die verschiedenen Archive von Städten, Fürstenhäusern und Staaten, in denen seit Beginn einer schriftlichen Verwaltung Akten verwahrt wurden, d. h. geschäftliche Schriftstücke, die in Vorbereitung oder Ausführung von Rechtsgeschäften entstanden sind. Zweck der Archivierung war also nicht, Material für eine spätere Geschichtsschreibung zu sammeln, sondern jederzeit über Beweismittel für mögliche juristische Auseinandersetzungen verfügen zu können. Ursprünglich wurden nur Urkunden und Briefe, die man erhalten hatte, in Archiven aufbewahrt, später auch die Kopien der ausgehenden Schriftstücke und der sogenannte Innenlauf von Ämtern (z. B. Entwürfe, Denkschriften, Protokolle).

Messe das Nachtmahl Jesu Christi zum Greuel Gottes des Allmächtigen entehrt wird, weshalb man beschlossen habe, sie eine Zeit lang nicht mehr zu feiern. Wenn sie jedoch die päpstliche Messe und die Heiligenverehrung als in der Heiligen Schrift gegründet nachweisen, werde man sich daran mit aller Billigkeit halten. 18 der 23 Kapläne wollten beim Bischof, beim alten Glauben und beim Augsburger Reichsabschied bis zum Konzil bleiben.

14. 1532 März 9. Bürgermeister und Rat entgegnen auf die Beschwerde des Domkapitels Speyer über die Zerstörung des Marienbildes am Zehnthof anlässlich des Esslinger Bildersturmes: der Täter sei nicht bekannt und habe eigenmächtig gehandelt.

15. 1532 März 20. Das Domkapitel Speyer äußert gegenüber Bürgermeister und Rat sein Befremden darüber, dass in einer Reichsstadt bei hellem Tage auf freier, belebter Straße sich jemand habe unbemerkt am Marienbild zu schaffen machen können.

16. ‚Ordnunng und Satzunng ains Ersamen Raths des hayligen Reichs Stat Esselinngen, welcher massen alle ergerliche unnd sundtliche Laster angeben, unnd gestrafft werden sollen. Anno 1532 Fürgenommen.'
Sie enthält Vorschriften über:
‚Von Schweren und Gottslästern. Von den Lesterern Gottes unsers hailigen christlichen Glaubens und der Sacramenten. Vom Zuo und Voltrincken. Vom Spilen. Von Wuocherlichen und bösen Fürkeuffen. Von Huorerey. Vom Ehebruch. Von Schaydung der Ehe. … Das niemants seine Klayder zerhawen oder zerschneyden soll …'

17. 1533 Juni 26. M. Jakob Otther und Stefan Schäffer beschweren sich im Auftrag der übrigen Prädikanten über mangelnde Zucht:
Die Zuchtherren vernachlässigen ihre Aufsichtspflicht. Die Laster nähmen überhand, man springe und tanze sonntags. Niemand wolle strafen, die Zuchtherren fürchteten, ‚es mecht i[h]nen der Kopff zerschlagen werden'.
Einige päpstliche Pfaffen, vor allem Joß Senger, hielten sich nach wie vor Kebsweiber.
Während der Predigten herrsche große Unordnung.
Die Mädchen putzten sich viel zu sehr heraus.
Man trage Paternoster [Rosenkränze].
Auf den Gassen und in den Wirtshäusern sei Schwören und Fluchen gang und gäbe, ohne dass jemand Strafe zu gewärtigen hätte.

18. 1534. Erste Schulordnung für die deutschen Schulen in Esslingen, verfasst von Pfarrer Martin Otther.

5 **„Ordnung und Satzung" der Stadt Esslingen**
(Druck von 1532)

Ordnunng unnd Satzunng
ains Ersamen Raths/des hayligen Reichs
Stat Esselinngen/welcher massen alle
ergerliche vñ sundtliche Laster ange-
ben/vñ gestrafft werden sollen.
Anno M. D. XXXII.
Fürgenomen.

6 **Kaiser Karl V. in der Schlacht bei Mühlberg 1547** (Gemälde von Tizian, 1548)

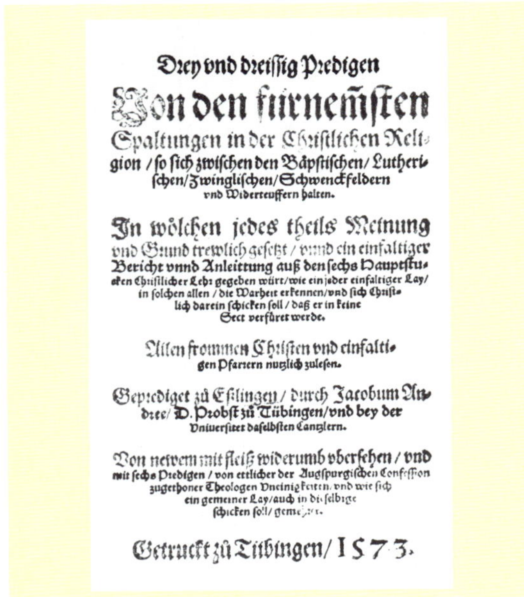

Drey vnd dreissig Predigen
Von den fürnemisten
Spaltungen in der Christlichen Religion / so sich zwischen den Bäpstischen / Lutherischen / Zwinglischen / Schwenckfeldern vnd Widerteuffern halten.
In wölchen jedes theils Meinung vnd Grund trewlich gesetzt / vnnd ein einfaltiger Bericht vnnd Anleittung auß den sechs Hauptstucken Christlicher Lehr gegeben würt / wie ein jeder einfaltiger Lay / in solchen allen / die Warheit erkennen / vnd sich Christlich darein schicken soll / daß er in keine Sect verfüret werde.
Allen frommen Christen vnd einfaltigen Pfarrern nutzlich zulesen.
Geprediget zů Eßlingen / durch Jacobum Andree / D. Probst zů Tübingen / vnd bey der Vniuersitet daselbsten Cantzlern.
Von newem mit fleiß widerumb vbersehen / vnd mit sechs Predigen / von etlicher der Augspurgischen Confession zugethoner Theologen Vneinigkeiten / vnd wie sich ein gemeiner Lay / auch in dieselbige schicken soll / geme[illegible].
Getruckt zů Tübingen / 1573.

7 **„Drey und dreissig Predigen“** (Titelblatt, 1573)

19. 1547 März. Bedenken der geheimen Herren, wie man die vom Kaiser wegen der Beteiligung am Schmalkaldischen Krieg auferlegte Geldstrafe von 40 000 Gulden aufbringen kann.
20. 1548 Juli 7. Kaiser Karl V. ermahnt Bürgermeister und Rat, ihr gegebenes Versprechen einzuhalten und ohne weiteren Verzug das Interim zu vollziehen, d. h. das im Mai 1548 vom Kaiser erzwungene Religionsgesetz, das den Protestanten nur Laienkelch und Priesterweihe zugestand.
21. 1548 November 30. Bruder Heinrich Stollysen, Provinzial des Barfüßerordens in den oberdeutschen Landen, fordert von Bürgermeister und Rat die beiden dem Orden entzogenen Klöster samt ihren Besitzungen und Einkünften wieder zurück.
22. 1555 September 25. Der Augsburger Religionsfrieden: Die religiöse Minderheit in den Reichsstädten ist geschützt.“
(Nach Predigten [M 7] des Kanzlers der württembergischen Universität Tübingen wendete sich die ursprünglich zwinglianisch gesinnte Stadt endgültig dem Luthertum zu.)
(Walter Bernhardt, 450 Jahre Reformation in Esslingen, Esslingen 1981)

Arbeitsvorschläge und Fragen

a) Ab S. 214 sind Regesten, d. h. kurze Zusammenfassungen des Inhalts von Aktenschriftstücken abgedruckt, die aus den Beständen des Archivs der ehemaligen Reichsstadt Esslingen am Neckar stammen. Untersuchen Sie diese Materialien unter folgenden Gesichtspunkten: Richtung des Geschäftsganges (Ausgang, Eingang oder Innenlauf), Rangverhältnis zwischen Aussteller und Empfänger, jeweilige rechtliche Bedeutung der Akten, Ordnungsprinzip der Abfolge der Regesten. Ziehen Sie dazu auch den Kastentext auf S. 216 hinzu.
b) Untersuchen Sie an Hand der Materialien M 2–M 5 und M 7 die Geschichte der Reformation in Esslingen unter folgenden möglichen Gesichtspunkten: Konflikt, Interessen, Rechtfertigungen, Macht, Recht, Kompromiss; Zusammenhang von Allgemeiner und Regionalgeschichte; Aussagekraft der angeführten Quellen.

Die Reformation im Spiegel der Kunst

8 **„Armeseelenaltar“** aus der Stiftskirche in Regensburg mit der Stifterinschrift: „Herr Zigmvnd grauer Elizabeta sein hausfraw MCCCCLXXXViii“
Die Stifterin unterstellt sich mit ihrem 1484 verstorbenen Mann und ihren zwei Töchtern dem Jüngsten Gericht. Darunter rechts bewachen ein Engel und ein Teufel den peinigenden Ofen der Hölle (oder des Fegefeuers); links: Engel holen die im Fegefeuer geläuterten „Armen Seelen“, die im Jüngsten Gericht Seligkeit und ewiges Leben erlangen werden. Die von den Engeln dargebotenen Gaben entsprechen den Almosen, den Seelenmessen (Kelch) und den Gebeten (Kranz = Rosenkranz?), die die Hinterbliebenen als „gute Werke“ den Verstorbenen leisteten. Auf den Seitenflügeln oben links und rechts: Seelenmesse und Gebet. Darunter Werke der Barmherzigkeit: Bekleidung der Nackten, Befreiung der Gefangenen, Laben der Hungrigen und Durstigen, Begraben der Toten (vgl. Matth. 25, 31–46).

9 Sündenfall und Erlösung

Mitteltafel des Flügelaltars in der Weimarer Stadtkirche, 1555 von Lukas Cranach d. J. vollendet und vom sächsischen Kurfürsten Johann Friedrich gestiftet, der zusammen mit seiner Frau und seinen Söhnen auf den Innenflügeln dargestellt ist.
Neben der Kreuzigung Jesu ist links dessen Sieg über Tod und Teufel dargestellt, rechts – von Christi Blut erlöst – Lukas Cranach d. Ä., der das Bild zu malen begonnen hatte, neben Johannes dem Täufer und Martin Luther. Luther verweist unter anderen auf den Hebräer- und 1. Johannesbrief: „Darum lasset uns hertreten mit Freudigkeit zu dem Gnadenstuhl, auf dass wir Barmherzigkeit empfangen und Gnaden finden auf die Zeit, wenn uns Gnade not sein wird." „Das Blut Jesu Christ macht uns rein von aller Sünde."

9. Konfessionsbildung und Konfessionskriege

1 Michelangelos Kuppel der Peterskirche in Rom mit dem Baldachin über dem Papstaltar (Foto)

2 Reformierte Kirche in Genf mit der Nische, in der Jean Calvin predigte (Foto). Der reformierte Gottesdienst besteht aus Predigt, Psalmengesang, Gebet und der (verhältnismäßig seltenen) Abendmahlsfeier

Um die richtige Auslegung des Augsburger Religionsfriedens von 1555 führten in den folgenden Jahrzehnten die beiden Religionsparteien einen erbitterten, zumeist juristisch ausgetragenen Streit, z.B. um den geistlichen Vorbehalt (1582 bei der gescheiterten Reformation im Erzbistum Köln) oder um das ‚ius reformandi' der Reichsstädte (das 1582 von Aachen vergeblich beansprucht wurde), sogar um die von Papst Gregor XIII. 1582 verkündete und bis heute gültige Kalenderreform, die bis 1700 von den evangelischen Territorien nicht übernommen wurde.

Calvins reformierte Konfession

Während dieser Zeit erlahmte der protestantische Vormarsch immer mehr. Vor allem Kursachsen, das stärkste lutherische Territorium, hielt sich zurück und begnügte sich damit, die rechte lutherische Lehre im eigenen Land durchzusetzen. Kämpferischer zeigten sich allerdings die Kurfürsten der Pfalz, die – 1563 mit dem *Heidelberger Katechismus* – die „zweite Reformation" im Sinne Calvins in ihrem Territorium eingeführt hatten.
Jean Cauvin (*Calvin*), 1509 im nordfranzösischen Noyon geboren, hatte seit 1541 bis zu seinem Tod 1564 die Stadt Genf reformiert und vor allem in Frankreich, in den Niederlanden, in Schottland und Ungarn zahlreiche Anhänger gefunden. Im Reich blieb die reformierte, d.h. calvinistische Richtung allerdings eine Minderheit, erbittert bekämpft von den Katholiken und auch von den Lutheranern, die sich vor allem in der *Abendmahlsfrage* von den Reformierten unterschieden. Calvin glaubte an die wirkliche Gegenwart Christi im Abendmahl, nicht – wie Zwingli – an eine bloß symbolische; doch war für ihn die Gegenwart Christi geistig und nicht in der Hostie konkret-leiblich, wie Luther die entsprechenden Bibelworte verstanden hatte.
Calvin betonte außerdem sehr stark die Prädestination, d.h. Gott habe in seinem „geheimen Ratschluss" von vornherein über Seligkeit oder Verdammnis eines Menschen entschieden. In der Praxis führte das bei späteren Anhängern Calvins zu der Auffassung, dass Erfolg im Leben die Erwählung andeute, und dies hat zu einer gesteigerten Pflichterfüllung im täglichen Leben geführt. Die calvinistische Religiosität mit ihrer rationalen, nüchternen, die Zeit nutzenden Lebensführung gilt daher vielen als wichtige Ursache für die Entstehung des modernen Kapitalismus.
Ein drittes Merkmal des Calvinismus ist die strenge Gemeindezucht, die Calvin für Genf 1541 in den „Ordonnances ecclésiastiques" festgelegt hatte und – für die damalige Zeit unüblich – auch weitgehend durchsetzen konnte. Das menschliche Leben sollte in allen Formen verchristlicht werden: Kirchliches Sittengericht und Hauskontrollen überwachten das Verbot z.B. von Tanz und Kartenspiel, von Fastnachtsumzügen und allen Glaubensabweichungen.
Calvin lehnte auch – im Unterschied zu Luther – eine obrigkeitliche Ordnung der Kirche ab: Die Pastoren, Lehrer, Diakone und Ältesten sollten ihre Legitimierung von der Gemeinde erhalten. Strittig ist, wie viel – direkt oder indirekt – diese Betonung des Gemeindeprinzips (und später auch des Widerstandsrechtes) zur Entwicklung der modernen Menschenrechte und des Parlamentarismus beigetragen hat.

Katholische Reform und „Gegenreformation"

Ungefähr zur gleichen Zeit, in der sich der Calvinismus ausbreitete, fand die katholische Kirche Antworten auf die reformatorische Herausforderung. Das *Konzil von Trient*, das seit 1545, allerdings mit jahrelanger Unterbrechung, getagt hatte, konnte 1563 seine Arbeit abschließen. In den dogmatischen Fragen grenzte sich die römische Kirche jetzt eindeutig von den evangelischen Bekenntnissen ab. Außer der Bibel, die nach katholischer Auffassung zum Ver-

3 Die triumphierende Kirche mit der päpstlichen Tiara vor dem Konzil von Trient (Wandbild in der römischen Basilika Sa. Maria in Trastevere, 1569)

ständnis ihrer selbst nicht ausreicht, sollte in gleicher Weise auch die Überlieferung Quelle der Glaubenswahrheiten sein. Als authentisch galt nur der lateinische Bibeltext der Vulgata, nicht die älteren griechischen oder hebräischen Versionen. Weitere Glaubensdekrete befassten sich mit dem Messopfer, den sieben Sakramenten und mit der Zurückweisung der lutherischen Rechtfertigungslehre. Hilfreich zur Glaubensfestigung erschien auch ein Verzeichnis (Index) verbotener Bücher (seit 1559).

Auch zur Reform der Kirche an Haupt und Gliedern wurden in Trient Beschlüsse gefasst. Zur Verbesserung der Priesterausbildung sollten in jeder Diözese Seminare eingerichtet werden; die Bischöfe wurden verpflichtet, in ihrem Bistum zu residieren. Doch konnten sich diese und andere Reformbeschlüsse nur langsam gegen vielerlei Widerstände durchsetzen.

Eine maßgebliche Hilfe zur Reform der katholischen Kirche und zur Rekatholisierung verloren gegangener Gebiete leistete die Compañia de Jésus (lat.: Societas Jesu), die von dem baskischen Adligen *Iñigo de Loyola* gegründet worden war. Die Jesuiten unterstellten sich als „Soldaten Christi" den Befehlen des Papstes um Ketzer und Heiden zu bekehren. Ihre Missionstätigkeit reichte bald bis nach China, Japan und vor allem Südamerika. Bei Loyolas Tod (1556) verfügte der Jesuitenorden über 58 Kollegien, unterhielt zahlreiche höhere Schulen, später auch Hochschulen, und viele Ordensmitglieder betätigten sich als Prediger, Prinzenerzieher und Beichtväter in katholischen Fürstenhäusern.

Die kirchlich-religiöse Erneuerung der katholischen Kirche durch das Trienter Konzil war auch die Voraussetzung für die *„Gegenreformation"*, d.h. für die meistens zwangsweise Rekatholisierung in Gebieten mit evangelisch gesonnener Bevölkerung und katholischer Obrigkeit, z.B. in den österreichischen Ländern und im Bistum Würzburg. Solche konfessionellen Auseinandersetzungen überlagerten und verschärften häufig andere Konflikte in einem Territorium, etwa den üblichen Streit um die Machtstellung des Adels gegenüber dem Landesherrn. Oft waren politische Streitigkeiten eine Ursache für die Zuwendung bestimmter Bevölkerungsgruppen zu einer Konfession. In Frankreich z.B. war die Ausbreitung des Calvinismus begleitet vom blutigen Bürgerkrieg zwischen zwei Adelsparteien, die Einfluss auf die Krone gewinnen wollten (sog. Hugenottenkrieg 1562–1598. Hugenotten: franz. Protestanten). Auch im „Freiheitskampf der Niederlande" (seit 1568) gegen das katholische Spanien ging es einerseits um die Religionsfreiheit der niederländischen Protestanten, zugleich aber um die Selbstverwaltungsrechte der wirtschaftlich besonders entwickelten Provinzen gegenüber dem spanischen König. Schließlich war der Dreißigjährige Krieg (1618–1648) zunächst ein Religionskrieg zwischen protestantischer „Union" und katholischer „Liga"; er verlor aber im weiteren Verlauf immer mehr seinen konfessionellen Charakter: Zusammen mit dem lutherischen Schweden kämpfte das katholische Frankreich gegen den katholischen Kaiser aus dem Haus Habsburg. Der Westfälische Frieden von 1648 veränderte die Bestimmungen des Augsburger Religionsfriedens erheblich, z.B. wurden die Calvinisten (Reformierte) in den Religionsfrieden mit eingeschlossen, und beim Konfessionswechsel eines Fürsten musste nicht mehr die ganze Bevölkerung eines Landes diesen Wechsel mitvollziehen; doch hatte sich trotz der bitteren Erfahrungen des langen und verlustreichen Krieges das Prinzip der religiösen Toleranz und der Religionsfreiheit noch nicht durchgesetzt.

Konfessionskriege

4 „Kriegsdienst" für Gott

Die Bestätigung des Jesuitenordens durch Papst Paul III. (1540):

„§ 1. ... Wir haben vor kurzem gehört, dass die geliebten Söhne Ignatius von Loyola [und andere] ... sich vereinigt ... haben ...

Der Text [ihrer Ordensregel] ... lautet so:

§ 4. Wer in unserer Gesellschaft, die wir mit dem Namen Jesu bezeichnet wissen wollen, unter dem Banner des Kreuzes Gott Kriegsdienst leisten und allein dem Herrn und seinem Statthalter auf Erden, dem römischen Bischof, dienen will, soll nächst dem feierlichen Gelübde steter Keuschheit sich vor Augen halten, dass er einer Gesellschaft angehört, die hauptsächlich dazu gegründet ist, auf Förderung der Seelen in christlichem Leben und christlicher Lehre und auf Ausbreitung des Glaubens durch öffentliche Predigt und Dienst am Worte Gottes, durch geistliche Übungen und Werke der Liebe und namentlich durch Unterweisung der Knaben und Ungelehrten im Christentum sowie geistliche Tröstung der Christgläubigen beim Beichthören vorzüglich hinzuarbeiten ...

§ 6. Wissen sollen alle Genossen und täglich beherzigen, dass diese Gesellschaft unter treuem Gehorsam gegen den Papst und seine Nachfolger Gott Kriegsdienst leistet, ... so dass wir ... ohne irgendwelches Zögern Folge zu leisten gehalten sind, mag er [der Papst] uns zu den Türken oder zu irgendwelchen anderen Ungläubigen, und sei es in Indien, oder zu irgendwelchen Häretikern oder Schismatikern oder auch zu beliebigen Gläubigen senden ..."

(Zit. nach: Carl Mirbt, Quellen zur Geschichte des Papsttums, Tübingen 1924[4], S. 272 ff.)

5 Der Genfer „Gottesstaat"

Aus einem Brief Calvins (25. 11. 1560):

„Die Pfarrer werden von unserem Kollegium gewählt. Es wird den Kandidaten eine Schriftstelle gegeben, an deren Auslegung sie eine Probe ihrer Geschicklichkeit geben können; dann werden sie über die Hauptpunkte der Lehre geprüft;

schließlich haben sie sowohl vor uns als vor der Gemeinde zu predigen. Dabei sind auch zwei Ratsmitglieder anwesend. ... Wessen Wahl durch allgemeine stillschweigende Zustimmung gebilligt wird, der wird dann Gott und der Gemeinde anbefohlen ...
Zum heiligen Abendmahl darf keiner kommen, der nicht seinen Glauben bekannt hat. Deshalb werden jährlich vier Prüfungen abgehalten, an denen die Kinder befragt und eines jeden Fortschritte festgestellt werden ... Was die Erwachsenen angeht, so wird jährlich eine Inspektion jeder Familie abgehalten ... Der Pfarrer ist von einem Ältesten begleitet; dabei werden dann neu Zugezogene auch geprüft.
Die Sittenzucht wird folgendermaßen gehandhabt: Jährlich werden zwölf Älteste gewählt ... Vor dieses kirchliche Gericht wird nur vorgeladen, über wen dies einstimmig beschlossen wird ... So werden Flucher, Trunkenbolde, Hurer, Raufbolde und Streitsüchtige, Tänzer und Reigenführer und dergleichen Leute vorgeladen. Wer nur leicht gefehlt hat, wird mit freundlichen Worten zurechtgewiesen und entlassen. Bei schwereren Sünden ist die Rüge strenger; der Pfarrer tut sie dann nämlich in den Bann, wenn auch nur für kurze Zeit; dadurch werden sie vom Abendmahl ausgeschlossen bis sie um Verzeihung bitten ... Verachtet jemand verstockt die kirchliche Macht und lässt nicht innerhalb eines Jahres von seinem Trotz, so wird er vom Rat auf ein Jahr ausgewiesen."
(Zit. nach: Karl Heinrich Peter [Hrsg.], Briefe zur Weltgeschichte, München 1964, S. 59 ff.)

7 Kritik an der Durchführung der Konzilsbeschlüsse von Trient

In einer Beschwerdeschrift wandte sich die katholische Priesterschaft in den Kantonen Uri, Schwyz und Unterwalden an ihre weltliche Obrigkeit (1579):
„Kam da der Bischof von Vercelli zu uns, nicht als Legat, sondern nur als Bote des Römischen Stuhls, fing eine Reform der gesamten Priesterschaft an und will uns zu des heiligen Tridentinischen Konzils Satzungen drängen. Unseres Erachtens geht er dabei aber gegen die Ordnung des heiligen Konzils vor ...

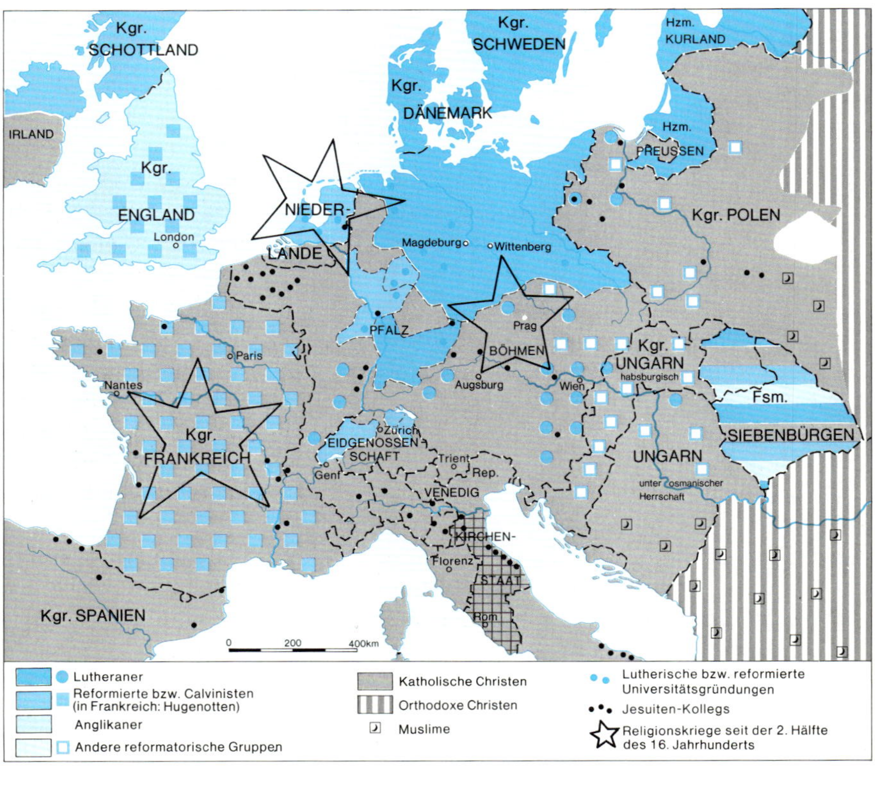

6 Die Verbreitung der Konfessionen in Europa um 1580

Zum Dritten: Wo der Bischof selber visitierte, wie in den Hauptpfarreien, hat er entweder lateinisch oder welsch gepredigt und hernach durch einen Dolmetsch deutsch nachsprechen lassen, gleich als hätte man in deutschen Landen keine Prediger, die das Wort Gottes verkünden, und als ob er uns erstmals den christlichen Glauben lehren wollen …

Zum Vierten fängt die Reform bei den Priestern an. Da gebietet er allen Priestern, die Konkubinen und Kinder gehabt, sie sollen sie von ihnen tun … Wenn unser Bischof selber Konkubinen und Bastarde zu haben pflegt, was sollen dann seine Priester anders tun, als was sie von ihm hören und sehen? Die Reform soll billig an ihm als am Haupt anfangen, wenn die Päpstliche Heiligkeit unser Bistum zu reformieren begehrt …

Das Tridentinische Konzil gebietet, jeder Bischof solle alle Sonntage und Festtage selber predigen, er sei denn durch rechthafte Ursache verhindert (Sitzung 24, Kapitel 4): Unser Bischof hat sein Leben lang nie gepredigt.

Ein jeder, welcher Würde oder Standes er auch sei, auch wenn er Kardinal wäre, soll sich mit seiner Pfründe begnügen, wenn sie zu seinem Lebensunterhalt ausreicht: Unser Bischof hat das Kardinalat vom hl. Georg in Velabro [in Rom], welches jährlich mehr als 60000 Dukaten Einkommen hat, und das große Bistum Konstanz, die Abtei und die Herrschaft in der Reichenau, die Herrschaft Meersburg und die Kaplanei zu Siblingen. Das heilige Konzil gebietet, ein jeder Prälat … solle in seiner Kirche persönlich residieren oder sitzen (Sitzung 23, Kapitel de reformatione): Unser Bischof ist jetzt mehr denn zehn Jahre nie in seinem Bistum gewesen, welches doch gar groß und allenthalben von mancherlei Sekten umgeben und erfüllt ist. Wir sind gleich den irrenden Schäflein, die keinen Hirten haben.

Das heilige Konzil gebietet, es solle jeder Bischof in seinem Bistum ein Seminar oder eine Schule aufrichten, darin arme Knaben, die gute Köpfe zum Studieren haben, aufgenommen und in Tugenden zumal und guten Künsten gelehrt und unterwiesen (Sitzung 23, Kapitel 18 de reformatione) und hernach zu Priestern und zum Kirchendienst geweiht werden sollen: Unser Bischof richtet nicht allein kein Seminar ein, sondern schickt das große Geld, das in seinen Fiskal kommt, alles nach Italien. Gott gebe, wo die armen Schüler gelehrt und junge Priester erzogen werden! …

Zum andern hat oben genannter Bischof von Vercelli uns verboten, dass ein Priester in Wirtshäuser oder Trinkstuben gehe bei 10 Kronen Buße. Und das wäre unser Nutzen, wenn wir es hielten; aber wenn wir keine Weiber in unseren Häusern haben können, die uns kochen, wo sollen wir dann essen? Bitte schön, sollen wir die Stuben heizen, kochen, beten, studieren, Gemüse bringen, Messe halten und predigen miteinander? … Oder meint der gute welsche Bischof, wir können in deutschen Landen leben wie sie in welschem Land? Unsere Nation ist viel zu kalt und der Winter viel zu rau und zu lang; uns wächst kein Wein; so sind unsere Pfründen zu klein, so dass wir den Wein nicht zu kaufen vermögen; wir müssen gutes, kaltes Wasser trinken und damit wir uns wieder zu erwärmen vermögen, machen wir eine warme Stube, essen ein warmes Mus und andere warme Speisen …

So bitten wir nochmals, eure gestrenge, ehrenfeste Weisheit wolle vermitteln helfen, damit Unruhe, Zank und Unfriede in unsern Landen vermieden werde. Das wird leicht geschehen, wenn die weltliche Obrigkeit der drei Länder den genannten Bischof von Vercelli mit freundlicher Tätigung wieder nach Italien weist, damit er von seiner ungewohnten Visitation bei uns abstehe, heimkehre zu seinen Schäflein und dieselben visitiere und reformiere nach seinem Gefallen und wie sie es wohl nötig haben."

(Zit. nach: Karl-Heinz Neubig [Hrsg.], Anbruch der Neuzeit, München o.J., S. 132)

Arbeitsvorschläge und Fragen

a) Überprüfen Sie, welche Unterschiede zwischen Calvinismus, Luthertum und Katholizismus in dem Brief Calvins (M5) deutlich werden.

b) Fassen Sie zusammen, welche Zielsetzung die Ordensregel der Societas Jesu (M4) enthält und welche Methoden sie empfiehlt.

c) Erarbeiten Sie aus der Beschwerdeschrift (M7) die Schwierigkeiten, die Reformbeschlüsse des Konzils von Trient zu verwirklichen.

Anfänge des modernen Staates im Zeitalter des Absolutismus und der Aufklärung

Durch die Überwindung mittelalterlicher Herrschafts- und Gesellschaftsformen entstanden im Zeitalter des Absolutismus wesentliche Elemente eines modernen Staates. Der Staat, im Absolutismus allein verkörpert durch den König, errichtete Institutionen sowie einen Beamtenapparat und regierte durch sie über Menschen. Staatstheoretische Vorstellungen legitimierten die Herrschaftsausübung, die auf Rationalität und Effektivität abzielte. Das neue Selbstverständnis fand seinen äußeren Ausdruck in einer glanzvollen höfischen Kultur. Das Beispiel Frankreich soll die Stärken und Schwächen eines absolutistischen Staatswesens verdeutlichen.
Die Konzentration der Macht in den Händen der Monarchen rief Kritik hervor: Die Aufklärer forderten Freiheit des Individuums, Gewaltenteilung und Volkssouveränität und sie konnten sich dabei z. T. auf das Vorbild England berufen. Die Auseinandersetzung mit den Ideen der Aufklärung und deren Rückwirkung auf die Politik Preußens und Österreichs soll ihre Bedeutung bis heute aufzeigen.

16./17. Jh.	Bedeutende Staatsdenker (Machiavelli, Bodin, Hobbes) entwickeln die staatstheoretischen Grundlagen des absolutistischen Staates.
1661	König Ludwig XIV. (1638–1715) übernimmt in Frankreich die Alleinregierung. Als „Roi soleil" wird er zum Vorbild absolutistischen Herrschertums in Europa.
1661–1683	Jean-Baptiste Colbert, der französische Generalkontrolleur der Finanzen, begründet die merkantilistische Wirtschaftspolitik.
Ab 1667	In mehreren Kriegen gegen seine Nachbarstaaten versucht Ludwig XIV., die französische Macht auszuweiten und die Hegemonie über Europa zu gewinnen. Dieses Vorhaben scheitert im Spanischen Erbfolgekrieg (1701–1713).
1688/89	Die „Glorious Revolution" führt in England zur Einschränkung der königlichen Macht durch das Parlament.
18. Jh.	In der Aufklärung entwickeln Staatstheoretiker die Gedanken der Volkssouveränität, der Gewaltenteilung und der Freiheit des Individiums.
1740	In Preußen gelangt mit Friedrich II. ein aufgeklärt denkender Monarch an die Regierung.
1780	In Österreich wird Joseph II. nach dem Tode seiner Mutter Maria Theresia Alleinherrscher und beginnt ein umfangreiches Reformwerk.

1 Das britische Unterhaus im 18. Jahrhundert (zeitgenössischer Stich)

2 Friedrich II. besucht eine Weberei (Zeichnung von Adolf Menzel, 1856). Der Maler und Zeichner Adolf Menzel wurde 1815, also 29 Jahre nach dem Tod Friedrichs II., in Breslau geboren. Schon früh stellte er die Gestalt Friedrichs II. in den Mittelpunkt seines Schaffens und prägte mit seinen Werken maßgeblich das Bild des Preußenkönigs in der deutschen Öffentlichkeit im 19. Jahrhundert. Menzel wurde 1898 geadelt; er starb 1905 in Berlin.

3 Das „Deutsche Tor" in Landau. Von 1688 bis 1691 wurde das damals französische Landau in der Pfalz zu einer Festung ausgebaut. Im Bogenfeld über der Durchfahrt ist das Lilienwappen der französischen Könige zu sehen, im Giebelfeld das Gesicht des „Sonnenkönigs", umgeben von Füllhörnern als Symbolen des Reichtums. Darüber steht Ludwigs Wahlspruch: „Nec pluribus impar" (frei übersetzt: und vielen gewachsen).

1. Herrschaft und Staat im Zeitalter des Absolutismus: Das Beispiel Frankreich

Grundlagen des modernen Staates in der frühen Neuzeit

Ausgehend vom Denken der Humanisten (vgl. S. 184 ff.) entstand vom 16. bis zum 18. Jahrhundert ein neues Welt- und Menschenbild; dies beruhte nicht mehr auf den antiken Philosophen und der Heiligen Schrift als den überlieferten Autoritäten, sondern auf logischem Denken *(Rationalismus)* und praktischer Erfahrung *(Empirismus)*. Kennzeichnend für diese grundsätzliche philosophische Neuorientierung wurden das rationalistische Denken des Franzosen René Descartes (1596–1650) und die empiristisch geprägten Vorstellungen des Engländers Francis Bacon (1561–1626). Die Theologie, die viele Jahrhunderte lang alle Bereiche des menschlichen Lebens nahezu unangefochten bestimmt hatte, wurde aus ihrer beherrschenden Stellung verdrängt; religiös begründete Ordnungsvorstellungen begannen ihren Einfluss zu verlieren. In den Naturwissenschaften und der Technik leitete das neue Denken eine Epoche gewaltiger Fortschritte ein. Bedeutende Staatsdenker (vgl. S. 244) entwickelten neue Vorstellungen zum Herrschaftsverständnis und zu den Formen der Herrschaftsausübung.

An die Stelle des auf Grundherrschaft und Lehenswesen beruhenden Personenverbandsstaates des hohen Mittelalters trat der *institutionalisierte Flächenstaat* der Neuzeit, der durch feste Verwaltungsstrukturen gekennzeichnet ist. Zu dieser Entwicklung trug auch die Übernahme des römischen Rechtes (vgl. S. 174) und die Einführung des Beamtentums bei. Der Übergang von der Natural- zur Geldwirtschaft, der sich seit dem späten Mittelalter beschleunigte, und eine stärkere Förderung des Handels (vgl. S. 197 f.) brachten den Staaten wachsende Steuereinnahmen. Auf dieser Grundlage wurde eine sichere und gezielte staatliche Finanz- und Wirtschaftsplanung möglich; und dadurch konnte eine Ausweitung staatlicher Aufgaben finanziert werden, vor allem die stark zunehmenden Militärausgaben, die der Wandel vom Lehensheer über das Söldnerheer zum stehenden Heer mit sich brachte.

Obwohl solche Grundlagen zum Ausbau moderner Staaten in mehreren europäischen Ländern in ähnlicher Weise gegeben waren, verlief die Entwicklung nicht einheitlich: Während im Absolutismus französischer Prägung eine rechtlich unbeschränkte Fürstenherrschaft entstand, wurde die Verfügungsgewalt des Monarchen in England durch den Parlamentarismus deutlich beschränkt, was zum verstärkten und letztlich ausschlaggebenden Mitspracherecht der gesellschaftlichen Führungsschichten führte.

Frankreich: Ausbau der königlichen Macht

Die Könige Frankreichs versuchten seit dem ausgehenden 16. Jahrhundert, von den Möglichkeiten moderner Herrschaftsgestaltung Gebrauch zu machen und ihre Machtstellung auszubauen, sahen sich dabei jedoch einer schwer zu überwindenden Opposition gegenüber. Diese bestand vor allem im alteingesessenen Provinzadel, in den einflussreichen und mächtigen Hugenottenfamilien und in den „Parlamenten", den großen städtischen Gerichtshöfen. Die Parlamente, deren Entstehung bis ins 13. Jahrhundert zurückreicht, waren keine Volksvertretungen, sondern adelige Juristenkollegien. Sie bildeten eine Art Zwischengewalt, welche die königlichen Gesetze auf ihre Rechtsgültigkeit zu prüfen und in Register einzutragen hatte. Gegen neue königliche Gesetze konnten sie Einsprüche („remonstrances") erheben.

Die gegen die Einigungs- und Zentralisierungsabsichten der Könige gerichteten regionalistischen, nicht selten sogar separatistischen Interessen der Adelsopposition erhielten dadurch zeitweise eine besondere Schärfe, dass führende Königsgegner Hugenotten waren und politische Auseinandersetzungen mit religiösen Fragen verbunden wurden. König Heinrich IV. (1589–1610) gelang es zwar, mit dem Toleranzedikt von Nantes (1598) einen vorläufigen Schlussstrich unter die wiederholten Religionskriege zu ziehen, die Frankreich in der zweiten Hälfte des 16. Jahrhunderts schwer erschüttert hatten, doch ging die Königsgewalt geschwächt aus diesen Auseinandersetzungen hervor. Ludwig XIII. (1610–1643) und vor allem sein Erster Minister, Kardinal Richelieu (1624–1642), bemühten sich daher, sowohl die protestantische Opposition als auch die politische Macht des Adels zu brechen um die königliche Stellung auf Dauer zu festigen. Dieses Ziel schien Richelieu durch gewaltsame Unterdrückung der politischen Gegner bei gleichzeitiger Toleranz gegenüber den 1628 besiegten Hugenotten sowie durch bedeutende außenpolitische Erfolge zu erreichen. Kennzeichnend hierfür ist, dass die états généraux (Generalstände), die Vertretung von Geistlichkeit, Adel, Bürgern und Bauern, seit 1614 nicht mehr einberufen wurde. Dennoch blieb der Provinzadel in seiner jeweiligen Region einflussreich und politisch selbstbewusst. Unzufriedene Bauern und Handwerker bildeten zudem ein ständiges Element der Unsicherheit. Aufstände bei Missernten, bei Arbeitslosigkeit und gegen harte Besteuerungen waren an der Tagesordnung. Aber erst nach dem Tode Richelieus trat der unterdrückte Adel noch einmal drohend hervor.
Der „Fronde"-Aufstand von 1648 bis 1653, in dem sich Vertreter des Hochadels, das Parlament von Paris und die Pariser Stadtbevölkerung zusammenfanden, war die letzte große Zerreißprobe, welche die Machtstellung des Königtums aufs Äußerste bedrohte. Kardinal Mazarin (1642–1661), dem Nachfolger Richelieus im Amt des Ersten Ministers, gelang es nur mit größter Mühe, die Erhebung niederzuschlagen und die Herrschaft des minderjährigen Königs Ludwig XIV. zu sichern. Beim Tode Mazarins 1661 konnte Ludwig ungefährdet die Alleinherrschaft antreten. In den folgenden Jahrzehnten baute er Frankreich zur *absoluten Monarchie* aus und führte es zeitweilig zur Vormachtstellung in Europa.

Ludwig XIV.: Zentralisierung der Staatsgewalt

Konsequent ging der König daran, die Staatsgewalt möglichst in seiner Hand zu konzentrieren oder doch wenigstens so zu organisieren, dass sein Wille auf schnellstem Wege bis in die entlegensten Teile seines Herrschaftsgebiets wirksam werden konnte. Um selbst den Überblick über alle wichtigen Entscheidungen zu behalten, hielt er die Zahl seiner Minister, die dem Bürgertum entstammten, bewusst klein und berief keinen Ersten Minister mehr. Indem er in den Provinzen ortsfremde bürgerliche Verwaltungschefs als „Intendanten" einsetzte, suchte er sich von der Mitwirkung regionaler und ständischer Kräfte unabhängig zu machen. Diesem Ziel diente auch der Aufbau einer rationellen Verwaltung und die Verstärkung des Beamtenapparats, ebenso die Aufhebung der städtischen Selbstverwaltung. 1665 sprach Ludwig XIV. den Parlamenten jede weitere Einflussnahme auf die Gesetzgebung ab. Der König behielt sich sogar vor, in laufende Gerichtsverfahren einzugreifen oder mit willkürlichen Haftbefehlen („Lettres de cachet") Personen festnehmen zu lassen, die ihm aus politischen oder sonstigen Gründen missliebig geworden waren.
Auch auf das Verhältnis von „Thron und Altar" erstrebte Ludwig XIV. den bestimmenden Einfluss: Indem er die Glaubensfreiheit für die Hugenotten auf-

hob, wollte er die katholische Glaubenseinheit in Frankreich wieder herstellen. Gleichzeitig beseitigte er weitgehend die Rechte des Papstes innerhalb der katholischen Kirche Frankreichs – z. B. bei der Einsetzung von Bischöfen. Mehrere hunderttausend Hugenotten, darunter viele hochqualifizierte Kräfte aus Wissenschaft und Gewerbe (z B. handwerkliche Fachkräfte oder Manufakturinhaber) flohen in protestantische Länder wie England, Holland, die Schweiz oder Preußen. Die negativen Auswirkungen dieser Flucht auf die wirtschaftliche und kulturelle Entwicklung Frankreichs sind zwar schwer abzuschätzen, dürften aber beträchtlich gewesen sein.

Das stehende Heer als Organ des absoluten Machtstaates

Die von Ludwig XIV. nach innen und bald auch nach außen betriebene *Machtpolitik* war ohne eine starke und verlässliche militärische Grundlage nicht durchzusetzen. Bei Bedarf angeworbene und nach Ende eines Krieges wieder entlassene Söldnerheere, wie sie noch im Dreißigjährigen Krieg üblich waren, konnten die Aufgabe einer dauerhaften Machtsicherung nicht übernehmen. Aus diesem Grunde ließ Ludwig XIV. durch seine Kriegsminister ein *stehendes Heer* aufbauen: die Regimenter wurden künftig in Kasernen gehalten, waren einheitlich ausgerüstet und geschult, standen zum größten Teil auch im Frieden unter Waffen und wurden nur im Kriegsfalle durch zusätzliche Aushebungen vestärkt. Hatte Ludwigs Militärmacht bei seinem Regierungsantritt ca. 45 000 Mann betragen, so zählten sie 1672 bereits 120 000 Mann um bis zum Jahre 1703 auf 400 000 Mann anzuwachsen. Seit etwa 1670 unterschieden sich die Soldaten des königlichen Heeres durch gleichartige Einkleidung („Uniformen") auch äußerlich von den oft bunt zusammengewürfelten Söldnerhaufen der Vergangenheit. Ausgerüstet waren sie mit den modernsten Waffen der Zeit, Erzeugnissen einer leistungsfähigen Rüstungsindustrie. Die Kriegsmarine wurde auf 110 Schlachtschiffe ausgebaut; dem Schutz der Grenzen diente ein Gürtel starker Festungen, die nach Plänen Vaubans, des bedeutendsten Militärtechnikers der damaligen Zeit, errichtet wurden und bis weit ins 19. Jahrhundert hinein uneinnehmbar blieben.
Mit der Einrichtung des „stehenden Heeres" wurde nicht nur eine stets einsatzbereite, schlagkräftige und disziplinierte Truppe geschaffen; sie war für den absoluten Monarchen auch ein Mittel, den Adel nicht nur politisch, sondern auch im militärischen Bereich als eigenständige Machtkonkurrenz auszuschalten. Zwar blieben die höheren Offiziersstellen Adeligen vorbehalten, doch konnten diese nicht mehr wie ehedem als selbständige Heerführer und freie Kriegsunternehmer auftreten. Die Ernennung und Beförderung der Offiziere sowie alle Fragen der Militärordnung und vor allem die oberste Befehlsgewalt lagen fortan ausschließlich beim König und seinem zivilen Kriegsminister. Die adeligen Inhaber selbst höchster Offiziersstellen wurden so zu „laufbahngebundenen Staatsfunktionären" ohne Befugnisse eigenen Rechts.

Expansionspolitik und Hegemoniestreben

Gestützt auf meist fragwürdige Rechtstitel begann Ludwig XIV. ab 1667 das französische Territorium durch *Eroberungsfeldzüge* zu vergrößern und Frankreichs Großmachtstellung in Richtung auf eine Hegemonie über Europa auszuweiten um den Ruhm der Krone Frankreichs zu vermehren.
Zunächst brachten die vom grünen Tisch aus planmäßig inszenierten Militäraktionen („Kabinettskriege") Ludwig XIV. eine Reihe von Erfolgen: Im Krieg gegen die spanischen Niederlande (1667–68) gewann Frankreich mehrere Grenzfestungen in Flandern (z. B. Lille); wenige Jahre später (1672–78) kamen Gebietsgewinne aus den holländischen Generalstaaten, den nördlichen Wirt-

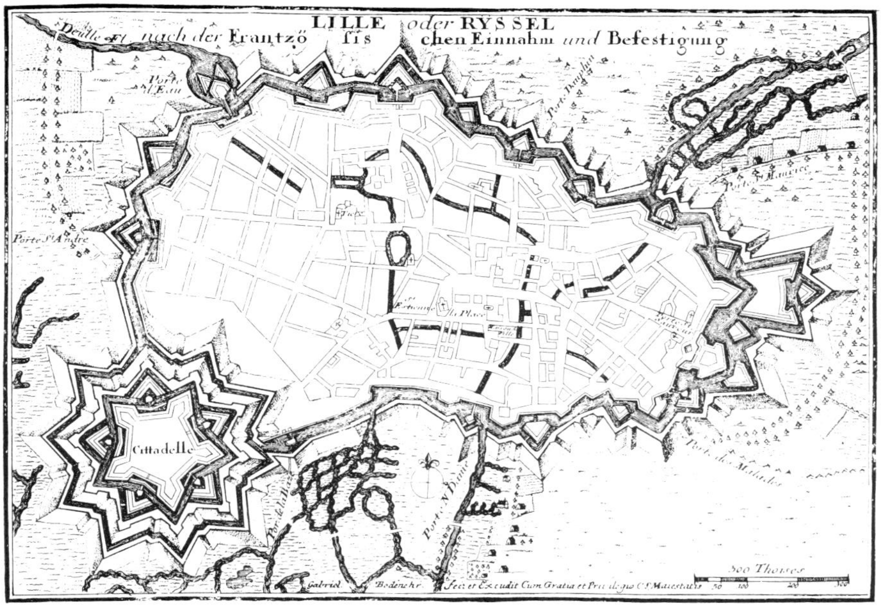

1 Lille nach dem Ausbau zur französischen Festung (zeitgenössischer Stich). Zwar konnte Ludwig XIV. durch seinen Überfall die Spanischen Niederlande nicht erobern, aber Spanien musste im Frieden von Aachen (1668) 12 niederländische Grenzfestungen, darunter Lille abtreten. Lille wurde danach von dem französischen Festungsbaumeister Vauban ausgebaut.

schaftskonkurrenten Frankreichs, hinzu. Seit 1680 wurde das Elsass auf dem Wege von „Reunionen" „friedlich" erobert: Französische Gerichte stellten im Auftrag des Königs fest, welche Orte oder Gebietsteile einmal zum Herrschaftsgebiet französischer Monarchen gehört hatten. Diese wurden daraufhin gewaltsam mit Frankreich „wiedervereinigt" (z. B. Straßburg 1681).
Zum ersten Rückschlag der Expansionspolitik Ludwigs XIV. wurde sein Krieg gegen die Pfalz (1688–1697), die er unter dem Vorwand von Erbansprüchen seiner pfälzischen Schwägerin Elisabeth Charlotte („Liselotte von der Pfalz") annektieren wollte. Die holländischen Generalstaaten, England, Österreich, deutsche Reichsfürsten, zeitweilig auch Spanien und Schweden, stellten sich ihm in einer Allianz entgegen, sicherten die Unabhängigkeit der Pfalz und verhinderten im *Frieden von Rijswijk*, dass sich Frankreich auf dem rechten Rheinufer festsetzte.
Im *Spanischen Erbfolgekrieg* (1701–1713), nach dem Tode des letzten habsburgischen Königs in Spanien, machte eine erneute antifranzösische Koalition die Hoffnungen Ludwigs endgültig zunichte, nicht nur die habsburgische Umklammerung zu zerbrechen, sondern gleichzeitig die Hegemonie über Europa zu erringen. Im Frieden von Utrecht setzte sich die auf ein *Gleichgewicht der Kräfte* („balance of power") gerichtete Politik Englands durch. Zwar wurden Philipp von Anjou, dem Enkel Ludwigs XIV., Spanien und seinen Kolonien zugesprochen, doch durfte das spanische Herrschaftsgebiet nicht mit Frankreich vereinigt werden. Frankreich war künftig eine europäische Großmacht neben anderen; die Zukunft gehörte *England*, das innerhalb weniger Jahrzehnte zum europäischen Schiedsrichter und zur überseeischen Führungsmacht aufstieg.

Höfische Repräsentation als Herrschaftsinstrument

Die Zentralisierung der Staatsgewalt durch Ludwig XIV. fand ihre sichtbare Entsprechung in der Ausformung des *königlichen Hofstaates* in Versailles, der zum Mittelpunkt und Maßstab des gesellschaftlichen Lebens in Frankreich wurde. Höfische Prachtentfaltung und höfisches Zeremoniell erschöpften sich aber nicht in ihrer Symbolhaftigkeit für die absolute Stellung des „Sonnenkö-

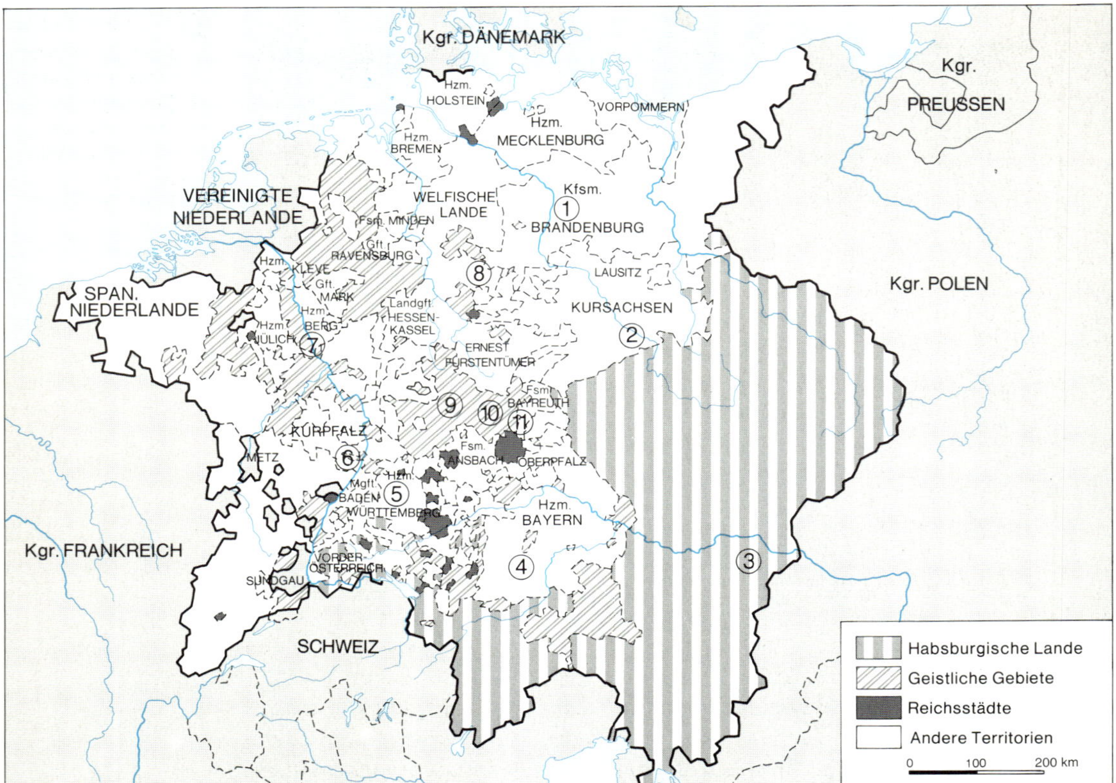

① Charlottenburg Baubeginn 1695
Bau des neuen Flügels 1740–42
Berlin Stadtschloss 1706–13
Potsdam Stadtschloss 1744–51
Potsdam Sanssouci 1745–47
Potsdam Neues Palais 1763–67

② Moritzburg 1723–30
Dresden Japanisches Palais 1727–35
Dresden Zwinger 1711–28
Dresden Pillnitz Wasserpalais 1720–21
Dresden Pillnitz Bergpalais 1722–23

③ Wien Schönbrunn 1694–1750
Wien Unteres Belvedere 1714–24
Wien Oberes Belvedere 1721–22

④ München Nymphenburg, Großer Saal 1716–57
München Nymphenburg-Pagodenburg 1716–19
München Nymphenburg Amalienburg 1734–39
München Schleißheim 1701–27
München Umbauten Residenz 1726–31

⑤ Ludwigsburg 1703–33
Stuttgart Neues Schloss 1746–91
Stuttgart Solitude 1763–67
Stuttgart Hohenheim 1785–91

⑥ Mannheim 1720–77
Bruchsal 1720–33
Schwetzingen 1699–1716
Karlsruhe 1748–81
Rastatt 1697–1713

⑦ Benrath 1707
Bonn-Brühl Augustusburg 1743–48
Bonn Poppelsdorf 1715–17

⑧ Herrenhausen 1665–66
Salzdahlum 1687–1714
Richmond 1768–69

⑨ Fulda Orangerie 1726
Würzburg Neue Residenz
Treppenhaus 1737
Mitteltrakt 1749

⑩ Pommersfelden 1711–16

⑪ Bayreuth Altes Schloss 1715–18
Bayreuth Neues Schloss in der Eremitage 1744
Bayreuth Neues Schloss in der Stadt 1753–54
Bayreuth Italienisches Schlösschen 1759

2 **Residenzen und Parkanlagen des 18. Jahrhunderts in den deutschen Territorialstaaten**

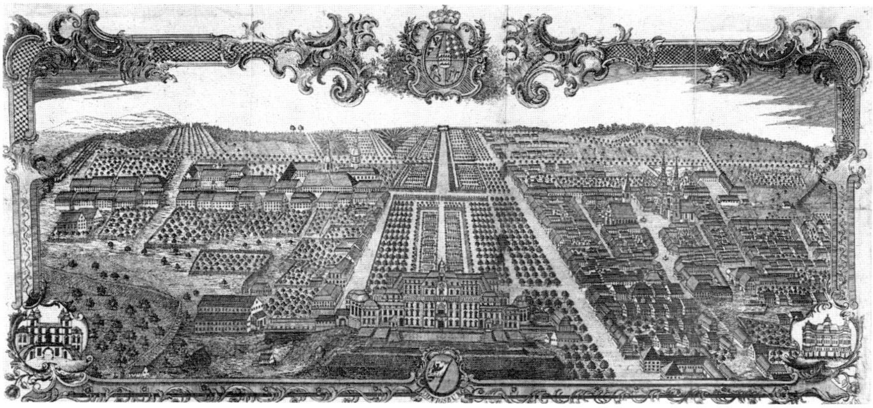

3 Schloß und Stadt Ludwigsburg. Ludwigsburg war im 18. Jahrhundert mehrere Male für kurze Zeit württembergische Residenzstadt. (Kupferstich um 1770)

nigs", sondern zählten auch zu den ganz konkreten Machtmitteln, auf die der König seine Herrschaft gründete: Er schuf Hofämter, die verbunden waren mit der Aufrechterhaltung oder zusätzlichen Vergabe wirtschaftlicher Privilegien. Dadurch war es dem Monarchen möglich, den politisch und militärisch entmachteten Adel im gesellschaftlichen Bereich weiterhin zu bevorzugen, ihn dabei aber gleichzeitig von der Nähe zum König abhängig zu machen.
Als Mäzen der Künste und Wissenschaften stellte Ludwig XIV. alle kulturellen Kräfte Frankreichs in den Dienst seiner Herrschaft. Die damit verbundenen Anstöße führten zu herausragenden Leistungen in Literatur, Theater, Musik, Malerei, Architektur, Gartenkunst und Technik und begründeten so die Kulturblüte der *„französischen Klassik"*, in der sich Ordnung und Glanz der absoluten Monarchie spiegelten.
Der Hof des „Roi soleil" wurde das Vorbild für Europas Fürstenhöfe, auch wenn Ludwig XIV. die politische Harmonie nicht erringen konnte und Frankreich wirtschaftlich an den Rand des Ruins führte.

Wirkungen auf Europa und den deutschen Südwesten

Der durch den französischen König modellhaft verwirklichte monarchische Absolutismus wurde – wenn auch in unterschiedlichsten Ausprägungen – zu der in Europa am weitesten verbreiteten Form der Herrschaftsausübung. Sonderfälle bildeten lediglich einige republikanisch verfasste Staatswesen wie die Schweizer Eidgenossenschaft, die Vereinigten Niederlande und einzelne Stadtstaaten (z. B. Genf, Venedig, Hamburg) oder die Königreiche England und Polen, wo sich die Monarchen nicht in absolutistischer Weise gegenüber der Ständevertretung bzw. den Interessen des Adels durchsetzen konnten.
Da der materielle Wiederaufbau und die Hebung der während des 30-jährigen Krieges dezimierten Bevölkerungszahl („Peuplierung") am ehesten mit Hilfe planvoller, zentral gelenkter Politik lösbar zu sein schienen, begünstigte die Notzeit wie fast überall in Deutschland auch im deutschen Südwesten den Übergang zu einer zunehmend absolutistischen Regierungsweise.
Kurfürst Karl Ludwig von der Pfalz (1648–1680) und Herzog Eberhard Ludwig von Württemberg (1693–1733) waren die beherrschenden Persönlichkeiten dieser Zeit im südwestdeutschen Raum. Eberhard Ludwig schuf mit dem Bau des Schlosses Ludwigsburg (seit 1704) in Südwestdeutschland die erste große Residenz nach französischem Vorbild und fand damit in Karlsruhe, Schwetzingen, Bruchsal und Mannheim bald Nachahmung.

Staat (von lat. status bzw. it. stato: Zustand, Stand, Stellung): Im Gegensatz zum mittelalterlichen Lehens„staat", in dem die Herrschaftsausübung auf eine große Zahl unterschiedlich einflussreicher Einzelpersonen verteilt war („Personenverbandsstaat"), ist der moderne Staat gekennzeichnet durch eine von dauerhaften Institutionen und den dort tätigen Beamten wahrgenommene, arbeitsteilige Verwaltung, die möglichst viele Lebensbereiche der vom Staat vorgegebenen Ordnung unterwirft. Die Staatsfläche ist seit dem 18. Jahrhundert von international vereinbarten, festen Grenzen umgeben („institutionalisierter Flächenstaat"). Die Staatsform kann monarchisch oder republikanisch, die Regierungsform diktatorisch oder demokratisch sein. Dabei treten vielfältige Mischformen auf. Während des 17. und 18. Jahrhunderts stellte der Absolutismus (von lat. absolutus: losgelöst) die damals modernste und am weitesten in Europa verbreitete Staatsform dar: Der absolute Monarch übte als „Souverän" alle Staatsgewalt aus und regierte als Statthalter Gottes („von Gottes Gnaden") losgelöst von den Gesetzen („legibus absolutus") über seine Untertanen. Gebunden blieb der Herrscher dabei jedoch an göttliches Recht, Natur- und Völkerrecht.

4 Regierungsgrundsätze Ludwigs XIV.

Die sogenannten „Memoiren" Ludwigs XIV. (entstanden um 1670), in denen der König die Grundsätze seiner Regierungsweise aufzeichnen ließ, sollten dem Thronfolger als Sammlung von Ratschlägen dienen. Unter anderem ist darin folgendes ausgeführt:

„Was die Personen betrifft, die mir bei meiner Arbeit behilflich sein sollten, so habe ich mich vor allem entschlossen, keinen Ersten Minister mehr in meinen Dienst zu nehmen ... Es war also nötig mein Vertrauen und die Ausführung meiner Befehle zu teilen, ohne sie einem ganz und ungeteilt zu geben, indem man den verschiedenen Personen verschiedene Angelegenheiten gemäß ihren besonderen Fähigkeiten übertrug. Dies ist vielleicht das erste und wichtigste, was ein Herrscher können muss ... Ich wollte die oberste Leitung ganz allein in meiner Hand zusammenfassen. Andererseits gibt es aber in allen Angelegenheiten bestimmte Details, um die wir uns nicht kümmern können, da unsere Überlastung und auch unsere hohe Stellung uns das nicht gestattet ... Es ist nicht leicht, mein Sohn, dir auseinanderzusetzen, was man bei Auswahl der verschiedenen Minister alles beachten muss ... so fand ich es gar nicht in meinem Interesse, Untergebene von höherem Stande in meinem Dienst zu haben. Ich musste ... der Öffentlichkeit schon durch den Rang, dem ich sie entnahm, zeigen, dass ich nicht die Absicht hatte, meine Autorität mit ihnen zu teilen. Es kam mir darauf an, dass sie selber sich keine größeren Hoffnungen machten als die, die ich ihnen zu erwecken für gut fand; das ist aber bei Leuten von sehr vornehmer Abkunft schwierig ...

Ich bin über alles unterrichtet, höre auch meine geringsten Untertanen an, weiß jederzeit über

5 Expansionspolitik Frankreichs im 17. Jahrhundert

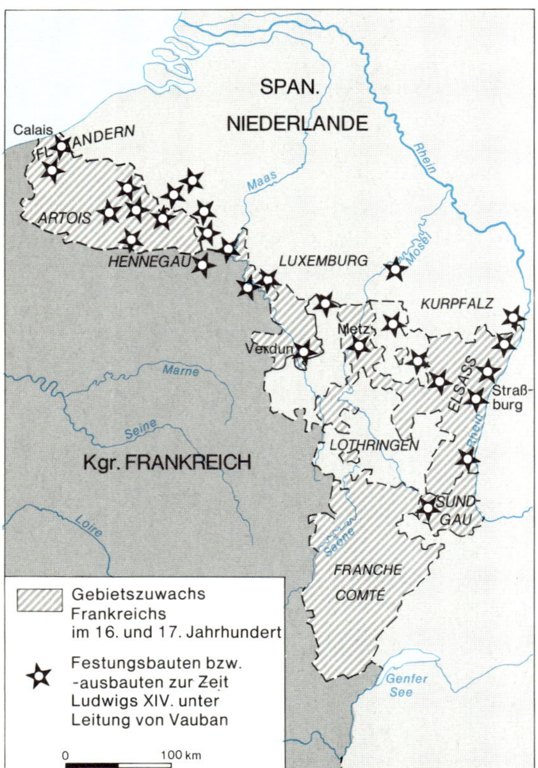

Stärke und Ausbildungsstand meiner Truppen und über den Zustand meiner Festungen Bescheid, gebe ... meine Befehle zu ihrer Versorgung, verhandle unmittelbar mit den fremden Gesandten ... Ich regle Einnahmen und Ausgaben des Staates und lasse mir von denen, die ich mit wichtigen Ämtern betraue, persönlich Rechnung legen; ich halte meine Angelegenheiten so geheim, wie das kein anderer vor mir getan hat ...

Du könntest, mein Sohn, ... zwei sehr verschiedene Dinge durcheinander bringen, nämlich: selbst regieren zu wollen und keinen Rat anzuhören ... Man sollte ... wichtige Entscheidungen niemals treffen, ohne nach Möglichkeit die aufgeklärtesten, vernünftigsten und klügsten unserer Untertanen zu Rate zu ziehen. Die Notwendigkeit beschränkt uns ... auf eine kleine Anzahl von Personen, die wir aus den anderen ausgewählt haben. Die aber sollten wir wenigstens nicht übergehen ... Aber wenn sie uns ... alle Vorteile und Gegengründe vorgetragen haben ..., so ist es dann an uns ... zu entscheiden, was nun wirklich geschehen soll."

(Zit. nach: Geschichte in Quellen, Bd. 3, München 1966, S. 426 ff.)

6 Ausbau der Königsherrschaft in den Provinzen

Colbert, der für die Innenpolitik zuständige Minister Ludwigs XIV., an Grignan, den Intendanten der Provence, am 27. November 1671:

„Ich zweifle nicht, dass Seine Majestät sich freuen wird zu hören, dass alle Deputierten der Stände gekommen sind, um Sie ihres Eifers und ihres Gehorsams für alle Wünsche Seiner Majestät zu versichern. Man muss sie verpflichten, diese schönen Worte in die Tat umzusetzen, und dann die Ständeversammlung, die der Provinz sehr zur Last fällt, schnellstens beenden. – Was die Summe angeht, die Seine Majestät von ihnen fordert, so kann ich Ihnen versichern, dass es angesichts der enormen Ausgaben, die Seiner Majestät für den Krieg zu Lande und zu Meer erwachsen, unmöglich ist, sich mit weniger als 500 000 Livres zu begnügen."

Grignan an Colbert am 13. Dezember 1671:

„Sie geben mir zu verstehen, dass der König über die Winkelzüge und den Mangel an Ergebenheit der Deputierten der Stände sehr unzufrieden sei.

7 Markgraf Ludwig Wilhelm I. von Baden (1655–1707, seit 1677 Markgraf, zeitgenössischer Stich). Er gehörte zu den herausragenden Fürsten des absolutistischen Zeitalters in Südwestdeutschland. Als einer der bedeutendsten Feldherrn seiner Zeit errang er vor allem in den Türkenkriegen Erfolge („Türkenlouis").

Ich habe sie ... kommen lassen ... und ihnen mit den eindringlichsten Argumenten vorgestellt, welches Unglück sie auf sich und die Provinz herabbeschwören würden, wenn sie sich nicht entschlössen, dem König schleunigst zu bewilligen, was er fordert. Es gibt aber Quertreiber, die den besser Gesinnten vorschwätzen, der König werde sich auch mit 400 000 Livres begnügen ... Ich halte es daher für außerordentlich wichtig ..., wenn Sie mir eine Ordre zur Auflösung der Versammlung schickten nebst einigen Lettres de cachet [königliche Haftbefehle], um die Aufsässigsten in Strafe zu nehmen ..."

Colbert an Grignan am 25. Dezember 1671:

„Ich habe dem König über das fortgesetzt schlechte Betragen der Ständeversammlung der Provence berichtet, und da Seine Majestät nicht länger geneigt ist, dies zu dulden, hat er die nötigen Befehle gegeben, sie nach Hause zu schicken, und zugleich zehn Lettres de cachet

Werkstatt Geschichte:
Architektur

„Die von rechtwinkligen Straßen durchschnittenen Städte sind von dem Willen eines Mächtigen hervorgerufen, nach seiner Laune uniformiert. In den Städten, welche eine geschichtliche Vorzeit haben, zeichnete das Bedürfnis den Grundriss ... Wien ist schon deshalb schöner als Berlin, weil es krumme Straßen hat." (Helmuth von Moltke)

Aus der Vergangenheit erhaltene Baureste oder intakte bauliche Anlagen (z.B. Einzelbauten wie Häuser oder Tempel/Kirchen und Bauensembles wie Klöster, Burgen, größere Schlossanlagen oder Festungen bis zu ganzen Stadtanlagen) gehören in die Quellengruppe der „Überreste". Ihre stilgeschichtliche Zuordnung, die Untersuchung ihrer technologischen Grundlagen, ihrer funktionalen und ästhetischen Gestaltungsprinzipien sowie der Zusammenhänge von Bau-, Sozial-, Wirtschafts- und politischer Geschichte vermitteln spezifische Erkenntnisse über Lebensformen und Selbstverständnis von Menschen einer bestimmten Zeit.

Ein besonders eindrucksvolles Beispiel hierfür stellen die großen Schloss- und Parkanlagen des Barock und Rokoko dar, in denen das Herrschaftsverständnis der absoluten Monarchen des 17. und 18. Jahrhunderts seine bauliche Gestaltung erfuhr: Repräsentative Absicht, rationale, auf Symmetrie angelegte Planung und die Verbindung üppigster Architektur- und Naturelemente mit geometrischer Strenge spiegeln einen Herrscherwillen wider, zu dessen erhabensten Vergnügungen es gehörte, „die Natur zu bezwingen".

zu erlassen, um die zehn am übelsten Gesinnten unter den Deputierten nach Grandville, Cherbourg, St. Malo, Morlaix und Concarneau zu verschicken ..."

Colbert an den Bischoff von Marseille am 31. Dezember 1671:

„Der König nimmt die 450000 Livres, die die Ständeversammlung der Provence ihm als don gratuit [freiwillige Abgabe] dargebracht hat, an; Seine Majestät ist aber so ungehalten über das Betragen der Deputierten bei dieser Beratung, dass er den Befehl gegeben hat, zehn der am übelsten Gesinnten ... zu verbannen ... Seine Majestät dürfte kaum geneigt sein, in Zukunft noch irgendeine Ständeversammlung in der Provence zu gestatten."

(Zit. nach: Geschichte in Quellen, Bd. 3, München 1966, S. 433ff.)

Arbeitsvorschläge und Fragen

a) Stellen Sie die Interessen dar, die in den Memoiren Ludwigs XIV. zum Ausdruck kommen. Was halten Sie von den Ratschlägen für seinen Nachfolger und von der Art, wie der König sie begründet (M 4)?

b) Welche Interessen bestimmen das Handeln der direkt und indirekt an dem Briefwechsel (M 6) beteiligten Personengruppen und Einzelpersonen? Wodurch ist ihre jeweilige Vorgehensweise gekennzeichnet? Welche Rückschlüsse lässt M 6 auf die Durchsetzungsfähigkeit des Absolutismus zu?

c) Vergleichen Sie die absolutistische Ausformung des modernen Staates mit politischen Ordnungen der Antike und des Mittelalters hinsichtlich der Rolle von Regierenden und Regierten sowie des Wirkungsgrades staatlicher Macht.

d) Vergleichen Sie das Bildnis des Markgrafen von Baden (M 7) mit den Herrscherbildnissen auf den Farbseiten (S. 246f.). Welche Wirkungsabsichten der Künstler und welche gestalterische Entwicklung sind zu erkennen?

e) Weisen Sie den spezifisch absolutistischen Bauwillen an M 1 und M 3 nach. Ziehen Sie den obigen Kastentext hinzu. Worauf lässt die räumliche und zeitliche Verteilung bedeutender barocker Schloss- und Parkanlagen in Deutschland schließen (M 2)?

2. Wirtschaft und Gesellschaft im absolutistischen Staat

Finanzbedarf und Wirtschaftsplanung

Als die absolutistischen Fürsten zur Bewältigung der wachsenden staatlichen Aufgaben dauerhafte Institutionen schufen, brachte diese Entwicklung stark steigenden Finanzbedarf mit sich. Beamtenschaft, stehendes Heer, Bauvorhaben aller Art, aufwendige Hofhaltung und eine Vielzahl von Kriegen verschlangen Unsummen, deren Beschaffung neue Methoden erforderte. Eine gezielte Wirtschafts- und Finanzplanung war notwendig. Diese versuchte man zunächst nach dem Beispiel italienischer Renaissance-Stadtstaaten mit unterschiedlichsten Formen der *Handelsförderung* zu erreichen. Das Ziel war, mehr Waren aus- als einzuführen, d. h. eine „positive" bzw. „aktive" Handelsbilanz zu erreichen und über den dadurch vermehrten Geldzufluss auch das Steueraufkommen des Staates zu erhöhen. Die Seemächte England und Holland bemühten sich, durch die Ausschaltung fremden Zwischenhandels (z. B. durch die englische „navigation-act" von 1651) oder die Privilegierung großer Überseehandelsgesellschaften wirtschaftliche Vorteile zu erringen.
Angeregt von solchen Vorbildern ging Jean-Baptiste *Colbert*, der von Ludwig XIV. eingesetzte Generalkontrolleur der französischen Finanzen, seit 1661 daran, die auf Jahre hinaus verschuldete Staatskasse in Ordnung zu bringen und gleichzeitig den steigenden Finanzbedarf des absolutistischen Frankreich zu befriedigen.

Colberts Wirtschaftsprogramm

Colbert wollte vor allem eine aktive Handelsbilanz erreichen um den Geldzustrom nach Frankreich zu vermehren. Zu diesem Zweck traf er aber nicht nur handelsbelebende Maßnahmen, sondern er bemühte sich ebenso nachhaltig darum, die Attraktivität des französischen Warenangebots für den Binnen- wie für den Außenmarkt zu steigern. Die *Gewerbeförderung* trat damit gleichgewichtig neben die Handelsförderung. Colbert orientierte sein Finanz- und Wirtschaftsprogramm (vgl. M 4) an Grundsätzen der Handels- und Gewerbeförderung, die heute unter dem Begriff *„Merkantilismus"* zusammengefasst werden. Er erweiterte sie jedoch und passte sie den spezifischen Erfordernissen und Gegebenheiten Frankreichs an, so dass man die dortige Ausprägung des Merkantilismus mit einer gewissen Berechtigung als „Colbertismus" bezeichnen kann.
Um den erhofften Gewinnzuwachs von Handel und Gewerbe möglichst gut für die staatlichen Finanzinteressen nutzen zu können, musste Colbert auch das in Frankreich praktizierte Steuerpachtsystem wirkungsvoller machen. Private Einnehmer, die den Steuereinzug vom Staat gepachtet hatten, trieben die Steuern ein und behielten als Entschädigung für diese Dienstleistung und ihre Unkosten einen beträchtlichen Teil der erhobenen Gelder für sich. Der dem Staat verbleibende Anteil am Steueraufkommen betrug 1661 ganze 27,2 %. Eine deutliche Erhöhung dieses Anteils und die dazu notwendige schärfere Kontrolle der Steuerpächter (etwa durch die Intendanten) waren zwangsläufige Bestandteile der wirtschafts- und finanzpolitischen Vorstellungen Colberts.
Von der Verwirklichung seiner Wirtschaftsziele versprach er sich nicht zuletzt verlässliche Grundlagen zur Aufstellung eines – bis zu dieser Zeit keineswegs üblichen – geordneten *Staatshaushaltes* (Budget bzw. Etat). Dieser sollte Staatsausgaben und -einnahmen zum Ausgleich bringen und eine längerfristige, finanziell abgesicherte Wirtschaftsplanung des Staates ermöglichen.

Erfolge und Grenzen merkantilistischer Wirtschaftspraxis

Die von Colbert durchgeführten oder eingeleiteten Wirtschaftsmaßnahmen bezogen sich schwerpunktmäßig auf Verbesserungen der Verkehrsstruktur, Veränderungen in der Zollpolitik, neue Formen der gewerblichen Produktion und die Sicherung der Rohstoffgrundlage: Durch den Bau sicherer und zeitsparender *Verkehrswege* (Straßen, Kanäle) sollte der Handel ebenso beschleunigt werden wie durch die *Beseitigung von Binnenzöllen*, die den französischen Handelsraum einheitlich zusammenfassen sollte. Ausländische Gewerbeerzeugnisse wurden mit hohen *Einfuhrzöllen* belegt, Rohstoffeinfuhren dagegen begünstigt. Für französische Waren und Rohstoffe galt jeweils das Gegenteil. Damit das Angebot preisgünstiger, gleichwohl hochwertiger Waren, vor allem des gehobenen Bedarfs, ausgeweitet werden konnte, sorgte er für die Gründung und Förderung leistungsfähiger *Manufakturen*; er ließ beispielsweise ausländische Fachleute anwerben und erleichterte ihnen mit großzügigen Privilegien, Darlehen, Zuschüssen, Steuervorteilen, Befreiung von Zunftzwängen u. ä. den Start als Unternehmer. Wichtigste Voraussetzung für die besondere Leistungsfähigkeit der Manufakturen war die arbeitsteilige Organisation der Warenfertigung. Durch den Erwerb von *Kolonien* im asiatischen und im amerikanischen Raum (z. B. Louisiana) wurde nicht nur die Rohstoffbasis verbreitert, sondern gleichzeitig wurden auch neue Absatzmärkte erschlossen.
Die Wirtschaftspolitik Colberts war grundsätzlich erfolgreich: Der dem Staat zufließende Anteil an den Steuereinnahmen war schon 1667 mit 60,5 % mehr als doppelt so hoch wie beim Regierungsantritt Ludwigs XIV. und die Staatseinnahmen wurden von 32 Mio. Livres im Jahre 1661 auf 99,5 Mio. Livres 1678 verdreifacht. Rückschläge waren politisch bedingt: Die durch die Kriege seit etwa 1670 rasch anwachsenden Staatsausgaben ließen allerdings nur einmal (1669) einen ausgeglichenen Staatshaushalt zu, und im Todesjahr Ludwigs XIV. (1715) waren die Staatsausgaben doppelt so hoch wie die Einnahmen. Während der Regierungszeit des Königs wuchs die *Staatsverschuldung* von 17 Mio. Livres auf 3500 Mio. Livres, d. h. auf mehr als das Zwanzigfache an.
Einem dauerhaften Erfolg der merkantilistischen Wirtschaftspolitik waren noch von anderer Seite her Grenzen gesetzt: Manche Unternehmensprojekte misslangen, andere wurden als Prestigeobjekte oder aus einem allzu engen Autarkiedenken heraus trotz mangelnder Rentabilität weitergeführt. Auch die Tatsache, dass z. B. der französische Wirtschaftsraum bei weitem nicht vollständig zollrechtlich vereinheitlicht wurde, weist auf deutliche Abweichungen zwischen Programm und Wirklichkeit des Colbertismus hin. Finanzpolitisch verheerend waren die Folgen der königlichen Kriegspolitik und die nach Colberts Tod zunehmenden Missbräuche in der Praxis der Steuererhebung.

Folgen in der Gesellschaft

Die ständisch gestufte Gliederung der französischen Gesellschaft in *Geistlichkeit* (erster Stand), *Adel* (zweiter Stand) sowie *Bürger und Bauern* (dritter Stand) blieb auch in der Zeit des Absolutismus im Wesentlichen erhalten. Dies schloss jedoch eine starke Differenzierung innerhalb der Stände ebenso wenig aus wie eine begrenzte Mobilität zwischen den Ständen. Aufstiegsmöglichkeiten eröffneten sich vor allem den zahlreichen Fachleuten bürgerlicher Herkunft, die sich dem absolutistischen Staat durch ihre Spezialkenntnisse, z. B. in Wirtschafts- oder Verwaltungsangelegenheiten, unentbehrlich machten. Gelangten sie zu Reichtum, übernahmen sie meist bald die Lebensformen des Adels und glichen sich diesem damit äußerlich an. Durch den Kauf von Staatsämtern, mit denen die Erhebung in den Adelsstand verbunden war, konnten sie Mitglieder der „noblesse de robe" (Amtsadel) werden. Da dem Großteil des

alten Schwert- oder Geblütsadels die zum Ämterkauf nötigen Mittel fehlten, wurde der Staatsdienst – mit Ausnahme der Hofämter und hoher Offiziersstellen – bald zum Monopol des dem Bürgertum entstammenden Amtsadels. Somit gab es zwar eine gewisse Durchlässigkeit von unten nach oben, doch wurden die Standesgrenzen dadurch nicht grundsätzlich in Frage gestellt.
Innerhalb der altüberkommenen Adelsschicht vollzogen sich tiefgreifende funktionale Veränderungen, indem frühere Formen der politischen und militärischen Eigenständigkeit durch den absoluten Monarchen aufgehoben und durch Aufgaben im unmittelbaren Umfeld des Königs, beispielsweise im Hofdienst, ersetzt wurden. Wegen seiner Nähe zum König und aufgrund wirtschaftlicher Privilegierung hatte der Hofadel die herausragende gesellschaftliche Rolle. Der Provinz- und Landadel konnte mit dieser Entwicklung häufig nicht Schritt halten, verlor vielfach an Bedeutung oder geriet gar in ernste wirtschaftliche Schwierigkeiten. Angehörigen dieser Adelsschicht blieb allenfalls eine militärische Karriere offen oder der Weg in eines der hohen Kirchenämter, die nach wie vor ausschließlich mit Adeligen besetzt wurden.
Paradoxerweise wirkte im absolutistischen Staat bei aller gesellschaftlichen Differenzierung doch gleichzeitig eine deutliche Tendenz zu gesellschaftlicher Vereinheitlichung: Durch den immer größer werdenden Abstand zwischen dem Herrscher und den Regierten gerieten die Mitglieder aller Stände in eine zwar zunächst noch deutlich abgestufte Untertanenposition, die sich aber in der weiteren historischen Entwicklung auf den ‚gemeinsamen Nenner' des Staatsbürgers zubewegte.

Gesellschaftlicher Notstand

Große Teile des Adels und des gehobenen Bürgertums profitierten wirtschaftlich und gesellschaftlich von absolutistischem Herrschaftssystem und merkantilistischer Wirtschaftspolitik. In anderen Bevölkerungsgruppen, vor allem im bäuerlichen Bereich und in der bürgerlichen Unterschicht, vollzog sich ein gesellschaftlicher und wirtschaftlicher Abstieg bis zur untersten Grenze des Existenzminimums, nicht selten auch noch weiter zum reinen Hungerdasein. Verursacht war diese Misere durch die einseitig handels- und gewerbefördernde Ausrichtung des merkantilistischen Wirtschaftsprogramms bei gleichzeitiger Vernachlässigung der Landwirtschaft, durch die oft willkürliche und überharte Steuerpraxis, durch Missernten und Kriegsfolgen. Hunger und bitterste Not waren für viele Franzosen bald an der Tagesordnung, so dass gegen Ende des 17. Jahrhunderts Unzufriedenheit und Sorge innerhalb der betroffenen Bevölkerungsschichten allmählich der schieren Verzweiflung wichen.

1 Manufaktur: Messerschmiede (1783)

2 **„Die Spinne und die Fliege"** (zeitgenössischer Kupferstich von Lagniet-Guérard). Der Text im Bild lautet übersetzt (von rechts oben nach links unten gelesen): „Je mehr man hat, um so mehr will man. Dieser Arme bringt alles, Getreide, Obst, Geld, Salat. Der dicke Adelige sitzt nur da und nimmt es entgegen. Er will ihm keinen freundlichen Blick gönnen. Die fliegende Mücke braucht gar nicht ins Netz zu gehen. Der eine gibt, der andere nimmt. Allen Herren alle Ehren. Mager wie ein angeketteter Windhund. Je mehr der Teufel hat, desto mehr will er. Der Adelige ist die Spinne und der Bauer die Fliege."

Wirtschaft: Eng verbunden mit der Entstehung des modernen Staates ist das Bemühen um eine möglichst wirkungsvolle Wirtschaftsordnung, welche die Finanzgrundlage des Staates und – im Idealfalle – den Wohlstand der Untertanen bzw. Bürger sichert. Das Grundproblem hierbei ist die Regelung des Verhältnisses zwischen der wirtschaftlichen Handlungsfreiheit des Einzelnen (z. B. hinsichtlich des Eigentums) und den Eingriffs- bzw. Lenkungsmöglichkeiten des Staates. Bei starkem Überwiegen der staatlichen Wirtschaftslenkung spricht man von dirigistischen Wirtschaftsordnungen. Eine solche war der Merkantilismus (von lat. mercator: Großkaufmann): Lenkung und Förderung der gewerblichen Wirtschaft (z. B. Ausbau des Manufakturwesens), handels-, steuer- und zollpolitische Maßnahmen sollten den Binnen- und Außenhandel beleben, eine aktive Handelsbilanz herbeiführen und so die dem Staat zur Verfügung stehende Geldmenge erhöhen. Oberstes Ziel war die Steigerung der politischen und militärischen Macht des absoluten Monarchen.
Als dirigistisch ist auch die zentral gelenkte Verwaltungswirtschaft („Planwirtschaft") in den sozialistischen Staaten der Gegenwart einzustufen, die es dem Einzelnen verwehrt, Privateigentum an Produktionsmitteln zu besitzen und weitreichende wirtschaftliche Entscheidungen selbst zu treffen.
Marktwirtschaftliche („kapitalistische") Wirtschaftsordnungen, wie z. B. die „soziale Marktwirtschaft" der Bundesrepublik Deutschland, bieten dagegen einen breiten privatwirtschaftlichen Handlungsspielraum. Auch sie sind jedoch nicht frei von staatlichen Eingriffsmöglichkeiten und unterliegen wirtschaftsrechtlichen Rahmenbedingungen.

3 Gliederung der französischen Gesellschaft zur Zeit Ludwigs XIV.

Erster Stand: Klerus	Zweiter Stand: Adel	Dritter Stand: Bürger und Bauern
Gesamtzahl ca. 130 000 Pers. = ca. 0,5 % der Bevölkerung	**Gesamtzahl** ca. 350 000 Pers. = ca. 1,5 % der Bevölkerung	**Gesamtzahl** ca. 24 Mio. Pers. = ca. 98 % der Bevölkerung
Zusammensetzung *Hoher Klerus* (adeliger Herkunft) 143 Bischöfe ca. 750 Äbte ca. 250 Äbtissinnen ca. 8000 Prälaten und Domherren *Niederer Klerus* (bürgerlich-bäuerlicher Herkunft) ca. 60 000 Priester ca. 35 000 Nonnen ca. 25 000 Mönche	**Zusammensetzung** *Hofadel* ca. 4000 Familien *Amtsadel* (soweit nicht zum Hofadel zählend) und *Landadel* restliche Familien	**Zusammensetzung** Männer / Frauen und Kinder (in Mio.) *Bürger* Selbständige in Handwerk, Handel und Bankwesen 1 / 3 Akademische Berufe 0,025 / 0,075 Militär 0,3 / 0,05 Beamte 0,06 / 0,24 Seeleute 0,07 / 0,21 Flößer und Flussfischer 0,01 / 0,03 *Bauern* Acker- und Weinbauern 1 / 3,5 Viehbauern 0,426 / 1,7 Landarbeiter u. Tagelöhner 2,5 / 7,5
Privilegien (vor allem des hohen Klerus) Befreiung vom Militärdienst Steuerbefreiung (vorbehaltlich „freiwilliger" Abgaben/„dons gratuits") Recht zur Erhebung des Zehnten Ehrenrechte und eigene Gerichtsbarkeit	**Privilegien** Befreiung von den meisten Steuern Feudalrechte (z. B. Anspruch auf Frondienste, Jagdrecht) Anrecht auf Ämter und Pfründen Bezahlte Ehrenstellen („Sinekuren") in Verwaltung und Armee	**Privilegien** keine

(Nach: Die französische Revolution, hrsg. von V. Wittmütz, Frankfurt am Main 1983, S. 8)

4 Voraussetzungen und Vorteile des Handels

Jean Baptiste Colbert legte in einer Denkschrift am 3. August 1664 dem ersten „Conseil de Commerce" (Rat von Wirtschaftsexperten) Ludwigs XIV. folgende Überlegungen vor:

„Ich glaube, man wird ohne weiteres in dem Grundsatz einig sein, dass es einzig und allein der Reichtum an Geld ist, der die Unterschiede an Größe und Macht zwischen den Staaten begründet. Was dies betrifft, so ist es sicher, dass jährlich aus dem Königreich einheimische Erzeugnisse (Wein, Branntwein, Weinessig, Eisen, Obst, Papier, Leinwand, Eisenwaren, Seide, Kurzwaren) für den Verbrauch im Ausland im

Wert von 12 bis 18 Millionen Livres hinausgehen. Das sind die Goldminen unseres Königreiches, um deren Erhaltung wir uns sorgfältig bemühen müssen ... Je mehr wir die Handelsgewinne, die die Holländer den Untertanen des Königs abnehmen, und den Konsum der von ihnen eingeführten Waren verringern können, desto mehr vergrößern wir die Menge des hereinströmenden Bargeldes und vermehren wir die Macht, Größe und Wohlhabenheit des Staates. Denselben Schluss können wir hinsichtlich des Zwischenhandels ziehen, d. h. derjenigen Waren, die wir aus Ost- und Westindien holen und nach Nordeuropa bringen könnten, von wo wir die zum Schiffbau nötigen Materialien selber heranführen könnten, worauf zum andern Teil Größe und Macht des Staates beruhen.
Außer den Vorteilen, die die Einfuhr einer größeren Menge Bargeld in das Königreich mit sich bringt, wird sicherlich durch die Manufakturen eine Million zur Zeit arbeitsloser Menschen ihren Lebensunterhalt gewinnen. Eine ebenso beträchtliche Anzahl wird in der Schifffahrt und in den Seehäfen Verdienst finden, und die fast unbegrenzte Vermehrung der Schiffe wird im gleichen Verhältnis Größe und Macht des Staates vermehren. Dies sind die Ziele, nach denen der König meines Erachtens aus guter Gesinnung und Liebe zu seinem Volk streben sollte. Als Mittel, sie zu erreichen, schlage ich vor: ...
Die ... Kaufleute sollten ... in allen Angelegenheiten ihres Handels unterstützt ... werden ... Alle Verwaltungsvorschriften im Königreich bezüglich der Wiederherstellung der Manufakturen sollten erneuert, die Ein- und Ausfuhrtarife überprüft ... und es sollte jährlich eine bedeutende Summe für Wiederherstellung der Manufakturen und die Förderung des Handels durch Conseilbeschluss ausgeworfen werden. Desgleichen bezüglich der Schifffahrt: Zahlung von Gratifikationen an alle, die neue Schiffe kaufen oder bauen oder große Handelsreisen unternehmen. Die Landstraßen sollten ausgebessert, die Zollstationen an den Flüssen aufgehoben, die kommunalen Schulden weiterhin abgelöst werden. Man bemühe sich unablässig die Flüsse im Innern des Königreiches schiffbar zu machen, soweit sie es noch nicht sind; man prüfe sorgfältig die Frage einer Verbindung der Meere über Guyenne und Burgund, unterstütze tatkräftig die Ost- und Westindische Kompanie und ermuntere jedermann zum Eintritt ... Darüber hinaus muss in jedem Conseil ein besonderes Problem des Handelssektors erörtert werden, z. B. ... der Handel mit dem Norden (Archangelsk, Moskau, Ostsee, Norwegen), die Binnenzölle, die Entschuldung der Gemeinden, Landstraßen, Binnen- und Seeschifffahrt, Manufakturen, Besuch der Seehäfen und etwaige Schwierigkeiten derselben."
(Zit. nach: Geschichte in Quellen, Bd. 3, München 1966, S. 448 f.)

5 Wirtschaftspolitische Fehler?

Im Jahre 1698 äußerte sich Vauban, der Festungsbaumeister Ludwigs XIV., zur wirtschaftlichen Situation Frankreichs:
„Wenn ich sage, Frankreich sei das schönste Land der Welt, so sage ich nichts Neues ... Wenn ich aber fortführe, es sei auch das reichste Land, so würde man das keineswegs glauben, da der Anschein dem widerspricht ... Wenn sich das ... nun nicht ... so verhält ..., so liegt das nicht etwa an Ungunst des Klimas, Bevölkerungsmangel oder Unfruchtbarkeit des Bodens. Das Klima ist ausgezeichnet, die Einwohner sind arbeitsam, geschickt, fleißig und zahlreich. Es liegt an den Kriegen, die Frankreich seit langer Zeit beunruhigt haben, und an der fehlerhaften Wirtschaftspolitik ... wer nur wenig von den ländlichen Verhältnissen weiß, erkennt ohne weiteres, dass die Einkommensteuern [tailles] eine der Ursachen des Übels darstellen ..., denn es besteht überhaupt kein Verhältnis mehr zwischen dem Einkommen des Steuerpflichtigen und der Steuer, mit der man ihn belastet ...
Leute von Macht und Ansehen erreichen es oft durch ihren Einfluss, dass der Steuerbetrag einer oder mehrerer Gemeinden weit unter die ihrer Zahlungskraft entsprechende Höhe gesenkt wird. Natürlich fällt diese Entlastung der einen Gemeinde zwangsläufig anderen benachbarten Gemeinden zur Last, die infolgedessen überbelastet werden ... Das führt schließlich dahin, dass jemand, der durch sein Talent in der Lage wäre ..., sich und seiner Familie ein etwas besseres Leben zu ermöglichen, lieber gar nichts tut ... Er lässt ... das bisschen Land, das er hat, verwahrlosen und bearbeitet es nur zur Hälfte, denn er hat Angst, dass, wenn er ... gewinnt, was das Land hergeben kann, man das zum Anlass nehmen wird seine Taille zu verdoppeln ...

Die andere Ursache liegt in dem geringen Güterverbrauch, der wiederum in der Hauptsache auf zwei andere zurückzuführen ist. Die eine besteht in der Höhe und Menge der Gebühren und Provinzialzölle [Binnenzölle], die oft ebenso hoch sind wie der Preis und der Wert der Güter (etwa bei Wein, Bier, Obstwein), was zur Folge hatte, dass man so viele Weingärten gerodet hat ... Die andere Ursache sind die unerhörten Schikanen der bei Erhebung der Gebühren tätigen Beamten ... Diese Armeen von Steuerpächtern und Unterpächtern mit ihren Gehilfen aller Art sind die Blutegel des Staates ... Vor der Erpressung durch diese ... gilt es das kostbare Kapital, die Untertanen, zu schützen ... Der König hat um so mehr Interesse daran sie gut zu behandeln und zu erhalten, als seine Eigenschaft als König, sein Glück und sein Schicksal untrennbar mit ihnen verbunden sind und diese Verbindung erst mit seinem Tode endet ..."
(Zit. nach: Geschichte in Quellen, Bd. 3, München 1966, S. 461 ff.)

6 Adel, Bürgertum und Bauern unter Ludwig XIV.

Der bürgerliche Schriftsteller und Zeitkritiker Jean de la Bruyère (1645–1696) kennzeichnete die französische Gesellschaft unter Ludwig XIV. im Jahre 1669 folgendermaßen:

„Während die Großen verabsäumen, sich mit den Interessen der Fürsten und des Staates, ja selbst mit ihren persönlichen vertraut zu machen; während sie nichts vom Wirtschaften und Sorgen eines Familienvaters wissen und sich ihrer Unkenntnis sogar rühmen; während sie sich von ihren Verwaltern ausbeuten und beherrschen lassen; während sie sich damit begnügen, Feinschmecker und Weinkenner zu sein ..., zu erzählen wie oft die Post von Paris nach Besançon oder Philippsburg fährt, unterrichten sich Bürger über die inneren und äußeren Angelegenheiten eines Reiches, machen sich mit der Regierungskunst vertraut, gewinnen Einsicht und politischen Sinn, lernen die Stärke und die Schwäche eines Staates kennen, trachten danach, ihre Stellung zu verbessern, verbessern sie, steigen immer weiter empor, werden mächtig und entheben den Fürsten der Sorge um einen Teil der Staatsgeschäfte. Die Großen, die vordem auf sie herabsahen, erweisen ihnen Achtung: glücklich, wenn sie ihre Schwiegersöhne werden ...

Es gibt eine Art scheue Tiere, von männlichem und weiblichem Geschlecht, die man da und dort auf den Feldern sieht, dunkel, fahl und ganz von Sonne verbrannt über die Erde gebeugt, die sie mit zäher Beharrlichkeit durchwühlen und umgraben; sie scheinen etwas wie eine Sprache zu besitzen und wenn sie sich aufrichten, zeigen sie ein Menschenantlitz und es sind in der Tat Menschen; nachts ziehen sie sich in ihre Höhlen zurück, wo sie sich von schwarzem Brot, Wasser und Wurzeln nähren. Sie ersparen den andern Menschen die Mühe zu pflügen, zu säen und zu ernten, damit sie leben können und haben wohl verdient, dass ihnen nicht das Brot mangle, das sie gesät haben."
(Jean de la Bruyère, Die Charaktere oder die Sitten des Jahrhunderts, hrsg. von G. Hess. Leipzig 1940, S. 193 f. und 272 f.)

Arbeitsvorschläge und Fragen

a) Beschreiben Sie, wie Colbert in seiner Denkschrift (M 4) wirtschaftspolitische Ziele und wirtschaftspraktische Maßnahmen miteinander in Beziehung setzt. Welche Schwerpunkte seines Programms werden dabei deutlich?
b) Erläutern Sie die Hauptaussagen Vaubans in M 5. Welches Verhältnis zwischen staatlichem Wirtschaftsdenken und der Wirtschaftsmoral des Einzelnen wird in Vaubans Ausführungen beschrieben?
c) Wägen Sie am Beispiel des Merkantilismus Vor- und Nachteile einer dirigistischen Wirtschaftsordnung ab.
d) Wie kennzeichnete La Bruyère die Lage der französischen Stände unter Ludwig XIV. und wie sah er die besondere Beziehung zwischen Adel und Bürgertum? Inwiefern überschneiden sich in seinen Aussagen Sachanalyse und Polemik (M 6)?
e) Werten Sie die Karikatur „Die Spinne und die Fliege" (M 2) aus und stellen Sie dabei Bezüge zu M 3 und M 6 her.

3. Staatstheoretische Grundlagen des Absolutismus und zeitgenössische Gegenstimmen

Macht-rechtfertigung: Staatsraison Souveränität Herrschaftsvertrag

Dem absolutistischen Herrschaftssystem, wie es vorbildgebend in Frankreich entstanden war, lag zwar keine geschlossene politische Theorie zugrunde, doch orientierte es sich an zahlreichen staatstheoretischen Vorstellungen, die seit dem Beginn der frühen Neuzeit von bedeutenden Staatsdenkern entwickelt worden waren. Vor allem drei Staatstheoretiker formulierten aufgund ihrer Erfahrungen mit der historisch-politischen Realität Prinzipien politischen Handelns, die zu Leitformeln des Absolutismus wurden.

Niccolò Machiavelli (1469–1527) hatte erbitterte Machtkämpfe der Fürstentümer und Stadtrepubliken Italiens in der Zeit der Renaissance erlebt; vor diesem Hintergrund gewann er die Auffassung, dass ein Herrscher nicht an Grundsätze der Religion und Moral gebunden sei, sondern sich einzig und allein an der Staatsraison, also am Daseinsrecht eines Staates und der Sicherung seiner Existenzgrundlagen auszurichten habe. Politik wurde damit zur Technik des Machterwerbs und der Machterhaltung nach innen und außen. Im Willen zur bedenkenlosen Anwendung aller herrscherlichen Machtmittel sah Machiavelli das Hauptkriterium des erfolgreichen Fürsten.

Aus dem Erlebnis der konfessionellen Auseinandersetzungen in Frankreich erwuchs für *Jean Bodin* (1530–1596) die Forderung einer obersten, ungeteilten, alle Untertanen auf gleiche Gesetze verpflichtenden Staatsgewalt, die aber ihrerseits nicht den Gesetzen unterworfen war; die Staatsgewalt bezeichnete er als Souveränität. Am besten verkörpert sah er die Souveränität in einem monarchischen Herrschaftssystem bzw. in der Person des Monarchen selbst.

Für den englischen Philosophen *Thomas Hobbes* (1588–1679) war es der Kampf zwischen Parlament und Königtum, der sein politisches Denken bestimmte und ihn zu der Auffassung kommen ließ, dass der Krieg aller gegen alle der Naturzustand menschlichen Zusammenlebens sei („der Mensch ist dem Menschen ein Wolf"). Der Wille zur Selbsterhaltung zwingt nach Hobbes die Menschen dazu, sich in einem Herrschaftsvertrag einer absoluten Staatsgewalt zu unterwerfen, die den Rechtsfrieden und die innerstaatliche Ordnung sichert.

Machtbegrenzung: Naturrechtslehre und Gottesgnadentum

Politische Leitbegriffe wie Staatsraison, Souveränität und Herrschaftsvertrag könnten den Eindruck hervorrufen, als sei die Macht des absoluten Monarchen uneingeschränkt oder gar durch totalitäre Willkür gekennzeichnet gewesen. Es entsprach indessen den selbstverständlichen Denktraditionen des 17. Jahrhunderts, dass der Herrscher auf die göttlichen Gebote des Alten und Neuen Testamentes sowie auf das natürliche Gebot menschlicher Gerechtigkeit verpflichtet blieb und seiner Macht von daher Schranken gesetzt waren.

Abgeleitet waren solche Machtbegrenzungen zum einen aus der Überzeugung, dass der Herrscher kraft göttlicher Gnade als weltlicher Stellvertreter Gottes regiere („Gottesgnadentum"), zum anderen aus naturrechtlichen Vorstellungen, die bis in die Antike zurückreichen. Die Naturrechtslehre spricht jedem Menschen einen Grundbestand unveräußerlicher, ewiger Rechte zu (z. B. auf Leben und Glück), die sich aus seiner Natur als vernunftbegabtes, gemeinschaftsbildendes Wesen unmittelbar einsichtig ergeben. *Naturrecht* und *Gottesgnadentum* machten nicht zuletzt das Wohl der Untertanen zum – wenn auch nicht immer beachteten – Maßstab herrscherlichen Handelns.

Machtkritik der Zeitgenossen

Das Beispiel Frankreichs unter Ludwig XIV. zeigt freilich: Der staatstheoretisch abgesicherte, theologisch und naturrechtlich gleichwohl eingegrenzte Herrschaftsanspruch des absoluten Monarchen und die politisch-gesellschaftliche Wirklichkeit absolutistischer Herrschaftspraxis klafften weit auseinander. Ruhmsucht und Repräsentationsstreben des Königs, seine übersteigerte Machtpolitik nach innen und außen, die ins Unermessliche gehenden Kosten für Hofhaltung und Kriegführung, wirtschaftspolitische Einseitigkeit und wirtschaftspraktische Willkür waren die wichtigsten Ursachen für dieses immer deutlicher zutage tretende Missverhältnis. Während die bäuerliche Bevölkerung und die unteren Schichten des Bürgertums weithin in ohnmächtiger Verzweiflung verharrten, mehrten sich, vor allem gegen Ende der Regierungszeit Ludwigs XIV., die kritischen Stimmen aus der unmittelbaren Umgebung des Königs, und eine ernst zu nehmende Opposition bei maßgeblichen Mitgliedern der Geistlichkeit und des Adels begann sich abzuzeichnen.

François de Fénelon (1651–1715), Erzbischof von Cambrai und zeitweiliger Erzieher der Enkel Ludwigs XIV., richtete um 1695 in einem Brief besonders eindringliche Worte der Kritik an den König: „Man hat Ihre Macht auf dem Ruin aller Stände des Königreiches aufbauen wollen, gerade als ob Sie dadurch groß werden könnten, dass Sie Ihre Untertanen erniedrigten, während doch das Glück der Untertanen die einzig wahre Grundlage aller königlichen Größe ist … Sie haben für nichts Augen als für Ihren Ruhm und Ihren Vorteil …; als wären Sie der Gott dieser Erde und als ob alles übrige nur dazu geschaffen wäre, Ihnen aufgeopfert zu werden. Und doch ist es gerade umgekehrt: nur zum Wohle Ihres Volkes hat Gott Sie auf die Erde gestellt!"

Der Westminster-Parlamentarismus als Gegenentwurf zum Absolutismus

Während sich in den meisten Staaten des europäischen Festlandes die absolutistische Herrschaftsform durchsetzte, wurde sie in England durch eine starke *Parlaments-Opposition* nicht nur verhindert, sondern ihr ein Regierungssystem ganz eigener Prägung entgegengestellt.

Seit der Magna Charta Libertatum von 1215, dem „Großen Freiheitsbrief", hatte die adelige und bürgerliche Oberschicht Englands („Lords" und „Commons") neben den Königen politischen Einfluss gewonnen und sich in dem aus Ober- und Unterhaus (s. S. 227, M 1) bestehenden, in Westminster tagenden Parlament

1 **Ludwig XIV. empfängt zwei seiner Minister** (zeitgenössischer Stich von S. Leclerc; der lateinische Ausspruch links im Bild lautet übersetzt: Nichts ohne dich)

Absolutistische Herrscherporträts

1 **Ludwig XIV.** (lebensgroßes Bildnis von H. Rigaud, 1701)

2 **Friedrich der Große** (Gemälde von Anton Graff, um 1770)

Werkstatt Geschichte: Herrscherbilder

Herrscherbilder werden zur historischen Quelle, denn durch sie werden vor allem Selbstverständnis, Legitimation und Wirkung der Herrscher auf die Nachwelt deutlich. Der Soziologe Max Weber unterscheidet zwischen der charismatischen Herrschaft, der traditionellen Herrschaft und der rationalen Herrschaft.

Die charismatische Herrschaft betont die übernatürlichen Fähigkeiten des Führers, dessen Wille und Kraft als Person im Mittelpunkt der Darstellung stehen. Auf Herrschaftssymbole oder -insignien (s. S. 129 ff.) wird völlig verzichtet.

Anders bei der traditionellen Herrschaft, die auf dem Glauben an die Heiligkeit altüberkommener Ordnung beruht. Symbole nehmen daher eine zentrale Bedeutung ein. Wichtig ist hier im Herrscherbild auch die erkennbare Ableitung der Macht des Herrschers von Gott (Gottesgnadentum).

Die rationale Herrschaft gründet auf dem Glauben an die Legalität von Ordnung auf der Basis der Vernunft. Darauf bezieht sich der absolutistische Monarch, dessen Herrscherbild zwar noch Symbole und Insignien enthält, die aber in den Hintergrund treten. Im aufgeklärten Absolutismus sind Herrschaft und Macht vernunftgemäße Voraussetzung für die Ordnung in der menschlichen Gesellschaft. Herrschaftsinsignien und religiöse Bezüge haben keine Bedeutung mehr. Die Person des Monarchen, sein Wissen und Können, seine Fähigkeiten und sein Einsatz für die Bevölkerung treten in den Vordergrund. Gerade diese Eigenschaften sind es, mit denen im 19. und 20. Jh. z. B. das Herrscherbild Friedrichs des Großen zum Staatsmythos hochstilisiert wurde.

organisiert. Lords und Commons anerkannten die monarchischen Vorrechte, beispielsweise in der Außenpolitik, und die Könige respektierten die Mitwirkungsrechte des Parlaments bei der Gesetzgebung und der Steuerbewilligung.
Dieses gewohnheitsrechtlich gewachsene Miteinander zwischen Königtum und Parlament wurde im 17. Jahrhundert gestört durch die absolutistischen Bestrebungen der Könige aus dem Hause Stuart. Die Folge war ein heftiger Bürgerkrieg, in dem sich neben dem Herrschaftskonflikt auch religiöse und soziale Spannungen sowie Probleme des englisch-schottischen Verhältnisses entluden und an dessen Ende König Karl I. wegen angeblich tyrannischer Herrschaft hingerichtet wurde (1649).
In der Folgezeit regierte Oliver Cromwell, der Führer des siegreichen Parlamentsheeres, als eine Art „Ersatzmonarch". Da er schließlich selbst das Parlament von der Regierung ausschloss, rief man nach seinem Tode die Stuarts zurück. Als aber Jakob II. erneut in absolutistischer Manier auftrat, wurde er 1688 in einer unblutigen und deshalb „glorreichen" Revolution durch das Parlament abgesetzt und an seiner Stelle Wilhelm von Oranien, der Statthalter der Niederlande, zum König von England berufen.

Machtabgrenzung zwischen König und Parlament in der „Bill of Rights"

Vor seinem Amtsantritt musste das neue Staatsoberhaupt jedoch im Februar 1689 die „Declaration of Rights" unterschreiben, eine Erklärung, in welcher die Rechte des Parlaments gegenüber dem Monarchen festgelegt und durch diesen garantiert wurden. Als „Bill of Rights" erhielt die solchermaßen vorgenommene Machtabgrenzung zwischen den beiden zentralen Organen der englischen Verfassung einige Monate später Gesetzeskraft.
Mit der „*Glorious Revolution*" war der Weg frei für eine bis in die Gegenwart reichende gedeihliche Zusammenarbeit zwischen Königtum und Parlament. Die damit verbundene innere Festigung Englands war zugleich eine wichtige Voraussetzung für seine wachsende internationale Bedeutung und seinen Aufstieg zur Weltmacht.

2 Karikatur auf Ludwig XIV. Mehr als ein Jahrhundert nach dem Tode des „Sonnenkönigs" zeichnete der englische Dichter W. M. Thackeray (1811–1863) diese Sicht des Monarchen. Unter der Karikatur steht (von links nach rechts): „Rex", „Ludovicus", „Ludovicus Rex".

Souveränität (von lat. superioritas, supranitas: Obergewalt, „Oberkeit", Obrigkeit): Der durch den französischen Staatstheoretiker Jean Bodin (1530–1596) geprägte Ausdruck bezeichnet die höchste und unabhängige Staatsgewalt nach innen und außen. Im absolutistischen Herrschaftssystem kam die Souveränität einzig dem Fürsten zu und wurde durch ihn, den „Souverän", verkörpert. Über die Idee der Staatsräson und verstärkt durch staatstheoretische Vorstellungen der Aufklärung wurde die Souveränität auf den Staat im Ganzen übertragen. Daneben schreiben moderne Demokratien in Anlehnung an Jean-Jacques Rousseau (1712–1778) die Souveränität der Gesamtheit ihrer Staatsbürger zu („Volkssouveränität").
Bis heute gelten solche Staaten als souverän, die Selbstregierung nach innen haben und nach außen frei von fremden staatlichen Rechtsordnungen und Machtansprüchen sind. Staatliche Souveränität kann eingeschränkt werden durch vertragliche Bindung bzw. die Verlagerung politischer Entscheidungskompetenzen von Einzelstaaten auf internationale Organisationen und Gremien (z. B. UNO, EG, Nato oder Warschauer Pakt).
Naturrecht: Bereits im Altertum entstand die Auffassung, dass der Natur eine von Gott gesetzte Ordnung zugrunde liege, die allen Menschen aller Zeiten, unabhängig von menschlichen Rechtsordnungen und Herrschaftsverhältnissen, eine Reihe gleicher und unauslöschlicher Rechte verleihe (s. S. 45). Diese Naturrechtslehre beeinflusste – bis hin zu den Grundrechten unserer Verfassung – die staatstheoretische Entwicklung der Neuzeit in starkem Maße. Kernstücke der naturrechtlichen Staatstheorie sind die im 17./18. Jahrhundert aufgestellte Lehre vom Staats- oder Gesellschaftsvertrag und das engstens damit verknüpfte Widerstandsrecht, das es einem Menschen bzw. einem ganzen Volk erlaubt, sich gegen die herrschende Staatsgewalt aufzulehnen, wenn alle anderen rechtlichen Mittel gegen staatliches Unrecht versagen. Auch die maßgeblich durch den Niederländer Hugo Grotius (1583–1645) entwickelte Völkerrechtslehre entspringt naturrechtlichen Vorstellungen.

3 Ratschläge für einen Fürsten

Niccolò Machiavelli (1469–1527), Beamter und Diplomat der Republik Florenz, forderte von einem Fürsten u. a. folgendes Verhalten:

„Man muss ... wissen, dass es zwei Wege gibt zu kämpfen: auf gesetzlichem und auf gewaltsamem Wege. Das erste ist die Sitte der Menschen; das zweite die Weise der Tiere. Oft aber reicht das Erste nicht zu, und so muss zu der zweiten Manier gegriffen werden. Einem Fürsten ist daher nötig bald den Menschen, bald das reißende Tier spielen zu können ... Ein kluger Fürst kann ... sein Wort nicht halten, wenn dessen Erfüllung sich gegen ihn selbst kehren würde, und wenn die Ursachen aufhören, die ihn bewogen haben es zu geben. Wenn die Menschen insgesamt gut wären, so würde dieser Rat nichts wert sein. Da sie aber nicht viel taugen und dir ihrerseits nicht Wort halten, so brauchst du es ihnen auch nicht zu halten: und einem Fürsten kann es nie an Vorwand fehlen, seinen Wortbruch zu beschönigen ... Ich wage zu behaupten, dass es sehr nachteilig ist, stets redlich zu sein; aber fromm, treu, menschlich, gottesfürchtig, redlich zu scheinen, ist sehr nützlich ... Ein Fürst und absonderlich ein neuer Fürst, kann nicht immer alles das beachten, was bei anderen Menschen für gut gilt; er muss oft handeln, um seinen Platz zu behaupten, wider Treue, wider Menschenliebe, wider Menschlichkeit, wider Religion ...
Nichts verschafft einem Fürsten soviel Achtung, als große Unternehmungen und glänzende Leistungen ... Vor allen Dingen muss ein Fürst in jeder seiner Handlungen den Ruf des Großen und Hervorstechenden suchen ...

Kein Staat glaube jemals mit Sicherheit auf etwas zählen zu können, sondern rechne beständig mit der Ungewissheit aller Dinge: denn die Welt ist so beschaffen, dass man jedesmal da, wo man einer Verwicklung entgeht, in eine andre hineingerät. Die Klugheit besteht darin, unter ihnen zu wählen und die geringste auszusuchen. Ferner muss ein Fürst Sinn für tüchtige Leistungen bekunden und vorzügliche Männer in jedem Fache ehren ...
Sein Volk muss er zu den gehörigen Zeiten im Jahre mit Festlichkeiten und Schauspielen beschäftigen ..., sich menschenfreundlich und freigebig beweisen, dabei aber seine Würde in allen Dingen behaupten; sie darf niemals vernachlässigt werden."
(N. Machiavelli, Der Fürst, Leipzig o. J., S. 100 ff. und 121 ff.)

4 Souveränität als Inbegriff der Staatsgewalt
In seinem 1576 erschienenen Handbuch „Über den Staat" gab Jean Bodin (1530–1596) eine differenzierte Definition der staatlichen und fürstlichen Souveränität:
„Der Begriff der Souveränität beinhaltet die absolute und dauernde Gewalt eines Staates, die im Lateinischen majestas heißt ... Souveränität bedeutet höchste Befehlsgewalt. [Die lateinische Formel hierzu lautet: ‚Majestas est summa in cives ac subditos legibusque soluta potestas'; wörtlich übersetzt: Souveränität ist die höchste und von den Gesetzen gelöste Gewalt über Bürger und Untertanen.] ... Souveränität wird weder durch irgend eine Gewalt noch durch menschliche Satzung noch durch eine Frist begrenzt ... Souverän ist nur derjenige, der allein Gott als Größeren über sich anerkennt ...
Die Staatsgewalt ist dann absolut und souverän, wenn sie nur dem göttlichen Gebot und dem Naturrecht unterworfen ist ... Die Inhaber der Souveränität sind auf keine Weise den Befehlen eines anderen unterworfen, geben den Untertanen Gesetze, schaffen überholte Gesetze ab um dafür neue zu erlassen. Niemand, der selbst den Gesetzen oder der Befehlsgewalt anderer untersteht, kann dies tun. Darum gilt, dass der Fürst von der Gewalt der Gesetze entbunden ist ...
Absolute Gewalt bedeutet Freiheit gegenüber den positiven, d. h. durch menschlichen Rechtsakt gegebenen Gesetzen, nicht gegenüber dem Gesetz Gottes ... Denn wenn Gerechtigkeit der Zweck der Gesetze ist und die Gesetze das Werk des Fürsten sind, der Fürst aber das Abbild Gottes ist, so folgt daraus, dass die Gesetze des Fürsten nach dem Muster des göttlichen Gesetzes beschaffen sein sollten."
(Jean Bodin, Über den Staat, hrsg. von Gottfried Niedhart, Stuttgart 1976, S. 19 ff., 31 f., 37 f.)

5 Der Herrschaftsvertrag als Staatsgrundlage
Im Jahre 1651 legte Thomas Hobbes in der staatstheoretischen Abhandlung „Leviathan oder Stoff, Form und Gestalt eines bürgerlichen und kirchlichen Staates" seine Auffassung von Grundlage und Zweck des Staates dar:
„Die Menschen, die von Natur aus Freiheit und Herrschaft über andere lieben, führten die Selbstbeschränkung, unter der sie ... in Staaten leben, ... mit dem Ziel und der Absicht ein, dadurch für ihre Selbsterhaltung zu sorgen ... Denn die natürlichen Gesetze wie Gerechtigkeit, Billigkeit, Bescheidenheit, Dankbarkeit, kurz, das Gesetz, andere so zu behandeln wie wir selbst behandelt werden wollen, sind an sich, ohne die Furcht vor einer Macht, die ihre Befolgung veranlasst, unseren natürlichen Leidenschaften entgegengesetzt, die uns zu Parteilichkeit, Hochmut, Rachsucht und Ähnlichem verleiten. Und Verträge ohne das Schwert sind bloße Worte und besitzen nicht die Kraft, einem Menschen auch nur die geringste Sicherheit zu bieten ...
Der alleinige Weg zur Errichtung einer solchen allgemeinen Gewalt, die in der Lage ist, die Menschen vor dem Angriff Fremder und vor gegenseitigen Übergriffen zu schützen und ihnen dadurch eine solche Sicherheit zu verschaffen, dass sie sich durch eigenen Fleiß und von den Früchten der Erde ernähren und zufrieden leben können, liegt in der Übertragung ihrer gesamten Macht und Stärke auf einen Menschen oder eine Versammlung von Menschen, die ihre Einzelwillen durch Stimmenmehrheit auf einen Willen reduzieren können. Das heißt soviel wie einen Menschen oder eine Versammlung von Menschen bestimmen, die deren Person verkörpern sollen, und bedeutet, dass jedermann alles als eigen anerkennt, was derjenige, der auf diese Weise seine Person verkörpert, in Dingen des allgemeinen Friedens und der allgemeinen Sicherheit tun oder veranlassen wird ... Dies ist mehr als Zustimmung oder Übereinstimmung:

Es ist eine wirkliche Einheit aller in ein und derselben Person, die durch Vertrag eines jeden mit jedem zustande kam ... Ist dies geschehen, so nennt man diese zu einer Person vereinte Menge *Staat*, auf lateinisch *civitas*. Dies ist die Erzeugung jenes großen *Leviathan* [alttestamentarisches Symbol für die assyrische und ägyptische Großmacht] oder besser, um es ehrerbietiger auszudrücken, jenes sterblichen Gottes, dem wir unter dem unsterblichen Gott unseren Frieden und Schutz verdanken ... Wer diese Person verkörpert, wird Souverän genannt und besitzt, wie man sagt, höchste Gewalt und jeder andere daneben ist sein Untertan ...
Von dieser Einsetzung eines Staates werden alle Rechte und Befugnisse dessen oder derer abgeleitet, denen die höchste Gewalt durch Übereinstimmung des versammelten Volkes übertragen worden ist ... Da die Mehrzahl übereinstimmend einen Souverän ernannte, hat derjenige, welcher dagegen stimmte, nunmehr mit den übrigen übereinzustimmen, das heißt, sich mit der Anerkennung aller zukünftigen Handlungen des Souveräns zufriedenzugeben oder aber er wird rechtmäßig von den übrigen vernichtet."
(Thomas Hobbes, Leviathan, hrsg. von Iring Fetscher, Frankfurt a. M. 1984, S. 131, 134 ff., 138)

6 „Die Folgen sind nicht abzusehen."
Der lange am Hofe Ludwigs XIV. lebende Herzog von Saint-Simon (1675–1755) war einer der kritischsten Beobachter der letzten Regierungsjahre des Königs:
„Man muss es offen sagen: der König war weniger denn mittelmäßig begabt, aber sehr bildungsfähig. Er war ruhmsüchtig und hielt auf Ordnung und Gesetz. Er besaß natürlichen Verstand, war mäßig, verschwiegen ... und – so sonderbar es klingen mag – im Kern seines Wesens gütig und gerecht. Gott hatte ihn wohl dazu befähigt, ein guter, ja vielleicht ein großer Monarch zu werden, wenn nicht fremde Einflüsse [Erzieher, Ratgeber] dazu gekommen wären ... Aus allem geht hervor, dass man Grund genug hat, jene greuliche Erziehung bitter zu beklagen, die ihr Ziel einzig darin sah, Geist und Herz des Monarchen zu vergiften. Ebenso jene nichtswürdige Götzendienerei vor dem Fürsten und die grausame Politik seiner Minister, die ihn immer unerreichbarer machte. Um *ihrer* Größe, *ihrer* Macht und *ihres* Glückes willen lagen sie

7 Titelblatt der Erstausgabe des „Leviathan".
Thomas Hobbes (1588–1679) veröffentlichte sein Hauptwerk („Leviathan or the Matter, Forme and Power of a Commonwealth Ecclesiasticall and Civil") im Jahre 1651 in London.

ihm beständig in den Ohren mit Schmeicheleien über *seine* Macht, *seine* Größe und *seinen* Ruhm. Sie waren sein Verderb ...
In allem liebte er Glanz, Verschwendung, Fülle. Es war wohlberechnet, dass er die Sucht, ihm hierin nachzueifern, in jeder Weise begünstigte ... Wer alles draufgehen ließ für Küche, Kleidung, Wagen, Haushalt und Spiel, der gewann sein Wohlwollen ... Indem er so den Luxus gewissermaßen zur Ehrensache und für manche zur Notwendigkeit machte, richtete er nacheinander alle zugrunde, bis sie schließlich einzig und allein von seiner Gnade abhingen. So befriedigte er seinen Hochmut und seinen Ehrgeiz. Sein Hof war blendend, und die Rangunterschiede verschwanden in einem allgemeinen Wirrwarr. Er hat dem Lande damit eine Wunde geschlagen, die wie ein Krebsschaden an allem

frisst. Vom Hofe aus hat die Verschwendungssucht Paris, die Provinzen, das Heer ergriffen. Man schätzt einen jeden, der eine gewisse Stellung einnimmt, nur nach seinem Aufwand in Küche und Haus ein ... Alle Stände sind in heillosem Durcheinander. Der Hochmut wächst ins Ungemessene. Die Folgen sind nicht abzusehen. Untergang und Umwälzung sind im Anzuge ..."
(Der Hof Ludwigs XIV. nach den Denkwürdigkeiten des Herzogs von Saint-Simon, hrsg. von W. Weigand, Leipzig 1913, S. 359, 364 f., 368 f.)

8 Parlament und Königtum in England

Bevor Wilhelm von Oranien im Jahre 1689 als englischer König anerkannt wurde, musste er der „Bill of Rights" zustimmen:

„Die in Westminster versammelten geistlichen und weltlichen Lords und Gemeinen, die gesetzmäßige, vollständige und freie Vertretung aller Stände des Volkes in diesem Königreich, legten am 13. Tag im Februar ... 1689 Ihren Majestäten ... Wilhelm und Maria, Prinz und Prinzessin von Oranien, die in eigener Person anwesend waren, eine ... Erklärung vor ...:

Die angemaßte Befugnis, Gesetze oder die Ausführung von Gesetzen durch königliche Autorität ohne Zustimmung des Parlaments aufzuheben ist gesetzwidrig ...

Steuern für die Krone ... ohne Erlaubnis des Parlaments für längere Zeit oder in anderer Weise, als erlaubt und bewilligt wurde, zu erheben ist gesetzwidrig ...

Es ist das Recht des Untertans, dem König Bittschriften einzureichen ...

Es ist gegen das Gesetz, es sei denn mit Zustimmung des Parlaments, eine stehende Armee im Königreich in Friedenszeiten aufzustellen ...

Die Wahl von Parlamentsmitgliedern soll frei sein. Die Freiheit der Rede und der Debatten und Verhandlungen im Parlament darf von keinem Gerichtshof oder sonstwie außerhalb des Parlaments angefochten oder in Frage gestellt werden ...

... zur Besserung, Stärkung und Erhaltung der Gesetze sollen Parlamentssitzungen häufig gehalten werden ...

Im vollen Vertrauen, dass Seine Hoheit der Prinz von Oranien seine diesbezügliche Erklärung erfüllen und sie gegen Verletzung ... schützen wird, beschließen die zu Westminster versammelten ... Lords und Gemeinen, dass Wilhelm und Maria, Prinz und Prinzessin von Oranien, König und Königin von England sein und als solche erklärt werden sollen ..."
(Zit. nach: Geschichte in Quellen, Bd. 3, München 1966, S. 495)

Arbeitsvorschläge und Fragen

a) Worin sahen Machiavelli, Bodin und Hobbes die Rechtfertigung und worin die Begrenzung herrscherlicher Macht? Inwieweit sind ihre Vorstellungen darauf gerichtet, Machtmissbrauch zu verhindern (M3–M5)?

b) Diskutieren Sie, ausgehend von Machiavellis Herrschaftsverständnis, die Frage, ob und inwieweit Politik moralischen Maßstäben unterliegen müsse (M3).

c) Vergleichen Sie die staatstheoretischen Grundlagen absolutistischer Monarchien mit denen moderner Diktaturen hinsichtlich der Machtlegitimierung und der Machtbegrenzung.

d) Interpretieren Sie die von Saint-Simon vorgetragene Kritik an der Herrschaftspraxis Ludwigs XIV. nach Inhalt und Form (M6).

e) Prüfen Sie die Auswirkungen der „Bill of Rights" (M8) für das englische Königtum.

f) Vergleichen Sie die Abbildungen zu diesem Kapitel (M1, M2 und M7) unter den Gesichtspunkten Herrschaftsverständnis und Herrschaftskritik.

g) Vergleichen Sie die Herrscherdarstellungen auf S. 246 f. mit den Materialien S. 91, M6; S. 114, M3 und S. 235, M7. Welche Wirkungsabsichten sind zu erkennen und welche Entwicklung ist feststellbar? Ziehen Sie auch den Text auf S. 247 hinzu.

4. Die Krise des Ancien Régime im 18. Jahrhundert

Die Opposition gegen den Absolutismus formiert sich

Das Ansehen des französischen Königtums war seit dem Tode Ludwigs XIV. in allen Bevölkerungsschichten gesunken. Zu den Misserfolgen in der Außenpolitik, den langen und opferreichen Kriegen (s. S. 230) kam eine wachsende Unzufriedenheit aller Gesellschaftsschichten mit den bestehenden Zuständen. Die Durchsetzung der absolutistischen Gewalt des Monarchen und der merkantilistischen Wirtschaftsform hatte einen *grundlegenden Wandel* der feudalen Ordnung herbeigeführt. Der Anspruch der Geistlichkeit (erster Stand) und des Adels (zweiter Stand) auf persönliche und sachliche Leistungen der Bauern, auf Ämter- und Steuerprivilegien war ursprünglich die Bezahlung für die Leistungen der beiden ersten Stände für den Staat, für Gerichte, Verwaltung und Kriegsdienst. Die absolutistische Monarchie hatte aber diese Grundlage des Feudalsystems beseitigt, indem sie den ersten und zweiten Stand ihrer staatlichen Aufgaben enthob bzw. diese stark einschränkte, ihre Privilegien gegenüber dem dritten Stand aber unangetastet ließ.

Innerhalb des dritten Standes forderten die Bauern, d. h. 22 Millionen der etwa 25 Millionen zählenden Bevölkerung, die Abschaffung aller Dienste und Abgaben für den Gutsherrn und freies Eigentum. Zudem hatte sich die Lage der Bauern im Merkantilismus drastisch verschlechtert. Zu den hohen Abgaben und Frondiensten kamen die indirekten Steuern auf Grund und Vermögen, die direkten Steuern auf Salz und Brot.

Die Einnahmen dagegen wurden durch die merkantilistische Wirtschaftslenkung bewusst niedrig gehalten. Denn um einen hohen Gewinn durch den Verkauf der Fertigwaren aus den Manufakturen zu erzielen, wurden die Löhne der Beschäftigten auf einem Mindeststand eingefroren. Wegen der niedrigen Löhne mussten daher die Bauern ihre landwirtschaftlichen Produkte zu Billigpreisen abgeben, damit sich der Arbeiter einer Manufaktur ernähren konnte.

Noch schlechter als den Bauern ging es der untersten Schicht der Bürger, den Lohnarbeitern, Straßenhändlern und Arbeitslosen. Sie konnten aus eigenem Vermögen zur Besserung ihrer Situation überhaupt nichts beitragen, sie waren den Auswirkungen der wirtschaftlichen Entwicklungen wie z. B. dem Anstieg des Getreidepreises hilflos ausgeliefert. Sie kämpften täglich um ihre Lebensexistenz und waren daher auch zu radikalen Veränderungen der Situation bereit. Reich und selbstbewusst dagegen war durch den Merkantilismus das Großbürgertum geworden: Es forderte die soziale und politische Gleichberechtigung mit dem ersten und zweiten Stand.

Adel und Geistlichkeit besaßen gegenüber dem dritten Stand weiterhin Privilegien, bildeten aber keine einheitliche Schicht. Die Unterschiede im Besitz, im politischen Einfluss und in der damit verbundenen gesellschaftlichen Position waren gewaltig. Der niedere Adel kämpfte um Wiederherstellung seiner alten Rechte, die der König eingeschränkt hatte; der Hochadel dagegen wollte seine Macht gegenüber dem König erhalten und ausweiten. Beiden gemeinsam war der Wille, ihre Privilegien gegenüber dem dritten Stand unter keinen Umständen antasten zu lassen.

Wie unterschiedlich die Gründe der Unzufriedenheit und Forderungen der drei Stände waren, wie sehr sie sich auch gegenseitig um wirtschaftliche, gesellschaftliche und politische Vorteile bekämpften, gemeinsam war ihnen, dass sie ihre Lage verbessern wollten.

1 Die Lage des dritten Standes (zeitgenössische Karikatur, 1789). Die Umschrift lautet übersetzt: „Erklärung der Allegorie. Der dritte Stand trägt allein die Lasten des Königtums, unter denen er wankt; ein Adliger erschwert die Last, indem er sich aufstützt; der Priester scheint beim Tragen der Last helfen zu wollen, aber nur mit einer Fingerspitze."

Der absolutistische Staat vor dem Bankrott

Die Belastungen des größten Teiles der Bevölkerung waren eine Folge des gewaltigen *Haushaltsdefizits* des französischen Staates. Die Unterstützung der amerikanischen Siedler in ihrem Unabhängigkeitskrieg gegen England (ab 1776) hatte zwar zu einem Sieg über den alten Kolonialgegner geführt, der staatliche Schuldenberg erhöhte sich dadurch aber sprunghaft. Von 1736 bis 1774 stiegen die Staatsschulden im Vergleich zum Haushalt von 36 % auf 67 %, bis zum Jahre 1789 auf 100 %. Der Friedensschluss mit England schuf wirtschaftlich keine Besserung. Englische Importe (Tuche und Industriewaren) überschwemmten den französischen Markt, und die Landwirtschaft wurde zusätzlich durch Missernten hart getroffen. Das Haushaltsdefizit verschärfte die sozialen Spannungen, da der Adel seine Verluste durch Erhöhung der Pachtabgaben und zusätzliche Fronleistungen auszugleichen versuchte. Eine Rettung der Staatsfinanzen schien nur möglich, wenn die Privilegien des Adels abgebaut wurden.

Der Kampf um die Macht: König und Parlamente

Gegen den Abbau der Privilegien des ersten und zweiten Standes sprachen sich am entschiedensten immer wieder die *Parlamente* (s. S. 228) aus. Sie hatten den Königen zunächst wertvolle Dienste gegen die Einmischungsversuche von Partikulargewalten geleistet, hatten aber allmählich selbst feudale Machtinteressen entwickelt und wurden so zu hartnäckigen Gegnern des absolutistischen Königtums. Ihr Recht, Einsprüche gegen königliche Gesetze zu erheben, machte das Parlament von Paris zusammen mit den 13 Provinzparlamenten zur führenden oppositionellen Kraft gegen den König.

Jeder Versuch des französischen Königs, seine Macht absolutistisch auszuüben, führte daher vor allem im 18. Jahrhundert zu erbitterten Auseinandersetzungen mit den Parlamenten, die entschieden feudalständische Interessen vertraten. Schon Ludwig XIV. hatte 1673 das Einspruchsrecht der Parlamente faktisch aufgehoben, es jedoch formaljuristisch weiter bestehen lassen. Nach seinem Tode konnten die Parlamente ihre Rechte jedoch wieder weitgehend herstellen. Der Kampf des Königtums mit dem Hochadel erreichte nach Ludwig XIV. einen erneuten Höhepunkt, als Ludwig XV. (1715–1774) die Räte des Pariser Parlaments aus der Stadt verbannte. Dessen Nachfolger, Ludwig XVI. (1774–1792), setzte bei seinem Regierungsantritt die Parlamentsräte wieder ein, so dass sie bei den anstehenden Versuchen der Steuerreform erneut zum Gegenspieler der absolutistischen Monarchie wurden.

Gegen Absolutismus und Merkantilismus: die Physiokraten

Reformerische Ideen zur Überwindung der Wirtschaftskrise und des drohenden Staatsbankrotts kamen vor allem von den Anhängern einer neuen sozialen und volkswirtschaftlichen Lehre, den *„Physiokraten"* (von griech. Physiokratie: Herrschaft der Natur). Vom Naturrecht leiteten sie eine neue Gesellschafts- und Wirtschaftslehre ab. Nach ihren Gesellschaftsvorstellungen lebt der Mensch in zwei Ordnungen, dem „ordre naturel", d. h. der von Gott ewig und unveränderlich geschaffenen Ordnung, und dem „ordre positif", d. h. dem herrschenden politischen System. Der Herrscher hat die Aufgabe, die irdische Ordnung der göttlichen anzugleichen. Die Wirtschaftslehre der Physiokraten ist eine totale Abkehr vom Merkantilismus: Einzige Quelle des Wohlstandes und der Wirtschaft sind die im Boden angehäuften Geschenke der Natur. Händler und Gewerbetreibende schaffen daher keinen neuen Reichtum, sie gehören zur „unproduktiven Klasse", da sie bestehende Stoffe nur umwandeln oder von Ort zu Ort bringen. Die „produktive Klasse" der Bevölkerung bilden die Bauern. Sie sollten daher von allen feudalen und merkantilistischen Bindungen befreit werden. Die Physiokraten forderten Freiheit der Person, Freizügigkeit und Freihandel. Sie griffen damit sowohl die Grundlagen des Absolutismus als auch der feudalen Gesellschaftsordnung an und wurden zu Vorläufern des wirtschaftlichen Liberalismus. Von den Ideen der Physiokraten geprägt war Robert Jacques Turgot, den Ludwig XVI. 1774 zum Finanzminister ernannte.

Reformversuche gegen den Staatsbankrott

Mit *Turgot* begann eine Reihe von Reformversuchen , den Staatsbankrott Frankreichs abzuwenden. Er stützte sich auf den König und wollte mit seiner Hilfe die Privilegien der ersten beiden Stände abbauen. Turgot beendete die staatlichen Eingriffe in die Wirtschaft, begann eine dezentralisierte Selbstverwaltung aufzubauen, schuf eine einheitliche Grundsteuer, befreite die Bauern von einigen Frondiensten, hob die Zünfte auf (Gewerbefreiheit) und gab den Getreidehandel, bisher vorwiegend ein Recht der Privilegierten, für alle Franzosen frei. Mit diesen Maßnahmen stieß er auf den erbitterten Widerstand der Parlamente. Als er zudem eine Einschränkung des königlichen Hofes verlangte und sich gegen eine weitere Beteiligung am amerikanischen Unabhängigkeitskrieg aussprach, war dies der Anlass für den König, Turgot zu entlassen. Die entscheidende Ursache dafür war Turgots Politik, eine einheitliche Grundsteuer durchzusetzen und damit Privilegien des ersten und zweiten Standes anzutasten.
Der Nachfolger Turgots, der Genfer Bankier Jacques *Necker*, entwarf einen entgegengesetzten Plan. Er suchte die Unterstützung der Privilegierten, wollte daher die Provinziallandtage (Ständevertretung der Provinzen) wieder beleben und mit ihrer Hilfe eine Steuerreform durchführen. Necker war für staatliche Eingriffe in die Finanz- und Wirtschaftspolitik, er setzte die Getreidepreise fest und nahm hohe Staatsanleihen auf. Dies entsprach zwar weitgehend den wirtschaftlichen Interessen der Privilegierten, dennoch ließen sie sich von Necker nicht für seine Pläne gewinnen. Wie Turgot scheiterte auch er am Widerstand der Parlamente und des Hofadels. Als er – gegen die Gewohnheiten – in einem Rechenschaftsbericht in 100000 Exemplaren das Haushaltsdefizit veröffentlichte, war das der Anlass zu seiner Entlassung.

2 Lebenshaltungskosten der städtischen Bevölkerung in Frankreich im 18. Jahrhundert (in % des Einkommens).

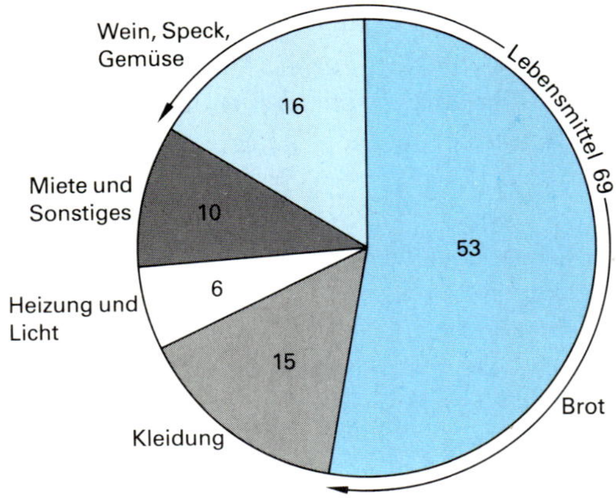

Anstieg der Lebenshaltungskosten:
1771–1789 um 45 %
1785–1789 um 62 %
Erhöhung des Ausgabenanteils für Brot:
1788 auf 58 %
1789 auf 88 %
(Pariser Fabrikarbeiter: 97 %
Maurer: 60 %
Schlossergeselle: 48 %)
Anstieg der Löhne 1785–1789:
insgesamt: 22 %
im Baugewerbe: 24 %
in der Landwirtschaft: 16 %
im Textilgewerbe: 22 %

1783 ernannte Ludwig XVI. Charles Alexandre *de Calonne* zum Finanzminister. Calonne wusste, dass er eine Steuerreform nicht mit den Privilegierten und den Parlamenten durchführen konnte. Der mögliche Weg, die Generalstände einzuberufen, erschien ihm wegen des ungeklärten Wahlmodus zu unsicher, daher berief er die Notabeln ein: 144 vom König auserwählte, an Bildung, Rang und Vermögen bedeutende Männer. Von ihnen erhoffte er Unterstützung der Regierung, doch die Notabeln lehnten ebenfalls den Plan einer Grundsteuer ab. Viele von ihnen forderten die Einberufung der „authentischen Vertreter der Nation" (Lafayette), also der Generalstände. Dies verlangten bald auch die Parlamente.
Nachdem ein letzter Versuch des Königs, durch Verhaftung der Parlamentsräte eine Steuerreform gewaltsam durchzuführen, an der aufgebrachten Öffentlichkeit gescheitert war, beauftragte der König Jacques Necker, die *Generalstände* einzuberufen. Sie traten am 5. Mai 1789 zusammen. Am Streit um den Abstimmungsmodus dieses Gremiums entzündete sich die Französische Revolution.

3 Der Machtkampf zwischen Krone und Parlament

Nach dem Tode Ludwigs XIV. kämpften die Parlamente hartnäckig um die Wiederherstellung ihrer alten Rechte und beschrieben mehrfach ihre Aufgaben gegenüber der absolutistischen Monarchie.

3a Das Parlament von Bordeaux schrieb dazu 1757 an den König:

„... Noch erkennt die Nation in dieser Körperschaft [dem Parlament] den Garanten ihres Gehorsams, ihren alten Bürgen, den getreuen Dolmetscher ihrer Empfindungen, den Sprecher ihrer Bedürfnisse, oder vielmehr, sie anerkennt sich selbst, ob das Parlament nun im Namen Euerer Untertanen Ihnen die unwandelbare Treue, welche sie Ihnen gegenüber hegt, oder auch mitunter das Bedauern ausdrückt, dass Ihre Völker sich infolge außerordentlicher Notlage vor der Unmöglichkeit sehen, der ganzen Größe Ihrer Herzensregung zu folgen. In jedem Falle geschieht es durch Vermittlung dieser Körperschaft, dass die Nation [zu Ihnen] spricht, ... Wenn auch Ihr Parlament, Sire, niemals daran gedacht hat, irgendeinen Teil der legislativen Gewalt an sich zu bringen, die vollkommen der geheiligten Person des Souveräns zusteht, so ist es doch nichtsdestoweniger in allen Fragen der Gesetzgebung sein legaler Rat. Pflicht und Eid zwingen es zu urteilen, ob das Gesetz zum Besten des Monarchen und seiner Untertanen diene. Es misst es an alten und grundlegenden Gesetzesakten; es vergewissert sich, dass ihm nichts innewohnt, was gegen die ursprünglichen Gesetze verstieße, an denen die Sicherheit des Thrones so gut hängt wie Ruhe und Glück der Völker ... Unter all diesen Handlungen, Sire, ist unverkennbar die wahre, die wichtige, die wesentliche, die der Überprüfung des Gesetzes, die in wohldurchdachtem Urteil wie jedes Urteil in voller Freiheit der Abstimmung gefunden werden muss ... Wenn wir der Tradition der Ordonnanzen folgen und bis zu den ältesten Kapitularien unserer Könige zurückgehen [stoßen wir auf den Grundsatz]: Lex consensu populi fit et constitutione regis, und also bestehen Gesetze gleichermaßen aus der königlichen Willensmeinung und aus der Zustimmung der Untertanen ... Bis hinauf zur Lex Salica zeigen die erhabensten Denkmale der Monarchie, dass die Prinzipien dieser Prüfung niemals gewankt haben. Dieses heilige Gesetz gründet die Monarchie; auf diesem Grundsatz ruht Ihr Thron. Hier ist das allgemeine Prinzip der unabhängigen Gewalt unserer Könige und der gesetzlichen Freiheit ihrer Untertanen. Aus dieser erhabenen Quelle fließen die gleichen Prinzipien, deren Überprüfung wie freie und freiwillige Registrierung wir soeben als notwendig bezeichnet haben. Wer sie anrührt, der zerstört völlig diese geheiligten Prinzipien und mit ihnen die Gesetze und alle Formen gesetzlicher Herrschaft ... Ja, Sire, das Parlament ist seinem Wesen nach eine beratende Körperschaft."

3b Das Parlament der Bretagne stellte 1787 fest:
„... Die Grundwahrheit: wie der König will, will es das Gesetz, dieses alte Sprichwort kann in zwei einander entgegengesetzten Weisen ausgelegt werden. Man kann es so verstehen, dass die Gesetze alles wollen, was der König will, oder aber, dass der König alles wolle, was die Gesetze vorschreiben. Die erste Deutung kann nur zu einer despotischen Regierung passen, wo es außer dem Willen eines einzigen kein Gesetz gibt. Die zweite Deutung trifft hingegen auf die monarchische Regierung zu, in der sich der Wille des Souveräns immer im Einklang mit den Gesetzen befinden muss ... Wenn auch in einer Monarchie die Gesetze letztlich immer im Namen des Königs verkündet werden, so können sie doch so lange nicht als solche gelten, wie sie nicht die Zustimmung der Nation erhalten haben."

3c Eines der vielen Flugblätter, mit denen der dritte Stand das französische Volk zu informieren versuchte, setzt sich in einem Dialog mit der Rolle der Parlamente auseinander (1788):
„D: Was seid ihr von Natur aus?
R: Wir sind Beamte des Königs, die mit der

4 **Unterschiedliche Steuern im Ancien Régime**

5 **Frankreichs Parlamente 1789**

Rechtsprechung für sein Volk beauftragt sind.

D: Was habt ihr vor zu werden?

R: Gesetzgeber, d. h. die Machthaber im Staate.

D: Wie könnt ihr denn die Herren des Staates werden?

R: Wenn wir legislative und exekutive Gewalt zugleich besitzen, dann gibt es nichts mehr was uns widerstehen könnte.

D: Wie gedenkt ihr denn vorzugehen um so weit zu gelangen?

R: Indem wir dem König, dem Klerus, dem Adel und dem Volk jeweils verschiedene Haltungen an den Tag legen werden.

D: Wie verhaltet ihr euch dem König gegenüber?

R: Wir werden versuchen dem König das Vertrauen des Volkes zu entziehen, indem wir uns allen seinen Wünschen widersetzen und damit das Volk glauben machen, wir seien seine wahren Interessenvertreter, und dass wir die Steuerregistrierung zum Allgemeinwohl ablehnen.

D: Wird das Volk denn nicht merken, dass ihr euch nur deswegen der Steuer widersetzt um nicht selbst zahlen zu müssen?"

(Zit. nach: Geschichte in Quellen, Bd. 4, München 1981, S. 122 f.)

6 Die Natur – Quelle des Wohlstandes

François Quesnay, der vom Kleinbauernsohn zum Leibarzt Ludwigs XV. aufgestiegen war, schuf maßgeblich die theoretischen Grundlagen der Physiokraten und formulierte 1758 deren Leitsätze (Auszug):

„I. Die königliche Macht soll die einzige sein und allen Individuen der Gesellschaft und allen unbilligen privaten Interessen überlegen ...

III. Der Souverän und die Nation dürfen niemals aus den Augen verlieren, dass der Boden die einzige Quelle des Reichtums ist und nur der Ackerbau dessen Reichtum vermehrt ...

IV. Der Besitz von Grund und Boden wie von beweglichem Gut muss denen, die ihn rechtmäßig innehaben, gesichert sein. Die Sicherheit des Eigentums ist nämlich die wesentliche Grundlage der ökonomischen Ordnung der Gesellschaft ...

V. Die Steuern dürfen nicht zerstörerisch wirken oder in einem Missverhältnis zum Nationaleinkommen stehen; ihre Erhöhung hat sich nach den Einkommenserhöhungen zu richten. Die Steuern müssen unmittelbar vom Nettoprodukt des Bodens ausgehend erhoben werden und nicht vom Arbeitslohn der Menschen ...

IX. Wenn eine Nation viel Land zu bebauen hat und leicht einen bedeutenden Handel mit landwirtschaftlichen Produkten treiben kann, dann soll sie nicht zuviel Geld und Menschenkraft ans Handwerk und an den Handel mit Luxusgütern verwenden, was zu Lasten der landwirtschaftlichen Arbeiten und Ausgaben geht. Vorrangig soll das Land mit wohlhabenden Bauern bevölkert sein.

XI. Die Abwanderung von Menschen, die ihren Reichtum aus dem Königreich mitnehmen, muss verhindert werden.

XIII. Jeder muss die Freiheit haben, auf seinem Besitz die Produkte anzubauen, die ihm sein Interesse, seine Möglichkeiten und die Beschaffenheit des Landes zum Zwecke des größtmöglichen Ertrags nahelegen ...

XV. Die zum Anbau von Getreide bestimmten Ackerflächen sollen nach Möglichkeit zu großen Betrieben zusammengelegt werden, die von wohlhabenden Bauern bewirtschaftet werden können ...

XVI. Der Außenhandel mit einheimischen landwirtschaftlichen Produkten darf nicht behindert werden, denn je höher der Absatz ist, desto höher ist auch die Reproduktion ...

XX. Das Auskommen der unteren Bevölkerungsschichten darf sich nicht verschlechtern, denn diese können gar nicht genug zum Verbrauch beitragen ...

XXV. Die vollständige Freiheit des Handels muss gewahrt bleiben ..."

(Zit. nach: Geschichte in Quellen, Bd. 4, München 1981, S. 129 ff.)

7 Die Gesellschaft Frankreichs am Ende des Ancien Régimes

1856 schrieb Alexis de Tocqueville, Außenminister Frankreichs nach der Revolution 1848, Verfasser staatstheoretischer Schriften und Analytiker der politischen Ereignisse des 19. Jh.:

„Obwohl das Schicksal des Adels und das des Bürgertums sich stark voneinander unterschieden, glichen sie sich doch in einem Punkt: der bürgerliche Mensch lebte letzten Endes genauso getrennt vom Volk wie der Edelmann selbst. Weit davon entfernt, sich den Bauern zu nähern, hatte er sich der Berührung mit ihrem Elend entzogen; anstatt sich eng mit ihnen zu verbün-

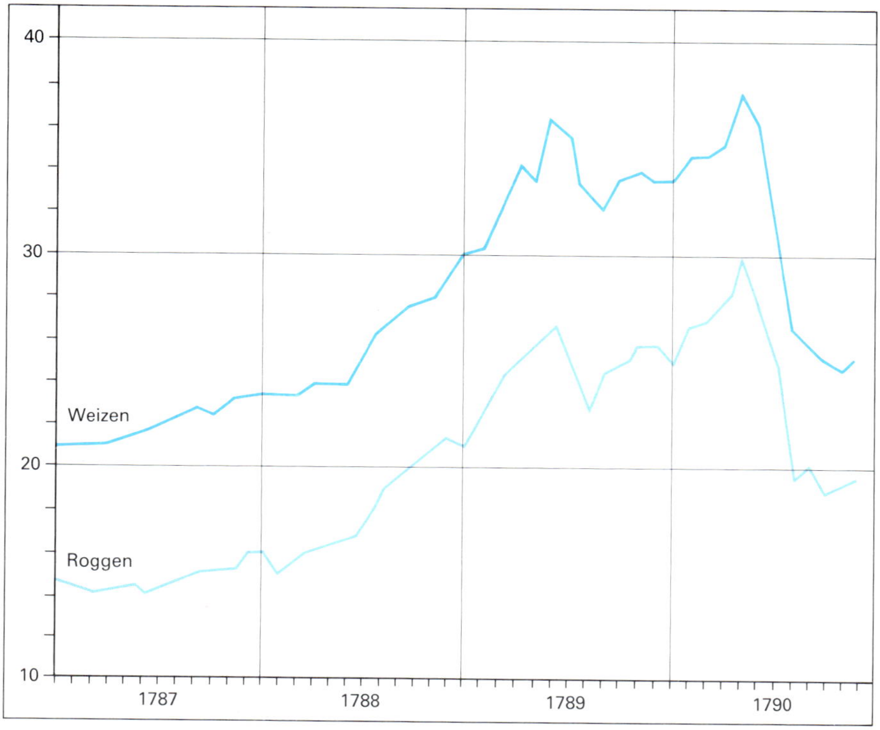

8 Preisentwicklung bei Weizen und Roggen 1787–1790 in Frankreich

den, um gemeinsam mit ihnen gegen die gemeinsame Ungleichheit zu kämpfen, hatte er nur versucht, zu seinem Vorteil neue Ungerechtigkeiten zu schaffen: er war ebenso eifrig darangegangen, sich selbst Ausnahmen zu verschaffen, wie der Adel bedacht war, seine Privilegien aufrechtzuerhalten. Diese Bauern, aus denen er hervorgegangen war, waren für ihn nicht nur entfremdete, sondern sogar unbekannte Menschen geworden und erst nachdem er ihnen Waffen in die Hand gedrückt hatte, merkte er, dass er Leidenschaften entfacht hatte, von denen er nicht die geringste Vorstellung gehabt hatte, die er ebenso wenig einzudämmen wie zu leiten vermochte, und deren Opfer er werden sollte, nachdem er sie einst entfacht hatte ... Als aber der Bürger auf diese Weise ganz vom Adeligen isoliert war und der Bauer vom Adeligen und vom Bürger, als sich, da innerhalb aller Klassen ein analoger Vorgang weiterlief, in jeder Klasse kleine, besondere Vereinigungen bildeten, die fast genauso voneinander isoliert waren wie die einzelnen Klassen, da stellte sich heraus, dass das Ganze nur noch eine homogene Masse war, deren einzelne Teile aber nicht mehr untereinander zusammenhingen. Es gab keinen Verband mehr, der der Regierung hätte hinderlich sein können, keinen, der sie unterstützt hätte. Es war so weit, dass das gesamte großartige Gebäude dieser Fürsten in einem Augenblick vollständig zusammenstürzen konnte, sobald die Gesellschaft, die sein Fundament bildete, in Bewegung geriet."

(A. de Tocqueville, Das Zeitalter der Gleichheit; zit. nach: Politische Weltkunde I, 3, Stuttgart 1972, S. 60 f.)

Arbeitsvorschläge und Fragen

a) Vergleichen Sie die Aussagen der Texte M 3a–c zu Funktion und Rolle der Parlamente.

b) Fassen Sie die Leitgedanken der Physiokraten zusammen (M 6) und vergleichen Sie diese mit den Grundsätzen des Merkantilismus (s. S. 237 ff.)

c) Beurteilen Sie die Gründe, die Tocqueville für den Zusammenbruch des Ancien Régime anführt (M 7).

5. Das politische Denken der Aufklärung – neue Vorstellungen von Staat, Gesellschaft und Individuum

Revolution des Denkens

Seit der Zeit des Humanismus und der Renaissance entfernte sich das Denken des Menschen zwar langsam aber ständig mehr von den Lehren der bisher bestimmenden Autoritäten Theologie und Kirche. 1637 verfasste René Descartes seine „Abhandlung über die Methode des richtigen Vernunftgebrauchs". Er betrachtete die menschliche Vernunft und das logische Denken als alleinige Richtschnur gegenüber den überlieferten „Wahrheiten": Nur was der Mensch mit seiner Vernunft erkennen kann, ist wahr. Nach diesem Prinzip des *Rationalismus* begann eine neue Bestandsaufnahme aller Fragen über den Menschen und die Welt. Im Geiste des Rationalismus wollten die Philosophen des 18. Jh. einen neuen Menschen schaffen, den „aufgeklärten Menschen", dessen Glück nicht in einem erhofften Jenseits, sondern in einem von ihm gestalteten Diesseits liegt. So verkündete der deutsche Philosoph Immanuel Kant nicht nur das Recht, sondern zugleich die Pflicht des Menschen zum autonomen Gebrauch seiner Vernunft: „Aufklärung ist der Ausgang des Menschen aus seiner selbstverschuldeten Unmündigkeit." Alle spekulativen Aussagen über die Seele, über Unsterblichkeit und Gott wurden zurückgewiesen.

Voltaire: Wortführer für Vernunft, Menschenrechte und Toleranz

Die Gedanken der Aufklärung, das Vertrauen auf die Macht der Vernunft, auf die Wissenschaft, die Rationalität und das kritische Denken waren vor allem in Frankreich weit verbreitet. Die Missstände im französischen Staat beim Tode Ludwigs XIV. boten Anlass genug zur Kritik. Aufklärerisches Denken fand in Frankreich daher auch Eingang in politische Ideen. Es waren besonders bürgerliche Kritiker, die das politische System kritisierten und ihre Ideen in Flugschriften und Büchern verbreiteten oder in den Salons diskutierten. Einer von ihnen war *Voltaire*, der in seinen „Lettres philosophiques" die Zustände in Frankreich mit denen in England verglich. Voltaire kämpfte gegen Justizirrtümer, für Toleranz und persönliche Freiheit, für die Abschaffung der Hörigkeit und die Menschenrechte. Stilistisch meisterhaft, oft mit geistreicher Polemik griff er in alle aktuellen Konflikte ein und wurde zu einem „Orakel" seiner Zeit. Voltaire war erfüllt von dem Glauben, dass die Menschen die Wahrheit nur zu erlernen und zu erfahren brauchten um ihr zu folgen. Der Sieg der Vernunft war für ihn unbezweifelbar: „Wir leben in einem Zeitalter, wo die Vernunft mit jedem Tag mehr in die Paläste der Großen wie in die Läden der Kaufleute und Bürger eindringt."

Die „Enzyklopädie": Durch Wissen zu Glück und Tugend?

Voltaire schrieb mehrere Beiträge für ein Werk, das alles aus der Sicht der Aufklärer Wissenswerte der Zeit zusammenfasste um dem Menschen die Kenntnisse zu vermitteln, die ihm ein Leben in Glück und Tugend ermöglichten: die *„Enzyklopädie"*. Dieses „Methodische Sachwörterbuch der Wissenschaft, Künste und Gewerbe" erschien 1751 bis 1780 in 35 Bänden. Das Ziel der Herausgeber, des Schriftstellers Diderot und des Naturforschers d'Alembert, war die methodische Darstellung sämtlicher Kenntnisse und Fähigkeiten des Menschen sowie die Anleitung zu handwerklicher und maschineller Praxis.
Die „Enzyklopädie" erreichte in Frankreich große Wirkung, so dass auch dadurch politische Ideen und Kritik an der Gesellschaft weit verbreitet wurden. Inhaltlich nahmen die Autoren vielfach recht extreme Positionen ein. So

führte die mechanische Welterklärung – angewandt auf den menschlichen Organismus – zur Leugnung der Seele und Gottes.
Die Vorstellungen über das Verhältnis von Mensch und Staat führten zum Gedanken der *Volkssouveränität,* die auch von anderen Staatstheoretikern gefordert wurde.

Locke: Über die Staatsgewalten

Rationalistisches Denken brachte schon vor Voltaire und den Enzyklopädisten eine entscheidende Wende in die Auffassung vom Staat. Das Verhältnis von Staat, Volk und Individuum wurde durch die Vorstellung eines Vertrages zwischen Herrscher und Beherrschten (vgl. S. 244) vernunftgemäß begründet. Nach Thomas Hobbes' zutiefst pessimistischem Menschenbild brachte für den Engländer John Locke das Erlebnis der „Glorreichen Revolution" eine optimistische Sicht. In seiner Schrift „Zwei Abhandlungen über die Regierung" (1689) bestimmte er den Staatsbegriff ausschließlich von der *Nützlichkeit* aus. Nach Locke hat der Staat die Aufgabe, dem Bürger ein geordnetes Leben und sein Recht auf Eigentum zu sichern. Die Gesetze haben nur dem Wohl des Volkes zu dienen. Um das zu ermöglichen forderte Locke die Trennung von Exekutive und Legislative. Denn nur so sei gewährleistet, dass die Freiheit des Bürgers nicht mehr eingeschränkt wird als zur Erreichung dieses Staatszwecks notwendig. Wenn der Staat sich anmaßen sollte, den Bürger in seiner Freiheit zu bedrohen oder sein Eigentum anzutasten, so gilt der Vertrag als gebrochen; die Bürger seien dann zum Widerstand berechtigt.

1 **Ludwig XIV. besucht die Akademie der Wissenschaften in Paris** (zeitgenössischer Stich von S. Leclerc). Die Akademie wurde 1666 auf Veranlassung des Königs und Colberts nach dem Vorbild der „Royal Society" in London gegründet.

2 **Titelseite der „Encyclopédie"** (Erstausgabe von 1751). Für den deutschsprachigen Raum gibt es ein vergleichbares Werk: das „Große vollständige Universal-Lexicon aller Wissenschaften und Künste" mit insgesamt 68 Bänden.

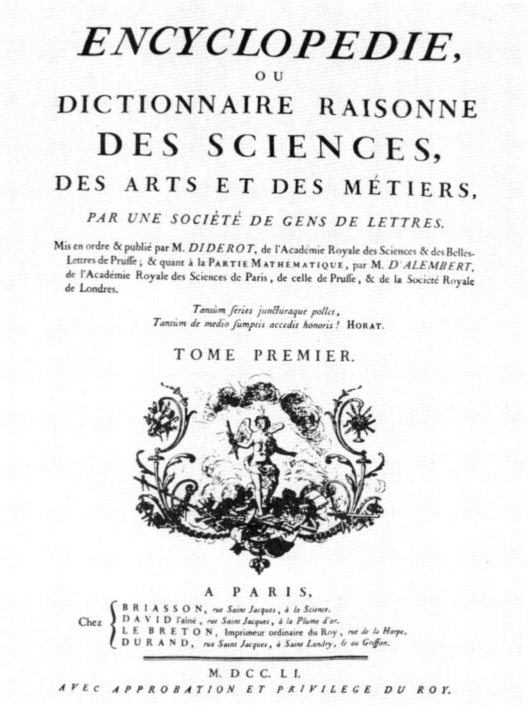

ENCYCLOPEDIE,
OU
DICTIONNAIRE RAISONNE
DES SCIENCES,
DES ARTS ET DES MÉTIERS,
PAR UNE SOCIÉTÉ DE GENS DE LETTRES.

Mis en ordre & publié par M. DIDEROT, de l'Académie Royale des Sciences & des Belles-Lettres de Prusse; & quant à la PARTIE MATHÉMATIQUE, par M. D'ALEMBERT, de l'Académie Royale des Sciences de Paris, de celle de Prusse, & de la Société Royale de Londres.

Tantùm series juncturaque pollet,
Tantùm de medio sumptis accedit honoris! HORAT.

TOME PREMIER.

A PARIS,
Chez
BRIASSON, *rue Saint Jacques, à la Science.*
DAVID l'aîné, *rue Saint Jacques, à la Plume d'or.*
LE BRETON, Imprimeur ordinaire du Roy, *rue de la Harpe.*
DURAND, *rue Saint Jacques, à Saint Landry, & au Griffon.*

M. DCC. LI.
AVEC APPROBATION ET PRIVILEGE DU ROY.

Montesquieu: Über den Geist der Gesetze

Wie für die meisten Staatstheoretiker der Zeit war auch für Charles de Montesquieu die englische Entwicklung das große Vorbild. In seinem Hauptwerk „Vom Geist der Gesetze“ (1748) wird der Gedanke Lockes von der Trennung der Gewalten zum Zentralmotiv. Exekutive, Legislative und Judikative sollen sich gegenseitig in Schranken halten und so die individuelle Freiheit der Bürger sichern. Dieser Gedanke der *Gewaltenteilung* wurde wenige Jahrzehnte später Grundlage der Verfassung der USA und ist heute Bestandteil aller demokratischen Verfassungen.

Rousseau: Über den Gesellschaftsvertrag

Nicht England, sondern die kleinen Bauern- und Stadtrepubliken der Schweiz waren für Jean-Jacques Rousseau das Ideal. In seiner Schrift „Du Contrat social“ (1762) kam er deshalb zu einer äußersten Gegenposition zu Hobbes, denn der *Gesellschaftsvertrag* bedeutet für ihn keine Selbstaufgabe des Einzelnen. Im Gegenteil, die vertragsabschließenden Bürger sind für ihn allein die Träger der Souveränität *(Volkssouveränität)*. Diese könne weder übertragen noch geteilt werden: Die Bürger sollen unmittelbar selbst alle öffentlichen Angelegenheiten entscheiden (direkte Demokratie). Dieser allgemeine Wille des Volkes (volonté générale) komme vor allem in der Legislative zum Ausdruck. Die staatsbürgerliche Freiheit des Einzelnen besteht nach Rousseau darin, den Gesetzen zu gehorchen, die er sich selbst geschaffen hat.
Rousseaus Vorstellungen räumen dem Einzelnen zwar völlige Freiheit in der Selbstbestimmung ein, sie zwingen aber auch jeden, die selbst gegebenen Regeln absolut einzuhalten, führen somit auch zur Unfreiheit. Daher werden seine Gedanken in späterer Zeit auch von totalitären Systemen als Legitimation missbraucht.

3 **Voltaire,** eigentlich: François Marie Arouet (1694–1778). Die Bildunterschrift lautet übersetzt: „Später wird er von den Nachkommen geachtet sein, jetzt ist er von den Freunden geachtet.“

4 Voltaire über die Bürgerrechte in England

Voltaire musste 1726–1729 wegen seiner Kritik an der französischen Monarchie nach England ins Exil gehen. Aus dieser Sicht verglich er die Zustände in England mit denen in Frankreich:
„Soweit ist die englische Gesetzgebung schließlich gelangt: jeden Menschen wieder in alle natürlichen Rechte einzusetzen, deren er in fast allen Monarchien beraubt ist. Diese Rechte sind: völlige Freiheit seiner Person und seiner Güter, die Freiheit, durch das Organ seiner Feder zur Nation zu sprechen, das Recht in Strafsachen nur durch ein Geschworenenkollegium unabhängiger Männer gerichtet zu werden, das Recht, friedlich jede beliebige Religion zu verkünden unter Verzicht auf die Ämter, die den Anglikanern vorbehalten sind. Das nennt man Vorrechte. Und es ist in der Tat ein sehr großes und sehr glückliches Vorrecht vor so vielen Na-

tionen, dass ihr beim Einschlafen sicher seid, am nächsten Tag mit dem gleichen Vermögen aufzuwachen, wie ihr es am Vorabend hattet, dass ihr nicht mitten in der Nacht aus den Armen eurer Frau und eurer Kinder gerissen werdet, um in einen Gefängnisturm oder eine verlassene Gegend geführt zu werden, dass ihr nach dem Aufwachen das Recht habt, alles zu veröffentlichen, was ihr denkt, dass ihr, wenn ihr wegen schlechter Handlungen, Reden oder Schriften angeklagt seid, nur nach dem Gesetz gerichtet werdet. Ein Ausländer genießt dort [in England] die gleiche Freiheit seiner Güter und seiner Person und wenn er angeklagt wird, kann er verlangen, dass die Hälfte der Geschworenen aus Ausländern zusammengesetzt ist. Ich wage zu behaupten, dass, wenn man das Menschengeschlecht versammelte um Gesetze zu machen, man die Gesetze zu seiner Sicherheit auf diese Weise machen würde. Warum folgt man diesen Gesetzen also nicht in den anderen Ländern?"
(Zit. nach: Politische Weltkunde I, 3, Stuttgart 1972, S. 57 f.)

5 Voltaire über das Steuerrecht in England

Im neunten Brief seiner „Lettres philosophiques" schrieb Voltaire über das englische Steuerrecht. (Die französische Ausgabe wurde bei ihrem Erscheinen 1734 durch ein Gerichtsurteil verboten):

„Ein Mann ist hier keineswegs von der Entrichtung gewisser Steuern befreit, weil er ein Edelmann oder Priester ist; alle Auflagen werden vom Unterhause geregelt, das, wenn es auch das zweite dem Range nach, dennoch dem Ansehen nach das erste ist. Die Lords und die Bischöfe können wohl in Steuerfragen einen Gesetzesvorschlag des Unterhauses ablehnen; aber sie haben kein Recht, etwas daran zu ändern. Sie müssen ihn entweder annehmen oder ablehnen, ohne jeden Vorbehalt. Wenn der Vorschlag von den Lords bestätigt und vom König gutgeheißen worden ist, dann zahlt eben jedermann, und zwar nicht nach seinem Range (wie in Frankreich), was albern ist, sondern gemäß seinen Einkünften. Hier gibt es weder eine Taille noch sonst eine willkürliche Kopfsteuer, sondern eine dem wirklichen Wert des Grundeigentums entsprechende Abgabe. Der gesamte Grundbesitz ist unter dem berühmten König Wilhelm III. einer Einschätzung unterzogen worden ... Die Grundsteuer bleibt sich immer gleich, obwohl der Bodenertrag gestiegen ist; so fühlte sich niemand bedrückt ... Der Bauer sieht seine Füße nicht von Holzschuhen zerschunden. Er isst Weißbrot, ist gut gekleidet; er scheut sich weder seinen Viehstand zu vermehren, noch auch sein Dach mit Ziegeln einzudecken, da er keine Angst haben muss, deswegen im folgenden Jahr mehr Steuern bezahlen zu müssen ..."
(Zit. nach: Quellen zur Geschichte der Neueren Zeit, hrsg. v. G. Guggenbühl/H. C. Huber, Zürich 1976, S. 297)

6 Aus der „Enzyklopädie"

In Band I aus dem Jahre 1751 heißt es:

„Politische Autorität: Der Fürst erlangt doch von den Untertanen selbst die Autorität, die er über sie hat, und diese Autorität ist durch die Gesetze der Natur und des Staates eingeschränkt. Die Gesetze der Natur und des Staates sind die Bedingungen, unter denen die Untertanen sich der Regierung des Fürsten tatsächlich unterworfen haben oder so anzusehen sind, als hätten sie dies getan. Eine dieser Bedingungen lautet: Da der Fürst Autorität und Gewalt über die Untertanen nur auf Grund ihrer Wahl und ihrer Zustimmung hat, darf er diese Autorität nie anwenden, um die Urkunde oder den Vertrag aufzuheben, durch die sie ihm verliehen worden ist. Er würde in diesem Fall gegen sich selbst handeln, da seine Autorität nur auf Grund des Rechtstitels bestehen kann, der sie begründet hat. Wer das eine zunichte macht, zerstört das andere. Der Fürst kann also über seine Gewalt und seine Untertanen weder ohne die Zustimmung der Nation noch unabhängig vor der im Unterwerfungsvertrag zutage getretenen Wahl verfügen. Wenn er anders verführe, wäre alles nichtig ..."
(Zit. nach: Philosophische und politische Texte aus der „Encyclopédie", München 1969, S. 201)

7 John Locke: Naturzustand und freiheitliche Gesellschaft

In seinem Werk „Zwei Abhandlungen über die Regierung" (1689) äußerte sich Locke zur „Glorreichen Revolution" und zur neuen englischen Verfassung:

„Um politische Gewalt richtig zu verstehen und sie von ihrem Ursprung herzuleiten, müssen wir erwägen, in welchem Zustand sich die Men-

schen von Natur aus befinden. Es ist ein Zustand vollkommener Freiheit, innerhalb der Grenzen des Naturgesetzes ihre Handlungen zu regeln und über ihren Besitz und ihre Person zu verfügen, wie es ihnen am besten scheint, ohne Erlaubnis einzuholen oder vom Willen eines anderen abhängig zu sein ... Ist dies auch ein Zustand der Freiheit, so ist es doch nicht ein Zustand der Zügellosigkeit ... Im Naturzustand herrscht ein Naturgesetz, das für alle verbindlich ist: Die Vernunft – sie ist dieses Gesetz – lehrt alle Menschen, wenn sie nur um Rat fragen, dass niemand ... einem anderen an seinem Leben, seiner Gesundheit, seiner Freiheit oder seinem Besitz Schaden zufügen soll. Denn alle Menschen sind das Werk eines einzigen allmächtigen und unendlich weisen Schöpfers ...
Der Kriegszustand ist ein Zustand der Feindschaft und Zerstörung ... Die Vermeidung dieses Kriegszustandes ... ist ein Hauptgrund, dass die Menschen den Naturzustand verlassen und sich zu einer Gesellschaft vereinigen ...
Die Menschen sind, wie schon gesagt, von Natur aus alle frei, gleich und unabhängig. Niemand kann ohne seine Einwilligung aus diesem Zustand verstoßen und der politischen Gewalt eines anderen unterworfen werden. Die einzige Möglichkeit, diese natürliche Freiheit aufzugeben und die Fesseln der bürgerlichen Gesellschaft anzulegen, ist die, dass man mit anderen Menschen übereinkommt, sich zusammenzuschließen und in einer Gemeinschaft zu vereinigen um behaglich, sicher und friedlich miteinander zu leben, in dem sicheren Genuss des Eigentums und mit größerer Sicherheit denen gegenüber, die ihr nicht angehören. Jede beliebige Anzahl von Menschen kann dies tun, denn es verletzt nicht die Freiheit der Übrigen; sie verbleiben wie zuvor in der Freiheit des Naturzustandes ...
Das große Ziel der Menschen, die in eine Gemeinschaft eintreten, ist der Genuss ihres Eigentums in Frieden und Sicherheit und das große Instrument und die Mittel dazu sind die Gesetze, die in dieser Gesellschaft erlassen werden.
Das erste und grundlegend positive Gesetz aller Staatswesen ist daher die Errichtung der legislativen Gewalt – so wie das erste und grundlegende natürliche Gesetz, das sogar die Legislative selbst binden muss, die Erhaltung der Gesellschaft und, soweit es mit dem öffentlichen Wohl vereinbar ist, jeder einzelnen Person in ihr ist. Diese legislative Gewalt ist nicht nur die höchste Gewalt des Staates, sondern sie liegt auch geheiligt und unabänderlich in jenen Händen, in die die Gemeinschaft sie einmal gelegt hat. Keine Vorschrift ... kann die Verpflichtung eines Gesetzes haben, wenn sie nicht durch jene Legislative sanktioniert ist, die von der Allgemeinheit gewählt und ernannt worden ist ...
Die legislative Gewalt ist jene, die das Recht hat zu bestimmen, wie die Macht des Staates zur Erhaltung der Gemeinschaft und ihrer Glieder gebraucht werden soll ... Bei der Schwäche der menschlichen Natur, die stets dazu neigt, nach der Macht zu greifen, dürfte es eine zu große Versuchung sein, wenn diejenigen, die die Macht besitzen, Gesetze zu erlassen, auch die Macht hätten, diese auszuführen. Sie könnten sich selbst vom Gehorsam gegen die Gesetze, die sie erlassen haben, ausnehmen und das Ganze nach Inhalt und Durchführung auf ihren persönlichen Vorteil ausrichten ... Die legislative und die exekutive Gewalt werden daher oftmals voneinander getrennt."
(Zit. nach: Grundriss der Geschichte, Dokumente, Bd. 1, Stuttgart 1985, S. 127 f.)

8 Montesquieu: Über die Freiheit und die Verfassung

In seinem Hauptwerk „Vom Geist der Gesetze" schrieb Montesquieu 1748:
„Was die Freiheit ist.
Es ist wahr, dass in den Demokratien das Volk zu tun scheint, was es will. Aber frei sein heißt in staatlichen Dingen nicht, tun zu dürfen, was einem gerade einfällt. Im Staate, also in einer von Gesetzen beherrschten Gemeinschaft, kann die Freiheit nur darin bestehen, alles tun zu können, was man soll, und nicht gezwungen zu sein, etwas zu tun, was man nicht wollen soll.
... Es ist aber eine immer wieder festzustellende Tatsache, dass jeder Mensch, der Macht hat, auch in Gefahr steht, sie zu missbrauchen; er hält damit erst inne, wenn er auf Widerstand stößt. Sogar der beste braucht solche Schranken. Damit man die Gewalt nicht missbrauchen kann, müssen Maßnahmen getroffen werden, so dass die Gewalt die Gewalt aufhält ...
Von der Verfassung Englands.
Jeder Staat verfügt über drei Arten der Gewalt: über die Gewalt, Gesetze zu geben, über die Ge-

walt, die Handlungen zu vollziehen, die in den Bereich des Völkerrechts gehören, und über die Gewalt, für die Beobachtung alles dessen zu sorgen, was in das Gebiet des bürgerlichen Rechts fällt. In Ausübung der ersten dieser Gewalten setzt der Fürst – oder die Obrigkeit – vorübergehend oder dauernd gültiges Recht und verbessert oder hebt die gültigen Gesetze auf; in der Ausübung der zweiten schließt er Frieden, erklärt er Krieg, entsendet oder empfängt er Gesandtschaften, sorgt für die öffentliche Ordnung, sichert er sein Land vor dem Einbruch einer feindlichen Macht; in der Ausübung der dritten bestraft er Verbrechen und schlichtet er Zwistigkeiten unter Privatpersonen. Man kann diese letztere als richterliche, die zweite einfach als vollziehende Gewalt des Staates bezeichnen.

...

Wenn die Ausübung der gesetzgebenden und der vollziehenden Gewalt einer einzigen Person oder einer einzigen Behörde zusteht, so gibt es keine Freiheit, weil zu befürchten ist, dass alsdann der betreffende Alleinherrscher oder die betreffende Behörde nach Willkür Gesetze geben, die sie auch willkürlich vollziehen können. Es gibt auch keine Freiheit, wo die richterliche nicht von der gesetzgebenden und der vollziehenden getrennt ist. Wäre sie mit der gesetzgebenden vereinigt, so käme dies der Aufrichtung einer schrankenlosen Macht über Leben und Freiheit der Bürger gleich; denn der Richter könnte selbst die Gesetze aufstellen. Wäre sie mit der vollziehenden Gewalt vereinigt, so könnte der Richter seine Entscheidungen mit der Kraft des Unterdrückers durchsetzen. Es wäre das allgemeine Verderben, wenn ein einzelner Mensch oder eine einzelne Behörde, gleichgültig, ob adelig oder demokratisch, alle drei Gewalten ausüben würde und dadurch Macht bekäme sowohl Gesetze zu schaffen als auch die den Staat betreffenden Beschlüsse auszuführen und über Verbrechen und Zwistigkeiten unter Privatpersonen richterliche Entscheidungen zu treffen ..."

(Zit. nach: Quellen zur Geschichte der Neueren Zeit, hrsg. von G. Guggenbühl/H. C. Huber, Zürich 1976, S. 309 ff.)

9 Rousseau: Über den Gesellschaftsvertrag und den Gemeinwillen

In seinem Werk „Du Contrat social" (Vom Gesellschaftsvertrag) (1762) beschäftigte sich Rousseau vor allem mit dem Verhältnis von Staat, Gemeinwille und Einzelwille:

9a Buch I, Kapitel 6:

„Der Gesellschaftsvertrag.

‚Wie findet man eine Gesellschaftsform, die mit der ganzen gemeinsamen Kraft die Person und das Vermögen jedes Gesellschaftsmitgliedes verteidigt und schützt und kraft dessen jeder Einzelne, obgleich er sich mit allen vereint,

10 John Locke (1632–1704; zeitgenössischer Kupferstich)

11 Charles-Louis de Secondat, Baron de Montesquieu (1689–1755; zeitgenössisches Gemälde)

12 Jean-Jacques Rousseau (1712–1778; Gemälde von Maurice Qu. de Latour, 1753)

gleichwohl nur sich selbst gehorcht und so frei bleibt wie vorher?' Dies ist die Hauptfrage, deren Lösung der Gesellschaftsvertrag gibt … Alle diese Klauseln lassen sich, wenn man sie richtig auffasst, auf eine einzige zurückführen, nämlich auf das gänzliche Aufgehen jedes Gesellschaftsmitgliedes mit allen seinen Rechten in der Gesamtheit, denn indem er sich ganz hingibt, so ist das Verhältnis zunächst für alle gleich, und weil das Verhältnis für alle gleich ist, so hat niemand ein Interesse daran, es den anderen drückend zu machen … An die Stelle der einzelnen Person jedes Vertragsschließenden setzt solcher Gesellschaftsvertrag sofort einen geistigen Gesamtkörper, dessen Mitglieder aus sämtlichen Stimmabgebenden bestehen, und der durch ebendiesen Akt seine Einheit, sein gemeinsames Ich, sein Leben und seinen Willen erhält. Diese öffentliche Person, die sich auf solche Weise aus der Vereinigung aller Übrigen bildet, wurde ehemals Stadt genannt und heißt jetzt Republik oder Staatskörper. Im passiven Zustand wird er von seinen Mitgliedern Staat, im aktiven Zustand Oberhaupt, im Vergleich mit anderen seiner Art Macht genannt. Die Gesellschaftsgenossen führen als Gesamtheit den Namen Volk und nennen sich einzeln als Teilhaber der höchsten Gewalt Staatsbürger und im Hinblick auf den Gehorsam, den sie den Staatsorganen schuldig sind, Untertanen."

9b Buch I, Kapitel 7:
„Vom Staatsoberhaupt.
Damit demnach der Gesellschaftsvertrag keine leere Form sei, enthält er stillschweigend folgende Verpflichtung, die allein den Übrigen Kraft gewähren kann; sie besteht darin, dass jeder, der dem allgemeinen Willen den Gehorsam verweigert, von dem ganzen Körper dazu gezwungen werden soll; das hat keine andere Bedeutung, als dass man ihn zwingen werde, frei zu sein. Denn die persönliche Freiheit ist die Bedingung, die jedem Bürger dadurch, dass sie ihn dem Vaterland einverleibt, Schutz gegen jede persönliche Abhängigkeit verleiht, eine Bedingung, die die Stärke und Beweglichkeit der Staatsmaschine ausmacht und den bürgerlichen Verpflichtungen, die ohne sie sinnlos, tyrannisch und den ausgedehntesten Missbräuchen ausgesetzt wären, Rechtmäßigkeit gibt."

9c Buch II, Kapitel 3:
„Ob der allgemeine Wille irren kann.
Oft ist ein großer Unterschied zwischen dem Willen aller und dem allgemeinen Willen; Letzterer geht nur auf das allgemeine Beste aus, Ersterer auf das Privatinteresse und ist nur eine Summe einzelner Willensmeinungen. Zieht man nun von diesen Willensmeinungen das Mehr und Minder, das sich gegenseitig aufhebt, ab, so bleibt als Differenzsumme der allgemeine Wille übrig … Um eine klare Darlegung des allgemeinen Willens zu erhalten, ist es deshalb von Wichtigkeit, dass es im Staate möglichst keine besonderen Gesellschaften geben und jeder Staatsbürger nur für seine eigene Überzeugung eintreten soll … Diese Vorsichtsmaßnahmen können einzig und allein bewirken, dass der allgemeine Wille immer klar ersichtlich ist und das Volk sich nicht irrt."
(Zit. nach: Politische Weltkunde I, 3, Stuttgart 1972, S. 58 f.)

Arbeitsvorschläge und Fragen

a) Vergleichen Sie die Verhältnisse auf rechtlichem und steuerlichem Gebiet, wie sie Voltaire für England beschrieb und wie sie in Frankreich existierten (M4 und M5 und S. 257 f.: M3–M5).
b) Fassen Sie die Argumente zusammen, die Locke und Montesquieu für die Teilung der Gewalten anführen (M7 und M8).
c) Untersuchen Sie, ob sich aus M7 und M9 ein Widerstandsrecht der Bürger ableiten lässt. Begründen Sie Ihre Feststellung.
d) Erarbeiten Sie aus M9, welche Gründe nach Rousseau zum Gesellschaftsvertrag führen und in welchem Verhältnis Vertrag und Freiheit zueinander stehen.
e) Erläutern Sie, wodurch bei Rousseau Gemein-, Gruppen- und Einzelwille unterschieden sind.

6. Aufgeklärter Absolutismus in Preußen und Österreich

6.1 Ein Philosoph auf dem preußischen Königsthron: Friedrich II., der Große

Gewandeltes Selbstverständnis des Monarchen

Die Aufklärung sah den Zweck des Staates nicht darin, dem Wohlergehen der Dynastien, sondern den Bedürfnissen der Menschen zu dienen. Humanitäre Ziele sollten verwirklicht, die private Rechtssphäre geschützt und die allgemeine Wohlfahrt gehoben werden. In Preußen schien es 1740, dass sich in diesem Staat als einem der ersten in Europa diese Staatsziele mit dem absoluten Fürstentum verbinden könnten, als Friedrich II. (1740–1786) König wurde. Denn Friedrich galt als der „weitaus gebildetste, kenntnis- und geistreichste Fürst Europas", als aufgeklärter Philosoph. Er schrieb und dichtete in französischer Sprache, holte Voltaire zu sich und umgab sich auf Schloss Sanssouci mit großen Gelehrten seiner Zeit. Auch als preußischer König hielt Friedrich an den Ideen der Aufklärung fest, sie dienten ihm in vielem als Grundlage und Rechtfertigung seiner Politik. Er beanspruchte aber auch die uneingeschränkte Regierungsgewalt, denn nur damit schienen ihm Staatsräson und Gemeinwohl gleichermaßen gewährleistet zu sein. Friedrichs „aufgeklärter Absolutismus" blieb daher im Grunde immer eine absolutistische Herrschaft. Das Selbstverständnis des Monarchen aber wandelte sich: „Ein Fürst muss sich oft ins Gedächtnis zurückrufen, dass er ein Mensch ist wie der Geringste seiner Untertanen. Wenn er der erste Richter, der erste Feldherr, der erste Finanzbeamte, der erste Minister der Gemeinschaft ist, so soll er das nicht sein um zu repräsentieren, sondern um seine Pflichten zu erfüllen. Er ist nur der erste Diener des Staates", schrieb Friedrich 1777. Der Dienst am Staat legitimiert die Macht des Fürsten. Friedrich sah seine unumschränkte Herrschaft nicht mehr im Gottesgnadentum begründet, er leitete sie ab aus dem Vertragscharakter des Staates (vgl. S. 244 ff.) und der Natur der Menschen, die die Existenz eines Staates notwendig macht. Um Ordnung und Recht im Zusammenleben der Menschen zu sichern, vollzog Friedrich alle Entscheidungen selbst, ließ niemand daran teilhaben: *„Alles für das Volk, nichts durch das Volk!"* Obwohl er deshalb von aufgeklärten Zeitgenossen kritisiert wurde, verkörperte er doch für viele die ideale Verbindung von absolutistischem Herrscherwillen und philosophischem Aufklärertum. Der Dienst am Staat war für Friedrich nicht nur die Pflicht des Menschen, sondern schloss alle Preußen gleichermaßen ein. Alle sollten daran arbeiten, Ordnung und Recht zu sichern sowie Glück und Wohlstand der Bürger zu schaffen. Oberstes Ziel war die Steigerung der preußischen Staatsmacht. Dazu galt es, alle vorhandenen Kräfte auszunutzen, denn über allen Gliedern des Staates stand das Staatsinteresse, die Staatsräson.

Adel, Bürger, Bauern: Jeder Stand erhält Rechte und Pflichten

Die gesellschaftlichen Ordnungsvorstellungen Friedrichs hielten an den Privilegien des Adels, an Grundbesitz und Gutsherrschaft fest. Der Adel stellte die Offiziere und hohen Beamten. Friedrich verlangte dafür hohes Pflichtbewusstsein und die Unterordnung aller persönlichen und familiären Interessen unter die Erfüllung der staatlichen Aufgaben. Dem *Adel* war die Beteiligung an Handel und Gewerbe verwehrt, dies war die Aufgabe der Bürger. Sie erhielten staatliche Unterstützungen, wie sie das merkantilistische Wirtschaftssystem vorsah: Industrie, Handwerk und Verkehr wurden stark gefördert, neue Wirt-

schaftszweige (Seiden-, Glas-, Porzellanherstellung) entstanden. Ziel der wirtschaftlichen Investitionen war vor allem der Export, so dass sich Preußens passive Handelsbilanz in eine aktive wandelte. Ein weiteres Ziel war die wirtschaftliche Unabhängigkeit, die Autarkie Preußens vom Ausland.
Die an Produktion und Handel verdienenden *Bürger* trugen aber auch die Hauptlast der Steuern. Als Stadtbewohner, die sich Lebensmittel und Waren kaufen mussten, waren sie von der indirekten Verbrauchssteuer, der Akzise, betroffen. Die Bauern zahlten als Selbstversorger eine direkte Steuer auf den bäuerlichen Grundbesitz, der Adel zahlte keine Grundbesitzsteuer.
Anders als im Merkantilismus (vgl. S. 237 ff.) der absolutistischen Staaten galt die besondere Sorge der aufgeklärten Fürsten wie auch der Physiokraten (vgl. S. 255) der Landwirtschaft. Auf staatliche Initiativen hin wurden viele Neuerungen eingeführt. Die beginnende Fruchtwechselwirtschaft schuf höhere Erträge, der Kartoffelanbau und eine verbesserte Viehzucht ermöglichten eine sicherere Ernährung der Bevölkerung. Moor und Sümpfe wir der Oder-, Netze- und Warthebruch wurden durch staatliche Maßnahmen trockengelegt und so die landwirtschaftliche Nutzfläche vergrößert. Damit konnten 900 Dörfer für über 300 000 Siedler neu angelegt werden. Friedrich verbot zwar den Grundbesitzern das „Bauernlegen", d. h. sie durften die Höfe der in hohe Abgabenschulden geratenen Bauern nicht einziehen, dennoch aber blieb nach seinen eigenen Worten der *Bauer* „das Lasttier der menschlichen Gesellschaft". Denn unverändert trugen die Bauern die hohe Last der Grundsteuer, sie lebten weiter in der erheblichen Gutsuntertänigkeit und sie stellten nach wie vor die Masse der einfachen Soldaten für die preußische Armee.

Friedrichs Kriege: Belastung für alle

Friedrich II. fand bei seinem Amtsantritt 1740 einen preußischen Staat vor, der sich seit dem 30-jährigen Krieg zu einem der fortschrittlichsten in Europa entwickelt hatte. Der Große Kurfürst Friedrich Wilhelm I. (1640–1688) hatte den Staat territorial vergrößert, militärisch und finanziell gestärkt und zentral organisiert. König Friedrich Wilhelm I. (1713–1740) hatte Preußen, das 1701 Königreich geworden war, zum Militär- und Beamtenstaat ausgebaut. Unter Friedrich II. wurde die Macht erneut ausgeweitet. Friedrich begann seine Herrschaft außenpolitisch – entgegen allen Aussagen seiner staatsphilosophischen Schriften – mit einem *militärischen Überfall* auf das österreichische Schlesien (1740). Nach verlustreichen Kämpfen, die sich bis 1745 hinzogen, zwang Friedrich Kaiserin Maria Theresia, Schlesien an Preußen abzutreten. Doch in den folgenden Jahren gelang es dieser, ein großes Kriegsbündnis gegen Preußen zu schließen: Frankreich, Russland, Schweden, Bayern, Württemberg und Sachsen standen gegen das mit England verbündete Preußen. 1756 marschierten daraufhin preußische Truppen ohne Kriegserklärung in Sachsen ein, um sich eine strategisch günstige Ausgangsbasis im Kampf gegen die Gegner zu sichern. Der Verlauf des *Siebenjährigen Krieges* war gekennzeichnet durch glänzende Siege Friedrichs, die seinen Ruhm als Feldherr begründeten, aber auch durch vernichtende Niederlagen, die Preußen in seiner Existenz gefährdeten. Die Dauer des Krieges führte zu steigenden Schwierigkeiten, genügend Ersatz von Menschen und Material für die Verluste bereitzustellen. Die im Ausland angeworbenen Söldner belasteten zusammen mit den anderen Kriegskosten die Staatskasse immer mehr; da die meisten der zum Kriegsdienst gezwungenen Untertanen Bauernsöhne waren, ging die landwirtschaftliche Produktion zurück. Unter den steuerlichen Lasten und der Münzverschlechterung litten die Wirtschaft und die Bevölkerung Preußens. Doch auch die Finanzkraft Frankreichs und Österreichs erschöpften sich. Ein Wechsel auf dem russischen Zarenthron brachte das Ende des Krieges. Da Preußen Schlesien behielt, dauerten die Spannungen zwischen Preußen und Österreich an; der österreichisch-preußische Gegensatz bestimmte für das nächste Jahrhundert die deutsche Geschichte. Im Siebenjährigen Krieg waren Preußen bzw. Russland und Österreich Gegner; in ihrem Streben nach Gebietsgewinnen auf Kosten eines Dritten wurden sie kurz darauf zu Partnern. Der aufgeklärte König von Preußen, die reformwillige Kaiserin von Österreich und die absolutistische Zarin von Russland nützten gemeinsam innenpolitische Probleme in Polen, um sich 1772 große Teile des Landes anzueignen. Ihre Nachfolger teilten 1793 und 1795 das restliche Polen unter sich auf. Friedrichs Kriege hatten Preußen an den Rand des Untergangs gebracht, nach ihrer Beendigung aber war sein Land neben England, Frankreich, Russland und Österreich die fünfte Großmacht Europas.

Reformen in Preußen

Der aufgeklärte Monarch Friedrich II. hatte wie der absolutistische König Ludwig XIV. von Frankreich aus machtpolitischem Kalkül, dynastischem Ehrgeiz und zum persönlichen Ruhm verlustreiche Kriege geführt. *Innenpolitisch* aber begann Friedrich – im Gegensatz zu Ludwig XIV. –, den preußischen Staat durch Reformen im Geiste der Aufklärung zu modernisieren. Eine *Rechtsreform* wandelte Preußen vom Polizei- zum Rechtsstaat. Der Strafvollzug wurde gemildert, die Folter abgeschafft. Eine Änderung der Gerichtsverfassung sowie die staatliche Ausbildung und Besoldung der Richter schufen eine neue Recht-

1 **Der Krieg: Anekdote und Wirklichkeit.** In vielen Anekdoten wurde Friedrichs Mut, Kaltblütigkeit und Ruhe im Krieg der Nachwelt überliefert, so wie dies der Holzstich (von F. Kugler nach A. von Menzel, 1840) zeigt: „... fest und still inmitten des ihn umdräuenden Verderbens, dessen Anblick seine Soldaten und Officiere erbeben macht, zu Pferde im Feuer des Feindes haltend.“ (unten)
Anekdotenhaft dargestellt wurde häufig auch, wie sich Friedrich um seine Untertanen im Krieg kümmerte (rechts oben; Lithographie nach Kuvael, 1801). Die Wirklichkeit des Krieges zeigt das Bild „Brandruinen“ (rechts unten; Vignette von Adolph Menzel, 1886).

sprechung, durch die die bürgerlichen Rechte stärker gesichert waren. Dazu trug vor allem auch die Ausarbeitung eines „Allgemeinen Landrechts" bei, das einheitliche Rechtsnormen schuf. Die Richter erhielten weitgehende Unabhängigkeit gegenüber dem Monarchen und der Verwaltung, wodurch sie in ihren Urteilen weniger beeinflussbar und selbständiger wurden. Hier, wie vor allem auch in der *Konfessions- und Schulpolitik*, zeigte sich Friedrich als Vorbild aufgeklärter Machtausübung. Für alle Bewohner Preußens gewährte er die Religionsfreiheit, die besonders die Katholiken in Schlesien und Westpreußen dem vorwiegend evangelischen Staat eingliederte. 1766 wurde in Preußen die allgemeine Schulpflicht eingeführt, die allerdings auf Berufs- und Standesbildung beschränkt blieb, da wenig Geld für den Aufbau des Schulwesens zur Verfügung gestellt wurde. Allerdings erhielten die Lehrer eine Ausbildung und die Schulen wurden durch staatliche Inspektionen überprüft.
Die Reformen zeigen den Versuch Friedrichs, eine unumschränkte Herrschergewalt mit einer aufgeklärt-fortschrittlichen Regierungspraxis zu verbinden. Damit wollte der König sowohl die Macht Preußens als auch den Wohlstand des Landes heben.

2 Über die Fürsten: Friedrich gegen Machiavelli

Friedrich verfasste seine Schrift „Der Antimachiavell" als Kronprinz. Als er 1740 König wurde, versuchte er vergebens, den Druck zu verhindern:

„Nun aber komme ich auf einen Schluss, der noch falscher ist als alles, was wir bisher gesehen haben. Machiavelli sagt, ein Fürst müsse die Eigenschaften des Löwen und des Fuchses haben, des Löwen um die Wölfe abzuhalten, des Fuchses um verschlagen zu sein, und schließt darauf so: Dieses zeigt, dass ein Fürst nicht verpflichtet ist, sein Wort zu halten. Gewiss ein Schluss ohne Prämissen. Schämt sich der Lehrer der Verbrechen nicht, seinen Unterricht im Verbrechen auf diese Weise herzustammeln?
Wollte man Machiavellis verworrenen Gedanken Redlichkeit und gesunde Vernunft leihen, so könnte man sie ungefähr folgendermaßen umdrehen: Die Welt gleicht einem Spiele, wobei sich ehrliche Spieler, aber auch Betrüger einfinden; will ein Fürst, der mitspielen muss, nicht betrogen sein, so muss er wissen, auf welche Weise man beim Spiele betrügt, nicht etwa, um das dabei Gelernte jemals selbst anzuwenden, sondern nur, damit er nicht von anderen betrogen werde.
Wir kommen wieder auf die unrichtigen Schlüsse unseres Staatslehrers. ‚Weil alle Menschen', sagt er, ‚Schurken sind und jeden Augenblick ihr Wort brechen, so ist man auch nicht verpflichtet, ihnen das seinige zu halten.'
Hier findet sich zunächst ein Widerspruch; denn der Verfasser betont gleich darauf: Menschen, die sich verstellen können, werden stets Leute antreffen, die so einfältig sind, dass sie sich betrügen lassen. Wie reimt sich das zusammen? Alle Menschen sind Schurken, und du findest doch Leute, die so einfältig sind, dass sie sich betrügen lassen?
Überdies ist es grundfalsch, dass die Welt nur aus verworfenen Leuten besteht. Man muss ein großer Menschenfeind sein, wenn man nicht wahrnimmt, dass in jeder Gesellschaft rechtschaffene Leute anzutreffen sind, und dass die große Masse weder gut noch böse ist. Worauf hätte aber Machiavelli seine abscheuliche Lehre gründen wollen, wenn er nicht eine durchgehends böse Welt vorausgesetzt hätte? Angenommen, die Menschen wären so böse, wie Machiavelli glaubt, so folgt deswegen nicht, dass wir sie nachahmen müssen …
Ich rede in diesem Augenblick nicht von der Redlichkeit oder von der Tugend, sondern behaupte, indem ich bloß den Vorteil der Fürsten erwäge, dass sie eine schlechte Staatskunst beweisen, wenn sie Betrüger sind und die Welt hintergehen. Sie betrügen nur einmal und verlieren darüber das Vertrauen aller anderen Fürsten …"
(Zit. nach: Quellen zur Geschichte der Neueren Zeit, hrsg. von G. Guggenbühl/H. C. Huber, Zürich 1939, S. 326 f.)

3 **Die territoriale Entwicklung Brandenburg-Preußens, Sachsens und Habsburgs.** Preußen gewann bei der 1. polnischen Teilung mit Westpreußen eine Verbindung zwischen dem Kronland und der Provinz Preußen. Friedrich konnte sich nun „König von Preußen" und nicht mehr „König in Preußen" nennen.

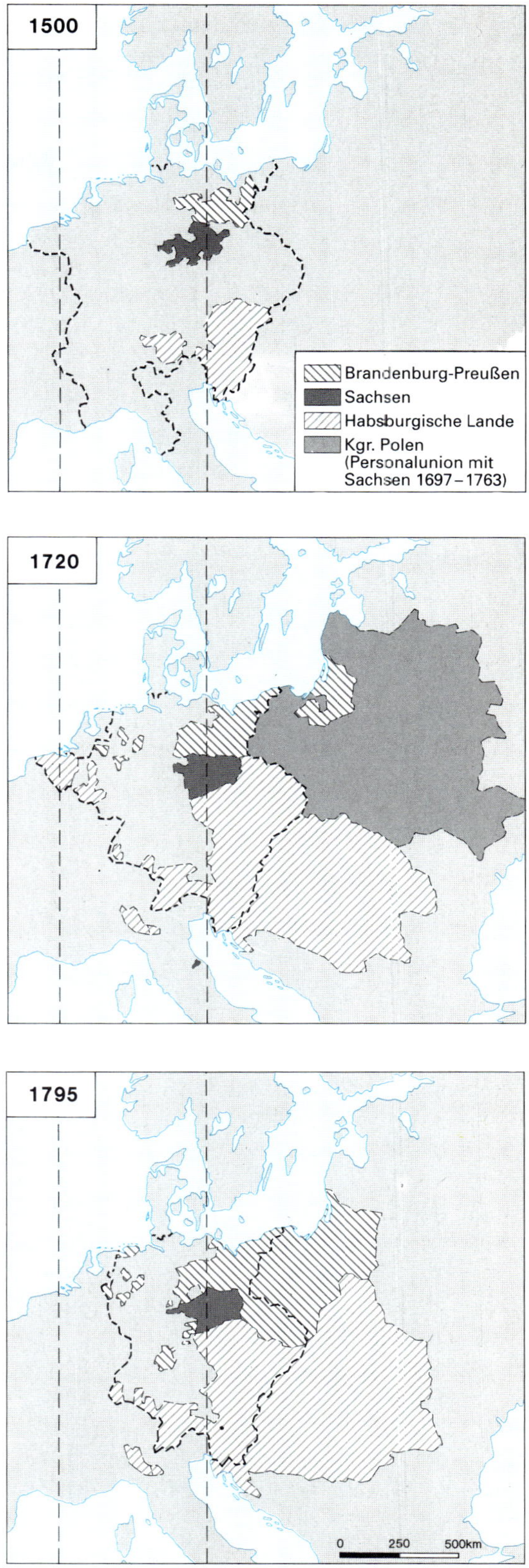

4 Herrschaftspraxis eines aufgeklärten Monarchen

1752 schrieb Friedrich das „Politische Testament". Er setzte sich darin mit innen- und außenpolitischen Fragen auseinander:

„Soll ein Fürst selbst regieren? In einem Staate wie diesem ist es nötig, dass der Fürst seine Geschäfte selbst führt, weil er, wenn er klug ist, nur dem Staatsinteresse folgt, was das eine ist, und weil ein Minister immer Nebenabsichten hat in den Angelegenheiten, die seine eigenen Interessen berühren; anstatt verdienstvolle Persönlichkeiten zu befördern, wird er die Stellen mit seinen eigenen Kreaturen besetzen und danach trachten, durch die Zahl der Personen, die er an sein Schicksal kettet, sich selbst zu festigen. Statt dessen wird der Souverän den Adel stützen, die Geistlichkeit in ihre rechten Schranken verweisen, nicht erlauben, dass Prinzen von niedrigem Geblüt intrigieren und Ränke schmieden, und Verdienste belohnen ohne diese eigennützigen Absichten, die die Minister im geheimen bei allem haben, was sie tun ... Eine gut geleitete Regierung muss ein ebenso festgefügtes System haben, wie es ein System der Philosophie geben könnte, dass alle genommenen Maße gut durchdacht und die Finanzen, die Politik und das Militär auf dasselbe Ziel zulaufen, was der Befestigung des Staats und das Anwachsen seiner Macht bedeutet. Aber ein System kann nur aus einem Kopf entspringen; also muss es aus dem des Herrschers hervorgehen. Die Trägheit, die Wollust oder die Dummheit sind die Ursachen, die die Fürsten daran hindern, an dem edlen Beruf zu arbeiten und das Glück ihrer Völker zu bewirken."

(Zit. nach: Grundriss der Geschichte, Dokumente, Bd. 1, Stuttgart 1985, S. 130)

5 Urteile über Friedrich den Großen

5a Friedrich führte mit Voltaire bis zu dessen Tod 1778 einen Briefwechsel. In seinem letzten Brief schrieb Voltaire am 1. April an Friedrich:

„Sie haben die Vorurteile besiegt wir ihre übrigen Feinde. Sie erfreuen sich ihrer Schöpfungen auf allen Gebieten. Sie sind der Sieger über den Aberglauben wie der Garant der germanischen Freiheit. Leben Sie länger als ich, um all die Reiche zu stärken, die sie gegründet haben. Möge Friedrich der Große Friedrich der Unsterbliche werden!"

(Zit. nach: Geschichte in Wissenschaft und Unterricht, Jg. 38, Heft 8, [1987], S. 465)

6 Die Teilung Polens 1772 (kolorierter Kupferstich von J. E. Nilson, 1773). Ohne rechtliche Begründung eigneten sich die russische Zarin Katharina II. (im Bild links), der österreichische Kaiser Joseph II. (zweiter von rechts) und Friedrich der Große (rechts) große Teile des Königreichs Polen an. Der polnische König Stanislaw August Poniatowski (zweiter von links) konnte der Teilung kein Widerstand entgegensetzen.

5b Graf Mirabeau, der 1789 an führender Position den Beginn der Französischen Revolution prägte, schrieb 1788 in seinem Buch über die „Preußische Monarchie":

„Nie war ein Sterblicher so zum Befehlen geboren wie er. Er wusste es. Er schien sich als Weltseele zu fühlen und gestand den übrigen Menschen nur irgendeine sensitive Seele, einen mehr oder minder schlauen Instinkt zu. Daher verachtete er sie, und doch arbeitete er nach Maßgabe seiner Einsicht unermüdlich an ihrem Glück. So trug seine außerordentliche Urteilskraft mehr dazu bei, ihn gerecht und wohltätig zu machen, als es die zweideutige Güte empfindsamer Herzen vermocht hätte. Er kannte nur eine Leidenschaft, den Ruhm, und war doch ein Feind der Lobreden. Er hatte nur eine Neigung, die für sich selbst, und sein ganzes Leben war den anderen gewidmet. Er hatte nur eine Beschäftigung, seinen edlen Königsberuf."

(Zit. nach: Friedrich der Große, Sein Bild im Wandel der Zeiten, Frankfurt 1986, S. 135)

5c Mit Friedrichs Person und Herrschaft setzten sich Historiker, Literaten, Politiker und Philosophen des 19. und 20. Jh. auseinander. Thomas Mann schrieb 1914 über den alten Friedrich:

„Ausgebrannt, öde und bös, liebte er niemanden und niemand liebte ihn … Ja, seine Niederlagen nicht weniger als seine Siege beschäftigen nah und fern die Herzen der Menschen, das Groteske, das Donquichottehafte seines Daseins trug dazu bei, seine Figur zu vergrößern und volkstümlich zu machen, sein Bild mit dem heruntergezogenen Mund, den glanzblauen Augen und dem dreieckigen Hut, mit Krückstock, Stern, Fangschnur und Kanonenstiefel hing in Hütte und Haus; er wurde legendär bei lebendigem Leibe. Von nun an hieß er ‚Der Alte Fritz' – ein schauerlicher Name, wenn man Sinn fürs Schauerliche hat; denn es ist wirklich im höchsten Grade schauerlich, wenn der Dämon polulär wird und einen gemütlichen Namen erhält."

(Zit. nach: Friedrich der Große, Sein Bild im Wandel der Zeiten, Frankfurt 1986, S. 135)

5d Vor allem Friedrichs Überfall auf Schlesien ist für viele Historiker das Schlüsselereignis für die Beurteilung seiner Person. Der englische Historiker G. P. Gooch rechnet ihn „zu den sensa-

tionellsten Verbrechern der Geschichte der Neuzeit", der deutsche Historiker Gerhard Ritter kommt zu folgendem Urteil:
„Sein ganzes Leben hat Friedrich daran setzen müssen, die Folgen dieses Abenteuers zu überwinden ... Er hat damit den Grund für die Größe Preußens gelegt; und solange dessen Aufstieg dauerte, konnte seine Tat als gerechtfertigt vor der Geschichte erscheinen: Als der gewagte, aber unvermeidliche Durchbruchsversuch eines Staates, der aus der Enge und dem Dunkel kleiner Verhältnisse gewaltsam aufstrebt zu weltgeschichtlicher Geltung."
(G. Ritter, Friedrich der Große, Heidelberg 1954, S. 101 f.)

5e Der Historiker Max Braubach urteilte:
„Als die bedeutendsten Repräsentanten deutscher Politik im 18. Jh. haben diese beiden Menschen vier Jahrzehnte gegeneinander gestanden. Maria Theresia, einfach, gläubig und rechtlich, eine vorzügliche Gattin und Mutter zahlreicher Kinder, dabei von dem festem Willen geleitet, ihrer Länder erste und allgemeine Mutter zu sein, ihr Reich zusammenzufassen, zu kräftigen und seine Macht zu steigern, hat mit Recht als Frau und Herrscherin hohe Anerkennung gefunden. Bei Friedrich hatten die Erlebnisse der Jugend die Grundlage für die Ausschaltung von Gemüt und Gefühl, für kalte Berechnung und Menschenverachtung gelegt, die verletzten und abstießen, während geistige Fähigkeit und dämonische Kraft zu Bewunderung zwangen. Mochte seine vielseitige Veranlagung in einer von den französischen Philosophen und Dichtern seiner Zeit beeinflussten umfangreichen literarischen Tätigkeit Früchte von sehr unterschiedlichem Wert hervorbringen, so kann die Größe seines Handelns als König, das politische Meisterschaft mit Feldherrngenie verband, nicht geleugnet werden. Persönliche Ruhmsucht hat auf seine Taten eingewirkt, entscheidend wurde aber die Staatsraison, die Überlegung, wie Preußens Macht zu wahren und zu steigern war, wobei Möglichkeiten und Grenzen nüchtern erwogen wurden. Die Ideale der Aufklärung mit der Forderung unermüdlicher Sorge um das Wohl von Land und Volk hat er anerkannt und vertreten, aber nur soweit ihre Verwirklichung angestrebt, als es mit den Interessen einer starken Monarchie zu vereinbaren war."
(Max Brauchbach in: Handbuch der Deutschen Geschichte, Bd. 2, 9. Aufl. Stuttgart 1970, S. 315)

Arbeitsvorschläge und Fragen

a) Vergleichen Sie Friedrichs Auffassung über die Fürsten und ihre Herrschaft (M 2) mit den Aussagen Machiavellis (vgl. S. 244, 249 f., M 3)
b) Stellen Sie Gemeinsamkeiten und Unterschiede in den Urteilen über Friedrich (M 5) fest.

6.2 Reformpolitik in Österreich und in anderen Ländern

Friedrichs Politik wird nachgeahmt

Die Politik Friedrichs II. fand zu seiner Zeit viel Bewunderung und Nachahmung. In Russland reformierte Katharina II. (1762–1796) das Rechtswesen, die Verwaltung, die Landwirtschaft und das Schulwesen; auch in den deutschen Kleinstaaten wie Sachsen, Sachsen-Weimar, Württemberg und Baden setzte rege Reformtätigkeit ein. Markgraf Karl Friedrich von Baden (1738–1811) schaffte im Geiste des aufgeklärten Absolutismus (1783!) die Leibeigenschaft ab, führte die kommunale Selbstverwaltung ein und baute ein vorbildliches Beamtentum auf. Sein Ziel war es, aus Baden ein „Musterland" zu machen.

Joseph II.: Umfangreiche Reformpläne im Reiche Habsburgs

In Österreich löste Joseph II. 1780, nachdem er seit 1765 bereits Kaiser im Deutschen Reich war, seine Mutter Maria Theresia auch als Regent in den Erblanden Habsburgs ab. Erfüllt von dem Glauben an Vernunft, Humanität, Recht und Freiheit begann er sofort mit der Umsetzung seiner Ideale in die Wirklichkeit. Joseph II. fühlte sich in seinem *drängenden Reformwillen* wenig an Traditionen gebunden und entwickelte daher teilweise geradezu revolutionäre Pläne. Die Leibeigenschaft der Bauern wurde aufgehoben, für alle Bürger die Gleichheit vor dem Gesetz verkündet. Joseph griff damit sehr viel entschiedener in den Gesellschaftsaufbau des Staates ein als Friedrich II. Auch auf anderen Gebieten zeigte sich, dass der neue österreichische König, der wie sein preußisches Vorbild alle Entscheidungen selbst fällte, rasche und umfangreiche Reformen wollte.

Er wollte den habsburgischen Vielvölkerstaat zu einem *Einheitsstaat* umgestalten, die einheitliche Amtssprache Deutsch einführen, eine zentrale Bürokratie schaffen, die gleiche Besteuerung aller Stände und die allgemeine Schulpflicht durchsetzen. Durch den Abbau der alten Zunftordnung glaubte er, die Wirtschaft ankurbeln zu können: „Zur Industrie und Handlung ist nichts mehr unentbehrlicher als Freyheit und nichts schädlicher als Privata und Monopolia." Gleichzeitig wandte er sich mit Fabrikordnungen und Schutzgesetzen gegen die immer mehr zunehmende Frauen- und Kinderarbeit und regelte in den staatlichen Manufakturen die Alters- und Krankenversorgung der Arbeiter. Ein weiterer Schritt zu einer modernen Sozialgesetzgebung war die Errichtung von staatlichen Kranken- und Blindenanstalten. Seine Wohlfahrtspolitik war in Europa beispiellos.

1 **Karl Friedrich von Baden (1728–1811),** Markgraf (1738–1803), Kurfürst (1803–1806), Großherzog (1806–1811). Als Markgraf von Baden-Durlach erbte er 1771 auch Baden-Baden.

2 **Joseph II. von Österreich (1741–1790)** (Kupferstich von W. F. Gmelin nach J. Hickel, 1781). Er war der älteste Sohn Franz I. und Maria Theresias und regierte 15 Jahre lang gemeinsam mit der Mutter.

Toleranzpatent und „Josephinismus"

Mit weitreichenden Reformen plante Joseph auch, das Verhältnis von Staat und Kirche zu verändern. Dem „Toleranzpatent" von 1781, das allen Nichtkatholiken die freie Religionsausübung gestattete, folgten Eingriffe in kirchliche Angelegenheiten. Da Joseph als Hauptaufgabe der Geistlichen die tägliche Seelsorgetätigkeit ansah, hob er einige „beschauliche" Orden auf und schloss die Jesuiten-Universitäten. Das Vermögen der aufgelösten Orden verwendete er zur Bezahlung der Gehälter von Priestern und Pfarrern. Er ließ Kirchen und Kapellen abreißen, die nicht als Pfarrkirchen für Gemeinden dienten, und griff in die Gottesdienstordnung sowie in religiöse Gewohnheiten ein. Obwohl er sich andererseits um den Neubau von Kirchen sorgte, damit in allen Gebieten des Reiches „niemand weiter als höchstens eine Stunde zu seiner Pfarrkirche haben" sollte, brachten Josephs Maßnahmen den weit überwiegenden Teil der Bevölkerung und vor allem den hohen Klerus gegen ihn auf. Die Kirche lehnte seine Reformen ab und bezeichnete sie als „Josephinismus".

Josephs „Revolution von oben" scheitert

Josephs Gegner warfen ihm vor, seine Reformpolitik ziele auf die *Verstaatlichung der Kirche*, und dies war in Österreich der hauptsächliche Grund, seine Reformpolitik abzulehnen. Aber auch in den anderen Ländern des Reichs regte sich Widerstand, der zu Aufständen führte. Der habsburgische Teil der Niederlande wehrte sich gegen die Einführung der kaiserlichen Zentralverwaltung. Sie sagten sich 1790 vom Reich los und erklärten sich als freie Republik. Die Ungarn zwangen Joseph durch geschlossenen Widerstand, alle sie betreffenden Erlasse – außer dem Toleranzpatent und der Aufhebung der Leibeigenschaft – zurückzunehmen.

Diese beiden Gesetze waren es auch, die in Österreich das Leben Josephs überdauerten. Der Widerstand der österreichischen Bevölkerung führte wie in Ungarn zu einem Scheitern seiner Reformen. Bereits kurz vor seinem Tode 1790 musste Joseph viele Reformerlasse aufheben. 6000 Edikte hatte er in den zehn Jahren seiner Alleinherrschaft erlassen. Josephs Nachfolger Leopold II., der selbst sein Herrschaftsgebiet Toscana durch weitsichtige Reformen zu einem der fortschrittlichsten Kleinstaaten Europas gemacht hatte, musste in Österreich die „Revolution von oben" beenden. Nur so konnte er das habsburgische Reich in seinem Bestand retten.

Der aufgeklärte, idealistische Reformer Joseph II. scheiterte an der Hast und der bürokratischen Härte, mit der er die neuen Gesetze durchsetzen wollte. Nach Joseph sollten sich alle Bürger seinen aufklärerischen Vorstellungen unterwerfen: Gegen die Beamtenschaft, das Militär, den Klerus und den größten Teil der Bevölkerung ließen sich aber die aufklärerischen Reformen auf Dauer nicht durchsetzen.

3 Markgraf Karl Friedrich von Baden hebt die Leibeigenschaft auf

Aus dem Generalreskript (Reskript: Erlaß, Verfügung) von 1783:

„... so erklären Wir, daß Wir – ohne Absicht auf einigen Ersatz der Einkünfte, welche aus der Leibeigenschaft fliesen – in Unseren gesammten Landen, welche unter Unserer alleinigen unmittelbaren, hohen und niederen Gerichtsbarkeit stehen, die Leibeigenschaft von dem heutigen Tag an völlig aufheben, und Unsere Unterthanen in ersagten Landen hiermit für leibesfrei erklären. Wobei jedoch dieselben, wegen des Unseren Landen zu leistenden Schuzes, und zur Beibehaltung guter Ordnung sowohl, als anderer nöthigen und nüzlichen Landesanstalten, in der Verbindlichkeit zu den Soldaten-Diensten und Frohnen, so wie bisher, und in so weit nicht durch Specialvergünstigungen davon befreit sind, fernerhin verbleiben, auch nicht befugt

seyn sollen, ohne Unsee Einwilligung ausser Landes, oder in einen Unserer hohen und niederen alleinigen Gerichtsbarkeit nicht unterworfenen Ort zu ziehen, noch in andere Kriegsdienste zu gehen. Im Übertretungsfall sollen aber alle bisherigen Folgen der Leibeigenschaft Statt finden ..."
(Zit. nach: C. W. F. L. Frhr. von Drais, Geschichte der Regierung und Bildung von Baden unter Carl Friedrich vor der Revolution, Bd. 2, Carlsruhe 1818, Beilage S. 22 ff.)

4 Richtlinien für die Staatsverwaltung in Österreich

Joseph II. gab für die Justiz- und Finanzverwaltung 1784 folgende Verfügung heraus:
„... Wer die Stellung eines Behördenchefs ... behaupten will oder anstrebt, muss sich von nun an wie folgt betätigen:
I. Jeder hat in den Archiven des Verwaltungszweiges, der ihm anvertraut ist oder dem er sich widmen will, ein neues Verzeichnis aller meiner Hauptverfügungen und insbesondere derjenigen, die als allgemeine Verfahrensregelungen dienen sollen, anzulegen und erneut mit großer Aufmerksamkeit durchzustudieren um sich mit ihrem wahren Geist zu durchdringen und den Zweck, den ich mir dabei gesetzt habe, vollkommen zu erfassen.
II. Die Erfahrung hat leider zu sehr bewiesen, dass man, anstatt die gute Absicht einer Verfügung zu suchen und ihren vielleicht nicht gleich auf den ersten Blick erkennbaren Sinn zu erfassen, statt ihn mit dem gehörigen Vertrauen, das meine wohlbekannten guten Absichten einflößen sollten, sich anzueignen und dementsprechend mit Eifer zu verfahren, sich an das hält, was meine Entschließungen an vermeintlich Unangenehmem mit sich bringen, ihnen manchmal einen entgegengesetzten Sinn als den beabsichtigten gibt und ihre Durchführung möglichst hinauszuzögern versucht ... Ich hoffe für die Zukunft und werde es durchzusetzen wissen, dass alle Beamte, die der Staat bezahlt ..., alles in ihrer Macht tun, um die ihnen vorgeschriebenen Maßnahmen zu erfüllen und alle meine Befehle zur Durchführung zu bringen ...
III. Infolgedessen muss in allen Departements ohne Ausnahme jeder von solchem Eifer erfüllt sein, dass er, ohne Stunden, Tage oder geschriebene Seiten zu zählen, alle seine Kräfte anwendet, seinen Dienst zu versehen, dass er seiner Pflicht und meiner Erwartung vollkommen genügt ...
IV. Privatinteresse, welcher Art auch immer, bringt Korruption in die Dienstgeschäfte; dieses Vergehen kann einem Staatsdiener am wenigsten vergeben werden ...
V. Wer dem Staat dient oder dienen will, muss ... ganz auf sich selbst verzichten. Es gibt infolgedessen keinerlei Umstände, persönliche Angelegenheiten, keine Feste oder Vergnügungen, die ihn von dem eigentlichen Gegenstand seiner Amtspflichten abhalten dürfen, also dürfen ihn auch kein Kompetenzkonflikt, kein Streit um Zeremoniell, Geltung oder Rang davon abhalten, jederzeit mit größtem Eifer seinem hauptsächlichen Ziel nachzustreben ..."
(Zit. nach: Geschichte in Quellen, Bd. 3, München 1981, S. 650)

5 Der aufgeklärte Staat sorgt für alles

Die Ideen der Aufklärung, den Menschen vernünftig und glücklich zu machen, wurden in einer Vielzahl von Lesebüchern, Sittenbelehrungen, Enzyklopädien u. a. verbreitet. In seinem umfassenden Werk „Versuch eines vollständigen Systems der Staatslehre" formulierte der Gelehrte Georg Friedrich Lampert aus Halle 1784 Aufgaben, für die der Staat zu sorgen habe:
„*§ 444.* Vor allen Dingen müssen im Staat die Anstalten zur Verhütung der Verbrechen zur möglichsten Vollkommenheit gebracht werden ...
§ 447. Zur Verhütung der Ersteren dienen nun vornehmlich folgende Maßregeln:
1. Dass man ein wachsames Auge auf alle Bürger und ihre Beschäftigung habe. Größere Städte müssen in Quartiere abgeteilt werden und der vorgesetzte Polizeibediente eine genaue Kenntnis der Einwohner seines Quartiers haben ...
§ 448 ... 5. Dass insbesondere mit den Nachtwächtern, sowohl in den Städten als auch auf dem platten Lande, zweckmäßige Einrichtungen getroffen werden, dass man dazu robuste Leute in den Städten in hinlänglicher Anzahl wähle, welche stündliche Umgänge halten, ihr Wachen durch Zeichen andeuten, weder zu spät kommen, noch zu früh weggehen und dabei gepanzert und mit Gewehr versehen sein müssen.
§ 449 ... 6. Dient auch die Einführung von Laternenanstalten in den Städten zur Verhütung

der Verbrechen, und wo sie nicht sind, müsse des Abends eine Stunde bestimmt werden, nach welcher sich niemand ohne Laterne auf der Straße darf finden lassen und die patroullierenden Soldaten oder Polizeibediente müssen die … Zuwiderhandelnden ergreifen …

§ 656. Die Aufmerksamkeit der Polizei muss sich außer auf die kalten Getränke auch auf die warmen erstrecken. Durch die Wohlfeilheit jener und insbesondere des Biers, und durch höhere Beispiele und Belehrungen, muss man den immer mehr und mehr überhand nehmenden Gebrauch derselben Einhalt zu tun suchen, indem sie nach der Erfahrung der Ärzte den Magen schwächen, worunter die Verdauung und mithin die Gesundheit leidet. Es gehören dahin der Tee, Schokolade und insbesondere der Kaffee …

§ 665. Die Fürsorge der Polizei muss auf gleiche Weise auf die Güte aller übrigen Arten der Speisen gerichtet werden, dass also z. T. kein unreifes oder der Gesundheit schädliche Arten Obst zu Markte gebracht werden dürfen …

§ 820. Die Zeitungen, die einem jeden eine Kenntnis von dem, was in der politischen Welt vorgeht, verschaffen, müssen unter Aufsicht des Staates gedruckt und zu einem wohlfeilen Preise verkauft werden …

§ 855. Insbesondere sind aber die Lehrer des göttlichen Worts dahin anzuweisen und zu ermuntern, diejenigen Lehren des Christentums oft den Gemütern einzuschärfen, welche von unmittelbarem Nutzen auf das menschliche Leben sind …

§ 860. In Absicht der Predigten ist dahin zu sehen, dass dieselbe nicht zu lange dauern, wodurch die Aufmerksamkeit ermüdet und mancher von Besuch des öffentlichen Gottesdienstes abgehalten wird …"

(Zit. nach: Geschichte in Quellen, Bd. 3, München 1981, S. 603 f.)

6 Zeitgenössisches Urteil über Joseph II.

Der hohe österreichische Finanzbeamte Karl von Zinzendorf schrieb über den Kaiser:

„Joseph II. hat sich frühzeitig von dem verhängnisvollen Vorurteile erfüllen lassen, das einzige Gesetz, die einzige Verfassung eines Staates sei der Wille des Herrschers. Diese durch das Beispiel des großen Friedrich, den er sich zum Vorbilde genommen, hinlänglich berechtigte Idee schmeichelte seiner Selbstliebe und wurde die Triebfeder aller seiner Handlungen. In der Überzeugung, dass es seine Bestimmung sei, beständig im Großen wie im Kleinen zu regieren, glaubte sich Joseph II. verpflichtet, nach seiner Einsicht alles über Krieg und Frieden und über die Verträge wie über die bürgerlichen Gesetze zu entscheiden, die direkten Steuern möglichst gleich zu verteilen, die indirekten zu vereinfachen, den Gewerbefleiß durch Zwangsmittel und Verbote zu beleben, den Schmuggel zu verhindern, die Erziehung der Jugend, die Schulen, die Priesterseminare, die religiösen Zeremonien zu regeln, die Zahl der Klöster zu vermindern, die Pfarrer auf dem Lande zu vermehren, die Verpflegung der Armee zu sichern. Er fand es für gut, die Leibesstrafen zu verschärfen, die Verbrecher mit heißem Eisen brandmarken zu lassen … Alle diese Gegenstände wurden ohne Beratung, ohne Kombination, ohne Überlegung durch Billette, die er diktierte, erledigt … Auch ein Fürst, welcher die Wissenschaft der Regierung von Grund aus studiert und in einfache gleichförmige Grundsätze vereinigt hätte, wäre nicht imstande gewesen, so verschiedenartige Dinge zu bewältigen, oder vielmehr, er hätte gar nicht den Versuch gemacht und Joseph II. wagte das alles zu unternehmen."

(Zit. nach: Quellen zur Geschichte der Neueren Zeit, hrsg. von G. Guggenbühl/H. C. Huber, Zürich 1976, S. 374 f.)

Arbeitsvorschläge und Fragen

a) Stellen Sie fest, welche räumlichen und personellen Grenzen der Aufhebung der Leibeigenschaft durch Karl Friedrich (M 3) gesetzt werden.
b) Untersuchen Sie die Durchführbarkeit der von Joseph erlassenen Richtlinien (M 4).
c) Legen Sie dar, welchen Zweck nach Lampert der aufgeklärte Staat hat. Untersuchen Sie die Auswirkungen der staatlichen Aufgaben auf den Bürger (M 5).
d) Setzen Sie sich mit den Gründen auseinander, die Zinzendorf für das Scheitern Josephs anführt (M 6).

7. Aufklärung: Freiheit und Gleichheit – auch für Frauen?

Gleichberechtigung in der Diskussion

„Die Allmacht ist auf Seiten der bärtigen Partei." So zitiert Voltaire in seiner Erzählung „Ihr Frauen, seid euren Männer untertan" den Dichter Molière. Doch die Marschallin de Grancey widerspricht: „Ich weiß wohl, dass die Männer im Allgemeinen stärkere Muskeln haben als wir ... ich fürchte aber, dies ist der Ursprung aller Überlegenheit. Sie behaupten auch, ihr Kopf sei besser organisiert und rühmen sich infolgedessen, zum Herrscher besser geeignet zu sein; aber ich will ihnen Königinnen zeigen, die es sehr wohl mit Königen aufnehmen können." – Die Gleichberechtigung der Frauen war auch in der Aufklärung noch Vision. Selbst Aufklärer wie Rousseau hatten traditionelle Vorstellungen von der Rolle der Frau: Die Natur habe dem Manne die Kraft des Verstandes gegeben, die Frau folge dagegen der inneren Natur ihres Herzens, des Geschmacks und einer beschränkten Moral. Sie entwickle im Gegensatz zum Mann keine eigene Identität, sei abhängig vom Urteil und von Weisungen anderer und daher zu Gehorsam gegenüber dem Mann, zu häuslichen Aufgaben und zur Mutterschaft bestimmt. Rousseaus Gedanken hatten großen Einfluss auf das gehobene Bürgertum und prägten somit auch die Erziehung der Mädchen zur „liebenden Ehefrau" und „Hausmutter". Doch es gab auch gegensätzliche Vorstellungen: Friedrich Melchior Grimm, der französische Geisteshaltungen in deutsche Fürstenhöfe einführte, nahm gegen Rousseau Stellung: „Herrn Rousseaus Philosophie mag für Löwen und Tiger gut sein, deren Rechte sich auf ihre Körperkraft richten; sie ist aber vernunftwidrig und des Mannes unwürdig, der für die Gleichheit in allen Lebensbedingungen eintritt."

Forderung von Frauen: gleiche Bildungschancen

Montesquieu sah den Grund der Ungleichheit in der Erziehung: „Die Fähigkeiten der Frau wären die gleichen, wenn die Erziehung die gleiche wäre." Forderungen nach umfassender Frauenbildung wurden vor allem von Frauen selbst erhoben und reichten bis in die Zeit vor dem Absolutismus zurück (s. S. 151). Marie le Jars de Gourney (1565–1645) setzte sich für die grundsätzliche Gleichheit von Mann und Frau ein, Anna Maria von Schurmann (1607–1678) plädierte für das Frauenstudium ebenso wie die erste deutsche Ärztin Dorothea Christiane Erxleben-Leporin (1715–1762); aber noch Mary Godwin-Wollstonecraft (1749–1797), die viele Gedanken von Marie Olympe de Gouges (s. S. 296, 330 f.) fortführte, erntete mit ihrer Forderung nach gemeinsamer Erziehung von Jungen und Mädchen, gleichen Aufgaben im öffentlichen und beruflichen Leben fast nur Spott. Von Lateinschulen und Universitäten, d.h. der wissenschaftlichen und beruflichen Qualifikation, waren Frauen Ende des 18. Jahrhunderts noch immer ausgeschlossen. Jegliche Bildung beruhte auf privater Erziehung bzw. Selbststudium, hatte also gesicherte materielle Verhältnisse zur Voraussetzung. Nur wenigen Frauen eröffnete sich daher zumindest die Möglichkeit des Lesens und der Selbstbildung, der ersten Etappe der Emanzipation.

Frauenarbeit

Den weitaus meisten Frauen aber blieb dieser Weg versperrt: Die Frauen auf dem Lande mussten – neben der Arbeit in Haus und Küche, der Kindererziehung und oft auch einer Heimarbeit als Nebenerwerb – schwere Arbeit in Feld und Stall leisten. Die Frau in Handwerk und Handel arbeitete ebenfalls meist gleichwertig mit dem Mann zusammen. Vor allem der Verkauf der Ware war ihre Aufgabe. Für die Beamten- und Akademikerfrau des Besitz- und Bildungsbürgertums begann im absolutistischen Staat die Trennung von Arbeitswelt und Familie: Die Frauen wurden mehr und mehr aus der Öffentlichkeit ausgegrenzt und auf ihre neue Dreifachrolle verwiesen: Gattin, Mutter, Haushälterin.

„Gelehrsamkeit" in Salons und Zirkeln

Nur Frauen, die nicht im alltäglichen materiellen Existenzkampf standen – also meist Frauen aus dem gehobenen Bürgertum, dem Adel oder aus Künstlerkreisen –, war es möglich, sich der „Gelehrsamkeit" zuzuwenden. Sie fanden sich in Zirkeln sowie von Frauen geführten Salons zusammen und diskutierten künstlerische, philosophische oder naturwissenschaftliche Themen. Häufig wurden jedoch gerade die „gelehrten Frauenzimmer" besonders von ihren Geschlechtsgenossinnen abgelehnt und zur Zielscheibe von Angriffen. Trotzdem bewirkten ihre Aktivitäten, dass sich ein neues Frauenbild entwickeln und langfristig auch etablieren konnte.

1 Rollenverteilung im aufgeklärten Bürgertum

Freiherr Adolph von Knigge (1752–1796) in seinem weit verbreiteten Erziehungsbuch „Über den Umgang mit Menschen" von 1788:

„Ich rate aus Gründen, die wohl jeder vernünftige Mensch selbst einsehen wird, auch nicht einmal an, dass Eheleute alle Geschäfte gemeinschaftlich treiben, sondern dass jeder seinen angewiesenen Wirkungskreis habe. Es ist selten gut im Hause, wenn die Gattin für ihren Gatten die Berichte ad Serenissimum entwerfen und er dagegen, wenn Fremde eingeladen sind, die Kapaune braten, Cremes machen und die Töchter ankleiden helfen muss. Daraus entsteht Verwirrung; man setzt sich dem Gespött des Hausgesindes aus ... Wenn die Frauenzimmer doch nur überlegen wollten, wieviel mehr Interesse diejenigen unter ihnen erwecken, die sich einfach an die Bestimmung der Natur halten und sich unter dem Haufen der Mitschwestern durch treue Erfüllung ihres Berufs auszeichnen? Was hilft es ihnen mit Männern in Fächern wetteifern zu wollen, denen sie nicht gewachsen sind, wozu ihnen mehrenteils die ersten Grundbegriffe, welche den Knaben schon von Kindheit an eingebläuet werden, fehlen."

(Adolph Freiher von Knigge, Über den Umgang mit Menschen, hrsg. von Gerd Ueding, Frankfurt/Main, 1977)

2 Eine „Gelehrtenrepublik" der Frauen?

Christian Friedrich Daniel Schubart (1739–1791), Dichter des Sturms und Drang, über gelehrte Frauen und Schriftstellerinnen:

„Ganz Europa wimmelt derzeit von gelehrten Weibern; in Spanien haben Weiber eine gelehrte Gesellschaft errichtet; in Frankreich ist's Hochton unter Damen, in den Versammlungen über Größenlehre, Metaphysik, Naturlehre, Staatskunst, Geschichte, schöne Wissenschaften zu sprechen; in England sind Weiber im Besitze des Romanschreibens, in Russland präsidiert eine Dame in der Akademie; – und in Deutschland? – gibt's derzeit 50 Schriftstellerinnen und darunter 20 Dichterinnen. – Was soll das alles werden? ...

Möchte wohl wissen, ob König Salomo, wenn er zurückkäme in diese Welt, sein Ideal eines trefflichen Weibes, so wie es seyn muss, wenn sie ihres Mannes Herrlichkeit ist, vertilgen und dagegen ein anderes aufstellen würde, wie ein Weib mit sieben Zungen reden, Verse machen, Romane schreiben, philosophieren, freigeisten, im Kathedertone sprechen, die Doktoren und Professoren belehren soll, indes – die Kinderstube, Küche und Keller, Haus und Hof, Garten und Feld vernachlässigt wird."

(Zit. nach: Andrea van Dülmen [Hrsg.]: Frauen: Ein historisches Lesebuch, München 1989)

Arbeitsvorschläge und Fragen

a) Diskutieren Sie, warum Knigges Erziehungsbuch (M 1) bis ins 20. Jahrhundert hinein ein Standardwerk bürgerlicher Erziehung werden konnte.
b) Erläutern Sie im Zusammenhang mit dem Darstellungstext S. 278 f. und S. 200 f. die gesellschaftlichen Ursachen sowohl für die inhaltliche Ausrichtung „weiblicher" Gelehrsamkeit (M 2) als auch für deren europaweite Verbreitung.

Die Französische Revolution

Am 16. Juli 1991 berichtete die „Süddeutsche Zeitung" aus Budapest: „Mit einem ungewöhnlichen und auffälligen Aufwand ist am Wochenende der französische Nationalfeiertag gefeiert worden. Die 202. Wiederkehr des Sturms auf die Bastille begrüßten mehrere Zeitungen in ihren Leitartikeln. Das ungarische Staatsfernsehen brachte sowohl am Samstag als auch am Sonntag zahlreiche französisch ausgerichtete Sendungen. ... Parallel dazu veranstaltete die Budapester Selbstverwaltung in der Innenstadt einen Straßenball und gegen Mitternacht wurde auf der berühmten Kettenbrücke in Budapest ein riesiges Feuerwerk abgebrannt. ..."

Warum faszinieren seit über 200 Jahren Ereignisse und Personen der Französischen Revolution die Menschen überall in der Welt? „Le souffle de la liberté (Der Atem der Freiheit)" – so der Titel einer Sendung des französischen Fernsehens, die anlässlich der Zweihundertjahrfeier der Revolution dieser Frage nachging. Wer oder was aber hauchte den Personen und Ereignissen diesen Atem der Freiheit ein? Wer oder was bestimmte die Personen in ihrem Handeln, die Ereignisse in ihrer Entwicklung, hin zu einem Ergebnis, das nunmehr zur gemeinsamen Erinnerung und zum gemeinsamen Bekenntnis unzähliger Menschen gehört, über geographische und politische Grenzen hinweg?

Aber die Erinnerung an die Französische Revolution war und ist nicht nur ein Bekenntnis. Sie stellt auch kritische Fragen: Tut sich nicht immer wieder eine Kluft zwischen Anspruch und Wirklichkeit auf? Erst 1946 – also mehr als 150 Jahre nach der „Erklärung der Menschen- und Bürgerrechte" – waren Frankreichs Frauen stimmberechtigt! Und: Wozu eigentlich eine Revolution, wenn sie wieder zu Unterdrückung und Unfreiheit führt? Oder: War die Französische Revolution nicht auch die Geburtsstunde des Nationalismus, in der sich die unheilvollen Folgen für Europa bereits ankündigten: Kriege gegen den äußeren und inneren Feind, in die der Einzelne immer tiefer hineingezogen wird, in denen letztlich der Unterschied zwischen Kämpfenden und Nicht-Kämpfenden, zwischen Soldat und Zivilist aufgehoben scheint?

Unsere historische Erinnerung neigt dazu, selektiv zu sein: das eine hervorzuheben und zu feiern, das andere zu vernachlässigen und zu vergessen. Gerade bei der Betrachtung der Französischen Revolution ist dies unangebracht. Denn sie führt in allzu vielen ihrer Aspekte in die moderne, in unsere Welt.

1789	In ganz Frankreich finden Wahlen zu den Generalständen (Mai) statt. Im Juni erklären sich die Abgeordneten des dritten Standes zur Nationalversammlung, die im August das Feudalsystem aufhebt und eine „Erklärung der Menschen- und Bürgerrechte" beschließt.
1791	Im September verabschiedet die Nationalversammlung die Verfassung: Frankreich ist eine konstitutionelle Monarchie mit Gewaltenteilung und Zensuswahlrecht.
1792	Frankreich erklärt Österreich den Krieg (April). Der König wird im August seines Amtes enthoben, und ein neugewähltes Parlament (Konvent) führt die Republik ein.
1793	Im Januar wird der König hingerichtet. Aufstände vor allem im Westen Frankreichs führen zu einem Bürgerkrieg. In der Regierung gewinnen die radikalen Jakobiner die Oberhand.
1794	Diktatur und Schreckensherrschaft unter Robespierre, der im Juli gestürzt wird. Ein Direktorium von fünf Männern regiert Frankreich.
1799	Durch den Staatsstreich des Generals Napoleon Bonaparte übernehmen drei Konsuln die Macht. Die Revolution wird für beendet erklärt.
1804	Napoleon Bonaparte krönt sich selbst zum „Kaiser der Franzosen".

1 Menschenrechte
Am 26. August 1789 beschließt die französische Nationalversammlung die erste „Erklärung der Menschen- und Bürgerrechte“ (hier dargestellt im Gemälde von Le Barbier, um 1790).
Erster Artikel:
„Die Menschen werden frei und gleich an Rechten geboren und bleiben es.“

Zwei Jahre später entwirft Olympe de Gouges eine „Erklärung der Rechte der Frau und Bürgerin“.
Erster Artikel:
„Die Frau wird frei geboren und bleibt dem Manne ebenbürtig in allen Rechten.“

2 Die Marseillaise
September 1792, die Pariser Nationalgarde zieht in den Krieg:
Allons, enfants de la patrie!
„Auf, Söhne des Vaterlands, der Tag des Ruhmes ist gekommen!
Die blutige Fahne der Tyrannei ist gegen uns erhoben.
Hört ihr in den Feldern diese wilden Soldaten brüllen?
Sie kommen bis zu euch, metzeln eure Söhne, eure Frauen nieder.
Zu den Waffen, Bürger! Reiht euch ein in die Bataillone!
Lasst uns marschieren, marschieren, damit das feindliche Blut unsere Furchen tränke!“

1. Das „unvergleichliche Jahr“ 1789: Revolution für die Freiheit

1.1 Aufstand gegen das Ancien Régime

Bürgerliches Selbstbewusstsein

Persönlichkeiten wie der Bankier Jacques Necker (S. 255 f.), den Ludwig XVI. zweimal zu seinem Finanzminister machte, verdeutlichen, wie wichtig das Bürgertum für den Staatsdienst und die Wirtschaft Frankreichs geworden war. Auf diesem Hintergrund äußerte das gebildete Bürgertum seine *Kritik* an den politischen und gesellschaftlichen Zuständen mit wachsendem Selbstbewusstsein. In den seit Ende des 17. Jahrhunderts entstandenen Cafés und in privaten Zirkeln trafen sich Rechtsanwälte, Richter, Ärzte, Schriftsteller, Fachleute der zivilen und militärischen Verwaltungen. Hier wurden Voltaires Loblied auf den englischen Parlamentarismus, Montesquieus Vorstellung von der Trennung der Gewalt im Staat und Rousseaus Forderung nach der Volkssouveränität lebhaft diskutiert. Die Nachrichten vom Unabhängigkeitskampf der englischen Kolonisten in Nordamerika wurden leidenschaftlich kommentiert, der schließliche Erfolg der Aufständischen galt als Beweis für die Realisierbarkeit der aufklärerischen Ideen.

Im Frühjahr 1784 wurde ein Theaterstück zum Politikum: die erste öffentliche Aufführung der „Hochzeit des Figaro“. Vier Jahre lang hatte der Abenteuerer, Geschäftsmann und Schrifststeller Pierre Caron de Beaumarchais gegen das ausdrückliche und wiederholte Verbot seines Stücks durch Ludwig XVI. angekämpft. Die Auseinandersetzung hatte die Öffentlichkeit beschäftigt, dem König wurden Unterdrückung und Tyrannei vorgeworfen. Nur mit der Hilfe einflussreicher Personen am königlichen Hof, insbesondere aus der Umgebung der Königin, war es schließlich gelungen, Ludwig XVI. die Aufhebung des Verbots abzuringen. „Die Hochzeit des Figaro“ wurde zum bisher erfolgreichsten Stück in der Geschichte des Theaters. Napoleon meinte später, mit ihm habe die Revolution begonnen.

Beginnt die Revolution mit dem König?

Die politische Krisenlage der vorangegangenen Jahre (S. 253 ff.) veranlasste Ludwig XVI., erstmals seit 1614 wieder die *Generalstände* einzuberufen, die Ständeversammlung des Königreichs Frankreich. Von der Geschichtsschreibung ist diese Entscheidung des Königs in ihrer Bedeutung lange unterschätzt worden. Heutige Historiker wie François Furet sehen darin sogar den ersten Schritt zu einer grundlegenden Umwälzung, einen ersten revolutionären Akt – auch wenn Ludwig XVI. dies keineswegs beabsichtigt hatte – und stellen u. a. deshalb die Notwendigkeit der weiteren Ereignisse des Jahres 1789 in Frage: Die Monarchie Frankreichs habe sich schon vorher auf dem Weg hin zu einer konstitutionellen Monarchie befunden. Was war in diesem Sinne revolutionär an der Einberufung der Generalstände?

Den königlichen Einberufungsbriefen (24. Januar 1789) wurde ein Dekret beigefügt, das nicht nur die bereits angekündigte Verdoppelung der Vertreter des dritten Standes bestätigte, sondern das auch erstmals ein *Wahlrecht* festlegte und die *Wahlverfahren* genau regelte. Zwar wurde die Trennung der drei Stände Klerus, Adel und dritter Stand (Tiers état) bei der Bestimmung ihrer Vertreter beibehalten, aber es hieß auch: „Der König ... hat bestimmt, dass seine Untertanen alle aufgerufen sind bei der Wahl der Abgeordneten, die diese große und feierliche Versammlung bilden sollen, mitzuwirken." Damit wurde zum ersten Mal auch jedem Mitglied des dritten Standes das Wahlrecht zuerkannt. Das Dekret nannte dafür nur zwei Voraussetzungen: das Alter von mindestens 25 Jahren und die Eintragung auf der Steuerliste. Und es wurde kein Unterschied zwischen aktivem und passivem Wahlrecht gemacht: jeder Wahlberechtigte war auch wählbar.

Wahlen und Beschwerdehefte

Die Wahl der Abgeordneten erfolgte also in nach Ständen getrennten Wahlversammlungen auf der Ebene der königlichen Verwaltungsbezirke. Dabei waren für die drei Stände unterschiedlich organisierte Wahlverfahren vorgesehen, die dann Auswirkungen auf die *Zusammensetzung der Generalstände* hatten. So führte das Wahlverfahren für den Klerus zu einem Übergewicht der niederen Geistlichkeit in den Generalständen. Beim dritten Stand hatte ein in mehrere Ebenen gestuftes Wahlverfahren zur Folge, dass in der entscheidenden Wahlversammlung des königlichen Verwaltungsbezirks kaum noch einfache Leute als direkte Wähler und Wählbare für die Generalstände auftraten, sondern die wohlhabenden und gebildeten Mitglieder des Bürgertums. Dem entsprach die spätere Zusammensetzung in den Generalständen: Von 621 Abgeordneten des dritten Standes waren 214 Rechtsanwälte und Notare, 178 waren Grundbesitzer, Landwirte, Händler, 158 Richter an niederen Gerichtshöfen, 29 Bürgermeister und Gemeindeverwalter, 12 Ärzte; dazu kamen noch einige Finanzfachleute, Adelige, Angehörige der Militärverwaltung sowie nicht ausübende Priester.
Auf allen Ebenen des Wahlverfahrens wurden bei den Versammlungen *Beschwerdehefte* („cahiers de doléances") verfasst bzw. aus vorausgehenden Fassungen zusammengestellt. Denn Delegierte bzw. Abgeordnete hatten in der traditionellen Vorstellung ein *imperatives Mandat*: Sie waren die Übermittler kollektiver Klagen und Wünsche, nicht die Träger eines individuell geprägten politischen Willens. Die Beschwerdehefte waren eine traditionelle Einrichtung der schriftlichen Klageführung als Informationsquelle für den Monarchen und Ludwig XVI. hatte in seinem Dekret ausdrücklich gewünscht, „dass auch in den entferntesten Gegenden des Reiches und in den am wenigsten bekannten Behausungen jeder die Sicherheit haben soll, dass seine Wünsche und Be-

QU'EST-CE QUE

LE TIERS-ÉTAT (1)?

LE plan de cet Écrit est assez simple. Nous avons trois questions à nous faire.

1°. Qu'est-ce que le Tiers-État? — TOUT.

2°. Qu'a-t-il été jusqu'à présent dans l'ordre politique? — RIEN.

3°. Que demande-t-il? — A ÊTRE QUELQUE CHOSE.

1 Politische Kampfschriften
Von den vielen politischen Schriften, die 1788/89 erschienen, schlug „Was ist der dritte Stand?" im Januar 1789 wie eine Bombe ein. Ein Bestseller: In wenigen Wochen wurden 30 000 Exemplare verkauft.
Ihren ungeheuren Erfolg verdankte die zunächst anonyme Broschüre vor allem den drei Leitsätzen in Form von Aphorismen, die zu immer wieder verwendeten Slogans wurden:
„1. Was ist der dritte Stand? Alles.
2. Was ist er bis jetzt in der öffentlichen Ordnung gewesen? Nichts.
3. Was verlangt er? Etwas zu sein."

schwerden bis zu Ihm gelangen.“ Etwa 40000 solcher Beschwerdehefte aus den drei Ständen und aus allen Gegenden Frankreichs sind erhalten. Sie geben ein vielfältiges Bild von den Lebensverhältnissen im vorrevolutionären Frankreich. Sie machen aber auch deutlich, dass Beschwerden, Wünsche und Erwartungen nicht nur zwischen Klerus, Adel und drittem Stand, sondern auch innerhalb jedes Standes unterschiedlich, ja widersprüchlich waren. Die Ereignisse des Jahres 1789 wurden von diesen Unterschieden und Widersprüchen mitbestimmt, die entscheidenden Veränderungen hatten unterschiedliche Triebkräfte.

Revolution in Versailles: das Bürgertum

Als am 5. Mai 1789 in Versailles die Generalstände eröffnet wurden, waren Konflikte voraussehbar. Zu unterschiedlich waren die Vorstellungen und Erwartungen des Königs und der etwa 1200 Abgeordneten: Ludwig XVI. wollte die Finanznot des Staates durch neue Steuern beheben, Klerus und Adel wollten überwiegend eben diese Finanznot für eine Bestätigung ihrer Vorrechte, ja für eine Einschränkung der absolutistischen Macht des Königs nützen. Die Abgeordneten des dritten Standes schließlich hofften entsprechend ihrer sozialen Herkunft auf eine Verfassung und forderten politische Mitwirkung. Zwar hatte der König die Verdoppelung ihrer Abgeordnetenzahl zugestanden, doch ein wichtiger Punkt im Sinne wirksamer politischer Mitwirkung blieb ungeklärt: Nach altem Brauch sollten die drei Stände zunächst getrennt beraten und abstimmen, dann jeweils eine Stimme abgeben, gemäß dem Beschluss in der getrennten Abstimmung. Somit nützte dem dritten Stand seine Zahl von über 600 Abgeordneten nichts, er konnte weiterhin überstimmt werden. Führende Männer des dritten Standes drängten daher den König, in *gemeinsame Beratungen* aller Stände einzuwilligen, bei deren Entscheidungen das *Mehrheitsprinzip* gelten sollte. Als sich der Streit darüber wochenlang hinzog, entschlossen sich die Abgeordneten des dritten Standes zum Handeln: am 17. Juni erklärten sie sich nach dem Vorbild des englischen Unterhauses zur Vertretung des Volkes und forderten die beiden anderen Stände auf sich dieser Gesamtvertretung der Nation (*„Nationalversammlung“*) anzuschließen. Gemäß dem Grundsatz der Volkssouveränität war für viele Abgeordnete damit der Anspruch auf politische Mitentscheidung verbunden.
Teile des Klerus und einige Adelige folgten der Aufforderung. Aber der König, die meisten Mitglieder der hohen Geistlichkeit und der Adel insgesamt waren nicht gewillt nachzugeben. Wegen angeblich notwendiger Bauarbeiten ließ Ludwig XVI. den Sitzungssaal des dritten Standes schließen. Die Nationalversammlung zog daher am 20. Juni in das nahe gelegene Ballhaus. Dort schworen die Abgeordneten „sich niemals zu trennen und sich überall zu versammeln, wo die Umstände es erfordern würden, solange bis die Verfassung geschaffen ist und auf festen Grundlagen ruht“. Drei Tage später wiedersetzten sie sich auch dem König, als dieser den Beschluss des 17. Juni als illegal bezeichnete und den Ständen befahl, ihre getrennten Beratungen wieder aufzunehmen. Vor dieser entschlossenen Haltung wich der König zurück. Er forderte nun selbst die anderen Stände auf, sich an der Nationalversammlung zu beteiligen. Entspechend der selbstgestellten Aufgabe nannte diese sich nun „Verfassunggebende Nationalversammlung“ *(Constituante)*.

Revolution in Paris: das Stadtvolk

In Paris bestimmten Arbeitslosigkeit und hohe Brotpreise das Leben. Am 11. Juli entließ der König den Finanzminister Necker, der vielen als der Garant notwendiger Veränderungen galt. Ludwig XVI. hatte inzwischen auch den

2 Das „Unvollendete“ von Louis David
Am 28. Oktober 1790 beauftragte die Nationalversammlung den Abgeordneten und Maler Louis David, den „Ballhausschwur“ vom 20. Juni 1789 darzustellen. Das Kolossalgemälde – die Personen in Lebensgröße – sollte im Sitzungssaal des Parlaments aufgehängt werden und die Vertreter des dritten Standes als die „Macher“ der Revolution verewigen. Zunächst entstand ein in Öl gemalter Entwurf: Der Astronom und baldige Bürgermeister von Paris, Bailly, verliest den Schwur, die Abgeordneten stimmen zu; im Vordergrund zwei katholische und ein protestantischer Geistlicher.
Als 1791 David mit dieser lavierten Federzeichnung anlässlich einer Ausstellung begeisterte Zustimmung fand, machte er sich an die Ausfertigung in der geplanten Größe. Aber das Gemälde wurde nie vollendet. Die Ereignisse überrollten die ursprünglichen Absichten des Künstlers: Die meisten Akteure des 20. Juni 1789 galten bald als Verräter an der Revolution.

Befehl gegeben Truppen zusammenzuziehen. Das Gerücht verbreitete sich, dass ein militärischer Gewaltstreich gegen die Nationalversammlung bevorstehe. Es kam zu Zusammenstößen zwischen erregten Handwerkern und den königlichen Truppen, die meist aus ausländischen Söldnern bestanden; auch machten Räuberbanden die Stadt unsicher. Im Rathaus bildeten Vertreter des dritten Standes deshalb eine Stadtregierung, die für jeden Stadtbezirk die Aufstellung einer *bewaffneten Bürgerwehr*, der „Nationalgarde“, anordnete. Die Bürger übernahmen wieder die Stadtverwaltung wie in vorabsolutistischer Zeit. Die Suche nach Waffen und Munition führte dazu, dass am 14. Juli eine aufgebrachte Menge die *Bastille*, das königliche Gefängnis am Ostrand der Stadt, belagerte und in die für uneinnehmbar geltende Festung eindrang. Die Aufständischen vor der Bastille waren keine Bürgerlichen. Sie kamen aus den Vorstädten, vor allem aus dem Faubourg Saint-Antoine im Osten: Handwerksmeister mit ihren Gesellen und Arbeitern, die von der wirtschaftlichen Krise besonders betroffen waren. Die Soldaten der königlichen Gardes-Françaises sympathisierten mit diesem verarmten Stadtvolk und liefen zu den Aufständi-

schen über. Schon am folgenden Tag rief der König Necker zurück und befahl seinen Truppen den Rückzug. Er selbst besuchte am 17. Juli Paris. Im Rathaus nahm er die wenige Tage zuvor geschaffene blau-weiß-rote Kokarde entgegen und heftete sie an seinen Hut. Dies wurde als Zeichen des Bündnisses zwischen König und Volk verstanden.
In der Erinnerung wurde der 14. Juli 1789 zu einem *Geschichtsmythos*, zum entscheidenden Tag der Revolution, an dem das revolutionäre Volk von Paris das Symbol der Unterdrückung erstürmt habe. Das war er nicht. Aber die Einnahme der Bastille zeigte, dass die Monarchie nicht über die Kräfte für einen Gegenangriff verfügte. Das Stadtvolk von Paris ermöglichte es dem vermögenden und gebildeten Bürgertum, die von der Nationalversammlung in Versailles beschlossene Revolution fortzuführen.

Revolution in ganz Frankreich: die Bauern

Die Nachricht von den Ereignissen in Paris verbreitete sich wie ein Lauffeuer im ganzen Land. Die Bürger der größeren Städte folgten dem Pariser Beispiel: Sie setzten Stadtregierungen ein und stellten Nationalgarden auf. Auch die Bauern sahen darin ein Signal. Zu lange warteten sie schon auf eine Beantwortung ihrer Klagen und Wünsche. Durch die Missernte von 1788 und einen harten Winter waren sie zusätzlich in Bedrängnis geraten. Hinzu kamen Gerüchte über umherziehende Räuberbanden. Dies alles führte nun zu einer panikartigen Bewegung, der sog. *„Großen Furcht"*: Die Bauern bewaffneten sich, stürmten Schlösser und Klöster, steckten sie in Brand und plünderten sie. Sie bemächtigten sich der Urkunden, die ihre Frondienste und Abgabepflichten festlegten, und vernichteten sie. Als die alarmierenden Nachrichten von den Unruhen und Aufständen in Versailles eintrafen, waren die Abgeordneten der Nationalversammlung mitten in der Diskussion über die Erklärung der Menschen- und Bürgerrechte. Die Nachrichten waren für die bürgerlichen Abgeordneten deshalb höchst alarmierend, weil das Eigentum an sich bedroht schien.

Die Zerstörung der alten Ordnung

Am Abend des 3. August beschloss der „Bretonische Klub" – etwa 100 Abgeordnete des dritten Standes, die sich jeweils vor wichtigen Debatten berieten und ihr Vorgehen abstimmten –, auf feudalen Rechten beruhendes Eigentum vom Eigentum an sich zu trennen und die feudalen Rechte zu opfern. Mit diesem

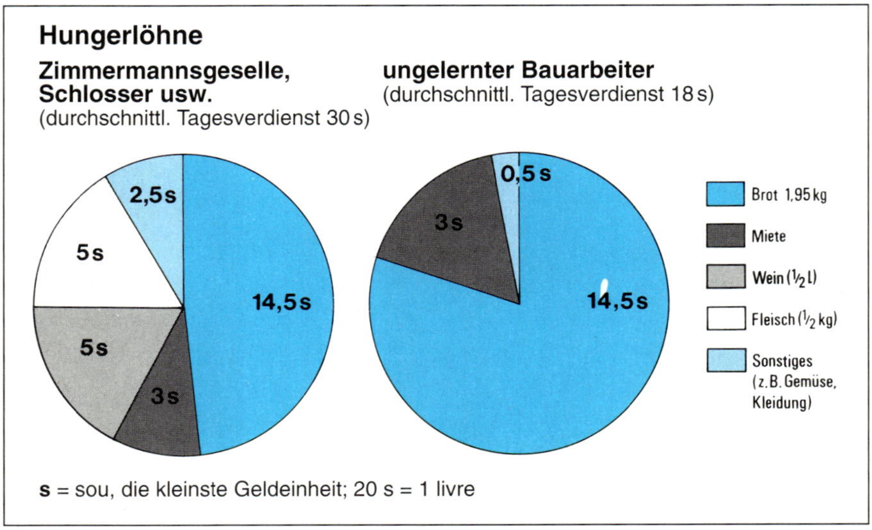

3 Leben in Paris – Februar 1789. Das 2-kg-Brot galt als notwendige tägliche Nahrung für eine vierköpfige Familie. 1788/89 herrschte eine seit langem nicht mehr bekannte Hungersnot. Im Laufe des Jahres 1789 wurde Brot in Paris immer seltener, die Bäckereien wurden häufig geplündert. Das 2-kg-Brot erreichte schließlich Preise bis zu 3 Livres (60 Sous)!

gemeinsamen Vorsatz gingen die Mitglieder des Bretonischen Klubs in die Beratungen. Die Sitzung des 4. August sollte mit der Diskussion eines vorbereiteten Erlasses beginnen, der den militärischen Schutz von Besitz und Personen für notwendig erklärte. Doch schon die ersten Wortmeldungen gaben der Debatte eine neue, überraschende Richtung: Es ging nicht mehr um die Sicherheit für Besitz und Personen, sondern um die Berücksichtigung des bäuerlichen Zorns. War auch das Vorgehen geplant, so war doch – darin stimmen alle Beurteilungen überein – die nun entstehende Begeisterung sehr reell und ergriff schnell die gesamte Versammlung. Bis in die frühen Morgenstunden wurde ein Beschluss nach dem anderen gefasst. So wurden die Gerichtsbarkeit und die Jagdrechte der Grundherren, die Leibeigenschaft, die Steuerbefreiungen und die Ämterkäuflichkeit abgeschafft. Es sollte keine Untertanen mehr, sondern nur noch freie *Bürger* (citoyen) mit den gleichen Rechten und Pflichten geben. Frankreich veränderte sich grundlegend. Die Beschlüsse des 4./5. August und die in der folgenden Woche dazu verabschiedeten Gesetze zählen für Furet zu den „Gründungstexten des modernen Frankreich": Sie zerstörten von Grund auf die aristokratische Gesellschaft und setzten an ihre Stelle das freie, autonome Individuum. Die Zeit vor dem 4. August galt nun bald als das „Ancien Régime", als eine unwiderruflich vergangene Zeit.

4 Theater als Spiegel der Zeit

Die erste öffentliche Aufführung der Komödie „Die Hochzeit des Figaro" dauerte fünf Stunden, denn häufig wurden die Schauspieler durch die Beifallsstürme des Publikums unterbrochen und sie mussten einzelne Passagen wiederholen. Zwar spielte die Handlung im spanischen Andalusien und die Schauspieler trugen spanische Kostüme, doch der Inhalt war brisant: Figaro, Diener des Grafen Almaviva, möchte Susanne heiraten, die Dienerin der Gräfin. Doch dazu muss der Graf nach altem Recht seine Zustimmung geben. Der Graf aber will nicht, denn auch er hat Gefallen an der hübschen Dienerin

Revolution: Mit „Revolution" – wörtlich: Umwälzung – meint man allgmein eine grundlegende und tiefgreifende Veränderung der Verhältnisse. Im politischen Bereich wird damit eine schnelle Umkehrung der Machtverhältnisse bezeichnet, wobei meist der Widerstand der Herrschenden mit Gewalt gebrochen werden muss. Dort, wo dieser Gewaltaspekt fehlt, wird „Revolution" mit einem Adjektiv oder einer anderen Ergänzung versehen: die „Glorious Revolution" 1688 in England, die „Nelkenrevolution" 1974 in Portugal, die „friedliche Revolution" und die „samtene Revolution" 1989 in der DDR bzw. in der Tschechoslowakei.
In der Französischen Revolution wurde der Begriff der „Gegenrevolution (Konterrevolution)" geprägt für jene Bestrebungen, die einer radikalen Umwälzung entgegenwirken oder dies versuchen. In ihrem Verlauf, gekennzeichnet durch Eigendynamik und Radikalisierung, gilt die Französische Revolution als der Prototyp der neuzeitlichen Revolutionen und dient vielen als negativer Beweis für die Notwendigkeit von Reformen statt Revolution.
Für den bis in die Gegenwart einflussreichen deutschen Philosophen G. W. F. Hegel (1770–1831) allerdings stellte die Französische Revolution eine wichtige Stufe im Fortschreiten der Menschheitsgeschichte zu Freiheit und Entfaltung des Geistes dar. Mitte des 19. Jh. übernahmen Karl Marx und Friedrich Engels die Vorstellung einer stufenweisen Entwicklung der Menschheit in revolutionären Prozessen, sahen aber die Antriebskräfte der Entwicklung nicht im Geist, sondern in den materiellen und ökonomischen Veränderungen. Seit Marx unterscheidet man in einer Erweiterung des Begriffes je nach Bereich oder Trägern zwischen politischer, sozialer oder kultureller bzw. bürgerlicher oder proletarischer Revolution. Wird die Revolution von einer Regierung veranlasst, so spricht man von einer „Revolution von oben". Der Übergang zwischen Revolution und Reform wird dann fließend.

gefunden. Im Bündnis mit der Gräfin siegt schließlich der listige Diener. Der adelige Graf wird lächerlich gemacht.
Der lange Monolog des Figaro im V. Akt galt Zeitgenossen als dramaturgisches Wagnis. Doch die darin ausgedrückten Gedanken sowie das geschilderte Schicksal machten gerade diese Stelle zu einer der am meisten beklatschten Szenen des Stücks:
„Nein, Herr Graf, Sie werden (Susanne) nicht haben … Sie werden sie nicht haben! Weil Sie ein großer Herr sind, glauben Sie, auch ein großer Geist zu sein! Adel, Reichtum, Rang und Würden, all das macht Sie so stolz! Was haben Sie denn geleistet für so viele Vorteile? Sie haben sich die Mühe gegeben, geboren zu werden, weiter nichts. Im Übrigen sind Sie ein ganz gewöhnlicher Mensch. Während ich, zum Donnerwetter, verloren im dunkelsten Gewühl der Menge, mehr Fleiß und Verstand aufwenden musste um überhaupt existieren zu können, als seit hundert Jahren für die Regierung ganz Spaniens aufgebracht wurden! Und Sie wollen den Kampf mit mir … Gibt es etwas Wunderlicheres als mein Schicksal? … Ich studiere Chemie, Pharmazie und Chirurgie, und der ganze Einfluss eines mächtigen Herrn reicht gerade aus, mich zum Träger einer Veterinärlanzette zu machen. Müde, kranke Tiere noch trauriger zu stimmen, und um einen ganz anderen Beruf auszuüben stürze ich mich blindlings auf das Theater. … In aller Eile schreib ich eine Komödie, die im Palast eines Sultans spielt. Als spanischer Autor glaub ich den Propheten Mohammed mit gutem Gewissen kritisieren zu können: Sofort beklagt sich irgendein obskurer Gesandter … und siehe da, mein Lustspiel wird, den mohammedanischen Fürsten zuliebe, … verbrannt. – Wenn man den Geist nicht unterdrücken kann, rächt man sich, indem man ihn misshandelt. – Es erhebt sich gerade ein Streit über das Wesen des Reichtums, und … so schreib ich eine Abhandlung über den Wert des Geldes und über seinen Ertrag: Sofort befinde ich mich am Eingang einer Gefängnisfestung, wo ich Hoffnung und Freiheit ließ. Oh, könnt ich nur mal einen von den Mächtigen zu fassen kriegen, die so schnell das Böse verdammen, das sie selber befohlen haben, wenn eine gerechte Ungnade seinen Hochmut gebrochen hat! Ich würd ihm sagen, dass die gedruckten Dummheiten nur dann wichtig werden, wenn man ihre Verbreitung behindert, dass gerade die Freiheit des Tadelns den Wert des Lobes erhöht und dass nur die kleinen Menschen die kleinen Stiche der Feder fürchten. Eines Tages wurde man es überdrüssig, einen so unbedeutenden Menschen wie mich auf Kosten des Staates zu füttern und setzte mich wieder auf die Straße … Ich greife wieder zu meiner Barbier-Ausrüstung, … ziehe rasierend von Stadt zu Stadt und lebe endlich ohne Sorgen. In Sevilla treff ich einen vornehmen Herrn; … ich verhelf ihm zu einer Frau und zum Dank dafür will er mir die meinige wegnehmen … Wie ist mir dies alles widerfahren? Warum dieses und nicht anderes? Wer hat das über mich verhängt?“
(Pierre Caron de Beaumarchais, Le Mariage de Figaro, hrsg. von Maurice Rat, Paris 1964, S. 310 ff., Übersetzung K. Sturm)

5 Am Vorabend einer Revolution

Der Engländer Arthur Young beobachtete auf drei Reisen 1787–1789 die Zustände in Frankreich. Zum 17. Oktober 1787 schrieb er in sein Reisetagebuch:
„Habe heute mit einer Gesellschaft gespeist, deren Unterhaltung sich ausschließlich mit der Politik beschäftigte. In der ganzen Runde herrschte die Meinung vor, dass man sich am Vorabend einer großen Umwälzung in der Regierung befinde. Alles weise darauf hin: die große Unordnung in den Finanzen, mit einem Fehlbetrag, der ohne die Generalstände nicht zu decken ist; keine genaue Vorstellung über das, was das Ergebnis ihrer Zusammenkunft sein könnte; kein Minister, … der über die nötigen Eigenschaften verfügt um ewas anderes als Linderungsmittel zu finden; auf dem Thron ein Fürst mit den besten Absichten, aber ohne die erforderlichen geistigen Fähigkeiten um in einem solchen Augenblick selbst zu regieren; ein Hof, der vergnügt in Saus und Braus lebt und damit das große Elend verschlimmert …; eine tiefe Gärung in allen Schichten der Gesellschaft, die sich begierig nach Veränderungen sehnen, ohne zu wissen, was sie anstreben oder wünschen sollen; ein Streben nach Freiheit, das seit der amerikanischen Revolution von Stunde zu Stunde wächst.“
(A. Young, Voyages en France, Paris 1988, S. 78 f., Übersetzung K. Sturm)

6 Beschwerden und Forderungen

Die Bauern eines kleinen Dorfes im Osten Frankreichs ließen in ihr Beschwerdeheft schreiben:

„1. Das kostbarste Gut für uns als Franzosen besteht darin, dass wir in regelmäßigen Zeitabständen Generalstände haben.

4. Das kostbarste aller Güter ist die persönliche Freiheit der Bürger; mit allem Nachdruck erheben wir Einspruch gegen die königlichen Verhaftungsbefehle und jegliche willkürliche Einsperrung.

20. Das Wild und die Tauben verzehren unsere Felder. Um dem abzuhelfen, müsste man es den Besitzern oder Pächtern gestatten, das Wild, das ihr Land betritt, zu töten."

Die Bewohner eines Ortes in der Nähe von Versailles forderten:

„1. dass alle Steuern von den drei Ständen ohne irgendwelche Ausnahmen bezahlt werden, von jedem Stand gemäß seinen Kräften;

5. dass jegliche Art von Zehnten in Naturalien völlig beseitigt wird;

8. dass die Eigentumsrechte heilig und unverletztlich sind;

9. dass rascher und mit weniger Parteilichkeit Recht gesprochen wird;

10. dass alle Frondienste, welcher Art sie auch sein mögen, beseitigt werden;

11. dass die Einziehung zum Heeresdienst nur in den dringenden Fällen erfolgt und dass alle Stände ohne irgendwelche Ausnahmen oder Befreiung dazu beitragen."

(P. Hartig, Die Französische Revolution, Stuttgart 1972, S. 14, 34)

7 Konstituierung eines nationalen Parlaments

Der Abgeordnete Sieyès am 17. Juni 1789:

„Diese Versammlung stellt nach Prüfung der Vollmachten fest, dass sie sich bereits aus den Vertretern zusammensetzt, die von zumindest 96 % der Nation auf direktem Weg entsandt worden sind.

Eine so große Anzahl von Vertretern darf nicht untätig bleiben, nur weil die Abgeordneten einiger Kreise oder einiger Klassen von Bürgern fehlen; denn die Abwesenden, die zur Teilnahme aufgerufen waren, können die Anwesenden

8 Die Zerstörung der Bastille, zeitgenössische Darstellung von Le Sueur

Bereits einen Tag nach der Einnahme der Bastille begann der völlige Abriss der mächtigen Festung. Die Arbeiter tragen auf ihrer Kopfbedeckung die Kokarde in den Farben Blau-Weiß-Rot, die zum Erkennungszeichen der Revolutionäre wurde. Weiß, die Uniformfarbe der königlichen Wachsoldaten, mit Blau und Rot, den Farben der Pariser Bürgermiliz – so entstand die dreifarbige Fahne des modernen Frankreich, die Trikolore. Der 14. Juli wurde später zum Nationalfeiertag der Franzosen.

nicht daran hindern, ihre Rechte voll auszuüben …

Die Benennung ‚Nationalversammlung' ist die einzige, die der Versammlung bei dem gegenwärtigen Stand der Dinge zukommt, weil die Mitglieder, aus denen sie sich zusammensetzt, … direkt von nahezu der gesamten Nation entsandt worden sind, weil – da die Versammlung eine unteilbare Einheit darstellt – keiner der Abgeordneten, von welcher Schicht der Klasse er auch gewählt sein mag, das Recht hat, seine Funktionen getrennt von der gegenwärtigen Versammlung auszuüben. Die Versammlung wird nie die Hoffnung aufgeben, in ihrer Mitte alle noch heute abwesenden Abgeordneten zu vereinigen …"

(J.-B. Duvergier, Collection complète des lois, décrets, ordonnances, règlements et avis du Conseil d'État … de 1788 à 1824, in: I. u. P. Hartig, Die Französische Revolution. Stuttgart 1988, S. 41)

9 Die Nacht des 4. August 1789

Die 1847 veröffentlichte „Histoire de la Révolution française" von Jules Michelet gilt in Frankreich als ein Meisterwerk der Geschichtsschreibung:

„Der Herzog von Aiguillon sagte, ihm seien, als er gestern für strenge Maßnahmen gegen jene, die die Schlösser angriffen, gestimmt habe, erhebliche Bedenken gekommen. Er habe sich gefragt, ob diese Menschen wirklich schuldig seien […] Hitzig und mit großer Leidenschaft sprach er weiter gegen die adelige Tyrannei, also gegen sich selbst.

Es war der 4. August, um 8 Uhr abends. Eine denkwürdige Stunde, in der die Adelsherrschaft nach 1000-jähriger Machtausübung abdankt, abschwört, sich selbst verwünscht.

Ein Bretone, ein unbekannter Abgeordneter, der nie sprach, weder vorher noch nachher, Herr Le Guen von Kerengal, begibt sich auf die Rednertribüne und verliest ungefähr zwanzig anklagende und drohende Zeilen.

Er warf der Versammlung vor, … die Brandschatzung der Schlösser nicht verhindert zu haben, indem sie die in ihnen aufbewahrten grausamen Waffen nicht zerstört habe. Nämlich jene ungerechten Dokumente, die den Menschen zum Tier erniedrigen …

‚Lasst uns gerecht sein! Man schaffe uns diese Dokumente, diese Denkmäler der Grausamkeit unserer Vorfahren herbei! Wer von uns würde nicht einen Scheiterhaufen aus diesen schändlichen Urkunden machen! …'

Die Begeisterung griff um sich. Herr von Beauharnais schlug vor, dass von nun an die Strafen für alle, Adelige und Nichtadelige, die gleichen sein, dass die Ämter allen offen stehen sollten. Jemand forderte die kostenlose Rechtsprechung, ein anderer die Aufhebung der grundherrlichen Gerichtsbarkeit …

Alles schien beendet. Ein nicht weniger großes Ereignis begann. Nach den Privilegien der Stände ging es um die Privilegien der Provinzen. Jene Provinzen, die besondere Vorrechte hatten, erröteten wegen ihres Egoismus. Sie wollten Frankreich sein, was dies auch immer für ihr eigenes Interesse, für ihre alten, liebgewordenen Traditionen bedeuten mochte …

Die Nacht war weit fortgeschritten, es war zwei Uhr … Seit dieser wunderbaren Nacht gab es keine Stände mehr, sondern nur Franzosen, keine Provinzen mehr, sondern nur das eine Frankreich. Es lebe Frankreich!"

(J. Michelet, Histoire de la Révolution française, Edition établie et annotée par Gérard Walter, Bibliothèque de la Pléiade, Paris 1952, Bd. 1, S. 212 ff., Übersetzung K. Sturm)

Arbeitsvorschläge und Fragen

a) Begründen und erläutern Sie die Ausbildung des bürgerlichen Selbstbewusstseins und die vorrevolutionäre Emanzipation des Bürgertums (M 1 und M 4; Text S. 282).

b) Ordnen Sie die von Arthur Young genannten möglichen Ursachen einer Revolution unterschiedlichen Bereichen (z. B. „Wirtschaft") zu und erläutern Sie diese Ursachen (M 5, M 3–4; siehe auch S. 253 f.).

c) Skizzieren Sie die politische Entwicklung des Jahres 1789 bis zum 4. August, und erörtern Sie die revolutionäre Bedeutung der Ereignisse (M 6–9).

d) Interpretieren Sie die Inszenierung des Gemäldeentwurfs „Der Ballhausschwur" hinsichtlich seiner politischen Aussagen (M 2).

1.2 Aufbruch in eine neue Zeit

Die Erklärung der Menschenrechte

Zu den fortwirkenden Ereignissen des Jahres 1789 gehört auch die „Erklärung der Menschen- und Bürgerrechte" am 26. August. Was veranlasste die Abgeordneten der Nationalversammlung zu einer solchen Erklärung? Es sind mehrere Motive erkennbar: Zunächst gab es das *Beispiel der englischen Kolonisten* in Amerika mit ihrer Unabhängigkeitserklärung von 1776. Bezeichnenderweise war es dann auch der Marquis de Lafayette – er hatte an führender Stelle im amerikanischen Unabhängigkeitskrieg mitgekämpft und befehligte nun die Pariser Nationalgarde –, der als erster der Nationalversammlung eine feierliche Erklärung der Menschenrechte vorschlug (11. Juli 1789). Seinen Entwurf hatte er mit der Unterstützung Thomas Jeffersons ausgearbeitet, der maßgeblich an der Abfassung der amerikanischen Unabhängigkeitserklärung beteiligt gewesen war.

Für namhafte Wortführer in der Nationalversammlung wie Sieyès war jedoch ein anderes Motiv maßgebend: Sie wollten „das große amerikanische Beispiel vervollkommnen". Sie folgten dabei den politischen Theoretikern der Aufklärung, die meinten, dass es zwar unterschiedliche Verfassungen geben könne – da das geschichtliche Erbe der Völker unterschiedlich sei – und dass Verfassungen veränderbar seien, aber gleichzeitig betonten die Aufklärer die Notwendigkeit eines höchsten, überall und immer gültigen Gesetzes. Manche Beschwerdehefte hatten denn auch eine Art *„Grundgesetz der Menschheit"* gefordert.

Dieser universelle Anspruch konnte überdies der Nationalversammlung – und dies ist ein drittes, aus der aktuellen politischen Situation entstandenes Motiv – eine *Legitimität*, eine begründete Autorität geben. Denn die Existenz unveräußerlicher und geheiligter Rechte, die „für alle Menschen, alle Zeiten, alle Länder" gelten, ermächtigte die selbst ernannte Nationalversammlung zum Handeln in einem politischen System, das weder eine solche Einrichtung noch deren Mitspracherecht vorsah. Die schließlich beschlossene Erklärung spiegelt diese Zielsetzungen deutlich wider: zunächst die Bestätigung der individuellen Rechte jedes Menschen, zu denen insbesondere Freiheit, Eigentum, Sicherheit und Widerstand gegen Unterdrückung gehören. Dann die Festlegung der Grundlinien für eine politische Ordnung, die auf diesem Individuum beruhte, z. B. das Verhältnis der Einzelnen zum Gesetz, die Anerkennung der Meinungsvielfalt und die Trennung der Gewalten im Staat als unabdingbare Voraussetzung für eine Verfassung.

Die Erklärung der Menschenrechte war in der Nationalversammlung jedoch nicht unumstritten, vor allem ihre gegenwärtige politische Zweckmäßigkeit wurde in Frage gestellt. Würde eine solche Erklärung, angesichts der tiefen wirtschaftlichen und sozialen Krise, angesichts der Unruhe in der Bevölkerung, die Entwicklung nicht zu weit vorantreiben? Die meisten Abgeordneten wollten nämlich eine Reform der Monarchie, nicht ihre Beseitigung. Die Entscheidung für eine öffentliche Erklärung der Menschenrechte wurde von den Ereignissen bestimmt: Nach der Zerstörung der alten Ordnung durch die Beschlüsse des 4./5. August entsprach eine solche Erklärung der inneren Logik. Am 26. August beschloss die Nationalversammlung, die bisher diskutierten und formulierten 17 Artikel feierlich zu verkünden, eine weiterführende Debatte wurde vertagt. Die Lösung aktueller Verfassungsprobleme – wie die Frage eines königlichen Vetos gegenüber den Entscheidungen der Nationalversammlung – erschien inzwischen dringlicher.

1 **Symbolische Darstellungen eines Jahrhundertereignisses**

1a Der Stich „Erklärung der Menschen- und Bürgerrechte" von Niquet le Jeune verdeutlicht den tiefen Unterschied zwischen Gegenwart und Vergangenheit.

1b Die bekannteste Darstellung der „Erklärung der Menschen- und Bürgerrechte", das Gemälde von Le Barbier (um 1790, vgl. S. 281), besteht aus zwei Teilen: einer Art Denkmal (unsere Abb. zeigt die obere Hälfte) und einem Aufsatz mit Inschrifttafel und allegorischen Darstellungen. Die Form als Denkmal und die Goldschrift in Antiqua zielen auf eine gemeinsame Aussage: eine ehrwürdige Botschaft, die dem Gedächtnis der Menschen eingegraben werden soll (vgl. die Präambel). Die zwei Tafeln erinnern an die traditionelle Darstellung der biblischen Zehn Gebote, der Gesetzestafeln, die Moses am Sinai von Gott empfing. Zwischen ihnen eine Pike mit Rutenbündel, die von einer phrygischen Mütze gekrönt wird. Es handelt sich um eine der Antike entlehnte bildliche Sprache: Einigkeit (Rutenbündel) und Wehrhaftigkeit (Pike) sind die Voraussetzung für die Freiheit (phrygische Mütze). Darüber eine Schlange, die sich selbst in den Schwanz beißt und damit den idealen Kreis beschreibt. Dieser Schlangenring versinnbildlicht seit dem 16. Jh. die Ewigkeit: Die Erklärung ruft immer gültige Prinzipien ins Gedächtnis der Menschen zurück. Die Inschrift über den Tafeln nennt Ort und Zeit der Erklärung und gibt einen historischen Hinweis auf die Entstehungszeit der Darstellung (1789/90), da sie die Annahme durch den König („accepté par le Roi") ausdrücklich erwähnt. Über der ganzen Darstellung symbolisiert eine Sonne den Sieg der Vernunft; in der Sonne das Dreieck der Gleichheit, in dessen Mitte ein weit geöffnetes Auge die Wachsamkeit darstellt. Die engelähnliche Figur auf der rechten Seite deutet mit einem Zepter auf die Vernunft, mit der linken Hand auf die Gesetzestafeln. Sie verkörpert das Gesetz, dessen Herrschaft mit der Erklärung begonnen hat (Zepter). Sie erinnert auch an einen in der abendländischen Kunstgeschichte wohlbekannten Bildtypus, nämlich an die Verkündigung an Maria: Der Engel des Gesetzes verkündet der französischen Nation und allen Betrachtern – er schaut aus dem Bild heraus – die frohe Botschaft der Menschenrechte. Die Nation (linke Figur) bekennt sich zur neuen Ordnung: Sie hat die eisernen Ketten der alten Unfreiheit zerrissen und trägt Kleider in den Farben Blau, Weiß, Rot. Dieses Bekenntnis verneint aber nicht die Monarchie: Die Nation trägt die Königskrone, und im Blau des Herrschermantels stehen die Bourbonenlilien. Die Blickrichtung der Figur drückt aus, woran sich die Nation in Zukunft auszurichten gedenkt: am Gesetz.

Links und Rechts

Die Verfassunggebende Nationalversammlung setzte sich aus den für die Generalstände gewählten Vertretern der Geistlichkeit, des Adels und des dritten Standes zusammen, aber es war zu keinen entsprechenden Parteibildungen gekommen. Während der Diskussionen um die Menschenrechte im August 1789 gruppierten sich die Abgeordneten jedoch zusehends um einige Wortführer und es ergab sich eine *Zweiteilung*, die seither unsere Betrachtung des politischen Lebens mitbestimmt: „Links" und „Rechts". Aus der Sicht des Präsidenten der Versammlung versammelten sich links auf den wie in einem Amphitheater aufsteigenden Bänken die „Patrioten" und ihre Sympathisanten, die für Freiheit und Gleichheit eintraten. Ganz oben saßen die entschiedensten Anhänger dieser Grundsätze, Männer wie Robespierre. Rechts, auf den untersten Bänken, fanden sich die Gemäßigten ein. Als „Monarchisten" strebten sie eine Verfassung nach englischem Vorbild an, mit zwei Kammern und einem absoluten Vetorecht für den König. Ihnen schlossen sich nach oben die „Aristokraten" an, mit den bedingungslosen Verteidigern der alten, absolutistischen Ordnung in den letzten Bankreihen. Diese Aufsplitterung der beiden Lager in „Fraktionen" kündigte spätere Parteibildungen an.
Bei den Abstimmungen setzte sich fast immer die Sichtweise der „Linken" durch. Um dies zu verstehen, muss man sich die Umstände vergegenwärtigen, unter denen die Sitzungen der Nationalversammlung stattfanden. Sowohl in Versailles als auch ab Mitte Oktober 1789 in Paris wurden Atmosphäre und damit Arbeitsweise weitgehend durch den Sitzungssaal bestimmt: Ein riesiger Raum, der nicht nur die 1200 Abgeordneten aufnahm, sondern auch hunderte von lärmenden Zuschauern. Um sich verständlich zu machen, musste man schreien; die Zuschauer reagierten auf jede Äußerung mit Lachen, Beifall oder Flüchen. So ging es den Abgeordneten immer auch darum, das spontan reagierende Publikum mitzureißen. Hinzu kam, dass es keine Redeordnung für die Debatten gab. Der Präsident der Versammlung wurde alle 14 Tage neu gewählt, so dass es ihm an der nötigen Autorität mangelte. Abwägende, rational geführte Diskussionen waren deshalb schwierig. Angesichts dieser Lage bekam

2 Meinungsmacher I: An einem Zeitungsstand (Titelblatt eines den Freunden der Verfassung gewidmeten „Almanach national", 1789).
Die „Erklärung der Menschen- und Bürgerrechte" schuf eine nahezu unbegrenzte Meinungs- und Pressefreiheit. So gab es 1789 in Paris 184 verschiedene Zeitungen, 34 weitere im restlichen Frankreich.

eine Tatsache Bedeutung: die Vorbereitung wichtiger Entscheidungen außerhalb der Nationalversammlung. Die größte Wirkung erzielte dabei der Bretonische Klub, der bereits die revolutionären Beschlüsse vom 17. Juni und vom 4./5. August vorbereitet und durchgesetzt hatte. Aus dem Bretonischen Klub wurde der *Klub der „Jakobiner"*. Ihm gehörten bald etwa 400 Abgeordnete der „Linken" sowie viele sympathisierende Persönlichkeiten des öffentlichen Lebens an. Die Jakobiner wurden zusehends zu einer mit der Nationalversammlung rivalisierenden Macht. Dies um so mehr, als sie Filialen in ganz Frankreich gründeten, mit dem erklärten Ziel, durch die „Einheitlichkeit von Wünschen, Grundsätzen und Handeln die Revolution zu vollenden" (Satzung des Jakobinerklubs, 8. Februar 1790).

Eine vierte Gewalt: die Presse

Meinungs- und Pressefreiheit hatten viele Beschwerdehefte gefordert und seit der Einberufung der Generalstände waren die übliche vorherige Zensur und Druckgenehmigung aufgehoben worden. Artikel 11 der „Erklärung der Menschen- und Bürgerrechte" verkündete dann: „Die freie Mitteilung der Gedanken und Meinungen ist eines der kostbarsten Menschenrechte." Zwar sah der Artikel bereits ein Gesetz gegen den Missbrauch der Pressefreiheit vor, doch dieses Gesetz kam erst im Herbst 1791 zustande. Die einstweilen grenzenlose *Pressefreiheit* wurde von den vielen Zeitungen und Zeitschriften ausgiebig genützt. Es war üblich, den Titel der Zeitung mit einem Motto zu versehen, z. B. „Die Großen erscheinen uns nur groß, weil wir auf den Knien liegen: Lasst uns aufstehen!" oder: „Eine freie Zeitung ist ein vorgeschobener Wachtposten, der ohne Unterlass für das Volk wacht." Die Zeitungen berichteten ausführlich von den Beratungen der Nationalversammlung und kommentierten sie. Sie griffen aber auch einzelne Abgeordnete wegen ihrer Äußerungen oder ihres Abstimmungsverhaltens persönlich, ja verleumderisch an; manche Blätter veröffentlichten sogar Listen „unpatriotischer" Abgeordneter und setzten diese damit den Angriffen aufgebrachter Leser aus. Um Druck auf die Nationalversammlung auszuüben, fehlte es auch nicht an Aufrufen zu Demonstrationen und zu aufständischer Zusammenrottung. Die meisten Zeitungen bestanden nur aus wenigen Seiten und hatten als tägliche Auflage kaum mehr als 3000

3 **Meinungsmacher II:** Versammlung patriotischer Frauen in einem Frauenklub (anonymes Aquarell, 1790/91).
Die lebhafte Anteilnahme der Frauen an der politischen Meinungsbildung war neu und wurde mit wachsendem Misstrauen beobachtet. 1793 wurden die Frauenklubs verboten (s. S.330).
Die politischen Klubs vesuchten Druck auf die Nationalversammlung auszuüben. Am einflussreichsten wurde der Klub der „Jakobiner", der regelmäßig im Dominikanerkloster in der Straße des hl. Jakob tagte. Ihm gehörten zunächst die Verfechter einer Verfassung an, dann die radikalen Anhänger einer Republik.

Exemplare, die zunächst über Abonnements, dann zunehmend über Zeitungsverkäufer in den Straßen ihre Leser fanden. Geringer Umfang und geringe Auflage entsprangen einer Notwendigkeit: Die Zeitung wurde oft im Ein-Mann-Betrieb hergestellt. Der Journalist betätigte sich auch als Drucker an einer kleinen handwerklichen Presse. Viele Journalisten waren selbst Abgeordnete. Während der Beratungen in der Nationalversammlung schrieben sie eifrig mit, betrauten auch den einen oder anderen Kollegen damit, denn offizielle Sitzungsprotokolle gab es noch nicht. Trotz Missbrauchs und bescheidener Anfänge: Durch Information und unterschiedliche Einflussnahme entstand allmählich eine vierte Gewalt im Staat, von der die Denker der Aufklärung noch nichts gewusst hatten, die sich aber in der modernen Demokratie als unentbehrlich erweist.

Bürger und Bürgerinnen: Wahlrecht nach Zensus und Geschlecht

Die Bezeichnungen „Bürger" (citoyen) und „Bürgerin" (citoyenne) waren mindestens seit den Ereignissen des August 1789 in aller Munde. Doch was war ihr Inhalt, d.h. wer durfte die damit zusammenhängenden Rechte ausüben, wer durfte wählen und gewählt werden? Als Ende Oktober die Nationalversammlung darüber beriet, zeigte sich, dass selbst innerhalb der „Linken" die Auffassungen sehr gegensätzlich waren. Robespierre trat für ein allgemeines männliches Wahlrecht ohne Einschränkung ein: Es entspreche der Erklärung der Menschen- und Bürgerrechte, dass sich alle Bürger für alle Stufen der Vertretung bewerben könnten. Auf der anderen Seite stand Sieyès, der schon im Juli von „aktiven" Bürgern und „passiven" Bürgern gesprochen hatte. Er fand Unterstützung bei den meisten „Patrioten", etwa wenn einer dieser Abgeordneten Robespierre als „niederträchtigen und abscheulichen Brandstifter" bezeichnete und meinte: „Gewiss darf die alte Aristokratie nicht durch eine neue Aristokratie ersetzt werden, aber welcher Mensch legt Wert auf sein Vaterland, auf den Boden, der ihn zur Welt kommen sah, wenn er dort nichts besitzt und wenn er seine Arme, seinen Fleiß überall einsetzen kann. Echte Bürger sind mit Sicherheit nur die Besitzenden." Die Geschichtsschreibung hat diese Haltung immer wieder als einen eigennützigen Reflex des Bürgertums interpretiert, das somit die Macht des Augenblicks für sich nützte. Doch vielen Abgeordneten erschien dies als die notwendige Konsequenz eines Ideals: Sie wollten den persönlich unabhängigen Bürger. Der Wähler sollte frei sein in seinen Entscheidungen, nicht beeinflussbar, nicht erpressbar, nicht käuflich. Dieser gedankliche Ansatz konnte dazu führen, die Armen und Abhängigen vom Wahlrecht auszuschließen.
Die Unterscheidung zwischen *Aktivbürgern und Passivbürgern* setzte sich in der Nationalversammlung durch. Ein Ausschuss legte fünf Voraussetzungen für das Wahlrecht fest: Der Aktivbürger musste als Franzose geboren oder Franzose geworden sein, er musste volljährig, d.h. 25 Jahre alt und mindestens seit einem Jahr vor der Wahl am Ort wohnhaft sein, einen Zensus (direkte Steuer) zahlen, die dem örtlichen Wert von drei Arbeitstagen entsprach, und er durfte nicht in einer abhängigen niedrigen Dienststellung leben. Ein weiterer Beschluss, das „Silbermark-Dekret", regelte die Wählbarkeit eines Aktivbürgers zum Abgeordneten der Nationalversammlung: Er musste einen erhöhten direkten Steuersatz von einer Silbermark und Grundbesitz vorweisen.
Gerade in Paris griffen viele Frauen aktiv ein in das Geschehen. Trotzdem: Sie wurden zwar mit „Bürgerin" angeredet, galten jedoch nicht als Aktivbürger. Weder die Aufklärung noch die Revolution änderten etwas an der Auffassung von der wesensmäßigen Unmündigkeit der Frau und damit von ihrer natürli-

chen Unterordnung unter den Mann. Erstmals gab es jedoch Frauen, die sich öffentlich widersetzten. 1791 veröffentlichte die Schriftstellerin Olympe de Gouges eine „Erklärung der Frauen- und Bürgerinnenrechte", deren Artikel 1 lautet: „Die Frau wird frei geboren und bleibt dem Manne gleich an Rechten. Gesellschaftliche Unterschiede können nur im allgemeinen Nutzen begründet sein." Und im Artikel 4: „... die Ausübung der natürlichen Rechte der Frau (hat) Grenzen nur in der ewigen Tyrannei, die der Mann ihr entgegensetzt; diese Grenzen müssen gemäß den Gesetzen der Natur und der Vernunft neu festgelegt werden" (s. S. 330 f.). Doch solche Grundsätze und Forderungen blieben noch lange ohne Wirkung, Frankreichs Frauen mussten bis zum Jahr 1946 auf das Wahlrecht, auf ihre Anerkennung als gleichwertige Bürger warten.

Die Nation als Bekenntnis

Alle Umwälzungen des Jahres 1789 waren von Versailles und Paris ausgegangen. Wie stand das restliche Frankreich dazu? War die eine Nation von Bürgern, von der die Revolutionäre sprachen, Wirklichkeit oder nur ein ständig ausgesprochener Wunsch? Einer einheitlichen Willensbildung stand 1789 manches Hindernis im Wege: die in Jahrhunderten gewachsenen unterschiedlichen Gebräuche, Rechte und Sprachen in vielen Provinzen, die Schwierigkeiten der Nachrichtenübermittlung – im 300 km entfernten Dijon erfuhr man von der Einnahme der Bastille erst drei Tage später – und die durch den anhaltenden Nahrungsmangel fortdauernden Unruhen in den Dörfern und Städten des Landes. Umso erstaunlicher ist die Schnelligkeit, mit der sich Frankreichs Bewohner als Bürger einer gemeinsamen Nation zu fühlen begannen.
Die Bewegung nahm ihren Ausgang in den Städten, wo die alten Stadtverwaltungen unter königlicher Aufsicht durch nun gewählte Stadtausschüsse ersetzt wurden. Die Sorge um die Sicherung der Neuerungen und um die Aufrechterhaltung der Ordnung führte nicht nur zur Aufstellung von Bürgerwehren, den Nationalgarden, sondern auch zu *Bündnissen*, zunächst zwischen benachbarten Städten und Provinzen, in denen ein neuer Begriff auftauchte: *„la fraternité" – die Brüderlichkeit*. So entstand ein immer dichteres Netz verbrüderter Städte und Provinzen, das am 14. Juli 1790 mit dem großen „Fest der Verbrüderung" in

Nation und Volk: Der Begriff Nation entsprach zunächst einer ersten Bedeutung des Begriffes Volk: eine Gesamtheit von durch Sprache, Kultur und Geschichte verbundenen Menschen. So gab es an den großen Universitäten wie der Pariser Sorbonne unter den Studenten eine „deutsche Nation", eine „englische Nation" usw., aber auch eine „bretonische Nation". Mit der Französischen Revolution bekam „Nation" eine neue Bedeutung: die Gemeinschaft der Angehörigen eines Staates. In diesem Sinne sprach man zu Beginn des 19. Jh. z. B. von der „bayerischen Nation". Dieser Nationsbegriff nahm zwar in Frankreich im Verlauf der Revolution wieder das Element der Sprache in sich auf – unter dem Motto: „eine Nation, eine Sprache" begann die Unterdrückung der Regionalsprachen Frankreichs (Bretonisch, Elsässisch, Korsisch usw.), die bis in die Mitte des 20. Jh. andauerte –, aber „Nation" als Bekenntnis zu einer Gemeinschaft, die sich bestimmten Werten verpflichtet fühlt und innerhalb der Grenzen eines Staates lebt, blieb bestimmend. Im Gegensatz dazu gründet der deutsche Begriff Nation unter dem Einfluss Herders seit dem 19. Jh. wesentlich auf der Sprache und der von ihr bedingten Kultur.
Auch der Begriff Volk ist mehrdeutig. Eine zweite Bedeutung meinte die Masse der Bevölkerung, insbesondere die Unterschichten. „Volk" wurde dann oft verächtlich gebraucht im Sinne von Pöbel. Durch Rousseaus Lehre von der Volkssouveränität wurde „Volk" in dieser Bedeutung jedoch aufgewertet und zu einem Symbolwort im politischen Kampf, mit dem politische Entscheidungen gerechtfertigt werden konnten.

Paris und gleichzeitigen Veranstaltungen überall im Land seine endgültige Bestätigung fand. In Paris gelobten Tausende von Abgesandten der Nationalgarden ganz Frankreichs feierliche Treue „der Nation, dem Gesetz und dem König". Was der Historiker Jules Michelet in seiner begeisterten Schilderung des 4./5. August vorwegnahm (S. 126, M 9), war nun sichtbar: Die Franzosen waren durch freiwillige Zustimmung die freien Bürger einer gemeinsamen Nation geworden. Doch diese Botschaft enthielt den Keim für spätere Konflikte. Die Fürsten Europas mochten es noch hinnehmen, dass die Bevölkerung des Elsass und des päpstlichen Avignon nun ihren Anschluss an die französische Nation erklärten. Wenn es aber ein allgemeiner Grundsatz im internationalen Recht werden sollte, dass die Zugehörigkeit zu einem Staat vom eigenen Willen und Bekenntnis der Völker abhing, dann war die fürstliche Souveränität bedroht. An der Grenzbrücke über den Rhein in Kehl grüßte die Inschrift: „Hier beginnt das Land der Freiheit." Sie musste in den Ohren der Fürsten Europas wie eine Kampfansage klingen.

4 Frauen und Politik

Nach der Auflösung der Frauenklubs Ende Oktober 1793 erklärte der Jakobiner Chaumette gegenüber protestierenden Frauen:

„Seit wann ist es Frauen gestattet, ihrem Geschlecht abzuschwören und sich zu Männern zu machen? Seit wann ist es Brauch, dass sie die fromme Sorge ihres Haushaltes, die Wiege ihrer Kinder verlassen um auf die öffentlichen Plätze zu kommen, von der Tribüne herab Reden zu halten, in die Reihe der Truppen zu treten, mit einem Wort, Aufgaben zu übernehmen, welche die Natur allein dem Mann zugeteilt hat? Die Natur hat zum Mann gesagt: Sei Mann! Die Wettrennen, die Jagd, der Ackerbau, die Politik und die Anstrengungen aller Art sind dein Vorrecht. Sie hat zum Weib gesagt: Sei Weib! Die Sorge für deine Kinder, die Einzelheiten des Haushalts, die süße Unruhe der Mutterschaft, das sind deine Arbeiten! Unkluge Frauen, warum wollt ihr Männer werden? Sind die Menschen nicht genug geteilt? Was braucht ihr mehr? Im Namen der Natur, bleibt was ihr seid; und weit entfernt uns um die Gefahren eines so stürmischen Lebens zu beneiden, begnügt euch damit, sie uns im Schoße unserer Familien vergessen zu machen, indem ihr unsere Augen auf dem entzückenden Schauspiel unserer durch eure zärtliche Fürsorge glücklichen Kinder ruhen lasst."

(H. Grubitzsch u. a. [Hrsg.]. Grenzgängerinnen. Revolutionäre Frauen im 18. und 19. Jahrhundert. Weibliche Wirklichkeit und männliche Phantasien, Düsseldorf 1985, S. 278)

5 Meinungsfreiheit

In der Debatte um den Artikel 10 fand der Beitrag des südfranzösischen Abgeordneten Rabaut Saint-Etienne starke Beachtung:

„Die Freiheit ist ein heiliges und unantastbares Recht, das der Mensch bei seiner Geburt mitbringt; dieses Recht gilt auch für die Meinungen. Die Freiheit der Meinungen entzieht sich jeglicher Macht: ... Die Menschen haben niemals auf ihre Meinungen zugunsten der Allgemeinheit verzichtet. Also kann kein Mensch gezwungen werden, wie ein anderer zu denken ... Nicht Toleranz fordere ich, denn dieses Wort beinhaltet einen Gedanken an Mitleid, der den Menschen erniedrigt. Ich fordere die Freiheit, die eine einzige für alle sein muss. Irren ist kein Verbrechen: Welcher Religion ein Mensch auch anhängt, er darf deshalb nicht seiner Rechte beraubt werden. Ich fordere die Freiheit für jene stets geächteten Menschen, die unstetig auf der Erde umherirren und die nur die Demütigung kennen, nämlich für die Juden.

Vielleicht wird man Ihnen darlegen, dass die uns umgebenden Nationen jene von der Freiheit ausnehmen, die sich nicht zur Religion der Mehrheit bekennen. Die französische Nation hat keinem Beispiel zu folgen, sondern selbst ein Beispiel zu geben ...

Eine lange und blutige Erfahrung mit der Vergangenheit lehrt uns, dass es höchste Zeit ist, die Schranken niederzureißen, die den Menschen vom Menschen, den Franzosen vom Franzosen trennen ..."

(Le Monde de la Révolution Française, Nr. 8, S. 20, Paris 1989, Übersetzung K. Sturm)

6 Menschen- und Bürgerrechte. Aus der Erklärung vom 26. August 1789:

„In der Überzeugung, dass die Unkenntnis, das Vergessen oder die Verachtung der Menschenrechte die alleinigen Ursachen der öffentlichen Missstände und der Verderbtheit der Regierungen sind, haben die in der Nationalversammlung vereinigten Vertreter des französischen Volkes beschlossen, in einer feierlichen Erklärung die natürlichen, unveräußerlichen und geheiligten Menschenrechte darzulegen, damit diese allen Mitgliedern des gesellschaftlichen Verbandes beständig vor Augen stehende Erklärung sie ohne Unterlass an ihre Rechte und Pflichten erinnert; damit die Handlungen der gesetzgebenden und der ausführenden Gewalt, da sie jeden Augenblick mit dem Zweck jeglicher politischen Einrichtung verglichen werden können, um so mehr geachtet werden; damit sich die Ansprüche der Bürger, die von nun an auf einfache und unbestreitbare Grundsätze gegründet sind, immer auf die Erhaltung der Verfassung und das Glück aller richten. Folglich anerkennt und verkündet die Nationalversammlung in Gegenwart und unter dem Schutze des Allerhöchsten Wesens die folgenden Menschen- und Bürgerrechte:

1. Die Menschen werden frei und gleich an Rechten geboren und bleiben es. Die gesellschaftlichen Unterschiede können nur mit dem allgemeinen Nutzen begründet werden.
2. Der Zweck jeder staatlichen Vereinigung ist die Bewahrung der natürlichen und unverjährbaren Menschenrechte. Diese Rechte sind die Freiheit, das Eigentum, die Sicherheit und der Widerstand gegen Unterdrückung.
3. Der Grundsatz jeglicher Staatshoheit liegt wesensmäßig bei der Nation. Keine Körperschaft, kein Einzelner kann Herrschaft ausüben, die nicht ausdrücklich von ihr ausgeht.
4. Die Freiheit besteht darin, alles tun zu können, was einem anderen nicht schadet: So hat die Ausübung der natürlichen Rechte jedes Menschen nur jene Grenzen, die den anderen Mitgliedern der Gesellschaft den Genuss dieser gleichen Rechte sichern. Diese Grenzen können nur durch das Gesetz bestimmt werden.
5. Das Gesetz darf nur die der Gesellschaft schädlichen Handlungen verbieten. Alles, was das Gesetz nicht verbietet, ist erlaubt, und niemand kann zu etwas gezwungen werden, was das Gesetz nicht befiehlt.
6. Das Gesetz ist der Ausdruck des allgemeinen Willens. Alle Bürger haben das Recht, an seiner Gestaltung persönlich oder durch ihre Vertreter mitzuwirken. Es muss für alle Bürger das Gleiche sein, ob es nun beschützt oder bestraft. Alle Bürger sind, da sie vor dem Gesetz gleich sind, in der gleichen Weise zu allen Ehrenämtern, öffentlichen Stellungen und Beschäftigungen gemäß ihren Fähigkeiten zugelassen, ohne einen anderen Unterschied als den ihrer Eigenschaften und Anlagen.
10. Niemand darf wegen seiner Meinungen, selbst der religiösen, bedrängt werden, vorausgesetzt, dass ihre Äußerung nicht die durch das Gesetz festgelegte öffentliche Ordnung stört.
11. Die freie Mitteilung der Gedanken und Meinungen ist eines der kostbarsten Menschenrechte; jeder Bürger kann also frei sprechen, schreiben, veröffentlichen, mit dem Vorbehalt, dass er verantwortlich ist für den Missbrauch dieser Freiheit in den von dem Gesetz festgelegten Fällen.
13. Für die Unterhaltung der öffentlichen Gewalt und für die Verwaltungsausgaben ist eine allgemeine Abgabe unerlässlich; sie muss gleichmäßig auf alle Bürger gemäß ihren Möglichkeiten verteilt werden.
16. Eine jede Gesellschaft, in der die Garantie der Rechte nicht gesichert und die Trennung der Gewalten nicht festgelegt ist, hat keine Verfassung.
17. Da das Eigentum ein unantastbares und geheiligtes Recht ist, kann es niemandem genommen werden. Es sei denn, die öffentliche, rechtmäßig festgestellte Notwendigkeit erfordert dies klar, und unter der Bedingung einer gerechten und vorherigen Entschädigung".

(Ministère de l'Éducation nationale [Hrsg.], 1789. Recueil de textes et documents du XVIIIe siècle à nos jours, Centre national de documentation pédagogique, Paris 1989, S. 75 ff., Übersetzung K. Sturm)

7 1789 im Urteil – 200 Jahre später

Der französische Historiker Michel Winock schreibt:

„Trotz (seiner) Schattenseiten gebührt dem Jahr 1789 unsere Bewunderung und unsere Dankbar-

keit. Wenden wir uns gleich dem Wesentlichen zu: Frankreich erklärte gegenüber der Welt die Menschen- und Bürgerrechte. Natürlich hatten die Amerikaner auch, und vor den Franzosen, ihre Rechte verkündet, aber die von der Verfassunggebenden Versammlung beschlossenen Artikel ... haben eine universelle Tragweite. Diese Erklärung bleibt das Fundament unseres politischen Lebens, sie ist unser gemeinsames Grundgesetz, sie bleibt das Maß, mit dem die politischen Systeme gemessen werden; sie zieht die Trennungslinie zwischen dem Rechtsstaat und den anderen Staatsformen. ...
Die marxistische Kritik hat in dieser Erklärung deren bürgerliche Begrenzungen angeklagt, weil sie vom Eigentum als einem ‚unantastbaren und geheiligten Recht' spricht. Aber 200 Jahre später können wir beurteilen, wie gefährdet die Freiheit und sogar die Gleichheit sind, wenn der Staat aufgehört hat, das Eigentum zu achten. Rousseau selbst hatte den Grundsatz des Eigentums verteidigt, aber die sozialistische Linke musste einen langen Weg zurücklegen um zu dieser Erkenntnis zu gelangen: Die Aufhebung des privaten Eigentums führt geradewegs zur Auslöschung der Freiheiten. Ganz offensichtlich muss man aber auch den Missbrauch des Eigentums fürchten: Das Monopol tötet die Freiheit. Aber der Missbrauch eines Rechtes, der behoben werden kann, darf nicht als Vorwand für die Auslöschung des Rechtsgrundsatzes dienen."
(M. Winock, 1789. L'Année sans pareille, Paris 1988, S. 282, Übersetzung K. Sturm)

Arbeitsvorschläge und Fragen

a) Erörtern Sie die grundsätzliche Bedeutung der „Erklärung der Menschen- und Bürgerrechte". Bestimmen Sie ihr Verhältnis zur Aufklärung (M 1 und M 5–7).
b) Was sind Menschenrechte, was Bürgerrechte? Nehmen Sie eine Zuordnung der Artikel in der Erklärung vom 26. August 1789 vor. Formulieren Sie den Unterschied zwischen beiden (M 6).
c) Diskutieren Sie die Notwendigkeit besonderer „Frauen- und Bürgerinnenrechte (M 4 und S. 331, M 1).
d) Erläutern und beurteilen Sie die Entscheidungen und Entwicklungen des Jahres 1789 in ihrer Bedeutung für die Gegenwart (Text, M 2–3 und Kap. 7.1).
e) 1923 urteilte der französische Schriftsteller Anatole France: „Im Grunde war die Französische Revolution [...] eine Angelegenheit des Bürgertums und der Kapitalisten." Nehmen Sie Stellung zu dieser Aussage.

2. Freiheit und Gleichheit in Frankreich

2.1 König und Kirche

Eine friedliche Revolution?

Am Ende des Jahres 1789 glaubten viele noch an einen friedlichen Abschluss der Veränderungen in Staat und Gesellschaft. Erst im Rückblick lässt sich feststellen, dass sich unter der Oberfläche bereits Gegensätze aufbauten, die nach und nach die Revolution radikalisierten, schließlich in die Katastrophe führten. Die Entstehung der modernen französischen Nation im freien Bekenntnis zu den Errungenschaften von 1789 in einem vom fürstlichen Souveränitätsanspruch geprägten Europa war einer dieser Gegensätze. Zwei weitere Gegensätze wirkten sich vor allem im Inneren aus: zum einen die Haltung des Königs und des Hofes gegenüber dem Neuen, zum anderen das Verhältnis zwischen der katholischen Kirche und dem revolutionären Staat.

Der König und die Revolution

Zunächst wies vieles auf ein Einlenken Ludwigs XVI. hin. Erschien er doch am 15. Juli 1789 unvermutet vor den Abgeordneten der Nationalversammlung in Versailles und bat sie in einer kurzen Erklärung um ihre Hilfe um „das Wohl des Staates zu sichern". Dabei sprach der König zum ersten Mal nicht von den „Generalständen", sondern von der „Nationalversammlung" und anerkannte damit die revolutionäre Handlung des 17. Juni. Und dann zwei Tage später: begleitet von Bürgerwehren, ohne Leibgarde, ohne Soldaten, kam Ludwig XVI. nach Paris. Beim Empfang im Rathaus trat Bailly, der am Vortag von der Nationalversammlung ernannte Bürgermeister, vor den König, ohne – wie es eigentlich üblich war – vor dem Monarchen niederzuknien. Ludwig XVI. nahm dies widerspruchslos hin, heftete sich die Kokarde an seinen Hut und zeigte sich damit an einem Fenster des Rathauses der jubelnden Menge. Revolution und Königtum schienen im Einklang, die Umwandlung Frankreichs innerhalb der Monarchie schien vorgezeichnet.
In Wirklichkeit – seine später gefundene Korrespondenz beweist es – war der König entschlossen, auf eine *Wiederherstellung der alten Ordnung* hinzuarbeiten. Ludwig XVI. und Marie-Antoinette waren im Geiste des Absolutismus aufgewachsen und sie sahen in der Verteidigung der monarchischen Autorität ihre Pflicht. Dabei hofften sie auf die gegenrevolutionären Kräfte, selbst wenn diese aus dem Ausland kamen. Der Begriff „Ausland" hatte für den König und die Königin aufgrund ihrer dynastisch-familiären Verbindungen allerdings eine viel geringere Bedeutung als für das Volk, das nun durch die Verbrüderungs-Bewegung zu einer patriotischen, auf das gemeinsame Vaterland bezogenen Solidarität fand und bald in der bloßen Aufrechterhaltung solcher Beziehungen einen Verrat an der Sache Frankreichs witterte. Ludwig XVI. mied in seinem Widerstand die totale Konfrontation: Mit scheinbarem Nachgeben und punktueller Verweigerung hoffte er, die Revolutionäre in eine Sackgasse zu manövrieren, in einen Zustand der Unordnung, in dem sich die Bevölkerung wieder dem König als dem Retter in der Not zuwenden würde.

Volksbewegung für die Nationalversammlung

Ludwig XVI. weigerte sich die Erlasse anzuerkennen, die die Nationalversammlung zur Durchführung der Beschlüsse vom 4./5. August 1789 verabschiedet hatte. Trotzdem zeigte sich eine Mehrheit in der Nationalversammlung kompromissbereit, als es um die Frage eines königlichen Vetorechts gegenüber Entscheidungen der Volksvertretung ging. Die Rechte des Königs wurden zwar erheblich eingeschränkt, aber grundsätzlich anerkannt: Der Monarch erhielt ein *aufschiebendes (suspensives) Veto*, das seine Wirkung erst verlor, wenn ein so abgelehnter Beschluss von der Volksvertretung zweimal im gleichen Wortlaut erneut und in unterschiedlichen Legislaturperioden verabschiedet wurde. Den Widerstand des Königs brach dieser Kompromiss nicht, ja Ludwig XVI. verweigerte nun auch der Erklärung der Menschen- und Bürgerrechte seine Anerkennung. Die Wende brachte, wie schon im Juli, wieder eine Volksbewegung. Auslöser dafür war jedoch weniger der politische Konflikt, vielmehr die wachsende Hungersnot in Paris. Mit dem Ruf „Brot! Brot!" zogen am 5. Oktober 1789 etwa 10 000 Frauen aus allen Bevölkerungsschichten nach Versailles. Männer der Nationalgarde unter der Führung Lafayettes folgten ihnen einige Stunden später. Am Schloss kam es zu gewalttätigen Ausschreitungen, die Wut der Menge entlud sich vor allem gegenüber den königlichen Leibgardisten, von denen einige getötet wurden. Nur mit größter Mühe gelang es Lafayette, den Schutz des Schlosses zu sichern. Unter dem Druck der gewaltbereiten Menge sprach Ludwig XVI. die Anerkennung aller von der Nationalversammlung beschlossenen Veränderungen aus. Am nächsten Tag führten die Frauen den König und seine Familie im Triumphzug nach Paris. Und drei Tage später beschloss die Nationalversammlung, dass Ludwig XVI. nun *„König der Franzosen von Gottes Gnaden und durch die Verfassung"* sei.

Kirche: Enteignung und Unterwerfung

Die revolutionären Veränderungen des Frühjahrs und Sommers 1789 hatten nichts an der Finanzkrise des französischen Staates geändert. Doch woher die notwendigen Summen für die Gesundung der Staatskasse nehmen? Mit der Begründung, dass die Kirche in der Vergangenheit ihre umfangreichen Besitztümer nicht als persönliches Eigentum der Kleriker empfangen habe, sondern zur Verrichtung bestimmter Dienstleistungen, beschloss die Nationalversammlung Anfang November 1789 die *Beschlagnahme aller Kirchengüter* und ihren Verkauf zugunsten der Nation; als Gegenleistung übernahm der Staat den Unterhalt der Kleriker sowie die Kosten für das Schulwesen und für die Armenfürsorge. Diese Entscheidung zog eine weitere nach sich: Für eine Kirche, die ihre materielle Unabhängigkeit verloren hatte, musste eine neue Organisationsform gefunden werden. Die Nationalversammlung versuchte dies mit einem zweiten Beschluss im Juli 1790: Die *„Zivilverfassung des Klerus"* sollte alle Amtsträger der Kirche von den Bischöfen bis zu den Dorfpfarrern an die neue Ordnung binden und zum Dienst an der französischen Nation verpflichten. Diese Herauslösung der französischen Kirche aus ihrer transnationalen, nach Rom ausgerichteten Organisation rief vehemente Proteste hervor. Dies wiederum veranlasste die Nationalversammlung, von allen kirchlichen Amtsträgern einen *Treueid* auf die Zivilverfassung des Klerus zu fordern. Wer diesen Eid verweigerte, der verlor sein kirchliches Amt. Die Reaktion des Papstes ließ nicht auf sich warten: Er verurteilte nicht nur die einseitig vorgenommene Umgestaltung der französischen Kirche, sondern auch jene Artikel der Erklärung der Menschen- und Bürgerrechte, die die Freiheit des Gewissens und der Meinungen verkündeten. Der revolutionäre Staat geriet in einen grundsätzlichen Gegensatz zur katholischen Kirche. Trotz Aufklärung, trotz Revolution war aber Frankreich in vielen seiner Provinzen, ein tief gläubiges Land geblieben. Ein Bürgerkrieg war nun nicht mehr auszuschließen.

Die Emanzipation der Juden

Die Protestanten und vor allem die Juden hatten bereits im Ancien Régime einen minderen, regional allerdings uneinheitlichen Status gehabt. Nach Erlassung eines königlichen Toleranzediktes für die Protestanten 1787 gerieten bald auch die gesellschaftlichen Benachteiligungen der Juden in die öffentliche Diskussion. Die Beschwerdehefte dokumentierten eine eher ablehnende Haltung der Bevölkerung gegenüber den jüdischen Mitbürgern, und nur wenige Juden konnten an den Wahlen zu den Generalständen teilnehmen.

Auch die Revolutionäre taten sich schwer, den Juden bürgerliche Gleichheit vor dem Gesetz zuzusichern. Vorbehalte vieler Abgeordneter gegen eine völlige Gewerbefreiheit der Juden verzögerten deren gesellschaftliche Emanzipation. Erst nach dem Ende der Verfassungsberatungen räumt die Nationalversammlung im September 1791 allen Juden die Möglichkeit des Aktivbürgertums ein. Tatsächlich verändert sich das Ghetto-Dasein der Juden erst nach der Zeit der „Terreur", in der sie verstärkt Verfolgungen ausgesetzt sind. Ihre Rechtsstellung als gleichberechtigte Bürger wird erst in der Verfassung Napoleons festgeschrieben.

1 Der Eid auf die neue Kirchenverfassung (zeitgenössische Karikatur).
Der Begleittext zu dieser Karikatur lautet: „Eine Vorrichtung, die aristokratische Bischöfe und Pfarrer dazu bringt, den Eid entsprechend dem Erlass der Nationalversammlung in Gegenwart der städtischen Behörden zu leisten."

2 Revolution mit dem König?

König Ludwig XVI. schrieb nach dem 4. 8. 1789 an den Erzbischof von Arles:

„Ich bin mit diesem edlen und großmütigen Schritt der beiden ersten Klassen des Staates zufrieden. Sie haben der allgemeinen Verständigung, ihrem Vaterlande, dem König bedeutende Opfer gebracht ... Das Opfer ist schön, aber ich kann es nur bewundern; ich werde nie darein willigen, meine Geistlichkeit, meinen Adel um ihr Vermögen zu bringen ... Ich werde meine Zustimmung Dekreten verweigern, welche sie berauben würden; sonst würde mich einst das französische Volk der Ungerechtigkeit oder der Schwäche bezichtigen können.

Herr Erzbischof, Sie unterwerfen sich den Dekreten der Vorsehung; ich glaube mich denselben dadurch zu unterwerfen, dass ich mich diesem Enthusiasmus, der alle Klassen der Gesellschaft ergriffen hat, aber nur an meiner Seele vorüberstreift, nicht überlasse. Ich werde alles, was nur in meinen Kräften steht, aufbieten, um meinen Klerus, meinen Adel aufrechtzuerhalten ... Wenn mich Gewalt nötigte, meine Zustimmung zu geben, dann würde ich nachgeben, aber dann würde es auch in Frankreich weder eine Monarchie noch einen Monarchen mehr geben ... Die Zeiten sind ernst, ich weiß es, Hochwürden, und vom Himmel bedürfen wir der Erleuchtung. Geruhen Sie diese zu erflehen; wir werden erhört werden."

(Buchez/Roux, Histoire parlamentaire de la Révolution française. Paris 1834–1838, Bd. II, S. 248 f., in: I. u. P. Hartig, Die Französische Revolution, Stuttgart 1988, S. 51)

3 Der Zug der Frauen nach Versailles

Bereits 1824 veröffentlichte François Auguste Mignet seine „Geschichte der Französischen Revolution von 1789 bis 1814". Über den Beginn und das Ende der Ereignisse am 5./6. Oktober 1789 schreibt er:

„Schon am 4. kündigten (in Paris) dumpfe Gerüchte, Aufforderungen zur Gegenrevolution, die Furcht vor Komplotten, die Erbitterung gegen den Hof und der zunehmende Schrecken einer Hungersnot eine Erhebung an; die Menge blickte schon nach Versailles.

Am 5. brach der Aufstand in gewaltiger, unwiderstehlicher Weise aus; der gänzliche Mangel an Mehl war das Signal dazu. Ein junges Mädchen trat in ein Wachthaus, nahm eine Trommel und zog wirbelnd mit dem Ruf ‚Brot! Brot!' durch die Straßen; bald hatte sich ein Geleit von Frauen um sie geschart. Dieser Zug bewegte sich in Richtung zum Rathaus, dabei immer größer werdend. Er überwand die berittene Wache an den Türen des Gemeindehauses und drang in das Innere ein, wobei er Brot und Waffen verlangte. Schließlich sprengte er die Türen auf, bemächtigte sich der Waffen, läutete die Sturmglocke und schickte sich an nach Versailles zu ziehen. Bald ließ das Volk in Masse denselben Wunsch vernehmen, und der Ruf ‚Nach Versailles' wird allgemein ... Die Nationalgarde und die Französischen Garden verlangen, ihnen zu folgen. Der Kommandant Lafayette widersetzt sich lange Zeit dem Abmarsch; aber vergeblich ...

Die im Marmorhof unter dem Balkon des Königs versammelte Menge verlangte ihn unter lautem Geschrei zu sehen. Der König zeigte sich. Man verlangte seine Abreise nach Paris – er versprach, sich mit seiner Familie nach dort zu begeben. Lauter Beifall erhob sich bei dieser Nachricht. Die Königin war entschlossen ihm zu folgen, doch die Stimmung war so stark gegen sie, dass die Reise nicht ohne Gefahr war; es galt, sie mit der Menge auszusöhnen. Lafayette schlug ihr vor, sie auf den Balkon zu begleiten; nach einigem Zögern willigte sie darin ein. Sie erschienen zusammen, und um sich der tobenden Menge durch ein Zeichen verständlich zu machen, ihre Erbitterung zu überwinden und ihre Begeisterung neu zu wecken, küsste Lafayette ehrfurchtsvoll die Hand der Königin; die Menge antwortete mit Jubel. Es blieb noch übrig mit den Leibgarden Frieden zu schließen. Lafayette trat mit einem ihrer Angehörigen vor, heftete an dessen Hut seine eigene dreifarbige Kokarde und umarmte ihn vor den Augen des Volkes, das rief: ‚Es lebe die königliche Leibgarde!' ...

Der Aufstand vom 5. und 6. Oktober war eine wahre Volksbewegung ... Dieses Ereignis bezweckte Vernichtung der einstigen Macht des Hofes; es ... überführte ihn aus der königlichen Residenz in Versailles in die Hauptstadt der Revolution und stellte ihn unter die Aufsicht des Volkes."

(F. A. Mignet, Geschichte der Französischen Revolution von 1789 bis 1814, Leipzig 1975, S. 102 f., 106 f.)

4 Verkauf der Kirchengüter im Distrikt Tours 1790–1795

4a Verteilung, Umfang und Preis nach Käufergruppen:

Käufer	Zahl	Fläche/ Käufer in ha	Preis in Frs.
Geistliche	21	3,51	163 650
Adelige	2	51,50	106 972
Notare	33	12,66	250 557
Juristen	70	5,60	494 777
Verwaltungsbeamte	21	11,47	292 496
Freie Berufe	113	19,23	1 730 097
Kaufleute, Großhändler, Fabrikanten	249	10,49	2 266 214
Bauhandwerker	88	1,28	189 452
Handwerker (Textil und Leder)	51	1,39	120 965
Andere Handwerker	193	1,71	520 398
Bauern	207	2,57	337 284
Winzer	95	1,07	100 703
Gutsbesitzer	93	21,58	1 597 810
Pächter/Müller	80	11,02	390 811
Ohne Beruf	159	10,94	1 485 988

4b Anteil von Berufsgruppen am Gesamtwert der verkauften Nationalgüter

Juristen und Freiberufler		27 %
Kaufleute, Großhändler, Fabrikanten		22 %
Handwerker		8,3%
Landwirte		19,3%
Landwirte:		
Gutsbesitzer	15 %	
Bauern	3,3%	
Winzer	1 %	

(W. Lautemann/M. Schlenke [Hrsg.], Geschichte in Quellen 4, München 1981, S. 684)

5 **Kirche und Staat**

5a Am 2. November 1789 beschloss die Nationalversammlung:

„Art. 1. Alle kirchlichen Güter sollen zur Verfügung der Nation stehen, mit der Einschränkung, dass unter der Aufsicht und nach Weisungen der Provinzen, auf angemessene Weise für die Kosten des Gottesdienstes, den Unterhalt der Priester und die Armenpflege gesorgt wird.

Art. 2. Bei den Verfügungen, welche die Bestreitung des Unterhaltes der Priester betreffen, müssen für jede Pfarrstelle mindestens 1200 Livres jährlich veranschlagt werden, nicht eingerechnet die dazugehörige Wohnung und Gärten."

(W. Grab, Die Französische Revolution. Eine Dokumentation, München 1973, S. 43)

5b Aus dem Dekret der Nationalversammlung vom 27. November 1790:

„Art. 1. Die Bischöfe, ehemalige Erzbischöfe und im Amt verbliebene Pfarrer sind gehalten, soweit sie es noch nicht getan haben, den Eid zu leisten, zu dem sie ... verpflichtet sind: Sie schwören ..., mit Eifer über die Gläubigen der ihnen anvertrauten Diözese oder Pfarrgemeinde zu wachen, der Nation, dem Gesetz und dem König treu ergeben zu sein und mit allen ihren Kräften an der von der Nationalversammlung beschlossenen und vom König angenommenen Verfassung festzuhalten ...

Art. 7. Diejenigen ..., die ihr Amt behalten haben und die Eidesleistung verweigern ... und die Mitglieder der gleichfalls aufgehobenen Orden der Weltpriester werden, sofern sie sich – als Einzelperson oder als Körperschaft – weiterhin irgendwelche öffentliche Amtshandlungen anmaßen, als Ruhestörer der öffentlichen Ordnung verfolgt und ... bestraft."

(W. Grab, Die Französische Revolution. Eine Dokumentation, München 1973, S. 48)

Arbeitsvorschläge und Fragen

a) Untersuchen Sie die Ereignisse des 5./6. Oktober hinsichtlich der die Revolution tragenden Kräfte. Erklären Sie deren jeweilige Interessenlage (M 3).

b) Untersuchen und begründen Sie, ob die von vielen Revolutionären angestrebte Einheit von König und Nation eine realistische politische Option war (M 2 und M 3).

c) Erläutern Sie die Auswirkungen der kirchenpolitischen Maßnahmen der Nationalversammlung für Staat und Gesellschaft in Frankreich (M 1, M 4 und M 5).

2.2 Die Verfassung von 1791

Missglückte Flucht des Königs

Mitte September 1791 akzeptierte Ludwig XVI. die von der Nationalversammlung ausgearbeitete Verfassung und legte einen Eid auf sie ab. Dies geschah unter den Nachwirkungen eines Ereignisses, das dem Monarchen seine Machtlosigkeit vor Augen geführt hatte: Am 20. Juni um Mitternacht verließ die königliche Familie in einer eigens dafür umgebauten Kutsche heimlich Paris. Ludwig XVI. wollte Lothringen im Osten Frankreichs erreichen, wo zuverlässige Truppen standen und wo er auf die Unterstützung seines habsburgischen Schwagers Leopolds II. hoffen konnte, der im benachbarten Belgien starke Truppenverbände zusammengezogen hatte. Der König ließ einen Brief an die Franzosen zurück, in dem er seine Rückkehr unter militärischem Schutz und die baldige Auflösung der Nationalversammlung ankündigte. Doch schon in der folgenden Nacht wurde er an einer Poststation erkannt und im lothringischen *Varennes* angehalten. Rasch herbeigeeilte Nationalgardisten brachten die königliche Familie dann zurück nach Paris, wo die Bevölkerung dem König einen eisigen Empfang bereitete.

1 Gefangennahme Ludwigs XVI. in Varennes. Anonymer englischer Kupferstich 1791. Text der drei „Sprechblasen" von rechts nach links: "I love my king but my duty to the Nation must prevail – besides the Assembly will be very glad to see you and we will take great care for you, upon my honor." – "What do you desert me?" – "Will fight for the Nation."

Verfassung: Volkssouveränität und Repräsentation

Am 20. Juni 1789 hatten die Abgeordneten der Nationalversammlung erklärt, dass sie dazu berufen seien, „die Verfassung des Königreiches festzulegen". Was meinten sie damit? Eine Wiederherstellung der traditionellen monarchischen Verfassung unter Beseitigung der absolutistischen Missbräuche? Oder ging es um die Schaffung einer neuen Verfassung auf neuer Grundlage? Diese Zweideutigkeit erklärt, warum in den zeitgenössischen Quellentexten von der Verfassung, von der geforderten Treue zu ihr, schon vor der endgültigen Fertigstellung im September 1791 die Rede ist. Eine Vorentscheidung für eine *völlig neue Verfassung* konnte in der Erklärung der Menschen- und Bürgerrechte gesehen werden, die die Nation zur Quelle jeglicher Staatsgewalt erklärt (Art. 3) und im Gesetz den Ausdruck des allgemeinen Willens sieht (Art. 6). Weitere Beschlüsse der Nationalversammlung rückten dann das *Prinzip der Volkssouveränität* noch mehr in den Vordergrund: Wenn auch durch ein Zensus-Wahlrecht, so werden doch die Beamten und Richter in den Departements gewählt und damit dem Einfluss der Regierung entzogen; den Richtern treten zudem Geschworene aus der Bevölkerung an die Seite. Die Abgeordneten waren andererseits überzeugt, dass sich in einem Staat von der Größe und mit der Bevölkerungszahl Frankreichs der allgemeine Wille nicht im strengen rousseauschen Sinne ausdrücken konnte, nämlich auf direktem Wege in regelmäßigen Basis-Versammlungen. Im Sinne einer wirksamen *Repräsentation der Volkssouveränität* entschied sich die Mehrheit für eine mächtige Volksvertretung, die deshalb nur aus einer Kammer bestand und der die Exekutive in der Hand des Monarchen untergeordnet wurde. Doch was sollte geschehen, wenn diese mächtige gesetzgebende Körperschaft entgegen dem allgemeinen Willen handelte? Der Vorschlag, eine Berufungsmöglichkeit an die Basis-Versammlungen zu schaffen, wurde verworfen. Die Abgeordneten sahen schließlich eine Lösung im suspensiven Vetorecht des Königs, der so als Korrektiv gegenüber einem Machtmissbrauch der Volksvertretung wirken konnte. Bald sollte sich jedoch zeigen, dass gerade hier der schwache Punkt des Verfassungssystems lag. Denn sein Funktionieren setzte – mit den Worten des Abgeordneten Brissot – „einen revolutionären König" voraus, d.h. einen Monarchen, der nicht nur die Unterordnung der Exekutive unter die Legislative akzeptierte, sondern der auch sein Vetorecht im Sinne der Volkssouveränität, im Sinne des allgemeinen Willens ausübte.

2 Aus der Verfassung von 1791

Den hier zitierten Einzelbestimmungen gehen die „Erklärung der Menschen- und Bürgerrechte" von 1789 und eine Präambel voraus.

„Titel III. Von den öffentlichen Gewalten

Art. 1. Es gibt nur eine Souveränität, unteilbar, unveräußerlich und unverjährbar. Sie gehört der Nation; kein Teil des Volkes und keine einzelne Person kann sich ihre Ausübung aneignen.

Art. 2. Die Nation, von der allein alle Gewalten ausgehen, kann sie nur durch Übertragung ausüben. Die französische Verfassung ist eine Repräsentativ-Verfassung. Ihre Repräsentanten sind die gesetzgebende Körperschaft und der König.

Art. 3. Die gesetzgebende Gewalt ist einer Nationalversammlung übertragen, die aus Abgeordneten besteht, die durch das Volk frei und auf Zeit gewählt werden, um sie mit Bestätigung des Königs ... auszuüben.

Art. 4. Die Regierung ist monarchisch. Die ausführende Gewalt ist dem König übertragen um unter seiner Autorität durch Minister und andere verantwortliche Beamte ... ausgeübt zu werden.

Art. 5. Die richterliche Gewalt ist Richtern übertragen, die auf bestimmte Zeit vom Volk gewählt werden.

Kapitel I. Von der gesetzgebenden Nationalversammlung

Art. 1. Die Nationalversammlung ... ist immerwährend und besteht aus einer Kammer.

Art. 2. Sie wird alle zwei Jahre durch Neuwahlen gebildet. Jeder Zeitraum von zwei Jahren bildet eine Legislatur.

Art. 5. Die gesetzgebende Körperschaft kann vom König nicht aufgelöst werden.

Kapitel II. Vom Königtum, der Regentschaft und den Ministern

Abschnitt I. Vom Königtum und dem König

Art. 2. Die Person des Königs ist unverletzlich und geheiligt; sein einziger Titel ist König der Franzosen.

Art. 3. Es gibt in Frankreich keine Autorität, die über dem Gesetz steht. Der König regiert nur durch das Gesetz. Und nur im Namen des Gesetzes kann er Gehorsam verlangen.

3 Verfassungselemente 1791

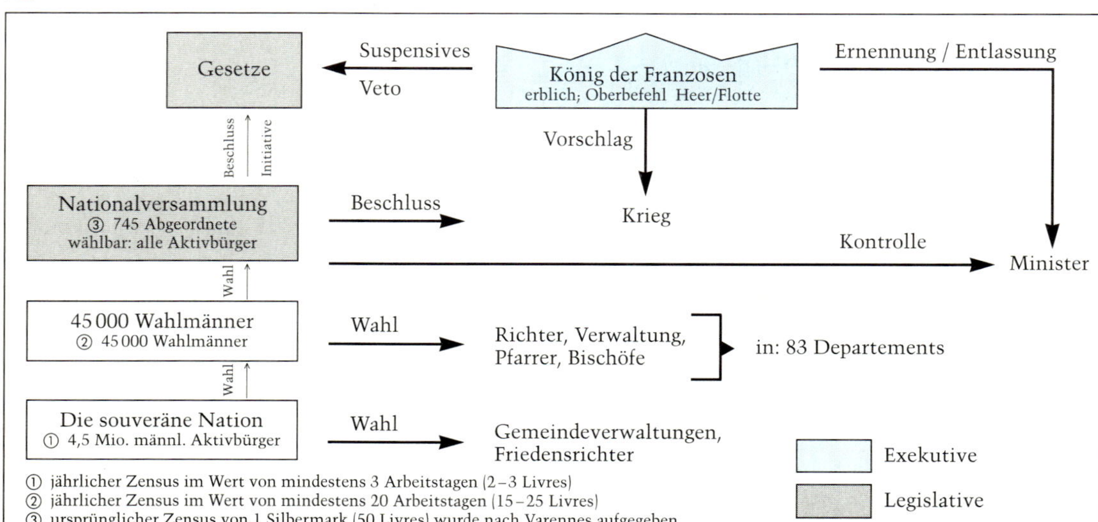

Abschnitt IV. von den Ministern
Art. 1. Allein dem König stehen Wahl und Entlassung der Minister zu.
Art. 7. Die Minister sind verpflichtet, jedes Jahr bei Eröffnung der Sitzungsperiode der gesetzgebenden Körperschaft einen Überblick über die Ausgaben ihres Zuständigkeitsbereichs zu geben, Rechenschaft abzulegen über die Verwendung der dafür bestimmten Summen und die Missbräuche anzuzeigen.

Kapitel V. Von der richterlichen Gewalt
Art. 1. Die richterliche Gewalt kann in keinem Fall durch die gesetzgebende Körperschaft oder durch den König ausgeübt werden.
Art. 2. Die Rechtsprechung erfolgt kostenlos durch die auf Zeit durch das Volk gewählten und durch Bestallungsurkunden des Königs, die er nicht verweigern kann, eingesetzten Richter.“
(I. u. P. Hartig, Die Französische Revolution, Stuttgart 1984, S. 63 ff.)

4 Karikatur 1791. „Was machst du da, Schwager?“ – „Ich bestätige.“

5 „Neue Verfassung“. Anonymer Stich, Ende 1789

Arbeitsvorschläge und Fragen

a) Welche der zitierten und dargestellten Verfassungsbestimmungen verweisen auf heutige Vorstellungen von einem Rechts- und Verfassungsstaat? Welche Bestimmungen wurden inzwischen geändert oder weiterentwickelt (M 2 und M 3)?
b) Ordnen Sie die zeitgenössischen Darstellungen M 1, 4 und 5 den jeweiligen Phasen und Entscheidungsprozessen der Revolution zu und erläutern Sie deren Bedeutung. Inwiefern lassen die zeitgenössischen Zeichnungen bereits Unterschiede zwischen Verfassungswirklichkeit und Verfassungstext erkennen (M 1 und M 4)?

2.3 Krieg und Republik

Monarchie oder Republik?

Das Wort „republikanisch“ findet sich bereits in Texten aus der Anfangszeit der Verfassunggebenden (National-)Versammlung. Doch „republikanisch“ meinte zunächst lediglich das Bekenntnis zur Volkssouveränität als wesentlichem politischen Inhalt der Revolution, noch nicht die Entscheidung für eine Regierungsform ohne den König. Vor der missglückten Flucht Ludwigs XVI. bekannte sich nur eine kleine Minderheit zur Republik. Solche Republikaner fanden sich u.a. im Cordeliers-Klub zusammen, der im April 1790 in einem Kloster der Franziskaner (Cordeliers) gegründet worden war. Seine Mitglieder, die vor allem ärmere, aber politisch interessierte Bürgerliche waren, kritisierten heftig Person und Verhalten des Königs, aber auch das Silbermark-Dekret, den von der Nationalversammlung festgelegten Zensus für die Wahl zum Abgeordneten (S. 295). Sie fühlten sich zu politischem Handeln berufen und befähigt, sollten aber mangels Vermögen nicht wählbar sein. Als „Demokraten“ suchten sie das Bündnis mit den Handwerkern und Arbeitern der Vorstädte, unter denen die politische Unzufriedenheit ebenfalls wuchs.

In der Nationalversammlung gaben die vermögenden und gebildeten Bürgerlichen den Ton an. Sie wollten eigentlich die Revolution beenden und strebten deshalb einen Ausgleich mit dem König an. Unter der Führung Lafayettes und des Rechtsanwalts Barnave bemühten sie sich nach Varennes um Schadensbegrenzung: Der König sei „von den Feinden der Revolution entführt worden“. Die Nationalversammlung beschloss zwar die vorläufige Amtsenthebung des Königs, aber ein gleichzeitig eingesetzter Untersuchungsausschuss über die Hintergründe der „Entführung“ kam bald zu dem Ergebnis, dass Ludwig XVI. unschuldig sei.

Dies bedeutete in letzter Konsequenz die *Spaltung der patriotischen Partei*, die bisher weitgehend einvernehmlich den Gang der Ereignisse bestimmt hatte. Während die Jakobiner diese Entscheidung der Nationalversammlung noch als gültiges Gesetz respektierten, forderten der Cordeliers-Klub und andere politische Gruppen eine Volksbefragung und die Bestrafung des Königs. Am 17. Juli 1791 versammelten sich etwa 5000 Handwerker und Arbeiter zu einer Demonstration. Die Nationalgarde stellte sich ihnen entgegen, es kam zu einem Blutbad. Zum ersten Mal hatte die revolutionäre Bürgermiliz auf das Volk geschossen.

Ludwigs XVI. mit großem Beifall aufgenommene Rede anlässlich seiner Eidesleistung auf die Verfassung im September schien jenen Bürgerlichen, die auf eine Aussöhnung zwischen Königtum und Bürgertum setzten, Recht zu geben: „Ich nehme die Verfassung an, weil ich mich jetzt überzeugt habe, dass sie der allgemeine Wille ist, und weil ich nunmehr fühle, dass es schön und ehrenvoll ist über ein freies Volk zu herrschen.“

Gefahr der Gegenrevolution?

Kräfte einer möglichen Gegenrevolution hatten sich im *Ausland* gesammelt. In Worms bildeten meist verarmte Adelige aus den Provinzen, die Frankreich aus Treue zum König verließen, eine kleine Streitmacht. Aus Koblenz kamen immer wieder wütende Reden und Aufrufe gegen die neue Ordnung. Hier scharten sich Angehörige des vermögenden und verschwendungssüchtigen Hofadels um einen Bruder Ludwigs XVI. Vor allem der auf die Bauernaufstände des Juli 1789 folgende Verlust ihrer Privilegien hatte sie zur Emigration veranlasst. Obwohl es auch in Frankreich selbst gegenrevolutionäre Unruhen gab, war die Gefahr der Gegenrevolution insgesamt gering. Aber es gab eine *psychologische*

Seite: In der Bevölkerung hielten sich hartnäckig Gerüchte von einer aristokratischen Verschwörung und von dem drohenden Einmarsch ausländischer Truppen. Der königliche Fluchtversuch und die von Ludwig XVI. dabei ausgesprochenen Drohungen schienen solche Gerüchte zu bestätigen. Und als die Nationalversammlung den König vorläufig seines Amtes enthob, weigerten sich 293 Abgeordnete der Rechten, diese Suspendierung eines unverletzlichen Monarchen anzuerkennen und forderten offen das Eingreifen des Auslandes.
Doch die meisten Fürsten Europas hatten kein Interesse an einem Krieg. Zwar empfanden sie die Ereignisse in Frankreich als gefährlich und befürchteten eine revolutionäre „Ansteckung“, aber 1790 führten Österreich und Russland einen Krieg gegen das Osmanische Reich und ab 1791 nahm vor allem Polen, wo es zu einer nationalen Erhebung kam, ihre Aufmerksamkeit in Anspruch. Auch Preußen war vornehmlich an Polen interessiert und England sah in der französischen Entwicklung einen eigenen handelspolitischen Vorteil.

Frankreich will den Krieg

Am 20. April 1792 stimmte die Gesetzgebende Versammlung *(Legislative)* – sie hatte verfassungsgemäß nach Neuwahlen die Constituante im Oktober abgelöst – für die *Kriegserklärung* an den Herrscher Österreichs, den jungen Franz II.

1 Demütigung des Königs. Am 20. Juni 1792 drangen zum ersten Mal mehrere tausend Vorstadtbewohner – sie nannten sich die „sans-culottes“, weil sie die von den Adeligen und Bürgerlichen getragene Kniehose (culotte) verachteten – ins Tuilerienschloss ein. Sie forderten ohne Erfolg vom König die Zurücknahme seines Vetos zugunsten der Emigranten und der eidverweigernden Priester, hielten ihn aber stundenlang gefangen und zwangen ihn, die rote Jakobinermütze aufzusetzen und aus einer Rotweinflasche auf das Wohl der Sansculotten zu trinken.

Aber Frankreich war schlecht für einen Krieg gerüstet: Die Bewaffnung der Truppen war unzureichend, in vielen Truppenteilen mangelte es an Disziplin, das Offizierskorps war sehr uneinheitlich. Von den meist adeligen 9000 Offizieren waren nach dem königlichen Fluchtversuch etwa 6000 geflohen. Sie wurden entweder durch Unteroffiziere oder durch junge Bürgerliche ersetzt, die bisher in der Nationalgarde gedient hatten. Warum wollte Frankreich dennoch den Krieg?
Die neue Gesetzgebende Versammlung bestand aus Neulingen, denn die Verfassunggebende Versammlung hatte noch beschlossen, dass ihre Mitglieder nicht wieder wählbar seien. Tonangebend wurden jene Abgeordneten, die sich dem Jakobiner-Klub zuwandten, vor allem eine Gruppe, die nach der Herkunft ihrer Wortführer – z. B. Jacques Pierre Brissot – später die „Gironde" (Gegend um Bordeaux) genannt wurde. Die *Girondisten* warben für den Krieg. Sie sahen in ihm das Mittel zur Lösung der innenpolitischen Konflikte, aber auch einen Kreuzzug für die Freiheit. Die Kriegsbegeisterung sollte zugleich die Revolution im Inneren festigen und ihre Ideen ins Ausland tragen. Und deshalb glaubten die Girondisten auch an einen raschen Sieg: Die Völker Europas würden sich gegen ihre Fürsten erheben!
Ludwig XVI. und die Königin Marie-Antoinette wollten den Krieg seit Varennes. Sie rechneten mit der Niederlage Frankreichs und hofften, dann die alte Ordnung wieder herstellen zu können. Und der König tat manches um die Situation gegenüber dem Ausland zu verschärfen. So legte er im November 1791 zwar sein Veto gegen Dekrete der Nationalversammlung ein, die gegen die Emigranten und die eidverweigernden Priester gerichtet waren, und hielt hartnäckig daran fest, akzeptierte aber andererseits sofort einen Beschluss, der die Kurfürsten von Mainz und Trier aufforderte, die Ansammlungen der Emigranten in ihren Ländern, also z. B. in Koblenz, zu verbieten.

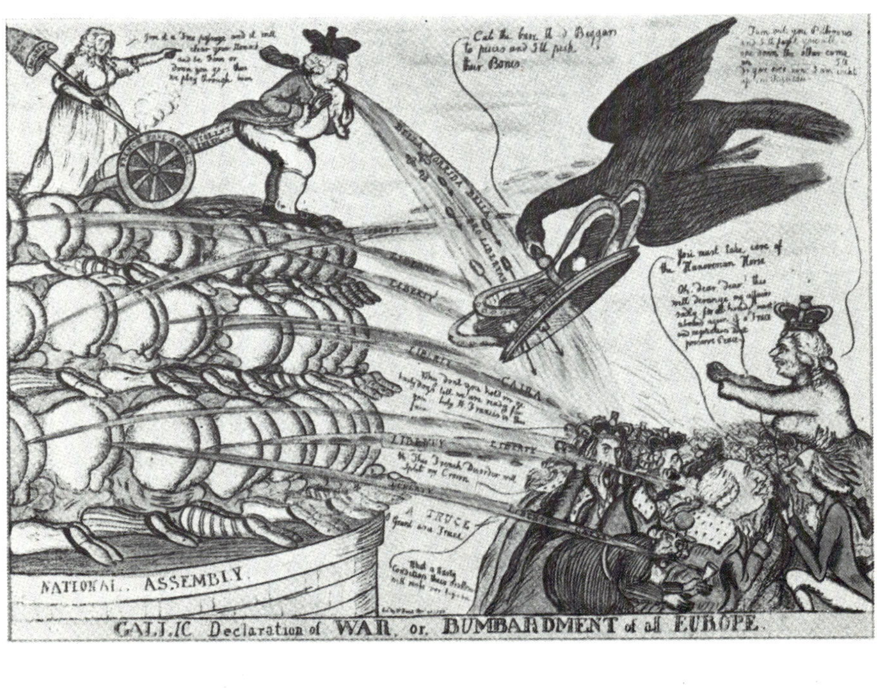

2 Frankreichs Kriegserklärung
Englische Karikatur 1792 (J. Gillray): "Gallic declaration of war or bumbardment of all Europe". Links die Nationalversammlung und darüber die Nation sowie Ludwig XVI. Rechts die Fürsten Europas; in den auf sie gerichteten „Strahlen" steht vor allem ein Wort: Liberty.

Eine zweite Revolution: Volksbewegung und Verrat

Die Erwartungen der Girondisten erwiesen sich als Trugschluss. Der Krieg fiel mit einer erneuten Wirtschaftskrise zusammen, die nun nicht mehr das Erbe des Ancien Régime und die Folge schlechter Ernten war, sondern die im Wesentlichen auf die Finanzpolitik der Revolutionäre zurückging. In Paris hatte sich eine Volksbewegung vor allem aus kleinen Ladenbesitzern und Handwerkern der Vorstädte gebildet: die *Sansculotten*. Sie erhoben wirtschaftliche Forderungen wie Lohnerhöhungen und Höchstpreise für Getreide, verlangten aber auch nach echter politischer Demokratie, nach einer zweiten Revolution. Zweimal kam es 1792 zu Aufständen in der Hauptstadt, in deren Verlauf die Sansculotten in die königlichen Räume im Tuilerienschloss eindrangen. Das erste Mal, im Juni 1792, kam Ludwig XVI. trotz stundenlanger Demütigungen noch verhältnismäßig glimpflich davon. Beim zweiten Mal, am 10. August 1792, floh der König mit seiner Familie zunächst in die nahe Nationalversammlung und unterstellte sich deren Schutz. Doch unter dem Druck der Sansculotten – sie hatten in einem erbitterten Kampf mit königstreuen Schweizergarden das Tuilerienschloss erobert – beschlossen die Abgeordneten die Amtsenthebung Ludwigs XVI. Ein gleichzeitig eingesetzter Exekutivrat übernahm bis zur Wahl eines Nationalkonvents nach allgemeinem Wahlrecht die verfassungsmäßigen Aufgaben des Königs.
Die Sanculotten waren von einem tiefen Misstrauen gegen die besitzenden Bürgerlichen erfüllt, sie verdächtigten sie des geheimen Einverständnisses mit dem äußeren Feind. Die ersten Kriegsmonate schienen dies zu bestätigen: Die Generäle führten die Offensive unzureichend aus, einige zogen sich zurück, andere legten ihr Kommando nieder, Lafayette verhandelte mit den Österreichern über eine Waffenruhe. Bei der Plünderung des Tuilerienschlosses hatten die Sansculotten Briefe des Königs gefunden, die sein Hoffen auf die Niederlage bekannt machten. Ein Verräter als König – Ludwig XVI. war untragbar geworden. Am 21. September 1792 erklärte der neugewählte *Nationalkonvent* die Monarchie für abgeschafft. Frankreich wurde eine Republik.

3 **„La Marseillaise"** (Isidore Pils, 1849). Rouget de Lisle trägt erstmals sein „Kriegslied der Rheinarmee" vor: am 25. April 1792 im Haus des Straßburger Bürgermeisters Dietrich (im Sessel). Tatsächlich war es Dietrich, der damals am Klavier sitzend die spätere Marseillaise vortrug. Das Gemälde gilt als Musterbeispiel republikanischer Propaganda in der Malerei. Am Ende des 19. Jh. hing es in den Rathäusern und Gemeindeämtern ganz Frankreichs und war über Generationen ein fester Bestandteil der schulischen Geschichtsbücher.

Stimmen des Volkes

1 **Bürger beim Singen der Marseillaise, 1792**

Werkstatt Geschichte: Politische Lieder

Wie die Zeitung und die Karikatur, so erlebt auch das politische Lied in den Revolutionsjahren einen unglaublichen Aufschwung: Für das Jahr 1789 weiß man von 116 Titeln, vier Jahre später sind es über 700. In der Sicht des Historikers haben Zeitung, Karikatur und politisches Lied manches gemeinsam: Sie spiegeln Ereignisse und Zusammenhänge wider und geben eine Stellungnahme dazu ab. Doch während bei Zeitung und Karikatur eher die individuelle Sicht des Journalisten oder Zeichners zum Ausdruck kommt, sind es im politischen Lied eine kollektive Sicht und ein kollektiver Wille. Natürlich wird auch ein Lied zunächst von einem Einzelnen geschaffen und während der Französischen Revolution wurden auch immer wieder Lieder von Regierungsstellen in Auftrag gegeben, z. B. für die Armee und die häufigen Revolutionsfeiern. Die Geschichte der Marseillaise zeigt aber, dass der wirkliche Erfolg nur dann eintrat, wenn das Lied mit einer kollektiven Stimmung zusammentraf. Die meisten politischen Lieder der Revolution entstanden nach einer bereits vorhandenen Melodie, die gegebenenfalls verändert oder neu arrangiert wurde. So machte Rouget de Lisle aus Motiven eines Mozartkonzerts die Marschmelodie der Marseillaise (siehe S. 281, 311). Andere Lieder übernahmen alte Tanzweisen, denn man sang sie auf den Straßen und bei Volksfesten. Die Texte wurden austauschbar: War ein politisches Lied ein „Hit", dann bemächtigten sich auch andere politische Gruppen der Melodie. Es gab bald eine Marseillaise der Gegenrevolution, später eine antiklerikale Marseillaise, eine Marseillaise der Arbeiter usw. Dies alles macht das politische Lied für den Historiker zu einer wichtigen Quelle nicht nur für die Jahre der Französischen Revolution, sondern für das ganze 19. Jahrhundert: die Lieder des Vormärz und der Revolution von 1848 in Deutschland, die Auswandererlieder, die Arbeiterlieder – sie alle stehen in der Tradition des politischen Liedes der Französischen Revolution.

2 **La Carmagnole**

Die „Carmagnole“ verdankt ihren Namen der kurzen Jacke, die viele Revolutionäre trugen. Sie wurde zu einem der populärsten politischen Lieder in Frankreich. Die Melodie entstand nach einem alten Rundtanz aus der Provence:

„Madam' Veto versprach und dies :/
Schlachten zu lassen ganz Paris :/
Doch der Schlag ging vorbei
Dank unserer Schießerei
Tanzt nun die Carmagnole
Feiert den Ton feiert den Ton
Tanzt nun die Carmagnole
Feiert den Ton der Kanon'!

Monsieur Veto gab uns bekannt :/
Er wollte treu sein seinem Land :/
Doch das ging nebenher
Jetzt keine Gnade mehr! Tanzt ...

Die Antoinette wollte forsch :/
Uns fallen lassen auf den Orsch :/
Doch der Schlag ging vorbei
Sie hat die Nas' entzwei! Tanzt ...

Ihr Mann als Sieger schon verklärt :/
Erkannte wenig unsern Wert :/
Geh, Ludwig, grober Wurm,
Vom Tempel in den Turm! Tanzt ...“

(Dieter Süverkrüp singt Lieder der Französischen Revolution, Ça ira, Berlin o.J., übers. von Gerd Semmer)

Die Melodie der Carmagnole wurde immer wieder mit anderen Texten aus den verschiedenen politischen Lagern unterlegt. Ein Beispiel:
„Der Thronbandit verlauten ließ :/
«Beim Bi-Ba-Bart von ganz Paris :/
Nur Frieden oder Sieg!»
Wenn er doch besser schwieg!
Das ist eine Carmagnole!
Wir sehen's schon, ruft auf den Thron,
Das ist eine Carmagnole,
Ruft auf den Thron den Bourbon!

Als von Ägypten er zurück :/
Die Rede war ein Meisterstück :/
«Den Frieden und das Glück!
Als Retter bin ich zurück!»
Ah, welche Carmagnole!
Wir sehen's schon, ruft auf den Thron,
Ah, welche Carmagnole,
Ruft auf den Thron den Bourbon!“

(J. Holzmeister, Carmina Historica, Geschichte im Lied, Boppard/Rhein 1965, S. 47)

4 Wo steht die Revolution?

Schon vor Varennes und erst recht nach dem Fluchtversuch des Königs begann in den politischen Klubs eine Auseinandersetzung über das Ende oder eine Fortführung der Revolution. Mitte Juli 1791 sagte der Abgeordnete Antoine Barnave in der Nationalversammlung:

„... Heute ist jede Veränderung verhängnisvoll, heute ist jede Fortsetzung der Revolution unheilvoll. Ich stelle eine Frage, die von nationalem Interesse ist: Werden wir die Revolution beenden oder werden wir sie von neuem beginnen? Wenn ihr einmal der Verfassung misstraut, wo wird der Punkt sein, an dem ihr dann einhalten werdet, und vor allem, wo werden eure Nachfolger einhalten?

Ich habe vor einiger Zeit gesagt, dass ich den Angriff der fremden Mächte und der Emigranten nicht fürchte; aber heute sage ich mit derselben Aufrichtigkeit, dass ich die Fortsetzung der Unruhen und Gärungen fürchte, die uns so lange beschäftigen werden, als die Revolution nicht vollständig und friedlich beendet ist. ... Denken Sie daran, meine Herren, denken Sie immer daran, was nach Ihnen geschehen wird! Ihr habt getan, was gut war für die Freiheit und die Gleichheit; keine willkürliche Gewalt ist verschont worden, ... keine widerrechtliche Besitzergreifung von Eigentum ist ungestraft geblieben; ihr habt alle Menschen vor dem Gesetz gleich gemacht, ihr habt dem Staat wieder gegeben was ihm genommen wurde. Daraus ergibt sich diese große Wahrheit, dass wenn die Revolution noch einen Schritt weitergeht, sie dies nicht ohne Gefahr tun kann; dass auf der Linie der Freiheit die erste Handlung, die noch folgen könnte, die Vernichtung des Königtums wäre; und dass auf der Linie der Gleichheit die erste Handlung, die noch folgen könnte, der Angriff auf das Eigentum wäre ...

Heute, meine Herren, muss jedermann erkennen, dass es im Interesse der Allgemeinheit liegt, dass die Revolution einhält: Diejenigen die verloren haben müssen einsehen, dass es unmöglich ist, sie rückgängig zu machen und dass es nur noch darum gehen kann sie zu domestizieren. Diejenigen die sie gemacht und gewollt haben müssen einsehen, dass sie an ihrem letzten Ziel angelangt ist, dass das Glück ihres Vaterlandes und ihr eigener Ruhm es erforderlich machen, dass sie nicht länger andauert. Alle haben dasselbe Interesse: Die Könige selbst ... müssen einsehen, dass für sie ein großer Unterschied liegt zwischen dem Beispiel einer durchgreifenden Reform in der Regierung und dem Beispiel der Abschaffung des Königtums; dass, wenn wir hier einhalten, sie immer noch die Könige sind; dass selbst die Probe, die diese Institution bei uns zu bestehen hatte, der Widerstand, den sie gegen ein aufgeklärtes und sehr aufgebrachtes Volk geleistet hat, der Triumph, den sie in den ernsthaftesten Diskussionen errungen hat, alle diese Umstände, sage ich, bestätigen für die großen Staaten das System des Königtums; sie müssen einsehen, dass neue Ereignisse ein anderes Urteil herbeiführen könnten und dass, wenn sie ihre wirklichen Interessen nicht leeren Hoffnungen opfern wollen, auch für sie die Beendigung der Französischen Revolution das Beste ist ..."

(Reden der Französischen Revolution, hrsg. v. P. Fischer, München 1974, S. 136 ff.)

5 Für den Krieg

Jacques Pierre Brissot, der Wortführer der Girondisten in der Nationalversammlung, am 16. Dezember 1791 im Jakobiner-Klub:

„Seit sechs Monaten, eigentlich schon seit dem Beginn der Revolution, überlege ich, welche Partei ich unterstützen soll. Zauberkunststücke unserer Gegner werden es nicht dahinbringen, dass ich die Revolution im Stich lasse. Überlegungen und Tatsachen haben mich zu der Überzeugung gebracht, dass für ein Volk, das nach tausend Jahren Sklaverei die Freiheit erobert hat, der Krieg ein Bedürfnis ist. Der Krieg ist notwendig um die Freiheit zu befestigen; er ist notwendig um sie von den Lastern des Despotismus zu reinigen; er ist notwendig um Männer zu entfernen, welche sie vergiften könnten. Lobt den Himmel für die Mühe, die er sich gemacht hat und dafür, dass er euch die Zeit gegeben hat, eure Verfassung aufzurichten. Ihr habt Rebellen zu strafen und ihr habt auch die Stärke dazu; also entschließt euch es zu tun ... In zwei Jahren hat Frankreich seine friedlichen Mittel erschöpft um die Rebellen in seinen Schoß zurückzuführen; alle Versuche, alle Aufforderungen waren fruchtlos. Sie beharren auf ihrer Rebellion, die fremden Fürsten beharren darauf sie in derselben zu unterstützen. Kann man noch schwanken, ob man sie angreifen soll? Unsere Ehre, ... die Notwendigkeit unsere Revolution moralisch zu machen und zu konsolidieren – all das macht es uns zum Gesetz. Denn wäre Frankreich nicht entehrt, wenn es nach der Vollendung seiner Verfassung eine Hand voll Aufwiegler dulden würde, die seiner zu Recht bestehenden Staatsgewalt Hohn sprechen würden? Wäre Frankreich nicht entehrt, wenn es länger Beleidigungen hinnähme, die ein Despot nicht vierzehn Tage geduldet hätte? ... Was sollen sie denn von uns denken? Dass wir unfähig sind, gegenüber den fremden Mächten zu handeln, oder dass die Rebellen uns Ehrfurcht einflößen? Das würden sie ja nur als Zeichen dafür ansehen, dass wir uns in einem Zustand der Verwirrung befinden. Was also wird das Ergebnis des Krieges sein? Wir müssen uns rächen oder uns damit abfinden, für alle Nationen ein Schandmal zu sein; wir müssen uns rächen, indem wir diese Räuberbande vernichten, oder uns damit abfinden, dass die Parteiungen, die Verschwörungen, die Verwüstungen ewig werden und die Frechheit unserer Aristokraten noch größer wird als sie es jemals war. Die Aristokraten glauben an Koblenz, von daher rührt die Halsstarrigkeit dieser Fanatiker. Wollt ihr mit einem Schlag die Aristokratie, die Widerspenstigen (d. h. die eidverweigernden Priester) und die Unzufriedenen vernichten, dann zerstört Koblenz. Das Oberhaupt der Nation wird gezwungen sein, nach der Verfassung zu regieren, wird zur Einsicht kommen müssen, dass sein Heil nur in der Anhänglichkeit zur Verfassung liegt, wird gezwungen sein, seine Handlungen nach der Verfassung zu richten."

(Reden der Französischen Revolution, hrsg. v. P. Fischer, München 1974, S. 144 f.)

6 **„Das Volk will es!"**

Am 21. September 1792 beschloss der neue Nationalkonvent die Abschaffung des Königtums. Jacques Pierre Brissot in seiner Zeitung „Le Patriote français" am folgenden Tag:

„Wer hätte das gedacht vor einem halben Jahr, als eine verderbte Partei das Volk noch unter dem Joch eines Tyrannen festhielt! Selbst bei den Jakobinern war damals das Wort Republik geächtet. Doch wir müssen diese traurige Zeit vergessen. Das Königtum ist jetzt abgeschafft, und Frankreich ist und bleibt eine Republik, das Volk will es, und man muss es zu seinem Ruhme sagen, es wollte es seit dem letzten Jahr. Unter ihm fand der Republikanismus seine eifrigsten Anhänger. Und warum? Weil das Volk am meisten Ehrlichkeit, am meisten guten Sinn, am wenigsten Vorurteile und weniger Eigensucht hat als die anderen Klassen. Das Volk sah einen König in der Nähe, es sah ihn im Schmutz, verächtlich und verachtet, und sein eigener Vorteil sagte ihm, dass ein so verächtliches Wesen für eine Regierung weder nützlich noch nötig sein kann und dass fortan ein Erbkönig nur entweder ein Schwächling oder ein Narr oder ein Tyrann sein könnte, dass das Erbkönigtum also notwendigerweise an und für sich ein Unsinn ist, dass man also einen Erbkönig nicht behalten kann, nicht behalten darf. Das Volk sagte sich: Entweder tut ein solcher König etwas oder er tut nichts. Tut er etwas, so ist es etwas Schlechtes und er ist schädlich; tut er nichts, so ist er unnütz; in jedem Fall muss man ihn beseitigen. Was das Volk dachte, das hat der Konvent getan ..."

(I. u. P. Hartig, Die Französische Revolution, Stuttgart 1988, S. 77 f.)

Arbeitsvorschläge und Fragen

a) Fassen Sie die Argumente zusammen, die Barnave für ein Ende der Revolution anführt. Zeigen Sie auf, inwiefern dabei interessenbezogenes Handeln zum Ausdruck kommt. Bestimmen Sie seine gesellschaftlich-politische Position (M 4).

b) Welche Gründe veranlassen Brissot, eine Kriegserklärung zu betreiben? Worin sehen Sie das wesentliche Motiv (M 5)?

c) Warum kann sich die Position, die Barnave für eine Mehrheit in der Nationalversammlung ausdrückt (M 4), nicht durchsetzen? Erläutern Sie, warum Historiker in diesem Zusammenhang vom „Ende eines Mythos" sprechen (M 1 und M 6).

d) Welche Mittel politischer Propaganda verwenden die beiden bildlichen Darstellungen M 2 und M 3?

3. Terror und Unterdrückung in Frankreich

3.1 Vom äußeren zum inneren Feind

Der Nationalkonvent: Berg und Ebene

Nach der Amtsenthebung und der unmittelbar darauf folgenden Inhaftierung des Königs verließen die zur Rechten zählenden Abgeordneten die Gesetzgebende Versammlung, teils aus Protest, teils weil sie keinerlei Möglichkeit mehr für eine weitere politische Tätigkeit sahen; manche flohen auch vor einer drohenden Verhaftung. Unter den verbleibenden Abgeordneten ergab sich eine neue Aufteilung, die dann ab Ende September den neugewählten Nationalkonvent *(Convention)*, die 3. Nationalversammlung, entscheidend bestimmte: In den oberen Reihen saßen die radikalen Jakobiner, die immer häufiger mit den Sansculotten gemeinsame Sache machten: „la Montagne", der Berg. Die Wortführer der Bergpartei, der „Montagnarden", waren zwei Rechtsanwälte und ein Journalist: der prinzipienstrenge Maximilien Robespierre und der wortgewaltige Georges Danton sowie der oft ungezügelte Jean-Paul Marat. Die Mehrheit der Abgeordneten aber, angeführt von den Girondisten, bildete „la plaine", die Ebene; die Bergpartei sprach auch verächtlich vom „Sumpf". Ob Berg oder Ebene – bis auf zwei Ausnahmen kamen alle Abgeordneten aus dem Bürgertum; viele hatten bereits der ersten oder zweiten Nationalversammlung angehört. Sie alle standen fest zur Revolution; Rivalitäten und Gegensätze erwuchsen in der Auseinandersetzung über aktuelle politische Probleme wie die Kriegsführung, die Frage des Eigentums, die Behandlung des gestürzten Königs und immer heftiger im Ringen um die Macht.

Blutbad in Paris: die „Septembermorde"

Das Ringen um die Macht zwischen Girondisten und Montagnarden wurde zunächst wesentlich vom *Kriegsverlauf* mitbestimmt. Da sich die Girondisten am entschiedensten für den Krieg ausgesprochen hatten, ja die eigentlichen Anstifter gewesen waren, mussten sich Niederlagen auf ihre Machtposition auswirken. Ende August 1792 überschritten die verbündeten Heere Österreichs und Preußens die Grenzen, mehrere französische Festungen mussten sich erge-

1 Ludwig XVI. vor Gericht
Dieser in einer zeitgenössischen Zeitung veröffentlichte Stich spiegelt die neuen Machtverhältnisse wider: Der abgesetzte König (1) steht zu Füßen des Vorsitzenden, viele Abgeordnete haben ihre Kopfbedeckung aufbehalten. Der Prozess widersprach der noch gültigen Verfassung von 1791.

ben, der Weg nach Paris war offen. In dieser gefährlichen Lage zwang Danton der Nationalversammlung den Willen zu entschlossener Gegenwehr auf. Am 20. September brachte dann auch das französische Revolutionsheer bei Valmy den österreichisch-preußischen Vormarsch zum Stehen und drang bald nach Belgien und bis über den Rhein vor. Inzwischen hatte aber in Paris die Vorstellung von einer Aristokratenverschwörung und ihren Helfershelfern im Inneren blutige Wirkung gezeigt. Die Girondisten mussten willkürliche Hausdurchsuchungen und Verhaftungen von „Verdächtigen" durch die revolutionäre Stadtverwaltung *(„Pariser Kommune")* hinnehmen, die nun ganz unter dem Einfluss der Sansculotten stand. Ohnmächtig und selber bedroht erlebten sie dann Anfang September, wie sich die Sansculotten in die Gefängnisse stürzten und die Gefangenen niedermetzelten. Diesen Septembermorden fielen etwa 1300 Menschen zum Opfer, die Hälfte aller Häftlinge in der Hauptstadt.

Gericht über den König

Die Entscheidung gegen die Monarchie und damit für die Republik fällte der Nationalkonvent noch einmütig. Die Monarchie war zu sehr in Verruf geraten, die bloße Absetzung Ludwigs XVI. und die Übertragung der Krone an einen anderen – wie 1688 im England der Glorreichen Revolution – kamen nicht mehr in Frage. Was aber sollte mit dem verhafteten König geschehen? Eine Minderheit der Abgeordneten um Robespierre war gegen einen *Prozess*. Der König sei ein Feind, er müsse als solcher behandelt, also sofort bestraft und nicht erst gerichtet werden. Zum anderen stellte Robespierre die Frage: Was sollte geschehen, wenn das Gericht den König für unschuldig erklärte? Wären dann nicht alle jene Abgeordneten des Hochverrats schuldig, die ihn abgesetzt hatten? Doch die meisten Abgeordneten entschieden sich Anfang Dezember anders: Der Verrat Ludwigs XVI. sollte offen gelegt werden, weder die Bevölkerung Frankreichs noch die ausländischen Mächte sollten an der Rechtmäßigkeit seiner Absetzung und Bestrafung zweifeln können. Zum Gericht wurde der Nationalkonvent bestimmt; Ludwig XVI. durfte seine Verteidiger selber bestimmen. Mitte Januar 1793 erklärten in namentlicher und offener Abstimmung fast alle Abgeordneten den König für *schuldig des Hochverrats*, eine knappe Mehrheit stimmte für die *Todesstrafe*. Bei diesen Abstimmungen unterlagen die Girondisten zweimal: Der Konvent lehnte zunächst eine Art

2 Levée en masse (Massenaushebung): Soldaten für das bedrohte Vaterland!
Die Ausweitung des Krieges erforderte mehr Soldaten. Die freiwilligen Meldungen genügten nicht: Im Februar 1793 standen nur noch 228 000 Mann unter Waffen (1792: 400 000). So beschloss der Konvent die Aushebung von 300 000 neuen Soldaten: Jede Gemeinde Frankreichs hatte Soldaten zu stellen, die unter den ledigen jungen Männern ausgelost wurden.

Volksbefragung über die Verurteilung ab, dann einen Aufschub der Urteilsvollstreckung, von dem sich führende Girondisten eine mäßigende Wirkung auf das Ausland erhofften. Für die Mehrheit der Abgeordneten – man nannte sie später die „Königsmörder" – war eine andere Überlegung maßgebend: Sie wollten alle Brücken hinter sich abbrechen, eine erfolgreiche Gegenrevolution, d. h. ein Zurück hinter die für das Bürgertum vorteilhaften Veränderungen seit 1789 sollte unmöglich gemacht werden.

Bürgerkrieg

Die Hinrichtung des Königs am 21. Januar 1793 hatte als Erstes die Ausweitung des Krieges zur Folge. England, Holland, Spanien und die italienischen Staaten fanden sich mit Österreich und Preußen in einer Koalition zusammen. Innerhalb weniger Wochen wurden die französischen Armeen wieder zurückgedrängt. Eine zweite Folge: Die kirchen- und königstreuen Bauern im Westen Frankreichs, in der *Bretagne* und in der *Vendée*, dem Gebiet südlich der Loiremündung, hatten schon in der Auseinandersetzung um die Zivilverfassung des Klerus meist Partei für die eidverweigernden Priester ergriffen. Die in ihren Augen ungeheuerliche Hinrichtung des Königs verstärkte die Ablehnung gegenüber der Revolution. Zum bewaffneten Aufstand kam es, als im August der Konvent aufgrund der Kriegslage eine Massenaushebung von Rekruten verfügte. Denn diese Maßnahme traf die Bauern angesichts der Ernte- und Feldarbeiten besonders hart. Während in der Bretagne mehrere kleine Verbände bewaffneter Bauern für Unruhe sorgten, bildete sich in der Vendée eine zunächst siegreiche „Katholische und Königliche Armee" unter der Führung von jungen Adeligen. Erst als kampferprobte Truppen und Generäle aus dem Osten Frankreichs in die Kämpfe eingriffen, konnte die katholisch-königliche Armee besiegt werden. Die Tatsache, dass die Regierungstruppen noch nach diesem Sieg einen brutalen Rachefeldzug durchführten, ganze Dörfer niederbrannten und deren Bewohner niedermachten, ist eine bis heute schmerzliche Erinnerung in der Vendée.

Machtergreifung und Diktatur der Montagnarden

In Paris steigerte sich die Rivalität zwischen Girondisten und Montagnarden zum offenen Machtkampf. Dabei ging es auch um die *Wirtschaftspolitik*: Während die Girondisten z. B. an einer freien Wirtschaftsverwaltung festhalten wollten – die den Interessen des vermögenden Bürgertums entgegenkam –, forderten Sansculotten und radikale Jakobiner die Erfassung der Getreide- und Mehlvorräte im ganzen Land, die Festsetzung von Höchstpreisen (Maximum) und die Kontrolle des Verkaufs. Die Girondisten sahen auch durch den Einfluss der Sansculotten in der Pariser Kommune sowie in vielen Bezirksversammlungen – und damit auf die Nationalgarden – die Herrschaft des Nationalkonvents bedroht. Als sie nun einige Verhaftungen vornehmen ließen, sahen die Montagnarden eine günstige Gelegenheit den Machtkampf für sich zu entscheiden. Die Sansculotten folgten ihrem Aufruf zum Aufstand. Am 2. Juni wurde der Konvent von Nationalgarden umstellt, etwa 30 girondistische Abgeordnete wurden verhaftet, andere flohen in die Provinz, wo sie ihrerseits Aufstände (Lyon, Marseille, Toulouse, Bordeaux) gegen die Regierung organisierten. Der nun von den Montagnarden beherrschte Nationalkonvent verabschiedete eine republikanische Verfassung. Aber angesichts der Bürgerkriege im Inneren und der äußeren Bedrohung durch die Heere der Koalition wurde sie bald außer Kraft gesetzt. Der im Frühjahr auf Betreiben Dantons geschaffene *„Wohlfahrtsausschuss"* des Konvents erhielt als höchste Regierungsgewalt diktatorische Vollmachten. Die „Schreckensherrschaft" begann.

3 **Montagnarden und Sansculotten**

Am Abend des 31. Mai 1793 schrieb Robespierre die folgende Notiz nieder:

„Es darf nur ein einziger Wille bestehen. Er muss republikanisch oder royalistisch sein. Damit er republikanisch ist, braucht man republikanische Minister, republikanische Zeitungen, republikanische Abgeordnete, eine republikanische Regierung. Die inneren Gefahren kommen von den besitzenden Bürgern, den Bourgeois; um die Bourgeois zu besiegen muss man das Volk zusammenschließen. Alles war schon vorbereitet um das Volk unter das Joch der Bourgeois zu beugen und die Verteidiger der Republik auf dem Schafott umzubringen ... Das Volk muss sich mit dem Konvent verbünden, und der Konvent muss sich des Volkes bedienen ... Man muss den Sansculotten Waffen verschaffen, sie in Wut versetzen, sie aufklären; mit allen nur möglichen Mitteln muss man ihre republikanische Begeisterung steigern."

(A. Mathiez, La Révolution française, Bd. 3, Paris 1927, S. 4, zit. n.: J. Grolle, Erinnern und urteilen 9, Geschichte für Bayern, Stuttgart 1984, S. 90)

4 **Die Revolution mordet.** Während der Schreckensherrschaft erreichte nicht nur die Guillotine traurige Berühmtheit. Die mit der Bekämpfung des inneren Feindes beauftragten Kommissare des Konvents erfanden immer wieder „wirksamere" Mittel. Der Kommissar Carrier praktizierte in Nantes die Methode der „Ertränkungen": Die Verdächtigen wurden in Booten mitten auf der Loire versenkt. Etwa 4000 Menschen wurden auf diese Weise in Nantes ermordet.

5 **Der innere Feind**

5a Am 17. September 1793 beschloss der Konvent das „Gesetz über die Verdächtigen":

„Art. 1. Unmittelbar nach der Verkündung dieses Gesetzes werden alle Verdächtigen, die sich auf dem Gebiet der Republik befinden und noch auf freiem Fuße sind, verhaftet und eingesperrt.

Art. 2. Als verdächtig gelten:

1. diejenigen, die sich durch ihr Verhalten, ihre Beziehungen, ihre Reden oder ihre Schriften als Anhänger der Tyrannei und des Föderalismus und als Feinde der Freiheit zu erkennen gegeben haben;

4. die Beamten, die von dem Nationalkonvent und seinen Kommissaren von ihren Funktionen suspendiert oder entlassen und nicht wieder eingestellt worden sind ...;

5. jene der einstmals Adeligen, die Gatten und Gattinnen, Väter und Mütter, Söhne und Töchter, Brüder und Schwestern, die nicht beständig ihre Verbundenheit mit der Revolution bekundet haben, sowie Emigranten;"

(R. Rémond, La vie politique en France 1789–1848, Paris 1965, Bd. I, S. 195, in: I. u. P. Hartig, Die Französische Revolution, Stuttgart 1984, S. 195 f.)

5b In seiner Zeitung „Le Vieux Cordelier" klagte Camille Desmoulins die Herrschaft der Montagnarden an. Dabei tat er so, als ob er von den Zuständen zur Zeit der römischen Kaiser berichte:

„Zu jener Zeit wurden Worte zu Staatsverbrechen; von da an bedurfte es nur noch eines Schrittes, um bloße Seufzer und Blicke in Verbrechen zu verwandeln. Bald wurde es für den Cremutius Cordus zu einem Verbrechen der Gegenrevolution, dass er Brutus und Cassius die letzten Römer genannt hatte, ... für den Konsul Cassius Geminus, dass er über das Unglück der Zeit klagte, denn das hieß die Regierung anklagen, für einen Abkömmling des Cassius, dass er ein Bildnis seines Urgroßvaters im Hause hatte, für die Witwe des Gellius Furca, dass sie die Hinrichtung ihres Gatten beweint hatte.

Alles erregte Argwohn beim Tyrannen. Genoss ein Bürger die Volksgunst? Er war ein Nebenbuhler des Fürsten. Verdächtig. – Mied er dagegen die Volksgunst und blieb am Kamine sitzen? Dieses eingezogene Leben zeigte, dass er politisch indifferent war, Verdächtig. – War einer reich? Das Volk konnte durch seine Spenden verführt werden. Verdächtig. – War einer arm? Niemand ist so unternehmend wie der Besitzlose. Verdächtig. – War einer von düsterem, melancholischem Wesen? Es betrübte ihn, dass es um die öffentlichen Angelegenheiten gut stand. Verdächtig. – Machte sich einer gute Tage und verdarb sich den Magen? Es geschah aus Freude, weil der Fürst sich nicht wohl befand. Verdächtig. – War einer streng und tugendhaft in seinem Lebenswandel? Er wollte den Hof herabsetzen. Verdächtig. – War einer Philosoph, Redner, Dichter? Er wollte einen größeren Ruf haben als die Regierung. Verdächtig. – War einer siegreich als Feldherr? Er war nur um so gefährlicher durch sein Talent. Verdächtig, verdächtig, verdächtig."

(Le Vieux Cordelier, 3/1793, zit. in: Egon Friedell, Kulturgeschichte der Neuzeit, München o. J., S. 856 f.)

6 **Gegen die Republik.** Die bäuerlichen Aufständischen im Westen Frankreichs setzten der blau-weiß-roten Kokarde der Revolution ein eigenes Emblem entgegen: das „Allerheiligste Herz Jesu" (Sacré-Cœur), das sie auf ihre Kleidung malten oder nähten.

7 Menschen in Frankreich 1793

7a In dem Roman „Die Götter dürsten" aus dem Jahr 1912 zeichnet Anatole France (Nobelpreis für Literatur 1921) die Lebensverhältnisse im Paris jener Zeit genau nach:

„Zehn Uhr morgens. Kein Lüftchen regte sich. Es war Juli und heißer denn je. In der engen Rue Jerusalem standen gegen hundert Bürger des Bezirks, einer hinter dem andern vor einem Bäckerladen, beaufsichtigt von vier Nationalgardisten, die mit Gewehren bei Fuß ihre Pfeife rauchten.

Der Konvent hatte einen Höchstpreis bestimmt und sofort waren Korn und Mehl verschwunden. Dicht gedrängt standen alle Männer, Weiber und Kinder in der versengenden Glut. Durch eine trübe Erfahrung hatte man gelernt, dass das Brot nicht für alle ausreichte und so suchten die Letzten sich vorzudrängen; die Zurückgedrängten schimpften und pochten vergebens auf ihr missachtetes Recht.

Ein Plakatankleber erschien mit seiner Leiter und schlug gegenüber dem Bäckerladen eine Preisbestimmung der Kommune für Schlächterwaren an. Passanten blieben stehen und lasen den noch klebrigen Zettel. Plötzlich stieg eine Wolke glühenden Gestanks aus einem Wasserlauf empor, so dass mehreren übel wurde. Eine Frau fiel in Ohnmacht und wurde von einigen Gardisten nach der nächsten Pumpe getragen. Man hielt sich die Nase zu; dumpfes Murren erscholl; Worte flogen hin und her, voller Angst und Schrecken. Man fragte sich, ob da unten irgendein Aas läge, ob jemand aus Bosheit Gift gestreut hätte oder ob einer von den Septembermorden, ein Pfaff oder Junker, in einem Keller verfaulte.

– ‚Hat man denn welche hineingeschmissen?' – ‚Überall hin!' ... Ein Ausrufer kam vorüber: ‚Veröffentlichung des Revolutionstribunals! ... Die Liste der Verurteilten!'

‚Ein Revolutionstribunal reicht gar nicht aus', bemerkte Gamelin [die Hauptperson des Romans]. ‚In jeder Stadt, was sage ich, in jeder Gemeinde, in jedem Kreis sollte eins sein. Alle Familienväter, alle Bürger müssten Richter werden. Wird die Nation von den Kanonen des Feindes, von den Dolchen der Verräter bedroht, so ist die Nachsicht ein Verbrechen! Wie? Lyon, Marseille, Bordeaux in Aufruhr, Korsika in Aufruhr, die Vendée in Flammen. Mainz und Valen-

ciennes in den Klauen der Koalition, Verrat in den Städten und Feldlagern, Verräter auf den Bänken des Konvents ... Die Guillotine muss das Vaterland retten!'"
(A. France, Die Götter dürsten, Reinbek 1987, S. 57 ff.)

7b Der französische Schriftsteller Victor Hugo (1802–1885) schildert in dem Roman „1793" einfühlsam die Lebens- und Denkweise der Landbevölkerung in der Bretagne, der westlichen Randprovinz Frankreichs. Zu Beginn des Romans sucht eine Abteilung „blauer" republikanischer Soldaten in einem Wald nach Aufständischen, nach „Weißen". Die Soldaten entdecken eine Frau, „mager, jung, bleich, in Lumpen", mit drei Kindern, die seit Tagen nichts mehr gegessen haben.

„– Man wird ihnen zu essen geben, rief der Unteroffizier, und dir auch. Aber das ist nicht alles. Welche politischen Ansichten hast du?
Die Frau schaute den Unteroffizier an und antwortete nicht.
– Verstehst du meine Frage?
Sie stammelte: – Ich wurde sehr jung ins Kloster gesteckt, aber ich habe geheiratet, ich bin keine Nonne. Die Schwestern haben mir Französisch beigebracht. Unser Dorf wurde angezündet. Wir haben uns so schnell davongemacht, dass ich keine Zeit hatte, meine Schuhe anzuziehen.
– Ich frage dich nach deinen politischen Ansichten.
– Das weiß ich nicht.
Der Unteroffizier fuhr fort: – Es gibt nämlich Spioninnen. Und die werden erschossen. Also. Rede. Bist du vielleicht eine Zigeunerin? Was ist dein Vaterland?
Sie sah ihn weiterhin verständnislos an. Der Unteroffizier wiederholte:
– Was ist dein Vaterland?
– Ich weiß nicht, sagte sie.
– Wie, du weißt nicht, was deine Heimat ist?
– Ach so, meine Heimat. Natürlich. Das ist der Bauernhof von Siscoignard in der Pfarrgemeinde Azé.
Nun war der Unteroffizier erstaunt. Nach einem Augenblick des Nachdenkens begann er von neuem.
– Was sagst du? – Siscoignard. – Das ist aber kein Vaterland. – Das ist meine Heimat.
Und nach einer kurzen Überlegung fügte die Frau hinzu:
– Jetzt verstehe ich, mein Herr. Sie sind aus Frankreich, ich aber bin aus der Bretagne. – Na und? – Das ist nicht dieselbe Heimat. – Aber das ist dasselbe Vaterland! rief der Unteroffizier.
Die Frau antwortete nur:
– Ich bin aus Siscoignard.
– Also lassen wir's bei Siscoignard, entgegnete der Unteroffizier. Dort hast du also deine Familie? Was macht sie? – Sie sind alle tot. Ich habe niemanden mehr.
Der Unteroffizier, der sich gerne reden hörte, setzte das Verhör fort:
– So rede doch, Frau. Hast du ein Haus? – Ich hatte eins. – Wo denn? – In Azé. – Und warum bist du nicht in deinem Haus? – Weil man es niedergebrannt hat. – Wer war das? – Ich weiß nicht. Ein Kampf. – Woher kommst du? Wo gehst du hin? – Ich weiß nicht. – Komme endlich zum Wesentlichen. Wer bis du? – Ich weiß nicht. – Du weißt nicht wer du bist? – Wir sind Leute auf der Flucht. – Mit welcher Partei hältst du es? – Ich weiß nicht. – Mit den Blauen? Mit den Weißen? Auf welcher Seite stehst du? – Auf der Seite meiner Kinder."
(V. Hugo, Quatre-vingt-treize, Paris 1965, S. 28 ff., Übersetzung K. Sturm)

Arbeitsvorschläge und Fragen

a) Erläutern Sie die Problematik bzw. Bedeutung des dem König gemachten Prozesses in der Sicht der Revolutionäre und in der Sicht des Auslands (M 1 und Text).
b) Erörtern Sie, ob die Entwicklung zur Diktatur der Montagnarden unausweichlich war (M 2, M 6, M 7 a und Text).
c) Erläutern Sie, unter welchen Aspekten die Diktatur der Montagnarden die Bezeichnung „Schreckensherrschaft" verdient (M 4, M 5 und M 7 a).
d) Unter welchen Voraussetzungen und inwiefern können auch literarische Texte Erkenntnisse über die Vergangenheit vermitteln? Welche Erkenntnisse vermittelt M 7?

3.2 Wohin führt die Revolution?

Schreckensherrschaft ohne Maß und Ende?

Der Girondist Vergniaud sah voraus, was kommen würde: „Die Revolution wird ihre eigenen Kinder fressen." Die Montagnarden wollten die Revolution retten, wobei sie wie die Sansculotten an eine grundlegende Veränderung der Verhältnisse mit dem Ziel sozialer Gleichheit dachten. „Die Unglücklichen haben das Recht, gegenüber den sie vernachlässigenden Regierungen als Herren aufzutreten", meinte Saint-Just, der engste und treueste Anhänger Robespierres. Doch ihre Maßnahmen führten in eine *Willkürherrschaft*. Die Beschreibung, die Camille Desmoulins – Mitglied des Cordeliers-Klubs und der Bergpartei im Konvent, Freund Dantons und Robespierres – in seiner Zeitung „Le Vieux Cordelier" (S. 319, M5b) gab, traf diesen Zustand genau: Jeder war verdächtig, der innere Feind stand überall. So begründeten die Verhaftungsprotokolle die Festnahme von 130 Personen damit, dass „diese Leute keine Sansculotten (sind), denn sie sind dick und fett"; für andere galt: „Sie haben Geist und können daher schädlich wirken." Ein sechsjähriger Junge wurde eingesperrt, weil er „nie Patriotismus an den Tag gelegt hat", und einem Ladenbesitzer widerfuhr das gleiche Schicksal, weil er städtische Beamte mit „Guten Tag, meine Herren" statt mit dem revolutionären „Bürger" begrüßt hatte. Sie alle mussten vor dem *Revolutionstribunal* erscheinen, dessen Verfahren immer mehr verkürzt wurde; schließlich wurde sogar das Recht auf Verteidigung gestrichen. Von Oktober bis Dezember 1793 verurteilte das Tribunal 45 % aller Angeklagten zum Tode, danach wurde es noch schlimmer. Das ging selbst einem Revolutionär wie Danton zu weit – er hatte immerhin die Septembermorde mit der Bemerkung „Diese Hinrichtungen waren notwendig, um das Pariser Volk zu beruhigen" verteidigt, obwohl er damals Justizminister im Exekutivrat war. Doch sein Versuch die Schreckensherrschaft zu bremsen hatte nur zur Folge, dass auch er im Frühjahr 1794 auf der Guillotine starb, genauso wie die führenden Girondisten und wie Camille Desmoulins. Die Hinrichtung Dantons machte Robespierre zum alleinigen Anführer der Montagnarden.

Robespierre: Revolution bis zur letzten Konsequenz

War Robespierre der „dämonisch gewordene Oberlehrer", als den ihn Egon Friedell in seiner „Kulturgeschichte der Neuzeit" charakterisiert? Rechtsanwalt und Abgeordneter des dritten Standes aus der nordfranzösischen Stadt Arras, wo er sich den Ruf eines Anwalts der Armen und Unterdrückten erworben hatte, mit einem klaren Verstand und einer großen Überzeugungskraft begabt – Robespierre wirkte schon früh in der vordersten Linie der Revolutionäre. Sein peinlich gepflegtes Äußeres, seine genügsame Lebensweise, seine Prinzipientreue verschafften ihm bei der Bevölkerung den Beinamen *„der Unbestechliche"*. Seit Juli 1793 gehörte er dem Wohlfahrtsausschuss an, in dem er schnell zum bestimmenden Mitglied wurde. Noch mit Dantons Unterstützung schaltete er die Anführer der „Enragés" („Besessene") aus und brachte nun über Mittelsmänner die Pariser Kommune unter seinen Einfluss. Die Enragés, eine sehr aktive Gruppe von Sansculotten, vertraten vor allem in wirtschaftlicher Hinsicht die Interessen des armen Stadtvolks, wurden aber mit ihrer Forderung nach Aufhebung jeglichen Eigentums zu einer Gefahr sogar für die radikalen Jakobiner. Robespierre war zunehmend davon überzeugt, dass er allein die *wahre Revolution* verkörpere und deshalb eine revolutionäre Regierung durchsetzen müsse. Triebkraft einer solchen Regierung seien zugleich die

Tugend und der *Schrecken*: „Die Tugend, ohne die der Schrecken unheilvoll wäre, der Schrecken, ohne den die Tugend ohnmächtig bliebe." Wenn sich schon hier die letztlich unbeantwortbare Frage nach der Inhaltsbestimmung der „Tugend" und nach ihren Grenzen stellt – die in der Wirklichkeit der Jahre 1793/94 immer enger gezogen wurden –, so bezeugt andererseits eine andere Aussage Robespierres seine kalte Unerbittlichkeit in der Anwendung: „Die Revolutionsregierung muss dem guten Bürger den ganzen Schutz des Staates zukommen lassen; den Feinden des Volkes schuldet sie nur den Tod." Im Konvent formierte sich eine *Opposition* gegen die Machtfülle Robespierres. Und als er am 26. Juli 1794 in einer Rede die Bestrafung weiterer „Verräter" androhte, ohne Namen zu nennen, da entschlossen sich diese Abgeordneten zum Handeln. Am nächsten Tag wurde Robespierre am Reden gehindert, der Konvent klagte ihn der Tyrannei an und verfügte seine Verhaftung.

Das Direktorium: die Revanche der Besitzenden

Auf den Sturz Robespierres und die Schließung des Jakobinerklubs folgte zunächst eine gewisse Beruhigung: Die Gefängnisse leerten sich, das Revolutionstribunal stellte seine unheilvolle Tätigkeit ein, die Emigranten konnten nach Frankreich zurückkehren. Doch gleichzeitig traten die gesellschaftliche Kluft zwischen Besitzenden und Nicht-Besitzenden sowie die politische Polarisierung zwischen Rechten und Linken wieder offen hervor. Die Besitzenden zeigten ungefährdet und ungeniert ihren Reichtum und huldigten einem am Vergnügen orientierten Lebensstil. Junge Männer aus dieser Schicht und Royalisten (Königstreue) machten Jagd auf „Jakobiner" – nun herrschte der *„weiße Terror"* in den Straßen von Paris. Auf der anderen Seite das arme Stadtvolk: Zweimal, im April und Mai 1795, führten der Getreidemangel und die hohen Lebensmittelkosten zu Hungeraufständen, die blutig niedergeschlagen wurden. Das Stadtvolk wurde zwar entwaffnet, aber die Unruhen nahmen kein Ende. Die im Konvent verbliebenen Abgeordneten versuchten, zwischen den Royalisten und den noch immer regen Jakobinern einen Mittelweg zu gehen.

1 Ende der Schreckensherrschaft
Eine Abordnung der Pariser Kommune hatte Robespierre und seine letzten Freunde aus der Hand des Konvents befreit und ins Rathaus gebracht. Vom Konvent entsandten Gendarmen gelang es jedoch, in das Rathaus einzudringen. Nach kurzem Kampf fand man Robespierre mit zerschmettertem Kiefer. Schon am nächsten Tag starb er unter dem Fallbeil.

So kam eine Inkraftsetzung der Verfassung von 1793 für sie nicht in Frage, sie wollten gewissermaßen zurück in die Anfangsjahre der Revolution. Ihre neue Verfassung betonte wieder das *Eigentum* und die *Gewaltenteilung*: Zwei nach dem Zensuswahlrecht gewählte Kammern, der „Rat der 500" und der „Rat der Alten", bildeten die Legislative, fünf von den Kammern ausgewählte „Direktoren" die Exekutive.

Napoleon – Vollender oder Totengräber der Revolution?

Im Sommer 1795 war es zu Friedensschlüssen mit Preußen und Spanien gekommen, der Krieg gegen England und Österreich aber dauerte an. Das Direktorium übertrug den *Oberbefehl über die Italienarmee* dem 27-jährigen General Bonaparte, der sich bei der entschlossenen Niederschlagung eines royalistischen Aufstands in Paris ausgezeichnet hatte. Der Feldzug Bonapartes verblüffte ganz Europa, die Nachrichten von seinen unglaublichen Siegen machten den General zum Liebling von Paris. Doch Bonaparte wollte nicht der General des Direktoriums sein, er wollte insgeheim – er vertraute es 1797 in einem Gespräch dem französischen Gesandten in der Toskana an – die Macht für sich selbst. Die Gelegenheit dazu bot sich 1799. In Paris gewannen die Jakobiner wieder an Einfluss. Im Jahr vorher hatten sie sogar die Wahlen gewonnen und das Direktorium wusste sich nur mit einer verfassungswidrigen Maßnahme zu helfen: Es ließ die Wahl von etwa 100 jakobinischen Abgeordneten für ungültig erklären. In Absprache mit zwei Direktoren übernahm nun Napoleon Bonaparte durch einen *Staatsstreich* die Regierungsgewalt. Als erster von drei Konsuln wurde er zum mächtigsten Mann Frankreichs. Die drei Konsuln erklärten die Revolution für beendet. Eine neue Verfassung legte ihre Amtszeit auf zehn Jahre fest. Dem Ersten Konsul blieben vorbehalten: die Entscheidung über Krieg und Frieden, die Verkündigung der neuen Gesetze sowie die Ämtervergabe in der Verwaltung, in der Rechtsprechung und in der Armee. Auf dieser Grundlage schuf der Erste Konsul Bonaparte die bis in unser Jahrhundert gültige *zentrale Verwaltung Frankreichs* und den erst am Ende unseres Jahrhunderts abgelösten *„Code civil"*, ein bürgerliches Gesetzbuch, das die private Rechtsgleichheit garantierte und damit wichtige Errungenschaften der Französischen Revolution sicherte. Zweimal ließ sich Napoleon Bonaparte seine Machtbefugnisse durch Volksabstimmungen bestätigen: zunächst die Ernennung zum Ersten Konsul auf Lebenszeit und dann die Umwandlung des Konsulats zu einem in der Familie Bonaparte erblichen Kaisertum.

2 Elend des Stadtvolks. Der Krieg gegen die äußeren Feinde, Bürgerkrieg und Unruhen im Inneren sowie die Geschäfte von Hamsterern und Spekulanten hatten für Paris andauernde Versorgungsschwierigkeiten und Hungersnöte zur Folge. Die „Volkssuppe" war zwar eine öffentliche Einrichtung, aber es musste – wie die zeitgenössische Darstellung zeigt – dafür bezahlt werden.

Revolution kontrovers: Mythos oder Gespenst?

Am 16. Juli 1991 meldete die „Süddeutsche Zeitung": „Mit einem ungewöhnlichen und auffälligen Aufwand ist am Wochenende in Ungarn der französische Nationalfeiertag gefeiert worden. (...) So wurde das gesamte Abendprogramm des Ersten (Fernseh-)Kanals dem französischen Nationalfeiertag gewidmet. Parallel dazu veranstaltete die Budapester Selbstverwaltung in der Innenstadt einen Straßenball." In dieser Feier spiegelt sich beispielhaft die starke Werbekraft der Französischen Revolution bis in die Gegenwart wider. Damit ist auch ein Pol in der Geschichtsschreibung gekennzeichnet: In der Nachfolge z. B. des Historikers und Schriftstellers Jules Michelet (Geschichte der Französischen Revolution, 1847) wurde die Französische Revolution zum Mythos, nicht nur in einzelnen Ereignissen wie dem „Sturm" auf die Bastille, sondern vor allem auch in der Darstellung des fortschrittlich, weitgehend erfolgreich handelnden Volkes. Den konservativen Gegenpol in der Historiographie bildet Egon Friedell in seiner „Kulturgeschichte der Neuzeit" (1927 ff.). Er zeichnet dort eine Revolutionskurve: Vom Absolutismus führt die Entwicklung quasi zwangsläufig zur Schreckensherrschaft und dann zurück in einen neuen Absolutismus. Die Französische Revolution wirkt in dieser Sicht als furchterregendes Gespenst, das beim Betrachter eine andere politische Haltung bedingt: Reformen, notfalls ja; Revolution, nein. Zwischen Mythos und Gespenst findet sich in der Historiographie natürlich manche Zwischenposition. So sieht die liberale Geschichtsschreibung des 19. und 20. Jahrhunderts einen Bruch im Revolutionsverlauf: Die Ereignisse bis 1791 gelten als positiv, die Schreckensherrschaft als eine Fehlentwicklung. Die Geschichtsschreibung in der Nachfolge von Karl Marx dagegen interpretiert gerade die Herrschaft der Sansculotten und Robespierres als den Höhepunkt der Revolution, als einen notwendigen Schritt zu einer auf Gleichheit aufgebauten Gesellschaft.

Was bewirkte die Französische Revolution für Europa?

Die Französische Revolution war gewissermaßen ein „weiter Wurf nach vorn", ein Vorgriff in die Zukunft. Unveräußerliche Menschenrechte, Sicherheit des Bürgers im Rechtsstaat, notwendige Kontrolle der Herrschaft – mit diesen und anderen Forderungen mussten sich nun die Regierungen Europas auseinander setzen. Revolutionäre Gedanken wie jener von der Volkssouveränität waren keine Utopie mehr: Sie waren, wenn auch nur vorübergehend, nun auch in Europa verwirklicht worden. Dieser Beweis der Machbarkeit machte sie zu einer konkreten Bedrohung für die fürstliche Herrschaft. Die Regierungen schwankten zwischen gelegentlichen Zugeständnissen und brutaler Unterdrückung der freiheitlichen Bewegungen. So kennzeichneten Unruhen, Aufstände, Revolutionen das ganze 19. Jahrhundert. Doch auch innerhalb der freiheitlichen Bewegung kam es zu einem tiefen Gegensatz: In Frankreich war das Bürgertum politisch und materiell letztlich als der große Sieger aus der Revolution hervorgegangen. Es hatte nun viel zu verlieren. Im besitzenden Bürgertum der anderen Länder war die Furcht vor einer Fehlentwicklung revolutionärer Ereignisse groß. So grenzte sich diese Schicht des Bürgertums überall gegenüber Handwerkern und Arbeitern ab und versuchte, lange Zeit mit Erfolg, sie von jeglicher politischer Mitwirkung fern zu halten.
Über die Jahrhunderte hinweg aber bleibt als Vermächtnis der Französischen Revolution dies: Sie setzte auch am Ende des 20. Jahrhunderts, immer noch und nun weltweit, wichtige Maßstäbe für unsere Beurteilung von Staat und Gesellschaft. Im Frühsommer 1989, bei den blutig unterdrückten Demonstrationen auf dem „Platz des himmlischen Friedens" in Peking, beriefen sich die chinesischen Studenten ausdrücklich auf die Ideen von 1789.

3 Politische und gesellschaftliche Ziele 1793–1795

3a Der republikanischen Verfassung vom 24. Juni 1793 ging eine Neufassung der Erklärung der Menschen- und Bürgerrechte voraus:

„Art. 1. Das Ziel der Gesellschaft ist das Gemeinwohl. Die Regierung ist eingerichtet um dem Menschen den Genuss seiner natürlichen und unverjährbaren Rechte zu gewährleisten.

Art. 2. Diese Rechte sind Gleichheit, Freiheit, Sicherheit, Eigentum.

Art. 9. Das Gesetz soll die Freiheit im Staat und die Freiheit des Einzelnen gegen die Unterdrückung der Regierenden schützen.

Art. 19. Niemand kann ohne seine Zustimmung des geringsten Teils seines Eigentums beraubt werden, es sei denn, die öffentliche, auf gesetzmäßige Weise festgestellte Notwendigkeit erfordert dies, und unter der Bedingung einer gerechten und vorher festgesetzten Entschädigung.

Art. 21. Die öffentlichen Hilfeleistungen sind eine heilige Schuld. Die Gesellschaft schuldet den unglücklichen Bürgern den Lebensunterhalt, entweder indem sie ihnen Arbeit verschafft oder indem sie jenen, die nicht arbeiten können, die Lebensbedingungen sichert.

Art. 22. Schulbildung ist für alle notwendig. Die Gesellschaft soll mit all ihrer Macht die Fortschritte der Vernunft im Staat fördern und die Schulbildung allen Bürgern zugänglich machen.

Art. 25. Die Staatshoheit liegt im Volk. Sie ist einheitlich und unteilbar, unverjährbar und unveräußerlich.

Art. 29. Jeder Bürger hat ein gleiches Recht, bei der Entstehung der Gesetze und bei der Bestimmung seiner Beauftragten oder Vertreter mitzuwirken.

Art. 35. Wenn die Regierung die Rechte des Volkes missachtet, ist für das Volk und für jeden seiner Teile der Aufstand das heiligste Recht und die unerlässlichste Pflicht."

(Ministère de l'Éducation Nationale [Hrsg.], 1789. Recueil de textes et documents, Paris 1989, S. 81 ff., Übersetzung K. Sturm)

3b Bereits einen Tag nach der Verabschiedung der republikanischen Verfassung äußerten die Enragés in einem Manifest ihre Kritik:

„Abgeordnete des französischen Volkes. Hundertmal hat dieser geheiligte Saal von den

4 Die Reichen von Paris 1795. Nach der Schreckensherrschaft konnte Reichtum wieder ohne Gefahr gezeigt werden. Junge Männer und Frauen kleideten und verhielten sich exzentrisch. So veranstalteten sie Bälle, auf denen die Frauen einen roten Schal um den Hals trugen, und wo nur jene zugelassen waren, die einen guillotinierten Verwandten vorweisen konnten.

Verbrechen der Egoisten und Schurken widerhallt; immer wieder habt ihr uns versprochen die Blutsauger des Volkes zu bestrafen. Jetzt soll die Verfassung dem Souverän zur Genehmigung vorgelegt werden; habt ihr darin die Börsenspekulanten geächtet? Nein. Habt ihr die Todesstrafe gegen die Hamsterer ausgesprochen? Nein. [...] Nun, dann erklären wir euch, dass ihr für das Glück des Volkes nicht alles getan habt. Die Freiheit ist nur ein leerer Wahn, wenn eine Klasse von Menschen die andere ungestraft verhungern lassen kann. Die Gleichheit ist nur ein leerer Wahn, wenn der Reiche kraft seines Monopols über Leben und Tod seiner Mitmenschen entscheidet. Die Republik ist nur ein leerer Wahn, wenn die Gegenrevolution Tag für Tag am Werke ist und die Preise für die Lebensmittel in die Höhe treibt, die drei Viertel der Bevölkerung nur unter Tränen aufbringen können. Hingegen werdet ihr nur, wenn ihr die räuberischen Handelsmethoden, die nichts mit dem Handel an sich zu tun haben, unterdrückt und wenn ihr den Sansculotten die Lebensmittel erschwinglich macht, diese an die Revolution binden und sie um die Verfassunggesetze scharen [...]

Nur die Reichen haben seit vier Jahren aus der Revolution Nutzen gezogen. Die Händleraristokratie, die schrecklicher ist als die Adels- und die Priesteraristokratie, hat ein grausames Spiel getrieben, wenn sie sich der Privatvermögen und der Schätze der Republik bemächtigt hat. Noch wissen wir nicht, wie weit sie ihren Machtmissbrauch treiben werden, denn die Preise für die Waren steigen im Verlauf eines Tages auf erschreckende Weise. Bürger-Vertreter, es ist Zeit, dass der Kampf auf Leben und Tod, den die Egoisten gegen die arbeitsamste Klasse der Gesellschaft führen, aufhört. Erklärt das den Börsenspekulanten und Hamsterern deutlich: Entweder gehorchen sie in Zukunft euren Dekreten oder sie gehorchen ihnen nicht. Im ersten Fall habt ihr das Vaterland gerettet. Im zweiten Fall habt ihr das Vaterland auch gerettet, denn wir stehen bereit die Blutsauger des Volkes niederzuschlagen."

(I. u. P. Hartig, Die Französische Revolution, Stuttgart 1984, S. 91 f.)

3c Im Juni 1795 erklärte der Abgeordnete Boissy d'Anglas zu den Zielsetzungen einer neuen Verfassung, an deren Ausarbeitung er maßgeblich beteiligt war:

„... Schließlich müssen Sie das Eigentum der Reichen garantieren. Alles, was ein vernünftiger Mensch verlangen kann, ist die Gleichheit vor dem Gesetz. Die absolute Gleichheit ist ein Hirngespinst. Wir müssen von den Besten regiert werden ...; nun werden Sie mit wohl sehr wenigen Ausnahmen derartige Menschen nur unter jenen finden, die, da sie Eigentum besitzen, dem Land verpflichtet sind, in dem ihr Eigentum besteht, den Gesetzen, die es schützen, der Ordnung, die es bewahrt. Ein von den Besitzenden regiertes Land hat soziale Ordnung; das, in dem die Nichtbesitzenden herrschen, befindet sich im Naturzustand."

(I. u. P. Hartig, Die Französische Revolution, Stuttgart 1984, S. 107)

5 Die Revolution im Rückspiegel

1989 gab das französische Nachrichtenmagazin „L'Express" eine Umfrage unter den Geschichtslehrerinnen und -lehrern der französischen Schulen in Auftrag:

1. Meinen Sie im Rückblick, dass die Hinrichtung Ludwigs XVI. notwendig war?
   Ja: 31 % Nein: 55 %
2. War Ihrer Meinung nach Robespierre
   - der hauptsächliche Verantwortliche für die Schreckensherrschaft? 16 %
   - ein Verantwortlicher unter anderen Revolutionären? 79 %
   - nicht verantwortlich für die Schreckensherrschaft? 4 %
3. Hinsichtlich der Schreckensherrschaft, würden Sie sagen, sie war eher
   - eine Folge der Angriffe der äußeren und inneren Feinde der Revolution? 61 %
   - eine Folge der Maßlosigkeit der Revolutionäre und ihrer Auffassungen? 33 %
4. Clemenceau (französischer Ministerpräsident 1906–1909/1917–1920) sagte: „Die Französische Revolution ist ein unauflösbar Ganzes." Stimmen Sie mit ihm überein oder meinen Sie, dass es mehrere Revolutionen innerhalb der Französischen Revolution gab?
   - ein unauflösbar Ganzes 16 %
   - mehrere Revolutionen 82 %

(L'Express, Paris 14. Juli 1989, S. 47 ff., Übersetzung K. Sturm)

6 **Der Staatsstreich des Generals Bonaparte.** Am 9. November 1799 waren die Mitglieder des „Rats der 500" wegen einer angeblichen Verschwörung der Jakobiner aus Paris geflüchtet. Am Tag darauf erschien Bonaparte mit 5000 Soldaten vor dem Schloss St. Cloud, wo der „Rat der 500" tagte. Als er den Saal betrat, kam es zum Tumult. Nur dem Eingreifen seines Bruders Lucien und seiner Soldaten verdankte es Bonaparte, dass er ungeschoren entkam. Auf seinen Befehl hin vertrieben die Soldaten dann die Abgeordneten aus dem Schloss.

7 Eine Revolution feiern?

Anlässlich der Vorbereitungen für die zweihundertjahrfeier der Französischen Revolution zog der Historiker Maurice Agulhon 1988 Bilanz:

„Frankreich wurde vor langer Zeit geboren, aber das moderne Frankreich ... entstand 1789. Die Französische Revolution schuf nicht Frankreich, weder den französischen Staat noch den französischen Patriotismus, aber sie trug mehr als jedes andere Ereignis seit zwei Jahrhunderten dazu bei, ihnen die gegenwärtige Form zu geben. Damals wurde unser Rechtssystem begründet. Die Tatsache, dass es nur untereinander gleiche Bürger gibt und nicht einerseits Mitglieder des dritten Standes, andererseits Privilegierte, bezeichnet einen Unterschied, der ausreichen würde, um 1789 ... bedeutungsvoll zu machen. Genauso wie die Souveränität der Nation oder die durch Gehorsam gegenüber dem Gesetz garantierte Freiheit, wie die Kontrolle der Macht durch die gewählten Vertreter ...

Die Behörden, die uns zur Feier der Revolution von 1789 einladen, fordern uns auf, deren Bilanz zu feiern und nicht dazu, den Bürgerkrieg zu verherrlichen, noch weniger, ihn von neuem zu beginnen ... Die Zweihundertjahrfeier wird ausdrücklich bezeichnet als „Aufgabe des Gedenkens an die Revolution von 1789 und die Erklärung der Menschen- und Bürgerrechte".

Der Akzent könnte nicht klarer auf das Jahr 1789 gesetzt werden, ein grundlegendes, entscheidendes und nach Ausgleich strebendes Jahr, und auf die Erklärung der Rechte, die die friedfertigste und am wenigsten anfechtbare Tat dieses Jahres ist. Es ist eben so: Seit 1789, aufbauend auf den Grundsätzen von 1789 und insbesondere auf der Erklärung der Menschen- und Bürgerrechte, hat unser Volk nach und nach den Gedanken aufgenommen und sich angeeignet, dass es besser sei, das Leben entsprechend dem Gesetz als im freien Ermessen zu gestalten, dass es besser sei zu beraten, als aufeinander einzuschlagen ...

Wenn heute die blutigen Phasen der Revolution kritisiert werden, so geschieht dies auf der Grundlage einer humanistischen Kultur, die die Revolution zwar nicht geschaffen, die sie aber deutlich ausgedrückt, verkündet und im Laufe der Zeit unters Volk gebracht hat ...

Wessen Fehler war es, dass die Revolution von 1789 so schnell in einen Bürgerkrieg überging? In historischer Sicht scheint mir die Feststellung gerechtfertigt, dass die Mitglieder der Verfassunggebenden Nationalversammlung 1789 mit der auf friedlichem Wege erreichten gesellschaftlichen und juristischen Revolution vollauf zufrieden waren. Sie hätten es gerne dabei belassen. Zur politischen Krise kam es durch den Widerstand der Privilegierten ... Die Revolution von 1789 war nicht daraufhin programmiert, die Revolution von 1792 oder 1793 zu werden. 1789 kündigte nichts anderes als eine konstitutionelle Monarchie an. Und wenn Ludwig XVI. das Spiel mitgespielt hätte, dann wären weder Danton noch Robespierre noch Marat an die Macht gekommen. Die Gewalt, zu der es dann kam, beklagt heute jeder. Aber man darf nicht die ursprüngliche Verantwortung übersehen. Die Revolution als Ganzes betrachtet war gewalttätig, weil sie sofort auf den Widerstand einer Gegenrevolution stieß ... Das Wesentliche ist, dass ein Bürgerkrieg ausbrach, weil nicht alle Grundsätze von 1789 sofort einmütige Zustimmung fanden. Diese Grundsätze sind, ich wiederhole es, die Gleichheit der Rechte, die Herrschaft des Gesetzes, die Volkssouveränität, die Kontrolle der Macht durch ein Organ usw. ... Diese Ziele, die heute praktisch die Zustimmung aller Franzosen auf sich vereinigen, hatten 1789 nicht einmal die Hälfte hinter sich, vielleicht weniger. Und dennoch hatte gerade diese kleine Hälfte Recht."

(M. Agulhon, Aux sources de la démocratie moderne, in: Géo Nr. 118, Paris 1988, S. 130 ff., Übersetzung K. Sturm.)

8 **Die Kaiserkrönung Napoleons 1804.** Skizze und Gemälde von Louis David, der im Auftrag Napoleon Bonapartes wichtige Stationen in der Karriere des Generals und Kaisers festhielt.
Die Krönung zum „Kaiser der Franzosen" sollte an die Krönung Karls des Großen durch den Papst erinnern. Bonaparte hatte den Papst gezwungen nach Paris zu kommen. Die Skizze entstand während der Krönung in der Kathedrale Notre-Dame. Aufgrund einer Aufforderung Napoleons verwendete sie der Maler jedoch nicht für das spätere Gemälde, das den Augenblick zeigt, in dem der Kaiser seine Frau Joséphine krönt. Das Gemälde verdeutlicht, wie die Darstellung des Staatsstreichs (M 6), die politische Funktion historischer Malerei.

Arbeitsvorschläge und Fragen

a) Vergleichen Sie gesellschaftliche und politische Zielsetzungen 1789–1795. Inwiefern spiegeln sie unterschiedliche gesellschaftliche Gruppen wider (M 2–4 sowie S. 289 f., 298, 305 ff.)?

b) Erörtern Sie anhand von M 5 und M 7 kontroverse Beurteilungen der Französischen Revolution.

c) Die Französische Revolution – viel Lärm um nichts? Diskutieren Sie die Wertung Egon Friedells in seiner „Kulturgeschichte der Neuzeit": „Die Revolution, die aus dem Absolutismus der Bourbonen entsprungen war, endet im Absolutismus des Empire." (M 7)

4. Frauen in der Französischen Revolution

Hoffnungsvoller Beginn

Von Anfang an war die Französische Revolution nicht nur eine Männersache. Frauen der gehobenen Schichten förderten und beeinflussten nachhaltig in ihren Salons die politische Diskussion. Der immer wieder feststellbare Zusammenhang zwischen dem Kampf um politische Rechte und dem Aufbegehren gegen materielle Not („Brotunruhen") führte dazu, dass Frauen bei vielen Ereignissen in der vordersten Linie zu finden waren. So waren Frauen des Pariser Stadtvolks an der Einnahme der Bastille beteiligt, Frauen aller Schichten führten den für den Revolutionsverlauf so entscheidenden Zug nach Versailles am 5. Oktober 1789 an (s. S. 300, 302 f.). Unmittelbare Folge war die Zulassung der Frauen als Zuhörerinnen in der Nationalversammlung, in der sie dann auch das Rederecht erhielten, sowie als Mitglieder in einigen politischen Klubs. Einen Fürsprecher hatten die Frauen in dem Philosophen, Mathematiker und Journalisten Condorcet, der im Juli 1790 ein Manifest „Über die Zulassung der Frauen zum Bürgerrecht" veröffentlichte. Er griff darin das Verhalten der Männer an, die das Prinzip der rechtlichen Gleichheit vergewaltigt hätten, indem sie „die Hälfte des Menschengeschlechtes des Rechts beraubten, an der Bildung der Gesetze mitzuwirken". Condorcet trat vehement für das Wahlrecht der Frauen ein und widerlegte alle Argumente, die dagegen vorgebracht wurden. So könnten z. B. Schwangerschaft und angebliche Anfälligkeit für Krankheiten keine Hindernisse sein, denn „man hat niemals daran gedacht, jenen das Wahlrecht zu nehmen, die den ganzen Winter an Gicht leiden und häufig einen Schnupfen bekommen". Condorcets Manifest erregte großes Aufsehen. In den Zeitungen und in den Klubs wurde die Frage aufgegriffen und debattiert.

Sieg der Vorurteile

Aber die führenden Männer waren nicht bereit, auf Condorcets Forderungen einzugehen. Auch Olympe de Gouges scheiterte ein Jahr später mit ihrem berühmten Manifest (s. S. 296). Das Wahlrecht blieb den Frauen weiterhin versagt; in den politischen Klubs erhielten sie kein Stimmrecht, so dass in Paris und in der Provinz zunehmend reine Frauenklubs entstanden. Die Haltung der wohl allermeisten Männer drückte die Zeitung „Le Moniteur" aus, die den Tod der Olympe de Gouges – sie starb 1793 als 45-Jährige auf der Guillotine – mit den Worten kommentierte: „Sie wollte Politik machen, und es scheint, dass das Gesetz diese Verschwörerin dafür bestrafte, dass sie die ihrem Geschlecht zukommenden Tugenden vergessen hatte." Auch für die nicht zu leugnende Beteiligung der Frauen an der Revolution fand man Erklärungen, in denen sich jahrhundertealte Vorurteile widerspiegeln. Ein Abgeordneter: „Die Frauen nehmen gern die neuen Ideen an, denn sie sind unwissend; sie verbreiten diese Ideen schnell, weil sie oberflächlich sind; sie unterstützen sie lange, weil sie eigensinnig sind." So verwundert es nicht, dass im April 1793 der Konvent dem Antrag eines Abgeordneten folgte, der meinte, die sittliche Unreife und die mangelhafte Bildung der Frauen machten es notwendig, Entscheidungen über die Bürgerrechte der Frau für mehrere Jahre zu vertagen. Was hier noch wie ein Aufschub aussehen konnte, wurde bald zu einer gezielten Abwehr aller Mitbestimmungsbestrebungen der Frauen. Noch im gleichen Jahr wurden die Frauenklubs verboten, im Frühjahr 1794 untersagte der Konvent die Zulassung der Frauen bei öffentlichen Versammlungen. Und zehn Jahre später schrieb Napoleons bürgerliches Gesetzbuch, der „Code civil", die Ungleichheit und Unterordnung der Frau für weitere 150 Jahre fest.

1 „Erklärung der Rechte der Frau und Bürgerin."

Die Schriftstellerin Olympe de Gouges verfasste diese Schrift als Gegenstück zur „Déclaration des droits de l'homme" von 1789:

„Die Mütter, die Töchter, die Schwestern, Vertreterinnen der Nationen verlangen, als Nationalversammlung konstituiert zu werden. In Anbetracht dessen, dass Unkenntnis, Vernachlässigung oder Missachtung der Rechte der Frau die alleinigen Ursachen öffentlichen Unbills und der Verderbtheit der Regierungen sind, haben sie beschlossen, in einer feierlichen Erklärung die natürlichen, unveräußerlichen und heiligen Rechte der Frau darzulegen. ...

Art. I: Die Frau wird frei geboren und bleibt dem Manne gleich an Rechten. Gesellschaftliche Unterschiede können nur im allgemeinen Nutzen begründet sein. ...

Art. IV: Freiheit und Gleichheit beruhen darauf, dass dem andern gewährt wird, was ihm zusteht. So hat die Ausübung der natürlichen Rechte der Frau Grenzen nur in der ewigen Tyrannei, die der Mann ihr entgegensetzt; diese Grenzen müssen gemäß den Gesetzen der Natur und der Vernunft neu festgelegt werden. ...

Art. VI: Das Gesetz soll Ausdruck des Willens aller sein; alle Bürgerinnen und Bürger sollen persönlich oder über ihre Vertreter zu seiner Entstehung beitragen, für alle sollen die gleichen Bedingungen Geltung haben. ...

Art. XI: Die freie Gedanken- und Meinungsäußerung ist eines der kostbarsten Rechte der Frau. ... Jede Bürgerin kann demnach ohne Einschränkung sagen: ‚Ich bin die Mutter eines Kindes, das von euch stammt', ohne dass ein barbarisches Vorurteil sie dazu zwänge die wahren Umstände geheimzuhalten ...

Art. XIII: Zum Unterhalt der öffentlichen Kräfte und Einrichtungen tragen Frau und Mann im gleichen Umfange bei. ... Die Frau ... muss deshalb bei der Zuteilung von Stellungen und Würden, in niederen wie in höheren Ämtern sowie im Gewerbe, ebenso berücksichtigt werden."

(M. Diller u. a. [Hrsg.], Olympe de Gouges: Schriften, Basel/Frankfurt 1980, S. 40 ff.)

2 Aus dem Code civil Napoleons I., 1804

„Art. 213: Der Ehemann ist seiner Ehegattin Schutz und die Gattin ihrem Manne Gehorsam schuldig.

Art. 215: Die Frau kann ohne ausdrückliche Genehmigung ihres Mannes sich nicht vor Gericht stellen, selbst dann nicht, wenn sie eine Handelsfrau ist oder mit ihrem Manne außer der Gütergemeinschaft oder in geteilten Gütern lebt.

Art. 216: Die Genehmigung des Mannes ist jedoch nicht erforderlich, wenn die Frau in Kriminal- oder Polizeisachen in Untersuchung geraten ist.

Art. 217: Selbst eine außer der Gütergemeinschaft oder in getrennten Gütern lebende Ehefrau kann nichts verschenken, veräußern, verpfänden, noch auf irgendeine Art unentgeltlich oder durch wechselseitigen Vertrag erwerben, wenn nicht der Ehemann bei der Verhandlung selbst mitgewirkt oder seine Einwilligung schriftlich erklärt hat.

Art. 229: Der Mann kann wegen eines von seiner Frau begangenen Ehebruchs auf Ehescheidung klagen.

Art. 230: Die Frau aber ist wegen eines von ihrem Manne begangenen Ehebruchs auf Ehescheidung zu klagen nur dann befugt, wenn er sich eine Beischläferin in dem Hause gehalten hat, das beide Ehegatten bewohnen."

(C.D. Erhard [Hrsg.], Napoleons I. bürgerliches Gesetzbuch, Dessau/Leipzig 1808)

Arbeitsvorschläge und Fragen

a) Vergleichen Sie die Erklärung der Olympe de Gouges (M 1) mit der Erklärung der Menschen- und Bürgerrechte vom 26. August 1789 (S. 298, M 6). Welche gesellschaftlichen und politischen Realitäten berücksichtigt Olympe de Gouges? Inwiefern unterscheiden sich Präambel und Artikel in ihrer Erklärung?

b) Der Code civil wurde als fortschrittliches Gesetzeswerk gerühmt. Diskutieren Sie diese Einschätzung anhand der hier wiedergegebenen Artikel (M 2).

c) Vergleichen Sie die Auffassung der Jakobiner 1793 mit den eherechtlichen Bestimmungen des Code civil (M 2 und S. 297, M 4).

Ausblick: Europa und Napoleon

1 Napoleonische Herrschaft und Kriege in Europa

Arbeitsvorschläge und Fragen

Erarbeiten Sie anhand der Karte Formen und Umfang der napoleonischen Herrschaftsausübung über Europa sowie Hindernisse bzw. Gegenkräfte.

Zwischen Frieden und Krieg

Im Jahr 1804, dem Jahr der Kaiserkrönung und des Code civil, schienen der Frieden sowie die Sicherheit und der Einfluss Frankreichs gesichert. 1801 hatte Österreich in den Frieden von Lunéville einwilligen und die Abtretung des linken Rheinufers an Frankreich bestätigen müssen. Ein Regierungswechsel in London hatte 1802 zum Friedensschluss von Amiens geführt, mit dem Frankreich und Großbritannien auf ihre jeweils im Mittelmeerraum eroberten Positionen (Ägypten bzw. Malta) verzichteten. Zudem hatte sich Frankreich im Zuge seiner militärischen Erfolge seit 1797 einen Schutzgürtel von Satellitenstaaten geschaffen, die sog. „Tochterrepubliken": z. B. die Batavische Republik in Holland (bereits 1794), die Cisalpinische Republik (Mailand) und die Ligurische Republik (Genua), die Helvetische Republik (Schweiz). Doch Napoleons Politik seit Amiens war nicht dazu angetan, die alten Ängste Englands vor einer erheblichen Störung des europäischen Gleichgewichts zu beruhigen: Die Cisalpinische Republik wurde zur Republik Italien mit Napoleon als erstem Konsul. Der Helvetischen Republik wurde eine Verfassung aufgezwungen in der Napoleon die Rolle des entscheidenden Vermittlers zukam. Im Reich schließlich sorgte Napoleon für eine „Flurbereinigung", durch die die etwa 350 Reichsstände auf 82 reduziert wurden, und erreichte eine Annäherung Preußens, Bayerns und Württembergs an Frankreich. Hinzu kamen immer deutlicher werdende Vorbereitungen für eine Invasion Frankreichs auf die britischen Inseln. Mit seiner Kaiserkrönung kündigte Napoleon auch programmatisch einen hegemonialen Anspruch zumindest für den Kontinent an.

Napoleon: Herr des Kontinents

Großbritannien schloss nun mit Russland, Österreich, Schweden und Neapel eine neue Koalition, der es jedoch nicht gelang, Frankreich niederzuringen. Zwar sicherte sich Großbritannien mit dem Sieg in der Seeschlacht bei Trafalgar (Oktober 1805) endgültig die alleinige Seeherrschaft, aber zwei Monate später erkämpfte Napoleon in der Dreikaiserschlacht bei Austerlitz einen glänzenden Sieg gegen Österreich und Russland. Als auch Preußen im folgenden Jahr bei Jena und Auerstedt vernichtend geschlagen wurde, konnte Napoleon die Karten auf dem Kontinent neu mischen. Die besiegten Gegner Österreich und Preußen mussten Gebietsverluste in Italien bzw. westlich der Elbe hinnehmen und Hilfsverträge abschließen. Die Verbündeten wie Bayern und Württemberg wurden u.a. durch die Umwandlung in Königreiche belohnt. 16 süd- und westdeutsche Fürsten gründeten den „Rheinbund" mit Napoleon als Protektor und schieden aus dem Reich aus, dessen Kaiser, der Habsburger Franz II., zum Verzicht auf die Kaiserwürde veranlasst wurde. Damit endete das „Heilige Römische Reich Deutscher Nation". Die Hegemonie Frankreichs im Westen und in der Mitte des Kontinents wurde weiterhin abgesichert durch einen Ausgleich mit Russland sowie durch eine Reihe von „Familienstaaten", neue Königreiche, in denen Napoleon Familienangehörige oder Vertraute als Herrscher einsetzte: Holland, Westfalen, Spanien, Neapel. Allein Großbritannien weigerte sich noch, die französische Vorherrschaft anzuerkennen. Da sich seine militärische Unterwerfung als unmöglich erwiesen hatte, verfügte Napoleon eine Wirtschaftsblockade, die Kontinentalsperre. Die britische Regierung antwortete mit der Blockade der französischen Häfen auch für alle neutralen Schiffe.

Widerstand und Niederlagen

Die französische Vorherrschaft hatte für das kontinentale Europa einerseits die Verbreitung der liberalen Ideen und einer modernen Rechtsprechung nach dem Vorbild des Code civil zur Folge, andererseits erzeugte die Fremdherrschaft vielerorts ein bisher kaum vorhandenes Nationalbewusstsein bzw. förderte den Nationalismus. So kam es 1808/1809 in Spanien und Österreich (Tirol, Andreas Hofer) zu Aufständen. Das Ausscheren Russlands aus der Kontinentalsperre veranlasste Napoleon 1812 zu dem Entschluss, einen Feldzug nach Russland zu unternehmen. Der totale Zusammenbruch der europäischen „Großen Armee" (600000 Soldaten, davon nur etwa die Hälfte Franzosen) auf dem Rückzug – ungefähr 100000 kehrten schließlich zurück – bezeichnete den Anfang vom Ende. Die großen Niederlagen bei Leipzig (1813) und dann nochmals bei Waterloo (1815) beendeten die Herrschaft Napoleons über Europa.

Verzeichnis der Namen, Sachen und Begriffe (mit Erläuterungen)

Folgende Abkürzungen werden verwendet:
allgem. = allgemein, angelsächs. = angelsächsisch, athen. = athenisch, Begr. = Begründer, Bez. = Bezeichnung, dt. = deutsch, engl. = englisch, franz. = französisch, german. = germanisch, geschichtl. = geschichtlich, griech. = griechisch, italien. = italienisch, Jh. = Jahrhundert, kath. = katholisch, kirchl. = kirchlich, Kg. = König, königl. = königlich, Ks. = Kaiser, lat. = lateinisch, ma. = mittelalterlich, min. = minoisch, myken. = mykenisch, öffentl. = öffentlich, östl. = östlich, pers. = persisch, portugies. = portugiesisch, preuß. = preußisch, röm. = römisch, russ. = russisch, span. = spanisch, z. Z. = zur Zeit

▷ Verweis auf ein Stichwort   – ersetzt das Stichwort bei Wiederholung

Bei Herrschern werden Regierungsdaten, bei anderen Personen Lebensdaten angegeben.

Halbfett gesetzte Begriffe sind im Buch in einem Kasten-Text erläutert. Die halbfette Seitenzahl gibt den Fundort an.
Blau gesetzte Begriffe weisen auf die Kasten-Texte „Werkstatt Geschichte" hin. Die blaue Seitenzahl gibt den Fundort an.

Bildnachweis

Umschlag: Archiv für Kunst und Geschichte, Berlin; S. 7.1: F. Brommer, Koblenz; S. 7.2: Anthony Verlag, Starnberg, T. Beck; S. 9.2/3: aus: Schachermeyr, F., Die minoische Kultur des alten Kreta, Kohlhammer, Stuttgart 1964, S. 145/319; S. 10: aus: A. B. Wace: Mycenae, Princetown University Press, Taf. 30; S. 13: aus: Kulturgeschichte der Antike, Bd. 1, Griechenland, Akademie Verlag, Berlin (Ost) 1976; S. 14.1: Mario Reubel, Nürnberg; S. 14.2: M. Chuzeville, Paris; S. 15.3: National Archeological Museum, Athen; S. 15.4: Ekdotike Athenon S. A., Athen; S. 15.5a: Pucciarelli; S. 15.5b Archiv des Verlages Prisma, Gütersloh; S. 16: Ekdotike Athenon S. A., Athen; S. 18.8: Bildarchiv Preußischer Kulturbesitz, Berlin; S. 20: aus: R. Hampe, E. Simon: Tausend Jahre frühgriechischer Kunst, Hirmer, München 1980, Fig. 23/26; S. 25: Greenhalgh: Early Greek War fare, Cambridge University Press 1973, S. 129; S. 30: BPK; S. 32: AKG, Berlin; S. 33a: BPK; S. 33b: Kulturgeschichte der Antike, Bd. I, Griechenland, Akademie Verlag, Berlin (Ost) 1976; S. 35: Ancient Art & Architecture Collection, London; S. 37: K. Branigan, M. Vickers: Hellas, Artemis, München 1982, S. 172; S. 42.1: BPK; S. 42.2 Ekdotike Athenon S. A., Athen; S. 43.3: H. L. Pierce Fund Courtesy, Museum of Fine Arts, Boston; S. 43.4: Fitzwilliam Museum, Cambridge; S. 43.5: Metropolitan Museum of Art, New York, Pruchase, 1947, Joseph Pulitzer Bequest (47.11.5.); S. 43.6: British Museum, London; S. 44.1: BPK; S. 49.1: Scala, Florenz; S. 49.2: Réunion des Musées Nationaux, Paris; S. 54.2a: BPK; S. 54.2b: Staatl. Kunstsammlung, Kassel; S. 54.2c; Scala, Florenz; S. 59.1/2: Hirmer Fotoarchiv, München; S. 63.2: Bibliothèque Nationale, Paris; S. 63.3: EDIMEDIA, Paris; S. 67: Scala, Florenz; S. 70.1: M. Grant: Pompeji, Amberverlag, München 1982, S. 107/111, A. Mulas; S. 70.2: M. Grant: Pompeji, Amberverlag, München 1982, S. 107/111, F. Parisio; S. 71.3: BPK; S. 71.4: Archäologisches Nationalmuseum, Neapel; S. 71.5: Scala, Florenz; S. 73: Archiv A. Steinmeyer, Stuttgart; S. 76.3 li: British Museum, London; S. 76.3 re: Württ. Landesmuseum, Stuttgart; S. 77.5: Office de la Topographie et de la Cartographie, Tunis; S. 79.1: Hirmer Fotoarchiv, München; S. 81.2: Württ. Landesmuseum, Stuttgart; S. 81.4: British Museum, London; S. 81.5: Staatl. Münzsammlung, München; S. 81.6: Museo Bistannico, Grueber vol. III tar CXI u. 15; S. 85: BPK; S. 87.2: BPK; S. 88: AKG, Berlin; S. 81: Scala, Florenz; S. 93: Kunsthistorisches Museum, Wien; S. 98.3: Landesmuseum, Mainz; S. 98.4: Landesdenkmalamt Baden-Württemberg, Stuttgart; S. 99.5: Landesdenkmalamt Baden-Württemberg, Stuttgart, freigeg. Reg.-Präs. Stuttgart, Nr. 000/55906/1.12.1987; S. 99.6: Landesdenkmalamt Baden-Württemberg, Stuttgart; S. 99.7: Landesdenkmalamt Baden-Württemberg, Stuttgart; S. 102.1: AKG, Erich Lessing; S. 102.2: Scala, Florenz; S. 102.3: Scala, Florenz; S. 103.4: Scala, Florenz; S. 103.5: Scala, Florenz; S. 108.2: Rheinisches Landesmuseum, Bonn; S. 108.3: Druckhaus Nonntal, Salzburg; S. 111.1 li: Württ. Landesmuseum, Stuttgart; S. 111.1 mi: Bayer. Hauptstaatsarchiv, München; S. 111.1 re: Hauptstaatsarchiv, Stuttgart; S. 111.2: Universitätsbibliothek, Leipzig; S. 118.3: Hart-Film, Fischbachau, freigeg. Reg.-Präs. Düsseldorf Nr. 06/P116; S. 118.4: Bayer. Staatsbibliothek, München; S. 121.2a/b/c: Universitätsbibliothek, Heidelberg; S. 125: Aero-Foto, A. Schwarzer, Mönchengladbach; S. 128.3a/b: Prestel-Verlag, München; S. 129.1 li: Kunsthistorisches Museum, Wien, Photo Meyer; S. 129.1 re: Kunsthistorisches Museum, Wien, M. Haller; S. 131.2: Kunsthistorisches Museum, Wien; S. 131.3: Kunsthistorisches Museum, Wien, Foto Meyer; S. 131.4: Kunsthistorisches Museum, Wien, Foto Meyer; S. 132.5: Staatsbibliothek, Bamberg, Msc. Lit. 53; S. 132.6: Staatsbibliothek, Bamberg, M. Haller; S. 132.7: Staatsbibliothek, Bamberg, Foto Meyer; S. 137: Bibliothèque royale Albert I., Brüssel; S. 142.2: S. Epperlein: Der Bauer im Bild des Mittelalters, aus Rodericus Zamorensis: Spiegel des menschlichen Lebens; S. 144.5: Universitätsbibliothek, Heidelberg; S. 145.6: Universitätsbibliothek, Heidelberg; S. 145.8: Württ. Landesbibliothek, Stuttgart; S. 149.2: Vergil Georgica; S. 149.3: BPK; S. 153.1: Korporationsverwaltung Luzern; S. 153.2: Staatsarchiv Nürnberg, Reichsstadt Nürnberg; S. 160.1: Württ. Landesbibliothek, Stuttgart; S. 160.2: Heinrich von Krafft-Dellmensingen, München; S. 160.3: Stadt Augsburg, Kunstsammlungen; S. 161.4: Burgerbibliothek, Bern, Mss. h.h.l. 1, S. 189: Der große Brand von Bern, 1405 (Diebold Schilling, Amtl. Berner Chronik); S. 161.5: Bibliothèque de l'Arsenal, Paris/Ph.B.N.; S. 165: Germanisches Museum, Nürnberg; S. 168: AKG; S. 171.3: Bodleian Library, Oxford; S. 173: Württ. Landesbibliothek, Stuttgart; S. 177: Mittelalterliches Kriminalmuseum, Rothenburg o.T.; S. 183.2: Jürgens Ost + Europa Photo; S. 188.1a: Rheinisches Landesmuseum, Bonn; S. 188.1: BPK; S. 188.2: ART, Heft Nr. 1/1995, S. 12; S. 189.2: Fürstenberg Sammlungen, Donaueschingen/G. Goerlipp; S. 189.3: Scala, Florenz; S. 190.1a: Bayer. Staatsbibliothek, München; S. 190.1b: Gutenberg-Museum, Mainz; S. 197: British Museum, London; S. 199: Kupferstichkabinett, München; S. 205: Deutsche Bibelanstalt, Stuttgart; S. 208: Germanisches Nationalmuseum, Nürnberg; S. 211: Faksimile nach Ausgabe Heinrich Steiner 1532 aus dem Besitz der Stadtbibliothek Braunschweig; S. 215.3: Württ. Landesbibliothek, Stuttgart, R 16 Lut 10; S. 215.4: Stadtarchiv, Ulm; S. 216: Stadtarchiv, Esslingen; S. 217.6: BPK; S. 217.7: Evangelisches Dekanatamt, Esslingen; S. 218: Museen der Stadt Regensburg/Wagmüller; S. 219: Jürgens Ost + Europa Photo; S. 220.1: W. Haut, Nidderau; S. 220.2: Jürgens Ost + Europa Photo; S. 227.1: BPK; S. 227.2: BPK; S. 227.3: Landesbildstelle Rheinland-Pfalz, Koblenz; S. 233: Landesbildstelle Württemberg, Stuttgart; S. 235: Landesbildstelle Württemberg, Stuttgart; S. 239: Bulloz, Paris; S. 240: Hachette, Paris; S. 246: Lauros-Giraudon, Paris; S. 247: BPK; S. 251: British Museum, London; S. 254: Hachette, Paris; S. 261.1: Bulloz, Paris; S. 261.2: Bibliothèque Nationale, Paris; S. 262: AKG; S. 265.10/11/12: AKG; S. 269: Friedrich der Große, Edition Kaiser 1987, S. 120/121; S. 272: Friedrich der Große, Edition Kaiser 1987, S. 50; S. 274.1: Friedrich der Große, Edition Kaiser 1987; S. 274.2: Foto Granske, Karlsruhe; S. 281.1/2: Giraudon, Vanves; S. 283: Giraudon, Vanves; S. 285: Giraudon, Vanves; S. 289: Giraudon, Vanves; S. 292: Musée Carnavalet, Paris; S. 293: Bibliothèque Nationale, Paris; S. 294: Bibliothèque Nationale, Paris; S. 302: Bibliothèque Nationale, Paris; S. 305: Museen der Stadt Greiz, Bücher der Kupferstichsammlung; S. 307.4: Bulloz, Paris; S. 307.5: Bibliothèque Nationale, Paris; S. 309: Roger Viollet, Paris; S. 310: Museen der Stadt Greiz, Kupferstichsammlung; S. 311: Bulloz, Paris; S. 312: Giraudon, Vanves; S. 313: Bibliothèque Nationale, Paris; S. 316: Bulloz, Paris; S. 317: Musée Carnavalet, Paris; S. 319: Cl. Ch. Hémon, Musées Départementaux de Loire-Atlantique, Musée Dobrée, Nantes; S. 320: Cl. Ch. Hémon, Musées Départementaux de Loire-Atlantique, Musée Dobrée, Nantes; S. 323: Giraudon, Vanves; S. 324: Giraudon, Vanves; S. 326: Bulloz, Paris; S. 328: Giraudon, Vanves; S. 329: Giraudon, Vanves;

Nicht in allen Fällen war es uns möglich, den Rechteinhaber ausfindig zu machen. Berechtigte Ansprüche werden selbstverständlich im Rahmen der üblichen Vereinbarungen abgegolten.